| 제 3 판 |

유·아동기 문제행동 예방 및 지도

CHALLENGING BEHAVIOR IN YOUNG CHILDREN:
UNDERSTANDING, PREVENTING, AND RESPONDING EFFECTIVELY, 3/E

Σ 시그마프레스

유·아동기 문제행동 예방 및 지도

CHALLENGING BEHAVIOR IN YOUNG CHILDREN:
UNDERSTANDING, PREVENTING, AND RESPONDING EFFECTIVELY, 3/E

Barbara Kaiser, Judy Sklar Rasminsky 지음
이병인 | 윤미경 | 이지예 | 강성리 옮김

Σ 시그마프레스

유 · 아동기 문제행동 예방 및 지도, 제3판

발행일 | 2013년 6월 20일 1쇄 발행

저자 | Barbara Kaiser, Judy Sklar Rasminsky
역자 | 이병인, 윤미경, 이지예, 강성리
발행인 | 강학경
발행처 | (주) 시그마프레스
편집 | 김경임
교정 · 교열 | 김문선

등록번호 | 제10-2642호
주소 | 서울특별시 영등포구 양평로 22길 21 선유도코오롱디지털타워 A401~403호
전자우편 | sigma@spress.co.kr
홈페이지 | http://www.sigmapress.co.kr
전화 | (02)323-4845, (02)2062-5184~8
팩스 | (02)323-4197

ISBN | 978-89-6866-063-4

Challenging Behavior in Young Children : Understanding, Preventing, & Responding Effectively, 3/e

* 책값은 책 뒤표지에 있습니다.

* 이 도서의 국립중앙도서관 출판시도서목록(CIP)은 서지정보유통지원시스템 홈페이지(http://seoji.nl.go.kr)와 국가자료공동목록시스템(http://www.nl.go.kr/kolisnet)에서 이용하실 수 있습니다. (CIP제어번호 : CIP2013008341)

제6장   문화의 벽 허물기 _ 137

역자 서문

과거 장애 영·유아의 문제행동은 주로 특수학교나 특수학교 유치원, 장애전문 어린이집이나 장애인 종합복지관 혹은 사설 조기교육실 등에서 장애로 진단받은 아동을 대상으로 교육과 치료가 이루어지는 것으로 인식되었다. 그러나 최근에는 현재 장애로 진단받지 않았지만 시간이 경과하면서 미래에 장애 진단을 받을 개연성이 높은 소위 '장애 위험(at-risk)' 아동도 문제행동 지도 대상에 포함시키고 있다. 또한 이와 같이 장애 진단이나 장애 위험군에는 속하지 않지만 일반 유치원이나 어린이집 등에서 자주 수업을 방해하거나 친구를 괴롭히는 등의 문제행동을 보이는 아동에게도 방법과 정도의 차이는 있겠지만 문제행동 지도가 필요하다.

한편 2012년 교육인적자원부의 '특수교육연차보고서'에 따르면 유아특수교육 대상자와 통합교육의 확대를 위해 2004년 발표된 교육인적자원부의 '장애유아 무상교육 지원방안'이 시행된 이후 현재까지 약 1,700명가량의 장애 유아들이 일반 유치원의 일반 학급에서 교육받고 있는 것으로 조사되었다. 그러나 이러한 지원 방안으로 인하여 유아특수교육 대상자의 무상교육과 통합교육의 기회가 확대되었는지는 모르지만, 이와 관련하여 이러한 통합교육 환경에서 장애 유아들이 일반교사들로부터 얼마나 적합한 형태의 문제행동 지도를 받고 있는지는 문제로 지적되고 있다.

이러한 가운데 유아특수교육 전문가뿐만 아니라 일반유아교육 전문가들도 쉽게 보고 참고할 수 있는 문제행동 관련 전공서적을 찾고 있던 중에 역자는 Kaiser와 Rasminsky의 *Challenging Behavior in Young Children: Understanding, Preventing, & Responding Effectively*를 알게 되었다. 이 책의 특징은 다른 어떤 문제행동 관련 서적보다 읽고 이해하기 쉬우며, 영·유아기의 문제행동에 대한 가장 최근의 동향도 다루고 있다. 따라서 역자는 보다 많은 사람들이 이 책을 쉽게 읽고 현장에서 사용할 수 있도록 번역 작업을 시작하게 되었다.

이 책은 모두 13개 장으로 구성되었다. 제1장은 "문제행동"으로 문화와 공격적인 행동과의 관계에 대하여, 제2장은 "위험요인"으로 생물학적 위험요인과 환경적 위험요인에 대하여, 제3장은 "보호요인"으로 보호요인이 어떻게 작용하며, 어떠한 요인이 아동의 회복에 도움을 주는지를 개인, 가족과 지역사회 요인으로 기술하였다. 제4장은 "행동과 뇌"로서 뇌의 발달과 스트레스와 뇌의 관계, 그리고 뇌와 문제행동과의 관계를, 제5장은 "관계"로서 무엇이 유아의 문제행동에 영향을 주는지와 애착과 행동, 애착과 문화와의 관계, 교사와 유아의 긍정적인 관계 형성 및 가족과 교사의 긍정적 관계 형성에 대해 기술하였다. 제6장은 "문화의 벽 허물기"로, 문화란 무엇이고 문화가 유아의 문제행동에 어떠한 영향을 주는지와 언어와 문화와의 관계와 문화적 특성이 문제행동에 왜 중요한지를, 제7~9장은 "문제행동 예방"과 "지도하기"에 관한 내용으로 예방의 중요성을 사회적 맥락 차원에서 기술하였고, 물리적 공간과 일과와 전이 그리고 다양한 교수전략을 통한 문제행동 예방과 지도에 대하여 기술하였다. 제10장에서는 "기능평가와 긍정적 행동지원"에 관한 내용으로, 기능평가 수행과 긍정적 행동지원 계획에 대해서, 제11장에서는 "통합 학급"에 관한 내용으로 통합 상황에서 효과적인 문제행동 예방 및 지도에 대해서, 제12장에서는 "가족 및 다른 전문가들과 협력하기"에 관한 내용으로 문제행동 예방과 지도를 위해 가족과 전문가가 어떻게 협력할 수 있는지에 대한 내용을 기술하였다. 그리고 마지막 제13장은 "괴롭히기"로서 '괴롭힘' 혹은 '왕따'에 대한 내용으로 왕따의 정의와 예방 및 올바른 대처법에 대해 기술하였다.

이 책은 유아특수교육 전문가와 일반유아교육 전문가뿐만 아니라 문제행동 지도나 중재에 어려움을 겪고 있는 모든 부모, 그리고 대학이나 대학원에서 문제행동을 이해하고자 하는 모든 학생들에게 도움이 될 것이다. 끝으로 (주)시그마프레스 사장님과 전체 교정을 담당한 김문선 선생님을 비롯한 편집부 여러분께 진심으로 감사를 드린다.

2013년
역자 일동

저자 서문

세 번째 개정판이 필요한 이유는 무엇인가? 우리는 아동, 가족, 교사들이 문제 행동의 답을 찾고자 여전히 노력하고 있기 때문에 최근까지 문제행동을 반영하고, 공유하는 작업을 계속해왔다. 왜 문제행동을 보이는 아동은 이러한 방법으로 행동하는가? 아동의 행동을 변화시키기 위해서 교사가 할 수 있는 일은 무엇인가? 아동이 학급 내에 있을 수는 있는가? 학급 안의 다른 아동들은 어떻게 가르쳐야 하는가? 이러한 이유들로 인해 교사들은 '내가 할 수 있는 일은 하나도 없어.'라고 느끼기도 한다.

우리를 둘러싼 세계는 역동적으로 변화하고 있으며, 스트레스는 성인만큼 아동에게도 영향을 미친다. 계속되고 있는 경제위기로 인해 학교와 아동보호센터의 예산은 삭감되었고, 학급 내 인원수는 늘어났으며, 보육의 질은 낮아졌다. 통합은 현재 삶의 한 가지 실제이지만, 특수교육 연수를 받는 대부분의 교사들은 장애 아동과 함께할 준비가 되어있지 않다고 말한다. 또한 영어 이외에 다른 언어를 사용하는 아동들의 수가 증가하고 있으며, 이는 많은 교사들을 당황하게 하고 있다. 주(州) 단위의 유치원 이전단계 프로그램들이 확대되었고, 교육기관에 입학하는 영유아들이 나타났으며, 아동낙오방지법(No Child Left Behind)은 교육의 효과를 더욱 요구하고 있으며 아동과 교사는 앞으로도 계속해서 이러한 새로운 문제에 직면하게 될 것이다.

따라서 세 번째 개정판은 이러한 모든 부분을 반영하였으며, 구체적인 내용은 다음과 같다.

세 번째 개정판에서 새로운 점은 무엇인가

- 이 책의 모든 부분은 유치원 연령에 초점을 맞추었지만, 초등학교 아동을 위한 부분까지 추가로 기술되었다.
- 제9장에서는 지도전략에 대한 새로운 부분이 포함되었으며, 발달적 훈육, 효과적인 교사 훈련, 협력적인 문제해결과 같은 추가적인 지도전략을 설명하였다. 또한 아동이 통제되지 않는 상황에서 무엇을 해야 하는지에 대한 부분도 기술되었다.
- 제7, 8, 10장에서는 CSEFEL 모델과 TACSEI 계획에 대한 부분이 보완되었다.
- 제6장에서는 학교와 어린이집의 문화에 관한 추가적인 자료를 담고 있으며, 이 중 언어 학습자에 관한 부분과 문화적으로 수용적인 교수전략에 대한 새로운 부분이 기술되었다.
- 자폐와 관련한 새로운 부분과 장애인교육법(IDEA)의 필수요소인 진단(assessment)에 대한 부분을 추가하였다.
- 제8장에서는 물리적 환경, 일과, 전이, 절차, 3~8세 아동에게 적합한 교수전략('마음 이론'을 포함)의 부분을 보완하여 기술하였다.
- 새롭게 추가된 체크리스트는 학생과 교사가 실제적인 실천을 향상시킬 수 있도록 도울 수 있을 것이다.
- 뇌 연구, 문제행동의 결정적 역할로 인식되고 있는 기질, 문제행동에서 또래의 역할, 적응 유연성(resilience)을 강화시킬 수 있는 새로운 접근방법들이 추가되었다.
- 새로운 교수자 매뉴얼은 www.pearsonhighered.com에서 다운로드 받아 사용할 수 있으며, 이 매뉴얼은 상호작용 활동, 질문에 대한 토의, 결과물 배우기, 각 단원의 요약 등을 포함하고 있다.

이 개정판의 주안점은 '모호한 것을 명확하게 하라.'이다. 아동이 적절하게 행동하게 하기 위해서는 아동으로 하여금 교사의 기대를 알 수 있도록 해야 하는데 이는 아동의 문화를 이해하여 지도하고 문제행동을 예방하고자 할 때 매우 중요하다.

이 책의 내용은 모든 교사나 아동에게 효과 있는 단일 이론이나 실제를 제공하는 것은 아니다. 그러나 각 교실에서 문제행동을 보이는 아동에게 가장 적합한 방법을 선택할 수 있도록 여러 가지 효과적이고, '근거에 기반' 한 전략들을 제공한다. 모든 아동이 특별한 요구들을 가지고 있지만 특히 문제행동을 보이는 아동에게는 몇 가지의 특징적인 도움이 필요한데 이 책은 각각의 아동을 개별적으로 볼 수 있도록 도울 것이다. 끝으로 이 책이 교육 현장에 있는 많은 사람들에게 도움이 되기를 바란다.

서론

이 책은 지난 12년 동안 문제행동을 지닌 유아들을 지도하면서 이들을 지원하는 방법에 대해 얻은 경험과 지식을 바탕으로 집필되었으며, 17년 전 한 유아를 만나면서부터 시작되었다.

저자인 Barbara는 14년의 교육경력을 가지고 있었지만 3세 앤드류를 만나면서 그동안 쌓았던 경력과 경험이 흔들렸다. 그녀는 비영리단체의 보육센터에서 일했으며 교사로서 풍부한 경험과 숙련된 기술을 지니고 있었으나, 앤드류로 인해 프로그램의 결점이 드러났고, 지금까지의 모든 지식들이 난항에 부딪히게 되었다.

처음에 교사들은 앤드류의 행동을 조절할 수 없었기 때문에 교사로서의 능력이 부족하다고 느꼈으며, 앤드류로부터 다른 아이들과 자신들을 보호할 수 없음을 알게 되었다. 심지어 다른 유아들은 자신들이 안전하지 못하다는 것을 알게 되었고, 몇몇 유아들은 앤드류의 행동을 모방하기도 하였다. 교사들이 '경계선(borderline)' 이라고 부르는 유아들은 때로 조용히 있는 앤드류가 문제행동을 일으키도록 부추기기도 하였으며, 앤드류가 소리 지르거나, 때리고, 물건을 집어던지면 어떤 일이 일어날지를 알게 되었고, 교사가 자신에게 관심을 갖게 하는 방법으로 앤드류의 행동을 따라하기 시작한 결과 그룹 내에 4~5명의 문제행동 유아들이 나타나기 시작했다.

교사들은 문제를 해결하고, 유아들을 달래고, 하지 말라는 소리를 하는 데 대부분의 시간을 허비하였고, 자신들이 앤드류를 도와줄 수 없다고 느꼈으며, 더 나아가 자신들을 불편하게 만드는 앤드류와 문제행동을 보이는 몇몇의 유아들을 좋아하지 않게 되었다. 1년이 지났을 때 교사들의 상태는 호전되었지만, 극도의 피로와 무능감, 자기회의에 빠지게 되었다.

시간이 지날수록 앤드류의 문제행동은 더욱 심각해졌으며, 어떠한 의학적 진단이나 처방을 받지 않았기 때문에 그를 위한 별도의 지침이나 재정적인 지원이 제공되지는 않았다. 앤드류는 신체적 발달에 비해 대근육 운동 기술이 지체되었으며, 퍼즐을 제대로 맞추는 것도 어려워했고, 조작활동에는 관심을 보이지 않았다. 자신의 감정을 정확하게 표현하지만 또래와의 관계에 어려움이 있었고 유일한 의사소통 방법은 치고, 때리고, 미는 것이었다. 앤드류는 전이활동이나 자유선택활동 시간에는 바쁘게 돌아다녔고, 한 유아에서 다른 유아로 옮겨 다니면서 블록을 부수거나 놀잇감을 빼앗았고, 간식이나 점심 시간에는 이미 자리가 정해져 있거나 다른 유아가 앉아 있는 자리에 앉으려고 했다. 이러한 이유로 다른 유아들은 앤드류가 앉기를 기다린 후에 최대한 멀리 떨어져서 앉았다. 또한 앤드류는 화가 나면 식판과 의자를 집어던졌다. 교사가 훈육을 하기 위해 다가서면 발로 차거나 머리를 부딪치며 저항하였다.

앤드류의 표정이나 몸짓은 감정이나 의도를 거의 보여주지 않기 때문에 언제 어떤 일이 일어날지 예측하기 힘들었고, 이러한 행동은 어디에서나 발생하였다. 4세 때 같은 반 친구는 이런 앤드류를 보고 "앤드류는 화산 같아요. 겉으로는 조용해 보이지만 속은 이미 폭발하고 있어요."라고 표현할 정도였다.

교사들은 앤드류가 적절하게 행동했을 때 격려하려고 노력했지만 정적 강화는 오히려 앤드류를 불안하게 만들었다. 만약 퍼즐에 집중하고 있는 앤드류에게 교사가 관심을 보이면 곧바로 퍼즐을 쏟아버리거나 조각들을 던져버렸다. 교사들은 점차 앤드류가 문제행동을 일으키지 않는 시간을 자신들의 휴식 시간으로 여기거나, 관심을 많이 보이지 못했던 유아들과 지낼 수 있는 기회로 생각하게 되었다. 또한 교사들은 앤드류가 부적절하게 행동하는 것은 자신들의 관심을 얻기 위한 최선의 방법이라고 보았다.

몇몇 교사들은 앤드류와 함께 그룹활동을 하는 것을 꺼리고 불편하게 생각하였다. 앤드류는 다른 친구들의 안전을 위태롭게 하였으며, 교사들의 시간이나 에너지를 소진시켰다.

몇몇 부모들은 이러한 상황에 대해서 화를 내기도 했으며, 친구들은 앤드류에 대한 새로운 이야기들을 집에 와서 전했으며, 때로 앤드류로 인해 생긴 상처나 멍을 보여주기도 하였다. 부모들을 왜 앤드류가 자신들의 아이들과 함께 계속 있어야 하는지 이해하지 못하였다. Barbara는 이러한 부모들의 반응을 이해했지만 만약 자신이 앤드류에게 다른 곳으로 가기를 원한다고 얘기했을 때 그에게 어떠한 일이 일어날지에 대해 예측하기 어려웠다. 다른 기관에서 앤드류의 행동을 더 잘 받아줄 수 있을까? 앤드류가 여기저기 기관을 옮겨 다니게 되는 것은 아닐까?

Barbara는 앤드류에 대해 더 큰 책임감을 느끼게 되었으며 아직은 포기하고 싶지 않았다. 결국 Barbara는 전문가들에게 조언을 요청했지만 오랫동안 기다려야 했고, 다른 교사들도 과도한 스트레스로 인해 전문가 조언을 들을 수 없을 만큼 방어적이 되었다. 또한 전문가들은 교육보다는 체벌에 초점을 맞추었으며 어떤 문제 때문에 앤드류가 문제행동을 지속하는지 알아내지 못했으며 결국 앤드류가 유치원에 입학하면 틀림없이 실패할 것이라고 믿었다.

앤드류가 남긴 것

Barbara와 교사들은 이러한 일이 다시 일어나지 않도록 하기 위해서 워크숍에 참여하였고, 문제행동 중재에 대한 서적을 읽었으며, 연구기반전략들에 대해 읽고 토론하였다. 그러나 모든 교사들이 문제행동에 대해 언제나 같은 시각으로 보는 것은 아니었기 때문에 순조롭지만은 않았다. 몇몇 교사들은 열정적으로 참여했으나 몇몇 교사들은 문제행동을 지닌 유아들이 일반 학급에서 교육을 받는 것에 대해 회의적이었다.

유아들의 태도에 대한 교사의 공감적 반응은 자신들의 기질, 생활경험, 문화, 철학 등을 반영한다. 문제행동에 대한 새로운 접근방법을 통해서 교사들은 앤드류가 실제로 매일 자신들을 힘들게 한 것은 아니며, 앤드류의 행동은 자신이 세계를 바라보는 방법이었고, 어떻게 반응해야 할지에 대해 인식하지 못했기 때문이라는 것을 이해하게 되었다. 앤드류는 누구보다도 교사가 자신의 독특한 점을 인정해주기를 원했을 것이다. 마침내 모든 교사들은 자신의 직업이 혼내고 체벌하는 것이 아니라 올바른 것을 가르치는 일이라는 것을 깨닫게 되었다.

새로운 접근

4세가 된 마이클이 센터에 새로 입학하게 되었다. 새로운 원아와 부모들을 위한 신입생 오리엔테이션 동안 마이클은 소리를 지르며 뛰어다니고 다른 친구들의 장난감을 빼앗았다. 유아들과 부모들이 떠난 후 Barbara는 교사들과 함께 임시회의를 열었다. 그동안 앤드류에게 가르쳤던 내용들을 이야기하면서 어떻게 하면 마이클의 사회·정서적 기술, 충동조절 방법을 지도하고 자아존중감을 향상시킬 수 있을지 그 방법에 대해서 이야기하였다. 모든 교사들은 문제행동에 있어서 최선의 방법은 예방이라는 것에 동의하였다. 마이클이 통제력을 잃지 않도록 도와주기 위해 교사들은 하루씩 마이클의 파트너가 되기로 결정하였다. 자유선택활동 시간에는 집중할 수 있는 놀이들을 제공하고 정리 시간에는 마이클을 포함한 모든 유아에게 무엇을 정리해야 하는지 구체적으로 해야 할 일을 정해주었으며, 간식과 점심 시간에는 유아들의 자리를 지정해주었다. 교사들은 무엇이 마이클을 기분 좋게 만드는지에 대해서 정확히 알지 못했기 때문에 적절한 행동에 대해 미소와 최고라는 신호 보내기와 이야기 나누기 시간에 노래를 선택할 수 있는 기회 등 다양한 방법들을 제공하였다.

또한 교사들은 자신들의 감정, 마이클에 대한 태도, 인내할 수 있는 정도, 언어적/비언어적 메시지, 그리고 팀의 구성원으로서의 신뢰 등에 대해 서로의 의견을 공유하였다. 교사들은 일관성 있는 태도가 가장 중요하기 때문에 마이클의 행동 중에서 어떤 행동을 수용할 수 있고, 어떤 행동을 수용할 수 없는지에 대해서도 이야기를 나누었다. 회의가 끝날 때쯤 교사들은 앤드류를 지도했을 때보다 문제행동에 대해서 어떻게 해야 할지 더 명확해졌고 확신을 가질 수 있었으며, 더 이상 무기력하지 않았으며 전략과 계획도 가지게 되었다.

교사들은 마이클이 등을 쓰다듬어주는 것을 좋아하고, 최고라고 엄지를 세워 보여줬을 때 활짝 웃으며 좋아한다는 것을 알 수 있었다. 6주 동안 모든 전략들이 효과가 있었으며, 교사들은 자신들의 교육전략에 만족했고, 마이클도 센터에 있는 동안에 편안해하였다. 마이클은 놀이를 즐기며 점차 친구도 사귀게 되었다. 다른 친구들은 마이클을 두려워하는 대신에 그의 강점과 약점을 알고, 올바르게 행동하도록 격려하였다.

그러나 모든 것이 완벽하지는 않았다. 예를 들어, 일과에 변화가 생길 때나 교사의 결근 등이 마이클을 힘들게 만들었으며 하루 동안 얼마나 잘 지냈는가와 관계없이 하원 시간에 어머니가 도착했을 때 문제행동이 다시 나타나곤 하였다. 교사는 미소로 어머니를 맞이하고 하루 동안 잘한 것에 대해 이야기하였으며 마이클로 하여금 집에 가기 전에 어머니와 함께 교실에서 자신이 한 것에 대해 이야기하고 자신의 친구를 소개해주도록 하였다. 마이클은 자신의 그림이나 놀이에 대해서 이야기하고 싶어 했으며 실제로 이러한 방법은 힘들었던 하원 시간을 쉬운 일과로 바꿀 수 있도록 하였다.

2년 후에 마이클은 학교에 입학하였다. 때때로 힘든 시간도 있겠지만 그는 친구도 사귀면서 학교생활을 잘 이어갔다.

정보교환

마이클이 센터에 입학하기 이전에 Barbara와 교사들은 문제행동에 대한 책을 펴내기로 결정하였다. 교육과 가족문제의 전문가이며, 보육센터의 첫 번째 임원으로 일하면서 함께한 Judy가 공동 저술자로 참여하였다. Judy는 문제행동에 관한 모든 워크숍에 참여하였고, 관련 도서를 함께 읽으며 새로운 아이디어를 구상하고 이해를 향상시키기 위해 노력하였다.

1999년 캐나다 오타와에 있는 캐나다육아협회에서 유아교육 현장의 최전선에 있는 교사들을 위해 *Meeting the Challenge*라는 40쪽 분량의 소책자를 발간하였으며 워싱턴 D.C.에 있는 전국육아협회는 이 소책자를 미국 전역에 배포하였다. 그러나 40쪽으로는 전체 내용을 충분히 전달할 수가 없었으며, 우리가 다뤘던 모든 주제에 대해 부연설명을 필요로 하였고, 학생들과 직접 만나는 것이 필요하다는 것을 알게 되었다.

국립아동보건 및 인간발달유아보육연구기관(Early Child Care Research Network of the National Institute of Child Health and Human Development, NICHD ECCRN) 및 다른 단체의 연구에 의하면 보육기관에서 보내는 시간이 유아들의 행동에 많은 영향을 주는 것으로 보고되었다(Belsky et al., 2007; NICHD ECCRN, 2003, 2004).

2005년 미취학 아동 프로그램을 대상으로 한 전국적 연구(Gilliam, 2005)에서 10.4%의 교사가 문제행동을 이유로 적어도 1명의 아이를 학기 내에 퇴학시켰으며, 적어도 이는 많은 교사들이 문제 아동들을 다루는 일에 준비가 되어있지 않음을 보여주고 있는 것이다. 예를 들어, 4세 유아가 욕을 하며 의자를 던지는 행동을 할 때 교사들은 놀라지 않을 수 없었다. 유아교육 현장에서는 앤드류와 마이클 같은 아이들이 많다고 볼 수 있으며, 이와 같은 문제행동을 지닌 유아들이 학교에서 잘 생활하기를 바란다면 유아들도 학교에서 생활할 수 있는 준비가 되어있어야 하며, 학교는 이와 같은 유아들의 문제행동을 지도하기 위한 준비가 되어있어야 한다.

2001년 9월 11일 컬럼바인고등학교에서 일어난 사건과 경제 침체는 우리의 세상을 바꾸어놓았으며, 이 사건은 교사들이 문제행동을 동반한 아이들을 도울 수 있는 지식과 전략, 기술의 습득이 시급하다는 것을 보여준다. 비록 많은 연구들이 영유아 때 보이는 공격적 문제행동들은 유아기를 거쳐 청소년기와 장년기까지 지속되고 있다는 것을 보여주지만(Broidy et al., 2003; Côté, Vaillancourt, LeBlanc, Nagin, & Tremblay, 2006), 반면에 문제행동을 지닌 유아들이 적절하게 행동하는 방법을 학습할 수 있다는 것을 보여주기도 한다. 이러한 유아의 행동이 무엇이며, 이러한 행동을 하는 이유를 교사가 안다는 것은 유아들에게 확연하게 다른 결과를 만들 수 있음을 보여준다. 본인이 지금 교사이거나 가까운 미래에 교사의 길을 걷고자 한다면 자신 앞에 두 가지 선택이 놓여있다. 한 가지는 이러한 아동들을 즐겁게 맞이하며 가능한 한 유아들이 가장 훌륭한 사람이 되는 법을 가르치는 환경을 조성하는 것이고, 또 다른 하나는 유아가 자신이 아무런 도움이 되지 못하고 어디에도 속하지 못하며 학교에서 원하는 기준에 맞추거나 학습할 수 없다는 의심을 키우도록 하는 것이다.

오늘날의 교육 현장은 교사에게 요구하는 것이 많기 때문에, 이 책에서 말하는 모든 것을 실행하기는 쉽지 않을 것이다. 그러나 모든 아동과 좋은 관계를 형성하고 사회·정서적 기술을 가르치는 일, 그리고 모든 아동에게 관심을 골고루 쏟는 교육 환경을 만드는 일은 많은 시간과 노력이 필요하지만 값진 일이다. 결국 하루에 몇 분씩이라도 시간을 쏟아 문제행동을 예방하고 모든 아동이 성공적으로 해낼 수 있게 하는 것은 단순히 행동을 수정하는 결과를 이끄는 것뿐만 아니라 교육 목표를 달성하는 데 도움이 될 것이다.

교사가 문제행동을 보이는 유아들을 돕는 능력이 향상되면 종종 싸움을 일으키거나 흥분하는 유아들, 괴롭힘을 방관하는 유아들, 그리고 공격적 행동에 참여하는 유아들까지도 자연스럽게 도울 수 있게 된다. 모든 것이 준비가 되어있을 때 유아들은 안정감을 되찾고 문제행동과 그 강도가 줄어들며 이를 모방하는 일도 줄어들게 된다. 그러면 유아들과 일하는 모든 사람들이 진심으로 유아들을 맞이하고 돕는 일에 헌신하게 된다. 교사도 능력과 확신을 갖게 되면서 자신의 직업에 자긍심과 만족감을 얻게 되어 매일 많은 시간을 함께하는 유아들에 대해 좀 더 긍정적인 감정을 가질 수 있게 된다.

이 책에서 말하고자 하는 것은 무엇인가

이 책은 일종의 지침서이다. 이 책은 문제행동을 이해하고 예방하며, 문제행동이 발생했을 때 효과적으로 대처하는 데 필요한 기본적인 정보와 기술을 제공하고, 적절한 대안들을 가르쳐주는 데 목적이 있다. 여기에는 신경과학, 심리학, 정신의학, 특수교육, 유아교육, 아동발달, 비교문화연구, 사회 · 정서적 프로그램에서 발견한 모든 정보와 기술들을 총괄하고 있다. 그렇지만 이 책이 일정한 공식을 제공하지는 않는다. 그 이유는 아동들이 각자 다른 문화와 배경을 가지고 있고, 이에 따른 독특한 해결책을 얻어야 하기 때문이다. 또한 이 책은 모든 문제행동들을 해결할 수 있는 확실한 답을 제공하지는 못한다. 하지만 교육 현장에서 입증된 아이디어와 전략들을 설명하고 있으며, 이러한 방법들을 사용함으로써 도움을 얻을 수 있을 것이다. 문제행동을 지닌 아동을 만났을 때 문제행동에 대처하기 위한 필요성을 느끼고 실제로 상담과 처방을 하기까지는 많은 시간이 걸릴 수 있다. 이 기간 동안 많이 지치고 힘들어하지만 그 시간이 전략적으로 매우 유용한 기간이다. 하지만 그렇다고 의도적으로 기다릴 필요는 없을 것이다.

우리는 이 책을 유아들을 가르치는 교사와 학생들을 위해 집필하였다. 그러나 학교와 어린이집을 운영하는 분들에게도 도움이 될 것이다. 문제행동을 보이는 아동들을 돌보는 교사들을 지원하고 돕는 것이 교육의 성공에 커다란 보탬이 되기 때문이다.

기본적인 사항

이 책은 크게 두 가지로 나눈다. 처음 제1~4장은 배경을 설명하고, 효과적인 실행을 강조하는 여러 가지 이론과 연구들을 보여준다. 공격성, 위험요인, 문제행동을 일으키는 뇌의 역할에 대한 정보를 포함하고 있다. 나머지 제5~12장은 더욱 실제적인 내용을 담고 있다. 문제행동을 어떻게 예방하고 어떻게 관리할 것인지를 설명하고 있다. 각각의 방법은 단독으로 쓰일 수 있지만 한꺼번에 사용될 수도 있다. 마지막 장은 문제행동 중에서 괴롭히는 행동에 대해 다루고 있으며, 이는 일종의 요약이므로 책의 끝 부분에 배치하였다.

문화는 아동을 이해하는 기본적인 부분이기 때문에 이 책에서도 민감하게 다루고 있다. 그러나 책을 집필하는 저자들이 모두 유럽계 미국인이기 때문에 독립된 관점을 갖기에 어려움이 있었다. 따라서 독자 여러분이 저자의 문화적인 성향을 인식하고 읽는 것이 중요하다.

문제행동은 주로 남자아이에게 더 일어나지만 여자아이에게도 늘어가고 있는 추세이다. 이러한 관점에서 홀수 장들은 남자아동이 문제행동을 수반한 경우를 묘사하였고, 짝수 장에는 여자아동을 예시로 설명하였다.

많은 아동들이 이 책에 등장하지만 앤드류, 마이클, 재즈민이 주를 이루고 있다. 이 책의 중요 부분에 이 아동들의 행동과 전략들이 사례들을 통해 소개된다.

유의할 점

책을 읽는 동안 유념해야 할 것은 다음과 같다.

- 스스로의 능력에 대해 자신감을 가지라. 당신은 이 문제를 충분히 다룰 수 있다.
- 문제행동을 보면 교육의 기회로 삼으라. 그것은 자신이 하는 모든 일에 도움이 된다.
- 서두르지 않고 한 번에 한 행동씩, 한 아동을 대상으로 하고 현실적인 목표를 설정하여 성공을 맛보라.
- 하루 일과의 마지막은 잘된 것과 잘못된 것을 발견하고, 다음 기회에 사용할 해결방법을 적어보라.
- 진행되고 있음을 나타내는 작은 변화를 찾고, 그 정도를 기록하는 것을 훈련하도록 한다. 하루아침에 문제행동을 소거할 수 없음을 명심하라.
- 새로운 시도를 할 때 그 전보다 나빠질 수도 있다는 것을 기억하라. 충분한 시

간에도 행동이 호전되는 방향으로 전개되지 않으면 다른 방법을 시도해보라.

• 다른 사람들과 같이 일할 때에는 공동의 목표를 설정하라. 같이 웃고, 격려하고 칭찬하라. 혼자 일하게 되는 경우에는 동료들을 찾아보라. 모든 교육자들은 같이 나눌 사람이 필요하다.

• 죄책감보다는 보상으로 자신을 대하라. 맛있는 간식을 먹든지 산책을 하든지 하라. 자신이 계속 힘을 내서 일할 수 있는 모든 방법을 동원해보라.

Chapter **01**

문제행동

Chapter 01
문제행동

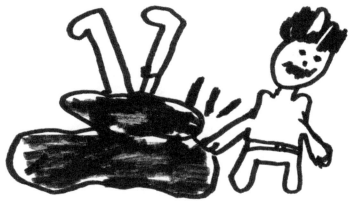

문 제행동(challenging behavior)이란?

- 아동의 인지발달, 사회발달, 정서발달을 방해하는 행동
- 아동 자신이나 친구들 또는 성인에게 피해를 주는 행동
- 나중에 사회적 문제를 일으키거나 학업에 실패할 수 있는 고위험 아동(Klass, Guskin, & Thomas, 1995; McCabe & Frede, 2007)

이 책은 문제행동을 일으키는 아동 자신과 또래 그리고 교사에게 다양하고 중대한 영향을 줄 수 있는 공격적인 행동에 초점을 맞추고 있다.

공격적인 행동(aggressive behavior)의 목표는 다른 사람에게 피해를 주거나 다치게

전쟁과 평화

공격적이거나 반사회적인 행동은 갈등과 동일하지 않으며, 갈등은 상반되는 목표나 관심을 가진 사람들이 있을 때 발생하고 많은 방법으로 해결할 수 있다. 교사는 아동에게 자신의 요구, 자신의 부정적인 감정조절, 타인의 이해에 관한 갈등을 해결하는 것을 교수함으로써 아동을 적극적으로 돕는다(Cords & Killen, 1998; Katz, Kramer, & Gottman, 1992). 공격적인 행동은 갈등을 다루기 위한 하나의 전략이다(사실 일부 연구자들은 이러한 전략이 갈등을 잘못 다루는 것이라고 생각한다.)(Perry, Perry, & Kennedy, 1992; Shantz & Hartup, 1992). 하지만 대부분의 갈등은 공격을 포함하고 있지 않다.

하는 것일 수 있다(Parke & Slaby, 1983). 문제행동은 물리적일 수도 있고 언어적일 수도 있다. 공격적인 행동은 **직접적**(때리기, 밀기, 꼬집기, 물기, 뜯기, 침 뱉기, 머리 당기기, 위협하기, 욕하기)이거나 혹은 **간접적**(소문 내기, 왕따시키기, 비밀 말하기 등)일 수도 있다. 이 중 **사회적 공격** 또는 **관계적 공격**이라고 하는 간적접인 공격행동은 관계, 사회적 위치, 자아존중감(self-esteem)을 위협한다(Vaillancourt, 2005).

공격적인 행동은 '신체적이나 정신적인 손상, 재산의 손실이나 상해'(Loeber, 1985, p.6) 등과 같이 사회 규범과 기대를 위반하는 **반사회적이고 파괴적인 행동**과 종종 겹친다(Walker, Ramsey, & Gresham, 2004). 그것은 규칙과 지침, 권한을 무시하는 것을 포함한다(폭력, 욕설, 부정행위, 거짓말, 절도, 왕따, 자살, 약물남용, 위협적이거나 잔인한 행동).

아동의 행동이 위협적이고 도발적이며 그와 동시에 자극적이기 때문에 우리는 이것을 문제행동이라 부른다. 문제행동은 우선 아동 본인에게 문제가 된다. 문제행동은 또래들과 함께 어울리고 성공적인 학교생활을 위해 알고 있어야 할 것들의 학습을 방해하여 위험에 빠지게 한다. 아동들은 자신을 통제할 수 있는 능력을 지니지 못하고 있기 때문에 문제행동을 하는 것일지도 모른다. 아동은 자신의 감정과 행동을 조절하는 법이 무엇인지 알고 있다 하더라도 아직 그 일을 감당하지는 못하기 때문이다.

문제행동은 아동의 가족과 교사에게도 문제가 된다. 문제행동에 직면하게 되면 교사와 가족은 종종 당황하게 되는 자신을 발견하게 된다. 그래서 부모와 교사는 상황을 어떻게 변화시키고 유지할 것인지, 아동을 어떻게 제자리로 돌아가게 하는지,

자신에 대해서 적절한 행동을 하는 방법이 무엇인지 찾는 데 어려움을 느낀다. 그러나 유용한 정보와 전략을 가진다면 우리는 이러한 문제 상황에서 능력을 발휘하고 문제행동을 일으키는 아동의 발달에 중요한 역할을 할 수 있다. 그리고 아동들이 심각한 상황을 피하고 전인적 인간으로 성장할 수 있도록 도울 수 있다.

문제행동은 적절한가

영유아들은 분노하거나 좌절했을 때, 그리고 자신들의 활동과 소유물에 대해 관심을 갖게 된 첫날부터 공격적이고 충동적인 행동을 일으키기 시작한다(Hay, 2005). 영유아들에게 문제행동은 발달 과정상 자연스러운 것이다. 한 연구에 따르면 대부분의 어머니들은 자녀들이 2세가 되었을 때 움켜잡고, 밀고, 당기고, 치고, 공격하고, 괴롭히기와 같은 '고통스러운 것들(cruel)'을 했다고 보고했다. 몬트리올대학교의 Tremblay의 인터뷰에서는 다음과 같이 설명했다. "우리가 지난 30년 동안 해답을 찾으려고 노력했던 질문은 유아들이 어떻게 공격적으로 행동하는 것을 학습하는지였다. 그러나 이것은 잘못된 질문이었고, 적절한 질문은 '유아가 어떻게 하면 공격하지 않는 것을 학습하는가?' 이다(Holden, 2000, p. 581)."

가족과 교사의 도움으로 대부분의 유아들은 3세 무렵에 신체적 공격의 빈도가 점차 줄어든다. 이는 언어 기술이 향상됨에 따라 신체적 공격 대신 언어적 공격으로 대체된 것일지도 모른다(Dodge, Coie, & Lynam, 2006). 유아는 스스로 감정을 조절하는 것과 다른 사람의 입장에서 보는 것을 이해하고, 요구를 전달하고 목적을 달성하기 위한 친사회적 전략을 사용하며 이를 스스로 활용하기 위한 학습을 한다. 또한 유아는 만족을 지연시키는 것을 학습하게 됨에 따라 다른 유아의 공격행동에 대해서도 점점 관대해질 가능성이 있다. 유치원에 들어갈 무렵 대부분의 유아들은 상대적으로 평화로운 상태를 그대로 유지하려는 경향이 있다(Broidy et al., 2003).

모든 아동들은 좌절하거나 화가 날 때, 몸이 좋지 않을 때 문제행동을 계속하게 된다. 부모의 이혼, 동생이 생겼을 때, 부모가 아프거나 실직했을 때, 이사와 같은 어려운 사건과 혼란스러움에 직면하게 되면 오랜 기간 동안 문제행동을 할 수도 있다. 그러나 별도의 관심과 이해가 있다면 아동들은 일반적으로 문제 상황에 대처가 가능해진다.

문제행동의 또 다른 이름

문제(challenging)란 단어는 어른들이 문제행동이나 문제행동을 일삼는 아동에게 붙여준 유일한 꼬리표는 아니다. 여기에 이를 지칭하는 다른 단어들이 있다.

- 과소비(high maintenance)
- 반항(oppositional)
- 파괴적(disruptive)
- 높은 요구(high needs)
- 비열한(mean)
- 폭력적(violent)
- 통제 불능(out of control)
- 이목 끌기(attention seeking)
- 까다로운(difficult)

- 말썽꾸러기(troublemaker)
- 반사회적(antisocial)
- 순응하지 않음(noncompliant)
- 공격적(aggressive)
- 나쁜(bad)
- 문제(problem)
- 충동적인(impulsive)
- 다루기 어려움(hard to manage)
- 제멋대로, 고집(willful)

낙인은 그 영향이 매우 강력하므로 사용하지 않는 것이 현명하다. 만약 당신이 낙인을 찍는다면 아동보다는 아동의 행동에 적용해야 한다. 언어의 사용은 당신이 아동을 바라보는 방법에서 할 수 있는 것과 그렇지 않은 것에 관한 생각에 큰 영향을 미칠 수 있기 때문에 신중하게 사용해야 한다. 부정적인 낙인은 자기실현적 예언이 되기 쉬울 수 있다. 부정적 낙인은 쉽게 아이의 긍정적인 자질을 알아채지 못하게 방해하고, 교사의 기대를 약하게 만들어 모든 것에 자기충족 예언이 쉽게 실현되게 할 것이다. 하지만 고집스러움을 끈기 있고 영구적이라고 보는 것과 같이 아동들의 긍정적인 부분으로 볼 수 있다면 아동들이 자신을 좀 더 긍정적으로 보고, 좀 더 긍정적으로 행동하는 것을 볼 수 있을 것이다 .

더 심각한 문제행동을 보이는 아동들에게는 어떤 일이 발생하는가

훨씬 더 어렵고 지속적인 문제를 가진 아동들은 상황에 대응하는 최선의 방법으로 문제행동을 선택할 수 있다. 3~17%의 아동들이 공격적이고 반사회적 행동을 지속적으로 한다(Broidy et al., 2003; Côté, Vaillancourt, LeBlanc, Nagin, & Tremblay, 2006). 어떤 아동들은 낮은 수준의 읽기에서 문제가 시작되어 결국 비행청소년이나 범죄자가 될 위험성이 높아지기도 한다. 연구자들은 이 공격행동의 유형을 '조기 발현(early on-set)'이나 '평생 지속형(life-course persistent)'이라고 부른다(Broidy et al., 2003; Campbell, 2002; Moffitt & Caspi, 2001). 더 오랫동안 이 행동을 하게 되면,

자신의 행동을 변화시키는 것이 더 어려워져서 아동에게 악영향을 미치게 된다.

문제행동을 하는 아동은 자신이 때로 친구들로부터 거부되고 있다는 것을 알고 있다. 미움을 받고, 놀림을 당하고, 유치원이나 학교에서 놀이에서 제외되고, 자아존중감이 낮고, 자신감이 없으며, 고립되거나 우울해하고, 생일파티나 친구 집에 초대받지도 못한다. 이러한 경험 때문에 아동이 절실히 원하는 사회적·감정적 기술을 연습하고 발전시킬 기회를 갖지 못하게 된다. 이러한 아동은 거절당할 것을 미리 예상하는 것을 학습하게 되며, 자신을 보호하기 위한 최선의 방어가 먼저 주먹을 휘두르게 되는 것임을 알게 된다(Moffitt, 1997). 한 번 거부당한 아동은 아마 계속해서 거부당할 것이며, 새로운 그룹에 들어가기 힘들어질 것이다(Campbell, 2002).

또한 문제행동은 학업문제를 가져올 수 있다. 이들의 사회적 기술, 감정 통제, 언어 발달은 수준 이하이기 때문에 대부분의 문제행동을 하는 아동들은 읽기학습 및 저학년 때부터 필요한 기초학습에 대한 준비가 되어있지 않다(Coie, 1996). 이는 너무 활동적이고, 부주의하고, 파괴적일 수도 있는 이들의 행동에 도움이 되지 못한다.

교사들이 때로는 문제를 더 심각하게 만든다. 교사들이 문제행동을 하는 아동을 처벌할 가능성은 더 높지만 아동이 바르게 행동했을 때 칭찬할 가능성은 적다 (Walker & Buckley, 1973). 문제행동이 있는 아동들은 교사에게 이름이 덜 불려지고, 질문도 거의 받지 않게 되고, 정보도 덜 얻게 되고, 교장실에 더 자주 가게 되어서 교실에 있는 시간이 줄어들게 된다 (Shonkoff & Phillips, 2000). 당연한 수순으로 그런 아동들은 곧 뒤처지게 되거나 좀 더 나아가서 정학이나 퇴학을 당하거나, 낙제를 받거나, 특수 학급으로 갈 가

또래가 거부한 아동은 거부할 것을 예상하는 것을 배우게 되고 심지어 자신을 보호하기 위해 먼저 공격하는 것이 최선의 방어라고 깨닫게 된다.

능성이 높아진다. 결국 교사들은 문제행동을 하는 아동을 포기할 가능성이 많아진 다(Kokko, Tremblay, Lacourse, Nagin, & Vitaro, 2006; National Institute of Child Health and Human Development Early Child Care Research Network, 2004).

그런 아동들은 마음이 맞는 친구들과 무리지어서 범죄, 조직폭력배, 약물남용, 정 신 질환에 대한 위험을 높인다. 성인이 되어서도 취직을 하거나 안정된 수입을 받기 어렵고, 폭력적인 범죄를 저지를 가능성이 높아진다(Broidy et al., 2003; Côté, Vaillancourt, Barker, Nagin, & Tremblay, 2007). 그들의 결혼은 불안정하고, 남자아 이들 같은 경우 학대하는 사람이 될 수도 있고, 여자아이들 같은 경우 위험 가능성이 높은 10대 청소년 임신, 미혼모, 양육 기술의 부족으로 문제행동을 보이는 아동을 대 물림할 수 있다(Odgers et al., 2008; Serbin et al., 1998).

공격적이고 반사회적인 행동에 대한 전문가들의 의견은 어떠한가

최근 공격에 대한 연구 경향은 우리가 알고 있는 이론인 조기 발현 공격행동(early on-set aggressive behavior), 평생 지속형 공격행동(life-course persistent)의 이론(Dodge et al., 2006)과 같다. 최근 정신병리학의 새로운 분야에서 알려진 이 이론에서는 공격적 이고 반사회적인 행동이 아동의 유전자, 경험, 문화 간의 지속적인 상호작용의 결과 라고 주장한다. 이것에 대해서는 제2~6장에서 더 자세히 알아볼 것이다.

이 발달이론은 또한 사람들이 좌절했을 때 화를 내고 분노하며 공격적인 행동을 하는 좌절-공격이론의 초기 이론을 기반으로 한다(Dodge et al., 2006). 또한 사회학습 이론(Bandura, 1977)은 상태와 강화의 원리에 기초하고 있으며, 사람들은 자신의 환 경으로부터 공격적인 행동을 배운다고 주장하고 있다. 사회학습이론의 아버지인 심 리학자 Albert Bandura는 아동이 가족, 교사, 또래, 텔레비전을 역할 모델로 관찰하 고 모방한다고 하였다. 아동은 보상과 벌, 공격적이고 반사회적인 행동에서 연상된 감정적 상태를 관찰하고 경험한다. 아동이 강화된 행동을 보게 되면 스스로 문제행 동을 시도할 가능성이 있다. 그리고 아동이 직접 강화를 경험하면 문제행동을 반복 할 가능성이 높아진다(Bandura, 1977). 예를 들어 잭이 벤을 때리고 소방차를 빼앗 았다면 잭은 다음부터 자신이 원할 때마다 때리고 빼앗으려고 할 것이다.

사회학습이론은 인지에 더 많은 중점을 두고 연관된 이론들을 양산하였다. Huesmann과 Eron의 인지 스크립트 모델(cognitive script model)에 따르면, 아동은 공격적인 행동에 대한 스크립트(script)나 도식(schema)을 학습하고(무엇을 기대하는 경우에 기분이 어떤지 그리고 결과가 될 것과 그 결과가 무엇인지) 기억을 저장하는 곳에 이를 축적한다고 하였다. 기회가 생겼을 때 행동을 통제하게 되며, 더 쉽게 생각이 나기도 하고, 관찰과 상상하기와 행동하기를 통해 이러한 스크립트를 더 많이 연습한다(Dodge et al., 2006).

심리학자 Dodge(2006)는 공격적이고 반사회적인 행동에 대한 사회적 정보처리 모델을 제안하였다. 사회적 상호작용은 반응으로 변환되고 처리되는 대량의 정보를 매번 아동에게 제공한다. 각 사회적 신호가 들어오면 아동은 이것을 부호화하고, 해석하고, 할 수 있는 응답을 생각하고, 평가해서 수행할 것 한 가지를 선택해야만 한다.

사람들은 보통 유순한 의도를 가지고 있으나, 드물게 어떤 상황에서는 공격적인 대응이 필요하다는 것을 대부분의 아동들이 어렸을 때 배우게 된다(Dodge, 2006). 그러나 심한 문제행동을 하는 아동(아마 불우한 생활경험 때문일 것임)은 종종 들어오는 정보를 처리하는 데 필요한 기술이 결여되어 편견으로 세상을 보는 경향이 있다(Dodge, 2006). 대부분의 아동이 중립적이라고 간주되는 상황에서 심한 문제행동을 하는 아동과 부딪혔을 때, 아동들은 다른 아동이 고의로 그랬다고 생각한다. 여기에서 아동들은 그 아동을 자신을 해칠 의도가 있는 아동이라고 여기거나 또는 성질이 못된 아동이라 여긴다. Dodge는 이것을 적대적 귀인 편향(hostile attributional bias)이라고 하였다. 또한 아동들은 상황을 해결하는 데 도움이 될 정보가 아닌 다른 해결책을 가진다는 것이 문제가 될 수 있다. 그리고 적극적으로 대응한다면 어떻게 될지 예상하지 못하기 때문에 결국엔 남들이 하지 않는 직접적이고 간접적인 해결책을 종종 선택하게 된다(Dodge et al., 2006).

이 패턴은 비교적 안정이 되는 아동기 중반에 자신의 경험을 바탕으로 생성된다(Dodge, 2003). 가정에서 엄격하게 훈육된 아동들은 또래에게 거부를 당해 분노를 느끼고, 소외되며, 경계심이 강해 폭력으로 자신을 방어하는 방법을 배운다(Dodge, 2003). 간접 공격에 대응하는 아동은 적대적인 정서를 기반으로 할지도 모른다(Crick, Grotpeter, & Bigbee, 2002).

다른 연구자들은 공격의 종류를 두 가지로 구분한다. 예를 들어 아동들은 원하는 목적과 또래를 위협하는 것과 같은 목적을 달성하기 위해 **순향적 공격**(또는 **도구적 공격**)을 사용한다. 아동들은 장난감을 요구하거나 교사의 주의를 끌고 싶지만 아직 말을 하지 못하기 때문에 순향적 공격을 하게 되며, 이는 매우 어린 아동들 사이에서 나타난다. 아동들은 화를 내거나 감정적인 것은 아니다. 단지 공격을 그들이 원하는 것을 얻을 수 있는 수단으로 사용하고 있다. 순향적 공격은 강화에 의해 좌우되고 목표를 달성하기 위해 공격의 사용을 조성하는 환경에서 발전된다. 이는 나중에 비행과 폭력으로 이어진다(Hay, 2005; Vitaro & Brendgen, 2005).

한편, **반응적 공격**(또는 **적대적 공격**이나 **감정적 공격**)은 약간의 좌절과 인지된 위협, 자극에 반응할 때에만 나타난다(Dodge, 2006; Vitaro, Barker, Boivin, Brendgen, & Tremblay, 2006). 분노하고 충동적이며 모든 것이 통제되지 않을 때 공격적 행동은 종종 누군가를 다치게 하는 것을 목적으로 한다. 반응적 공격성의 경향이 있는 아동은 특별한 반응적 기질을 가지고 있고, 열악한 환경에서 살고 있다(Vitaro & al., 2006). 아동은 사회적 정보처리 과정에서 오류가 발생하는 경향이 있기 때문에 애매하거나 중립적인 상황에서 아동이 한 행동에 적대적인 의도가 있다고 봄으로써 또래들이 싫어하게 만든다(Vitaro & Brendgen, 2005).

공격적인 행동을 보이는 아동은 몇 가지 특이한 행동 양상을 보이기도 한다. 공격을 온전히 받아들여 공격이 결국엔 다른 사람을 해치게 하는 것이 아니라 자신의 지위를 높이고 자기만족감을 갖게 한다. 또한 이 아동들은 공격이 성공한 것이라 믿으며 이러한 행동들은 아동의 삶 속에서 종종 볼 수 있다(Vitaro & Brendgen, 2005).

문제행동을 지닌 아동은 자신의 경험을 통해 공격적 행동이 성공을 할 것이라고 믿는다.

또한 공격적이나 반사회적인 행동을 하는 아동은 도덕적 이해가 떨어질 수 있다. 다른 사람의 관점에서 볼 수 없으며, 자신의 방법으로 주장하고, 일이 잘못되면 다른 사람을 탓하고(Dodge et al., 2006), 상대방이 다쳐도 계속 공격한다(Perry et al., 1992). 또한 자신의 인기와 사회적 능력을 과대평가하여 자신감만 커질 수 있다 (Dodge et al., 2006). 공격적인 행동이 무의미한 환경에서는 아동들이 효과적이고 비공격적인 반응으로 원만히 자신의 문제를 해결할 수 있는 기회를 더 많이 가질 수 있다(Brendgen, Vitaro, Boivin, Dionne, & Pérusse, 2006).

공격적인 행동과 아동의 뜻대로 하는 경쟁적이고 효율적이며 비공격적인 반응들이 평가절하되는 환경에서는 아동들이 우호적으로 스스로 문제를 해결할 기회에서 멀어진다.

문화는 공격적 행동에 영향을 주는가

공격적인 행동을 보는 방법은 문화에 따라 차이가 있으며 학습의 중요성을 강조한다. 성인들이 적극적으로 공격적인 행동을 억제하는 것은 인도의 아미시족이나 주니족과 같은 평화로운 사회에서 볼 수 있다(Delgado, 1979). 그러나 공격적인 행동을 권장하면 그 결과 공격적인 사회가 된다. 인류학자 Fry(1998)는 남부 멕시코의 두 이웃마을을 연구하였다. 라파스 주민은 공격적인 행동을 싫어하기 때문에 그런 행동이 거의 나타나지 않았다. 그러나 인근의 산안드레스 주민은 공격적인 행동이 정상이라고 생각해서 아이들이 서로에게 돌을 던질 때 부모들이 개입하지 않았다. 결과적으로 강력 범죄 사건이 라파스 마을보다 산안드레스 마을에서 5배 이상 많이 발생했다.

현실 적응

교사는 재미를 위해서 치고, 박고, 맞고, 레슬링을 할 때 종종 공격적인 행동과 거친 신체놀이(rough-and-tumble play)를 구별하기 어렵다. 거친 신체놀이는 정상적인 활동이며, 남아들 사이에서 일반적으로 행해진다. 옛날에는 싸우는 기술을 연마했겠지만, 지금은 아동들이 거친 신체놀이로 상대방에게 자기 자신을 시험하고 타협하는 것을 배우는 데 도움이 되거나 규칙을 존중하고 공격을 조절하는 것을 학습하는 듯하다(Tremblay, Gervais, & Petitclerc, 2008). 거친 신체놀이는 신체적인 성숙과 함께 감소한다. 영국인 전문가 Boulton(1994)은 심각한 싸움과 거친 신체놀이를 구분하는 방법에 대하여 다음과 같은 팁(tip)을 제공하였다.

- 표정과 언어적 표현(facial and verbal expression). 거친 신체놀이에는 일반적으로 웃음과 미소가 있다. 실제로 싸우게 되면 싫은 내색을 하고, 째려보고, 얼굴을 찡그리고, 울고, 얼굴이 붉으락푸르락해진다.
- 결과(outcome). 아동은 거친 신체놀이 후에는 함께 계속 놀이를 하지만, 실제 싸움 후에는 따로 떨어진다.
- 자기불구화(self-handicapping). 장난스러운 싸움에서 더 강하거나 나이가 많은 아동은 상대방을 잡거나 꼼짝 못하게 할지도 모른다. 이것은 심각한 싸움에서는 발생하지 않는다.
- 구속(restraint). 장난스러운 싸움에서 아동 간의 접촉은 상대적으로 부드럽다. 아동이 진짜 싸우면, 그들은 전력투구한다.
- 역할 전환(role reversal). 거친 신체놀이에서 아동은 역할을 대체한다. 예를 들어 그들은 쫓고 쫓기는 것을 번갈아 한다. 이것은 일반적으로 싸움에서는 발생되지 않는다.
- 파트너의 수(number of partners). 10명 이상의 아동이 거친 신체놀이에 참여할 수 있다. 일반적으로 심각하면 두 패로 나뉘어 싸우게 된다.
- 방관자(onlooker). 구경꾼들은 싸움하는 것에 관심이 없지만 심각한 싸움이나 따돌림은 종종 군중을 끌어모은다.

여섯 문화권(인도, 오키나와, 케냐, 멕시코, 필리핀, 미국)의 행동 연구를 보면, 상대적으로 미국 부모는 아동들 간에 타당한 공격적인 행동을 용인한다는 것을 발견하였다(Segall, Dasen, Berry, & Poortinga, 1990). 이와 관련하여 미국은 선진국 중에서 가장 폭력적인 국가로서(United Nations Office on Drugs and Crime, 2010) 강력 사건의 통계를 살펴보면 2008년 100,000명당 평균 5.4명의 강력 사건이 발생하였다(U.S. Department of Justice, Federal Bureau of Investigation, 2009). 이웃 국가인 캐나다는 100,000명당 평균 1.8명의 강력 사건이 발생했다(Statistics Canada, 2009). 미국 청소년들의 강력 사건은 1990년 이후 줄어들고는 있지만 여전히 놀라울 정도로 많이 발생하고 있다(Centers for Disease Control and Prevention, 2009). 2007년 통계에 의하면 고등학생의 6%가 학교에 총기를 가지고 왔다고 한다(Eaton et al., 2008).

비록 아프리카계 미국인과 유럽계 미국인 간의 폭력 비율이 높긴 하지만(Kaufman, 2005), '청소년과 폭력'이란 미국심리학협회위원회(American Psychological Association's Commission)의 보고서에서는 "인종 간의 폭력에 대한 인과관계나 위험요인을 고려했어야 했다."라고 보고하였다(Eron, Gentry, &

교사의 선택

Preschool in Three Cultures(1989)에서 Tobin, Wu, Davidson은 유치원에서 다른 아동들과 싸움을 하거나, 게임을 망치고, 큰소리로 노래 부르고, 장난을 치는 일본인 4세 아동을 생생하게 묘사하였다. 대개 교사는 아동의 행동을 무시했다.

이것은 의도적으로 선택한 것이다. 일본인 교사는 즉시 혼내기, 비난하기, 제외시키기, 처벌하기와 같은 것을 신뢰하지 않는다. 또래와 상호작용하는 행동을 통제하는 것이 학습된다고 믿으며, 남아들 사이의 싸움은 불가피하다고 생각하였다. 또 더욱 완벽한 인간이 되도록 갈등을 대처하는 아동을 위해 나이에 적합한 행동을 교수해야 한다고 하였다.

중국은 공격적인 행동에 대해 완전히 다른 관점을 가진다. 즉, 교사가 즉시 개입해야 함을 신뢰한다. 유아가 유치원에서 그런 식으로 행동하게 하는 것에 대해 중국인 교사는 "문제행동이 그런 식으로 수용된다고 생각할 것이며, 평생 동안 지속될지도 모르는 나쁜 성격을 발달시키게 될 것이다."라고 말하였다. 적절한 행동을 교수하는 책임은 교사에게 있다.

세 번째 미국의 경우에는 언어로 공격적인 행동의 문제를 해결할 수 있다고 생각한다. 교사와 아동은 서로 규칙과 아동들의 요구사항에 대해 이야기해서 조금씩 아동의 딜레마에 대한 해결책을 협상해야 한다고 하였다.

Schlegel, 1994, p. 101). 이 지역에서 폭력과 관련한 중요한 위험요인은 심각한 빈곤이었다. 공동체 혼란, 실업자, 인종차별, 차별(discrimination)과 같은 사회경제 상태가 안정될 때 폭력 비율이 감소할 것이다.

아프리카계 미국인과 유럽계 미국인 초등학생 사이의 폭력 비율은 실제로 차이가 없으며, 18~20세 연령(직장인, 기혼, 동거)에서도 큰 차이가 없었다(Dodge et al., 2006).

또 문화, 인종, 민족성과는 상관없이 아동은 안전한 느낌과 존중을 받고 싶어 하며, 배움에 대한 보살핌을 필요로 한다. 그런데 교실에 문제행동을 하는 아동이 있으면 수업 시간을 훨씬 더 어렵게 만든다. 다음 장의 내용은 문제행동뿐만 아니라 문제행동을 하는 아동을 이해하는 데 도움이 될 것이다. 가르침을 받는 모든 아동들이 자신의 잠재력을 발휘할 수 있는 기회를 가질 수 있게 하며 또한 교사가 문제행동을 효과적으로 예방하고 관리하는 데 필요한 기술을 개발할 수 있도록 한다.

생각해볼 문제

1. 앞에서 우리는 '부정적 낙인은 너무 쉽게 자기충족 예언이 될 수 있다.'고 했다. 아동에게 낙인을 찍은 적이 있는가? 교사의 행동과 관계에서 낙인은 어떻게 영향을 미쳤는가? 교사가 다른 누군가를 낙인 찍었을 때의 상황을 생각할 수 있는가? 부정적인 낙인 목록을 만들고 같은 것을 긍정적으로 표현하는 방법을 찾아보라.

2. 아동의 문제행동에 대해 이해하고, 예방하고, 응답하도록 돕는 공격적이고 반사회적 행동의 이론을 어떻게 이해할 수 있는가? 18~21쪽에 설명된 이론 중 하나를 선택하고 당신의 반응에 영향을 줄 방법에 대해 설명하라.

3. 공격적인 행동의 사회적 정보처리 모델과 인지 스크립트에 관련된 아동의 삶은 어떠한가?

4. '실제로 아프리카계 미국인과 유럽계 미국인 초등학생과 18~20세 연령(직장인, 기혼, 동거) 사이의 공격성 비율에는 차이가 없다.' 이것이 왜 중재에 대한 설득력 있는 진술이라고 말할 수 있는가?

5. 당신은 왜 다른 선진국보다 미국이 훨씬 더 폭력적이라고 생각하는가?

참고문헌

Garbarino, J. (2000). Lost boys: *Why our sons turn violent and how we can save them.* Garden City, NY: Anchor.

Harris, J. R. (2009). *The nurture assumption: Why children turn out the way they do* (rev. ed.). New York: Simon & Schuster.

Kagan, J. (1971). *Understanding children: Behavior, motives, and thought.* New York: Harourt Brace Jovanovich.

Newman, K. S. (2004). *Rampage: The social roots of school shootings.* New York: Basic Books.

Chapter **02**

위험요인

당신의 교실에 문제행동을 하는 아동이 들어왔을 때, 당신이 대부분 경험했었고 교사들이 확신했던 것임에도 불구하고 의심으로 가득차 있는 자신을 발견할 수 있다. 불안정하고 부정적이고 방어적인 감정들이 강하게 밀려들면서, 당신은 제일 먼저 본능적으로 누군가(아동, 아동의 부모들, 당신 자신)의 탓으로 돌릴 것이다. 뭔가 벽이 있다는 느낌이 들었을 때에는 도움을 요청하기도 어려우며, 심지어 받아들이기도 어렵게 된다. 그 벽을 무너뜨리는 방법 중 하나는 문제행동 뒤에 숨겨져 있는 것을 이해하는 것이다.

문제행동이 아동의 실질적인 요구를 충족시킬 수 있기 때문에 일반적으로 이것들이 매우 도움을 준다. 만약 왜 그랬는지 그 행동을 이해했다면, 더 적절하게 요구할 수 있도록 아동을 돕는 것(실질적인 행동을 다루는 것)이 손쉬워질 것이다. 아동의 문제행동이 단지 교사를 힘들게 하기 위한 이유가 아닌 아동의 삶에서 비롯되었다는 것을 알게 된다면, 아동을 다른 시각에서 바라볼 수 있게 되며 아동이 할 수 있는 것과 할 수 없는 것이 무엇이며 성공적인 삶을 위해서는 무엇을 학습해야 하는지 알게 된다.

문제행동의 원인은 무엇인가

문제행동은 너무 복잡해서 그 원인에 대해 이야기하는 것은 실질적으로 불가능하다. 그 대신에 연구자들은 아동들이 공격적이고 반사회적으로 행동하게 하는 '위험요인'과 그러한 행동을 피하게 하는 '예방요인'에 대해서 언급하고 있다(Rutter, 2006a). 위험요인은 특정 결과의 위험을 증가시키지만, 문제행동이 무엇인지는 모른다. 결과적으로 그것들은 유전과 환경의 영향에 의해 결정된다(Rutter, 2006a).

유사한 위험요인은 다른 결과를 발생시킬 수도 있고, 다른 위험요인에서 유사한 결과를 나타낼 수도 있다. 그리고 위험요인은 누적효과도 있다. 하나의 위험요인을 가지는 아동은 위험요인을 갖지 않은 아동보다 문제행동이 발생할 가능성이 더 높다. 하지만 두 가지 위험요인을 가지고 있는 아동은 더 많은 4배의 문제행동이 발생될 가능성을 가진다(Rutter, 2000; Yoshikawa, 1994). 이처럼 위험요인들은 하나와 하나가 더해지면 2배 이상의 영향을 미치게 된다.

저글링하는 사람

James Garbarino는 수십 년간 아동과 청소년에게 미치는 폭력의 영향에 대해 연구하였다. *Lost Boys*(1999)에서 Garbarino는 복합적인 위험요인의 위험성을 강조하였다.

이는 다음과 같은 예를 들어 설명할 수 있다. 테니스공을 1개 주면 공을 쉽게 위아래로 토스할 수 있다. 공을 1개 더 추가하여 2개가 되어도 계속해서 2개의 공을 쉽게 다룰 수 있을 것이다. 공이 1개 더 추가되어 3개가 되면 저글링을 하기 위해서 약간의 특별한 기술을 사용해야 할 것이다. 하지만 공이 4개가 되면 공을 모두 떨어뜨리게 될 것이다. 그래서 이것은 발달에 위험한 존재가 될 수 있다(pp. 75-76).

위험요인은 때론 보이지 않아서 심지어 가족들은 위험요인이 있는지조차 모를 수도 있다. 만약 가능하다면 교사가 가족에게 물어볼 수는 있으나 아마도 어떤 정보를 얻기는 힘들 것이다. 하지만 교사가 진단을 하는 의사나 심리학자가 아닐지라도 아동을 관찰하고 가족의 이야기를 듣는 것만으로도 많은 것을 얻을 수 있다. 그런데 교사와 마찬가지로 가족도 마음에 위험요인을 지니고 있다. 교사가 마음에 있는 위험요인을 제거할 수는 없지만, 가족이 진보하는 데 통찰, 공감, 아이디어를 제공할 것이다.

사람들은 "선천적인 것과 후천적인 것 중 어떤 것이 더 중요한가?"를 묻곤 한다. 하지만 전문가들은 과학적으로 이 논쟁이 "논의될 필요가 없다."라고 하였다 (Shonkoff & Phillips, 2000, p. 6). 최근 신경과학과 아동발달 분야의 수많은 연구들이 선천적인 것과 후천적인 것이 인간발달의 모든 측면에서 함께 작용하는 불가분의 관계라는 것을 발견했다. 이 장에서는 엉켜있는 실타래를 풀려고 노력할 것이며, 완벽하게 해결할 수 없더라도 더 자세히 살펴보고자 한다. 여기서는 문제행동에 대한 위험요인의 실타래 한 가닥을 살펴보고, 다음 장에서는 위험요인으로부터 아동을 보호하는 요인에 대해 알아볼 것이다.

우리는 문제행동의 위험요인을 크게 생물학적 요인과 환경적 요인이라는 두 가지 커다란 범주로 구분했다. 생물학적 요인은 유전자로부터 시작해서 임신에서 출생까지 아동에게 영향을 주는 것이라고 정의하고 있다. 환경적 요인은 아동에게 가장 친근한 환경인 가족으로부터 시작해서 Bronfenbrenner(1979)가 언급한 또래, 학교, 이웃, 사회적 영향의 생태학적 범주의 단계로 확장된다(제6장).

생물학적 요인과 환경적 요인이 서로 다른 것처럼 우리가 이러한 요소들을 제시하더라도 이것은 인위적인 구분일 뿐이다. 사실 생물학적 요인과 환경적 요인은 끊임없이 서로 중복되며 상호작용한다. 제4장에서 볼 수 있는 것과 같이 각각의 환경적 영향은 생물학적 대응 관계를 지니고 있고, 이 모든 것은 뇌에서 함께 일어난다.

생물학적 위험요인

유전

과학자들은 반사회적 행동이 전혀 일어나지 않을 것 같은 상태나 장애를 위한 특별한 유전자가 있다고 여겨왔다(Rutter, Moffitt, & Caspi, 2006). 생물학적, 발달학적, 환경적 영향뿐만 아니라 많은 유전자들 또한 거의 모든 행동 유형에서 작용한다(Rutter, 2006a).

그런 복잡한 방식으로 서로 상호작용하는 많은 요소가 있기 때문에 환경의 영향으로부터 유전자의 영향을 선별하는 것은 매우 어렵다. 각각의 실마리를 풀기 위해서 행동유전학자들은 일란성쌍둥이(유전자가 모두 같은)와 이란성쌍둥이(유전자가 반만 같은)를 비교한 연구를 하였다. 연구자들은 입양된 아동이 생물학적 부모(유전적으로 공유된)와 양부모(환경을 공유한) 중 어떤 부모를 더 많이 닮았는지 입양 아동을 대상으로 연구하였다.

이들 연구에서 반사회적 행동은 상당히 많은 부분이 환경적인 영향일 뿐만 아니라(Dodge, Coie, & Lynam, 2006; Rutter, 2006a), 40~50%가 유전적인 것으로 나타났다(Moffitt, 2005; Rhee & Lynam, 2006; Rutter, 2006a). 하지만 어렸을 때 나타난 반사회적 행동에 있어서는 유전자가 아마 더 강력하게 영향을 미칠 것이다(Arseneault et al., 2003).

설상가상

아이오와 주에서 채택된 아동 연구에서는 문제가 없는 부모의 생물학적 자녀와 인격장애로 진단된 부모의 생물학적 자녀를 비교했다. 유전자와 환경 모두에 문제가 있었던 입양아는 유전자 문제나 어려운 환경 중 하나의 문제를 가지는 아동보다 공격적이고 반사회적인 행동을 더 많이 하는 경향이 있다고 나타났다. 아동의 유전자는 다른 각도에서 바라보게 하는 것을 어렵게 하였고 환경에 취약하게 만들었으며, 이들의 환경 또한 이들의 유전자에 취약하였다(Cadoret, Yates, Troughton, Woodworth, & Stewart, 1995).

또한 과학자들은 어떤 유전자들은 특정 환경과 상호작용해서 문제행동을 불러일으키기도 한다고 하였다(Rutter et al., 2006). 또 어떤 유전자들은 환경에서 신체적, 사회적, 문화적 요소들과 몇몇 유전자들 때문에 드러나기도 하고, 반면에 까다로운 기질, 충동성, 새로운 것을 찾으려는 행동, 공감의 부족과 같은 유전자들은 자신들을 위험한 상황에 놓이게 하려는 경향을 보이기도 한다. 그렇기 때문에 유전자도 환경을 형성하는 데 도움을 준다. 유전자는 부모가 자녀를 양육하는 방법에 영향을 주고, 아동의 주변을 환기시키는 반응에 영향을 준다. 예를 들어 화를 잘 내는 아동은 다른 사람의 기분을 좋지 않게 만드는 것처럼 보이며, 때리고 무는 아동은 형제들을 양육한 성인으로부터 거의 자동적으로 혹독한 훈육을 받게 된다(Deater-Deckard & Cahill, 2006).

그렇다고 유전이 운명적인 것은 아니다. 적절한 시간에 적절한 환경적 개입을 통해 강력한 유전적 특성을 변화시킬 수 있다.

성별

전문가들은 남아들이 여아들에 비해 더 많은 신체적 공격을 한다는 데 동의한다(Archer & Côté, 2005; Underwood, 2003). 남아들은 공격행동을 하게 되는 까다로운 기질, ADHD, 학습장애과 같은 위험요인에 더욱 취약한 것 같다(Campbell, 2006; Moffitt & Caspi, 2001; Rutter, Giller, & Hagell, 1998). 그리고 생후 1년이 되었을 때 어떤 아동들은 이미 전략적으로 물리적인 힘을 사용하기 시작한다(Baillargeon et al., 2007).

이러한 차이는 아동기 내내 지속된다(Broidy et al., 2003). 남자 태아의 뇌에 담겨 있는 성호르몬의 결과로 남아들은 치고, 때리고, 물고, 괴롭히고, 서로 욕하고, 거친 신체놀이에 더 많은 시간을 보내며, 여아보다 4.5배 더 자주 영아 어린이집에서 퇴소를 당한다(Gilliam, 2005). 이처럼 남아들은 여아들보다 좀 더 공격적인 행동을 할 수 있다는 것이 정상적임을 고려하여야 한다. 그런데 초등학교 남아의 공격은 또래 수용과 분명한 관련이 있다(Dodge, Coie, Pettit, & Price, 1990). 하지만 연령이 증가함에 따라 물리적인 공격은 점점 줄어들기 시작하고, 충동조절 능력이 더 발달하게 된다(Broidy et al., 2003; Maccoby, 2004).

여아들은 보통 2세 무렵에 신체적 공격을 그만두기 시작하지만, 극소수의 취학 전 유아가 반 친구를 공격하기도 하며, 청소년기에 신체적인 공격을 잘 사용하기도 한 다(Archer & Côté, 2005). 이러한 여아들은 또래에게 거절당하거나 학업에 실패할 가 능성이 높으며, 우울증에 걸릴 가능성이 더 높다(Underwood, 2003). 이들은 종종 패 거리를 만들어 친구들과 싸우며, 결국에는 공격적인 행동을 하는 남자와 만나거나 결혼을 하게 된다.

대부분의 여아들은 빠르면 3세부터 신체적 공격을 사용하는 대신에 간접적인 공격 (관계적 또는 사회적 공격)으로 바뀌어간다. 여기서의 목표는 따돌리고, 뒷담화하거나 소문을 내고, 업신여기는 것과 같은 은밀한 전략으로 다른 사람의 자존심이나 사회 적 지위 혹은 두 가지(Underwood, 2003) 모두에 피해를 주는 것이다. 간접적인 공격 은 아동기 중반에는 더 정교하고 일반적인 것이 되고, 사춘기 여아들 사이에서는 상 당히 널리 퍼지게 된다. 그러나 남아들은 거의 대부분이 신체적인 공격을 사용한다 (Card, Stucky, Sawalani, & Little, 2008).

기질

1956년에 정신과 의사 Thomas와 Chess는 기질에 대한 선구적인 종단 연구를 하였 다(Thomas, Chess, & Birch, 1968). 133명의 아동의 유아기부터 청년기까지 관찰 가 능한 것과 행동과 감정 패턴에 기반하고 있는 생물학, 경험의 특징적인 방법, 세계와 의 상호작용에 대한 자료를 수집하였는데, 각 아동마다 독특한 기질을 가지고 태어 난다는 것을 발견했다.

이후 연구자들이 이러한 연구 결과를 확인하고 확장하여 기질적인 특성이 어느 정도 유전되어 조기에 나타나고, 3세 무렵에는 상대적으로 안정된다는 것을 알게 되 었다(Caspi, Roberts, & Shiner, 2005). 그리고 그 시기의 환경에서는 경험 덕분에 완 전히 달라진 모습으로 보일 수도 있지만 여전히 그 기질이 성인기에 남게 된다 (Caspi & Silva, 1995). 이것은 파티에서 낯선 사람과 스스럼없이 이야기하는 젊은 여 성이 스스로를 여전히 수줍음이 많은 사람이라고 간주하는 것과 같은 맥락이다.

오늘날 이 분야에서 가장 영향력 있는 Rothbart는 기질을 주로 감정에 관한 것, 즉 본질에 관한 것, 경험에 반응을 보이는 아동의 매우 개별적인 방법(정서적 반응), 반응을 관리할 수 있는 동일한 개별적인 방법(자기조절)으로 보았다(Rothbart, 2004).

Rothbart(2004)에 따르면 각 아동들은 자극(예 : 분노, 슬픔, 공포, 흥분)에 대해서 자신만의 전형적이고 무의식적인 반응을 가지고, 자신을 표현하는 무의식적인 방식(예 : 지속적, 격렬하게, 서서히, 충동적)을 가진다(Frick, 2004). 이와 같이 각각의 아동들은 평행 상태로 돌아갈 수 있는 자신만의 독특한 방식(예 : 사건을 피하거나 어떤 것에 주의를 기울이는)을 가진다. 발달, 관심, 운동의 활성은 모든 과정에서 중요한 역할을 한다(Putnam & Stifter, 2008).

기질과 문제행동 사이에는 지속적이고 강력한 연관 관계가 있다(Frick & Morris, 2004; Rothbart & Bates, 2006). Rothbart는 기질을 넓은 의미로 세 가지 차원에서 설명하였다.

- **부정적인 정서.** 이러한 기질을 가진 아동은 부정적인 감정(슬픔, 분노, 좌절, 공포, 불쾌)을 더 즉시 느끼고 표현한다. 자주 화를 내고, 새로운 상황을 힘들어하고, 사람을 괴롭히며, 절제하기가 어렵다(Rothbart, Posner, & Kieras, 2006). 100여 명의 아동 특성을 연구한 발달심리학자 Kagan(1998)은 그것을 행동 위축(behavioral inhibition)이라고 하였다. Thomas와 Chess는 철회(withdrawal)란 용어를 사용하기도 하였다(Rothbart & Jones, 1998). 부정적인 아동은 문제행동을 할 위험이 높다. 이들은 자주 위협을 느끼기 때문에 부정적인 반응을 억제시킨다면 반항하거나 텐트럼(과격한 분노표현)을 보이고, 또래를 거부하는 행동으로 이어질 수 있으며, 이는 사회적 정보처리와 같은 인지 능력의 발달을 저해한다. 불안하고 우울한 경향은 아동에게 필요한 사회적 · 정서적 기술을 배울 수 있는 기회를 감소시킨다(Eisenberg et al., 2009; Martin & Fox, 2006).
- **외향성.** 이 관점의 특성은 예를 들어 위험을 감수하고 참신한 것을 추구하는 것과 같이 긍정적인 영향과 쾌활함을 포함하고 있고, 호기심과 접근하려는 욕구가 있으며, 매우 활동적이고, 충동적이고, 수줍음이 전혀 없고, 높은 강도의 쾌락을 추구한다(Rothbart, 2004). 그래서 성격이 불같고, 고집이 세고, 공격적

인 까다로운 특성의 아동은 문제행동을 할 위험이 높다(Dodge et al, 2006; Eisenberg et al., 2009). 다양함이 억제되지 않고(Kagan, 1998), 대담하며(Lahey & Waldman, 2003), 무신경한(Frick & Morris, 2004) 것과 같은 극단적인 편견을 가진 사람은 타인의 고통에 의해 움직이거나 처벌의 위협에 의해서 멈추지 못할 수 있다. 때론 죄책감이나 양심의 감정이 발달되지 않는 것처럼 보인다(Frick & Morris, 2004). 그들의 공격행동은 은밀하게 이루어지고 목적의 수단이 될 가능성이 있다.

- 노력에 의한 조절. 이 관점은 생후 1년 후반기에 나타나며, 뇌의 실행기능이 작동하기 시작하는 영아기를 거치면서 발달된다(Rothbart et al., 2006). 그것은 두 가지 핵심 능력을 포함하고 있다. 바로 집중하는 능력과 스스로 관심을 옮기는 능력이다. 특히 아동이 원하지 않을 때 상황에 적응하기 위해 행동을 억제하거나 활성화할 수 있는 능력이 있다(Eisenberg, 2005). 노력에 의한 조절은 꾸준히 자기조절(self-regulation)을 향상시킬 수 있도록 다른 기질의 특성과 상호작용함으로써 힘과 영향력을 기른다. 노력에 의한 조절이 잘 작동하면 아동은 어떤 방해가 있어도 참고 앉아있을 수 있고, 아동이 두려워하는 무언가에 직면하거나 곤욕스럽게 한 아동을 때리는 것을 스스로 멈출 수 있다(Eisenberg, 2005; Rothbart et al., 2006). 노력에 의한 조절은 위험에서 아동을 구조할 수 있을지도 모른다. 강한 노력에 의한 조절의 축복을 받은 아동은 매우 강력한 감정 및 행동반응을 관리할 수 있으며, 반면에 약한 노력에 의한 조절만이 가능한 아동은 아동기 동안 상대적으로 감정과 충동조절을 하는 데 어려움이 있다(Eisenberg et al., 2004; Frick & Morris, 2004; Olson, Sameroff, Kerr, Lopez, & Wellman, 2005).

다행히 기질은 변할 수 있다. 가장 중요한 것은 교사를 포함한 환경이 어떻게 그들에게 응답하는가이다. Thomas와 Chess(Thomas et al., 1968)는 기질 연구에서 적합도(goodness of fit)의 개념을 발전시켰다. 아동의 기질과 가족이나 교사의 기대가 동시에 이루어지지 않을 때 심각한 혼란이 일어날 가능성이 더 높다.

자신의 기질을 잘 알고 있고 이해하려고 애를 쓰며, 아동의 기질적 특성을 수용하는 교사는 점진적으로 아동을 대응할 수 있는 능력이 확장될 수 있다. 아동의 감정과 행동을 통제하고, 관계를 유지하고, 공감과 죄책감을 개발하고, 사회적 규범을 따른다(Frick & Morris, 2004). Kagan의 자기공명영상(FMRI) 연구에서는 위축된 유아들이 보이는 특이하고 강력한 뇌의 편도체의 반응이 성인 초기에도 나타나는 것을 볼 수 있었다. 그러나 가족과 교사의 지속적인 격려를 통해 성인들의 2/3 이상이 두려움과 화내는 것을 극복하는 데 성공했다(Schwartz, Wright, Shin, Kagan, & Rauch, 2003). 위축행동을 보이지 않는 많은 아동들은 반항, 공격적인 행동, 성인의 비판에 대한 적절한 대처방법들을 잘 학습한다. 더 극단적인 기질 특성을 가진 아동들은 가르치고 돌보는 것이 어렵기 때문에 학습방법을 찾는 것이 더 어렵다. 그러나 연구자들은 아동들의 행동에 변화를 줄 수 있을지도 모르는 노력에 의한 조절을 강화하기 위한 새로운 방법을 찾고 있다(Eisenberg et al., 2009). 이에 대해서는 제3장과 제8장에서 더 설명할 것이다.

비록 환경이 기질에 많은 영향을 끼치지만 생물학적 원인이 우선이라는 것을 기억하는 것이 중요하다. Kagan 외 3명은 기질 특성에 대한 기초를 제공하는 신경화학물질 유전자의 변이를 의심하였으며, 심장박동과 코르티솔 수준의 차이를 포함하여(Kagan, Snidman, Kahn, & Towsley, 2007) 위축된 것(inhibited)과 위축되지 않은 것(uninhibited)의 사이에 생리학적으로 여러 가지 다른 점이 있다는 것을 발견하였다(Kagan et al., 2007; Schwartz et al., 2003).

이렇게 생물학과 자녀 양육에 의해 형성된 기질은 문화와 지역에 따라 다양하게 나타난다(Kagan & Snidman, 2004). 중국과 일본의 어머니들은 많은 시간 동안 아기를 안고 부드럽게 달래며 조용히 시키는 경향이 있다. 이러한 양육방법은 자기통제를 조기에 숙달하도록 하는 자신들의 문화에 높은 가치를 둔다는 것을 반영한다(Ho, 1994). 유럽계 미국인 어머니는 그들의 문화 가치가 개인주의적이고 독립적이며, 언어적 사용에 가치를 두고 있기 때문에 더욱 활동적이고 언어적인 양육방식을 사용한다. 흥미롭게도 3세대 일본계 미국인 유아는 유럽계 미국인 또래처럼 수다스럽고 신체적으로도 활동적이다(Ho, 1994). 이것은 기질이 문화적 가치 변화의 영향 하에서 어떻게 바뀌는지를 보여주는 것이다.

적자생존

1974년에 의학생 Marten DeVries(1989)는 세렝게티 초원에 사는 유목민족인 마사이족의 기질에 대한 정보를 모으러 케냐와 탄자니아에 갔다. 그는 Thomas와 Chess의 조건에 기초한 기질측정기준을 사용하여 다루기 쉬운 10명의 아이들과 까다로운 아이들 10명을 식별했다.

그 지역은 극심한 가뭄에 처해있었고 5개월 후에 DeVries가 돌아왔을 때 상황은 더 악화되었다. 많은 마사이족 사람들과 그들의 소 대부분은 죽었고 그들은 좋은 곳을 찾아다니고 있었다. DeVries는 모든 아이들을 찾아낼 수는 없었지만 7명의 다루기 쉬운 기질을 가진 아이들과 6명의 까다로운 아이들을 찾아냈다. 다루기 쉬운 아이들 7명 중 5명은 죽었고 까다로운 기질의 아이들은 모두 생존해있었다.

기대하지 않았던 까다로운 아이들의 생존을 무엇이 설명해줄 것인가? DeVries는 몇 가지 요소를 확신한다. 첫 번째, 마사이족은 걱정거리가 있는 것을 좋게 여기고 그들의 아이들을 공격적이고 적극적이 되도록 격려한다. 두 번째, 마사이족의 확대가족이 까다로운 아이들을 더욱 쉽게 다룰 수 있도록 보육을 분담한다. 세 번째, 마사이족 엄마들은 영아에게 즉시 모유를 주는데 이것은 까다롭게 요구를 하거나 더 받고자 하는 영아들에게 영양분이 된다. 유럽계 미국인 중산층의 가족들이 어려움으로 간주하는 특성(큰 소리로 자주 우는 것)은 결핍된 환경에서는 유용할 수 있다(Chess & Thomas, 1989; DeVries, 1989).

임신과 출산의 합병증

최근의 종단 연구에서는 임신 중에 과도한 스트레스를 경험한 여성은 조산, 저체중아, 임신 합병증이 생길 가능성이 더 높다는 것을 밝혔다(Talge et al., 2007; Van den Bergh & Marcoen, 2004). 그들의 자녀들은 언어와 지적 어려움을 갖기 쉽다(La Plante et al., 2004). 나중에 그들은 ADHD의 증상, 불안, 공격성, 기타 행동 및 정서적인 문제가 발달할 수 있다(O' Connor, Heron, Golding, Beveridge, & Glover, 2002; Van den Bergh & Marcoen, 2004). 그리고 대부분의 남자아이들이 여자아이들보다 이러한 영향에 더 취약하다(DiPietro, 2002).

조산이나 분만 합병증이 발생하는 모든 아동들은 상당한 위험에 직면해있다(Bhutta, Cleves, Casey, Cradock, & Anand, 2002). 조산은 아동의 뇌를 손상시키고, 발달의 저해를 가져올 수 있다(Shonkoff & Phillips, 2000). 조산아와 저체중아는 인

너무 일찍 세상에 나온 아기

마치 일찍 도착한 저녁 초대 손님처럼 조산아 그리고 저체중아들은 준비되지 못한 부모를 놀라게 한다.

　병원의 집중적인 돌봄으로 병원에 있어야만 할 경우, 부모가 조산아나 저체중아와 접촉하는 것은 쉽지 않다. 그리고 집에 왔을 때에도 부모들은 정상적으로 태어난 아이보다 훨씬 돌보기 어렵다는 것을 느낀다. 아이는 불안하고 비위에 거슬리게 울어대며, 부모들은 먹을 것이나 돌봄을 충분하게 제공하지 못한다. 그리고 아이에 대한 부모의 기대도 거의 없다고 할 수 있다(Brady, Posner, Lang, and Rosati, 1994; Moffitt 1997).

지검사에서 낮은 점수를 받을 가능성이 있으며, ADHD나 공격적 행동에 대한 위험이 높을 수 있다(Bhutta et al., 2002).

　태아의 돌봄을 개선하고 모자의 건강을 증진하는 것은 신경심리학적 손상의 위험을 줄일 수 있다. 뉴욕 북부에서 실시한 연구에서는 빈곤하고 어린 미혼모 가정에 적어도 한 번 이상 간호사가 방문한 가정의 아동은 엄마가 없는 아동들보다 범죄를 덜 저지르고, 가출을 덜하였다(Olds et al., 1998). 즉, 중재는 아동의 위험을 낮추었고 심지어 아이가 태어난 후에 간호사가 방문한 적이 없는 경우에도 그러했다.

임신 중 남용

임신 중 술, 담배, 약물복용은 심각한 손상을 줄 수 있다. 태아의 발달 단계에 손상을 주는 것은 이것들이 얼마나 많이, 얼마나 길게, 얼마나 자주 노출되느냐에 달려있다. 태아와 어머니의 건강, 산전관리의 탄력성에 영향을 미치고(Shonkoff & Phillips, 2000), 아기가 태어난 후에 부모의 행동에도 영향을 미친다. 약물이나 알코올을 계속 남용한다면 자녀는 남용에 방치되고, 혼란스럽고, 일관성 없고, 반응이 없는 양육을 하는 것과 같은 추가적인 위험에 직면할 수 있다(Bendersky, Bennett, & Lewis, 2006; Keller, Cummings, Davies, & Mitchell, 2008).

알코올

알코올은 불법 약물보다 더 큰 손상을 준다. 임신 중에 특별히 많이 마시거나 폭음을 하면, 평생 동안 영향을 미치는 뇌 손상의 원인이 된다(U.S. Department of Health and Human Services, Office of the Surgeon General, 2005).

태아알코올스펙트럼장애(FASD)로 알려진 선천적 결함은 안면 결함, 성장 결핍, 뇌의 이상, 행동문제의 특징인 태아알코올증후군(FAS)과 알코올관련 신경발달장애(ARND) 또는 태아알코올효과(FAE)라고 부르며, 얼굴과 신체는 지극히 정상적이지만 드러나지 않는 심각한 인지장애도 있다. 태아알코올스펙트럼장애(FASD)는 지적장애의 주요 원인이며, 태아알코올스펙트럼장애(FASD) 아동은 학습, 기억, 주의, 계획, 문제해결, 운동 기술에 어려움이 있다(Mattson, Fryer, McGee, & Riley, 2008). 또한 자기통제와 실행기능에도 영향을 받을 수 있으며, ADHD에 있어서도 높은 비율을 차지한다. 태아알코올스펙트럼장애(FASD) 아동은 쉽게 자극에 넘어가고, 충동적으로 반응하고, 빨리 화를 내거나 빨리 좌절하고, 말을 이해하고 사용하는 데 어려움이 있고, 친구를 사귀는 데 문제가 있다(Harwood & Kleinfeld, 2002).

담배와 니코틴

담배 상자에 있는 경고문에는 타당한 이유가 있다. 임신 중에 흡연을 하면 조산 및 저체중아, 저지능아가 태어나는 원인이 되기 때문이다(Fergusson, 2002). 니코틴은 태반을 지나서 발달신경계에 영향을 주고, 공격적이고 파괴적인 행동의 위험이 있으며, 언어와 감정조절 문제와 주의력의 어려움, 충동성, 과잉행동에 문제가 생길 수 있다(Cornelius & Day, 2009; Fried, 2002b; Huijbrebts, Séguin, Zoccolillo, Boivin, & Tremblay, 2008; Olds, 1997). 이는 여아보다 남아에게서 더 많이 보인다(D'Onofrio et al., 2008).

마약

임산부의 약물복용은 태아가 위험에 노출될 가능성을 높인다. 태내에서 마리화나에 노출된 아동은 주의력, 기억력, 언어 능력에 낮은 수행 수준을 보이고, 충동적이고 산만하게 될 가능성이 높다(Fried, 2002a; Goldschmidt, Day, & Richardson, 2000).

캐나다의 담배갑에는 임신 중 흡연이 태아에게 악영향을 미칠 수 있다는 건강 경고 문구가 있다. 미국을 포함한 전 세계에서는 담배갑에 그림을 포함한 경고 문구를 표시하도록 하고 있다. 캐나다 보건부의 금연 프로그램인 이 문구는 캐나다 정부의 공익광고이며, 이 사용에 대한 저작권은 캐나다 보건부에게 있다.

또한 그들의 실행기능에 손상을 가져올 수도 있다(Fried, 2002a).

자궁 내에서 코카인이나 마약에 노출된 아동에 대한 연구에서는 혼재된 결과가 나왔는데, 일부 조사관들은 장애를 발견하지 못하였다(Chasnoff et al., 1998). 그러나 다른 연구자들은 약물의 사용과 공격적인 행동문제와 낮은 실행기능(Shankaran et al., 2007; Warner et al., 2006)의 연관 관계를 발견하였고(Bada et al., 2007; Bendersky et al., 2006; Chasnoff et al., 1998; Shankaran et al., 2007), 특별히 남아에게서 반응성은 증가하고 자기조절 능력이 감소함에 따라서 주의력과 충동문제를 일으킨다는 것을 알 수 있었다(Bendersky et al., 2006; Dennis, Bendersky, Ramsay, & Lewis, 2006).

자궁 내에서 메스암페타민에 노출되면 위와 유사한 결과가 나타난다(Smith et al., 2008). 헤로인과 같은 마약은 조산과 저체중의 원인이 되고, 아기가 주의력과 발달문제를 갖게 될 위험에 놓이게 한다.

신경학적인 문제

문제행동을 가지고 있는 아동은 종종 뇌의 기능에 문제가 있다. 진단에 따라 장애가 있는 것으로 나타난다면 특수교육 서비스를 받을 자격이 된다. 그러나 너무 자주 진단 미확정이거나 진단 미확정될 수 있는 문제가 남게 된다면 교사는 스스로 해결책을 찾아야만 한다(더 많은 장애 아동에 대한 것은 제11장 참조).

실행기능

문제행동이 많은 아동들은 **실행기능**(executive function)이 적절하게 이루어지지 않는다. 이 포괄적인 방식은 역할놀이 영역에서 병원놀이를 시작하기 위해 주스를 먹는 척하는 것에서부터 목표지향 활동을 수행하게 되며, 여기에는 아동의 생각, 행동, 감정을 조절하기 위해 사용 가능한 상호의존 기술의 연쇄작용이 포함되어 있다. 실행기능은 다음과 같다.

- 행동을 계획하고 구성하며, 이에 대처하기 위한 전략을 알아내기 위한 예상문 제를 포함
- 행동 배열
- 주의집중을 유지함
- 유연해지고 다른 것으로 사고방식이 바뀔 수 있음
- 반응 억제(inhibiting response)
- 자기 모니터링(self-monitoring)
- 타인 조망(Moffitt, 1997; Shonkoff & Phillips, 2000)

실행기능은 아동이 어떤 반응을 억제하기 시작하는 것으로서 생후 1년 후반에 나타난다. 만 2세 때부터 자신만의 행동규칙을 사용하기 시작하며, 3~5세 때부터는 자기조절 능력이 점점 더 좋아진다(Zelazo, 2005). 이러한 향상은 실행기능을 관장하는 뇌의 전두엽피질의 성장과 동시에 일어난다(Anderson, 2002). 아동의 실행기능이 일치하지 않으면 자신의 행동을 잘 통제하지 못하며, 다른 사람에게 영향을 미친다는 것을 고려하지 않고 충동적으로 행동하기 쉽다(Moffitt, 1997). 다음에 설명할 것들은 실행기능에 문제를 많이 나타내는 순서대로 기술하였다.

주의력결핍 과잉행동장애

문제행동은 주의력결핍 과잉행동장애(ADHD), 때로는 주의력결핍장애(ADD)의 특징인 과잉행동이나 부주의가 혼합되어 나타난다(Kutcher et al., 2004). 강력한 유전에 기반하고 있는 신경계 장애인 ADHD는 하나의 추가적인 핵심 증상인 충동성을

갖는데, 충동성은 세 가지 다른 형태의 장애로 이루어진 과잉행동과 부주의로 결합되어 있다(DuPaul & Stoner, 2003).

- 부주의한 유형. 이 범주의 아동은 기억력과 주의를 집중하는 데 어려움이 있다. 그 이유는 중요하지 않은 자극을 차단하지 못하기 때문에 다른 사람과 다르게 보고 듣는다.
- 과잉행동 유형. 이 범주의 아동은 좌절하거나 꾸중을 들으면 쉽게 화를 내고 계속 앉아있지 못하며 차례를 기다리지 못한다. 보기도 전에 뛰고, 때론 하지 말아야 할 행동을 알고는 있지만 자신을 통제하지 못한다.
- 혼합형. ADHD 아동은 부주의한 유형과 과잉행동 유형의 모든 증상이 나타난다. 아동의 행동은 지나치게 활동적이고, 주의를 기울이지 못하고, 충동적이고, 순응적이지 않으며, 공격적이다.

이러한 증상은 초기에 나타날 수도 있지만 5~6세 때까지 의사의 진단이 확인되지 않을 수도 있다. ADHD는 일반적으로 남아가 여아보다 2배 이상 많고(Pastor & Reuben, 2008), 학령기 아동의 3~7%에서 나타나며(American Psychiatric Association, 2000), 학습장애 아동에게서 빈번하게 나타난다(Pastor & Reuben, 2008).

ADHD 아동은 또래 관계 형성이 곤란하다. 이들은 흥분해서 화를 내고 말다툼을 하며 싸우고, 그룹에 참여하거나 대화를 할 때 문제를 일으키고 갈등을 해결하는 데 공격적 행동을 사용하기 때문이다. 그 결과 그들은 또래로부터 거부당하고 친구가 없어지게 된다(DuPaul & Stoner, 2003).

최근 연구에 따르면 뇌운동중추에서는 이들의 행동을 통제시키는 뇌 영역(전두엽 피질, 실행기능의 위치)의 발달이 몇 년에 걸쳐 이루어지는데, 일반적인 발달을 보이는 아동들보다 ADHD 아동들이 더 빠르게 발달한다는 것을 발견했다(Shaw et al., 2007). ADHD 아동의 신경촬영법 연구에 따르면 이 영역은 인지적 통제를 필요로 하는 일을 하는 동안에 덜 활성화된다(Durston, 2008).

아동이 충격을 경험했거나 실제로 외상 후 스트레스장애와 유사한 증상을 보이므로 ADHD가 때로는 실수로 진단되었는지 알고 있는 것이 중요하다(57쪽 참조).

학습장애

학령기 아동의 5%가 학습장애를 가지고 있으며, 동시에 ADHD를 가지고 있는 아동은 4%이다(Pastor & Reuben, 2008). 유전적·생물학적 결핍의 결과, 학습장애는 여아보다 남아에게서 더 많이 나타난다(American Academy of Pediatrics et al., 2009). 학습장애는 두 가지 범주로 나뉜다.

- 언어적. 학습장애 아동의 약 80%가 난독증(dyslexia)이라고 알려진 언어 관련 장애를 가지고 있어서 읽기 및 맞춤법에 어려움이 있다.
- 비언어적. 학습장애 아동은 문제를 해결하고 원인과 결과를 이해하고 추상적이고 전체를 보는 것과 관련된 복합개념적인 기술에 충돌이 생긴다(Vacca, 2001). 또한 신체 협응과 시각 및 공간지각에 문제가 있어서 그림을 그리고 자르고 쓰는 것과 같은 일반적인 작업을 어려워한다(Connell, 2003).

두 종류의 학습장애 아동은 일반 아동보다 더 빈번하게 좌절하는 일이 발생하며(Farmer, 2000), 지각에 결함이 있고, 사회적 상황에서 사회적 단서를 읽지 못해 실수를 한다(American Academy of Pediatrics et al., 2009; Lagae, 2008). 낮은 자아존중감을 가진다는 것은 놀랄만한 일도 아니며, 종종 반 친구들에게 거절당하고, 언어적·신체적 공격을 받는다(Haager & Klingner, 2005).

비록 감각통합장애(sensory integration dysfunction) 또는 감각기능장애(sensory processing disorder)가 공식적으로 학습장애로 지정되지 않았더라도 자폐를 동반한 학습장애를 가진 많은 아동들은 들어오는 모든 감각 정보를 선별하고 통합시키는 것에 문제를 가진다(Kranowitz, 2006). 어떤 아동들은 감각적 자극을 알아차리는 것조차 어렵다. 또 다른 아동들은 지나친 자극에 대해 예민하기 때문에 솔기 없는 양말과 같이 자신들의 예민한 감각을 자극하지 않는 물건만을 선호하게 된다(Greene, 2010). 이들은 괴롭히기 쉽고 과잉행동하기 쉬우며(Ayres, 1979), 서투르고 둔한 것처럼 보이고, 항상 쉴 새 없이 뛰어다니고 부딪힌다.

언어 및 말장애

행동문제와 언어지체의 중복은 전체 발생률의 50%이다(Campbell, 2002). 심리학자들은 종종 문제행동 중에서 예상하지 못한 언어장애를 발견한다고 하였고, 언어치료사들(language specialists)도 언어지체 아동들 중에서 빈번하게 행동문제가 발생한다고 하였다(Coie & Dodge, 1998). 심리학자 Moffitt(1997)은 "반사회적 행동 연구에서 보면 가장 많이 강력하게 영향을 주는 것 중 하나가 언어결손과 반사회적 행동결과 사이의 연관이다. 반사회적인 아이들의 언어결손은 언어적 자료에 대한 아동의 기억에 영향을 주는 것과 듣고, 읽고, 말하고, 쓰고, 문제해결을 위한 능력 전반에 걸쳐 나타난다(p. 132)."

언어나 말의 장애는 사회성과 자아존중감에 문제를 가져오며, 그 밖에 학업에도 어려움을 겪는다. 때론 놀림을 받게 되거나 고립되며, 친구를 사귀거나 사회성 기술을 개발하는 데 어려움이 있다. 아동은 성인의 안심시키는 말이나 가르침을 이해하지 못할 수 있기 때문에 아동에게 그러한 것들을 자기통제의 도구로 사용할 수 없으며, 그 대신에 다양하고 많은 잘못된 행동을 시도하게 된다. 언어 사용이 어려울 때에는 문제행동이 의사전달의 효과적인 방법이 될 수도 있다.

인지장애

인지장애는 지각장애(cognitive disability), 발달장애(developmental disability), 정신지체(mental retardation) 등 여러 명칭으로 부르고 있다. 인지장애는 사고, 학습, 정보의 사용과 처리, 운동 기술, 복잡한 추론, 기억 및 주의를 포함한 모든 인지기능에 영향을 준다. 인지장애가 있는 ADHD 아동의 경우 무엇을 해야 하는지, 그것을 하려면 얼마나 걸리는지를 기억하는 데에 어려움을 지니고 있다(Friend, 2005). 이들은 더 천천히 언어를 배워야 하며, 개념을 파악하기 위해 노력해야 하고, 그리고 이전에 배웠던 것을 일반화하지 못한다. 이들은 학업에 어려움이 있지만, 더 열심히 하고 또래보다 더 많이 연습한다면 사람들이 기대하는 것 이상으로 많은 것들을 학습할 수 있다(Friend, 2005).

인지장애 아동은 또한 사회적 문제의 위험에 놓여있다. 이들은 대개 미숙하기 때문에 종종 사회적 단서를 놓치거나 타인의 행동을 오해하기 쉽고, 또래에게 거부되

청해(聽害)의 오류

언어와 말하는 기술이 없는 아동들이 문제행동을 일으키는 것을 쉽게 볼 수 있다. *The Explosive Child*(1998)에서 Greene은 아동에게 발생하는 장애물의 일부를 설명하였다.

- 이해하기. 아동이 주변 사람들의 말을 이해하지 못할 때 유아는 혼란스러워하고 좌절하게 되며, 적절하게 반응하는 것을 어려워한다.
- 언어로 감정과 선행경험에 대해서 범주화, 명명, 기억하기. 아동이 자신의 감정과 경험을 분류하고 기억하는 데 언어를 사용할 수 없다면, 아동은 자신이 어떻게 느끼고, 그러한 감정이 일어났을 때 자신이 어떻게 했는지 알 수 없다.
- 언어를 통해 생각하기. 아동이 생각하기 위해 언어를 사용할 수 없다면, 아동은 심지어 자신의 감정이 무엇인지 알고 있을 때에도 무엇을 해야 할지 생각해낼 수 없다.
- 복잡한 감정, 생각, 아이디어를 표현하기. 아동을 괴롭히는 것이 무엇인지를 표현하는 것 이상의 문제를 가지고 있을지도 모른다.

는 경향이 있으며 외롭고 고립되었다고 느낀다(Farmer, 2000; Leffert, Siperstein, & Millikan, 2000).

자폐스펙트럼장애

자폐스펙트럼장애(ASD)는 100명당 1명으로 추정되며, 여아보다 남아에게 4배 더 많이 나타나고(Nicholas, Carpenter, King, Jenner, & Charles, 2009; Rice, 2009), 신경발달장애의 전형적인 특징인 언어적·비언어적 의사소통의 문제, 사회적 의사소통의 어려움, 상동적인 행동이나 관심 영역에서 강박적인 집착을 보인다(National Institute of Neurological Disorders and Stroke, 2009).

자폐스펙트럼장애는 대개 심각한 의사소통, 사회 및 행동문제뿐만 아니라 지적장애를 포함하고 있다. 아스퍼거증후군 아동은 언어 기술은 비교적 정상적으로 발달되었으나, 지금 하는 것에 흥미를 보임에도 불구하고 관심을 끌기 위해 무엇을 하는 행동은 발달하지 않았다(아스퍼거증후군 아동은 언어발달에 지연이 나타나지는 않지만 다른 사람들이 일반적으로 생각하는 것을 모름). 달리 지정되지 않은 전반적 발달장애(Pervasive Developmental Disorder Not Otherwise Specified, PDD-NOS) 아동은 사회적 상호작용 및 놀이에 문제가 있고 상동행동을 한다.

연구자들은 뇌 전체를 포함하고 특히 뇌세포의 성장과 뇌세포 간의 교류를 관장하는 부분에서 ASD의 원인을 찾으려고 노력하고 있다[Munro, 2010; National Institute of Child Health and Human Development(NICHD), 2006a, 2006b]. 환경과 유전 둘 다 중요한 역할을 하고, 장애 아동의 형제들은 ASD를 지닐 높은 가능성을 가진다(NICHD, 2006c). 최근의 연구에서는 자폐의 원인이 되는 데 100개 이상의 유전자가 영향을 주고 유전적으로 매우 독특한 특징을 지니고 있다는 것을 주목하고 있다. 유전자 변형은 유전되거나 또는 저절로 발생할 수도 있고, 때로는 지적장애와 관련된 유전자와 함께 중복되어 나타날 수도 있다. 이러한 연구 결과는 조기 진단을 하는 데 도움이 될 것이다(Munro, 2010). 또한 ASD의 조기 진단을 통하여 조기 중재에 대한 성공적인 예후를 만들 수 있기 때문에 중요하다.

ASD 아동들의 언어 능력이 상대적으로 좋다 하더라도 실질적인 의사소통에는 문제가 있다. 자신의 욕구를 표현하는 데 문제가 있으며, 주의를 기울이는 데 어려움이 있고, 차례를 기다리지 못하고, 상상하는 것이 어렵고, 사회적인 신호를 읽는 데 어려움이 있고, 다른 사람들의 감정을 이해하는 데 어려움이 있다(Smith & Ellsworth, 2004). 또한 시각, 청각, 후각, 미각, 통증, 체온, 감각에 과민하게 반응하는 문제가 발생할지도 모른다. 그리고 이들은 주로 시각적 학습에 강하지만 다른 사람들을 모방하지 않는다. 하지만 다른 방법으로 배울 수 있을지도 모른다(Smith & Ellsworth, 2004). ASD 아동은 예측에 있어서 강한 요구를 가지고 있기 때문에 일상의 어떤 변화에서 텐트럼이나 공격적인 행동, 자해를 할지도 모른다(Thompson, 2007). 더 자세한 내용은 제11장에서 살펴볼 것이다.

정서 · 행동장애

2005년에 부모들의 20%가 정서 · 행동장애 아들에 대한 도움을 요청했으며, 16%의 부모가 딸에 대한 도움을 요청하였다(Simpson, Cohen, Pastor, & Reuben, 2006). 그러나 모든 아동이 치료를 받지는 못했다. 진단적 장애인지 스트레스에 의한 일시적인 반응인지 구분하기 어렵기 때문에 행동은 항상 빈도, 강도, 지속성, 상호작용이나 발달의 결함을 포함하고 있어야 한다(Campbell, 2006).

정서 · 행동장애는 크게 두 가지로 구분되며[2004 IDEIA(Individuals with Disabilities Education Improvement Act of 2004)에서는 정서장애라 함], 일부는 유치원을 다니는 시기에 발견될 수도 있다(National Scientific Council on the Developing Child, 2008).

- 외현화 장애(externalizing disorder)는 행동과 감정을 밖으로 표출한다. 이것은 적대적 반항장애(oppositional defiant disorder)를 포함한다. 부정적이고, 적대적이고, 욱하고, 다투고, 무시하고, 규칙을 지키지 않고, 의도적으로 타인을 괴롭히는 행동을 한다. 품행장애(conduct disorder)는 지속적으로 규칙을 어기며, 다른 사람을 괴롭히고 공격적인 행동을 하는 것으로 주로 고학년에서 볼 수 있다(U.S. Department of Health and Human Services, 2003).

- 내재화 장애(internalizing disorder)는 걱정, 불안, 슬픔, 무서움, 철회의 감정이 자신에게 향해있으며, 분리 불안(separation anxiety)과 같은 불안장애(anxiety disorder), 강박장애(obsessive-compulsive disorder), 외상 후 스트레스장애(posttraumatic stress disorder), 공포증(phobia), 우울증(depression)과 같은 기분장애(mood disorder), 조울증(bipolar illness), 정신분열증(schizophrenia), 섭식장애(eating disorder)를 포함하고 있다(U.S. Department of Health and Human Services, 2003).

정서 · 행동장애 아동은 때론 ADHD가 있으며, 학습장애와 언어에 어려움도 있다(Benner, Nelson, & Epstein, 2002; Handwerk & Marshall, 1998). 결과적으로 학업에 큰 문제가 있으며(Sutherland, Wheby, & Gunter, 2000), 사회성과 교우 관계에도 문제가 있다(Cullinan, Evans, Epstein, & Ryser, 2003).

환경적 위험요인

Bronfenbrenner(1979)의 생태체계이론에 따르면, 아동 주변 환경의 모든 것(가족, 또래, 보육기관이나 학교, 이웃, 경제적 수준, 심지어 미디어 폭력 노출 및 지역사회)은 발달에 영향을 미치며, 또한 문제행동의 잠재적인 위험요인이 될 수 있다. 이 절에서는 유아와 밀접한 요인부터 먼 요인까지 각각 하나씩 차례대로 살펴볼 것이나 실질적으로 이 요인들은 모두 서로 중첩되고 끊임없이 상호작용하고 있다. 아마도 이러한 현상에 있어서 최상의 예는 빈곤이며 빈곤은 생태학적 요인뿐 아니라 거의 모든 위험요인에 영향을 미친다.

가족요인과 양육방식

가족은 아동의 발달에 중요한 역할을 하고, 이들은 현장에서 문제행동이 나타날 때마다 손쉬운 표적이 된다. 아동을 양육하는 것은 어렵고 많은 시간과 에너지가 요구되는 복잡한 일이다. 교사가 문제행동에 있어서 가족의 역할을 이해하는 것도 중요하지만, 그들을 탓하지 않는 것 또한 중요하다.

　다음과 같은 생활환경은 부모의 행복을 저해하여 유아를 위험에 놓이게 만든다.

- 특히 청소년기에 아이를 낳은 어린 엄마(Gershoff, 2002; Tremblay et al., 2004)
- 교육 수준이 낮은 엄마(Nagin & Tremblay, 2001)
- 우울증이 있는 엄마[Ashman, Dawson, & Panagiotides, 2008; Gershoff, 2002; National Institute of Child Health and Human Development Early Child Care Research Network(NICHD ECCRN), 2004]
- 품행문제가 있고 공격적이며, 반사회적이고 범죄를 저지르는 엄마(Gershoff, 2002; Tremblay et al., 2004; Zoccolillo et al., 2005)
- 부부 갈등(NICHD ECCRN, 2004; Tremblay et al., 2004)
- 재정적 어려움(NICHD ECCRN, 2004; Tremblay et al., 2004; Zoccolillo et al., 2005)

• 편부모(Gershoff, 2002; Joussemet et al., 2008; NICHD ECCRN, 2004)

부모-자식 관계는 간접적으로 모든 요소에 영향을 미치며, 공격적인 행동을 예방하는 데 가장 중요하다. Bowlby(1969, 1982)와 Ainsworth(Ainsworth, Blehar, Waters & Wall, 1978)는 애착이론(attachment theory)을 처음으로 설명했다. 민감하고 반응적인 주 양육자에 의한 안정 애착(secure attachment)은 아동의 정서적인 발달을 위한 기반이 된다. 자신의 감정을 조절하고 표현하는 것을 배울 수 있고, 스트레스에 대처할 수 있으며, 효율적이고 사랑스럽다고 생각하게 한다. 그러나 주 양육자가 없거나, 예측하지 못하거나 무감각할 때나 체계적이지 못하고 거부된다면, 불안정 애착(insecure attachment)을 형성한다. 불안정 애착 아동은 자신을 돌보거나 돕지 않는 성인을 믿지 않고, 자신만의 세계를 구성하며, 자신의 감정을 통제하는 데 어려움이 있고, 능력이 부족하고, 사랑받을 자격이 없다고 느낀다. 부모와 아동의 관계가 아동의 미래 관계에 영향을 미치기 때문에(Bowlby, 1969, 1982), 불안정 혹은 혼란 애착(disorganized attachment)을 지닌 아동은 또래와 교사와의 관계 형성에 문제를 보이며, 그들의 행동은 종종 공격적이고 도전적이다(Greenberg, Speltz, & DeKlyen, 1993; Zoccolillo et al., 2005)(제5장에서 애착에 대해 좀 더 알아볼 것이다.).

가족의 역경에 직면할 기회가 많은 아동은 어렸을 때부터 어른이 될 때까지 공격적이거나 반사회적인 행동을 발전시킬 것이다(NICHD ECCRN, 2004; Zoccolillo et al., 2005). 높은 스트레스에 의한 육아(빈곤, 폭력, 우울증, 미혼모)는 친밀하지 않고 민감한 경향이 있으며, 안정 애착을 저해한다. 부모가 무감각하면 자녀에게 사회적 감정 기술, 감정과 행동을 통제하는 학습을 도울 수 없고, 자녀는 안전하고 지원받고 있다는 느낌을 느낄 수 없다(Ashman et al, 2008; NICHD ECCRN, 2004). 거칠고 적대적이고 처벌적이고 일관성이 없고 체벌을 하는 자신들의 육아방법이 옳다고 생각할지도 모르며(Regalado, Sareen, Inkelas, Wissow, & Halfon, 2004), 이러한 육아방법은 아동에게 직접적이고 간적접인 모든 공격적 행동과 강력하게 연관되어 있다(Côté, Vaillancourt, Barker, Nagin, & Tremblay, 2007; Gershoff, 2002).

오리건사회과학센터의 Patterson(1982, 1995)은 '강압적인(coercive)' 이라고 부르는 부모와 아동 사이의 상호작용 순환을 연구하였다. 그것은 어떤 것을 하고 하지 않을 것인지 자녀에게 묻는 것과 같은 사소한 요구에서부터 시작한다. 아동은 거부하기 위해 요구하거나 응하는 것을 무시한다. 그러면 부모는 더 공격적이 되고 꾸짖게 되고 잔소리를 심하게 하게 되고 애원하게 된다. 아동은 거부하거나 투덜대거나 말대답을 한다. 부모가 끝내 항복할 때까지 언쟁하는데, 고함치고 위협하고 때리고 성질을 부리고 폭력적으로 난동을 피우고 난 다음에야 아동은 멈춘다.

아동들은 부모가 항복하는 것을 자신의 부정적인 행동에 대한 보상으로 여기고 다시 같은 방법으로 행동할 가능성이 높다. 동시에 아동은 자신의 행동을 중단하는 것으로 부모를 강화한다(Coie & Dodge, 1998). 부모의 화가 폭발했을 때 문제를 해결하는 방법으로 폭력적인 방법을 사용한다. 아동은 부모들이 시키는 대로 할지도 모르지만 부모에게 적대감을 느낄 가능성이 높으며, 특히 친밀한 관계가 없는 경우에는 훗날 부모와 또래에게 공격적이 될 수도 있다(Coie & Dodge, 1998). 부모가 이 전략을 사용할 때마다 효과적이지는 않기 때문에 부모들은 계속해서 더 폭력적이 될 것이며 결국 학대로 이어질 것이다(Gershoff, 2002).

부모들이 항복하거나 폭력을 쓰는 것에 상관없이 부모의 사기가 저하된다. 또한 불쾌한 감정을 피하기 위해 부모와 자녀 사이의 상호작용은 더 줄어들게 된다. 또한 자녀가 친구를 사귀거나 학교에서 잘 지내기 위해 필요한 사회적 · 정서적 · 인지적 기술을 습득하기 위해 필요로 하는 도움을 제공할 기회를 상실하게 된다. 이러한 강압적인 관계가 일반적인 가정에서 지낸 아동은 이미 굳어진(well-polished) 반사회적 행동을 지닌 채 학교에 가게 된다. 이러한 아동들은 교사에게 도전적으로 행동하며 지시를 따르지 않아 관계를 악화시키고, 읽기와 같은 기본적인 기술을 학습하는 데 어려움을 겪는다(Biglan, Brennan, Foster, & Holder, 2004).

또한 편파적인 사회적 정보처리도 하나의 역할을 한다. 아동이 가혹하고 예측할 수 없는 처벌에 의해 성장하게 되면, 아동은 주변에 있는 위협의 징후에 촉각을 곤두세우도록 학습된다. 그렇게 되면 아동들은 다른 사람의 행동을 적대적으로 해석하게 되고 갈등 상황에 대처하는 데 공격적인 반응을 사용하게 되어 자신들의 공격성이 유용하다고 간주하게 된다(Gershoff, 2002; Vitaro, Barker, Boivin, Brendgen, & Tremblay, 2006).

그러나 부모와 아동 간의 상호작용은 서로 주고받는 것이라는 것을 명심해야 한다. 아동의 기질은 다른 사람에게 반응하는 방식에 중요하게 영향을 미치기 때문에 부모는 아동의 기질에 따라서 적절하게 반응해야 한다. 만약 부모와 아동의 관계가 조화롭지 않다면 적절하지 못한 양육방법의 결과일지도 모른다. 최근 연구에서는 생후 1년 된 영아가 까다로운 행동을 하는 것은 엉덩이 때리기나 꾸중(verbal punishment)에 의한 것이라고 보고되고 있다(Berlin et al., 2009).

또래

유아기가 되면서부터 유아들은 서로에게 영향을 미친다. 특히 동성 친구들의 경우 중요한 사회화 역할을 한다(Fabes, Hanish, & Martin, 2003). 대부분의 아동은 공격적인 행동을 보이거나 특히 언어적 기술이 부족하고 자신의 충동, 주의집중, 행동을 조절하는 데 어려움이 있는 친구를 싫어한다(Snyder, Prichard, Schrepferman, Patrick, & Stoolmiller, 2004). 문제행동을 하는 아동은 다른 사람들과 연관된 갈등을 해결하려는 시도로 종종 강압적인 전략(coercive tactic)을 사용하며(예 : 짓궂게 괴롭히기, 별명 부르기, 위협하기) 이러한 전략의 사용 때문에 친구들은 부정적으로 반응하게 된다. 결국 아동이 그룹에서 거부되거나 배제되는 데 오랜 시간이 걸리지 않는다(Snyder et al., 2008).

이러한 과정은 아동의 대립적이고 공격적인 성향을 확대시키고(Dodge et al., 2003), 필요로 하는 사회적 · 정서적 기술의 습득을 어렵게 한다(Snyder et al., 2005). 또한 놀림과 괴롭힘의 대상이 될 수 있으며, 공격적이고 반사회적인 행동, 청소년 범죄, 학교를 중퇴하게 될 위험성을 증가시킨다(Boivin, Vitaro, & Poulin, 2005).

공격적인 행동을 하는 아동들은 거부되었던 경험, 거친 신체놀이에 대한 공통된 관심, 자신과 같은 성향을 지닌 아동들과 놀이하는 것을 좋아하기 때문에 이러한 아동들끼리 뭉치는 경향이 있다(Estell, Cairns, Farmer, & Cairns, 2002; Snyder, Horsch, & Childs, 1997). 결과적으로 이들은 공격적이고 반사회적 행동을 하는 사람들과 더 많은 시간을 보내기 때문에 일종의 확산작용이 일어난다. 아동들은 새로운 반사회적 생각과 경험에 노출되어 있기 때문에 비슷한 태도와 행동 양식을 적용시킨다(Hanish, Martin, Fabes, Leonard, & Herzog, 2005). 예를 들어 유치원에서 조숙

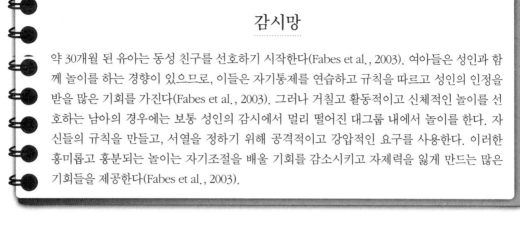

감시망

약 30개월 된 유아는 동성 친구를 선호하기 시작한다(Fabes et al., 2003). 여아들은 성인과 함께 놀이를 하는 경향이 있으므로, 이들은 자기통제를 연습하고 규칙을 따르고 성인의 인정을 받을 많은 기회를 가진다(Fabes et al., 2003). 그러나 거칠고 활동적이고 신체적인 놀이를 선호하는 남아의 경우에는 보통 성인의 감시에서 멀리 떨어진 대그룹 내에서 놀이를 한다. 자신들의 규칙을 만들고, 서열을 정하기 위해 공격적이고 강압적인 요구를 사용한다. 이러한 흥미롭고 흥분되는 놀이는 자기조절을 배울 기회를 감소시키고 자제력을 잃게 만드는 많은 기회들을 제공한다(Fabes et al., 2003).

하게 이야기하거나 심지어 성, 술, 담배, 부정행위, 욕, 권위에 반항하는 것 등을 가지고 역할 영역에서 놀이를 하기도 한다(Snyder et al., 2005). 웃음 유발, 흥미, 인정 등을 통해 행동을 강화하게 되면 이러한 행동이 지속되고 심지어 증가하게 될 것이다(Snyder et al., 2008).

공격적인 행동을 하는 모든 아동이 또래로부터 거부되는 것은 아니다. 두려워할 행동을 하지 않고, 순향적으로 공격성을 사용하고, 충동적이거나 파괴적이지 않으며, 좋은 언어 및 사회적 기술을 지닌 아동들은 실제로 놀이 그룹에서 높은 위치에 있거나 중심이 되기도 한다(Snyder et al., 2008). 가장 영향력 있는 아동들은 괴롭히거나 싸우거나 교사를 무시하면서 사회적 서열에서 높은 위치를 차지하게 되고 교실에서 또래들의 선도자로 여겨진다(Estell et al., 2002).

집단 규범이 공격적이거나 반사회적 행동을 부추기는(또는 통제하는 데 실패했을 경우) 이러한 현상을 촉진하기도 한다(Boivin et al., 2005). 교실 내 공격성이 높은 수준에 있는 경우에는 특히 이미 공격적인 성향을 띠고 있는 아동들의 공격성을 점점 더 증가시킨다.

보육기관 및 학교

아동이 보육기관에 들어가게 되면 자신들의 생활에 대한 결정권이 거의 주어지지 않으며 개인적인 요구는 종종 전체나 교사의 필요로 인해 뒷전이 되곤 한다. 융통성이 없거나 쉽게 좌절하는 아동과 활동적이거나 소극적인 아동은 이것이 매우 어렵다는 것을 알고 하루 종일을 기관에서 보내는 것이 힘들어진다. 문제행동은 아동들이 자신의 감정에 대해서 사람들에게 알려주는 그들만의 방법이 된다.

연구를 살펴보면 보육기관의 격려와 정서적인 지원은 아동의 긍정적인 발달과 관련이 있는 것으로 나타났다. 그러나 2003년 국립아동보건 및 인간발달유아보육연구기관(NICHD ECCRN)에서 약 1,300명의 아동에 대한 종단 연구를 한 결과, 4~7세 아동이 보육기관에서 보내는 시간과 사회적 능력, 문제행동, 공격성에 연관이 있는 것으로 나타났다. 아동은 보육기관에서 보내는 시간이 증가함에 따라 문제행동과 공격성도 증가한다. 추적 연구(Belsky et al., 2007)에서도 보육기관에서 더 많은 시간을 보낸 아동들은 6학년 때까지 순응하지 않고 공격적인 행동을 지속적으로 보이고 있다는 것을 보여주었다. 두 연구들은 보육기관의 질, 아동의 성별과 기질, 어머니의 교육 정도와 민감성, 홈스쿨과 인종을 고려하였다.

이들 연구로 찾아낸 결과는 연구 대상의 수가 적으며 정상 범주 내에 속하기 때문에 묵살되기가 쉽다. 하지만 연구자들은 연구 결과가 종종 혼란을 가져올 수 있으므로 이 연구를 신중하게 파악하고 해석하기 위해 깊게 들여다볼 필요가 있다고 주장한다. 그들은 낮은 위험성을 가지고 있는 고소득 백인 가정의 아동들이 보육기관에서 더 많은 시간을 보내게 되면 '실제적으로 더 큰 문제행동'을 만들어낸다는 것을 발견했다(Loeb, Bridges, Bassok, Fuller, & Rumberger, 2007, p. 65). 반면에 고위험의 저소득층 라틴계, 아프리카계 미국인 가정의 아동들은 그들에게 제공된 질 높은 보육기관으로 인해 오히려 문제행동을 예방할 수 있다는 것을 발견했다(Côté et al., 2007; Loeb et al., 2007; Love et al., 2003; Votruba-Drzal, Coley, & Chase-Lansdale, 2004).

보육기관의 낮은 질(Votruba-Drzal et al., 2004), 보육기관의 변경(Love et al., 2003), 중첩된 보육기관(Morrissey, 2009), 또래와 보내는 시간 부족(50쪽 참조)(Belsky et al., 2007; NICHD ECCRN, 2006), 그리고 초등교사가 문제행동을 다룰 수 있는 훈련과 시간의 부족 등 또 다른 요인이 문제행동을 증가시키는 데 영향을 미치고 있다(Belsky et al., 2007).

일부 연구자들은 많은 취학연령 아동에게 어떤 일이 발생할지에 대해 궁금했다. 조그만 문제행동이 누적효과를 가져서 작지만 확산되어 증가할 것인가? 학교 분위기가 변화할 것인가? 교사가 학급관리에 많은 시간을 보내면 수업 시간이 줄어들 것인가?(Belsky, 2009)

예일대학교 Gilliam(2005)의 연구에서 정부지원의 유치원 이전 프로그램 실시 이후 '행동문제'로 퇴출한 유아의 수가 학령기 동안 퇴학당한 아동의 수보다 3배 더 많았으며, 남아가 여아보다 4배 더 많았고, 아프리카계 미국인 학생이 유럽계 미국인과 라틴계 미국인 학생보다 2배 더 많이 퇴학당했다고 제시하고 있다. 그러나 Gilliam은 정신건강 전문가의 도움을 받는 교사들은 아동들을 퇴학시키는 비율이 낮았으며 이러한 결과로 교사들이 문제행동을 지도하는 데 있어서 더 많은 지원과 훈련이 있어야 한다는 것을 시사하고 있다.

학교의 큰 제도 안에서 더 많은 요인들이 아동의 행동에 영향을 미친다. 부유한 공립학교는 빈곤한 학교에 비해 최소 10배 이상의 지원금을 사용하고 있으며(Darling-Hammond, 2004) 이러한 결과로 빈곤 지역의 아동들은 상대적으로 학급의 규모는 큼에도 불구하고 도서, 컴퓨터, 도서관, 자료, 과외활동, 상담사, 양질의 교사가 부족한 학교에 다니게 된다(Beam, 2004; Darling-Hammond, 2004). 이런 부족함이 때때로 학생의 행동과 학업성적에 영향을 미치게 된다(Gottfredson, n.d.).

학교는 학교의 방식에 따라 조직하고 운영(일관적이고 공정하게 적용할 수 있는 명확한 행동기대와 규칙을 포함)하며 이는 학급의 분위기와 아동의 행동을 형성한다(Gottfredson et al., 2004). 여전히 21개 주의 학교에서 체벌이 허용되고 있으며, 2006~2007년에는 200,000명 이상의 아동이 체벌을 받았다(Human Rights Watch & American Civil Liberties Union, 2008). 정서적 학대(두려움, 협박, 괴롭힘, 냉소, 조롱, 모욕감을 통한 통제)는 학급 내 모든 아동에게 동등하게 해로운 영향을 미친다(Hyman & Snook, 1999). 제8장에서 언급할 교육의 질 또한 행동에 영향을 준다.

2002년 아동낙오방지법(No Child Left Behind Act)은 주 정책과 연방법에 강력한 영향력을 미친다. 시험의 결과는 아동의 승급과 학교의 존폐 여부가 달려있는 중대사가 된다. 시험 점수를 높이기 위해 학교는 우선순위를 변경하여 발달에 적합한 내용을 실시하는 대신 시험을 학교 교과과정에 적합하게 맞춘다. 특히 점수가 낮은 학교의(Association for Supervision and Curriculum Development, 2004) 교사들은 많은 시간을 읽기, 쓰기, 수학, 과학, 즉 아동낙오방지법(NCLB)하에 치뤄지는 시험 과목에 사용하며, 시험에 포함되지 않은 과목(미술, 체육, 쉬는 시간 등)은 시간을 줄이려 한다(Mathews, 2005; Perkins-Gough, 2004; Tracey, 2005; Wallis, Thomas, Crittle, & Forster, 2003; Wood, 2004). 시험 준비는 아동이 가장 잘 학습할 수 있는 프로젝트, 과제, 현장학습, 체험학습 등으로 대체한다(Ganesh & Surbeck, 2005; Wood, 2004). 이러한 편협한 관점은 교장에서부터 모든 사람에게 막대한 스트레스로 주어질 수 있으며, 문제행동의 증가를 가져올 수 있다(Wallis et al., 2003).

빈곤과 주변 조건

빈곤은 개인뿐만 아니라 가족, 또래, 학교, 이웃 그리고 아동의 삶에 큰 영향을 미친다. 빈곤은 높은 수준의 가족 스트레스를 만들어내는데 의식주, 의료, 보육, 안전 등에 대한 지속적인 불안감 등이 그것이다. 빈곤층 지역의 사람들은 소음, 인구과잉, 불량주택, 대기오염, 수질오염, 폭력, 강도, 노숙자, 마약 등에 노출되어 있다. 그리고 건강과 여가 서비스를 이용하거나 주류 문화의 기회를 가지기 어려우며, 도서, 장난감, 컴퓨터 등의 문화자극이 부족하다(Dearing, Berry, & Zaslow, 2006). 또한 공식적 · 비공식적인 사회의 지원이 부족하거나 거의 없다. 저소득층 지역에 거주하면 친구를 사귀는 데 어렵고, 이사가 잦아서 이웃에 누가 사는지 알 수 없으며, 한 사람이 가족 전체를 부양하기 때문에 교회, 상점, 심지어 학교에 가는 것도 어렵게 된다.

사회학자들은 이것을 '사회 해체(social disorganization)'라고 부르며(Sampson, 1997) 미국 도심 지역에서 점점 더 일반적인 현상이 되어가고 있다(Garbarino, 1999). 이로 인해 가족과 아동에 대한 위험요인이 축적되어 가고 있다. 빈곤 가정에 살고 있는 아동의 35% 이상이 일곱 가지 이상의 위험요인을 지니고 있는 반면에 부유한 가정의 아동은 7%만이 위험요인을 가진다(Sameroff & Fiese, 2000). 이러한 스트레스 상황에서 자녀를 양육하는 것은 매우 힘든 일이며 최상의 노력에도 불구하고 불안, 분노, 우울증으로 고통받는 부모는 거칠고 체벌적이며 강제적이고 내성적인 방법으로 양육할지도 모른다(Dearing et al., 2006)(47~50쪽 참조).

소수 문화의 가정은 자아존중감에 영향을 주고 분노와 수치심을 불러일으키는 감정을 유발하는 인종차별에 대한 스트레스에 직면하게 된다(Garbarino, 1999). 2007년에는 유럽계 백인 미국인 아동의 10%에 비해 아프리카계 미국인 아동의 34%, 라틴계 아동의 29%가 빈곤층에서 생활하는 것으로 나타났다(Fass & Cauthen, 2008).

일반적으로 어린 자녀가 있는 가정이 더 빈곤해질 가능성이 있으며(Dearing et al., 2006; Fass & Cauthen, 2008), 빈곤은 도시나 지방 모두 어린 아동에게 더 극단적인 결과를 가져온다(Duncan, Brooks-Gunn, Yeung, & Smith, 1998; Evans & English, 2002; Macmillan, McMorris, & Kruttschnitt, 2004). 저소득층에서는 태교를 잘할 수 없기 때문에 심지어 아동이 태어나기도 전에 위험에 놓일 수 있다. 조산, 저체중, 신경손상(문제행동을 지닌 모든 아동들)은 빈곤한 가정에서 더 자주 나타난다(Dearing et al., 2006; Sampson, 1997).

빈곤 가정의 아동은 주 양육자와의 안정 애착을 형성하는 데 기회가 적으며(Halle et al., 2009), 정서적 · 행동적 문제(텐트럼, 싸움, 불안, 슬픔, 불복종, 충동성, 과잉각성)를 일으킬 가능성이 더 크다(Coles, 2008-2009; McLloyd, 1998; Xue, Leventhal, Brooks-Gunn, & Earls, 2005). 이들은 학교에서 힘든 생활을 하며 유급이나 특수교육을 받을 위험성이 높아진다(Coles, 2008-2009; McLloyd, 1998).

최근 연구들은 이러한 어려움들이 사회경제적 지위(SES)와 인지적 능력 사이의 연관 관계에 인한 것이라고 보고 있다. 신경과학자 Hackman과 Farah(2009)는 "SES는 뇌 기능에 영향을 준다(p. 68)."라고 간단하게 정의 내리고 있다. 여러 편의 연구에서 연구자들은 중산층 아동과 비교하여 저소득층 아동이 언어와 인지 시험에서 낮은 수행을 보이며, 특히 기억, 작업기억, 계획, 집중, 노력에 의한 조절의 실행기능이 저조하다는 것을 발견하였다(Farah et al., 2006; Lengua, Honorado, & Bush, 2007; Li-Grining, 2007). 즉, 뇌 발달의 결과를 통해 빈곤은 아동이 자신의 행동을 통제하기 위한 능력을 손상시킬 수 있다는 것을 보여준다. 다행스러운 것은 이러한 기술에 초점을 맞춘 새로운 중재가 주목할만한 성공을 보인다는 것이다(77쪽, 248~252쪽 참조).

노스캐롤라이나에서 실행된 자연적 실험(natural experiment)은 연구자들에게 경제적 상황이 만들 수 있는 차이에 대해 이례적인 결과를 경험하게 해주었다

숨겨진 위험

토양에 포함된 먼지, 납 성분이 있는 페인트, 수도 파이프, 납 성분이 있는 가솔린 등은 오래된 주택과 도심의 빈곤 지역에 사는 임산부와 아동에게 특히 큰 위협이 된다고 알려졌다 (Jones et al., 2009). 이는 과잉행동, 주의력결핍, 학습장애, 저지능, 실행기능의 문제와 연관이 있으며, 아동을 공격성, 비행, 범죄의 높은 위험에 놓이게 한다(Wright et al., 2008). 최근 연구에서는 어렸을 때 납에 노출되었던 청소년들의 55%가 놀랍게도 적어도 한 번은 체포된 경험이 있는 것으로 나타났다(Wright et al., 2008).

수년 동안 수많은 아프리카계 미국인이나 빈곤 아동의 질병통제예방센터(Center for Disease Control and Prevention) 기준 혈중 납 농도가 10㎍으로 나타나 '허용' 한도를 넘었다(Jones et al., 2009). 이는 아주 적은 양에도 심각한 피해를 입는다는 명확한 증거이다 (Bellinger, 2008).

또 영양부족은 빈곤한 아동에게 다른 심각한 위험을 주기도 한다. 최상의 뇌 발달을 위해서 아동은 출생 이전부터 3세까지 충분한 영양을 필요로 하지만, 미국 아동의 17%는 충분히 먹지 못했다(Federal Interagency Forum on Child and Family Statistics, 2009). 그리고 영양부족 현상은 아프리카계 미국인과 라틴계 아동에게 더 높은 비율로 나타났다. 영양부족은 사회적 · 정서적인 영역에 큰 타격이 된 것처럼 보인다(Shonkoff & Phillips, 2000). 한 연구에 따르면 영양실조인 3세 아동은 신경인지결핍이 되며, 나아가 아동기와 청소년기에 걸쳐 문제행동을 하기 쉽다(Liu, Raine, Venables, & Mednick, 2004).

(Costello, Compton, Keeler, & Angold, 2003). 'Great Smoky Mountains Study'는 1,400명의 학령기 아동을 대상으로 한 8년의 장기 프로젝트였으며, 연구 중반쯤에 연구 대상의 1/4이 거주하고 있는 인디언 보호구역에 카지노가 개설되었다. 보호구역의 가정은 6개월마다 배당금을 받게 되었다. 그중 14%는 빈곤에서 벗어날 수 있었으며, 이들 자녀의 심각한 문제행동이 40% 정도 현저하게 감소하는 것을 볼 수 있었다. 이는 빈곤을 경험하지 않은 아동과 동등한 비율로 감소한 것이었다. 과학자들은 연구를 통해 감소에 대한 요인을 발견하게 되었는데, 더 이상 빈곤하지 않은 부모들이 자신의 자녀들에게 더 많은 관심과 지지를 제공한 것으로 보고 있다. 돈은 빈곤한 사람들에게 가장 부족한 시간을 보상해주었다.

폭력에 노출

폭력은 미국인의 삶과 문화의 풍토병이다. 아동은 뉴스, 게임과 스포츠, 성인과의 대화, 토요일 조간 만화, 심지어 자신의 삶에서 폭력과 우연히 마주치게 된다. 설문조사 결과 2~17세 어린이의 71%가 폭력을 보거나 경험했던 것으로 나타났다(Finkelhor, Ormrod, Turner, & Hamby, 2005). 그리고 높은 범죄율을 보이는 도시에서 미취학 아동의 42%가 최소 한 건 이상의 폭력 사건을 목격했고 20%는 세 건 이상을 목격했다고 하였다(Linares et al., 2001).

폭력을 자주 접하게 되면 그들이 피해자가 아님에도 불구하고 아동에게 깊고 강력한 인상을 남기게 된다(Linares et al., 2001). 보스턴대학교 메디컬센터(1997, p. 183)의 Groves와 Zuckerman에 따르면, 잦은 폭력을 접하는 아동은 세계를 바라보는 관점을 바꾸며 "그들의 삶 자체에 대한 가치를 변화시킨다."라고 하였다. 아동에게 가장 많은 영향을 주는 부모도 충격을 받아 자녀들의 고통을 인식하고 대응하는 데 실패할지도 모른다(Linares et al., 2001). 어린 아동의 폭력 노출은 뇌 발달에 영향을 미치기 때문에 심각한 영향을 줄 수 있다(DeBellis, 2005).

폭력에 노출된 아동은 스트레스, 위험, 불안, 우울, 적대감, 짜증, 위협을 느끼게 되며(Lynch, 2006) 자신의 감정을 조절하는 것이 어렵다는 것을 발견하여 종종 문제해결의 방법을 공격적인 행동으로 학습하게 된다(Linares et al., 2001; Schwartz & Proctor, 2000). 이들은 교사와 또래와의 관계에서 어려움을 겪으며 가정에서의 학대, 학교에서의 왕따나 괴롭힘의 높은 위험에 놓이게 된다(Schwartz & Proctor, 2000). 또한 학습 능력에 영향을 주는 주의집중이나 기억에 문제를 지닐 수 있다.

일부 아동은 외상 후 스트레스장애(Posttraumatic Stress Disorder, PTSD) 증상을 보인다. 아동들은 자

폭력은 미국인의 삶과 문화에 전반적으로 퍼져있다.

신들의 마음에서 폭력 사건을 반복하여 재생하는 회상(flashback)을 경험하게 되며, 그것에 대해 생각을 하지 않으려고 하지만 감정적으로 멍하게 있게 되거나 위험에 대해 과민반응을 보이게 된다(Joshi, O'Donnell, Cullins, & Lewin, 2006). 또 아동들은 무슨 일이 일어나기까지 기다리기보다 먼저 공격할지도 모른다(Groves, 2002).

가정 내에서의 폭력은 아동에게 더 유해하며 PTSD 증상을 유발하여 뇌 발달에 손상을 줄 수 있다(DeBellis, 2005; Groves, 2002). 매년 약 1억 5천5십만 명(6~12%)의 아동으로부터 주변인에 의한 폭력이 보고되고 있다(Hamby, Finkelhor, Turner, & Ormrod, 2010; McDonald, Jouriles, Ramisetty-Mikler, Caetano, & Green, 2006). 심지어 언어적 논쟁은 아동을 화나게 하며 신체적 충돌과 결합하면서 정서적 문제와 공격적 · 반사회적 행동 모두에 영향을 준다(Maughan & Cicchetti, 2002). 가정폭력에 노출된 아동은 후에 학대를 실행할 위험이 높으며 학대는 다음 세대로 이어진다(Kitzmann, Gaylord, Holt, & Kenny, 2003; Whitfield, Anda, Dube, & Felitti, 2003).

2007년 미국에서 아동 학대 및 방임은 약 3백5십만 건으로 놀랍게도 일반적인 수준이라고 보고되었다(U.S. Department of Health and Humman Services, Administration on Children, Youth and Families, 2009). 어린 아동, 아프리카계 미국인 아동과 미국 원주민 아동은 특히 학대에 취약하다. 이들은 위험하거나 예측 불가능한 환경에서 살고 있기 때문에 학대로 고통받는 아동은 종종 양육자와 불안정 또는 불안 애착을 형성하게 되며(Lyons-Ruth, 2003), 가정에서 자신을 보호하는 방법으로 대응하는 것을 배우게 되지만, 또래와 교사를 갈등 상황으로 이끌게 된다(English et al., 2005; Maughan & Cicchetti, 2002; Schwartz & Proctor, 2000). 또한 아동이 부정적이고 화를 내고 불안해하며, 과민반응과 과잉행동을 하게 됨으로써 언어, 주의집중, 기억, 추상적 사고에 어려움을 가지게 된다(DeBellis, 2005).

학대받은 아동은 또한 신체적인 상처를 입게 된다. 학대로 인한 영유아의 머리 부상은 특히 행동장애, 학습장애, 인지장애의 결과를 가져올 수 있기 때문에 특히 위험하다(Christian, Block, & the Committee on Child Abuse and Neglect, 2009). 연구에 따르면 시간이 지난 후에는 폭력적이고 공격적인 행동과 연관된다고 한다. 사형을 선고받은 15명의 살인범을 대상으로 한 연구에서는 이들이 심각한 머리 부상을 입었던 것을 발견하였다(Raine, 1993).

많은 아동이 다양한 종류의 폭력에 노출되어 있다. 폭력의 종류, 아동의 연령, 빈도, 강도, 그리고 노출의 기간 등은 모두 아동에게 중요한 영향을 미친다(English et al., 2005).

폭력적인 미디어

많은 전문가들이 폭력적인 미디어가 가족이나 또래와 같은 영향력을 미친다고 믿고 있다(Levin, 1998; Slaby, 1997). Harris와 Klebold는 이러한 주장에 대해 명확한 증거를 제공한다. 1999년 콜로라도 리틀턴의 컬럼바인고등학교에서 한 10대 청소년이 13명의 학생들과 교사들을 살인하였는데 'Doom'이라는 비디오 게임이 결정적인 역할을 하였다(Bai, 1999).

6개월~6세의 아동들은 텔레비전, 비디오, DVD, 영화 시청, 컴퓨터 사용, 비디오 게임을 거의 매일 2시간씩 한다고 보고했으며, 이 중 1/3은 침실에 텔레비전이 있다고 보고했다(Rideout & Hamel, 2006). 아프리카계 미국인 아동이 TV를 가장 많이 시청하였고 히스패닉 미국인 아동이 그다음 순위를 차지했다. 한편 유럽계 미국인 아동은 가장 적게 보는 것으로 나타났다.

1972년 보건성과학조사연구위원회의에 의하면 TV와 사회적 행동 사이에는 직접적인 연관이 있으며, 공격적인 행동과 TV시청 사이에도 우연한 연관이 있을 것이라고 결론을 내렸다. 2009년에 미국소아과협회(American Academy of Pediatrics)는 "증거들은 명확하고 설득력이 있다."라는 것에 공식적으로 동의하였다. 미디어 폭력은 실생활의 폭력과 공격성에 영향을 주는 요인 중 하나라고 보고 있다(p. 1495). 미디어 폭력과 공격적인 행동과의 관련성은 흡연과 폐암과의 관계만큼 밀접하게 관련되어 있으며(Bushman & Anderson, 2001) 폭력적인 장면이 아동 프로그램과 비디오 게임에서 자주 나온다(Wilson, 2008).

연구자들은 최소한 네 가지 효과가 있다는 것을 입증하였다(Donnerstein, Slaby, & Eron, 1994; Slaby, 1997).

• 공격자 효과. 폭력적인 미디어를 본 아동은 공격적인 행동을 할 가능성이 더 높

으며, 특히 아동이 공격적인 캐릭터를 자신과 동일시하거나 그 미디어가 현실적이거나 자신의 삶과 관련된 것일수록 더욱 높아진다. 자주 시청하는 것은 폭력에 대한 아동의 인지적 스크립트를 형성하고 강화할 수 있다(Rutter et al., 1998). 아동들이 더 많이 시청하면 더 공격적인 행동을 할 가능성이 높으며, 그 공격을 충돌을 해결하고 목표를 달성하기 위한 적절한 방법으로 생각할 가능성이 있다(Strasburger, Wilson, & Jordan, 2009).

- 희생자 효과. 폭력적인 TV를 시청하는 것은 일부 아동을 더 불안하고 두렵고 악몽을 꾸게 만든다. 가장 상처받기 쉬운 아동은 피해자와 자신을 동일시하거나 폭력을 현실처럼 받아들이는 아동이다. 폭력에 중독된 시청자들은 '보통세계증후군(mean-world syndrome, 대중매체에서 폭력적인 영상물에 노출된 대중들이 영상물 내의 폭력적인 세계를 실제보다 평균적인 세계에 가깝도록 여기게 되는 심리 현상)'을 갖게 되고 사람들을 불신하게 되며 실제보다 세상을 더 위험하게 보게 된다(Wilson, 2008).

- 방관자 효과. 폭력적인 미디어를 보는 것은 폭력이 정상이라고 생각하게 하여 아동을 둔감하게 만든다. 특히 TV 프로그램을 아무런 제재 없이 허용되는 것과 같이 소개하면 더욱 그러하다. 실제 고통에 반응하는 것과 공감하는 것 대신에 폭력을 시청하는 아동은 폭력에 무감각해진다.

- 욕구 증가 효과. 폭력적인 TV가 재미있고 흥미로울 때 아동은 그것을 더 원한다. 공격적으로 행동하는 아동은 자신의 행동을 정당화하기 위해서 더 폭력적인 TV를 본다.

최근의 연구 결과는 초기의 미디어 시청은 학령기 아동의 괴롭힘이나(Zimmerman, Glew, Christakis, & Katon, 2005) 7세 아동의 충동적인 행동과 주의력과 조작적 문제(Christakis, Zimmerman, DiGiuseppe, & McCarty, 2004) 그리고 충동을 억제하는 뇌 활동을 감소시키는 것과 관련이 있다고 보고하고 있다(Weber, Ritterfeld, & Mathiak, 2006).

혼란기

아동의 삶에서 폭력은 위기 상황 중에 새로운 도구가 된다. 2001년 9월 11일에 미국의 상황이 완전히 바뀌었다. 그날의 특별한 사건은 모든 사람들에게 안전과 보안에 대한 엄청난 충격을 주었다.

인간이 만든 재앙(예 : 뉴욕과 국방부에 대한 9ㆍ11 테러 공격과 2008년 금융 위기 등)과 자연재해(예 : 2005년 허리케인 카트리나 등)는 특히 집 가까이에서 발생했을 때 공포와 무력함을 불러일으킨다. 아동은 안전하다고 느끼기 위해 주위에 있는 성인들에게 의지하기 때문에 아동의 회복 능력은 이들을 편안하게 하고 안심시키기 위한 가족 및 교사의 능력과 밀접하게 연관되어 있다.

나이(생활연령과 발달), 기질, 사건에 대한 가족의 반응, 재난 그 자체의 본질(인간이 만든 재앙은 심리적으로 인간을 더 황폐화시킴), 재난에 대한 대처방법과 같은 여러 요인들은 아동의 재해에 대한 반응에 영향을 미친다(Hagan and the Committee on Psychosocial Aspects of Child and Family Health, 2005). 가족이나 친구를 잃거나 직접 사건을 목격한 아동은 심리적으로 큰 타격을 입게 될 것이다. 하지만 TV로 보는 것 또한 심각한 심리적 반응을 유발할 수 있다. 남아들은 회복시키는 데 시간이 더 걸리므로 좀 더 적극적으로 대처하고, 여아는 말로 자신의 감정을 표현하므로 질문을 하도록 한다(Hagan et al., 2005).

아동마다 차이가 있지만 일반적으로 아동들은 재해에 대한 반응이 뚜렷한 단계로

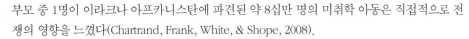

군인 가족

부모 중 1명이 이라크나 아프카니스탄에 파견된 약 8십만 명의 미취학 아동은 직접적으로 전쟁의 영향을 느꼈다(Chartrand, Frank, White, & Shope, 2008).

최근 연구에서 3~5세 아동의 약 20%가 폭력, 물어뜯기, 과잉행동, 불안, 슬픔을 포함한 감정적 문제 등의 증상이 나타났으며, 이 중 부모가 파악하지 못한 많은 문제들이 발견되었다(Chartrand et al., 2008). 2008년에 파견되었던 부모의 어린 자녀들은 생활의 많은 부분에서 영향을 받았고, 이 문제들은 12~15개월 동안 지속되었다.

나타난다(Hagan et al., 2005). 재해 직후 이들은 무서움과 위험을 느낀다. 몇 주 또는 몇 달 후에 그들은 불안, 두려움, 슬픔, 냉담함, 적대적·공격적 느낌을 느낄지도 모른다. 이들은 불안하거나 쉽게 상처받을지도 모르고, 이것은 부모나 교사에게 이어지며, 이들은 좌절에 대한 내성을 갖지 못하게 된다. 그리고 두통, 복통, 불면증이 생길지 모르며 과민반응을 보이고 불안하여 집중을 하지 못할지도 모른다. 또한 이들은 새로운 두려움이 생길지도 모르는데, 예를 들어 9월 11일 무역센터 근처에 있었던 아동은 비행기, 큰 소리, 혼자 있는 것을 무서워하게 되었다(Klein, DeVoe, Miranda-Julian, & Linas, 2009). 이러한 감정에 대처하기 위해 이들은 정상적인 일상생활로 돌아가기 위한 강한 욕구로 게임이나 그림 그리기 등으로 재난을 재현하고자 할지도 모른다.

매우 민감한 아동과 이미 스트레스를 받은 아동은 특히 힘든 시간이 될 것이다. 이전에 상실과 외상을 경험한 아동과 그 가족은 안심하고 안정하는 것을 못하며, 상황이 더 나빠질지도 모른다고 생각한다. 이 모든 경우는 종종 공격적인 행동으로 나타난다. 이런 반응이 계속되면 아동은 외상 후 스트레스장애나 후에 폭력적인 행동을 할 위험이 있다(Hagan et al., 2005).

위험에 대한 이해

이 장에서는 위험요인에 대해 살펴보았고 이 장을 읽은 후에 어떤 아동이든지 문제행동 없이 지내는 것은 기적이라고 느낄지도 모른다. 그러나 이러한 요인들은 누적효과를 지니고 있다는 것을 명심해야 한다. 교사가 아동이 위험요인을 피하거나 대응할 수 있도록 돕는 것은 유아의 대처 능력에 실제적인 차이를 만들어줄 수 있다. 간단하게 이야기하면 교사의 공감이 더 필요한 유아에 대한 이해와 관계의 질을 향상시키고 교사의 영향력을 강화시킨다는 것이다.

생각해볼 문제

1. 이 장에서 우리는 생물학적·환경적 위험요인을 구분하였지만, 실제로 이들은 떼려야 뗄 수 없게 연결되어 있다. 두 요인이 상호작용하는 방법의 몇 가지 예를 생각해보라.

2. 기질 특성은 사람 사이의 관계에서 중요한 영향을 미친다. 당신은 어떻게 자신의 감정적 반응과 조절 능력을 표현할 수 있는가? 기질적 특성은 학생의 부적절한 행동에 대한 반응에 어떻게 영향을 미치는가?

3. NICHD ECCRN의 연구에서 문제행동에 있어서는 보육기관에서 보내는 시간이 보육기관의 질보다 중요하다고 제시한 결과에 대해서 이유가 무엇이라고 생각하는가? 백인 중산층 아동에게는 보육기관에서 더 많은 시간을 보내는 것이 부정적인 영향을 미친다는 것에 대해 어떻게 생각하는가?

4. 일부 전문가들은 미디어가 공격적인 행동을 증가시키는 데 매우 큰 역할을 한다고 생각한다. 뉴스, 영화, TV 프로그램이 다른 사람과 세계를 향한 당신의 태도를 어떻게 형성하는 것처럼 보이는가? 아동이 미디어 속에서 본 것을 이해하고 다루는 것을 어떻게 도울 수 있는가?

참고문헌

Flick, G. L. (2010). *Managing ADHD in the K-8 classroom: A teacher's guide*. Thousand Oaks, CA: Corwin.

Kleinfeld, J., & Wescott, S. (1993). *Fantastic Antone succeeds! Experiences in educating children with fetal alcohol syndrome*. Fairbanks: University of Alaska Press.

Kranowitz, C. S. (2006). *The out-of-sync child: Recognizing and coping with sensory integrative dysfunction* (Rev. ed.). New York: Perigee.

Kristal, J. (2005). *The temperament perspective: Working with children's behavioral styles*. Baltimore: Brookes.

Levin, D., & Carlsson-Paige, N. (2005). *The war play dilemma: What every parent and reacher need to know* (2nd ed). New York: Teachers College Press.

McCord, J. (Ed.). (1997). *Violence and childhood I the inner city*. New York: Cambridge University Press.

Chapter 03

보호요인

무엇이 잘못된 것인지를 찾으려고 수십 년 동안 노력한 후에, 연구자들은 어려움 속에서도 무엇이 올바르게 가고 있는지에 대한 대답을 찾게 되었다. 아동 발달 전문가, 소아과 의사, 정신과 의사, 심리학자, 사회학자, 신경과학자들은 어려운 환경(전쟁, 빈곤, 가정폭력, 정신질환, 이혼)에서 살아가는 아동들 중 어떤 아동들이 높은 장애물을 만났을 때에도 성공적으로 대처하는지에 대한 연구를 하게 되었다.

연구자들은 이 능력을 탄력성(resilience)이라고 부르고(Masten & Coatsworth, 1998; Rutter, 2000; Werner, 2000), 이는 아동의 삶에서 위험요인의 영향에 대해 대응할 수 있는 **보호요인** 및 기회요인과 관련되어 있다는 것을 알아냈다. 일반적으로 보호요인을 더 지닌 아동들은 위험요인에 있어서도 안정을 취할 수 있으며 자신의 삶에서 문제를 만났을 때에도 능숙하게 해결하고 자신을 보호할 수 있게 된다(Werner, 2000).

위험요인은 점점 늘어가는 경향이 있으며, 하나의 요인이 또 다른 요인들을 가져올 수 있다(Masten & Obradovic, 2006). 예를 들어 안전하지 않은 곳에서 자란 아동은 또래의 행동에 과민반응을 할지도 모르고 학교에서 주의를 기울이지 못할지도 모르며, 학업 실패, 낮은 자아존중감을 지니거나 거절당할지도 모른다. 또한 공격적 행동, 비행, 약물남용에 대한 위험을 높인다. 교사는 빈곤하거나 임신 중 약물남용으로 인한 사실들을 변화시킬 수는 없다. 그러나 교사들은 좀 더 효과적으로 위험요인을 다룰 수 있도록 아동이나 가족을 도울 수 있다. 우리가 초기에 보호요인의 일부를 강화시킨다면, 우리는 위험을 최소화하거나 위험의 일부를 막을 수 있고, 전혀 다른 발달 경로로 전환시킬 수 있을지도 모른다(Masten & Coatsworth, 1998; Rutter, 1987).

탄력성을 주제로 한 추후 연구에서 탄력성 그 자체가 좀 더 복잡한 것임을 밝혀냈다. 탄력성은 정적인 상태가 아니라 동적이고, 시간의 흐름에 따라 발달 과정을 거치며 맥락에 크게 의존한다(Luthar, Cicchetti, & Becker, 2000). 보호요인은 일부 영역에서는 아동을 보호하지만 다른 영역에서는 보호하지 못할 수도 있으며(Luthar et al., 2000), 시간, 위험 수준, 결과, 문화적 집단에 따라서도 아동을 보호하거나 보호하지 못할 수도 있다(Rutter, 2006b; Masten & Obradovic, 2006; Cauce, Stewart, Rodriguez, Cochran, & Ginzler, 2003; Richards et al., 2004). 또 한 맥락에서 아동을 보호하는 요인이 다른 영역에서는 실제로 아동을 더욱 취약하게 만들 수도 있다(Luthar, 1999). 그리고 역설적으로 저항하기 힘든 역경은 이후에 스트레스로부터 아동을 보호할 수 있도록 만들기도 한다(Rutter, 2006b).

어느 아동도 안전하지는 않지만(Masten & Obradovic, 2006) 각 아동은 자신의 발달에 있어서 적극적인 주체이며, 탄력성은 아동과 아동의 환경과의 끊임없는 상호작용을 포함한다(Masten, 2004). 이 모든 것은 일반화하기가 어려우며 "이 요인은 모두에게 보편적으로 작용한다."라고 말하는 것은 불가능하다(Fergus & Zimmerman, 2005). 대신에 탄력성에는 여러 경로가 있다고 말하는 것이 더 용이하다(Luthar & Zelazo, 2003). 모든 결과는 대부분 다양한 위험요인과 보호요인을 포함하고 있다.

이 장에서는 탄력성에 대해서 네 부분으로 구분하여 기술할 것이다. 첫 번째에서는 연구자들은 개인, 가족, 지역사회의 요인이 아동을 위험으로부터 보호한다는 것을 알아냈다. 두 번째에서는 이러한 요인들이 어떻게 작용하는지에 대한 해답을 찾기 위한 과정을 강조하고 있다. 세 번째에서는 예방과 중재에 대해 그리고 마지막으로는 탄력성에 대한 많은 기준을 함께 통합하려는 노력에 의해 생물학적 요인이 표면화 되는 것에 대해 다루고 있다.

첫 번째 파장 : 어떠한 요인이 아동의 회복에 도움을 주는가

초기에 연구자들은 자연적인 탄력성을 지닌 사람을 판별하고, 위험요인으로부터 상처받지 않는 아동에 대한 자화상(특징)을 만들어내는 데 초점을 맞추었다. 이러한 아동의 가족과 교사는 아동을 "매우 활동적이고, 다정하고, 포용적이며, 좋은 성품을 지니고, 편안하다."라고 묘사한다(Werner, 2000, p. 120). 아동은 주위 사람들과 모든 것에 적극적으로 반응하며, 친구를 찾거나 다른 사람과 관계를 맺는 데 훌륭한 능력을 지니고 있다(Osofsky & Thompson, 2000). 발달심리학자 Werner와 Smith는 탄력성에 대한 선행 연구인 *Vulnerable but Invincible*(1982)에서 "아동이 환경으로부터 긍정적인 반응을 이끌어낼 수 있는 능력의 범위 내에서, 심지어 지속적인 빈곤이나 정신병을 지닌 부모와 함께 사는 아동이 스트레스 내성이나 '탄력성'을 지닌 것으로 밝혀졌다(p. 158)." 이러한 아동을 돕기 위해 많은 노력을 기꺼이 아끼지 않는 그 누구라도 만난다면, 아동들은 문제행동이 거의 필요하지 않을 것이다.

그러나 아동이 환경으로부터 부정적인 반응을 이끌어내도록 하는 것은 무엇인가? 이러한 아동들은 상처받기 쉬우며, 이런 아동의 행동이 우리에게 문제행동으로 받아들여질 가능성이 높다. 문제는 교사가 이러한 아동들을 어떻게 수용하고 좀 더 탄력적이 될 수 있도록 도울 수 있는가에 있다. 자연적으로 탄력성을 지닌 아동의 성공의 비밀은 무엇이며, 어떻게 아동에게 그것을 주입시킬 수 있을까? 탄력성의 첫 번째 영역에서 연구자들은 세 가지 보호요인(개인, 가족, 지역사회)을 알아냈다(Masten, 2004).

개인요인

아동이 어려움에 대해 어떻게 반응하는지는 매우 다양하며 여기에는 유전적, 생리학적, 기질이 모두 영향을 준다(Ellis, 2009; Rutter, 2006b). 우리가 지금까지 보아온 것과 같이 탄력성이 있는 아동은 종종 외향적인 기질과 긍정적인 방법으로 주변인을 대하는 능력이 있다. 이들은 다른 사람들과 쉽게 의사소통하고 유머감각이 좋으며(Rutter, 1987), 유연하고 인간성이 좋은 경향이 있다. 이들의 평균 이상의 지능은 학교생활을 잘할 수 있도록 도와주며(Masten & Coatsworth, 1998), 순차적 일처리를 위한 실행기능이 잘 발달되어 있다는 것을 보여준다. 아동의 주의집중력, 계획성, 비판적이고 창의적인 생각, 자신의 행동 결과를 평가하는 능력은 이들을 문제해결사로 만든다(Curtis & Cicchetti, 2003; Rutter, 1987). 또한 이들은 자신의 감정을 통제할 수 있고, 효과적으로 행동하고, 부정적인 감정과 사건으로부터 빠르게 회복할 수 있다(Curtis & Cicchetti, 2003). 이들은 과잉자극을 받으면 바르게 통제할 수 있고, 바르게 되기 위해 필요한 것을 요청할 수 있으며, 심지어 어려운 분위기에서도 그렇게 할 수 있다.

탄력성이 있는 아동은 **자기효능감**(자신의 가치와 능력을 믿음)과 **내적 통제**(심리학 용어로서 운이 아닌 자신의 노력과 능력에 자신의 성공을 돌림)에 자신감을 가진다(Brooks, 1994; Luthar, 1999).

다양한 재능, 관심 분야, 활동, 대처 전략과 함께 그들은 환경을 선택하고 구축하며, 역량을 강화하고, 성공하고 노력하도록 동기를 부여하고(Masten, 2001), 미래에 대한 낙관적인 전망을 한다(Wyman, 2003). 또한 자신의 삶의 의미에 추가되는 올바른 정신을 가진다(Masten, 2004). 최근 연구 결과에서는

탄력성이 있는 아동은 강한 자기효능감을 갖고 자신의 가치와 능력을 믿으며, 조절에 대한 내적 요소를 지니고 있다(이들은 자신의 성공을 운이 좋아서가 아닌 자신의 노력과 능력에 따른 것이라 여긴다.).
Photograph by Rachel at Rachel B. Photo Studio, LLC.

오만과 편견

차별과 구조적 인종차별의 경험이 아프리카계 미국인 청소년의 건강과 발달에 심각하게 위험함을 제기하였다(Spencer, Fegley, & Harpalani, 2003). 약 600명의 아프리카계 미국인 청소년의 종단 연구에서 연구자들은 블랙 프라이드(Black pride)가 위험에 성공적으로 대처하기 위해 소년들을 도왔다는 것을 발견했다(Spencer et al., 2003). 아프리카계 미국인의 역사와 문화의 중요성을 믿는 사람들은 정서적 웰빙에서 상당히 높은 점수를 보였고, 다른 사람보다 더 많은 가치가 있음을 느꼈으며, 미래에 대해 더 긍정적인 감정을 가졌고, 블랙 프라이드에 관심이 없는 소년들보다 또래들에게 더 인기 있는 자신을 인지하였다.

민족적 프라이드는 물론 다른 문화 집단에서 아동을 보호할 수 있는 몇 가지 징후가 있다(Szalacha et al., 2003). 유아가 유치원에 다니는 동안 자신의 인종과 민족 정체성이 구축되는 시발점이 된다는 것을 기억하는 것이 중요하다(Derman-Sparks & Ramsey, 2006).

도시에서 자신의 종교를 가지고 기도나 종교서 읽기, 종교 프로그램을 시청하거나 라디오를 듣는 청년들이 문제행동 비율이 낮은 것으로 나타났다(Pearce, Jones, Schwab-Stone, & Ruchkin, 2003).

문제행동을 하는 아동은 초기의 본성과 틀에 얽매이지 않은 몇 가지 기술을 가지고 있을지도 모르며, 그것들을 찾아내기 위해 탄력성에 대한 통찰력과 생각이 추가될 수 있다. 탄력성 강화의 핵심은 이런 강점[심리학자 Robert B. Brooks(1994)가 'islands of competence'라고 명명함. p. 549]을 찾아내고 새로운 기술과 자아존중감을 구축하기 위해 그것들을 사용하는 데 있다. 아동이 잘못한 것이 무엇인지 알아내는 대신에 아동의 강점, 바람직한 자질, 아동이 능숙하게 하는 것들, 긍정적인 공헌, 그리고 아동에게 무엇을 제공할 것인지에 대해서 생각해보라.

또한 아동이 기여하는 점이 적다고 해서 비난하지 않도록 조심해야 한다. 성격뿐 아니라 우리가 항상 내재되어 있다고 생각하는 지능, 기질도 환경에 영향을 주는 대상이 된다(Luthar, 2006).

가족요인

연구를 통해 계속해서 강조되었듯이 양질의 육아란 위험한 상황에서 아동들에게 최고의 보호 기능을 제공하는 것으로(Luthar, 2006) 지속적으로 지원하는 사랑스러운 관계이며, 온정, 체계, 높은 기대, 적합한 나이의 제한 설정, 모니터링을 제공하는 반응적인 사람이 있는 것이다(Masten et al., 1999). 이것은 다양한 발달 단계와 많은 위험에서 아동을 보호한다(Luthar & Zelazo, 2003). 이 관계는 바람직한 감정통제, 자기효능감(Yates, Egeland, & Sroufe, 2003), 학업성취도, 숙달의 동기부여(Luthar & Zelazo, 2003), 또래와의 사교성(Masten et al., 1999)을 포함하는 기술의 광범위한 토대를 마련한다.

부모가 중요한 유대 관계를 맺을 수 없다면 다른 사람이 이를 할 수 있다. 아동을 수용해주고 지원해주는 데 중요한 것은 적어도 한 사람의 양육자(조부모, 나이가 많은 형제, 사촌)가 있으면 된다(Rutter, 1987; Werner, 2000).

위험이 적은 아동과 달리 도시에서 사는 아프리카계 미국인 아동은 엄격한 가정교육을 받는 것이 좋다(Cauce et al., 2003). 가족들이 아동들과 함께 더 많은 시간을 보낼 때 친밀하게 보호자의 역할을 하게 되고 아동이 불량 친구들이나 불량 장소에 가는 시간이 제한되며 학교생활을 더 잘하게 되고 폭력을 덜 접하게 되고 정서행동

포스터

우리는 오프라 윈프리를 성공적인 토크쇼 진행자, 배우, 잡지 발행인으로 알지만 그녀는 탄력성의 모델이기도 하다. 그녀는 오늘날의 그녀가 되기 위해 큰 역경을 극복하였다.

그녀는 출생하자마자 부모와 분리되었으며, 미시시피 농장에 사는 할머니에게 양육되었다('Oprah Winfrey', n.d.). 6세 때 어머니와 합쳐 밀워키로 이사하였다. 언쟁이 오가는 관계로 인해(그리고 남성 친척과 친구에게 성적 학대를 당했다.) 그녀는 13세에 가출하였다.

오프라는 내슈빌에서 아버지와 함께 지내게 된 것이 인생의 전환점이 되었다. 그녀의 아버지는 규율이 엄격한 사람으로 높은 기대치를 가지고 있었다. 그녀는 매주 책을 읽고 썼다. 그녀는 매일 5개 어휘를 익혔으며, 저녁을 거를 때도 있었다('Ofrah Winfrey', n.d.). 아버지의 양육 기술의 일부는 극단적이었을지 모르지만 실제로 구조적이고 친밀한 관리는 오프라에게 보호요인이 되었다. 그녀는 학교 연극반에 가입했고, 대학에서 장학금을 받았고, 테네시주립대학교 2학년 때인 19세에 내슈빌의 저녁 뉴스에서 공동 앵커가 되었다. 그 이후의 삶은 역사가 되었다.

문제의 위험도 감소하였다(Cauce et al., 2003; Richards et al., 2004). 우범 지역에서 이런 강력한 통제는 아동의 일상생활을 안전하게 하고, 예측 가능하게 하고, 질서에 적응하는 법을 알려줄 뿐만 아니라 관심의 표현이 된다(Luthar, 1999).

지역사회요인

지역사회 또한 탄력성을 촉진하는 강력한 역할을 할 수 있다(Werner & Johnson, 1999). 교회, 지역사회센터, 소년 소녀클럽과 같은 곳에서 지원을 받으면 다른 사람들과 공동체의 일원으로 연결된 느낌이 든다.

지역사회의 후원은 일반적으로 인간관계의 형태로 아동에게 지원된다. 부모님과 같이 자상하고 유능한 교사, 이웃, 코치, 친구들은 긍정적인 역할 모델이 될 수 있으며, 아동을 인간적이고 가치 있게 만들고, 심지어 경제적으로 어려운 가정 상황에 도움을 줄 수도 있다(Luthar & Zelazo, 2003). 아동을 믿음으로써 많은 기대를 하고 자신의 목표를 확장하는 것을 지원한다. 애정이 넘치는 성인은 아동이 자기 자신을 믿을 수 있게 도우며 능력과 자신감을 키우고 스트레스에 대처하는 능력을 확장시켜

교사, 코치, 또래는 긍정적인 역할 모델이 될 수 있으며, 아동이 사랑받고 가치 있는 존재로 느낄 수 있게 만든다.

준다. 위험에 처해있는 유아의 경우, 교사와 지원 관계를 맺는 것은 또래에게 능숙하고 적절한 행동을 하기 위한 것과 상당하게 연관된다(Howes & Ritchie, 1999). 교사의 지원은 특히 아프리카계 미국인 아동(Meehan, Hughes, & Cavell, 2003), 빈곤 아동(Luthar et al., 2003), 학습장애 아동(Margalit, 2003)에게 효과가 있다.

양질의 보육 및 학교와의 강력한 유대는 광범위한 위험, 공격적인 행동, 학업 실패로부터 보호할 수 있으며 몇몇 아동들의 유일한 안식처가 된다(Hawkins, Smith, Hill, Kosterman, & Catalano, 2007). 연구자들은 학교와의 유대를 증가시키는 여러 요인들을 확인했다. 적극적인 교수, 일상생활, 절차의 예상 및 양방향 교수, 긍정적인 사회적 행동의 강화, 사회적 기술과 문제해결 기술의 교수, 공동 학습 그룹을 통해 학생들에게 많은 기회를 준다.

또래들도 보호를 제공할 수 있다. 친구와 함께 친밀감, 신뢰, 지원을 경험할 수 있다. 그룹의 일원이 된다는 것은 빈곤으로 인한 공격적인 행동, 부부 갈등, 가혹한 징계의 위험을 감소시킨다(Criss, Pettit, Bates, Dodge, & Lapp, 2002). 또래는 유대감에 대한 요구를 충족시킬 수 있으며, 사회적 기술을 가르칠 수 있다(Criss et al., 2002). 우정은 학대를 받은 아동(Bolger & Patterson, 2003)과 학습장애 아동(Miller, 2002)에게 특히 도움이 된다.

두 번째 파장 : 보호요인은 어떻게 작용하는가

연구의 두 번째 파장에서 연구자들은 탄력성이 내재되는 절차와 메커니즘을 밝히는 어려운 작업을 시작했다(Luthar et al., 2000). 아동 자신의 역사와 유전적 자질 모두 중요한 역할을 하고 급속하게 변화하는 기간(예 : 아동이 학교에 입학할 때) 동안 새로운 강점과 취약점이 나타나며(Luthar et al., 2000), 발달 과정의 흐름을 바꿀 수 있는 기회를 제공한다(Masten, 2004).

영국의 아동정신과 의사이자 탄력성 전문가인 Rutter(2006b; Rutter et al., 1998)는 긍정적인 결과에 기여할 수 있는 보호요인의 여덟 가지 방법을 제안하였다.

역경 극복하기

1995년 Emmy E. Werner와 Ruth S. Smith(1982)는 하와이 카우와이 섬에서 태어난 698명의 갓난아이들을 대상으로 추적 연구를 시작했다. 아이들의 아버지들은 대부분 노동자들이었고, 어머니들은 대다수가 고등학교를 졸업하지 않았으며, 가족의 반 이상이 빈곤층에 속하였다.

그중 72명의 아이들(2세 이전에 많은 위험요인에 직면해있던)은 그럼에도 불구하고 '유능하고, 자신감 있고, 배려심 많은 성인'으로 성장하였다(Werner, 2000, p. 119). "'역경을 극복할 수 있도록 도움이 된 사람이 누구인지'에 대한 질문에 대한 답으로는 대가족(조부모, 형제, 친척 등), 이웃과 교사(친구가 되어주고 모범이 되어준), 그리고 4H, YMCA, YWCA와 같은 자원봉사자들이었다고 한다(Werner & Johnson, 1999, p. 263)."

- 위험의 예민성 감소(예 : 이전 역경에 성공적으로 대처하는 것은 아동이 새로운 과제를 충족하는 데 도움이 된다.)
- 위험이 주는 영향 약화(예 : 부모의 감독은 반사회적 또래와 보내는 시간을 예방할 수 있다.)
- 심화되는 위험에 노출됨에 따른 부정적인 연쇄 반응 감소(예 : 성인의 지원은 아동이 초기 스트레스를 성공적으로 다룰 수 있도록 한다.)
- 긍정적인 연쇄 반응 향상(예 : 성인과의 긍정적인 관계는 탐구하는 아동을 격려하며, 순차적으로 그들의 능력을 증가시킬 수 있다.)
- 자아존중감, 자기효능감, 문제해결 기술의 촉진(예 : 중요한 작업에서의 성공은 자신감을 형성한다.)
- 보상된 긍정적인 경험으로부터 직접적인 위험을 상쇄 및 대응(예 : 친구 부모와의 긍정적인 관계는 아동의 가정에서 부부싸움의 영향으로부터 보호한다.)
- 기회 제공(예 : 새로운 활동을 시도하는 것은 아동에게 새로운 기술을 배울 수 있는 기회를 제공한다.)
- 부정적인 경험에 대한 긍정적인 생각 지원(예 : 어려운 상황의 긍정적인 측면에 초점을 맞춰 더 쉽게 만든다.)

맥락과 문화는 모두 과정에 중요하게 기여한다. 기본적인 인간의 적응시스템 기능이 정상적이면 아동은 역경에 대처하기 위해 필요한 자원을 찾을 수 있다(Masten, 2001). 그러나 환경에 적합한 자원이 없는 아동은 좀 더 나은 삶을 성취하기 위해서 대가를 치러야 할지도 모른다. 예를 들어 대부분의 아동들에게 감정적인 대응과 친밀한 관계는 긍정적인 적응을 할 수 있도록 만든다. 그러나 학대를 받았거나 어머니가 우울증인 가정의 아동은 정서적 자기조절을 좀 더 제한하여 전개하므로 개방, 이해, 반응, 관계가 모두 제한되는 방법에 더 익숙해진 것처럼 보인다. 부모로부터 감정적으로 스스로 거리를 두는 것은 아동 자신의 고통을 조절하기 위해서이다(Cicchetti & Rogosch, 1997; Wyman, 2003).

논리적으로 확장된 개념에서 보면 아동이 다양한 맥락에서 다양한 탄력성을 성취하며, 몇몇 연구자들은 탄력성 자체가 다양한 측면(때로는 특이한)을 가지고 있다고 믿고 있다(Kaplan, 1999; Wyman, 2003). 이에 심리학자 Sameroff(2005)는 "탄력성이 긍정적인 행동과 같은 것은 아니다. 자원이 부족한 스트레스 상황에서 한 개인의 이익은 다른 누군가의 손실을 부담해야 한다. 이러한 상황에서 탄력성은 도심 환경에서 범죄에 의해 획득된 자원과 같은 반사회적 행동으로 나타날지도 모른다."라고 하였다(p. 4).

아동이 원하는 대로 쓸 수 있는 전략의 범위를 정하는 것은 중요하다(Rutter, 2006c). 교사는 아동이 구축할 수 있는 역량, 통제, 힘의 영역을 식별하도록 아동을 도울 수 있으며, 감정을 인식하고 지원하여 아동이 자신의 일상생활에서 생존하도록 이용한다. 예를 들어 다른 사람을 돕는 것은 자아상을 키우기 위해 아동이 할 수 있는 능력이다. 자신의 세계에 대해 말하고 선택하는 데 자신이 누구인지에 대한 가치를 느낄 수 있도록 허용한다(Ungar, 2004).

세 번째 파장 : 보호와 중재의 통합

세 번째 파장의 연구자들은 탄력성을 지원하기 위해 보호와 중재를 사용하기 시작하였다(Masten, 2007). 효과적인 프로그램은 아동에게만 초점이 맞춰져 있는 것이 아니라 아동의 환경에도 초점이 맞춰져 있다. 시애틀 사회성발달프로젝트는 우범지역의 교사, 아동, 부모들을 위한 보편적인 중재(공격적인 행동의 축소, 지역사회 학교, 학업 수행, 가정 관리 기술의 확대)를 만들었다(Hawkins et al., 2007). 품행장애 위험 아동을 대상으로 한 프로젝트(Fast Track Project)뿐만 아니라 여러 면에서 중재를 제공하였다. 결과는 아동의 사회적, 정서적, 학업 기술이 향상됨을 보여주었다(Conduct Problems Prevention Research Group, 2004).

　DECA라고 알려진 데브러 유아평가(Devereux Early Childhood Assessment)(LeBuffe & Naglieri, 1999)는 다른 접근방식을 활용한다. 교사와 부모는 행동문제를 평가한다. 세 가지 핵심 탄력성 요소는 애착(attachment), 자기통제(self-control), 주도(initiative)이다. 교사는 평가 결과와 관련된 강점 기반 중재를 실시한다. 시범 연구에서는 예방요인의 의미 있는 상승과 행동문제의 의미 있는 감소를 보여주었다(Lamb-Parker, LeBuffe, Powell, & Halpern, 2008).

네 번째 파장 : 어떻게 모든 것을 함께 맞추어나가는가

새로운 기술과 함께 네 번째 파장의 연구자들은 탄력성에서 생물학의 역할을 조사하기 시작하였다. 또한 그들은 앞의 세 가지 파장을 통합하는 연구를 통해서 어떻게 신경과학, 유전학, 발달, 경험이 적응을 위해서 상호작용하는가를 살펴보았다(Masten, 2007).

　일부 연구자들은 실행기능과 뇌의 전두엽을 포함한 정서조절과 문제해결 기술을 집중적으로 연구하여 공격성과 충동적인 행동을 일으키는 결정적인 요인을 밝혀냈다. PATHS(Promoting Alternative Thinking Strategies)라고 하는 보호 과정은 사회적·정서적 능력을 강화하며 신경과학을 기반으로 한다. 최근 연구(Greenberg, 2006)에서 2～3학년 아동에게 자기통제를 학습시키고, 교사에게는 학교에서 갈등이 나타날 때마다 아동들에게 전략을 사용하도록 교수하였다. 몇 년 후의 후속 연구에서 아동의 실행기능이 행동과 더불어 특히 억제를 조절하는 것과 언어적 유창성 부문에서 유의미한 향상을 보여주었다(Greenberg, 2006). Bodrova와 Leong(2007)이 개발한 생각의 도구(Tools of the Mind)는 자기조절과 행동을 향상시켰으며, 넓게는 놀이에 초점을 맞추고 있다(Barnett et al., 2008; Diamond, Barnett, Thomas, & Munro,

균형의 이동

Werner(1984)는 교사와 아동과 많은 시간을 보내는 사람들에게 다음과 같은 제안을 하고 있다.

- 아동의 기질적인 특성을 수용하고, 요구하는 경험을 허용한다. 그러나 그들의 능력에 대항하거나 겨루지 않도록 한다.
- 아동에게 전달된 책임감과 보살핌을 받고 있다는 감정은 도움과 협력을 위한 보상으로 작용할 것이다.
- 만족감과 자아존중감을 키울 수 있는 아동의 특별한 흥미, 취미, 활동을 격려하라.
- 인생은 피할 수 없는 역경이 있음에도 불구하고 의미가 있다고 확신을 줄 수 있는 모델이 되어주어라!
- 아동이 자신의 가족뿐 아니라 친척이나 친구까지 사랑할 수 있도록 격려하라(p. 71).

2007)(248~252쪽 참조).

　다른 연구자들은 직접적으로 실행 주의(executive attention)를 더 분명하게 밝히고자 하였다. 훈련 5일 후부터 4세, 6세 유아는 주의와 지능검사를 받지 못한 아동보다 훨씬 더 의미 있는 수행을 하였다(Holmeboe & Johnson, 2005; Rueda, Rothbart, McCandliss, Saccomanno, & Posner, 2005). 이것은 실행기능 훈련이 가능하다는 것을 보여주었다. 이 연구는 또한 실행 주의와 관련한 신경전달물질인 도파민과 연관된 유전자를 검토하였다. DAT1의 길이가 긴 유전자를 가진 아동이 짧은 길이의 유전자를 가진 아동보다 더 효과적으로 통제를 하는 것으로 나타났다(Rueda et al., 2005).

　한편 어머니와 영아를 관찰한 연구자들은 탄력성, 생물학, 환경과 연관된 DRD4라는 다른 도파민 유전자를 연구하였다(Bakermans-Kranenburg & van IJzendoorn, 2006). 이 연구를 한 과학자들은 놀라운 발견을 했다. 짧은 길이의 유전자를 가진 영아는 민감한 양육과는 무관한 것으로 나타났다. 이러한 영아들을 스웨덴에서는 어떤 환경에서든 합리적으로 적응한다는 뜻으로 '민들레 아동(dandelion children)'이라고 부른다. 어머니들이 이들을 어떻게 대하더라도, 그들은 공격적 행동에서 항상 일정한 수준을 유지한다. 그러나 길이가 긴 유전자를 가진 영아는 민감한 양육과 밀접한 관계가 있는 것으로 나타났다. 적절한 보살핌으로 인해 '난초 아동(orchid children)'은 난초 꽃처럼 아름답고 특별한 꽃을 피울 수 있다(Ellis, 2009). 어머니가 영아의 신호에 적절하게 반응할 때 영아들은 문제행동을 거의 하지 않게 된다. 그러나 연구에서 아이들이 무기력한 힘든 상황에서는 대부분의 다른 행동과 함께 무관심한 양육이 나타났다(Bakermans-Kranenburg & Van IJzendoorn, 2006).

다른 연구자들의 발견과 비슷하게 민들레 아동과 같이 낮은 정서적 반응성을 가진 아동은 양질의 보살핌과는 상관없이 잘 성장하였다. 그러나 민감한 정서적 반응을 가진 난초 아동은 긍정적으로든 부정적으로든 깊게 영향을 받기 때문에 보살핌의 질이 중요하다. 이러한 아동에게 낮은 질의 보살핌은 문제행동을 발생시켰고, 반면에 높은 질의 보살핌은 강력한 사회적 능력을 증진시켰다(Pluess & Belsky, 2009).

그러나 여전히 탄력성은 복잡하다. 애리조나대학교의 Ellis(2009)에 의하면 탄력성은 누가 그들을 돌봐주는지에 달려있고, 모든 아동에게 한 가지로 적용시키기는 어렵다.

이러한 다양한 노력의 결과들은 이제 막 알려지게 되었다. 그러는 동안에 우리는 아동과 돈독한 관계를 만들고 아동의 강점과 잠재력을 강화시키고 사회적 능력과 감정조절을 촉진하고 아동이 우리에게 말하고 보여주는 것이 무엇인지에 대해서 깊은 관심을 기울였다. 환경의 역할이 아동의 탄력성을 형성하게 하는 데 가장 중요한 역할을 하고 환경에서 교사가 가장 큰 역할을 하는 것을 명심하여야 한다.

생각해볼 문제

1. 가족 중 어떤 사람이 역경을 다루어야 하는가? 자신의 위험 및 예방요인을 생각해보라. 당신의 삶에서 차이를 만드는 사람이나 활동이 있는가?(부모, 친구의 부모, 교사, 이웃) 당신을 상처로부터 복구하는 데 누가 어떻게 도움을 주고, 누가 어떻게 스트레스 기간을 지속시키는가?

2. 아동의 위험 및 예방요인에는 장단점이 있다. 이런 지식은 아동이나 가족에 대한 당신의 태도나 행동을 어떻게 바꿀 수 있는가?

참고문헌

Braschi, G. (Producer), & Benigni, R. (Writer/ Director). (1998). *Life Is Beautiful* [Motion picture]. Italy: Miramax Films.

Devereux Early Childhood Assessment Program. (1999). *Enhancing social and emotional development*. Lewisville, NC: Kaplan Press.

Masten, A. S. (2001). Ordinary magic: Resilience processes in development. *American Psychologist*, 56, 227-234.

Werner, E. E., & Smith, R. (1992). *Overcoming the edds: High risk children from birth to adulthood*. Ithaca, NY: Cornell University Press.

Werner, E. E. (1984). Resilient children. *Young Children*, 40, 68-72.

Chapter 04

행동과 뇌

궁극적으로 모든 행동은 뇌 활동의 결과이며 문제행동에 있어서 뇌의 역할에 관하여 궁금해하는 것은 자연스러운 일이다.

출생 전후 아동의 삶에 있어서 모든 위험과 보호요인은 비록 우리가 왜 또는 어떻게 작용하는지 모른다 할지라도 뇌에 직접적인 영향을 줄 수 있다. 뇌의 발달은 아마도 생물학의 모든 부분에 있어서 복잡한 현상이다(Nelson and Bloom, 1997). 지난 20년간 신경해부학, 분자생물학, 분자유전학, 신경화학, 신경생리학, 뇌 영상 기술의 사용과 같은 놀라운 발전에도 불구하고 사람의 공격성과 같은 복잡한 행동을 쉽게 해석하지는 못했다(Kandel, Jessell, and Sanes, 2000; Shonkoff and Phillps, 2000).

주의 깊게 아동을 관찰함으로써 연구자들은 행동과 뇌에 관한 다량의 가치 있는 정보를 축적하였으나(DiPietro, 2000; Nelson & Bloom, 1997), 우리가 뇌의 연결구조

(brain's wiring)와 발달에 관하여 알게 된 많은 것들은 동물 연구로부터 얻어진 것들이다. 이러한 연구 결과는 놀라운 지식을 제공하였지만 이것을 인간에게 적용하고자 할 때에는 주의해야만 한다.

최근 신경과학은 행동과 뇌의 연관에 대한 탐구에 몇 가지 놀라운 새로운 기기를 도입하였다. 자기공명영상(Magnetic Resonance Imaging, MRI)은 뇌 구조에 대한 정교하고 상세한 사진을 제공하며, 양전자 방출 단층 촬영(Positron-Emission Tomography, PET)은 화합물로 분류된 방사능이 뇌 활동의 특정 영역을 밝게 할 수 있거나 특정 신경전달물질의 행방을 정확하게 파악할 수 있다. 전자화된 뇌파 전위 기록술(Electroencephalography, EEG)과 자기뇌파 측정법(Magnetoencephalogy, MEG)은 두피의 전자와 자기장의 활동 형태를 기록한다.

방사능을 필요로 하지 않는 이러한 기술들은 아동 연구에 적합할 수 있다. 국제정신건강기구의 과학자들은 500명 이상의 3~18세 아동에게 MRI를 사용하여 정상적인 인간 뇌 발달의 지도를 제작하였다. 새롭게 선보인 인간 게놈 지도를 사용하여 ADHD, 자폐, 정신분열증, 조울증과 같은 신경발달장애를 조사하였다. 그뿐 아니라 아동학대, 태아 알코올 노출, 산모 우울증, 조산, 심지어 비디오 게임이 뇌에 미치는 영향도 조사하였다.

이 장에서는 행동과 뇌 사이에 연관된 것을 일부 보게 될 것이다. 우리는 조기 경험과 뇌로 시작하여 공격행동에 포함된 뇌의 영역을 알아보는 것으로 마무리할 것이다.

조기 경험과 뇌

뇌는 어떻게 발달하는가

얼마 전까지 사람들은 유전자가 뇌의 발달을 완벽하게 통제한다고 믿었다(Shonkoff & Phillips, 2000). 현재는 환경 역시 뇌 발달에 있어서 유전자만큼 중요한 역할을 하고 있음이 명백해졌다. 뇌는 유전자와 환경의 상호작용 현상이다. 뇌의 변이는 아동이 환경과 어떻게 상호작용하는지에 영향을 주고, 이러한 상호작용은 더 많은 뇌의 변이를 일으킨다(Monk, 2008). 유전자는 큰 틀을 제공할지 모르지만 뇌 회로를 조직하고 구성하기 위해서는 경험이 필요하다(Nelson & Bloom, 1997).

유아의 뇌는 뇌세포와 뉴런(neuron)이 1천억 개에 이르지만, 그중 비교적 소수만이 연결되어 있다. 영아들은 환경과 상호작용하면서 뇌세포와 신호를 주고받는다. 3세가 되면 1천조 개가 연결되어 시냅스(synapse)를 만든다. 이러한 연결을 통해 현재와 미래의 느낌, 생각, 행동을 뇌에 보낸다. 신경학자 LeDoux(2002)는 "당신은 당신의 시냅스이다."라고 했다(p. ix).

아동기와 청소년기는 뇌 성장에 있어 제2의 핵심 시기이다. 뉴런에서는 새롭고 수많은 지류가 생기고 연결이 되기 시작한다(Giedd, 2004). 청소년기에는 시냅스들이 솎아지기 시작한다. 과학자들은 유전학적으로 "사용하라, 그렇지 않으면 잃을 것이다(use-it-or-lose-it)."라고 하였다. 자주 사용된 시냅스는 생존하고, 전달되는 것이 거의 없거나 전혀 없는 사람의 시냅스는 점점 사라질 것이다(Shonkoff & Phillips, 2000).

태어나기도 전부터 있는 신경섬유 주위를 둘러싸고 있는 피막의 백색 지방질 물질인 미엘린(myelin)(Lenroot & Giedd, 2006) 역시 정보가 뇌 전체에 신속하고 정확하게 이르도록 간소화된 시스템을 구축하는 작업을 촉진한다. 뇌의 연결 수는 성인에 이르기까지 20여 년 동안 재조직된다(De Bellis, Keshavan et al., 1999).

모든 길은 로마로 통한다

행동을 어떻게 뇌의 처리 과정과 연결시킬 수 있는가? 최적의 예는 정신의학에서 나왔다. 연구자들은 최근 두 가지의 서로 다른 강박장애(obsessive compulsive disorder)의 치료가 이상적인 결과를 낳았음을 증명하였다. 하나는 행동 치료에 사용되었고, 다른 하나는 약물 치료에 사용되었다. 두 가지 치료에서 환자의 행동은 동일한 방법으로 변화되었다.

환자의 PET 스캔은 또한 그들의 뇌가 동일한 방법으로 변화했음을 보여주었다. 연구자들은 뇌와 행동이 서로 어떻게 관련되는지를 알아보기 시작하였다. 안(머리)에서 나타나는 일은 밖(행동)에서도 나타난다(Schwartz, Stoessel, Baxter, Martin, & Phelps, 1996).

뇌의 발달에 경험이 어떠한 영향을 미치는가

초기의 개인적인 경험은 아동의 뇌 발달과 성장에 큰 영향을 미친다. 사실 발달은 환경에 의존한다(Goleman, 2006a).

Greenough와 그의 동료들은 신경세포가 연결을 만들고 신경경로를 만들기 위해 경험을 사용하며(Greenough, Black, & Wallace, 1987), 이를 첫 번째 예기적 경험 (experience-expectant)이라고 부른다. 어떤 경험(말을 듣고 빛과 패턴을 보는 것처럼)은 쉽게 사용할 수 있다. 그리고 뇌가 발달함에 있어 경험은 필요한 연결을 형성하려고 사용하는 '예기(expect)'이다(Nelson & Bloom, 1997). 경험이 예기될 때, 뇌세포는 연결되고, 시스템은 정상적인 방법으로 뇌세포들과 조직된다. 만약 예기적 경험이 일어나지 않는다면 신경조직은 비정상적인 것이다.

노벨상 수상자인 Hubel과 Wiesel은 1960년대에 이러한 패턴에 관한 고전적인 증거를 제공하였다. 그들은 즉시 치료받지 못한 백내장 아동들이 심지어 백내장이 치료된 후에도 시력장애가 남아있음을 관찰에 의해 밝혀냈다. 이러한 현상을 탐구하기 위해 Hubel과 Wiesel은 갓 태어난 고양이의 한쪽 눈을 가려 사용하지 못하게 하는 실험을 하였다. 3개월 후 눈을 가렸던 것을 제거하였을 때 새끼 고양이들은 앞을 볼 수가 없었다. 그 이유는 눈이 정상적으로 작용함에도 불구하고, 신경세포가 뇌에서 적절한 연결을 만들지 못했기 때문이었다(Bruer, 1999; Shatz, 1992). 뇌는 빛의 노출에 대한 정상적인 경험을 요구하며, 눈과 연결하기 위한 양식을 형성시키고 그것에서 오는 정보를 해석한다.

Hubel과 Wiesel은 시각적 시스템에 대해 민감하거나 중요한 시기가 있다는 것을 발견했다. 뇌 회로의 형성에서 경험이 특히 강력한 효과를 보이는 시기가 한정되어 있음을 발견하였다(Knudsen, 2004). 만약 새끼 고양이의 신경세포가 민감기 동안 뇌에서 적절하게 연결하는 것을 실패한다면, 새끼 고양이는 그 눈의 시력을 영원히 잃게 된다(Kandel et al., 2000). 인간에게는 시각적으로 민감한 시기가 있는 것뿐만 아니라 청각의 민감기(Kuhl, Williams, Lacerda, & Stevens, 1992), 운동의 민감기(Bruer & Greenough, 2001), 언어 감각의 민감기도 있다(Knudsen, 2004). 이것은 이를 발견하는 것이 왜 중요한지에 대한 이유이며, 초기에 시각적 · 청각적 문제를 모두 치료해야 하는 이유이다.

발달을 위한 민감한 시기는 간단하고 명확하게 정의되지 않으며, 뇌 시스템은 하나부터 열까지 다르다(Bruer, 2001). 발달 민감기가 모든 종에서 같은 방식으로 발전되는 시스템에서는 매우 중요하게 여겨진다(Bruer, 1999; Nelson, 2000). 예를 들어 모든 인간은 시각적 시스템을 가지고 있어서 시각에 대한 민감기가 있다. 그러나 모두가 읽을 수 있는 것은 아니기 때문에 읽기의 민감기는 없다. 읽기는 어느 연령에서나 배울 수 있다(Bortfeld & Whitehurst, 2001).

Greenough와 동료들(1987)은 경험이 의존적 경험(experience-dependent)이라고 부르는 이차적인 방법으로 뇌의 발달을 좌우한다는 데 주목하였다. 인간은 자신만의 고유한 환경에서 정보를 잘 다루

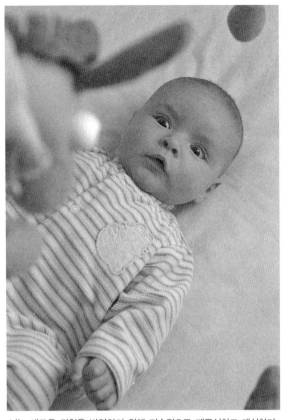

뇌는 새로운 경험을 반영하기 위해 지속적으로 재구성하고 개선하며, 이러한 방식으로 아동은 실제적으로 자신의 뇌 발달에 참여하게 된다.

기 위해 경험을 획득하는 것이 필요하다(예를 들어 개인 주변에 관련된 방법과 물리적 환경에서 다루는 방법). 또 다른 예로 경험은 연결을 위한 신경세포를 자극한다. 그러나 이 과정은 결정적 시기에 대한 것은 아니다. 뇌는 새로운 경험을 반영하고 끊임없이 재구성되고 재발견된다. 이렇게 하여 한 아동이 자신의 뇌 발달에 실제적으로 참여하게 된다(Gopnik, Meltzoff, & Kuhl, 2001). 의존적 경험은 삶을 통해 학습된다. 뇌는 가소성이 있기 때문에 인간이란 존재는 자신의 환경에 놀랍게 적응하며 조화를 이룬다.

초기 스트레스가 뇌에 어떻게 영향을 미치는가

스트레스 시스템(stress system)을 보면 경험이 어떻게 뇌 발달에 영향을 미치는지에 대해 몇 가지 아이디어를 얻을 수 있다. 고함치며, 위협하거나 두려워할 때 우리는 얼어버리거나 싸우거나 도망가기 위해 준비한다. 뇌에 스테로이드 호르몬인 **코르티솔**의 과잉이 발생함에 따라 즉각적인 위험에 대비하기 위해서 신체와 뇌가 준비할 수 있도록 변화시키며 동시에 활동을 억제하여 평소와 같이 장기간 생존을 가능하게 한다(Gunnar & Cheatham, 2003). 위협이 중단되면 코르티솔 수준과 다른 활동이 정상으로 돌아온다.

그러나 위협적인 상황이 더 지속되거나 종종 재발되면, 스트레스 시스템은 재설정된다. 그 결과 공포와 불안을 빠르게 경험한 인간이나 동물은 특별히 경계하며, 그 느낌을 떨쳐버리는 데 힘든 시간을 보낸다(Gunnar, 2000). 이 상태의 뇌는 코르티솔 자체의 독성에 취약하며, 기억, 감정조절, 스트레스에 대한 성공적인 적응과 관련된 뇌 영역에서 대량의 뉴런이 파괴된다(Gunnar, 1998; McEwen, 2005).

과학자들은 스트레스 시스템에 양육이 놀랄만한 영향을 미친다는 것을 발견하였다. 이는 실제로 프로그램 발달과 정서조절에 대한 토대가 되었다(Gunnar, 2006). 쥐 실험에서 웅크린 자세로 새끼를 핥고, 돌보고, 간호하면서 어미는 코르티솔 수준을 정확히 동등하게 유지하였다. 맥길대학교와 Meaney와 동료들(Meaney, 2001)은 생후 첫 주에 짧게 분리되었던 어미 쥐가 떨어져 있었던 만큼 행동을 더욱 조직화하고, 더 효과적으로 새끼를 감싸고 털을 다듬고 돌본다는 것을 발견하였다. 그 결과 새끼는 뇌에 코르티솔 수용체가 더 발달되었고 코르티솔 생성을 효율적으로 통제할 수 있었다. 새끼들은 위협에 덜 두려워하였고 위협에 쉽게 불안해하지 않았으며, 자신의 스트레스 시스템을 신속하게 켜고 껐다. 하지만 어미와 새끼가 너무 오래 떨어져 있으면 어미는 매우 불안해하고 체계적이지 못하여 새끼는 과민 스트레스를 받았다. 동물에게 영향을 미치게 되는 조기 경험은 앞으로의 인생에 대한 스트레스 자극에 반응할 것이다(Liu et al., 1997).

아동에게 스트레스 시스템의 양육과 발달 간의 연결은 강력하다(Gunnar, 1998; Gunnar & Cheatham, 2003). 조기 발달에서 스트레스 조절은 '양육자–유아 간의 상호작용에 포함' 되어 있다(Megan R. Gunnar, 2006, p. 106). 사실 초기 양육자의 가장 큰 책임 중 하나는 성공적으로 스트레스에 대처하는 아동을 돕는 것이다. 그래야만 아동 스스로 학습할 수 있다. 양육자는 아동조절 시스템에서 확장자의 역할을 하고 매번 안정된 상태로 돌아갈 수 있도록 해준다. 그리고 이러한 중요한 전이를 관리하는 것에 대한 정보가 강화되고 아동의 신경망에 저장된다(Cozolino, 2006).

일반적으로 코르티솔은 규칙적인 일상 리듬을 따른다. 코르티솔은 아동이 아침에 일어나자마자 상승되며, 20~30분 사이에 절정이 되고, 하루 동안 점차적으로 떨어진다(Gunnar & Cheatham, 2003). 아동이 안정적인 초기 양육자와 연결된 양질의 양육을 경험하면 코르티솔이 정상 수준이지만, 불안정 양육을 받은 아동의 경우에는 코르티솔 수준이 높았다(Gunnar & Cheatham, 2003). 낯선 양육자와 있지만 민감하고 친근한 베이비시터와 있는 아동은 코르티솔의 상승을 보이지 않았다. 하지만 냉정하고 거리를 두는 베이비시터와 있는 아동은 코르티솔의 상승을 보였다.

일반적인 발달을 하는 아동은 스트레스 경험을 하게 된다(초기 양육자가 없고 또래와 함께 학습하지 못함). 덜 지원적인 교사들은 반응적인 양육을 받은 영아보다 코르티솔이 더 상승하는 것을 볼 수 있었다(Gunnar & Donzella, 2002). 또한 기질도 역할을 한다. 노력이 필요한 통제(그들이 수행하기 위해 준비한 반응을 억제하는 능력)가 부족한 아동은 코르티솔 수준이 높았고(Dettling, Gunnar, & Donzella, 1999), 정서행동조절에 문제가 있는 유아와 또래에 의해 거부된 유아는 학급에서 코르티솔 수준이 높았다(Gunnar, 2006). 이와 같은 유아는 민감하고 반응적인 양육(더 많은 혜택)을 원한다(Gunnar & Cheatham, 2003).

양육에 실패했을 때 어떤 일이 발생할 것인가

반응적이고 지지적인 양육자의 부재나 위협적인 양육 환경에서 살고 있는 아동은 스트레스 시스템을 발전시키기 위한 완충제가 없게 된다. 아동이 학대, 방임, 폭력, 충격, 부모의 우울증을 경험하게 되면 스트레스 시스템은 환경 앞에서 속수무책이 된다. 그리고 뇌는 많은 심각한 문제에 취약해진다[감정과 행동문제(공격, 화, 울화, 외상 후 스트레스장애), 자기통제의 어려움, 자극, 집중, 과잉행동, 인지 · 기억 · 학습문제, 불완전한 의사결정, 관계문제, 무능하고 효과적이지 않은 불쾌한 자신의 감정](Cook, Blaustein, Spinazzola, & van der Kolk, 2003; Shackman, Wismer-Fries, & Pollak, 2008).

양육자와 혼란 애착(비조직화 애착) 관계(일반적으로 학대, 방임, 부모의 우울증이 있을 때 형성되는)인 아동은 코르티솔 수치가 높게 나타난다(Loman et al., 2009). 학대를 경험한 후 외상 후 스트레스장애로 고통받는 아동은 심지어 몇 년 후에도 여전히 코르티솔 수치가 높았으며 이는 학대 기간과 관련이 높다(De Bellis, Baum et al., 1999). 우울증이 있는 어머니와 성장한 아동도 높은 코르티솔 수준에 대한 위험이 상승되었다(Ashman, Dawson, Panagiotides, Yamada, & Wilkinson, 2002). 민감하고 긍정적인 방법으로 상호작용하는 어머니가 없으면 감정을 통제하는 것을 학습하는 데 어려움이 있을 것이며, 문제행동이 생길 가능성이 더 높다(Dawson et al., 2003).

1970년대와 1980년대에 루마니아 입양 아동은 어렸을 때 빈곤과 단절되어서 6개월 이후 입양된 아동의 대부분이 수년 후 매우 높은 기저 코르티솔 수준을 보였고, 스트레스 시스템의 실제 혼란을 보여주었다(Gunnar, 2006). 고아원에 더 오래 산 아동은 행동문제가 더 심각했다(Maclean, 2003). 입양 8년 후 그들은 주의에 문제가 있었다. 그리고 캐나다 입양 연구에서 29%가 ADHD로 진단되었다(Maclean, 2003). 루마니아에서 입양된 아동은 다른 아동들과 잘 지내는 것이 어렵다는 것을 발견하였고, 실질적으로 몇몇은 양육자와 애착을 형성하지 못했다. 반면에 낯선 사람에게 지나치게 친절하며 쉽게 따라가게 된다(Rutter, O' Connor, & the English and Romanian Adoptees Study Team, 2004). 이들은 11세에 정서적 어려움이 더 나타났다(Colvert et al., 2008).

연구자들은 고아원 상황에서부터 입양아에게 나타나는 문제를 막기 위해서 또래나 성인들과 상호작용하는 곳이 흔치 않다고 추측하였다(Maclean, 2003). 특히 아동을 일관되게 양육하는 사람이 1명이라도 없다면 이러한 초기 발달 단계에서의 사회적 발달은 위험하다고 설명하였다(Rutter et al., 2004). 이것이 의미하는 것은 처음 몇 년 동안 적어도 1명의 친밀한 양육자는 정상적인 뇌 발달을 위해 매우 중요하다는 것이다.

유전은 어떤 역할을 하는가

우리의 유전자는 적어도 60%가 뇌에서 표현되고, 영향을 받으며, 직접적·간접적이고, 넓고 멀리 확장시키고, 심지어 태도와 사회적 행동도 표현된다(Rutter, 2006a). 각자 유전자 변형의 독특한 혼합을 수행하기 때문에 각자 다른 방식으로 환경에 대응하고 적응한다(Moffitt, Caspi, & Rutter, 2006). 사실 유전자 코드는 행동 자체에 작용하는 것이 아니라 상호작용을 통해 행동을 증가시키는 단백질을 위해 작용한다(Lenroot & Giedd, 2006).

이와 같이 유전자와 경험은 하나가 멈추면 하나가 시작하는 곳을 알기 어려운 복잡한 방식으로 서로 밀접하게 연관되어 있다. MAOA이라 알려진 모노아민 산화효소 A(enzyme monoamine oxidase A)에 대한 유전자는 좋은 예이다. MAOA는 뇌에 있는 신경전달물질의 일부가 나빠지는 것에 대해 책임을 지며, 신경세포 사이의 메시지를 운반하는 화학물질의 정상적인 사용과 재사용을 위해 필수적인 절차이다. MAOA의 유전자에 결함이 있는 경우, 정상적인 효소를 생산하지 않으며 그 결과 종종 일생 동안 지속적으로 신경전달을 방해하고, 발달을 방해하고, 공격적인 행동을 한다.

성인으로부터 계속 공격적인 행동을 받은 아동과 어린 나이에 학대로 고통받은 아동은 같은 증상이 나타난다는 것을 연구자들이 발견하였다(Caspi et al., 2002). 그

선회

아동이 입양되었다면 일반적으로 양육이 부족했다는 증거이다. 빈번하게 가정에서 방임된 아동은 양부모의 의식과 함께 복합적이고 간략한 배치의 가능성에 직면한다. 그들의 곤경은 경종을 울린다. 입양 아동은 만성적인 스트레스의 결과로 전형적이지 않은 코르티솔 수준을 보이는 경향이 있다(Fisher, Gunnar, Dozier, Bruce, & Pears, 2006).

양부모가 아동의 행동에 있어 일관성 있고 민감하게 반응하도록 훈련하면, 유아와 미취학 아동은 더 안정된 애착을 경험하게 되며, 배치의 실수와 행동문제를 줄일 수 있다. 게다가 이들의 코르티솔 패턴은 더 정상적이 된다(Fisher et al., 2006). 이와 같은 입양 중재는 희망적인 증거를 제공하며, 반응적인 양육은 초기의 역경 효과들의 일부를 되돌릴 수 있다.

러나 학대가 항상 이런 효과를 가지고 있지는 않다. 과학자들은 그 이유를 알고 싶어했다. 정답은 MAOA 유전자 결함이라는 것이다. 학대로 이 유전자가 대부분 활성화되는 것처럼 보였다. 결함이 있는 유전자가 있는 남아는 매우 높은 위험이 있는 아동과 같이 학대를 받아왔다. 85%는 반사회적 행동의 일부 형태가 발달되었으며, 불균형적으로 큰 수가 폭력 범죄로 유죄 판결을 받았다. 반면에 학대에서 벗어나게 된 남아(유전자에 결함이 있는)는 공격적인 행동을 하지 않았다. 학대를 받아왔지만 유전자 결함이 없는 남아는 공격적인 행동에서 약간 더 높은 위험을 보였다(Caspi et al., 2002). 환경이나 유전 둘 중 하나는 이들을 보호한다.

뇌의 영역 중 공격적 행동을 담당하는 곳은 어디인가

자신의 감정을 관리하는 데 문제가 있는 아동은 행동발달에 높은 위험성이 있다(Eisenberg et al., 2001; Eisenberg et al., 2005). 뇌에(공격적인 행동의 위험) 자기통제에 대한 능력은 어디에 있는가? 이를 밝히는 데 여러 해부학적 영역과 신경화학 시스템이 결정적인 역할을 한다.

편도체

편도체는 뇌의 측두엽 내에 깊은 아몬드 모양의 구조로 위험에 대해 알려주는 조기경보장치 역할을 한다(Goleman, 2006a). 편도체가 하는 일은 최고 속도로, 그리고 자동으로 의식 없이 수행하는 것이다. 외부 세계로부터 전달하는 우리의 감각 시스템의 모든 정보를 검색하고 위협 신호에서 즉각적인 반응(freeze-fight-flight)을 유발한다. 결과적으로 그것은 뇌를 장악하고 우리가 옳은 일을 하고 있는지 생각할 기회를 갖기도 전에 행동을 하게 한다(Goleman, 1997). 편도체는 궁극적으로 코르티솔이 흘러나와 얼굴과 목소리에 두려움과 다른 부정적인 감정을 드러나게 한다(Cozolino, 2006).

편도체의 장애는 감정, 특히 두려움을 인식하고 판단하는 중요한 능력을 방해한다(LeDoux, 2002). 다른 사람의 고통을 인지하면 일반적으로 공격적 행동을 멈추게 된다(Decety, Michalsky, Akitsuki, & Lahey, 2008). 그러나 반사회적 범죄자나 파괴적 행동장애가 있는 아동 또는 정서결여 특성[죄책감이나 공감 능력이 없는(Frick et al., 2003)]을 지닌 아동 등 편도체 활동 감소를 보이는 대상에게서는 효과가 없는 것으로 보인다(Cozolino, 2006; Decety et al., 2008). 부적절한 사회적 행동과 의사소통의 어려움도 편도체의 손상을 동반한다(Cozolino, 2006).

전두엽

정상적인 상황에서 **전두엽**[동물과 구분되는 인간의 특징이며(Giedd, 2004) 진화론적으로 가장 나중에 발달되는 영역이다. 그림 4.1 참조]은 편도체를 계속 감시한다. 이 커다란 영역은 우리가 충동적, 무의식적, 공격적인 행동을 하는 것 대신에 무엇을 해야 할지 생각하게 만들도록 해주며 뒤늦게 발달된다. 전두엽은 영아기 때부터 발달이 시작되며 유아기에 자신의 감정을 조절하고 규칙을 따르도록 작용을 하지만 이 시기에는 효율적이지 못하며 부적절한 행동을 억제하기 위해서는 더 많은 발달이 이루어져야 한다. 아동기와 청소년기에 걸쳐 계속 성숙하고 20대까지도 발달이 완료되지 않는다. 렌터카 회사가 25세 미만의 사람들에게 자동차 임대를 거절하는 이유이기도 하다.

전두엽의 세 부분, 즉 **전두엽피질**(Prefrontal Cortex, PFC), 안와전두피질(Orbitofrontal Cortex, OFC), 대상회피질(Anterior Cingulate Cortex, ACC)은 편도체를 조절하기 위해 함께 작동한다. .

- **전두엽피질**은 이마 뒤에 있는 작은 영역으로 뇌의 임원이나 CEO 역할을 한다. 계획, 이유, 규제 영향, 주의를 위해서 뇌 전체로부터 고도로 처리된 정보를 조직 · 조정하는 뇌의 가장 상급 기능(실행기능을 포함)을 제어한다(Cozolino, 2006). PFC는 편도체의 충동을 관리하는 여러 가지 다른 신경회로를 사용할 수 있다. 상황에 유연하고 적절하게 대응할 수 있도록 허락하는 것으로 심지어 흥분하고 있을 때에도 사용한다(Goleman, 2006a). PFC는 효과적으로 통제하고 만

족을 지연시키는 것을 책임지고 있으며, 3~4세 사이에 그 능력이 급격하게 증가한다(Zelazo, Carlson, & Kesck, 2008).

전두엽피질의 손상은 생각과 행동을 안내하기 위한 감정적 정보의 사용에 고장을 일으켜서 의사결정을 방해한다(LeDoux, 2002). PFC는 높은 밀도의 세로토닌 수용체를 가지고 있기 때문에 일부 과학자들은 이 영역의 고장은 세로토닌과 신진대사를 변경할지도 모르며 공격행동을 더 할지도 모른다고 의심하였다(Davidson, Putnam, & Larson, 2000). 충동적인 행동을 한 살인범(범죄를 계획하는 범죄자와는 반대되는)을 대상으로 한 PET 연구에서 이들의 PFC가 활동을 덜하는 것을 발견했다(Davidson et al., 2000).

• 안와전두피질은 안구 위쪽에 위치하고 있으며 의사결정(Zelazo et al., 2008), 사회적 단서 해석, 다른 사람의 생각이나 감정을 이해하는 것과 연관되어 있다

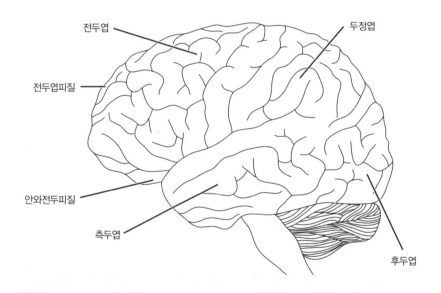

그림 4.1 이 부분은 뇌의 측면 모습으로 전두엽은 사회적 행동을 조절하는 중요한 역할을 한다. 이 그림은 전두엽피질(PFC), 안와전두피질(OFC), 대상회피질(ACC)을 포함하고 있으나 대상회피질은 전두엽 표면내부에 있기 때문에 여기에서는 볼 수가 없다. 편도체는 측두엽 내에 깊이 있기 때문에 그림에 표현되지 않았다.

사라진 억제 능력

피니어스 게이지의 사례는 전두엽에 의한 반사회적 행동의 첫 번째 사례로 꼽힌다. 게이지는 버몬트 주의 러틀랜드와 벌링턴 철도회사의 다이너마이트 폭파 전문가로 일했다. 그는 효과성, 신뢰성, 잠재력이 있는 사람으로서 조직사회에서 현장감독이었고, 폭력이나 반사회적 행동의 경력은 없었다.

1948년에 폭발로 인하여 게이지의 머리에 철제 막대기가 관통하여 그의 왼쪽 전두엽을 손상시켰다. 그는 살아났으나, 전혀 다른 성격(충동적이고, 불손하며, 통속적이고, 고집 세며, 반사회적인)의 사람이 되었다(Raine, 1993; Phineas Gage's Story, 2006).

(Frith & Frith, 2003). 안와전두피질은 편도체로부터 전달된 뜨거운 감정을 PFC에서 평가하여 명확한 사고로 전환할 수 있도록 도와준다. 이러한 과정은 보통 의식적 지식 없이 이루어진다. 사회적 맥락으로부터 수집한 정보를 가지고 OFC는 편도체의 분노 충동을 억제할 수 있다. 위스콘신대학교의 연구원들은 fMRI 스캔을 통해서 감정을 억제하는 안와전두 활동의 개인적인 능력에서 큰 차이를 발견했다(Davidson et al., 2000).

OFC가 오작동할 때 사회적 행동이 혼란스러워진다. 사람들의 표정과 목소리에서 감정을 읽어내는 데 문제가 생긴다. 위험 부담, 충동성, 정서적 행동, 공통되는 대인관계에 문제가 생기며, 공격적이고 반사회적인 행동이 발달하는 원인이 된다(Beer, 2007). 손상된 OFC는 공감하고 죄책감을 느끼는 개인적인 능력을 손상시키며, 도덕적 의미를 거의 의식하지 못하고 행동한다(Decety et al., 2008; Raine, 1993). 공격적인 행동을 하는 성인은 OFC와 ACC 모두의 활동이 손상되어 있다. 그들이 반응을 억제하도록 요청하면 심각한 외현화 행동을 하는 아동은 뇌에서 전두엽 활동이 결핍됨을 연구에서 보여주었다(Lewis, Granic, & Lamm, 2006).

• 대상회피질은 2개의 반구가 서로 만져지는 뇌의 표면 내부에 자리 잡고 있다. 인지적·정서적 절차 모두를 조절하는 데 관여하게 되며, ACC는 제어하기 어려

운 상황에서 행동을 제어하며(Tarullo, Obradovic, & Gunnar, 2009; Zelazo et al., 2008), 자기통제, 무결점, 복합적인 판단에서 핵심 역할을 한다(Lewis et al., 2006). 거부되는 위험에 처하면 그것은 ACC에 등록된다. 이는 신체적 고통과 같은 영역(Lieberman & Eisenberger, 2006)이다. EEG 연구에서 보면 자기통제는 ACC를 중심으로 과업을 맡기며, 충동을 제어하고 보상을 기다리는 것이 더 나으므로 3~6세 사이에 더 활성화된다(Posner & Rothbart, 2000).

ACC의 손상이 부적절한 사회적 행동, 높은 스트레스 반응, 충동성, 공감 능력을 저하시킨다(Cozolino, 2006). 일반적으로 아기들의 울음은 어머니의 ACC를 작동시키지만, 결함이 있는 ACC는 여전히 반응하지 않는다(Goleman, 2006a).

신경전달물질

신경전달물질(다른 뇌세포부터 정보를 전송하는 생화학물질)은 또한 감정조절과 공격적 행동 사이에 강력한 연관을 제공하고(Viding, Williamson, Forbes, & Harir, 2008), 인생의 초기 신경망의 생성에 깊은 영향을 미친다(Cozolino, 2006).

- PFC 기능과 발달에 필수적인 도파민 시스템은 작업기억을 향상시키고(Pihl & Benkelfat, 2005), 인지와 행동적으로 억제하는 것 모두에 관여하고 있으며, 특히 보상이 관여될 때 그러하다(Viding et al., 2008). 불우한 초기 양육은 도파민 시스템의 발달을 방해하며, ADHD 아동에게서 조기 발현된 반사회적 행동뿐만 아니라 ADHD, 약물중독, 정신분열증이 미치는 영향 이상으로 도파민 시스템의 발달을 방해한다고 과학자들은 믿는다(Caspi et al., 2008; Stanwood & Levitt, 2008).
- 세로토닌은 공격을 억제하고 분위기와 감정을 조절하는 데 똑같이 중요하다(Viding et al., 2008). 이것은 아마 SSRI로 알려진 우울증 치료약물로 가장 유명하다. 선택적 세로토닌 재흡수 억제제(SSRI)는 뇌에서 사용할 수 있는 세로토닌을 더 사용할 수 있도록 만든다. 세로토닌 전달물질인 글리치(glitches)는 충

동적이고 공격적인 행동을 촉발시킬 수 있으며(Pihl & Benkelfat, 2005), 심지어 ACC의 구조와 배선에도 영향을 미친다(Viding et al., 2008). 만성적으로 높은 코르티솔 수준은 세로토닌 조절에 영향을 미치며, 행동문제에 대한 높은 위험이 있는 학대의 고통을 겪은 아동을 낳는다(Tarullo, Quevedo, & Gunnar, 2008).

이 모든 것은 무엇을 의미하는가

만 2세경의 대부분의 영아는 중요한 신경회로를 보강하고 강화하는 편도체를 진정시키는 연습을 시작한다(Goleman, 2006a). 그러나 학대를 받았거나 방임되었던 아동이나 매우 어려운 상황에서 살아온 아동의 '정상적인' 회로는 다르게 발달할지도 모른다. 안전을 유지하기 위해 그들은 편도체를 필요로 하거나 스트레스 시스템을 높은(또는 낮은) 상태로 설정한다. 다른 사람들의 감정을 읽거나 자신을 통제하는 것에 대해 기회를 갖지 못하며, 이러한 기술을 습득하거나 뇌에 이러한 회로를 형성하지도 못한다(Shackman et al., 2008). 대신에 그들은 분노에 더 많은 관심을 가지고 학습해나가고 사납게 반응하며 심지어 신기루를 보기도 한다(Pollak & Tolley-Schell, 2003). 그들은 압도된 느낌을 받고 부정적인 감정을 바꾸거나 충동을 억제할 수 없다. 이 모든 것들이 학교생활에 집중하는 것을 어렵게 만든다(Ayoub & Fischer, 2006).

자기통제에 관련된 뇌 영역의 손상은 유전적 감수성, 상해, 외상, 양육 실패(학대, 방임과 같은), 위험한 환경(빈곤과 같은)과 같은 요소들의 조합을 통해 발생할 수 있다. 어떻게 발생하든지 간에 이러한 손상은 뇌의 작동방식을 변경한다. 공격적이거나 반사회적 행동이 그 결과이다.

사회적 · 정서적 발달에 관한 한 비록 사람과 그들의 뇌가 삶의 전반에 걸쳐 지속적으로 발달되더라도 초기 경험은 뇌의 회로 형성에 매우 중요하다(Davidson et al., 2000). 두뇌와 행동 연구에 따르면, 성인과의 안정적인 관계와 양육은 영아에게 필수적이다. 이것은 교사가 아이들의 삶에 변화를 일으킬 수 있는 최고의 기회를 가질 수 있다는 것을 의미한다. 이렇게 말하는 것이 너무 포괄적일지 모르지만, 지속적으로 제공되는 양질의 보육은 아동의 뇌를 변화시키고 아동을 더 탄력성 있게 만드는 것을 도울지도 모른다. 학습 기술에 있어서 추가적인 도움을 필요로 하는 문제행동이나 까다로운 기질을 지닌 아동들에게 반응하는 방법은 그 아동들의 감정을 조절하고 대처하는 데 특히 중요하다.

생각해볼 문제

1. 민감기란 무엇인가?
2. 예기적 경험(experience-expectant)을 하는 학습의 몇 가지 예를 생각해보라. 의존적 경험(experience-dependent)을 하는 학습의 몇 가지 예를 생각해보라. 예를 들어 언어학습, 수영학습, 자전거 타기 학습에 대해 이야기해보라.
3. 스트레스 관리에서 양육의 역할은 무엇인가? 아동의 뇌 발달에서 스트레스의 영향을 이해하는 것이 교사에게 왜 중요한가?
4. 공격적인 행동을 담당하는 뇌의 부분에 대해 학습하는 것이 문제행동을 지닌 아동에게 어떠한 도움이 될 것이라고 기대하는가?

참고문헌

Goleman, D. (2006). *Social intelligence: The new science of human relationships*. New York: Bantam.

Gunnar, M. R., & Quevedo, K. (2007). The neurobiology of stress and development. *Annual Review of Psychology*, *58*, 145-173.

Rutter, M. (2006). *Genes and behavior: Nature-nurture interplay explained*. Malden, MA: Blackwell.

Tarullo, A. R., Obradovic, J., & Gunnar, M. R. (2009). Self-control and the developing brain. *Zero to Three*, *29*, 31-37.

Chapter 05

관계

뇌와 탄력성에 대한 연구에서 양육 관계는 문제행동과 위험으로부터 아동을 보호하는 최선의 것이라고 지속적으로 밝히고 있다. 가족은 이러한 관계를 형성함에 있어서 가장 일차적인 책임(first crack)을 가지고 있지만 독자적인 책임은 갖지 않는다. 왜냐하면 교사들이 아동과 더 많은 시간을 보내며 긍정적인 관계를 구축하고 이에 따른 탄력성을 신장시키는 데 자연적인 기회를 더 많이 갖게 되기 때문이다. 이 역할은 가족 관계가 흔들리고 있을 때 특히 중요하다. Howes와 Richie의 *A Matter of Trust*(2002)에서 '아동과 교사와의 초기 관계의 질적인 측면은 아동의 또래

이 장은 *Partners in Quality, vol. 2/Relationships* ⓒ CCCF 1999, written by Barbar Kasier and Judy Sklar Rasminsky based on the research papers of the Partners in Quality Project에서 수정하여 구성함. Canadian Child Care Federation, 201-383 Parkdale Avenue, Ottawa, ON, K1Y 4R4의 허락하에 게재.

나 문제행동에 있어서 사회적 관계와 학교생활에서의 만족과 성취를 측정할 수 있는 중요한 예측변인'이라고 기술하고 있다(p. 6).

연결 관계

교사에게 있어서 아동과의 관계는 가장 중요한 도구이다. 성인과의 관계가 안정적일 때 아동은 세계를 탐색하는 데 근본적인 안정감을 갖게 된다. 아동은 자신의 가치를 배우게 되며 자신의 개별적 능력을 믿게 된다. 아동은 자신의 주변 사람들에게 자신이 영향을 줄 수 있으며, 그들이 자신의 요구를 충족시키도록 도와줄 것이라는 것을 발견하게 된다. 감성적인 부분에 있어서 성인은 안내자와 모델로서 아동이 자신의 감정과 행동을 어떻게 이해하고 통제하는지에 대한 역할을 하고, 다른 사람을 돌보면서 다른 사람들의 관점에서 그들의 감정을 이해할 수 있게 된다(Shonkoff & Phillips, 2000).

문제행동이 발생했을 때 이러한 중요한 관계들이 흔들리게 된다. (문제) 행동으로 인해 아동에 대한 교사의 견해가 자유롭지 못하게 되어 아동에 대한 애정과 관계 형성에 문제가 생긴다(Birch & Ladd, 1998). 그러나 그것은 유대를 형성하는 데 필수적인 요소가 되는데, 그 이유는 관계가 성공을 위한 중요한 열쇠가 되기 때문이다. 교사와 아동이 서로에 대해 관심을 가질 때 아동은 교사를 존경의 대상으로 모델을 삼게 되며 교사는 아동에 대한 이해, 인내, 참을성을 갖게 된다. 이러한 증가된 교사의 능력은 유아가 적절하게 행동할 수 있도록 학습하는 데 도움을 준다.

이 장에서는 관계 형성의 네 가지 측면(자기 이해, 아동 이해, 아동과의 관계 형성, 가족과의 관계 형성)을 설명한다.

자기 이해

교사로서 "나는 누구인가?"

나는 누구인가? 문제행동을 지닌 아동과 어떻게 관계를 형성할 것인가? 아동의 행

교사와 유아의 애착 형성은 교사가 지녀야 할 가장 중요한 덕목이다.

동과는 관계없이 아동 그대로를 어떻게 받아들일 것인가?

교사는 성인으로서 관계 형성과 유지라는 책임감을 지닌다. 교사는 유아들이 교실에서 기능을 발휘하고 편안함을 느낄 수 있도록 상황을 판단하고 교수방법을 조절해야 하는 존재이다.

유아에 대해서 잘 이해하는 것이 교사가 자기 자신을 이해하는 것에도 확실하게 도움을 줄 것이다. 이러한 이유는 간단하다. 어떻게 유아와 관계를 맺느냐는 교사가 유아를 바라볼 때 무엇을 바라볼 것인가에 달려있기 때문이다. 그리고 교사가 무엇을 바라볼 것인지는 교사가 자신이 누구인지를 이해하는 것에 달려있다. 교사가 교육에 대해 모든 것을 깨닫고 있느냐, 깨닫고 있지 않느냐는 유아에게 어떻게 접근하고 반응할 것인지, 교실을 어떻게 구성할 것인지, 어떠한 활동을 선택할 것인지, 심지어 유아의 발달과 이론(감정, 가족 환경, 교육, 기질, 믿음, 가치, 문화)에 대한 모든 것에 영향을 준다(Bowman, 1989). 이러한 이유로 교사가 자기 자신이 누구인지, 무슨 일이 있는지, 자신이 하고 있는 일에 대해 이해하고 유아를 보육하고 교육하는 데 어떠한 철학을 가지고 있는지 등 자기 자신에 대해 아는 것은 유아를 정확하게 판단하는 데 도움을 준다.

내면을 성찰해야 하는 다른 이유는 교사가 문제행동을 지닌 유아를 만났을 때 차분함과 침착함을 유지해야 하는 것이 중요하기 때문이다. 만약 교사가 방어적이고 스트레스를 받으면 이는 유아로 하여금 주도권을 잡도록 허용하는 것이기 때문에 교사는 이성적으로 생각하거나 행동할 수 없게 된다. 그리고 유아에게 부정적인 감정은 받아들일 수 있고, 통제할 수 있으며, 직접적이고 공격적이지 않은 방법으로 표현할 수 있다는 것을 보여주는 것이 중요하다. 유아에게 강렬한 감정을 두려워하지 않으며 벌을 주거나 위협하고 내보내지 않을 것이라는 것을 보여주어야 한다 (Furman, 1986).

자신에 대한 이해가 마술적인 힘을 주지는 않지만, 자신을 좀 더 통제할 수 있고 자신의 감정을 받아들이고 이야기하는 것을 수용할 수 있으며, 자신과 유아에게 정직해질 수 있고, 유아의 반응에 진심을 담아 적절하게 반응할 수 있도록 해준다.

무엇이 유아의 문제행동을 대하는 방법에 영향을 주는가

의문의 여지없이 부정적인 감정은 교사와 문제행동을 지닌 유아 사이에 높은 걸림돌을 만들게 된다. 유아는 많은 것들(누군가 다칠 것 같은 두려움, 계획한 대로 활동을 하지 못할 것 같은 좌절, 유아의 행동, 화, 죄책감, 분노, 부적응과 비난을 어떻게 대처할 것인지에 대한 두려움 등)을 떠올릴 것이다. 유아는 교사가 생각 없이 행동했던 것을 상기시키거나 예전에 괴롭혔던 유아에 대한 좋지 않은 기억들을 떠올리게 될 수도 있다.

부정적인 감정은 교사의 주의, 기억, 생각, 문제해결, 동기에 영향을 주며(Sutton & Wheatley, 2003), 전파된다(Goleman, 2006a). 교사가 유아를 싫어하면 유아는 그것을 알며 유아 또한 교사를 싫어할 것이다. 이러한 결과는 부정적인 감정을 증가시키는 악순환이 된다(Hamre & Pianta, 2005). 비록 감정이 항상 반응을 격화시키지는 않지만, 무감각해지거나 전혀 반응할 수 없게 할 수도 있다. 만약 이러한 감정들을 변화시키지 않는다면, 통제하거나 변화시키기 어려우며 유아의 행동이나 능력에 대한 교사의 관점이 왜곡되기 쉽다.

보이는 것이 믿는 것이다?

*Seeing the Child, Knowing the Person*이라는 책의 저자 Balaban(1995)은 어떻게 감정이 유아의 능력에 대한 교사의 관점을 왜곡시키는지에 대해 명확한 예를 제시하고 있다.

7세 반의 교사는 팀이 하루 종일 "선생님, 선생님"이라고 자신을 부르며 징징거리고 따라다니는 행동을 싫어한다. 팀이 코를 파서 코딱지를 둥글게 마는 행동은 교사를 특히 더 화나게 만든다.

어느 날 교사는 모래를 가지고 와서 탐색할 수 있게 하였다. 교사는 팀을 포함하여 소그룹 활동의 내용을 기록하였다. 기록한 내용에는 팀이 "야, 모래 구멍이 크면 더 빨리 쏟아져!"라고 말한 것이 쓰여있었다. 교사는 다른 유아들이 팀의 발견에 집중을 하기 전까지 팀의 말을 무시했다. 이처럼 교사의 선입견은 유아의 성취를 인정하는 데 방해요소가 된다(p. 50).

출처 : Nancy Balaban, Infant and Parent Development and Early Intervention program, Bank Street Graduate School of Education. Reprinted by permissin.

교사에게 있어서 자신의 가족과 함께한 관계와 경험들은 이러한 유아를 대하는 방법에 영향을 줄 것이다(Pianta, 1999). 유아의 행동은 교사의 오래된 상처를 드러낼 수 있고 부모나 형제에 대한 감정을 되살아나게 해서 이성적인 방법으로 대처하는 것을 더 어렵게 만들 수 있다.

오랜 경력 또한 유아의 행동을 어떻게 바라보는지에 중요한 영향을 준다(Bowman, Donovan, & Burns, 2001). 만약 교사가 모범적인 학생이었다면 아마도 유아의 문제 행동을 접할 때 예전에 학급 친구가 못되게 굴었을 때 얼마나 힘들었는지를 떠올리며 이에 대해 인내하거나 공감하는 데 어려움을 겪을 것이다("아, 아니야. 다시는 안 해!"). 또는 예전에 있었던 교사가 일주일에 적어도 한 번 정도 교실 밖으로 내보냈던 방법들을 따를 것이다. Rogers와 Freiberg도 *Freedom to Learn*(1994)에서 "우리는 우리가 배웠던 방법으로 가르치고 훈육받았던 방법으로 훈육한다(p. 241)."라고 기술하고 있다.

교사의 기질 또한 행동으로 나타난다. 만약 교사가 여유를 가지고 모든 유아와 말할 수 있는 기회를 갖는 것을 좋아하면, 좀 더 활동성을 필요로 하는 유아는 교사를

문제행동으로 인한 선입견

문제행동을 지닌 유아는 모든 종류의 감정, 태도 그리고 추측들을 불러일으킨다. 이러한 행동에 대한 일반적인 반응들에 대한 예시가 있다.

- 저 아이는 이 교실에 있어서는 안 된다.
- 이러한 유아를 어떻게 가르쳐야 하는지 교육받지 못했다.
- 다른 유아의 안전을 지킬 수 없다.
- 다른 유아들이 누려야 할 것들을 누리지 못하고 있다.
- 저 아이는 나를 끌어내리려고 한다.
- 나는 저 아이를 도울 수 없어. 부모를 만나야겠어.
- 저 아이는 더 이상 존중해줄 필요가 없어.

이 감정들은 교사에게 학습할 기회를 제공한다. 이러한 유아들로 인하여 교사를 화나게 하는 이유와 적절한 대처방법을 알 수 있게 해준다.

위해 부수적인 자극을 만들어낼 것이다. 또한 만약 극심한 감정과 반응을 지닌 교사라면 몇몇 유아들은 두려워하거나 예측할 수 없게 행동할 것이고, 만약 교사가 냉담한 성향이라면, 유아들이 항상 교사의 얼굴을 보면서 많은 정서적 교류를 원하는 것을 발견할 수 있다(Pianta, 1999).

교사의 가치와 믿음 또한 중요한 영향을 가지고 있지만(Vartuli, 2005), 자신의 문화와 양육에 대한 부분이기 때문에 그러한 것들을 모두 지각할 수는 없다. 유아가 자신의 눈을 바라보지 않을 때, 만약 그 유아의 문화에서 성인에게 눈을 맞추고 보는 것이 무례, 경멸, 또는 공격을 의미한다는 것을 알고 있지 못하면 그 유아를 무례하다고 낙인 찍을 수 있다. 또는 교사가 유아들이 항상 성인이 말하는 대로 행동해야 한다는 믿음이 강할 경우, 이야기 시간에 왜 앉아있어야 하는지에 대해 묻는 유아의 질문에 언짢아질 수도 있다.

어떠한 방향으로도 이러한 장애물은 유아를 보는 관점, 유아에 대한 기대의 왜곡, 유아들이 자신을 바라보는 방법 등에 지속적으로 영향을 줄 것이다. 다행히도 이러한 장애물은 영구적이지 않으며, 자신이 누구이며 무엇을 믿는지에 대한 생각을 바꿀 때 바뀌거나 없앨 수 있다.

자기성찰이란 무엇인가

과거 수년 동안 자신에게 무엇이 중요한지에 대해 많은 시간을 생각해왔을 것이다. 아마도 하고 싶은 일이 무엇인지에 대한 커다란 문제에 직면했을 것이며 이는 어디서 무엇을 공부할 것인지를 알기 위한 것과 같은 의미일 것이다. 결정을 하기 위해서는 자신의 관심과 능력을 세심히 검토해야 하며 가족과 경제적인 상황도 중요하게 함께 고려해야 한다. Rogers와 Freiberg(1994)는 "우리 모두는 우리가 누구이며 무엇을 선택해야 하는지 자신의 정체성을 발견하는 데 힘겨워한다. 이것은 옷, 머리모양, 외향 등 구석구석에서 발견할 수 있다. 좀 더 중요한 단계에서는 가치의 선택, 부모와 다른 사람들과의 관계에 대한 태도, 사회적 관계, 삶의 철학을 포함해야 한다."라고 기술하고 있다(p. 52).

이러한 생각이 **자기성찰**(self-reflection)이다. 이는 태도와 방법으로 자신의 기술을 발전시키는 전략이며 자신과 자신의 일에 대해 깊이 파악하고 자신이 발견한 것을 실행하는 자발적인 의지이다. 왜 진정으로 중요한가? 왜 하고 있는가? 내가 하고자 하는 방향으로 하고 있는가?

자신의 감정, 가치, 믿음에 대한 생각과 이러한 것들이 자신의 행동에 어떻게 영향을 주는지에 대해 생각할 때 유아와의 상호작용이 좀 더 의미 있을 것이다. 교사는 자신의 행동이 좀 더 계획적이고 통제 가능해야 하기 때문에 자아존중감을 더 발전시켜야 한다. 그러므로 자신의 내면의 강점을 살릴 수 있는 일을 한다.

어떻게 자기성찰을 하는가

성찰의 과정은 이성과 직관, 교육과 경험을 통해서 익힌 지식과 자신의 지식, 가족, 동료, 문서화된 자료들로부터 습득한 지식들의 혼합체이다.

How We Think(1993)에서 철학자이자 교육자이며 성찰적 사고의 아버지로 불리는 Dewey는 다음과 같은 반성적 사고의 세 가지 태도에 대해 언급하고 있다.

- 개방적인/열린 마음(open-mindedness)은 '여러 방면의 의견을 적극적으로 들으려는 의지와 사실의 근원이 어디인지 주의를 기울이고, 선택 가능한 가능성에 집중을 하고, 우리들에게 간절한 믿음이어도 잘못의 가능성을 인지하는 것'이다(pp. 30-32).
- 전심(whole-heartedness)은 자신의 혼심을 다해 기꺼이 노력하는 의지이다.
- 책임감(responsibility)은 진실의 한 형태로 가능한 변화의 결과들을 고려하고 그것들이 일관된 것이라는 믿음으로 진전하는 것이다.

만약 교사가 자신의 개인적인 역사와 문화에 대해 깊이 생각하는 시간을 갖는다면 유아와의 관계에서 일어나는 일들을 좀 더 쉽게 반영할 수 있을 것이다. 자서전 집필가처럼 자신에 대해서 생각하고 자신의 매력적인 부분들에 대해서 탐구해보자.

어린 시절을 생각해보자. 가족의 양육 철학은 무엇이었는가? 누가 돌봐주었으며, 도움이나 안정이 필요할 때 양육자가 어떻게 반응했는가? 가족의 역할은 무엇이었는가? 훈육은 어떠했는가? 부모가 당신이 특별하다고 느끼도록 격려했는가? 혹은 부모님의 방법을 자신의 자녀에게는 사용하지 않을 것이라고 스스로 다짐했는가? 만약 자신의 유년 시절에 대한 기억이 없을 때에는 부모, 형제, 조부모, 친척들에게 물어보는 것이 좋다.

자신의 학창 시절도 생각해보자. 어느 교사가 좋았는가? 교사가 어떻게 이야기했으며 자신을 어떻게 느끼게 했는가?

유아기 시절에 고민했던 것들을 지금의 유아에게서 볼 수 있는가? 교사가 다른 유아와 상호작용할 때 근처에 있는 것이 인식, 이해, 행동에 영향을 줄 수 있다.

언제 자기성찰을 하는가

이상적으로 교사는 항상 자신이 무엇을 하고 있는지, 왜 그것을 하는지, 어떻게 느끼는지에 대해서 생각해야 한다. Tremmel(1993)은 자신의 감정에 대해 듣는 과정을 선종(Zen Buddhism)의 수행(완전한 자각과 집중을 가지고 현시점에서 지금 집중하고 있는 순간에 집중하는 것)에 비유하였다. Gonzalez-Mena(2008)는 "자기 자신을 괴롭히고 있는 것이 무엇인지에 대해 무시하고 집중을 하며 그것이 곧 사라질 것이라는 희망을 가져라. 다른 사람들의 어떠한 행동들이 자신을 불편하게 하는지를 알아보자. 자신의 내면에서 이러한 불편함을 만드는 것이 정확하게 무엇인가를 발견하도록 노력하자(p. 60)."라고 하였다.

때로 크고 작은 문제로 인하여 방해할 수 있는 일들이 생겨나지만 자기성찰에는 순서가 있다. 어떠한 일이 일어났는지 잊어버리기 전에 앉아서 일어난 일에 초점을 맞추고 무슨 일이 일어났는지, 어떠한 느낌이었는지 그리고 그것에 어떻게 반응했는지 회상을 하자. 만약 무엇이 자신의 감정을 일으키게 했는지 알아내고 그것이 자신의 어디로부터 출발한 것인지 알아낼 수 있다면 그러한 일들이 어떻게 자신의 일에 영향을 주고 그것을 어떻게 향상시킬 수 있을 것인지 알 수 있다. 비록 감정의 원인이 무엇인지 정확하게 이해할 수 없더라도 그러한 일들을 잘 통제한다면 아마도 다음에는 좀 더 빨리 재구성할 수 있을 것이다. 동시에 이러한 상황에 적용할 수 있는 가치, 목표, 교수방법에 어떠한 생각들을 집중시킬 것이다(Curtis, 2009).

이러한 것들을 잘하기 위해서는 연습이 필요하지만 분명히 가능하다. 불편함의 근원을 정확하게 찾든 찾지 못하든 행동치료적인 방법을 사용해서 파괴적인 생각들을 내보내는 것을 멈추고, 자기 자신과 상황에 어떠한 정신적 거리를 둔 다음 그것이 어디에 속한 것인지에 자신의 집중을 다시 맞춘다. 자신의 생각이 무엇인지 발견했을 때, 깊은 숨을 내쉬고 "또 시작이구나. 나는 이 수업을 절대 끝낼 수 없어."라고 당신의 머릿속에 소리친다. 반대로 "그만해. 이러한 생각은 나에게 도움이 되지 않아."라고 자신에게 집중을 하고 자신이 해변에 있다고 상상을 하거나 이러한 생각을 떨쳐버리는 것을 머릿속에 그린다. 그러고 나서 자신의 부정적인 생각을 긍정적으로 극복할 수 있도록 대처를 한다. "저 아이는 나의 한계를 시험하고 있어. 나는 무엇을 해야 하는지 알아. 나는 평안해질 거야." 일단 과거에 신중치 못한 행동을 했다면 다음 단계를 밟을 준비를 하며 유아의 요구를 고려해야 한다. "저 아이는 집에서 힘든 아침을 보냈을 거야. 내가 옆에 앉아서 도움을 줄 수 있는지 봐야지."

때로는 교사와 유아는 친해지기 위해서 특별히 힘든 시간을 가질 수도 있다. 교사는 유아가 단지 문제만 일으키지 않아도 감사해한다. 교사는 좌절하고 통제를 할 수 없게 되며, 다른 사람에 대해 긍정적으로 생각하는 것도 어렵게 만든다. 사실 이러한 관계에서 교사는 아마도 유아의 긍정적인 행동을 알아내는 것도 힘들 것이다.

이러한 감정들(교사가 이러한 감정을 숨긴다고 해도 몸짓이나 음성으로 보이는 것들)은 교사와 유아의 관계에서 무언가 절망적으로 잘못되고 있다는 것을 경고하고 있다. 심리학자 Pianta(1999)는 이러한 관계는 '꼼짝할 수 없으며', '고정되어 있고' 수업을 효과적으로 하는 데 방해를 할 것이라고 말한다.

이러한 상황은 자기 자신을 살펴보거나 새로운 접근을 가지게 하는 교사의 노력들을 방해할 것이다. Pianta(1999)의 견해는 자신의 감정이 무엇이고 그것을 자신이 하고 있는 것과 어떻게 연결할 것인지를 이해하는 것이다(예를 들어, 교사가 개인적으로 일을 하거나 유아를 자신으로부터 떨쳐버리는 것에 대해 긍정적으로 반응하는 것은 어려운 일이다.). 가장 중요한 것은 교사의 고정된 사고를 일깨워주는 것이며 새로운 감정, 인식, 상호작용에 대해 개방적이어야 한다는 것이다. 동료들과 함께 이야기하는 것은 이러한 과정에 도움을 줄 수 있다. 교실에서 일어나는 일이 무엇인지 관찰하고 긍정적인 행동을 명확하게 기대할 수 있다. 이러한 기술을 교사자율회의(banking time)이라고 부르며 125쪽에 그 내용을 기술하고 있다.

자기성찰을 도울 수 있는 다른 방법에는 무엇이 있는가

자기성찰에 도움을 주는 몇 가지 방법들이 있다. 전통적인 방법은 저널을 쓰는 것이

누가 주도권을 잡는가?

여교사 윌리엄스는 4년 동안 유아들을 가르쳤으며, 그녀는 다루기 힘든 행동들을 지닌 유아들을 지도하는 데 유능하다고 생각하고 있다. 유머감각과 유아에 대한 지식을 가지고 그녀는 유아들은 특별한 기술이 있다는 것을 깨닫게 해주기 위해 노력하였다.

그러나 윌리엄스는 조셉이 교실로 들어왔을 때 어찌할 바를 몰랐다. 교사가 무엇을 하는지 상관없이 조셉의 반응은 항상 "저리 가." 또는 "상관하지 마."였다. 비록 그녀는 자제하려고 애썼지만, 조셉이 이러한 말들을 소리칠 때마다 자제심을 잃었다. 그녀는 조셉이 자신의 취약한 부분을 알고 행동했지만 무엇을 해야 할지 알지 못했다.

어느 날 친구가 거울을 보고 그러한 말들에 반응하지 않을 때까지 스스로에게 외치는 것을 제안했다. 별것 아닌 것 같아서 그녀는 해보기로 결정했다. 그날 저녁 그녀는 욕실로 들어가 문을 닫고 거울에 비친 자신을 바라보며 소리치기 시작했다. "네가 뭔데, 짜증 나!!!" 몇 분 뒤 남편이 세차게 문을 두드리면서 "당신 괜찮아?"라고 물어보았다. 그녀는 기분이 훨씬 나아지고 웃기 시작했다. 그녀가 교실로 돌아갔을 때, 자신이 조셉의 반응에 침착하고 적절하게 반응하고 자신의 감정보다는 조셉의 기분에 초점을 맞추기 시작한 것을 발견했다.

다. 이것은 '교수방법과 유아에 대한 생각을 비판적이고 지속적으로 기록하는 도구'이다(Ayers, 2001, p. 38). 저널 작성은 그때의 상황으로 되돌아가서 많은 조각들로부터 전체를 구성하고, 글에 자신의 생각을 기술함으로써 자기인식을 증가시킨다. 다른 사람들의 반응에 대한 걱정 없이 자기 자신에 대해서 글을 쓸 때 감정과 생각들이 예상 밖으로 많이 쏟아져나오며 깊은 성찰을 가져다준다.

이는 어렵거나 기억될만한 매일의 사건, 한 유아나 여러 명의 유아, 한 가지 주제나 많은 주제 등에 집중을 할 수 있다. 만약 노트를 사용한다면 한 면에는 계속해서 기록을 하고 다른 면에는 반응을 기록할 수 있다. 노트는 휴대하거나 교실의 편리한 곳에 놓아둔다. 매일 규칙적인 시간에 작성을 하면 좀 더 효과적일 것이다(더 과제에 충실하게 될 것이다.). 교실 내에서 유아의 문제행동이 나타났을 때 저널을 쓰는 것은 교사에게 무엇을 해야 하고 무엇을 하면 안 되는지와 왜 그런지를 파악하는 데 도움을 줄 것이다.

비록 어떤 사람들은 자기성찰을 개인적인 문제라고 생각하지만, 어떤 사람들은 자신의 이야기를 들어줄 사람이 있다는 것을 좋아한다. 문제가 피할 수 없다는 것이라고 생각될 때 문제에 대한 의심, 감정, 경험을 공유할 수 있는 안전하고 지지적인 환경을 갖는 것은 유용하다. 한 가지 방법은 친구나 동료들과 직접 만나거나 전화상으로 또는 이메일을 통한 규칙적인 만남을 정해놓는 것이다. 직원 모임, 사례 상담, 슈퍼바이저의 피드백, 학교 상담가와의 대화는 이러한 자기반영을 자아낸다. 유아와 교사의 방법에 대해 자유롭게 탐색할 수 있는 공식적인 모임은 특별히 유용한데 이러한 모임은 우선순위와 자신들이 놓여있는 위치와의 관계에 대한 반영을 할 수 있게 하기 때문이다(Pianta, 1999).

우리는 문제에 집중을 하는 경향이 있지만 성공에도 같은 시간을 집중해야 한다는 것을 명심해야 한다. 정적 강화는 유아뿐만 아니라 교사에게도 같이 작용하며 교사의 업적은 어떤 어려움에도 교사가 노력했다는 것을 증명해주는 것이다.

자기 자신에 대해서 인내하자. 이러한 과정이 수월해지면, 좀 더 예민하고 어려운 영역까지 확장할 수 있다. 자기성찰을 반사적으로 할 수 있게 하는 것이 목표이며, "내가 이것을 왜 해야 하지?"라는 질문에 마음속으로 장점과 단점 그리고 속삭임을 저울질하는 본능인 것이다. 결국 이러한 노력은 자신의 유능감, 신뢰감 그리고 문제행동을 지닌 유아들을 효율적으로 지도할 수 있는 능력을 향상시켜 줄 것이다(Vartuli, 2005).

아동 이해

교사는 관계에 있어서 동등한 동료이며 유아는 그중 1명인 것이다. 교사가 자신의 지난 역사를 학급 내로 가지고 들어오는 것처럼 유아도 그러하다. 문제행동을 지닌 유아의 역사는 교사보다는 짧을 것이며 이것은 덜 견고하고 변화를 잘 받아들일 수 있다는 것을 의미하지만 유아가 가지고 온 짐이 여전히 무겁고 위험과 보호요인을 포함하고 있다는 것에 대해서는 의심할 여지가 없다. 교사가 관계를 형성하기 시작하면서부터 그 안에 무엇이 포함되어 있는지 보기를 원할 것이다.

애착은 어떤 역할을 하는가

유아가 가지는 중요한 항목 중에 하나는 자신의 주요한 양육자와 관계를 맺고 있다는 것이다. 이러한 사람은 대부분 어머니이지만 아버지, 할머니 또는 그 이외의 사람일 수 있다. 이 첫 번째 관계는 교사와 관계를 형성하는 데에도 기본이 된다.

우리가 알고 있는 이러한 초기 관계는 Bowlby의 연구로 시작되었으며 그의 연구는 현재 우리가 알고 있는 것의 대부분을 차지하고 있다. 50년 전에 어떻게 이와 같은 혁신적인 생각이 시작되었는지 상상하기 어려울 정도이다. 영아는 그들의 양육자와 본능적으로 강한 유대감을 형성하는 감정적인 존재이다. Bowlby는 이것을 알아냈으며 특별한 성인과 그들의 아기와의 관계는 어떻게 아이가 자라는지에 대해 강력하게 영향을 미친다(Ainsworth, Blehar, Waters, & Wall, 1978; Bowlby, 1969/1982).

Bowlby(Ainsworth et al., 1978; Bowlby, 1969/1982)는 다른 동물의 종들과 마찬가지로 인간의 아기는 살아남기 위한 본능적인 행동을 가지고 태어난다고 하였다. 울기, 웃기, 옹알이, 잡기, 자신들의 소리와 울음에 반응을 하고 우유를 주고 안정 시켜주기, 위험으로부터 안전하게 보호하고 자신들의 환경에 대해 가르쳐주는 자신의 양육자에게 밀착하기 등의 행동을 한다. 이러한 행동들이 유아와 주요 양육자 또는 보호와 정서적 지지를 제공하는 애착인물과의 필수적인 정서적 유대, 즉 애착(attachment)을 형성하도록 돕는다(Ainsworth et al., 1978; Bowlby, 1969/1982). 1950 ~1960년대의 선구자적인 연구는 미국의 심리학자인 Ainsworth(Ainsworth et al., 1978)가 부모의 일상행동이 자녀에게 끼치는 정서적인 영향을 처음으로 발표하여 Bowlby의 이론을 확증하였다. 우간다와 미국에서 Ainsworth는 가정에서 어머니와 아기를 세심하게 관찰하면서 첫 1년 동안 아기가 자신의 주요한 양육자를 인지하고, 선호하고, 찾으면서 애착을 형성해가는 과정을 지켜보았다.

이러한 관찰을 통해 Ainsworth는 비판적인 발견을 가능하게 하였다. 아기의 안전에 대한 감각은 자신의 애착인물이 자신을 어떻게 돌보는지에 달려있다. 첫 1년 동안 아기는 감정과 행동을 형성하는 애착전략을 발달시킨다. 이것은 자기 자신의 독특한 양육 상황에 맞게 맞추어지며 이러한 전략은 아기를 특별한 상황에서도 잘 적응할 수 있도록 하여 아기에게 안정성과 평안함을 더 안겨준다(van IJzendoorn, Schuengel, & Bakermans-Kranenburg, 1999; Weinfeld, Sroufe, Egeland, & Carlson, 1999). 모든 애착전략은 평범하고 조정할 수 있으며, 기능적이다. 문제는 유아의 가족 내에서는 최선으로 작용했던 것이 외부에서는 그 역할을 하지 못할 수도 있다는 것이다(Greenberg, DeKlyen, Speltz, & Endriga, 1997).

애착은 행동에 어떻게 영향을 주는가

Bowlby(1969/1982)에 의하면, 영아는 자신의 애착인물과의 경험을 토대로 맺어진 관계로 형성된 정신적 표상인 내적 실행 모델(internal working model)을 형성하게 된다. 비록 이러한 모델이 의식적인 것은 아니지만 사회적·정서적 발달에 기초가 된다. 이것은 유아들이 자신과 다른 사람들 그리고 세계를 어떻게 바라볼 것인지에 대한 안내이며 교사와 또래를 포함한 미래의 관계에 대한 견본을 제공한다.

안정 애착(Weinfeld et al., 1999)을 형성한 유아는 주요한 양육자로부터 지속적으로 따뜻하고 세심한 배려와 즉각적인 반응을 받는다. 이러한 경험으로부터 유아들은 다른 사람과의 내적 실행 모델을 발전시키고 스스로를 자신의 환경으로부터 필요한 것을 끌어낼 수 있는 능력이 있다고 생각한다. 이러한 유아들은 삶의 긍정적인 부분을 보려는 경향이 있으며 자신의 감정을 어떻게 다스리고 표현할지에 대해서 알고 있고(Honig, 2002; Karen, 1998), 훌륭한 사회적 기술, 많은 친구들, 높은 자아존중감을 가진다. 그들은 또한 훌륭한 문제해결력을 지니고 있어서 필요로 할 때 친구들이 그들에게 도움을 요청하기도 하며 학교에서도 잘 지낸다(Howes & Ritchie, 2002). 유아들의 55%가 안정 애착을 지니고 있다(van IJzendoorn, 1995).

불안정 애착을 지닌 유아들은 두 가지 다른 양육방법을 경험한다. 저항(혼란) 또는 회피이다. 저항 애착을 지닌 유아의 주된 양육자는 유아의 신호에 예측할 수 없게 반응한다(Ainsworth et al., 1978). 유아들은 양육자가 편안함과 안정성을 제공하는 것을 기대할 수 없기 때문에 필요로 하는 것을 스스로 얻을 수 없으며, 다른 사람들도 자신을 도울 수 없다는 내적 실행 모델을 발달시킨다. 저항 애착을 지닌 유아가 집착을 보이거나 의존적이고 요구적으로 되는 것은 당연한 결과이다(Weinfeld et al.,

영아는 자신의 애착경험에 기초하여 관계 형성방법에 관한 내적 실행 모델을 만든다.

1999). 종단 연구에서 Sroufe(1983; Weinfeld et al., 1999)는 그들이 화를 내고 불안해하며 충동적이고 쉽게 좌절하는 것을 발견했으며 그들의 낮은 자아존중감은 쉽게 괴롭힘의 대상이 된다. 그들은 종종 교사에게 초점을 두고 교사의 관심을 얻기 위해 혼란을 일으킨다(Howes & Ritchie, 2002; Karen, 1998). 유아의 8%가 혼란 애착을 지닌다(van IJzendoorn, 1995).

회피 애착을 지닌 유아들은 초기에는 내적 실행 모델을 발달시키지 못한다. 주요한 양육자는 유아를 거부하고, 화내고, 짜증을 내고 적대적으로 대하며(Weinfeld et al., 1999), 이러한 상황에서 양육되는 유아들은 스스로를 사랑을 받을 가치가 없다고 여기며 다른 사람들은 자신을 위해서 있는 것이 아니라고 믿는다(Karen, 1998; Renken, Egeland, Marvinney, Mangelsdorf, & Sroufe, 1989). 그들은 거부로부터 자신을 보호하기 위해서 자신의 감정을 드러내지 않고 상관하지 않는다는 듯이 행동하지만 그들의 겉모습 속에서는 상처받고, 슬프고, 화가 나있으며 공격적이거나 선제공격을 행한다(Kobak, 1999). 유아의 23%가 이러한 회피 애착으로 분류된다(van IJzendoorn, 1995).

혼란 애착의 양육자들은 대부분 자신에게 심각한 문제가 있는데 정신적으로 병이 있거나 심각하게 우울하거나 약이나 알코올에 중독되어 있다(Lyons-Ruth & Jacobvitz, 1999). 때때로 그들은 다루기 힘든 자신의 삶과 싸우거나 분노, 적대감, 냉담함과 싸우기도 한다. 종종 아동학대를 행하기도 하는데 혼란 애착을 지닌 유아의 48%가 학대를 경험한다(van IJzendoorn et al., 1999). 양육자는 위험함과 안전함 그리고 불안과 평안함을 동시에 지니고 있다(Lyons-Ruth & Jacobvitz, 1999). 이러한 혼란스러운 경험 때문에 유아들은 사람들이 자신을 돌보거나 자신의 세계를 조직화해 주지 않을 것이라는 불신의 내적 실행 모델을 발달시킨다(Lyons-Ruth, 1996). 유아들은 슬프고 불안해하며 부적절한 사회적 기술과 자기통제, 그리고 욕구불만을 지니고 있다. 그들은 스트레스나 격한 감정을 다룰 수 있는 구조화된 전략을 발달시키지 못했기 때문에 종종 심각한 문제행동을 보이거나 교사나 또래에게 예측할 수 없고 공격적인 행동을 나타낸다(Lyons-Ruth, 1996; van IJzendoorn et al., 1999).

비록 정신적 외상이나 심각한 갈등과 같은 가장 어려운 상황에 있는 유아들은 혼란 애착으로 남아있으려는 경향이 있지만(Moss, St-Laurent, Dubois-Comtois, & Cyr, 2005), 어머니와의 관계가 확고하고 덜 혼란스럽다면 다른 또래와 교사에게 제멋대로인 태도로 문제를 일으키는 완강한 행동들은 좀 더 통제할 수 있게 될 것이다.

회피와 혼란 애착은 함께 나타나기도 하는데 두 가지 모두 또래 거부와 낮은 학교 적응과 관련이 있다(Granot & Mayseless, 2001). 그러나 혼란 애착을 지닌 유아들(특히 모든 영역에서 통제가 필요한)의 행동이 가장 공격적으로 나타나기 쉽다(Lyons-Ruth & Jacobvitz, 1999; Moss et al., 2005; van IJzendoorn et al., 1999). 중산층 가정의 15%의 유아들이 혼란 애착을 보이고 있지만 빈곤, 학대 또는 약물남용을 경험하는 가정의 유아의 확률이 2~3배 정도 더 높다(van IJzendoorn et al., 1999).

애착전략은 불변하는 것은 아니며 생활환경에 따라 변화할 수 있다(Weinfeld et al., 1999). 유아의 환경이 안정적으로 유지된다면 애착과 실행 모델 또한 안정적으로 유지된다(Hamilton, 2000; Moss et al., 2005; Waters, Merrick, Treboux, Crowell, & Albersheim, 2000). 그러나 높은 위험 상황과 어려운 경험들이 부모에게 강력하게 영향을 주고 있다면 애착은 그 결과에 따라서 변화할 것이다(Waters, Weinfeld, & Hamilton, 2000; Weinfeld, Sroufe, & Egeland, 2000). 더 중요한 것은 유아들이 교사와 다른 사람들과 새로운 관계를 잘 형성할 수 있도록 해서 자신과 외부 세계에 대한 관점을 수정할 수 있도록 하는 것이다. 애착은 유아의 성취에 영향을 주는 여러 요인 중에 하나라는 것을 명심하라. 애착 자체만으로 문제행동의 원인으로 간주하기에는 충분하지 않다(Greengberg et al., 1997).

애착이 문화와 관계가 있는가

애착에 대한 대부분의 연구는 유럽계 미국인 문화에서 이루어지고 있지만 Bowlby 는 애착은 보편적인 것이며 인류가 살아남기 위한 진화 과정의 결과라고 확신하였 다(van IJzendoorn & Sagi, 1999). Ainsworth는 우간다와 북아메리카 두 문화의 어머

닭이 먼저인가, 달걀이 먼저인가

몇몇 연구자들은 각기 다른 애착의 유형을 설명하는 것은 애착이 아니라 기질이라고 믿는다. 안정 애착을 지닌 유아들은 실질적으로는 순한 기질(easy temperament)을 가지며 불안정 애착을 지닌 유아들은 까다로운 기질(difficult temperament)을 지닌 유아라는 것이다(Karen, 1998 참조).

네덜란드의 레이덴대학교의 van den Boom(1994, 1995)은 짜증을 잘 내는 아기(덜 웃고, 화를 많이 내며, 어머니와의 상호작용에서 덜 즐거워하는)에 대한 연구에서 이러한 논쟁을 해명했다. 몇 시간의 개별 지도 후에 연구자는 무작위로 추출된 짜증을 잘 내는 아기그룹의 어머니들에게 아기들의 신호에 민감하게 반응하는 방법을 가르쳤다. 추적조사에서 이 그룹의 아기들은 훈련을 받지 않은 어머니들의 아기보다 좀 더 사교적이고 평안해진 것을 알 수 있었다. 이 그룹의 60% 이상의 아기들이 안정 애착을 보인 반면에 훈련을 받지 않은 그룹에서는 28% 정도만이 안정 애착을 보였다. 3세가 되었을 때에도 이러한 차이는 남아있었으며 (van den Boom, 1995), 이런 결과는 애착과 기질은 똑같이 취급될 수 없으며 세심한 양육은 기질을 넘어설 수 있다는 것을 보여준다.

기질은 확실히 아기가 무엇을 필요로 하는지, 어떻게 반응해야 하는지에 영향을 준다. 그러나 몇몇 연구에서 까다로운 기질을 지닌 유아가 어머니의 견고한 사회적 지지를 받을 때 안정 애착을 갖기 더 쉽다는 것을 발견했다(Crockenberg, 1981; Jacobson & Frye, 1991). 결론적으로 기질과 애착 모두 문제행동에 중요한 역할을 한다는 것이 명확해지는 것이다.

니와 아기를 연구하고 이스라엘, 일본, 아프리카, 중국 그리고 콜롬비아에서의 비교문화 연구를 통해 세 가지 기본적인 애착 유형을 발견하여 Bowlby의 생각을 뒷받침해주었다. 유아의 대부분은 애착 유형을 보이고 있으며, 심지어 유아들이 한데 모여 사는 이스라엘의 키부츠(이스라엘의 생활 공동체)에서도 찾아볼 수 있었다. 애착은 인종, 성별, 사회계층에 관계없이 어느 지역에서나 발생한다(Posada et al., 1995; van IJzendoorn & Sagi, 1999).

물론 유아가 보육기관이나 학교에 들어가면 자신들의 애착 상태는 유아들의 생활기록부에 나타나있지 않다. 전문가들이 그것을 평가하는 것은 연구를 제외하고는 매우 어려운 일이다. 그러나 문제행동을 지닌 유아들이 학급 내에서 발생할 때마다 특별히 고위험군의 유아들에게 있어서 애착문제는 내재된 문제라고 간주할 수 있다(Howes & Ritchie, 1999).

아동과의 관계 형성

어떻게 안정 애착이 교사가 유아를 보호할 수 있도록 하는가

지지적인 성인과의 관계는 유아의 탄력성을 형성하는 데 중요한 역할을 한다(Werner, 2000). 이러한 사람은 유아에게 안정 애착이 수반하는 모든 것들을 제공한다. 다른 사람을 신뢰할 수 있는 것을 배우고, 자기 자신을 사랑받고 존경받을만한 가치 있는 존재라고 느끼며, 자신의 내적 실행 모델을 조정하여 외부 세계에 대해 긍정적인 관점으로 바라볼 수 있게 한다(Howes & Ritchie, 1999).

대부분의 유아들은 한 사람 이상에게 애착을 가지는데(Ainsworth et al., 1978; Bowlby, 1969/1982) 그 이유는 각각의 애착 관계는 특별하며 성인이 유아에게 반응하는 방법에 따라 다르기 때문이다(van IJzendoorn & DeWolff, 1997). 교사와의 관계는 중요한 기회가 될 수 있고 안전함을 제공하며, 유아가 화가 나거나 위협을 받거나 두려울 때 안전한 장소가 될 수 있고, 이러한 상호작용은 자신의 감정을 조절할 수 있도록 도움을 준다(Pianta, 1999).

교사 템플릿

유아가 자신의 첫 번째 교사나 보육자와 안정 애착을 형성할 때 다른 안정 애착이 계속 뒤따르게 된다. 애착에 대한 종단 연구에서 유아와 첫 번째 교사와의 관계는 9세가 될 때까지 교사들과 어떻게 지낼 것인지를 예측할 수 있게 해준다(Howes, Hamilton, & Phillipsen, 1998). 유아는 교사의 내적 실행 모델을 발전시킨다.

교사와의 친밀한 관계는 유아에게 '강하고 지속적인' 이익을 가져다준다(Hamre & Pianta, 2001). 유아들은 학교를 더 좋아하게 되고 학급 내에서의 참여가 증가하고 학업적인 성취가 증가한다(Birch & Ladd, 1998; Hamre & Pianta, 2001; Ladd & Burgess, 2001; Pianta & Stuhlman, 2004). 자신의 학급 친구들과도 잘 어울리고 좀 더 복잡한 놀이를 추구하며, 더 나은 사회적 기술을 형성하면서 자신의 감정을 좀 더 잘 자제할 수 있게 된다(Howes & Ritchie, 2002; Peisner-Feinberg et al., 2001). 무엇보다도 그들의 문제행동이나 공격적인 행동들이 감소하게 된다(Howes, Matheson, & Hamilton, 1994; Peisner-Feinberg et al., 2001). 이 모든 것들이 유아들을 위험으로부터 보호하게 된다(Pianta, 1999).

다른 한편으로 교사와의 불편한 관계는 유아의 위험을 증가시킨다. 이러한 관계는 학교를 편하지 않은 장소로 만들며(Birch & Ladd, 2001) 집중이나 학습에 문제를 만들기 쉽고(Ladd & Burgess, 2001), 지속적인 욕구불만과 나쁜 학습 습관은 특별히 남자아이에게 있어서 8학년 동안 낮은 학업성취가 지속되게끔 한다(Hamre & Pianta, 2001). 유치원 때 교사와 불안정한 관계를 맺었던 유아들의 문제행동은 오랫동안 지속될 것이다(Pianta & Stuhlman, 2004; Hamre & Pianta, 2001; Silver, Measelle, Armstrong, & Essex, 2005). 그리고 이러한 유아들은 자신들을 거부하거나 괴롭히는 또래들에게 좀 더 공격적으로 행동할 것이다(Howes & Hamilton, 1993; Ladd & Burgess, 1999). 자신의 교사와 지속적으로 갈등이 있을 때 유아들의 잘못된 행동은 증가하며(Hamre, Pianta, Downer, & Mashburn, 2008), 유아들은 행동을 방

교사와의 친밀한 관계는 유아에게 '강하고 지속적인' 이익을 준다. 교사와 친밀한 관계를 형성한 유아는 자신의 학급 친구들과도 잘 어울리고, 좀 더 복잡한 놀이를 추구하며, 더 나은 사회적 기술을 형성하면서 자신의 감정을 더욱 잘 조절할 수 있게 된다.

해받고 사회적 정보처리 기술이 부족하게 된다(Ladd & Burgess, 2001). 위험에 놓인 유아들이 아니어도 교사와 갈등적인 관계를 맺게 되면 문제행동이 발전된다(Ladd & Burgess, 2001 ; Pianta, Steinberg, & Rollins, 1995).

문제행동을 지닌 유아들에게 교사와의 불협화음은 공통적이며 영향력을 가진다(Silver et al., 2005). 교사는 이러한 유아들에게 화를 내고 비판을 하거나 벌을 주는 것으로 대응한다(Coie & Koeppl, 1990). 그리고 교사들의 교육은 더 냉정해지고 반응과 격려가 적어진다(Fry, 1983 ; Sroufe, 1983). 다른 유아들은 교사의 행동에서 단서를 얻고 문제행동을 지닌 유아에게 등을 돌리게 된다(Hughes, Cavell, & Willson, 2001 ; White & Kistner, 1992). 이 유아를 둘러싼 싫어하고 적대적인 감정들은 더 잘못된 행동과 불응하는 결과를 가져온다.

그러나 지지적인 교사는 이러한 모든 것들을 변화시킬 수 있다. 기질적으로 대담하거나 제약을 받지 않는 유아(충동통제와 자기조절 기술이 부족하고 사회적 상황에서 공격적으로 행동하기 쉬운 기질)에 대한 연구에서 세심한 교사는 유아의 부정적 행동과 과제이탈 행동을 감소시킨 것으로 나타났다(Rimm-Kaufman et al., 2002). 교사와 유아가 친밀한 관계를 형성할 때 교사는 아동과 강압적인 상호작용의 반복을 배제할 수 있다(Hamre & Pianta, 2005). 그리고 불안 애착을 보이는 유아를 도와서 또래를 수용하도록 도움을 주고(Zionts, 2005) 이들이 특수교육을 받을 가능성을 감소시킬 수 있다(Pianta et al., 1995). 친밀한 관계는 위험군에 놓여있는 유아들의 공격적인 행동을 감소시키며 학업적 성취를 촉진시킬 수 있다(Hamre & Pianta, 2005; Silver et al., 2005).

문제행동을 지닌 유아와 어떻게 긍정적인 관계를 형성할 것인가

관계는 실제로 수천 번 이상의 상호작용으로 인해 형성되는 것이다(Pianta, 1999). 만약 교사가 유아에게 민감하고 즉각적이며 지속적으로 반응을 한다면 이러한 상호작용이 계속되면서 안정 애착을 형성하게 된다. 정서적 투자이자 긍정적이고 지지적인 관계이며 교사와 유아를 위한 조직화된 방법은 다른 사람에게도 적용된다(Howes, 1999). 그동안 이러한 상호작용은 자기조절(유아가 안정적인 상태로 돌아갈 수 있도록 매 순간 교사를 강화하는 순환)에 필수적인 뇌 회로를 형성한다(Cozolino, 2006).

그러나 문제행동을 지닌 유아와 관계를 형성하는 것은 쉬운 일은 아니다. 성인-유아 관계의 내적 실행 모델이 가정에서의 거부나 위험한 양육 상황으로부터 보호해주는 보육기관이나 학교까지 수반되어 교사나 또래로부터 소외당할 수 있는 행동을 유발시킬 수 있다(Fearon, Bakermans-Kranenburg, van IJzendoorn, Lapsley, & Roisman, 2010; Howes & Ritchie, 2002). 심리학자 Karen(1998)은 "불안 애착인 유아의 행동은 그것이 공격적이든 싫증 나는 것이든 종종 또래와 성인의 참을성을 시험하게 된다. 그것은 외부 세계에 대한 유아의 왜곡된 관점을 반복해서 재확인하게 하는 반응을 이끌어낸다(p. 228)."라고 했다.

그러나 Karen(1998)은 "만약 성인이 유아의 관심에 민감하게 반응하면, 유아들은 그것을 극복할 수 있다(p. 228)." Howes와 Ritchie(2002)는 이러한 과정을 '거절' 이라고 부르는데 유아가 이전 경험으로부터 습득하는 것을 말한다. 그들이 말하기를 이것은 "유아에 대한 주의 깊은 관찰과 경청, 그리고 교사의 자신의 행동에 대한 성찰, 실수에 대한 검토, 재시도 등에 영향을 받는다. 잘못된 상호작용을 거절하기 위해서 교사는 왜 이러한 행동이 발생했는지 그리고 그것들을 어떻게 변화시킬지에 대한 주의 깊은 생각이 요구된다(pp. 73, 75)."

민감하고 반응적인 양육

문제행동을 지닌 유아에게 관심을 갖게 될 때 우리는 거리를 유지하려는 경향이 있으며 필요한 부분에서 스스로를 제한하고 안 된다고 말하거나 무시하는 감정을 가지기 쉽다. 그러나 만약 적절한 행동을 배울 수 있도록 적극적으로 돕는다면 우리의 상호작용은 곧 우리에게도 작용하게 된다.

Bowlby와 Ainsworth로부터 시작된 연구로 되돌아가면 상호작용의 두 가지 중요한 특성을 알 수 있다. 민감성과 반응성이다. Ainsworth(Ainsworth et al., 1978)에 의하면 민감성과 반응성은 다음을 포함한다.

- 유아의 신호를 항상 지각하기
- 신호를 정확하게 해석하기
- 신호에 즉각적이고 적절하게 반응하기

불안정 또는 혼란 애착을 지닌 유아와 안정 애착을 형성하는 길고 고된 과정은 민감하고 반응적인 보살핌을 필요로 한다(Howes, 1999). 만약 유아가 성인을 믿지 못한다면 그것을 극복할 수 있도록 교사는 반드시 '끈기 있고, 피하지 말고, 지속적으로' 행동해야 한다(Sroufe, 1983). 만약 유아가 거부당할 것을 예상하고 교사가 자신을 타임아웃이나 교실 밖으로 내보내는 방법으로 제외시킨다면 그의 예상이 실현된 것이다(Karen, 1998). 반대로 만약 교사가 공감하며 반응하면 그것은 유아에게 자신의 요구에 사람들이 반응한다는 것을 믿을 수 있는 가능성을 만들어주는 것이다(Weinfeld et al., 1999).

교사는 유아와 가까이 있으면서 유아가 정서적으로 교사에게 다가갈 수 있도록 하여 교사가 유아의 학급 경험을 위한 조력자처럼 행동할 수 있도록 한다(Howes & Ritchie, 2002). 교사는 유아의 노력을 끊임없이 인정해주고 질문, 조언, 문제 등에 반응하며 유아가 자신의 감정과 행동을 조절할 수 있도록 도와준다.

Ainsworth는 민감하고 반응적인 보살핌은 따뜻하고 부드러우며, 다정하며 협조적이고, 양육자는 유아가 진행하는 활동을 방해하지 않지만 통제하거나 강압적이지 않게 지도한다. 또 유아의 신호를 보냄과 동시에 그들의 상호작용을 조정한다. 다른 학자들은 높은 비율의 반응과 참여를 촉진하는 교사가 유아와 안정 애착을 형성하며, 이러한 교사들은 유아들을 안아줌으로써 안정감을 확인시켜 주고 함께 놀이하고 오랜 시간 이야기를 나누고 개방적인 질문을 사용하며 경청하고 가르칠 수 있는 순간에 교육을 한다고 한다. 다른 한편으로 유아와 불안정 애착을 형성한 교사들은 유아와 떨어져 있고 냉혹하며 비판적이고 처벌을 하거나 위협한다(Howes & Hamilton, 2002).

유아들의 폭발과 같은 명확한 신호를 기다리는 대신에 민감하고 반응적인 교사는

숨길 수 없는 신호

우리는 문제행동의 초기 단계인 불안을 포착함으로써 문제행동을 예방할 수 있다. 유아들에게는 다양한 신호가 나타난다. 유아가 무슨 생각을 하고 있는지, 무엇을 느끼는지 알 수 없다면 유아에 대해 자세히 알거나 가까이에서 지켜봄으로써 추측할 수 있다(Butchard & Spencler, 2000).

- 심리학적 신호. 눈물, 잦은 소변, 이 악물기, 홍조, 창백함, 경직, 빠른 숨쉬기, 땀, 손장난, 토하기, 악쓰는 목소리
- 행동. 눈 아래로 뜨기, 결석, 머리 꼬기, 손가락 빨기, 손가락, 머리모양, 옷차림, 손톱 물어뜯기, 투덜대기, 소리를 내거나 침묵하기, 소리 지르기, 자위행위, 억지웃음, 낄낄거리기, 울기
- 생각. 아무도 나를 사랑하지 않는다, 아무도 나를 원하지 않는다, 나는 좋은 아이가 아니다, 나는 친구가 아무도 없다, 아무도 나에게 다가오지 않는다, 나는 할 수 없다, 나는 엄마를 원한다.
- 감정. 걱정, 괴로움, 문제, 두려움, 걱정, 홍분, 기대, 슬픔, 짜증, 불평, 불안함, 좌절, 혼동, 공황 상태

유아의 몸짓이나 단어뿐만 아니라 목소리와 같이 감지하기 힘든 것(낮잠 시간에 어깨가 뻣뻣해지거나 이를 악물거나 이갈이, 또래를 때리는 행동 등)들을 살핀다(Honig, 2002). 이러한 신호들은 감정, 유능감, 자신감이 아닌 유아의 감정이 불안하고 불편하다는 것을 나타내는 것이며 이러한 때에 교사의 보살핌이 필요한 것이다.

교사발화

Howes와 Ritchie(2002)는 어려운 생활을 겪는 유아들의 관찰에 있어서 교사에 대한 신뢰감을 형성하고 자신들이 가치 있다고 믿게 하는 효과적인 기술 중에 하나가 교사발화(teacher talk)라고 말한다. 교사는 유아를 지지하기 위해 특정 문장을 사용하여 유아들이 무엇을 하고 있는지에 대해서 설명해준다. 교사는 "선생님이 도와줄게.", "선생님이 그만두라고 이야기할 거야.", "선생님이 안 된다고 말할 거야."라는 말들을 사용하여 유아 스스로 자신의 행동을 조절하고 스스로를 도울 수 있으며 어려운 시간을 잘 이겨낼 수 있다는 것을 상기시켜 준다. "선생님이 블록을 정리해야 할 시간이 되면 도와줄게." 유아들은 문제해결 기술을 습득함으로써 지시적인 말이 덜 필요하게 되며 교사는 도움이 필요하면 유아에게 요청하게 된다. "너는 선생님이 도와주기를 바라니, 아니면 스스로 하기를 원하니?"(Howes & Ritchie, 2002)

감정에 대해 솔직하게 이야기하기

감정에 대해 솔직하게 이야기하는 것 또한 어려운 관계에 있는 유아들과 관계를 형성하는 데 중요하다. 폭력이나 학대 또는 스트레스를 받는 가정의 유아들은 종종 부정적인 감정을 나타내는 것이 위험한 일이라고 생각해서 자신의 분노, 불안, 슬픔, 좌절, 또는 두려움 등을 소리를 질러서 표현한다. 그러나 감정은 떨쳐지지 않고 스트레스를 받는 상황에서 예측할 수 없게 표출된다. 교사는 이러한 감정을 받아들이고 인정해주고 유아에게 자신의 감정에 대해 유아의 언어로 말할 수 있도록 해주어야 한다("나는 그것이 너를 화나게 했다는 것을 알아.", "그건 아마도 무서웠을 거야."). 유아가 말하는 동안 경청하고 학급 내에서 그것을 극복할 수 있도록 도움을 주어서 교사-유아의 관계를 강화한다(Pianta, 1999). 교사는 감정 코치로 행동하며 자기통제의 모델이 되어줌으로써 유아가 자신을 스스로 안정시킬 수 있는 능력을 발전시키고 자신의 감정을 적절한 방법으로 조절하고 표현할 수 있도록 한다(Howes & Ritchie, 2002; Pianta, 1999).

긍정적인 전망

긍정적으로 되는 것은 문제행동을 지닌 유아와의 관계를 증진시키는 또 다른 방법이다. 만약 교사가 유아의 긍정적인 감정이나 행동을 알아내고 그의 요구에 맞게 긍정적으로 반응해준다면, 유아의 행동이 더 쉽게 긍정적으로 변할 수 있을 것이다(Elicker & Fortner-Wood, 1995).

유아와 긍정적인 상호작용을 할 수 있는 최선의 방법은 유아와 개별적으로 시간을 함께 보내는 것이다. 교사가 유아와 관련되어 있는 매 순간을 주의 깊게 관찰한다면 일과 내에서 간식 시간에 도움을 주는지, 점토를 가지고 놀이를 하는지 또는 바깥놀이 시간을 위해 신발을 신고 있는지 등 많은 부분에서 유아가 눈에 띄게 될 것이다.

만약 교사의 노력에도 불구하고 유아와의 관계가 항상 부정적으로 느껴진다면, 전문가들은 교사자율회의(banking time)라고 불리는 특별한 종류의 상호작용(Pianta, 1999), 또는 플로어타임(Greenspan, 1996)을 갖기를 조언한다. 이러한 방법은 새로운 상호작용, 수용, 그리고 관계에서의 감정들에 대해서 소개하는데 갈등과 긴장에 대처하고 유아와의 관계를 보호하기 위한 긍정적인 경험에 중점을 두고 있다. 이는 추가 지출을 막기 위해 은행에 돈을 넣어 보호하는 것과 같은 방법이다. 심리학자 Pianta는 이것의 기본 규칙을 다음과 같이 기술하고 있다(Driscoll & Pianta, 2010; Pianta, 1999).

- 적어도 일주일에 한 번 교사는 유아와 일대일로 5~15분의 시간을 함께 보낸다. 교사는 규칙적으로 시간을 배열하고 나아가 강화나 체벌을 사용하지 않는다. 다른 유아들을 도와줄 수 있는 보조교사를 두는 것도 좋은 생각이다.
- 교사가 제시하는 여러 가지 교구들 중에서 교사와 유아가 무엇을 할 것인지 유아가 선택할 수 있도록 한다.
- 교사는 가르치거나 지시하거나 강화하거나 또는 유아의 수행에 대해 초점을 두지 않고 중립적이고 객관적인 태도를 유지한다. 목소리를 강조해서 스포츠

저축예금

좋은 교사는 항상 미소를 짓고, 매일 새로운 깨끗한 마음으로 시작하며, 유아가 이야기할 때 경청을 하고, 긍정적인 상호작용을 제공하는 등의 연습을 한다. 연구자들과 교사들은 다음의 부가적인 정보들에 귀를 기울여야 한다.

- 유아들이 등원할 때 유아의 개별 이름을 불러주고 만나서 반갑다는 것을 유아에게 전달해야 한다. "안녕, 마이클. 오늘 너를 만나서 너무 반갑다."
- 유아의 가족에 대해 숙지(함께 사는 사람, 형제와 강아지의 이름과 나이 등)한다. 이러한 노력이 유아의 세계에 들어가는 첫걸음이다. "주말에 프란체스카와 함께 무엇을 했니?"
- 유아가 무엇을 좋아하고, 무엇을 중요하게 생각하며, 자신에게 있어서 무엇이 긍정적인 감정을 갖게 하는지에 대해 관심을 기울인다. 유아의 기억, 경험, 감정을 공유할 수 있는 기회를 만들고 유아의 세계가 정말 중요하다고 생각할 수 있게 반응한다. 이러한 대화들은 교사가 유아에 대해서 알지 못하는 것들을 알 수 있게 함으로써 두 사람 사이의 간격을 채워줄 것이다.
- 유아의 이름을 자주 불러줌으로써 유아를 존중하고 있다는 것을 보여준다.
- 유아의 놀이에 참여하고 유아가 놀이를 이끌 수 있도록 한다.
- 교사는 유아에 대해서 신경을 쓰고 생각하고 있다는 것을 말해준다. 만약 유아가 결석을 할 때에는 전화를 해주거나 편지를 보내주며 유아가 관심을 가질 수 있는 것들을 교실에서 소개해준다("네가 좋아할 것 같은 책을 찾았어.").
- 교사 자신의 관심, 경험, 감정에 대해서 공유한다. 유아에게 관계는 상호적인 것이며 유아 또한 교사와 같은 한 인격체라는 것을 알려준다.
- 유아의 훌륭한 면에 집중하여 유아가 적절히 행동했을 때에는 더 많은 시간과 관심을 제공한다.
- 유아에게 친절하고 도움이 될 수 있도록 행동하며 유아에게 합리적인 책임감을 부여한다.
- 부드럽고 애정 어린 접촉(토닥거리기, 안아주기, 하이파이브 등)을 사용한다. 이러한 접촉은 따뜻함과 안심을 줄 수 있다. 유아가 이러한 접촉을 편하게 생각하는지 확인하는 것이 좋다.
- 교사는 유아를 지켜보며 유아의 이야기에 귀를 기울이고 있다는 메시지를 전한다("오늘 네가 제일 좋아하는 야구 모자를 쓰고 왔구나, 에이단!").
- 교사와 유아만 아는 특별한 신호를 만든다. 비밀신호, 손 흔들기 또는 비밀번호를 만들어서 의사소통에 즐거움을 더한다.

캐스터처럼 유아가 무엇을 하고 있는지 설명하고 유아의 감정에 대해 이름을 붙인다.

- 교사는 3개의 메시지 이상을 전달하지 않으며("너는 중요해.", "나는 일관성 있기 위해 노력할 거고 너를 위해 시간을 내려고 노력할 거야." 또는 "나는 항상 네가 도움을 요청할 때 도와줄 수 있어.") 이러한 메시지들은 성인에 대한 부정적인 생각과 기대를 수정할 수 있으며 교사를 항상 안전함과 위로의 안식처로서 자신을 도와줄 수 있다는 사람으로 여길 수 있도록 도와준다. 교사는 유아들과 일상 속에서 대화를 통해 이러한 메시지들을 강화하도록 한다("나는 너를 도울 수 있어서 행복해. 교사는 도움을 주는 사람들이야.").
- 이러한 시간이 끝나면 교사는 무슨 일이 일어났는지 그리고 유아가 그 일에 반영한 감정에 대해서 기록한다.

유아에게 새로운 방법으로 행동할 수 있는 책임을 맡기면 교사에게 다른 능력들을 보여줄 것이다. 유아는 교사에게 좀 더 관심을 갖게 될 것이며 교사의 집중이나 격려에 더 신경을 쓰게 되면서 성인은 책임감 있고 수용적인 사람이라는 믿음이 생기기 시작할 것이다. 다음으로 교사는 유아가 쾌활하고 흥미가 많으며 능력 있고 교사의 지도에 순응적이라는 것을 발견할 것이다.

교사가 유아에 대해 잘 알게 되었을 때 교사는 한층 더 확고해진다. 교사는 상호작용을 어떻게 하면 좀 더 민감하고 반응적으로 만들 수 있는지, 교사의 관심을 유아의 활동에 어떻게 포함해야 하며 유아의 강점을 기반으로 유아가 필요로 하는 기술들을 어떻게 가르쳐야 할지 알 수 있게 된다. 만약 교사가 세심한 주의를 기울인다면 유아가 언제 혼자 앉아있고 바닥을 바라보는지, 머리를 언제 잡아당기는지, 무엇이 잘못되고 있는지를 알 수 있게 된다. 만약 교사가 유아의 어깨에 손을 얹거나 유아를 바라보며 미소를 보이면 유아는 다시 똑바로 앉아서 과제를 시작하거나 옆 친구에게 말을 걸기 시작할 것이다. 이러한 중재는 유아가 중재라고 인식하기 어려운 영리한 중재이다.

교사는 이 게임에서 위대한 선수라는 것을 명심하고 책임감 있고 자신의 대부분의 능력을 최대한 발휘하는 성인이 되어야 한다. 자신의 감정과 행동에 대해서 고민

할 때마다 유아들이 교사와의 관계에서 어떻게 영향을 받는지 생각한다면 유아는 혜택을 받고 교사의 노력은 보상받게 될 것이다.

가족과의 관계 형성

문제행동을 지닌 유아가 학급에 들어올 때 무엇들이 함께 관련되어 따라 들어오는 지에 대해서는 이 장의 초반에 언급하였다. 아마도 유아의 가족이 대부분을 차지할 것이며 문제행동을 지닌 유아와의 관계뿐만 아니라 가족과의 관계도 매우 중요한 부분이다.

가족, 지역공동체, 사회 맥락 내에서 유아를 설명한 생태학자 Bronfenbrenner (1979)의 가족체제이론(가족의 모든 구성원은 모두 연관되어 있다.)에 의하면 유아 와 가족은 하나의 큰 묶음, 즉 필요불가결한 전체이다. 가족의 지원에 의해 교사는 유아의 안녕과 발달을 지원할 수 있다.

가족 중심 접근의 기본적인 개념들은 다음과 같다(Chud & Fahlman, 1995; Gonzalez-Mena, 2010; Keyser, 2006).

- 가족은 유아의 생활에 중심이다. 가족은 유아의 첫 번째이며 중요한 교사이자 자신의 자녀에 대한 전문가이다.
- 가족은 자녀에 대해 강점, 능력, 자원, 대처 능력, 목표를 가진다.
- 모든 가족은 어떠한 편견이나 선입견 없이 존경받아야 하고 수용되어야 한다.
- 각 가족의 가치, 믿음, 인종, 문화, 민족, 종교, 언어, 사회경제적 지위는 반드시 인정되고 존경받아야 한다.
- 서비스와 프로그램은 각 가족의 개별적인 요구를 지원할 수 있는 범위 안에서 효과적이어야 한다.

발달적으로 적합한 실제에 대한 이러한 새로운 입장에서 미국유아교육협회 (National Association for the Education on Young Children, 2009)는 유아의 발달과 학습을 지원하는 데 있어서 가족의 의사결정과 선택의 중요성을 강조하고 있다.

지난 30년간의 연구는 가족이 자녀의 교육에 참여할 때 모든 연령의 유아들이 학업적·사회적으로 더 나은 성취를 보이는 결과를 확인하였다(Hoover-Dempsey et al., 2005; Weiss, Kreider, Lopez, & Chatman, 2005). 사실상 아동낙오방지법(No Child Left Behind), 미국유아교육협회(NAEYC), 헤드스타트 프로그램(Head Start), 그리고 다른 그룹에서도 가족의 참여에 우선순위를 두고 있다. 교사와 가족이 더 많이 의사소통을 하게 되면, 유아에 대한 교사의 태도가 좀 더 지지적이고 민감해지는 모습을 보이게 되며(Owen, Ware, & Barfoot, 2002), 유아는 좀 더 안정감을 느끼게 된다(Gonzalez-Mena, 2010; Keyser, 2006). 가족은 자녀의 발달과 프로그램에 대해 좀 더 이해하게 되며 자녀의 보육과 교육에 있어서 믿음을 갖고 편안함을 느끼게 될 것이다(Gonzalez-Mena, 2010; Keyser, 2006). 교사는 유아와 가족을 더 잘 이해할 수 있으며 자신의 능력을 향상시키고 신뢰와 존경심, 그리고 직업 만족감을 얻게 된다(Keyser, 2006).

무엇이 교사와 가족과의 관계를 멀어지게 하는가

특히 저소득층의 가족이나 다문화 가족과의 협력에 있어서는 많은 장애물이 놓여 있다(Trumbull, Rothstein-Fisch, Greenfield, & Quiroz, 2001).

- 모든 가족에게 귀중한 요소인 시간은 커다란 장벽이다. 대부분의 부모는 반드시 일을 해야 하고 어떤 부모들은 두 가지 일을 병행하기도 하며 임시직이거나 일자리가 일정하지 않다.
- 가족들은 대부분 외국에서 생활했기 때문에 능숙하지 않은 영어, 교육을 잘 받지 못한 것(Trumbull et al., 2001), 예전 학창 시절의 좋지 않은 기억 등으로 인해서 불편해하거나 두려움을 느낄 수도 있다.
- 학교와 보육기관의 정책, 프로그램, 의사소통 방법들이 비록 좋은 의도일지라도 가족과는 멀리 떨어져 있다. 종종 많은 교육자들이 가족을 참여시키려는 그들의 노력이 문화적 가치와 지식을 사라지게 만들어 가족이 혼란스러워하거나

소외되고 심지어 부적절하다고 느끼게 만든다는 것을 깨닫지 못하고 있다 (Trumbull et al., 2001)(제6장 참조).

- 다문화 가족뿐만 아니라 많은 노동자 계층과 저소득층의 가족들은 학교와 가족은 분리된 영역에 놓여있다고 믿고 있다. 그들은 교사를 교육에 책임을 지고 있는 특별한 지식을 지니고 있는 전문가로 바라보고 있다(Lareau, 2000). 반면에 자신들의 역할은 자녀를 학교에 늦지 않게 보내고 바르고 좋은 사람으로 행동하도록 가르치는 것이라고 생각한다(Trumbull et al., 2001). 이러한 부모들은 자녀의 학급 친구의 부모와 사회적인 교류를 하지 않기 때문에 중산층 가족이 그들과 관련된 센터나 학교에서 쉽게 얻을 수 있는 정보에 대해 거의 알지 못한다(Lareau, 2000).

가족이 전통적인 방법으로 참여하지 않을 때에도 그들이 중요한 공헌을 하고 있다는 것을 기억하는 것은 매우 중요하다. 교육의 중요성을 강조함에 따라 유아의 일과에 대해 질문하고 높은 기대와 자아존중감, 이해와 학교 경험에 대한 열정을 제공함으로써 유아들의 집중력, 인내심, 동기는 향상될 것이며 문제행동은 감소될 것이다(Fantuzzo, McWayne, Perry, & Childs, 2004; Ferguson, 2008).

알아가기

관계를 맺는 것이 어려운 가족은 아마도 교사가 가장 알아야 하는 것 중에 하나가 될 것이다. 즉, 관계 맺는 것이 힘든 가족이란 교사가 알기 위해 얻어야 할 가장 필요한 것 중 확실한 하나가 될 수도 있다는 것이다. 이러한 가족과 교사와의 친밀한 관계는 유아에게 가장 많은 혜택을 줄 수 있다. 교사는 유아가 어디에서 왔는지에 대해서 알게 되면 유아를 더 잘 이해할 수 있게 되고 더 많이 공감할 수 있으며 관계를 더 돈독하게 할 수 있게 된다. 만약 교사가 가족과 신뢰감을 형성하게 된다면 문제가 있는 유아를 도울 수 있는 더 많은 기회를 얻게 되는 것이다.

어떻게 가족과 긍정적인 관계를 형성할 수 있는가? 연구자들이 몇 가지 정보를 제공하고 있다. 학교교육 연구들은 만약 부모가 유아의 성공에 도움을 주었다는 믿음이 생기게 되면 유아의 교육에 더 많은 참여를 하게 된다는 것을 보여주고 있다. 교사의 진지하고 진실된 초대와 유아 또한 '중요한 동기요인(key motivator)'이 된다 (Hoover-Dempsey et al., 2005, p. 110). 특히 이러한 초대는 자신들이 도움이 될 수 있을지 의문을 가지거나, 참여하는 것이 자신들의 역할이 아니라는 믿음이 있을 때 유용하다.

이러한 결과들은 교사의 중요성을 강조한다. 어떤 부모들은 교사와 상관없이 참여할 것이고 다른 부모들은 시간이나 관심도 두지 않고 참여도 절대 하지 않을 것이다. 그러나 또 다른 부모들은 교사가 적절한 방법으로 다가간다면 반응을 할 것이다. 가족의 참여가 자신들의 자녀에게 진정으로 도움을 주며 교사는 가족의 가치와 관점을 존중한다는 강력하고 명확한 메시지 전달이 필요하다.

가족을 알아가는 것은 시간이 필요하며 가능한 빨리 시작하는 것이 좋다. 교사가 환영편지나 등록양식을 만드는 것도 좋은 시작이다. '어른은 유아에 대한 책임이 있다.'라는 문구와 함께 이름이나 서명을 할 수 있는 공간을 만들어 제공한다(Keyser, 2006). 가족들이 어디에서 왔는지, 어떤 언어를 사용하는지, 문화, 일과, 규율에 대한 질문이나 유아의 기질이나 선호뿐만 아니라 양육방법에 대한 특별한 질문을 준비한다. 가족들이 유아에 대해 교사에게서 알고 싶은 것들이 있는지에 대해서도 확인한다.

편지에서 교사는 가족들에게 자신에 대한 것도 알려준다. 자신의 문화적 배경, 언어유창성, 결혼이나 자녀 여부 등 공유하고 싶은 것들에 대해서 적는다. 교사가 자신이 누구인지에 대해 적는 것은 교사도 그들과 같은 보통 사람이라는 것을 보여주는 것이다. 또한 가족의 자녀들이 이번 학급에서 한 해 동안 무엇을 학습하게 될 것이며 만약 질문이나 관심 또는 제안이 있으면 언제든지 연락할 수 있다는 것을 알려준다. 집 전화번호를 알려주거나 학교에 있을 때에는 어떻게 연락할 수 있는지에 대해 알려준다. Kyle과 동료들은(2002) 유아가 살고 있는 곳 근처에서 함께 걷기, 야구경기 관람하기, 교회에 가기, 약국에서 물건 사기, 동네 식당에서 식사하기, 지역사회에 대해 사람들과 이야기하기 등의 다양한 전략을 제안했다. 매주 각각의 장소에서 시간을 보낼 수 있도록 노력을 기울이고 가족들이 참여할 수 있는 거리축제나 기념일, 다양한 행사를 확인하여 유아와 가족이 함께 활용할 수 있는 지역사회 자원들에 대해서 지도를 그려 보여준다.

가족 구성원들의 신뢰감을 형성할 수 있도록 모든 만남에서 도움을 줄 수 있도록 하며, 자주 그들과 이야기하도록 한다. 정중한 인사와 대화는 매우 중요한 부분이기 때문에 미소를 짓도록 노력하며 등원이나 하원 시간에 각각의 부모들과 이야기하며 잭슨의 어머니, 또는 아바의 아버지가 아닌 각각의 독립된 인격체로 대한다. 가족들은 종종 자신들의 사생활을 보호받기를 원하면서도(Powell, 1998) 역설적으로는 교사가 자신들에게 관심을 가져주기를 원한다(Powell, 1998). 그들의 자녀처럼 그들도 자신들의 기질, 요구, 선호도가 있다. 모든 부모들이 동시에 오거나 기분이 좋지 않은 유아를 위로해야 할 때에는 대화를 하는 것이 어렵기 때문에 매일의 상호작용을 기록한다. 만약 일주일 동안 가족과 연락이 되지 않았을 때에는 전화를 하거나 메일을 보내는 것을 계획한다.

또 학교에서는 부모를 밤 시간에 만나지 않도록 한다. 비공식적인 대화라면 집에 있는 것처럼 느끼도록 다과를 함께 하면서 대화를 하도록 한다. 그동안 학교에서 하는 활동에 대해선 유아를 통해 노트를 전달하여 연락을 유지하도록 한다. 대화를 위해 웹사이트를 만드는 것도 좋다.

가정방문

학교에 들어가기 전이나 학년이 시작되기 전에 유아들의 가정을 방문하는 계획을 세우도록 노력한다. 가정방문은 가치 있는 노력이다. 교사는 가족 구성원에 대해 알게 될 것이며, 가족의 양육방법과 유아의 발달에 대한 소중한 자료를 얻게 될 것이고, 교사는 가족과 그들의 문화를 가치 있게 여기고 있다는 메시지를 전달한다 (Keyser, 2006). 유아는 교사가 자신의 집을 방문한 것에 대해 자랑스러워하며, 가족들은 교사의 방문을 영광으로 느끼게 될 것이다.

동료 교사들과 함께 가정방문 시 질문이나 토론 등에 대해 역할극을 준비하며 두려움을 떨치고 곤란한 상황들에 대해 대비를 한다. 약속을 정하기 전에 가족들에게 왜 방문하는지에 대한 이유와 가정방문은 정기적인 프로그램의 일부라는 것 등을 알리는 전화를 하거나 편지를 쓴다. 날짜와 시간이 정해지면 교사는 가족에게 가족 모두를 만나고 싶다는 것을 말하고 가족들이 보여주거나 말하고 싶은 것, 어떤 것에

가정에서의 외교

*Bridging Cultures between Home and School*에서 Trumbull, Rothstein-Fisch, Greenfield와 Quiroz(2001)는 부모와의 대화에서 문화적 외교방법에 대해 다음과 같이 기술하고 있다.

> 외교적 질문은 직접적으로 나타나지 않는다. 왜냐하면 이러한 질문들은 배경지식에 기초하기 때문에 교사가 이러한 지식을 사용하는 것은 정보탐색을 좀 더 간접적으로 만들어준다.
>
> 예를 들어, 만약 교사가 이민을 온 어머니에게 다녔던 학교가 얼마나 멀리 있는지 묻고 싶을 때 "어디에서 오셨어요?" 그리고 "미국에 온 지 얼마나 되셨어요?"와 같은 위압적이지 않은 질문으로 시작할 수 있다. 멕시코의 시골에서 이민을 왔고 거기에서 교육을 받았다는 어머니의 대답을 통해 교사는 자신이 알고 있는 멕시코 교육제도에 대한 지식을 위압적인 조사가 될 수 있는 것에서 환영의 뜻을 담고 있는 것으로 대체할 수 있다. "멕시코의 몇몇 지역에서는 학교를 다니기가 어렵거나 학년이 6학년까지밖에 없다는 것을 알고 있어요. 멕시코에서 교육을 받는 데 어려움이 많았을 것으로 생각합니다." 이러한 조사는 질문 형식이 아니라는 것을 명심해야 한다. 이러한 설명은 배경지식을 보여주며 사회적으로 능숙하게 대화를 이끌게 만든다(pp. 108-109).

출처 : *Bridging Cultrues between Home and School: A Guide for Teachers* by Elise Trumbull, Carrie Rothstein-Fisch, Patricia M. Greenfield, and Blanca Quiroz. Copyright 2001 by Taylor & Francis Group LLC-Books. Reproduced with permission of Taylor & Francis Group LLC-Books via Copyright Clearance Center.

관한 것이라도 대화의 주제가 될 수 있다고 알려준다. 가정에 있을 때에는 가족의 단서에 집중하면서 일어서야 할 시간을 선택한다. 방문은 짧게는 15분에서 길게는 1시간 정도 가능하다.

사회복지, 이민국, 또는 다른 기관에서의 방문을 부정적으로 생각하는 가족들은 어떤 종류의 방문도 편하게 생각하지 않을 것이며 어떤 가족들은 교사가 방문하는 것도 원하지 않을 수도 있다. 지역의 커피전문점, 공원, 도서관, 지역센터, 패스트푸드점 같은 다른 방법을 활용한다. 만약 가족이 교사의 초대에 반응이 없다면 전화를 걸어본다. 그러나 만약 만남이 이루어지지 않았을 때에도 가족을 탓해서는 안 되며 잠시 동안 기다린 후에 다시 연락한다.

Kyle과 동료들은(2002) 방문의 목적을 '어떻게 하면 교사가 유아를 더 잘 도울 수 있는지에 대해 배우는 것'에 두고 있으며(p. 62), 또한 가족과 유아에 대한 희망과 꿈뿐만 아니라 강점, 지식, 재능, 자원에 대해 알 수 있는 기회를 제공한다고 하였다. 교사는 정중한 미소로 대화를 시작하고 자신의 학급에 그들의 자녀가 있는 것에 대한 기쁨을 이야기하며 자신의 방문을 허락해준 것에 대한 감사의 뜻으로 과일이나 쿠키 등의 작은 선물을 함께 가지고 가는 것이 좋다(Ginsberg, 2007). 교사가 무엇을 물어볼 것인지 알려주고, 만약 원하지 않으면 대답을 하지 않아도 된다는 것을 이해했는지 확인한다. 또한 여름에 유아와 어떻게 시간을 보냈는지, 유아의 재능, 관심, 좋아하는 활동이 무엇인지, 가정에서는 어떻게 도와주는지, 친구들은 누가 있는지 등에 대해 물어보게 될 것이다. 유아가 무엇에 화를 내고 가족들은 어떻게 대처하도록 도와주는지, 그리고 한 해 동안 유아가 향상되기를 바라는 것이 무엇인지에 대해서 물어본다(Kyle et al., 2002). 비록 어떤 문화에서는 직접적인 질문은 무례하게 생각될 수도 있지만, 이민가정에는 간접적으로 어느 나라에서 왔는지, 여기에서는 어떻게 살게 되었는지 물어보는 것이 좋다.

이야기를 할 때 주위를 둘러보며 보이는 것에 대해서 질문을 한다(강아지, 사진, 미술 작품, 책, 악기 등). 가족들은 이야기를 끌어내며 가족들의 역사나 관심에 대한 단서를 줄 것이다. 가족이 대답을 하는 동안 유아와 함께할 수 있는 시간을 계획한다. 가족에게 허락을 구하고 가족의 사진을 교실 내에 전시할 수도 있다(Keyser, 2006).

Kyle과 동료들은(2002) "가정방문은 우리가 교육에서 가질 수 있는 가장 가치 있는 경험이다. 방문만큼 가치 있는 것은 없다."라고 하였다(p. 75).

생각해볼 문제

1. 105쪽에서 Balaban은 어떻게 감정이 인식을 왜곡시키는지에 대한 예를 제시하고 있다. 자신의 경험에서 감정이 관점이나 행동을 변화시킨 적이 있는지에 대해 생각해보고 그에 대한 예를 말해보라.

2. 일기를 지속적으로 쓰고 있는가? 그러한 활동이 주변을 바라보는 관점을 다르게 하는 데 영향을 주는가? 학급 내에서의 일과들에 대한 기록을 꾸준히 해보고 그것이 태도와 학습에 어떻게 영향을 주는지 생각해보라.

3. 왜 모든 아동들과 안정된 관계를 형성하는 것이 중요한가? 특히 문제행동을 지닌 아동과의 관계는 왜 중요할까?

4. 비록 교사가 아동의 애착 유형을 알지 못할지라도, 왜 애착에 대해 이해하고 그것이 또래, 교사 그리고 다른 성인에 대한 아동의 행동에 어떻게 영향을 주는지에 대해서 알아야 하는 것이 중요한가를 생각해보라. 자신의 애착 유형은 무엇이라고 생각하는가? 그것이 시간이 흐름에 따라 변했다고 생각하는가?

5. 학급 내에서 교사가 어떻게 아동과의 관계를 형성하는지에 대해서 관찰해보라. 교사가 가지고 있는 기회를 잘 이용하는가? 더 잘할 수 있는 방법이 있는가?

6. 가정방문을 했을 때 교사는 아마도 자신을 판단하는 가족들과 맞닥뜨릴 수 있으며, 예상과 달리 순조롭게 진행되지 않을 수 있다. 다른 학생들과 가정방문에 대한 역할극을 통해 적절한 접근방법을 찾아보라.

참고문헌

Ayers, W. (2001). *To teach: The journey of a teacher.* New York: Teachers College Press.

Gonzalez-Mena, J. (2010). *50 strategies for communication and working with diverse families* (2nd ed). Upper Saddle River, NJ: Pearson.

Hoing, A. S. (2002). *Secure relationships: Nurturing infant/toddler attachment in early care settings.* Washington, DC: National Association for the Education of Young Children.

Howes, C., & Ritchie, S. (2002). *A matter of trust: Connecting teachers and learners in the early childhood classroom.* New York: Teachers College Press.

Karen, R. (1998). *Becoming attached: First relationships and how they shape our capacity to love.* New York: Oxford University Press.

Pianta, R. C. (1999). *Enhancing relationships between children and teachers.* Washington, DC: American Psychological Association.

Weigand, R. F. (2007). Reflective supervision in child care: The discoveries of an accidental tourist. *Zero to Three, 28,* 17-22.

Chapter 06

문화의 벽 허물기

유 치원에 다니고 있는 유아들의 40% 이상이 다양한 문화와 다른 언어를 사용하는 것으로 나타났다(Livingston, 2006; U.S. Census Beureau, 2010). 그러나 교사의 대부분이 단일 언어를 사용하는 백인 유럽계 미국인이다(Ray, Bowman, & Robbins, 2006; Strizek, Pittsonberger, Riordan, Lyter, & Orlofsky, 2006). 다른 문화적 배경을 지닌 교사들도 교육이나 실습 과정을 거치는 동안 그들의 사고방식이 다른 문화에 동화된다(Trumbull, Royhstein-Fisch, Greenfield, & Quiroz, 2001). 이러한 문화적 차이는 교사가 유아에게 지니는 기대나 그들과의 관계 형성, 자아존중감 그

이 장은 *Partners in Quality, vol. 2/Relationships* ⓒ CCCF 1999, written by Barbara Kaiser and Judy Sklar Rasminsky based on the research papers of the Partners in Quality Project에서 발췌함. Canadian Child Care Federation, 201-383 Parkdale Avenue, Ottawa, ON, K1Y 4R4의 허락하에 게재.

리고 행동에 영향을 주며, 유아들의 문제행동이 나타났을 때 그들의 귀중한 자원인 가족으로부터 단절되기도 한다.

Culturally Responsive Teaching (2000)의 저자 Geneva Gay는 특히 빈곤층이거나 외곽 지역에 사는 학생들의 특징에 대해 기술하고 있다.

- 수업 시간에 집중을 잘하지 못한다.
- 이름을 불리는 횟수가 적다.
- 지적 사고를 향상시키기 위한 도움이 부족하다.
- 칭찬보다는 비평을 많이 한다.
- 질문이나 지적에 적게 반응한다.
- 잦은 질책과 엄격한 규율을 받는다(p. 63).

이 장에서는 이러한 문화적 차이를 접근하는 단계와 함께 문화가 무엇이며, 가정과 학교에서 이러한 문화적 차이가 어떻게 일어나고 있으며, 문화와 언어와의 연결, 특별한 문화적 집단의 특성에 대해서 알아볼 것이다.

문화란 무엇인가

누구나 각자의 문화가 있으나 우리는 많은 문화를 알 수 없다. Lynch의 *Developing Cross-Cultural Competence*(2004a)에 의하면 문화는 '제2의 피부(second skin)' (p. 20)와 같이 그것의 차이에 대해서 인식할 때에만 볼 수 있다고 하였다.

"삶은 한 가지 측면만 존재하는 것이 아니고 문화에 의해 변화될 수 있다."라고 인류학자인 Hall(1997)은 이야기한다. "이는 사람들이 자신을 어떻게 표현하는지(감정의 표현을 포함한), 어떻게 생각하고 움직이는지, 문제를 어떠한 방법으로 해결하는지, 그들의 도시가 어떻게 계획되고 설계되는지, 어떻게 교통 시스템이 조직되는지, 또한 경제적 · 행정적 체계가 어떻게 조직화되고 그 기능을 하는지와 같은 개성을 의미한다(pp. 16-17)." 우리의 문화는 우리 삶을 위한 구조이다.

우리가 기억해야 할 중요한 점은 각 문화 내에는 다양성이 존재하고 있다는 것이다. 교육 정도, 사회경제적 위치, 직업, 기질, 그리고 개인적 경험 등 이러한 모든 것들이 우리의 가치와 믿음에 영향을 준다. 인종, 언어, 민족, 종교, 성별, 가족, 회사, 연령, 성적 기호, 생활방식, 정치적 성향, 그리고 이민 등이 또한 영향을 준다(Lynch, 2004a).

문화는 정체성과 어떠한 관계가 있는가

문화는 우리가 그것에 대해 인식하고 있든 아니든 우리 정체성의 필수적인 부분이다. 우리는 소극적으로나 무의식적으로 가족을 통해 문화를 배우고 우리가 5세 정도에 이르면 문화에 익숙해진다(Lynch, 2004a). "영아기에는 문화적 맥락으로부터 분리되어 있기 때문에 문화에 익숙해지지 못한다."라고 다문화 보육의 전문가인 Gonzalez-Mena와 Bernhard(1998)는 주장한다. "문화는 직접적으로 가르치지는 않지만 양육자와 유아 간의 상호작용에 의해 습득된다(p. 15)."

자녀 양육에 '최선'의 방법이나 보편적 기준, 또는 기대는 존재하지 않는다(Chud & Fahlman, 1985). 부모는 자연적으로 자신의 문화에서 생존하고 성공하기 위해 사람들이 했던 방식으로 양육한다(Lubeck, 1994; New, 1994). 정서적 표현과 애착, 도덕성 발달, 성 역할, 그리고 인지적 능력도 그 문화의 시민으로서 요구되는 역량에 영향을 받는다(New, 1994). 개개인의 유아들은 학급 내에서 자신들의 문화에 기반한 기술과 가치를 습득한다.

교사는 긍정적인 자아상 발달의 중요성에 대해 알고 있다. 유아는 자신들에 대해 좋은 감정을 가지고 싶은 요구와 권리가 있다. 그러나 최근에 들어서야 문화가 유아의 자아개념 형성에 얼마나 필수적인 요소인지에 대해 인식하기 시작했으며, 유아들 또한 자신의 문화적 유산, 언어, 능력, 가치, 태도, 행동, 역사 그리고 '문화와 분리할 수 없는 실천방법(ways of doing)' 등에 대해 자부심을 가질 요구와 권리가 있다는 것을 깨닫기 시작했다(Barrera & Corso, 2003; Howes, 2010).

유아는 자신이 누구인가(가족과 문화에서 자신의 위치 그리고 그들과 관계있는 사람들의 반응)를 이해하면서 정체성을 확립하기 시작한다. 긍정적인 자아개념을 형성하기 위해 유아는 자신의 가족과 문화를 존경하고 다른 사람들도 그들을 존경해야 한다. 우리가 유아의 정체성을 인식하지 못하면 유아들이 자아개념을 형성할 때 위험에 놓일 수도 있다. 만약 유아의 주변에서 유아의 가족, 문화, 유아 자신을 반영하거나 인정하지 못하게 되면 유아는 자신이 중요하다고 느끼지 못하기 때문에 자신에 대해 부끄러워하게 된다(Barrera & Corso, 2003; Derman-Sparks & Edwards, 2010).

문화는 어떻게 다른가

"문화가 다른가?"라는 질문에 대한 대답은 "그렇다."이다. 미국 주류 문화인 백인 유럽계 미국인, 서부 유럽 문화에 바탕을 둔 중산층 문화는 세계의 다른 문화와는 차이가 있다. 이러한 차이는 개인주의(individualistic)와 함께 시작된다. 이는 개인은 단체보다 우선시되며 개인의 독립성이 가장 큰 미덕으로서 가치를 두고 있다. 각각의 개인은 독특하며 독립된 존재로서 태어남과 동시에 자신의 요구, 권리, 정체성을 지

긍정적인 자아개념을 형성하기 위해서 유아는 가족 및 문화를 존중해야 하며, 타인들 역시 그들의 문화를 존중해야 한다. 이는 인간의 필수적인 요구이다.

관례를 깨뜨리다

각각의 문화는 고유한 의사소통 방법이 있기 때문에 이러한 다양성에 부딪힐 가능성이 있다.

- 마주 보고 하는 대화(face-to-face conversation)의 경우 유럽계 미국인 문화에서는 눈맞춤은 솔직하고 집중하며 믿음을 주는 것이라고 믿는 반면에 아프리카계 미국인, 태평양계 아시아인, 라틴계, 아메리카 인디언 문화에서는 직접적인 눈맞춤은 공격적이고 무시하며 무례한 것으로 생각한다.
- 어떤 지중해 문화에서는 감정을 솔직하고 자연스럽게 표현하는 것이 좋으나 중국이나 일본과 같은 다른 문화에서는 감정을 정중하게 자제하는 것이 좋다고 간주되기도 한다.
- 유럽계 미국인들은 행복하거나 즐거울 때 웃는다. 그러나 많은 아시아 문화에서는 당황하고, 혼란스럽거나 심지어 슬플 때에도 웃는다.
- 라틴계, 중동계, 아프리카계 미국인 문화에서는 사람들은 대화를 하기 위해 가까이 서게 되는데 유럽계 미국인 문화에서는 팔 길이만큼 떨어져서 서있는 것을 좋아한다. 아시아 태평양의 섬 지역 사람들은 더 많은 공간을 좋아한다.
- 지중해 문화에서는 잦은 신체적 접촉은 의사소통의 한 부분으로 중요하게 생각하는 반면에 일본, 중국, 한국 문화에서는 신체적 접촉을 꺼린다.

니고 있다. 개인주의적 가치는 자신을 대변할 수 있고, 주도권을 잡아서 자신의 선택, 탐구, 경쟁, 성취를 이룰 수 있다.

개인주의적 문화의 유아들은 어렸을 때부터 독립성을 연습한다. 그들의 부모는 유아를 방에서 혼자 자게 하며 유아들이 장난감을 가지고 스스로 즐겁고 편안함을 느낄 수 있도록 하며 이동할 때에도 유모차나 카시트를 이용한다. 유아들이 혼자서 놀 수 있도록 바닥에 놓아두기도 하고, 핑거푸드나 컵을 주고 스스로 음식을 먹을 수 있게 한다. 부모가 외출할 때에는 베이비시터에게 아이를 맡기고 나가기 때문에 너무나 독립적으로 살아간다. 유아들이 보육시설이나 학교에 입학하게 되면 부모나 교사는 그들이 독립적이고 비판적 사고가가 되도록 격려한다(Rothstein-Fisch & Trumbull, 2008).

그러나 세계의 다른 문화에서 70% 정도는 분리되고 독립적인 삶의 개념이 '까다로운 개념'이라고 인류학자 Geertz는 기술하고 있다(Kağitçibaşi, 1996, p. 53에서 인

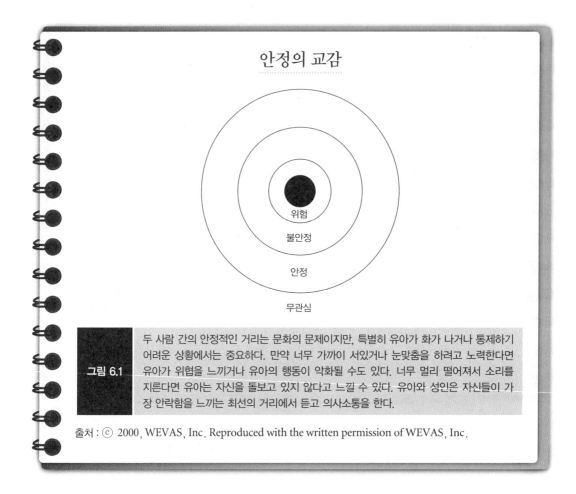

안정의 교감

위험

불안정

안정

무관심

그림 6.1 두 사람 간의 안정적인 거리는 문화의 문제이지만, 특별히 유아가 화가 나거나 통제하기 어려운 상황에서는 중요하다. 만약 너무 가까이 서있거나 눈맞춤을 하려고 노력한다면 유아가 위협을 느끼거나 유아의 행동이 악화될 수도 있다. 너무 멀리 떨어져서 소리를 지른다면 유아는 자신을 돌보고 있지 않다고 느낄 수 있다. 유아와 성인은 자신들이 가장 안락함을 느끼는 최선의 거리에서 듣고 의사소통을 한다.

출처 : ⓒ 2000, WEVAS, Inc. Reproduced with the written permission of WEVAS, Inc.

용). 유럽계 미국인 문화 이외의 사람들은 친밀한 관계인 **상호의존**(interdependence)에 가치를 두며 그들에게는 집단의 구성원이 가장 우선시된다. 이러한 **집단주의** (collectivist) 문화에서 유아는 그들이 대가족과 지역의 한 부분이며 서로 보살펴줄 책임을 지니고 있다는 것에 대해서 배운다. 그들은 조화와 협력에 가치를 두고 이기적이고 가족의 거부로 보이는 개별적인 성취가 아닌 전체의 이익에 공헌하도록 자아존중감을 형성한다(Lynch, 2004b).

Lynch(2004b)에 따르면, "대부분의 사람들은 부모와 함께 잠들고, 아이들을 먹이고 안고 만지면서 신체적인 친밀감을 유지하며 유아가 스스로 걷거나 말할 수 있게 된 후에도 오랫동안 부모가 가는 곳에 항상 유아를 데리고 다닌다(p. 52)." 부모는 자녀들이 스스로 자급자족할 수 있을 만큼 성장했다는 것을 알지만, 반면에 아직은 어리고 부모와 자녀의 유대 관계가 너무 강해서 절대 분리되지 않는다고 생각한다(Gonzalez-Mena & Bernhard, 1998). 자녀가 학교에 가게 되면 가족은 자녀가 다른 사람에게 도움을 주고, 다른 사람으로부터 배우고, 다른 사람과 협력하기를 바라기 때문에 인지적 발달은 좋은 사람이 되는 것과 불가분의 관계에 있다(Rothstein-Fisch & Trumbull, 2008).

물론 결론적으로 모든 문화는 집단이나 개인의 충성심을 필요로 하지만 문제는 우선순위이다(Gonzalez-Mena, 2008).

의사소통은 중요한 문화적 다양성을 지닌 또 다른 영역이다. Hall(1977)은 문화를 서유럽이나 북미의 **저맥락 문화**(low-context culture)와 아시아, 남유럽, 라틴, 아프리카 아메리카, 아메리카 인디언의 **고맥락 문화**(high-context culture)로 구분하고 있다. 저맥락 문화에서는 말이 주요한 요소이고 의사소통이 직접적이며, 정확하고 직선적이다. 화자는 내용에 초점을 두고 의미 있는 배경정보를 포함시킨다(Delpit, 2006). 즉, 모든 문맥은 청자가 이해할 수 있도록 해야 한다. 저맥락 문화에서는 유아들은 울음과 옹알이가 관심을 끌 수 있다는 것을 빠르게 배우며 부모는 항상 그들의 대화에 대답을 한다(Gonzalez-Mena, 2008).

그러나 고맥락 문화에서는 말 하나로 표현할 수 없다. 비언어적 단서(얼굴 표정, 몸짓, 움직임), 맥락적 단서(경험 공유, 역사, 전통, 사회적 위치, 관계), 간접적 의사소통 방법(정지, 침묵, 공감, 이야기, 비유, 돌려 말하기)은 의사소통에서 중요한 역할을 한다(Gonzalez-Mena, 2008). 의미는 대부분 함축되어 있고 모두가 알고 있는 것은 불필요하며 심지어 무례하다고 간주된다(Delpit, 2006). 항상 누군가의 무릎 위나 팔 안에서 편안하게 있는 고맥락 문화의 아기들은 몸짓을 사용하는 의사소통을 배우게 된다. 아기의 근육과 자세 변화는 양육자에게 우유를 주거나 화장실을 데려다 달라는 등의 명확한 메시지를 보낸다(Gonzalez-Mena, 2008).

고맥락 문화의 사람들은 자신에 대한 관심이나 정보에 초점을 두지 않으며 반면에 그들을 둘러싼 관계나 정서 등으로부터 의미를 끌어낸다. 예를 들어, 라틴계 유아에게 계란은 껍데기, 흰자, 노른자의 결합체라는 의미가 아닌 계란 요리를 가르치는 할머니와 유아와의 관계를 의미한다(Rothstein-Fisch & Trumbull, 2008).

용광로와 샐러드 볼

미국은 항상 **용광로**(melting pot)로 간주되곤 하는데 이는 전 세계의 사람들이 모여 하나의 국가를 이루게 되었다는 의미로 이해할 수 있다. 과거에 새로운 이민자들이 새로운 땅에 정착하면서 점차적으로 자신들의 문화를 포기하고 우월하고 널리 자리 잡고 있는 중산층의 유럽계 미국인 문화에 동화되었다. 그러나 세계가 점점 작아지고 미국이 점차 다문화되어 가면서 목표가 변화되었다. 많은 문화의 구성원들이 그들의 문화적 정체성을 유지하면서 성공할 수 있는 방법을 추구하기 시작했고 이러한 다양성이 우리 생활에 큰 공헌(rich contribution)을 하고 있다는 것을 점차 인식하기 시작했다. 최근 몇몇 사람들이 용광로에 대한 비유를 재고하기 시작했다. 그들은 미국을 **샐러드 볼**(salad bowl)이나 각각의 독립된 조각이 섞여있지만 자신의 정체성을 유지하고 있는 모자이크로 비유하는 것이 적절하다고 보고 있다. 아마도 미래의 어느 시점에서는 이러한 관점을 수용할 것이라고 보지만 아직까지는 Deplit(2006)이 '힘의 문화(culture of power)'라고 부르는 지배적인 문화가 우리의 일상에 자리 잡고 있는 생각을 잘 정의하고 있다.

인류학자 Ogbu(1994)는 지배적인 문화 속으로 동화되는 것에 대해 왜 다른 문화 집단이 다른 태도를 지니고 있는지에 대해 영향력 있는 이론을 발전시켰다. 미국을 선택해서 이주해온 사람들을 **자발적** 또는 이민 소수민족이라고 일컬었다. 이들은 자신들이 더 많은 자유와 기회를 얻고 더 나은 삶을 살 수 있을 것이라고 믿었다. 비록 자신들의 문화를 보존하고 싶지만 성공을 위해서는 유럽계 미국인 문화의 여러 측면을 배워야 하는 것을 깨달았고 그들이 그렇게 하는 것이 그들의 문화를 위협하는 것이라고 느끼지 않는다. 그들의 자녀들 또한 학교에서도 잘 수행한다.

Ogbu(1994)가 말하는 다른 문화적 집단은 **비자발적 소수민족**으로 "이 집단(그들의 후손을 포함한)은 노예, 정복, 식민지화를 통한 유럽계 미국인 문화에 대항하여 미국 사회에 초기부터 포함되지 못한다. 그 결과 이러한 소수민족은 하찮은 위치로 강등되고 미국 주류 사회에 진정으로 동화되지 못한다(p. 373)." 아메리카 인디언, 아프리카계 미국인, 멕시코계 미국인 등이 이러한 집단을 이루고 있다.

미국에서 비자발적 소수민족의 문화를 없애려 하기 때문에 이들은 미국 사회 내에서 인종차별을 지각하고 그들 스스로를 지배적 문화의 태도, 믿음, 선호의 반대편에 있다고 정의한다. 그 결과 그들은 자신의 문화를 버리지 않고는 지배적인 문화의 방식에 적응할 수 없다고 믿는다. 이러한 믿음과 태도를 지닌 학생들은 유럽계 미국인 문화 학교에서 성공하기를 희망할 수 없다. 이들 중에는 '백인 행세하기' 라는 누명을 쓰거나 또래로부터 거부를 당하기도 한다(Ogbu, 1994; Tatum, 1997).

이러한 이론은 논쟁의 여지가 있다. 어떤 학자들은 인종이나 민족의 구분이 지배적 문화에 대한 거부가 아니라 용기, 소속감, 연계, 결속뿐 아니라 불평등에 대한 비평과 대처로부터 오는 것이라고 보고 있다(Carter, 2005).

가정과 학교의 만남

특별한 문제행동을 지닌 유아를 지도할 때 교사는 유아의 배경을 이해해야 한다. 이것은 교사가 유아의 문화를 이해해야 한다는 것을 의미한다. 그러나 교사는 자신의 문화뿐 아니라 자신의 감정과 믿음으로 편견을 만들 수 있다. 역설적으로, 다른 문화를 이해하는 첫 단계는 자신의 문화를 깨닫는 것이다. 그 후에 자신의 문화가 다른 문화에 어떻게 영향을 주는지를 이해하는 것이다. 그러나 이러한 방법만이 타당한 것은 아니다.

자신의 문화를 어떻게 생각하는가

유럽계 미국인 문화에 속해있는 사람들은 종종 자신들은 문화를 가지고 있지 않다는 생각을 하곤 한다. 이는 이와 같은 생각을 가진 사람들이 주변에 있기 때문이다. 같은 이유에서 그들은 다른 사람들의 문화에 대해 잘 알지 못한다. 그러나 영향력이 적은 문화의 사람들은 지배적인 문화에 대해 배우려고 노력한다. 이것은 그들에게 살아남기 위한 문제이기 때문이다(Tatum, 1997).

자신의 문화에 대해 인식하기 위해서는 주의 깊은 관찰과 성찰이 요구된다. 우선 다른 세계에 접근할 때 언제나 여러 방식이 있다는 것을 명심해야 한다. 다른 성별,

인종, 민족, 종교, 국적, 심지어 가족들도 다양하다. 그들이 같은 방식으로 생각하고 느끼고 행동할 것이라고 기대하지 말아야 하지만 그들의 이야기에 경청하고 그들의 입장이 되도록 노력해보라(Eggers-Pieróla, 2005).

자신의 문화적 믿음과 경험에 대해 생각할 수 있도록 도움을 주는 몇 가지 질문들을 제시하면 다음과 같다(Chud & Fahlman, 1985; Derman-Sparks & Edwards, 2010).

- 처음으로 다른 문화의 사람들을 만났을 때를 기억하는가? 어떤 기분이었나?
- 처음으로 자신의 민족 정체성에 대해서 배웠을 때를 기억하는가?
- 자신의 중요한 특성이 무엇인가? 무엇이 자신을 자랑스럽게 만들고 무엇이 힘들게 하는가?
- 어떠한 이유에서 편견이나 차별을 경험한 적이 있는가? 어떤 기분이었고 어떻게 행동했는가? 지금 그러한 상황이라면 다르게 행동할 것인가?

당신이 지금 본 것이 전부가 아니다

지배적인 백인 문화의 구성원이었던 Gozalez-Mena(2003)는 다음과 같이 기술했다.

내가 백인이었을 때 나는 세상을 백인의 관점으로만 바라봤다. 나는 항상 유색인종이 아니었고, 평범하며 정상적이라고 생각했다. 자신의 피부색, 인종, 문화로써 생각해본 적이 없다. 나는 지금 나 자신이 노력하지 않고 얻은 힘과 특권의 관점에서 이해하고 있다. 만약 내가 모텔에 예약을 할 때 빈방이 없다고 했다면 나는 그들이 거짓말을 했을 것이라고 의심하지 않는다. 만약 내가 식당에서 소홀한 대접을 받았을 때 나는 그 무례함을 인종차별이라고 여기지 않을 것이다. 만약 나의 자녀들이 피곤하고, 더럽고, 세탁하지 않은 옷을 입고 학교에 갔을 때 누군가는 나를 방임적인 부모라고 생각하겠지만 인종에 대해 비난하지는 않을 것이다. 나의 관점은 지배적인 관점이고 모든 면에서 확고해질 것이다. 나의 문화는 지배적인 문화이고 나에게는 보이지 않는다.

출처: "Discovering My Whiteness" by Janet Gonzalez-Mena, 2003. Used with permission of the author.

- 자신의 인종, 위치, 민족으로 인해 특권을 받은 경험이 있는가? 특권을 받았을 때 인지하고 있었는가? 어떤 기분이었으며 지금은 어떠한가?
- 부모가 민족, 문화, 종교적 이슈에 대해 동의를 하는가? 만약 믿음이 서로 다르다면 그 믿음은 어떻게 변화하였는가? 학교에서 무엇을 학습했으며 유아들에게 무엇을 가르칠 것인가?
- 만약 다른 나라(혹은 다른 영역)를 여행한 적이 있다면, 친숙하지 않은 주위 환경을 어떻게 느꼈는가?

유아교육기관과 학교의 문화

"교육은 읽고, 셈하고, 비평적으로 생각하는 '힘의 문화'의 방식으로 문화를 심어준다."라고 사회학자 Carter(2005, p. 47)는 기술하고 있다. 우리의 학교와 유아교육기관에서는 자연스럽게 개인주의적 문화, 독립성, 자기지시, 결단력, 경쟁력을 유럽계 미국인 문화의 의사소통과 학습방법으로 가르치고 있다.

그러나 우리가 살펴봤듯이 이러한 가치와 방법들은 보편적인 것이 아니며 또한 옳거나 틀리다고 할 수 없다. 미국에서 뿌리내린 여러 다른 문화들은 그들의 아이들을 다른 믿음과 가치로 양육한다. 이러한 아이들이 유럽계 미국인 문화의 유아교육기관이나 학교에 입학하였을 때 새로운 문제에 직면하게 된다. 다음은 몇몇의 예를 제시한 것이다.

- **독립적으로 되기.** 유럽계 미국인 학교에서는 학생들이 독립적으로 공부하는 것을 기대하고 각자 자신의 자리에 앉고, 개인의 사적인 소유를 존중하며, 보상을 위해 경쟁한다(Rothstein-Fisch & Trumbull, 2008). 보육시설에서도 유아들이 스스로 각자의 겉옷을 걸고, 점심을 먹으며, 각자의 침대에서 낮잠을 잔다. 독립적인 유아들은 성취한 것에 대해 정적 강화를 받는다("선생님은 이사벨이 바르게 앉아서 선생님을 바라보고 있어서 좋아요."). 유아들은 자신이 스스로 선택할 수 있는 많은 기회(도서, 학습 영역, 행동, 개인 공간에 머물기 등)를 가진다. 그리고 한 해의 첫 주제는 '나에 대한 모든 것'으로 자아존중감을 북돋기

위해 계획된다(Rothstein-Fisch, Trumbull, & Garcia, 2009). 반면에 집단주의 문화에서는 자신의 자녀들을 '두드러지지 않고 어울리게' 양육하며(Trumbull et al., 2001, p. 5) 함께 활동하고, 다른 사람들을 도우며, 집단의 안정을 위해 노력한다. 유아들은 혼자 있는 것에 대해 불편해하고 함께 친밀하게 있는 것을 선호한다(Howes, 2010). 선택에 있어서도 집단주의 문화는 환경 안에서 가능한 것을 채택한다(Gonzalez-Mena, 2008).

- 수동적-수용적 자세와 상호작용. 주류 문화의 교실에서는 교사가 학생을 지명하면 학생들이 대답을 한다. 학생들은 자리에 앉아서 듣지만 눈맞춤을 계속 하고 있다(Gay, 2000; Kochman, 1985). 보육시설에서도 그룹이나 이야기 시간에 같은 행동을 요구한다. 그러나 많은 상호의존적인 문화에서는 직접적인 눈맞춤은 무례함으로 간주되고 많은 유아들이 공개적으로 이야기하는 것을 꺼려한다. 대신에 유아들이 잘 보고 듣기를 바라며 성인들은 지식의 근원으로 간주된다(Trumbull et al., 2001). 이러한 주류 문화의 기대행동은 사회적 상호작용을 통해 학습을 하는 아프리카계 미국인 유아들에게 다른 문제를 만들게 된다. 그들의 문화에서 화자는 주장을 펼치는 사람이고 청자는 몸짓, 움직임 그리고 대화에 참여하여 하고 싶을 때에 허락이 필요하지 않으며 대화는 유동적이고 창의적이고 정서적이다(Gay, 2000; Kochman, 1985).

- 감정에 치우치지 않는 접근과 연역적 탐구. 유럽계 미국인 문화에서는 교사와 학생은 합리적이고 객관적이기 위해 노력한다. 그들이 생각하기에 감정은 개방적인 탐구와 정확성을 방해하고 대화의 손실을 가져온다고 믿는다. 그들이 취하는 귀납적 접근은 문제를 해결하고 세부적인 것을 강조하며 구체적인 것에서 일반적인 것으로 이동하며 부분들의 합으로부터 전체를 조합한다. 집단주의 문화에서는 다른 방법으로 문제를 해결한다. 그들이 사용하는 귀납적 방법은 먼저 큰 그림에 초점을 맞추고 일반적인 것부터 구체적인 것으로 이동한다. 이러한 과정에서 집단 전체가 닻이나 촉매의 역할을 하기 때문에 각각의 구성원이 연결될 수 있도록 노력한다(Gay, 2000). 아프리카계 미국인 아이들은 학습을 위해 교사와 밀접한 관계를 유지한다. 그들은 교사가 비록 화를 내더라도 진실한 감정을 표현하는 것을 선호하는데, 만약 교사가 그렇게 하지 않는다면

진정으로 자신들을 돌보지 않는다고 생각한다(Delpit, 2006).

- 비사회적 맥락상의 학습. 지배적인 문화에서 교사는 추상적인 생각과 개념, 독립적 문제와 결과(예를 들어 달걀 껍데기, 흰자, 노른자)에 초점을 맞추고 책, 컴퓨터, 다른 자료들을 통해 과학적인 해결책을 찾는다. 교사들은 문자와 사실을 강조하고(Delpit, 2006) 학생들이 자신들의 일을 설명할 수 있도록 기대한다. 그러나 집단주의 문화에서는 지식과 개인적인 경험은 분리될 수 없으므로 맥락이 가장 중요하다. 맥락은 지속적으로 변화하기 때문에 유아들은 분리된 조각들이 아닌 전체의 상황에 초점을 맞춰 학습하고 자신의 경험과 일어나는 일들을 이야기하기, 말놀이, 복잡한 유추 과정을 통해 연결한다(Genishi & Dyson, 2009; Heath, 1983).

- 주제-중심 서술. 유럽계 미국인 문화에서 사람들은 한 가지 사건이나 주제에 초점을 맞추고 수직선상에 사실과 생각들을 배열하여 생각과 사실과의 관계를 설명한다. 라틴계, 아프리카계 미국인, 아메리카 인디언 문화에서는 장면이나 장소가 바뀌는 단편적인 사건이나 일화 이야기 등 한 번에 한 가지 주제 이상을 이야기한다. 이야기 서술은 직선이 아닌 중복된 고리와, 생각과 드러나지는 않지만 추론되는 사실 사이의 관계를 전개한다(Gay, 2000).

- '당연한' 질문. 주류 문화의 중산층 교사들과 부모들은 유아들이 이미 알고 있는 질문을 통해 지도한다("코가 어디 있지?", "달걀은 어떤 특성이 있지?"). 유럽계 미국인 유아들은 정확한 대답을 말함으로써 자신들이 똑똑함을 증명한다. 그러나 아프리카계 미국인 유아들은 이러한 질문에 혼란스러워한다. 그들의 문화에서는 어른들은 새로운 정보를 찾아내거나 유아들이 생각할 수 있는 질문들을 하고("무엇 같다고 생각하니?") 유아들은 즉흥적이고 창의적인 대답을 통해 자신들의 재치나 지능을 증명한다(Bransford, Brown, & Cocking, 2000; Heath, 1983).

- 내재적 지시. 어른들이 유아들에게 무엇을 하라고 말할 때, 유럽계 미국인들은 종종 질문법을 사용한다("리아나, 저쪽에 있는 블록들을 정리해줄래?"). 주류 문화의 중산층 유아들은 이러한 질문이 실제적인 지시라는 것을 이해한다. 그러나 근로자 계층의 아프리카계 미국인이나 백인 문화의 유아들은 직접적이고

명확한 지시에 익숙해져 있고("리아나, 블록을 정리해라."), 지시한 것을 따르지 않았을 경우의 결과를 예측하지 못하고, 교사가 올바른 선택을 제시하거나 질문을 하지 않을 것이라는 것을 깨닫지 못한다(Delpit, 2006).

- 시험, 탐색, 능력별 편성. 표준화된 검사(아동낙오방지법에서 요구되는)와 일반 학급시험은 광범위한 개별적 기술들을 요구한다. 문항들은 비맥락화되어 있고, 표준영어로 쓰여있으며 주류 문화의 유아들에게 친숙한 경험들로 구성되어 있다(Hilliard, 2002). 학교와 교사들은 종종 결과들을 가지고 계열화(tracking)나 '능력별' 편성을 통해 높은 수준의 수업을 성공한 학생들에 대한 보상을 하기도 한다. 그러나 독립적인 문화에서는 이러한 기술에 대한 가치나 교육은 필요로 하지 않는다. 그리고 한번 학생들이 수준이 낮은 학급이나 그룹으로 내려가면 다시 따라잡을 수 있는 기회가 거의 주어지지 않는다.

문화가 행동에 어떻게 영향을 주는가

보육기관이나 학교의 환경이 가정과 유사할 경우 유아들은 스트레스를 적게 받으며 가정의 가치가 강화된다. 그러나 가정과 상이할 경우에는 단절로 인해 위험이 좀 더 가중된다. 태어나자마자 유아들은 자신의 문화에서 유능한 성인이 되기 위한 기술들을 습득하기 시작하며 보육기관이나 학교에 들어갈 때까지 자신들의 방식으로 잘 성장한다. 새로운 환경에서는 지금까지 가정 문화에서 배웠던 많은 것들을 쉽게 적용시키지 못한다. 유아들은 처음부터 다시 시작해야 한다.

유아들은 태어나자마자 자신의 문화에서 유능한 성인이 되기 위한 기술들을 습득하기 시작한다.

낯선 상황에서 유아들은 혼란, 고립감, 낯설음, 갈등, 그리고 덜 유능하다고 느끼게 된다. 교육 과정, 교수법, 규율 등을 이해하지 못하거나 자신의 문화를 지지해주지 못하거나 교사들이

수수께끼

문화 교류에 있어서 의미는 종종 보이는 것과 다를 수 있다. *Connections and Commitments*에서 Eggers-Piérola(2005)는 유아의 행동에 대해 생각하였다.

유아가 자신의 겉옷을 스스로 걸기를 거부하는 것은 무슨 의미일까? … 유아가 협조하지 않는다고 생각할 수 있을까? 혹은 너무 의존적이어서 성인이 대신 옷입기나 먹기 등을 해 주기를 바라는 것일까? 네 살 된 유아가 너무 미숙하다고 슈퍼바이저에게 말하고 설명할 수 있을까? … 유아의 어머니가 야외가 너무 추워서 감기에 걸릴까 봐 밖에 나가지 않았으면 한다고 말했을 수도 있다. 또는 유아는 아마도 최근에 자신을 돌봐주던 대가족에서 분리되었기 때문에 보호가 필요했고 그래서 교사가 대신 옷을 걸어주는 것을 보호의 행동과 동일시했을 수도 있다(p. 164).

유아가 자신의 문화에서 발전시켜온 재능, 기술, 능력들을 알아주거나 격려하지 못하게 되면 유아들은 자신들이 수용되거나 존경받고 또는 가치 있다고 느끼지 못하며, 자신들의 자아개념과 학업성취에서 어려움을 느끼게 되고(Gay, 2002) 삐뚤게 행동하게 된다. 전문가들은 다문화와 빈곤 가정의 유아들의 학교 실패와 높은 중퇴율이 이러한 단절의 원인이라고 주장한다(Gay, 2002). 이러한 단절은 특히 유아들이 어리거나 쉽게 적응하지 못할 때 확대되거나 오랫동안 지속된다.

가장 어려운 부분은 우리가 이러한 실정을 깨닫지 못하는 데 있다. 우리 문화의 액자틀 속에서 우리는 음식, 의복, 언어, 배변훈련과 같은 눈에 보이는 차이들만 인식하고 있다. 어머니들은 자신의 문화에서는 바닥이 안전한 장소가 아니라고 여겼기 때문에 자신의 아이를 놀이를 위해 마루에 내려놓지 않는다. 하지만 이것을 다른 사람에게 말해야 한다고 생각하지 않는다. 그 때문에 다른 사람 또한 자신의 아이를 마루에 내려놓는 것이 아이에게 왜 좋은지 말하는 기회가 생기지 않게 된다. 이와 비슷하게 유아가 낮잠 시간에 문제가 있을 경우에도 기관에서는 유아가 아기침대에서 스스로 잠을 자게 한다는 것을 설명하지 않으며 어머니도 바닥에서 항상 엄마와 함께 잠이 든다는 것을 이야기하지 않게 된다. 교사는 부모들에게 유아가 자신의 올바른 권리를 주장하고 갈등을 해결할 수 있도록 격려하고 있다는 것을 말하지 않기 때

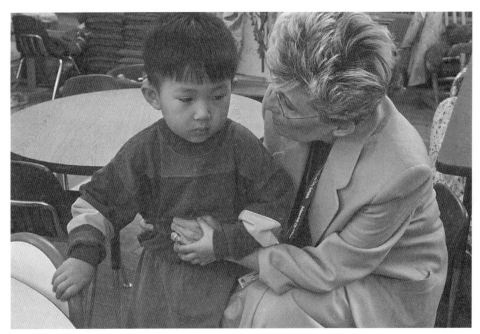

때때로 문화적 갈등은 문제행동을 유발하는데, 이는 아동의 문화적 가정과 그들 자신을 이해하는 데 매우 중요하다.

문에 부모들 또한 자신의 유아들이 자신들이 속한 그룹에서 평화와 조화를 유지하는 것을 배우기를 원한다는 것을 언급하지 않으며 자신들의 감정 또한 표현하지 않는다. 그리고 영어를 잘하지 못하거나 전혀 못하는 유아들은 정확하게 교사에게 자신의 감정을 이야기할 수 없다.

이러한 단절은 어떻게 문화적 갈등이 문제행동에 영향을 주는지 쉽게 볼 수 있게 해준다. 가정에서는 완벽하게 수용되던 것들이 학교에서는 갑작스럽거나 납득할 수 없고 부적절한 것이 될 수 있다. 만약 유아가 교사가 어떤 느낌인지에 대한 질문을 했을 때 대답하지 않는 행동을 했다면 반항이나 시무룩한 것이 아니라 문화적으로 적절한 행동일 수 있다. 유아의 문화에서는 자신의 개인적인 감정을 다른 사람에게 표현하는 것이 무례하게 간주될 수 있기 때문에 어떻게 대답해야 하는지 모를 수도 있다. 세 살 된 유아가 사과 주스를 엎지를 때에는 서투르거나 능숙하지 못해서일 수 있으며 또는 유아가 자란 문화에서는 주스처럼 엎지르기 쉬운 것은 병으로 마시기 때문에 어떻게 컵으로 마셔야 하는지 모르기 때문일 수도 있다.

익숙하지 못한 문화적 행동에 직면했을 때 교사는 종종 학생을 통제나 훈육으로 다스리려고 한다(Gay, 2002). 교사는 적극적인 자기주장이나 감정표현을 충동적이고 방해가 되며 잘난 체하는 행동으로 여기거나 손장난이나 교실을 돌아다니는 행동을 과잉행동, 과제 이탈, 무례한 행동으로 낙인 찍을 수 있다. 교사는 심지어 문화적으로 친숙하지 않은 행동에 대해 중재나 특수교육이 필요한 문제로 간주하기도 한다(Garcia Coll & Magnuson, 2000; Kağitçibaşi, 1996).

문화의 양쪽 측면, 즉 왜 교사는 유아가 자신의 감정을 표현하기를 기대하는지(컵으로 음료수를 마시는 것)뿐만 아니라 왜 어떤 유아들에게는 그것이 이해하기 어려운(친숙하지 않은) 요구인지에 대해서 이해하는 것은 매우 중요하다. 만약 교사가 유럽계 미국인 문화의 배경이 아닐 경우 교사 또한 유아의 뜻밖의 행동이 자신을 당혹스럽게 할 수 있다. 예를 들어 라틴계 문화의 교사들에게 왜 교사가 설명하는 방법으로 해야 하는지에 대해 설명을 요구하는 유아들은 적극적이거나 논리적이기보다는 무례하고 존경심이 부족하다고 생각될 수 있다.

문화적 수용을 할 수 있는 교육은 어떻게 계획하는가

연구들에서는 하나 이상의 언어와 문화('codeswitching'이라고 불리기도 함)가 학습에 긍정적인 영향을 주는 것으로 보고하고 있으며 이러한 경우 유아들이 자신의 언어와 문화를 유지할 수 있다.

- 보다 나은 학업성취와 명확한 사고를 수행할 수 있다.
- 학교에서 중도에 실패할 확률이 적어진다.
- 자신의 인종과 민족에 대해 인정받고 친구들과의 우정을 유지할 수 있다.
- 억제 조절을 더 잘할 수 있다.
- 정서적 또는 정신적 질환이 낮아진다.
- 한 문화에서 다른 문화로 쉽게 옮겨갈 수 있으며 낯선 환경에 적응하는 것이 쉬워진다(Chang et al., 2007; Freire & Bernhard, 1997).

다른 한편으로 교사가 문화적 수용의 방법으로 단절을 잘 해결할 수 있다면 유아의 삶에 있어서 큰 변화를 가져올 수 있다.

문화적 수용 교수는 유아가 이미 알고 있는 것과 알아야 하는 것들 사이를 연결하고 학습을 의미 있고 효과적으로 만든다(Villegas & Lucas, 2007). 최상의 실제와 부합하여 문화적 수용 교수는 다양한 문화의 유아들에게 적합하며 전통적 교수는 중산층의 유럽계 미국인 문화의 유아들에게 적합하다. "교육 내용과 교수전략은 준거가 되는 문화적 틀에 의해 여과되며 내용이 개인적으로 좀 더 의미 있고 쉽게 만들어진다."라고 Gay(2004, p. 24)는 말하고 있다. 문화적 수용 교수의 중요한 요소는 다음과 같다(Howard, 2007).

진실과 배려의 관계

다양한 문화의 유아들(사회적 관계를 통해 학습하고 맥락에 집중하는)에게 교사의 보살핌과 양육은 학습과 행동에 있어서 결정적이다(Hale, 2001; Nieto, 2004). 그러나 교사와 문화가 다르거나 사회적 배경이 다른 유아와의 긍정적인 관계는 쉽게 형성되지는 않는다(Howes & Shivers, 2006; Saft & Pianta, 2001). 주류 문화의 여자 교사에게는 특히 어리고 활동적이며 떠들썩한 아프리카계 미국인 남자아이들의 장난스러운 행동들이 공격적이고 통제할 수 없는 행동으로 보이기 때문에 친밀한 관계를 형성하는 데 어려움을 겪는다(Hughes & Kwok, 2007). 아프리카계 미국인 부모와 교사의 관계가 부자연스러워진다면 교사는 그들의 자녀와 긴밀한 유대 관계를 형성하기가 더욱 어려울지도 모른다.

이러한 상황은 특별한 노력을 필요로 한다. 학급에서 유아들과 말하고 놀이하며, 유아들의 생활, 가족, 흥미와 관심에 대해서 물어보고, 유아들의 말, 행동, 글에 집중하고 반응함으로써 존중하고 있다는 것을 보여준다. 만약 초등학교 교실이라면 매주 점심 시간에 4~5명의 아동들과 함께 식사를 하고(Ladson-Billings, 1994) 규칙적인 시간을 마련해서 학교에 대해 어떻게 생각하는지, 그들이 무엇을 배우는지에 대한 것을 함께 이야기한다(Nicolet, 2006).

유아의 문화와 경험을 존중하는 교육 과정의 사용

문화적으로 의미 있는 교육 과정과 교재의 사용은 유아들의 학습, 동기, 관심, 학업적 기술, 과제수행을 향상시킨다고 연구에서 보고하고 있다(Gay, 2000). 다른 한편으로 자신의 문화가 반영되지 못한 학급의 유아들은 소외감을 느끼고 자신에게 관심이 있는 사람이 아무도 없는 것으로 생각할 수 있다(Garrison-Wade & Lewis, 2006; Ladson-Billings, 1994). 학습에 초점을 맞추기보다는 낯선 정보와 환경에 적응할 수 있는 정서적 · 인지적 자원들을 사용할 수 있도록 해야 한다(Barrera & Corso, 2003).

유아들의 생활을 교육 과정과 연계시킨다. 유아의 가정에 방문하고 가족과 이야기할 때 지식의 축적(삶의 안녕을 유지할 수 있도록 하는 강점과 재능, 정보와 전략으로서 가족 이야기, 음식, 정원, 자동차, 음악, 가족 해결책 등이 있다.)을 이해한다. 어떤 종류의 지식이라도 수업으로 변형할 수 있다. 유아의 문화에서 영웅이나 위대한 업적을 조사하여 문화적으로 의미 있는 주제로 소개하거나, 문화가 담겨있는 책, 음악, 춤, 그리고 다른 자료들을 활용한다. 과일, 야채, 통조림 등을 구입하고 인형, 게임, 메뉴, 옷, 악기를 함께 역할 영역에 배치한다. 환경 구성에 카리브 해와 라틴아메리카의 파스텔이나 황토, 그리고 아프리카의 초록색 등을 사용하여 구성해본다(Eggers-Pieróla, 2005). 그리고 가족이나 지역 구성원을 학급에 초대하여 다른 문화의 지식이나 기술을 함께 공유한다.

다양한 학습적 요구에 맞는 교수전략

집단주의나 상호의존적인 문화에서 유아들은 학습과 행동하는 데 있어서 동료나 소그룹으로 함께하는 것을 더 선호한다(Gay, 2000; Ladson-Billings, 1994). 그들은 숙련된 기술을 사용함으로써 소속에 대해 자랑스러워하며 혼란과 두려움을 덜 느끼게 된다(Rothstein-Fisch & Trumbull, 2008). 많은 에너지와 활기를 지닌 아프리카계 미국인 유아들은 체험학습, 활동 참여, 감정표현(예 : 역할극, 연극, 운동)을 할 수 있는 많은 기회들을 즐긴다(Gay, 2000; Landsman, 2006a). 특히 남자아이들은 움직임을 필요로 한다(Delpit, 2006).

높은 기대치 유지

높은 기준과 기대는 필수적이다. 이는 교사가 무엇을 가르치고 유아들이 무엇을 학습하는지에 명확하게 영향을 받는다. 유아들이 교사가 무엇을 자신들에게 기대하고 있는지를 잘 이해하고 내면화할 때, 이러한 기대들은 유아들의 자아개념, 성취, 동기, 행동에 영향을 준다(Aronson & Steele, 2005). 교사들은 너무 자주 유럽계 미국인 학생과 아시아계 미국인 학생들의 성공을 가정하는 데 선입견을 만들어내고(Gay, 2000), 다른 문화의 학생들은 시끄럽고, 문제를 일으키며, 똑똑하지 못하고, 학교에 관심이 없으며 학습에 대한 능력이 부족할 것이라고 생각한다(Garrison-Wade & Lewis, 2006). 이러한 결점이 있는 교사들은 교육 과정과 교수에 자신들의 관점을 반영한다. 이러한 교사들은 다른 방법으로도 자신들의 낮은 기대를 나타낸다. 실패에 대해 동정심을 가지고 위로를 할 때, 교사는 유아에게 열심히 노력하지 않았다고 말하지 않고 성공할 수 없다고 이야기한다. 쉬운 과업 성취에 대해 칭찬할 때에는 유아가 똑똑하지 않다고 생각하도록 지적한다(ASCD Advisory Panel, 1995). '한 번의 기회'를 더 주었을 때에는 교사들은 상관하지 않는다는 태도를 보인다(Bondy & Ross, 2008).

교사들이 자신들의 노력을 앞당기기 위해서는 '아이들이 스스로 학습할 수 있다.'는 믿음을 가지고 있어야 한다(ASCD Advisory Panel, 1995). 교사가 적절한 교수 방법을 제공할 때, 유아들이 최선을 다하고 잘할 수 있다는 기대가 있을 때, 확신을 가지고 격려할 때, 유아들은 자신들에 대한 존경과 애정을 가진 교사들에 대한 보상으로 성공할 수 있다. 애정 어린 태도와 냉철하고 엄격한 기대가 결합한 '따뜻한 요구자'는 다양한 문화의 유아들을 성공할 수 있도록 해준다(Kleinfeld, 1975).

암시성과 명확성 만들기

교사가 자신만의 방식으로 유아들을 지도하고 있음을 이해할 때마다 교사는 그 방법이 유아들의 방법과는 다르다는 것을 꼭 인지해야 한다. 예를 들어 시험을 치를 때에는 누군가를 도와주는 것이 허용되지 않는다는 것을 명확하게 이야기해주고, 문화적으로 수용 가능한 태도들이 잘못 받아들여질 수 있다는 것을 이해시키도록 노력해야 한다(예를 들어 수업은 같이하지만 시험은 혼자서 치러야 한다.). 이러한 생각들은 학교나 가정 모든 곳에서 용이해야 한다.

언어와 문화

모국어는 얼마나 중요한가

문화와 같이 모국어는 유아의 정체성에 중요한 부분을 차지한다(Genesee, Paradis, & Crago, 2004). 유아는 모국어를 통해 발달하고 학습하게 되며 외부 세계와 기능을 수용하는 구조를 만든다(Garcia, 2005 ; Genishi & Dyson, 2009).

유아들은 제2언어를 배울 때까지는 모국어로 학습을 하기 때문에 이중 언어 학습자라고 부른다(또는 비원어민). 학령기 아동의 20% 이상이 가정에서 다른 언어를 사용한다(U.S. Census Bureau, 2006). 대부분이 스페인어를 사용하며 그 수는 빠르게 증가하고 있다(Hernadez, Denton, & Macartney, 2008).

1968년에 의회는 이중언어교육법(Bilingual Education Act)을 통과시켜 영어를 유창하게 사용하지 못하는 유아들을 지원하기로 했으며(Walsh, 2009), 차후에 대법원

언어와 사랑

*Hunger of Memory*에서 Rodriguez(1982)는 수녀가 학교에서 스페인어를 사용하는 부모에게 영어로 자녀와 대화할 때 어떠한 일이 일어나는지 질문했을 때의 상황을 다음과 같이 묘사하고 있다.

아이의 영어가 발전될수록 우리는 부모와 아이에 대해 정보를 공유하는 것이 적어진다. 아이가 자신의 부모와 이야기할 때 문장을 천천히 이야기해야 한다(때때로 부모는 이해하지 못한다.). (여전히 부모가 이해하지 못했을 때) 아이는 계속 반복해서 말해야 한다. 좌절한 아이는 결국 "신경 쓰지 마!"라고 말한 후 대화가 끝난다.

…나는 더 이상 나의 부모에게 말할 때 어떤 단어를 사용해야 할지 모르겠다. 내가 어렸을 때 사용했던 mamá와 papá와 같은 오래된 스페인 단어를 더 이상 사용할 수 없다. 내 인생이 얼마나 변했는지 떠오르게 하는 고통스러운 추억이다(p. 22).

출처 : *Hunger of Memory: The Education of Richard Rodriguez*, by Richard Rodrigues. Reprinted by permission of David R. Godine, Publisher, Inc. Copyright ⓒ 1983 by Richard Rodriguez.

의 판결로 힘을 더하게 되었다(Garcia, 2005). 그러나 제2언어를 사용하는 유아들이 학교에서 성취할 수 있도록 하는 방법을 모색하는 데에는 수십 년이 걸렸다. 그러는 사이에 몰입(immersion, 영어만 사용할 수 있는 집중수업)이 자리를 잡았고 많은 주와 도시에서 영어 이외의 언어 사용을 금지하고 제한했다(Viadero, 2009).

그러나 현재 연구에서는 단지 영어만 사용하는 방법이 좋은 결과를 가져오는 것은 아니라는 것으로 조사되고 있다. 자료들에서 모국어와 영어를 같이 사용하는 유아들이 영어만 사용하는 유아들보다 학업에 있어 더 좋은 성취를 하는 것으로 나타났다(August & Shanahan, 2006). 유아들이 스페인어, 중국어, 흑인영어, 또는 그 이외에 다른 400개의 언어를 사용한다 하더라도(Goldenberg, 2008) 개념과 기술을 자신의 모국어로 습득한 다음에 표준영어로 변환하거나 향상시킨다(August & Shanahan, 2006). 질 높은 이중 언어 환경에서는 제2언어를 유창하게 사용하는 데 5~6년 정도가 걸린다(Thomas & Collier, 2003). 유아들이 혼란스러워하지 않고, 영어로 고통받지 않으며, 영어를 배워 학습할 수 있을 때까지 기다리지 않으면 안 된다.

언어와 문화가 다른 유아들이 있는 학급에서 유아의 언어, 인지발달, 학업성취는 위험에 놓일 수 있다(Gracia, 2005). 특히 자신의 모국어를 사용하여 사고력과 생각과 행동을 통제하는 기술을 향상시켜야 하는 어린 유아들에 있어서는 더욱 그렇다. 이러한 이유에서 어린 유아들이 영어를 배우는 동안에도 자신의 모국어 사용을 계속해야 하는 것이다.

모국어 사용에 대한 지원이 없을 경우 유아들은 2~3년 이내에 모국어 사용 능력과 자신의 가족이나 양육자와 대화할 수 있는 능력을 상실하게 된다(Cummins, 1999-2003; Genesee, 2008; Wong Fillmore, 1991). 유아들은 자신의 교사들은 옳고 자신의 가족은 틀리고 무식하다는 믿음을 가지기 쉽다(Rothstein-Fisch & Trumbull, 2008).

모국어를 사용하는 교사는 새로운 환경으로 전이하는 유아에 대해 조심스럽게 행동하고 성공의 기회를 향상시킨다(Pianta & Stuhlman, 2004). 한 연구(Chang et al., 2007)에서 스페인어를 사용하는 4~5세 유아들은 영어를 사용하는 교사보다 스페인어를 사용하는 교사와 더 많은 상호작용과 친밀한 관계(세심하고 개인적인 관심으로 인해)를 유지하는 것으로 보고하고 있다. 그것을 인식함으로써 스페인어를 사용

언어의 힘

Celia Genishi와 Anne Haas Dyson(2009)의 책 *Children, Language, and Literacy*에서는 아프리카계 미국인의 자부심의 근원이 흑인영어라고 여겼다. "이것은 인류의 언어 전승 능력의 증거이며, 노예로 살았던 기간 동안에도 언어의 혼합으로부터 자신의 뿌리를 지킬 수 있었다. 고향으로부터 격리되거나 모국어를 사용하는 다른 흑인들로부터 고립되고 문자와 언어에 대한 수업을 거부할지라도 여전히 흑인들은 열악한 상황에서도 자신들의 언어에 대한 힘으로 세대를 거쳐 그들의 언어를 적용하고 종합하며 연장시키고 있다(p. 23)."

하는 교사는 또래와의 상호작용과 학습 기회를 증가시킴으로써 학급에서 유아의 위치를 향상시킨다. 교사가 유아의 언어와 문화를 가치 있게 생각할 때, 다른 유아도 교사를 따라서 긍정적인 접근을 하게 된다(Rueda, August, & Goldenberg, 2006). 반대로 영어를 사용하는 교사가 스페인어를 사용하는 유아의 행동과 학습에 문제가 있다고 판단할 경우 관계에 문제가 생긴다. 이러한 학급에서 스페인어 사용자들은 낮은 위치에 있고 놀림받거나 괴롭힘을 당하며 사회적으로 고립되기 쉽다(Chang et al., 2007).

많은 아프리카계 미국인 유아들 또한 **미국흑인영어**(African American Vernacular English, 종종 Black English 또는 Ebonics로 불리는)를 사용한다. 비록 주류 문화에서는 표준영어가 정확한 영어의 말하기와 쓰기를 가정하고 있지만 언어학자들은 흑인영어 또한 법적으로 동등한 영어라고 주장한다. 아프리카계 미국인의 60~70%가 사용하는 흑인영어(Garcia, 2005)는 불완전하거나 속어가 아닌 서부아프리카나 아프리카에서 구전으로 내려오는 반투어족으로부터 내려오는 언어이다. 비록 흑인영어가 종종 표준 언어처럼 들리지만 구문, 문법, 의미, 용법이 다르다(Smitherman, 1998).

젊은 아프리카계 미국인들에게 흑인영어의 사용은 문화적 소속감, 권위, 정통성을 향상시킨다(Carter, 2005). 그러나 그것은 또한 그들을 학교에서 위험에 놓이게 하기도 한다. 주류 문화의 교사들은 종종 흑인영어를 사용하는 유아들에게 낮은 기대를 갖고 있고 그들을 잘못되거나 무시하는 관점으로 보기도 하며 적절한 관심이나 행동지도를 포기하는 경우가 있다(Pranksy, 2009). 또한 유아와 가족에게 무언가 잘못되었다는 제안은 심리학적·학업적 비용을 치러야 한다. 유아들은 자신들의 말에 의존해서 철자를 독해한다. 스스로 읽고 쓰면서 어떤 소리가 나는지 듣는다. 흑인 영어를 평가절하하는 것은 그 언어를 사용하는 이들에게 자신들의 언어의 의미에 의심을 가지게 하고 학습을 방해하며(Genishi & Dyson, 2009), 주류 문화의 교사들에게 저항심을 갖게 한다(Delpit, 2002).

유아들은 어떻게 제2언어를 학습하는가

유아들이 새로운 언어를 배우게 되었을 때, 언어전문가 Tabors(2008)는 이를 이중 구속(double bind)라고 부른다. 이때에는 친구들과 이야기할 수 없기 때문에 친구들을 사귈 수 없으며 친구가 없으면 또래와 이야기하는 방법을 배울 수 없다.

유아가 언어를 배울 때 다음과 같은 단계를 거치게 된다(Tabors, 2008).

- 모국어 사용. 모든 사람이 이해하는 것처럼 모국어를 계속해서 사용한다.
- 비언어 또는 침묵기간. 유아는 새로운 언어에 대한 정보를 모으는 것처럼 다른 사람을 지켜보거나 듣기만 한다.
- 전보식 문장과 시험 단계. 유아는 개별적 단어와 구를 사용하여 새로운 언어를 시험해본다.
- 생산적 사용. 유아가 충분한 어휘를 습득했다고 생각되면 비록 실수를 하고 언어를 혼합하지만 문장을 만들어 사용한다.

새로운 언어를 배우는 것은 스트레스를 받기 때문에 교사가 유아의 요구와 학습 방법을 이해하지 못한다면 유아의 행동이 때때로 문제를 일으킬 수 있다. 유아들은 지적하거나 몸짓을 사용하고 소리를 내기 때문에 또래들로부터 아기취급을 받거나 무시당할 수 있다(Tabors, 2008). 유아들은 지시를 따르거나, 질문에 답하고, 자신의 생각이나 감정표현에 어려움을 겪는데, 특히 집단주의 문화에서 이러한 행동은 받아들여지기 힘들다. 유아들이 일어나는 일에 대해 다 이해하는 것처럼 행동하거나 자신의 문화와 다른 의미를 지닐 수도 있는 문화적 맥락에서의 의미가 아닌 낱말만 이해할 수도 있다. 단어와 함께 유아들은 적절하게 말하고 누구와 어떠한 매너를 가지고 이야기해야 하는지도 배워야 한다. 이러한 것들은 언어 자체보다 매우 미묘하고 어려운 부분들이다.

지루해하거나 게으르고 부주의한 것을 이해가 부족하기 때문으로 해석할 수 있을 것이다. 유아가 교실을 돌아다니거나 자신의 언어로 이야기하는 것이 다른 사람의 이해를 돕기 위해서일 수도 있다. 그러나 만약 교사가 이러한 행동들을 참지 못하게 되면 유아들은 화가 나거나 좌절하게 된다. 만약 이러한 유아들이 학급에서 무시당하거나 없는 사람처럼 된다면 그들은 아마도 문제를 일으킬지도 모른다(Curran, 2003).

언어학습을 어떻게 지원할 수 있을까

이상적인 것은 모든 유아들이 자신의 모국어를 사용하는 교사와 함께하는 것이다. 그러나 현실은 매우 다르다. 매우 적은 수의 교사들만이 영어 이외의 언어를 사용할 수 있으며 학교는 종종 전 세계가 모여있는 UN을 닮아있다. 이러한 상황에서 교사는 반드시 모든 유아들을 환영해야 하며, 언어학습을 할 수 있도록 교육해야 하고 대부분의 언어는 비언어적이라는 것을 기억해야 한다.

모국어 사용을 격려하기

교사가 이중 언어를 사용하는 유아들을 자신의 학급에서 환영할 때 첫 번째 규칙은 유아가 자신의 언어를 사용하는 것을 허락하고 진심으로 격려하는 것이다. 몇 가지 문장을 기억하고("안녕", "화장실 가고 싶니?")(Hickman-Davis, 2009) 일상생활에 필요한 기본적인 요구들을 사진과 함께 차트를 만들어준다(Macrina, Hoover, & Becker, 2009). 교실의 물건에다 다른 언어와 여러 색을 사용한 발음기호표를 붙여주어 유아들의 모국어를 교사도 사용할 수 있게 만든다(Nemeth, 2009).

학급 내 교육 과정의 한 부분으로 노래, 리듬, 수 세기 등을 만들어 모국어를 읽고 도움을 줄 수 있는 보조교사, 자원봉사자, 상급학생, 가족 등을 모집한다(Espinosa,

2010). 가족에게 자녀들이 학교생활에 적응하기 위한 최선의 방법은 가정에서도 모국어를 사용하는 것이라는 점을 확실하게 이해시킨다(Goldenberg, Rueda, & August, 2006).

유아와 상호작용하기

유아는 다른 사람들과 셀 수 없을 정도의 상호작용을 통해 언어를 학습하므로 (Genishi & Dyson, 2009), 교사는 이중 언어를 사용하는 유아와 되도록 많은 상호작용을 해야 한다(Saunders & O'Brien, 2006). 교사가 그 유아에 대해 알수록 유아의 언어 학습 정도를 측정할 수 있다. 천천히 말하고 간단한 단어와 현재형 메시지를 사용하고 숙어는 피하며 단어와 방향을 자주 반복하여 사용하라(Buteau & True, 2009). 몸짓이나 시각적 단서(얼굴표정, 사진, 그림, 사물)를 첨부하라(Espinosa, 2010). 친숙한 내용의 이야기를 읽어주고 주인공을 연기하라. 질문에 대한 답을 생각할 수 있는 시간적 여유를 제공하는 것을 명심하라(Curran, 2003).

또래와 상호작용하는 기회를 제공하기

유아가 짝이나 소그룹으로 상호작용을 할 수 있는 기회를 제공함으로써 언어를 학습할 수 있도록 지원할 수 있다. 같은 언어를 사용하는 또래들은 다른 유아가 편안함을 느낄 수 있도록 도움을 줄 수 있을 뿐만 아니라 숙제, 과제수행 그리고 더 많은 참여를 지원할 수 있다(Curran, 2003). 영어를 사용하는 또래들은 자원의 역할을 할 수 있는데 이중 언어를 사용하는 유아들이 참여할 수 있으므로 충분한 영어를 습득할 수 있을 때까지 기다려주는 것이 좋다(Goldenberg, 2008). 그다음에 의미 있고 할 수 있는 일들을 계획하고 어떻게 함께 어울릴 수 있는지에 대해서 지도한다.

예측 가능한 일과와 활동 계획하기

유아들이 안전하게 느낄 수 있고, 일관된 일과를 계획하고, 혼자서 놀이를 하는 동안 반응하지 않고 영어를 들을 수 있는 안전한 놀이 공간(퍼즐, 레고, 물놀이 테이블)을 만들어준다(Tabors, 2008). 오전 모임에 라틴계나 아프리카계 미국인 유아들을 위해 자신들의 언어를 사용하여 일상생활, 가족활동 등에 대해 이야기를 할 수 있는 기

말솜씨

인종차별 폐지가 시작된 1970년대에 민족학자 Heath는 캘리포니아에서 3개의 주변 지역에 있는 유아들이 어떻게 언어를 학습하고 사용하는지에 대해 연구를 했다. *Ways with Words: Language, Life, and Work in Communities and Classroom*(1983)의 연구 결과는 '가장 중요한 언어 연구의 업적'으로 알려져 있다(Power, 2002, p. 81).

비록 지역적으로 밀집되어 있기는 하지만, 언어의 사용에 있어서 세 지역이 근본적인 차이가 있다는 것을 Heath(1983, 2002)는 발견했다. 이는 문화는 서서히 진전되며 오늘날에도 여전히 적응하고 있기 때문이라고 보고 있다.

'로드빌' 백인 노동자 계층 지역에서는 아이들에게 반드시 말하는 것을 가르치며 영아 때부터 점진적으로 완전한 문장으로 말하도록 한다. 부모는 주변 사물에 이름표를 붙이고, "코가 어디 있지?"와 같은 질문을 하며 이야기를 듣는 동안에는 조용히 앉아서 듣기를 바란다. 이 지역의 유아들은 학교를 시작해서는 공부를 잘하지만 4학년부터는 문제가 생기기 시작한다.

'트랙턴' 아프리카계 미국인 노동자 계층 지역에서 유아들은 '대가족 구성원이나 많은 친구와 이웃과의 관계 속에서 태어나면서부터 지속적으로 대화에 몰입하게 되지만(Heath, 2002, p. 76)', 아이들에게 직접적으로 말하지는 않는다. 어린이들은 자라면서 이야기하는 것을 배우고 어른들의 대화에 참여하며, 어른들의 게임이나 질문에 대답하고 자신들의 행동과 말투를 듣는 사람에게 맞추어 조절한다. 이러한 학습방법(보기, 듣기, 노력하기)은 학교에서의 교육방법과 맞지 않아서 교사들은 그들이 너무 말이 많고 과제를 너무 하지 않는다고 평가하기도 한다. 아이들은 종종 3학년 때 낙제를 하기도 한다.

Heath는 백인과 흑인을 포함한 중산층 지역 주민들이 노동자 계층의 이웃과는 명확하게 다른 사실이 있다는 것을 발견했다. 어른들은 자신들이 무엇을 하고 있는지 아이들에게 끊임없이 이야기한다. 또한 주변의 일들이나 사물에 대해서 계속해서 이야기를 한다("엄마가 지금 지갑을 가지러 간 다음에 우리는 차를 탈 거야."). 그리고 어른들은 유아들이 말을 시작하자마자 이야기하기를 권유한다("오늘 친구네 집에서 무엇을 했니?"). 부모를 도우면서도 아이들은 수없이 많은 시간 동안 다양한 행동과 상황에 대해서 말하는 것을 연습하고 이야기를 재구성한다.

이러한 아이들은 학교에서 성공할 수 있다. 왜냐하면 Heath에 따르면 학교에서의 중요한 활동이 설명을 하는 것이기 때문이다("이 이야기에서 소년은 걸으면서 무엇을 발견했을까?"). 아이들이 성공하는 데 부모의 이야기가 중요한 열쇠이다. Heath(2002)는 "일상생활을 마치 드라마인 것처럼 하루를 통해 장면들을 정지시킨다…. 부모들은 아이들이 집중하는 데 초점을 맞추고 이름을 붙여서 정리하며 아이들과 명명한 장면들의 순서를 맞추도록 하거나 부모가 이야기한 사건이나 사물에 대해서 함께 이야기하도록 한다. 아이들은 자신들의 관점에 머

(계속)

무르지 않고 두 사건 사이의 관계나 새로운 맥락과 예전의 맥락의 통합에 대해 새로운 방법을 탐색한다(p. 78)."

   이러한 대화의 대부분이 이름 짓기, 다시 말하는 방법, 과거, 현재, 미래를 연결시키는 방법 등에 대한 것이다. Heath와 함께 일한 교사와 연구자들에 따르면 로드빌과 트랙턴의 학생들은 "집에서는 습득할 수 없는 집중적이고 수시로 학습하고 연습할 수 있는 방법을 필요로 한다." 그리고 이야기에 초점을 둔 학급을 만들어야 한다. 이러한 학생들은 "매일의 문제나 사건의 현상에 대해 이름을 붙이는 명명하기, 이야기 말하기, 자신과 다른 사람의 경험을 묘사하기, 그리고 이야기극(narrated skit), 인형극, 슬라이드 전시 등을 학습한다(Heath, 2002, p. 78)." 학생들은 점차 '언어수사관(language detective)'이 되어 자신의 언어뿐만 아니라 가족과 다른 사람의 언어도 공부하게 된다. 어떻게 정중하게 질문을 해야 하는지, 그들이 원하는 것을 어떻게 얻어야 하는지, 논쟁을 어떻게 해결하는지, 재미있는 이야기를 어떻게 말하는지에 대한 것들을 배우게 된다.

   집중 훈련은 효과를 발휘하고 이러한 학생들은 학업적으로도 성공하게 된다.

회를 제공한다(Genishi & Dyson, 2009). 유아들은 모국어로 된 일일 또는 주간 단어를 학급을 위해 가져와 함께 학습하고 토론할 수 있도록 한다(Cummins, 1999-2003).

의미에 집중하기

교사들은 표준영어를 사용하는 데 모델이 되어야 하며 크게 읽어야 하는데 유아들이 말하고 읽는 동안 단어나 발음을 교정해주는 것은 중요한 것이 아니다. 대신에 의미와 이해에 초점을 맞추고(Miner, 1998), 읽기가 실제로는 의미에 대한 것이라는 것을 이해할 수 있도록 한다. 모국어의 특성을 공부할 수 있도록 도움을 주고 그것을 표준영어와 비교할 수 있도록 한다(Baker, 2002). 교사는 유아들의 과제를 모국어로 번역해줄 것에 대해 물어볼 수 있다(Delpit, 2006). "유아에게 과제를 번역해줄 것을 물어봄으로써 교사는 유아들이 가정에서 무엇을 했는지 또는 자신의 할머니가 어떻게 얘기했는지까지 빠짐없이 기억할 수 있다(p. 226)."라고 Landsman(2002b)은 말하고 있다.

문화적 특성

각각의 문화는 자신만의 특별한 특성을 가지고 있는가

교실 내에서 다른 문화의 유아가 방해를 하거나 예상치 못하게 행동할 때 문화가 책임이 있는지에 대해 이해하려는 노력은 좋은 생각이다. 이러한 문제를 해결하기 위한 한 가지 방법은 교사가 특별한 문화에 대해 가능한 많은 것을 배우는 것이다. 관습, 가치, 역사를 공부하고 문학작품을 읽는다. 가장 좋은 방법은 유아와 가족에 대해 이해하는 것이다. 이야기하고, 상의하며 협조를 하면서 교사는 그들과 문화에 대해 더 잘 이해할 수 있게 되고, 문제행동에 대해 새로운 정보를 주게 될 것이다.

연구자들은 어떤 문화적 특성을 확인하는 것은 다른 문화적 행동의 기대와 결과를 설명하는 데 도움을 준다는 것을 밝혀냈다. 간략한 문화적 프로파일은 문제행동에 대해 문화적 혼동을 지닌 지역을 분명하게 해주는 결과를 가져온다. 그러나 특성에 대해서 종종 일반화하거나, 관찰한 행동에 대해 자신이 생각하거나 이해한 방법으로 그들을 대하려는 경우가 있다. 또한 다른 지역에서 온 사람들이라도 비슷한 교육과 사회적 배경을 지닌 사람들은 같은 문화의 어떠한 구성원들보다 더 많은 공통점을 가질 수 있다는 것을 명심하라. 결론적으로 각각의 유아는 독특하다.

라틴 문화

2003년에 미국에서 라틴계 인구의 수가 아프리카계 미국인 인구를 추월하여 국가 내에서 가장 큰 공동체가 되었다(U.S. Census Bureau, 2003). 히스패닉이라 알려진 라티노들은 다양한 스페인어 사용 지역 출신이며 대부분은 멕시코, 푸에르토리코, 쿠바, 도미니카공화국, 남아메리카와 중앙아메리카 지역이다(Guzman, 2001). 이러한 집단은 출신 국가, 교육, 가족의 사회경제적 위치에 따라 많은 공통점을 가질 수도 있고 많은 차이점을 가질 수도 있다.

집단주의의 라틴 문화는 존경하는 것과 집단의 조화를 가치 있게 생각한다(Espinosa, 2010). 유아들은 웃어른(교사를 포함한)을 공경하고 순종하며 어른에게 질문하거나 논쟁을 하고 부정적인 감정을 표현하는 것은 무례한 것으로 여긴다. 자신의 권리를 위해 질문을 하고 주장하는 것을 요구하는 유럽계 미국인 학교에서 라틴 문화를 지닌 유아들은 문화적 갈등을 겪게 된다. 유아들은 학급 내에서 자신들의 문화와 언어가 가치 있게 여겨질 때 좀 더 활동적으로 참여하며, 역할에 충실하고 또래와 협동적으로 일을 하며 교사와 따뜻하고 비공식적 관계를 형성하기도 한다 (Gay, 2000; Greenfield & Suzuki, 1998).

라틴 문화의 가족들은 직계가족과 대가족의 강력한 유대를 첫 번째로 우선시한다 (Espinosa, 2010). 유아들은 가능한 한 의존적으로 남겨두며 3~4세까지 우유병이나 숟가락으로 음식을 먹여주는 것이 흔한 일이다. 보육기관에서 자기 스스로 할 수 있을 것이라고 생각되는 유아들이 울거나 안정감을 느끼지 못할 수 있으며 항상 엄마가 필요한 것을 다 해주는 학령기 유아들은 자신이 전에는 해보지 않았던 무언가를 해야 할 때 자신에 대한 확신을 느끼지 못한다. 이러한 경우에 성인의 보살핌, 친밀한 신체적 접촉은 유아들이 침착할 수 있도록 해준다. 연령이 증가함에 따라 유아들은 자신보다 어린 형제들을 돌보고 음식을 만들며 방과 후에 일을 하는 등 어른과 가족의 책임을 수행하게 된다.

가정에서 보살핌과 훈육에 의한 공손함은 엄격하지만 정중하고 애정을 담고 있다 (Delgado-Gaitan, 1994). 유아들은 사회적 단서와 비언어적 감정표현을 세심하게 느끼지만(Zuniga, 2004), 부모는 보살핌을 표현하는 다른 방법인 신체적 지도를 사용하기도 한다(Halgunseth, Ipsa, & Rudy, 2006). 직접적인 비평은 무시하는 것으로 보일 수 있기 때문에 학교에서 훈육을 할 때에는 간접적이고 정중해야 한다. 교사가 학생을 질책하거나 바로잡을 때 어린 학생은 울음을 터뜨릴 수도 있고 나이가 많은 학생들의 경우에는 화를 낼 수도 있으며 비록 학생들이 반응을 보이지 않더라도 자신들의 문화에서 배운 대로 눈을 아래로 낮출 수 있다. 집단에 소속된다는 것은 매우 중요하기 때문에 긍정적 또는 부정적으로든 혼자가 된다는 것은 상처를 받을 수 있다. 특히 타임아웃은 모욕감을 느끼거나 부끄럽게 생각될 수 있다(Gonzalez-Mena, 2008). 간접적인 지도방법이 좀 더 효과적일 것이다. 예를 들어 썰매를 타러 갈 것이라는 말을 들은 유아는 밖이 춥다고 말한 유아보다 모자를 쓰며 준비하기가 더 쉽다. 유아의 관점에서 보는 문제를 이해하는 것은 매우 중요하다. 유머, 농담, 말놀이는 유아들의 긴장감을 없애거나 의견충돌을 없애는 데 도움이 되어 유용할 수 있다.

라틴 문화에서의 교육은 유아의 총체적인 발달을 강조한다. 교육의 목표는 지식을 갖추는 것뿐 아니라 좋은 인격체로 발달하는 것이다. 교사-부모 간담회에서 부모들은 "우리 아이가 어떻게 행동합니까?"라고 물을 것이며 이러한 질문은 학업에 대한 것에 앞서 유아의 행동을 알 수 있게 한다(Rothstein-Fisch & Trumbull, 2008).

라틴 문화의 유아들은 종종 커다란 집단에 속해있기 때문에 소리에 익숙해서 자신들의 소리를 깨닫지 못하고 큰 소리로 말한다. 애정에 대해서는 서로에게 신체적 접촉을 하거나 앉거나 서있을 때에도 가깝게 거리를 둔다. 다른 문화의 유아들은 이러한 것들에 불편함을 느낄 수 있으며 그들이 가까워지려고 할 때 밀어내기도 한다. 다른 한편으로 유아와 거리를 두고 있는 교사들은 유아로 하여금 교사가 진실하지 않고 자신들을 멀리하거나 협조적이지 못하다고 생각하게 한다.

아프리카계 미국인 문화

아프리카계 미국인에게 가족(친척을 포함하며 혈연으로 맺어지지 않아도 자신들이 속해있다고 느끼는 관계)은 매우 중요하며 자신들의 세력과 회복성의 근원이 된다(Willis, 2004). 가족의 중요한 역할 중 하나는 민족 정체성의 의미를 스며들게 하는 것이다. 유아들이 백인 사회 내에서 자신들의 유산과 흑인으로서의 의식을 자랑스러워하도록 만든다(Willis, 2004). 이러한 자긍심은 특히 남자아이들에게 인지적 능력을 신장시킨다(Caughy, Nettles, O'Campo, & Lohrfink, 2006).

부모는 때때로 엄격하다. 그들은 지시와 명령을 사용하고 자신들에게 순종하고 존경할 것을 기대한다(Greenfield & Suzuki, 1998). 훈육은 직접적이고 신체적일 수 있으며 화를 내는 것보다는 사랑과 관심을 가지고 교육하는 방법으로 사용된다. 연구자들은 강도 높은 신체적 처벌이 유럽계 미국인 유아들의 공격적 행동의 발생률을 높이는 것을 발견했는데 아프리카계 미국인 유아들에게서는 그렇지 않았다(Deater-Deckard, Bates, Dodge, & Pettit, 1996). 엄격한 훈육은 노예시대 이후에 아프리카계 미국인들이 자신들의 현실에 대한 적응반응으로 특별히 남자아이들을 위험으로부터 지키기 위한 것이다(Willis, 2004). 부모들은 자녀들의 매니저가 되어 그들이 어딜 가든지 따라다니려고 하는데 이는 유아들이 친구를 사귀거나 사회적 기술을 습득할 수 있는 기회를 제한하는 것이다(Kupersmidt, Griesler, DeRosier, Patterson, & Davis, 1995).

비록 과거보다 현재에는 덜하지만 아프리카계 미국인 사회에서 모든 책임 있는 성인들은 양육에 참여한다(Hale, 1986). 이는 청소년들에게 자신들의 수용되지 못하는 행동들은 어른들이 바로잡아줄 것이고 자신은 문화적 요구대로 자유롭게 움직이거나 탐색하며 자신을 주장할 수 있다는 확신을 제공한다. 학교에서 학생들은 교사가 자신의 행동을 일정 범위 내에서 통제하려는 것에 대해 놀랄 수 있으며 교사의 부드러운 지시, 다정한 태도, 비교적 따분한 감정표현은 학생들에게 보살핌, 권위, 학급 통제의 부족으로 해석하게 할 수 있으며 교사의 한계를 시험하게 할 수 있다(Delpit, 2006). Delpit(2006)에 의하면, "아프리카계 아동은 권위 있는 행동을 하기 위해 권위 있는 모습을 기대한다(p. 35)." 그들은 가정에서 듣는 것과 같이 좀 더 강렬하고 준엄한 표정과 명확한 지시를 기대할 수 있다(Gonzalez-Mena, 2008). 하지만 공정성은 매우 중요하며 심지어 부당함을 아주 작게라도 지각하게 되면 유아는 오랜 시간 동안 상처를 안고 있을 것이다(Ritchie, 2009). 유아들은 주류 문화에 속하지 못하고 살아남기 위한 기술인 감정적 단서에 대해서 추가적인 감성을 학습하게 된다(Hale, 2001).

아프리카계 미국인 문화에서는 언어적 표현을 중요시하고 유아들은 자신에 대해 개방적이고 솔직하게 표현하는 것을 학습하고 어린 시절부터 단어나 재치 있는 말로 놀이를 한다. 이러한 언어적 표현력은 옷, 머리모양, 움직임과 함께 나타나고 또한 개성과 상호의존을 강조하는 그들의 독특한 정체성을 확립할 수 있도록 도와준다(Peters, 1988; Trumbull et al., 2001).

하워드대학교의 발달심리학자인 Boykin(1986)은 아프리카계 미국인 유아들은 '활기(verve)'라는 높은 수준의 흥분과 활동성 그리고 상호작용의 성향을 가진다고 했다. 비록 활기를 지닌 유아들은 충동적이거나 지나치게 감정적이고 통제할 수 없는 행동들로 때때로 교사와 문제를 만들지만 그들의 행동은 끊임없는 자극과 다양성(많은 사람들, 음악, 활동)이 존재하는 가정에서는 문화적으로 적절하며 정서적 표현에 중요한 강조점을 두고 있다. 이러한 환경에 익숙한 유아들은 교사가 활기차고 많은 움직임과 감정을 표현하고 많은 매체를 포함한 다양한 교수전략을 사용하며 교사와 유아의 친밀한 상호작용이 가능한 소그룹에서 성공하기가 쉽다(Hale, 2001). 그러나 학교 현장에서 부모들은 읽기와 수학 시간에는 교훈적인 수업을 더 선호한다(Howes, 2010).

아시아계 미국인과 태평양 문화

아시아계 미국인과 태평양 문화의 사람들은 종종 북아메리카에서의 놀라운 교육적, 경제적 성공으로 '모범 소수민족(model minority)'이라고 불리기도 한다. 그러나 이러한 문화의 모든 사람들이 다 성공하는 것은 아니고 다른 민족의 사람들처럼 종종 차별을 받기도 한다(Tatum, 1997). 아시아 언어를 사용하는 사람들은 이중 언어 사용자 중 8% 정도이며(Goldenberg, 2008) 다양한 나라와 문화로 구성되어 있다. 이들은 중국, 일본, 한국, 남아시아, 베트남, 태국, 필리핀, 태평양 섬으로 구성되어 있다. 비록 불교, 기독교, 힌두교 또는 다른 종교를 가지고 있더라도 그들은 특정한 가치를 공유한다(Chao, 1994; Ho, 1994).

아시아계 미국인과 태평양 문화는 높은 상호의존성을 가진다. 가족이 중심이며 개인들은 집단의 성공과 행복에 공헌함으로써 자아존중감을 얻는다(Kim & Choi, 1994). 부모들은 자신들의 연장이라고 여기는 자녀들을 위해 개인적 희생을 감수할 것을 준비하고 그 보답으로 충성심, 존경, 순종, 높은 학업성취 등을 기대한다(Chan & Lee, 2004).

개인의 행동과 성취는 가족과 조상의 영광을 반영하기 때문에 부모들은 심지어 놀이에서도 좋은 성품을 강조한다. 부모들은 적절한 행동의 모델이 되고, 힘든 일을 하며, 학교에서 자녀들이 성공할 수 있도록 도와주며 다른 사람에 대한 공감과 관심을 가르친다(Chao, 1994). 이러한 양육은 엄격하지만 따뜻함과 보살핌이 드러난다(Chao, 1994; Lebra, 1994).

사회적 조화는 다른 중요한 가치이다. 다른 사람이 필요로 할 때 참여하고, 그들에게 존경으로 보답하며 대립, 비평, 곤란함을 만들지 않으려 한다(Chan & Lee, 2004; Greenfield & Suzuki, 1998). 의사소통은 간접적이며 자신의 요구에 대해서 표현하지 않아도 다른 사람이 맥락을 이해하기를 기대하며 몸짓과 반응을 이해할 수 있는 다른 단서를 찾는다(Greenfield & Suzuki, 1998)(단어가 아닌 자신의 몸을 사용하는 영아는 화장실에 가고 싶다는 것을 표현했을 때 어른이 이해하지 못해 옷이 젖으면 매우 좌절하게 되며, 과제에 문제가 생겨서 자리를 돌아다니기 시작하면서 도움을 요청했을 때 유아가 보내는 신호를 잘 읽지 못하면 좌절하게 된다.). 그러므로 단호한 태도보다는 겸손하고 정중하며 자제력 있게 대하는 것이 중요하다. 개인주의적 문화의 사람들은 관심이나 에너지가 부족한 사람으로 오인하기 쉽다(Greenfield & Suzuki, 1998).

유아들은 대집단에서 학습하는 것을 선호하며, 모두에게 적합한 해결책에 도달하도록 서로의 의견을 절충한다(Gay, 2000). 아시아계 미국인과 태평양 문화에서는 권위 있는 사람으로 여겨지는 교사에 대해 높은 존경심을 가진다.

아메리카 인디언 문화

550개 이상의 아메리카 인디언 부족이 있으며, 각 부족마다 자신의 역사, 문화, 언어가 있다. 유럽계 미국인들은 미국 정부가 '미국화(americanize)' 하기 위해 그들이 정착한 19~20세기 동안 인디언들이 겪은 불평등한 일들, 자신의 땅에서 쫓겨나고 자녀들을 기독교 학교에 강제로 보내고 자신들의 언어를 사용하는 것을 금지하며 그들에게 시민권을 주지 않는 것 등에 대해서 잘 알지 못한다(Dobble & Yarrow, 2007). 이러한 수십 년 동안의 학대는 거주지에서 떠나고 빈곤과 차별을 경험한 인디언들의 삶에 영향을 주었다.

그럼에도 불구하고 아메리카 인디언들은 자신들의 전통적인 가치를 유지하려고 노력한다. 그들의 문화는 상호의존적이며 집단주의이고 모든 생물체는 연관이 되어 있으며 소유물은 개인의 것이 아닌 공동의 것이라고 믿는다(Trumbull et al., 2001). 개인들은 집단의 이익을 위해 협력하고 공유하며 성취하고 뛰어남을 발휘한다(Suina & Smolkin, 1994). 칭찬이나 비평은 유아를 불편하게 만들고 잘못된 행동이나 불복종을 야기할 수 있으며, 특히 교사와의 관계가 안정되지 않은 학기 시작 기간 동안에는 더욱 그렇다. 집단 인식이나 활동, 예를 들어 벽화 그리기, 단체로 낭독하기, 협력학습 등이 훨씬 더 적절하다.

전통적으로 아메리카 인디언 유아들은 주의 깊은 관찰, 존경하는 어른들(지식의 전수자로 간주되는)의 이야기를 듣기(Williams, 1994), 개인적 훈련(Tharp, 1994)을

어머니 말씀

To Teach(2001)에서 Ayers는 아메리카 인디언 어머니의 편지를 출판하였다. 저자는 알려지지 않았으나 편지는 교사들 사이에서 널리 읽혔다.

나의 아이가 있는 학급을 맡기 전에 왜 인디언 아이를 지도하려는지에 대한 질문을 스스로 해보세요. 무엇을 기대하고 있습니까? 학급으로 들어갈 때 어떠한 선입견과 증명되지 않은 추측들을 가지고 들어갑니까?

…나의 아이는 당신의 문화보다 더 오래된 문화를 가지고 있고, 의미 있는 가치를 가지고 있으며 풍요롭고 다양한 경험적 배경을 가지고 있습니다. 그러나 대부분의 그 나이 또래의 인디언 아이들처럼 우리 아이도 능력이 있습니다.

스스로 옷을 입을 수 있고, 스스로 식사를 준비하고 먹은 후에도 정리할 수 있으며 어린 동생을 잘 돌볼 수 있습니다. 대부분 가정에서 하는 일에 한정되어 있지만 자신이 해야 할 일에 대해서 잘 알고 있습니다.

제 아이는 일상생활에서 평범한 일에 대해 허락을 구하는 일에 익숙하지 않습니다. 모든 일을 하는 데 거의 꺼리지 않지만 일의 결과에 대해서 설명해주고 그 일을 할 것인지 하지 않을 것인지 결정할 수 있도록 허락해주세요. 그 아이의 전체의 삶이 경험적 학습 상황이었고 자기 스스로 기술과 확신을 발전시킬 기회들을 제공하도록 계획되었습니다. 교훈적인 교육은 그에게는 낯선 경험이 될 것입니다.

행동 규율에 따라 공손함은 인간의 행위에서 가장 중요한 부분이며 무례함은 다른 사람을 어리석거나 멍청하다고 느끼게 만드는 행동이라고 교육했습니다. 그의 행동이 무관심하거나 수동적이라고 해서 오해하지 말아주세요.

…우리의 아이가 침묵적 언어에 대해서 능숙한 통역자라는 것을 기억하는 현명한 교사가 되어주세요. 우리 아이는 당신이 어떠한 미소를 짓거나 목소리를 조절해도 당신의 감정과 태도를 정확하게 알 수 있을 것입니다.

나의 아이가 자신의 가치와 존재에 대한 생각이 가치 있는 것이라고 배울까요? 아니면 그가 백인이 아니어서 항상 사과를 하거나 '협력자'가 되어야 한다는 것을 배울까요? 선생님께서 제 아이의 가치보다 선생님의 가치가 더 우월하다는 생각 없이 저희 아이가 필요로 하는 인지적인 기술들을 습득할 수 있도록 도와주실 수 있겠습니까?

제 아이를 존중해주세요. 그 아이도 인격체입니다. 그는 자신의 권리가 있습니다(pp. 40-41).

통해 학습한다. 그러나 그들의 문화에 미숙한 누군가는 그들의 몸짓언어를 읽을 수 없게 되고 그들이 실제로 모든 것에 집중하고 있어도 경청하지 않거나 관심이 없다고 결론짓는다.

유아들은 '순응'하도록 양육되지 않는다. 어른들은 단순하게 물어보지만 실제로는 상황에 대한 자기 자신의 해석을 기대하는 것이기 때문에 유아들은 일을 간단하게 할 수 없다. 그들은 규칙을 준수하거나 다른 사람을 존경하는 데에서 비롯된 이유들을 알고 싶어 한다. 예를 들어 "우리가 퍼즐을 잘 정리해야 다음번에도 다시 사용할 수 있어요."라고 말했다면 유아들은 퍼즐을 적절한 장소에 정리하게 될 것이다.

직접적인 눈맞춤, 방해, 다른 사람의 말을 따라하는 것은 무례하고 실례가 되는 행동이며 문제를 주의 깊게 고려하는데 이는 대화 사이에 긴 침묵이 흐르는 것으로 알 수 있다(Tharp, 1994). 아메리카 인디언들은 침묵에 매우 익숙하다(Williams, 1994).

유아들은 어릴 때부터 자신들을 돌보고 자율성을 연습하며 항상 어른의 허락을 구하지 않고 자신이 원하는 것을 결정한다. 실제로 다른 사람에게 무엇을 해야 하는지 물어보는 것은 무례한 일이다. 어른들은 제안을 하거나 지도하고 유아들의 독립성을 존중하면서 양육한다는 것을 보여준다. 그들은 또한 유아들이 갈등을 해결하도록 놔둔다. 또한 유아들은 자신의 의견을 스스로 말하는 것을 학습한다(Deplit, 2006). Chud와 Fahlman(1985)은 선택과 활동의 자유에 익숙한 유아들은 학교의 일과가 매우 제한적인 것을 발견할 수 있다고 지적하고 있다.

중동과 아랍계 미국인 문화

중동과 아랍계 미국인 문화는 아시아와 아프리카뿐만 아니라 중동 지역 그리고 아프카니스탄과 파키스탄과 같이 종교, 언어, 가치를 공유하고 있는 이웃 국가에도 그 뿌리를 두고 있다(Sharifzadeh, 2004). 중동계 미국인은 셀 수 없을 만큼 다양한 집단(기독교, 이슬람교 또는 드루즈파, 시골과 도시, 부유층과 빈민층, 19세기 정착민과 새로운 이민자 등)으로 이루어져 있다. 대부분은 미국에서 태어났으며 훌륭한 교육을 받은 사람들이다(Adeed & Smith, 1997).

중동계 미국인은 집단이 개인과 가족을 우선하는 최상으로 자리 잡고 있는 집단주의이며 상호의존적인 문화이다. 개인의 정체성은 가족의 이름, 명예, 명성, 성취로부터 만들어지며 동시에 자신이 가족의 모든 것을 대표하기도 한다(Ajrouch, 1999). 가족 구성원은 서로에 대한 책임을 지고 서로에게 지도, 지원, 사회적 생활을 제공한다(Sharifzadeh, 2004).

유아들은 매우 중요하여 누구나 유아들에게 지나칠 정도로 관심을 둔다. 그러나 새로운 세대 사이에서 양육이 바뀌고 있어 어떤 부모에게는 유아의 독립성이 부모의 사랑과 의무를 실패하게 만드는 것으로 지적된다(Sharifzadeh, 2004). 유아들은 질문을 하거나 설명을 듣는 것보다 다른 사람들의 관찰에 의해 자신들의 부모에 대한 존경과 순종을 학습하게 되지만(Sharifzadeh, 2004) 이 또한 변하고 있다. 유아들이 4~5세가 되면 아버지는 훈육에 대해 좀 더 직접적인 책임을 지게 되고(Sharifzadeh, 2004) 특히 남자아이들은 그들의 교사와 같은 여자들의 이야기를 듣는 것에 문제가 생기게 된다(Adeed & Smith, 1997). 교육은 매우 중요한 가치이며 모든 성별의 유아들은 학교에서 잘 수행하도록 기대된다(Sharifzadeh, 2004).

이들의 문화에서 조화는 중요하며 대화는 간접적이고 비언어적인 단서에 집중을 해야 하는 것이 필수적이다. 유아의 행동에 문제가 있을 때 1명도 놓치지 않도록 주의 깊게 관심을 둔다(Adeed & Smith, 1997). Sharifzadeh(2004)는 "아니오."라고 말하는 것은 다른 사람에게 상처를 주는 무례한 대답이어서 사람들은 "아마도.", 또는 "예."라고 대답을 완곡하게 한다고 주장하고 있다. "아니오."라는 대답은 듣는 사람이 어떻게 해석하느냐에 달렸다. 이와 같이 듣는 사람에게 "고맙습니다." 또는 "신경 쓰지 마세요."라는 말은 "네."라는 의미인 것을 반드시 이해해야 한다.

중동계 미국인 문화의 사람들은 다른 사람과 가깝게 앉거나 서있는 것을 편하게 생각하며 종종 동성의 친구들을 안거나 손을 잡기도 한다(Adeed & Smith, 1997). 이러한 친밀한 개인 공간이 위협하려는 의미가 아니라는 것에 대한 논의는 다른 문화의 유아들이 적절하게 반응할 수 있도록 해줄 것이다.

중동의 문화와 종교는 가부장적이고 부계 위주이며 명확하게 성 역할이 정해져 있다. 남자는 권력과 지위를 지닌다. 그들은 돈을 벌고 외부의 일을 처리하며, 결정을 내리고 가족 내에서 도덕적이고 규율적인 권위를 행사한다(Sharifzadeh, 2004). 여자는 아이를 출산하고 양육하며 집안일을 맡고 소녀들은 일찍부터 이러한 역할을 배우기 시작한다(Seikaly, 1999). 겸손함을 유지하기 위해 이슬람 소녀와 여자들은 머리를 감싸는 옷을 입고, 독실한 이슬람 가족들은 소녀들이 7~8세가 되면 남자아이들과의 신체적 접촉을 허락하지 않는다.

여자들이 직장생활에 많이 참여함에 따라 이러한 역할 분리가 무너지면서 부모 모두가 자녀의 문제에 참여하게 된다. 그러나 매우 보수적인 이슬람 가족의 남자들은 부인이 낯선 사람과 이야기하는 것을 허락하지 않으며 그들이 적절한 상황이라고 생각될 때에만 통역사처럼 말을 하거나 대신 전해준다. 이러한 경우에 Sharifzadeh(2004)는 자녀의 주된 양육자인 어머니와 직접적으로 이야기하는 것보다는 믿을만한 친구나 친척들을 통해서 대화하는 것을 제안하고 있다. 그러나 그녀는 절대로 아버지나 아버지의 역할에 대해서 무시해서는 안 된다고 경고하고 있다. 만약 통역사를 통해서 이야기하려면 남자에게 말할 때에는 남자를, 여자에게 말할 때는 여자를 선택해야 한다는 것을 명심해야 한다.

왜 이 모든 것이 중요할까

Delpit(2006)은 "교육이나 문화에 대한 어떠한 논의에서도 유아들은 개별적이기 때문에 어떻게 행동 '해야 한다'는 계획된 틀에 맞출 수 없다. 어떻게 하면 모든 인종집단에 맞게 완벽하게 '문화적으로 일치하는' 학습 상황을 만들 것인가라는 질문은 필요하지 않다. 그보다는 특별한 유아에게 문제가 있을 때 어떻게 알아낼 것인지 그리고 이미 자리 잡고 있는 여러 가지 현상들 사이에서 어떻게 원인을 찾아낼 것인지에 대한 의문을 가지는 것이 더 필요하다. 문화에 대한 지식은 다양한 유아들을 교육하는 데, 어려움에 대한 해결책을 고안하는 데 교육자가 사용할 수 있는 유일한 도구이다(p. 167)."라고 기술하고 있다.

많은 경우 증명되지 않는 태도와 가정은 유아와 상호작용하는 데 영향을 준다. 우리가 유아와 우리 자신에 대해서 이해할 때 유아들을 정확하게 바라볼 수 있는 더 많은 기회를 가지고 그들과 따뜻하고 신뢰할 수 있는 관계를 정립해야 하며 자제심을 유지하고 문제에 대한 다양한 해결방법에 대해 판별할 수 있어야 한다.

생각해볼 문제

1. 가족의 역사를 살펴볼 때 자신의 문화에 대한 통찰도 함께 이루어져야 한다. 자신의 가족과 고향에 대한 이야기를 해본 적이 있는가?(그곳이 어떤 곳이었는지, 왜 이사를 오게 됐는지, 언제 정착했는지 등) 새로운 곳에 오게 되어서 가족의 관계가 변화했는가?

2. 148~149쪽에 자신의 문화적 믿음과 경험에 대해서 이해할 수 있는 몇 가지 질문들이 제시되어 있다. 이러한 질문을 가지고 자신의 경험에 대해 토론해보라.

3. 다문화 사회에서 문화의 다양성을 지닌 아동들은 어떻게 문화적으로 적절한 교수방법을 사용해야 하는가?

4. 같은 문화와 인종의 사람들은 종종 함께 있는 것을 좋아한다. 왜 그렇다고 생각하는가? 자신의 가족 문화를 다른 사람에게 설명해본 경험이 있는가? 어떤 느낌이었는가?

5. 자신의 훈육에는 어떠한 문화적 배경이 자리 잡고 있는가? 교실 내에서 자신의 문화적 가치에 대해서 토론해보라.

6. 다문화 아동이 자신의 문화적 가치를 유지하면서 학교 내에서 필요한 기술을 습득하고 성공적인 학업성취를 이룰 수 있다고 생각하는가? 어떻게 교실 내에서 조화롭게 두 영역의 목표를 성취할 수 있는가?

참고문헌

Children's Book Press. *Multicultural and bilingual books for children*. http://www. childrensbook press.org/.

Delpit, L. D. (2006). *Other people's children: Cultural conflict in the classroom* (updated ed.). New York: New Press.

Derman-Sparks, L., & Edwards, J. O. (2010). *Anti-bias education for young children and ourselves*. Washington, DC: National Association for the Education of Young Children.

Espinosa, L. M. (2010). *Getting it right for young children from diverse backgrounds: Applying research to improve practice*. Upper Saddle River, NJ: Pearson.

Fadiman, A. (1998). *The sprit catches you and you fall down*. New York: Farra Straus & Giroux.

Gay, G. (2010). *Culturally responsive teaching: Theory, research, and practice* (2nd ed.). New York: Teachers College Press.

Gonzalez-Mena, J. (2008). *Diversity in early care and education: Honoring differences* (5th ed.). New York: McGraw-Hill.

Lynch, E., & Hanson, M. J. (Eds.). (2004). *Developing cross-cultural competence: A guide for working with children and their families* (3rd ed). Baltimore: Brooks.

Rothstein-Fisch, C., & Trumbull, E. (2008). *Managing diverse classrooms: How to build on student's cultural strengths*. Alexandria, VA: Association for Supervision and Curriculum Development.

Tabors, Patton O. (2008). *One child, two language: A guide for early childhood educators of children learning English as a second language* (2nd ed.). Baltimore: Brooks.

Chapter 07

문제행동 예방 : 사회적 맥락

文제행동은 골치 아프고 당황스럽게 하며 교사들은 당연히 그런 문제행동들에 어떻게 대처할지 알기를 원한다. 제이미가 당신의 배를 걷어차거나 앤드류가 방에서 의자를 집어던지면 어떻게 할 것인가? 우리는 이런 어려운 질문들을 이 장의 말미에서 다룰 것이다. 그러나 그 전에 이것을 먼저 고려해보자. 만약 당신이 이런 골치 아픈 문제들을 어떻게 다룰 것인지에 대한 정보가 아예 필요치 않다면 정말 좋지 않을까? 또는 아이들의 문제행동들을 아예 교실 안으로 들어오지 못하게 할 수 있다면 당신은 그 방법을 훨씬 더 선호하게 되지 않을까?

물론 이것은 그저 바람뿐일 것이다. 아이들의 문제행동을 완전히 없애기란 아마도 불가능할 것이다. 그러나 상당수의 문제행동들이 예방될 수 있다는 것은 결코 그저 바람에 그치는 일이 아니다. 예방이란 사실 아이들을 좀 더 재미있게 해주어야 하거나 새로운 교실 규칙들을 만들어야 하는 것과 같은 소소한 일들을 포함하는 것이 기에 그다지 매력적인 주제가 아닐 수 있다. 그리고 그 즉시 효과가 극적으로 나타나지도 않고 서서히 점진적으로 나타난다. 그러나 예방은 상당히 큰 효과를 볼 수도 있고 또 그러한 이유 때문에 상당히 중요하다.

예방은 아이들이 위험요인들을 축적하는 것을 멈추게 할 수 있기 때문에 또한 중요하다. 만약 아이가 공격적인 행동을 지속적으로 하게 된다면 그 아이는 쉽게 친구들이나 교사들에게 따돌림을 당하거나, 학업실패를 맛보거나, 범죄조직에 들어가거나, 약물중독, 혹은 비행을 저지르게 되는 불행의 악순환에 편승할 수도 있다. 문제행동의 예방은 훗날 야기될 수 있는 좀 더 심각한 문제행동들을 조기에 제거할 수 있게 해준다(Gatti & Tremblay, 2005).

아이가 문제행동들을 오래 하면 할수록 그것을 바꾸기는 더욱 어려워진다. 많은 아이들이 똑같은 문제행동들을 수년 동안 하게 되는데 이는 그 외의 다른 방법으로 행동하는 방법을 모르기 때문이며 그러는 와중에 이런 문제행동들은 아이들에게 아주 견고하게 굳어지고 만다. 그러나 교사들이 아이들에게 문제행동들을 자제할 수 있게 도와주면 줄수록 아이들은 그러한 문제행동들을 하는 법을 그만큼 덜 배우게 될 것이다. 그리고 그만큼 더 문제행동들이 아이들의 뇌에 각인되는 위험을 줄일 수 있게 된다(National Scientific Council on the Developing Child, 2004). 만약 교사가 언제 어디에서 아이들이 문제를 겪는지 예측할 수 있다면, 또 그런 상황이 발생하는 것을 막을 수 있다면, 그리고 아이에게 자신이 실수하도록 만들게 하는 대신 무엇을 해야 하는지 상기시켜 줄 수 있다면 당신은 새로운 패턴을 만들어낼 수가 있다. 즉, 아이가 적절한 행동으로 보상을 받기 시작하고, 자신에 대해서 긍정적인 감정을 느끼며, 그러한 느낌을 또 다시 느끼고 싶다는 욕망을 갖도록 하는 패턴인 것이다.

예방은 어떤 효과가 있는가

예방은 중재의 가장 효과적인 형태이다. 어떤 이상적인 환경이 아이들의 육체적, 인지적, 감정적, 사회적 욕구를 충족시킬 때 아이들은 만족감과 성공의 가능성을 느끼고, 좀 더 적은 문제행동의 욕구를 가지게 된다. 이것이 바로 예방의 가장 기본적인 개념 중의 하나이며 이것은 모든 이상적인 환경의 면면들이(즉, 사회적인 맥락, 육체적 공간, 프로그램, 그리고 교사들의 교육방식까지) 반드시 각각의 아이들의 욕구를 염두에 두고 있어야 한다는 것을 의미한다. 이것은 또한 **긍정적 행동지원**(Positive Behavior Support, PBS)의 기본적인 개념 중의 하나이며 전국의 학교나 어린이 케어센터가 채택한 문제행동 예방을 위한 모델이다.

연구에 따르면 예방은 다음과 같을 때 좀 더 효과적임을 보여주고 있다.

- 일찍 시작할 때(Reiss & Roth, 1993)
- 오랜 기간 동안 지속될 때(Reiss & Roth, 1993)
- 적당하게 개발될 때(Gagnon, 1991)
- 가정뿐만 아니라 학교 등에서 동시에 진행될 때(Reiss & Roth, 1993)
- 심리상담실이나 특별 프로그램 대신에 실제 환경에서 이루어질 때(Guerra, 1997b)

특히 마지막 항목이 중요한데 그 이유는 아이들은 그들이 배운 장소 이외의 곳에서 그들이 배운 새로운 기술들을 적용하기 어렵기 때문이다(Mize & Ladd, 1990).

모든 아이들은 같음과 동시에 다르다

몇몇 아이들은 학습하고 적절하게 행동하기 위해 다른 아이들에 비해서 좀 더 개별화된 보조가 필요하다. Katz와 McClellan(1997)도 "아이들의 욕구, 감정, 성향, 행동들이 다 다르기 때문에 그들을 모두 똑같이 다루는 것은 불공평하다(p. 73)."라고 말하고 있다. 모든 아이들이 참여하고 학습하며 이것들이 극대화될 때 우리는 공평하다고 할 수 있을 것이다.

이 유연성의 개념은(즉, 규율이나 관리방식을 바꾸거나 한 아이의 욕구에 맞게 수업을 바꾸든지 하는) 많은 교사들에게 충격을 주었다. 그들은 이것을 공평하지 않다고 생각했었다. 몇몇은 한 아이가 학습이 필요한 것은 실제 사회에 적응할 수 있게 하기 위해서라고 생각하지만, 다른 이들은 한 아이가 항상 교사와 함께 이동하거나 다른 아이들이 이야기 듣기 시간에 참여하고 있는 동안 심부름을 시키는 등의 행동은 다른 유아보다 한 유아에게 지나친 관심을 주는 것이라고 생각한다.

공평한 것과 일관된 것은 혼돈하기 쉽다. 이런 규칙은 모든 아이들에게 똑같이 적용될 수 있기에 다른 아이를 다치게 한 아이는 그가 규칙을 어겼다고 생각하게 될 것이다. 그러나 모든 아이들은 그들의 행동에 대해 각자 다른 욕구와 다른 이유를 가지고 있고 모든 아이들은 그래서 각자에게 알맞은 대우를 받을 자격이 있다. 즉, 당신은 앤드류나 재즈민에게 맞게 각기 다른 방법으로 대응해야 한다는 의미이다. 가령 수업 시간에 아이들이 밖으로 나가야 할 경우 재즈민은 모든 것을 자기 스스로 하기를 좋아하므로 좀 더 준비 시간이 오래 걸릴 것을 감안하여 재즈민에게 다른 아이들보다 먼저 나갈 준비를 하게 해주는 것은 좋은 생각일 것이다. 하지만 앤드류를 위해서는 앤드류를 당신 옆에 앉혀놓고 앤드류에게 이제 밖으로 나가게 될 것이라는 것을 차근차근 알려주는 것이 더 좋은 방법일 것이다. 그 어떤 아이도 추가적으로 무언가를 이해하고 행동하지는 않는다. 아이들은 그저 그들의 욕구에 의해서 행동하게 된다. 이것이 공평한 것이다. 특정 아이들과 다른 아이들 모두를 그들에 맞게 배려하는 것 말이다.

만약 한 아이의 문제행동이 잘 통하지 않게 되면 그 아이는 다른 아이들을 방해하거나, 겁을 주거나, 다른 아이들이 만들어놓은 것을 부숴버리거나, 심지어 다른 아이들을 다치게 함으로써 다른 아이들을 통해서 그의 문제행동들을 표출하게 된다. 게다가 그 아이는 당신의 시간을 독점하게 되며 당신을 기진맥진하게 만들고 가르치는 일을 방해하게 될 것이다. 만약 당신이 이런 일들이 일어나기 전에 그 아이의 욕구를 충족시켜 줄 수 있다면 당신은 모든 아이들에게 좀 더 많은 것들을 해줄 수 있을 것이며 교실은 유쾌하고 편안하고 학습의 효과가 배가 되는 곳이 될 것이다.

아이들은 일반적으로 이러한 점들을 이해하고 있다. 그들은 재즈민이 옷을 입는 데 시간이 오래 걸린다는 것을 알기에 재즈민이 그들보다 먼저 옷을 입기 시작해도 별로 마음에 두지 않는다. 또한 아이들은 앤드류가 불안감을 느낄 때 통제력을 잃는다는 것도 알기에 당신이 그의 옆에 붙어 앉아있는 것에도 별로 신경 쓰지 않는다. 그리고 혹시라도 그들이 이런 일들을 이해하지 못한다고 하더라도 설명을 통해서 그들에게 이해시키기도 쉽다. *The Explosive Child*(2010)에서 Greene은 이러한 상황

꽃밭 속의 꽃

16명의 4세 아이들이 제일 앞에 한 선생님을 앞세우고 멀리 운동장 끝으로 뛰어가고 있었다. 그런데 마이클만 그렇지 않았다. 그는 다른 아이들과 같이 뛰라는 말을 무시하고 혼자 오른쪽으로 뛰어갔다. 다른 선생님이 그를 쫓아갔다. 그녀가 마이클에게 다가갔을 때 마이클은 작은 보라색 꽃의 향기를 맡고 있었다. 눈이 모두 녹아내려서 그의 눈에 언뜻 내비친 그 보라색을 마이클은 조사해보고 싶었던 것이다.

선생님은 다른 아이들을 불러서 마이클이 무엇을 발견했는지 함께 보게 했다. 모든 아이들이 꽃과 그 색깔, 그리고 봄이 오는 것에 대해서 이야기하기 시작했다. 그들은 야외에서 계속해서 봄의 흔적들을 찾기로 결심했다. 다른 아이들은 마이클에게 도와주기를 부탁했고 마이클은 이렇게 밖에서 아주 즐거운 시간을 보냈다.

만약 선생님이 마이클이 발견한 것에 전혀 관심을 두지 않고 다른 아이들과 합류하라고 강요했다면 마이클의 자아존중감은 상처를 받았을 것이고 그는 아마 좌절감을 느꼈을 것이다. 이렇게 되면 선생님이 마이클의 욕구를 이해하고 이 사건을 근사한 과학수업으로 바꾸어 마이클이 다른 아이들에게 인정받았다고 느끼고 스스로를 자랑스럽게 여기게 하는 대신에 마이클은 다시 관심을 끌기 위해 부적절하게 행동했을 것이다.

들을 다음과 같이 서술했다. "교실에서 모든 아이들은 그들이 필요로 하는 것들을 얻을 수 있어야 한다. 만약 누군가가 어떤 일로 도움이 필요하다면 우리 모두는 그 아이를 도와주도록 노력해야 한다. 그리고 교실에서 모든 아이들은 무언가 특별한 것을 필요로 한다(p. 276)."

Greene은 여기에서 한 발 더 나아갔다. 그는 아이들이 자신의 욕구를 충족시키려 할 때 누구도 비난해서는 안 되며, 그들이 다른 아이를 돕는 법을 배우게 하자고 제안했다. 아이들은 서로의 장점과 단점을 잘 인지하고 있으며 반 친구가 긍정적인 노력을 하도록 빠르게 격려하고 도와줄 수 있다. 즉, 아이들 스스로 문제를 일으키는 당사자가 되는 대신에 문제해결을 위한 한 방편이 될 수 있는 것이다.

사회적 맥락에서 교실이란 아이들의 행동에 막대한 영향을 미친다. 이 장에서는 이런 사회적 맥락의 두 가지 양상에 대해서 논의할 것이다. 첫 번째는 우리가 어떻게 긍정적이고 도움을 줄 수 있는 사회적 맥락을 만들어낼 것인가를 말할 것이며 그리고 나서 그런 사회적 맥락을 유지하는 데 가장 핵심적인 사회적 · 감정적 기술들을 가르치는 일에 초점을 맞추어서 이야기할 것이다.

사회적 맥락 만들기

비록 당신이 사회적 맥락이란 것을 만지거나 볼 수는 없을지라도 사회적 맥락이란 것은 어디에나 존재하며 심지어 당신이 슈퍼마켓이나 엘리베이터 혹은 교실에 있더라도 당신이 하는 모든 일에 영향을 미친다. 사회적 맥락이란 어떤 태도나 행동들이 예상되고 받아들여지는지 그리고 이러한 것들이 한 집단이나 환경에서 어떤 가치가 있는지를 우리에게 알려주는 구조적인 틀이며, 그곳에서 어떤 일들이 일어날지에 막대한 영향을 미치는 놀라운 힘을 가진다. 사회적 맥락은 가령 한 집단의 정신이나 한 장소의 분위기 같은 사회적 분위기를 만들어낸다. 교실에서는 프로그램과 물리적 공간이 사회적 맥락을 형성하고 강화시켜 주는 데 도움을 주지만 결국 사회적 맥락이란 사람들에게 내재되는 단어, 행동, 몸짓언어를 통해서 진정으로 형성된다.

어떻게 사회적 맥락이 공격적인 행동에 영향을 미치는가

사회적 맥락이 공격적인 행동의 발생과 확산에 영향을 미친다는 것은 그리 놀라운 일이 아니다. Kellam과 동료들(Kellam, Long, Merisca, Brown, & Ialongo, 1998)은 그들의 핵심적인 연구에서 무작위로 배정된 1학년부터 6학년까지의 1,000명 이상의 아이들을 추적 조사했다. 공격 성향이 높은 1학년 교실에서는 이미 공격적인 행동의 위험성에 노출된 남자아이들이 좀 더 공격적으로 행동했고 6학년까지 지속적으로 높은 공격 성향의 위험성에 노출되었다. 즉, 공격적인 사회적 맥락의 1학년 교실은 아이들을 좀 더 공격적인 성향을 가지도록 사회화시켰다. 그러나 좀 더 낮은 공격적 성향의 1학년 교실의 아이들은 이런 결과와 거리가 멀었고 심지어 공격적인 성향을 가진 아이들과 짝을 이루어도 공격적인 성향에 노출될 위험성이 훨씬 적었다. 비폭력적인 사회적 맥락은 좀 더 능숙한 교사들에 의해서 만들어질 수 있다. 이들은 아이들이 공격적인 성향을 갖지 않도록 해줄 것이다. 공격적인 상황에 노출된 아이들이 그렇지 않은 아이들에 비해서 훨씬 더 교실의 사회적 맥락에 민감하게 영향을 받았다(Kellam et al., 1998).

반면에 자기통제법을 배우고 있는 아이들은 좀 더 외적인 환경(선생님과 친구들을 포함해서)이 그들을 도울 수 있게 대처한다. 몇몇 학자들은 3학년까지가 장래의 행동 패턴을 결정하는 민감한 시기라고 주장하기도 한다(Buyse, Verschueren, Verachtert, & Van Damme, 2009; Pianta, Steinberg, & Rollins, 1995). 교사들은 문제 행동을 가진 아이들을 긍정적이고, 친사회적이며, 예측 가능하고, 배려하는 사회적 맥락에 둘러싸이게 함으로써 스스로 내적인 통제법을(그리고 동시에 이 아이들을 좀 더 긍정적이고 올바르며 교육적인 궤도로 이끌 수 있다.) 발전시키도록 지도하는 과정을 통해서 이 아이들을 도와줄 수 있다(Hamre & Pianta, 2005; Raver, Garner, & Smith-Donald, 2007; Rimm-Kaufman, Curby, Grimm, Nathanson, & Brock, 2009).

배려하는 지역사회

이와 같은 사회적 맥락은 종종 **지역사회**라고 부른다. 그리고 이 지역사회의 학습과 사회적, 감정적인 발달의 중요성은 이제 널리 인식되고 있다(Watson & Battistich, 2006). 이 지역사회라는 것의 핵심은 선생님과 아이, 아이들, 선생님과 전체 집단 그리고 선생님과 가족들의 배려하는 관계에 놓여있다(Watson & Battistich, 2006). Katz 와 McClellan(1997)은 지역사회를 '각자의 안녕을 아주 중요시하고 홀로 달성할 수 없는 성취를 더불어서 함께 이루어나갈 수 있는 개인들의 단체'라고 정의했다(p. 17). 지역사회란 가정과 비슷하다. 즉, 지역사회에 속한 사람들은 소속감을 가진다. 그들은 서로 양성하고, 존중하며, 서로를 지지해준다. 또한 그들은 공동의 목표를 위해서 함께 협력한다. 지역사회에 연결된 아이들은 학교생활을 즐기고 좀 더 많이 배우며, 좀 더 좋은 출석률과 학교성적, 표준화된 시험 점수와 졸업률을 보여준다(Wilson, Gottfredson, & Najaka, 2001). 이 아이들은 그들의 행동상의 문제점들을 최소화하는 반면에 사회적이고 감정적인 기술들, 선생님과 친구들과의 관계 그리고 친사회적인 행동 이 모든 것들에서 개선된 모습들을 보여주었다(Schaps, Battistich, & Solomon, 2004; Wilson et al., 2001).

지역사회에 소속된 어린이들은 학교생활에 즐거움을 느끼며 높은 출석률과 학교 성적을 나타낸다. 또한 교사와 다른 또래와의 사회적·정서적 기술을 습득하게 되면서 친사회적 기술은 향상되고 문제행동은 감소된다.

그럼 무엇이 배려하는 지역사회의 특징을 규정하는 것일까? 우선 심리학자 Deci 가 상정한 소속감, 자율성, 능숙함이라는 아이들의 기본적인 심리학적 욕구들을 충족시켜야 한다(Deci & Ryan, 1985). 배려하는 지역사회는 다음과 같은 필수사항들을 제공해야 한다.

- 아이들이 신체적·감정적으로 안전하다고 느껴야 한다(Blum, 2005).
- 관계라는 것은 배려하고, 존중하고, 서로 지지해야 하는 것이며 특히 아이들, 선생님, 부모들이 이런 관계 형성을 위해서 함께 노력해야 한다(Blum, 2005).
- 아동들은 타인과 함께 참여하고, 돕고, 협력하기 위한 많은 기회를 가져야 한다.
- 아이들이 스스로 선택하고 결심할 수 있는 기회가 많아야 한다(Schaps et al., 2004).
- 교사들은 문제행동을 예방하기 위해서 미리 일상생활에서 요구되는 사항들과 행동방법과 절차를 가르칠 수 있어야 한다(Hawkins, Guo, Hill, Battin-

Pearson, & Abbott, 2001).

- 교사들은 협력과 협력학습을 촉진시킬 수 있어야 한다(Solomon, Watson, Delucci, Schaps, & Battistich, 1988).
- 교사들은 능동적으로 사회적이고 감정적인 기술들을 가르쳐야 한다(Watson & Battistich, 2006).
- 교사들은 학업 목표를 높이 잡아야 하고 아이들이 이를 충족할 수 있도록 필요한 사항들을 지원해줄 수 있어야 한다(Blum, 2005).
- 지역사회의 모든 구성원은 공동의 목표와 이상을 공유해야 하고 이를 위해서 최선을 다해야 한다(Schaps et al., 2004).

왜 문제행동을 하는 아이들까지 포함시켜야 하는가

만약 아이들이 사회 속에서 기능들을 배우게 된다면, 아이들은 반드시 그 사회에 소속되어 있어야 한다. 사회적으로 능숙한 동료들과 매일처럼 상호작용을 하는 아이는 적절하게 행동하는 방법을 배울 기회가 많아진다. 그리고 모두가 적절하게 행동하도록 도와주며 배려하고, 비폭력적인 교실 지역사회에 이 아이가 받아들여짐으로써 그가 기대에 부응하는 행동들을 할 수 있는 기회를 증가시키도록 한다. 동시에 지역사회에 소속된다는 것은 그 집단의 친사회적인 규범들과 가치와의 유대감을 강화시킴을 뜻한다(Guerra, 1997a). 문제행동을 하는 아이들을 포함시킨다 함은 옳은 일을 하는 것이며 또한 법에도 정의되어 있다. 즉, IDEA(미국장애인교육법)는 장애를 가지고 있는 아이들과 문제행동을 하는 아이들의 권리를 보호하고 있다.

사회적 맥락 속에서 교사의 역할이란 무엇인가

사회적 맥락을 만드는 것과 관련해서 교사들은 무대를 설치하고 지도자 역할을 해야 한다. 교사들은 가장 주요한 역할 모델(roll model)이며 그들이 하는 모든 말과 행동으로 가르친다. Goleman이 그의 저서 *Emotional Intelligence*(1997)에서 적었듯, "한 교사가 한 학생에게 응대해주면 20명 또는 30명의 학생들이 교훈을 얻게 된다

(p. 279)." 한 교사의 단어들, 행동들, 신체 언어는 각각의 아이들의 힘과 능력 그리고 교실 내의 모든 아이들의 가치에 대해서 궁극적으로 말해주게 된다.

한 교사가 아이들의 욕구와 감정, 자신의 아이들에 대한 배려, 도움이 되는 행동, 자신의 아이들에 대한 높은 기대치(아이가 친구를 만드는 기술이나 산수의 개념을 이해할 수 있는 능력을 가지고 있거나 개발할 수 있는)를 일관되게 인식한다는 것은 강력한 본보기를 만들 수 있고 긍정적인 사회적 분위기를 조성할 수 있다는 것을 의미한다. 아이들은 또한 선생님이 그들의 동료들, 행정직원들, 버스 운전사, 수위 아저씨, 그리고 부모님과 어떻게 행동하는지에 대해서 알게 된다. 어른들이 팀을 이루어서 일하거나, 자원을 서로 나누거나 서로를 도울 때 아이들은 어른들의 협동정신에 흠뻑 빠져들게 된다. 반면에 긴장이나 악감정이 어른들 사이에 보이게 되면 이 또한 아이들에게 전염된다. 긍정적 행동지원, 중재에 대한 반응, Second Step 등의 연구 중심 프로그램들은 정확히 이와 같은 이유로 모든 학교를 통해서 연구가 진행 되어야 함을 보여준다. 비록 한 교실의 중재가 효과적일 수는 있지만 아이들이 전체 지

도달하기

마이클의 행동에는 문제가 아주 많았다. 그는 오로지 자신의 문제행동을 참아줄 수 있는 한계를 시험하거나 친구들을 괴롭힐 수 있는 기회만을 찾고 있는 것처럼 보였고, 자주 끝까지 수업에 앉아있지도 않았다. 우리 센터에서는 아이를 배려하고 소속감을 느낄 수 있도록 하는 순향적 사회성 기술 프로그램을 사용하고 있었기 때문에 마이클을 포함해서 우리의 노력들이 좀 더 아이들에게 쉽게 다가갈 수 있도록 노력하기로 결심했다. 우리는 마이클이 왕따를 당하지 않고 또 그의 신경을 건드리는 친구 옆에 앉지 않도록 신경을 써가면서 간식과 점심을 위한 좌석배치 계획을 만들었고 마이클이 자신의 행동들을 통제할 수 있도록 돕기 위해 교실에서 항상 교사 가까이게 앉도록 했으며 아이들 모두가 어디론가 갈 때에는 교사와 항상 짝을 이루도록 했다.

하루는 우리들이 스케이트를 타러 갈 준비가 되었을 때 샘이 물었다. "우리가 스케이트 타러 간다는 거 알아요. 마이클이 내 짝이 될 수 있어요?" 교사는 이때 우리의 노력이 제대로 아이들에게 전달되고 있음을 알게 되었다. 샘이 마이클을 배려하고 돌봐주고 있는 것이었다. 우리는 마이클을 드디어 우리 지역사회의 구성원으로 만들었던 것이다.

역사회의 친사회적이고 비폭력적이며 협동적인 상호작용과 문제해결의 가치들을 보게 되었을 때 좀 더 그 효과가 증가될 것이다(Thornton, Craft, Dahlberg, Lynch, & Baer, 2000).

역할 모델이 된다는 것에 덧붙여서 교사는 집단의 리더이다. *The Nurture Assumption*(1999)에서 Harris는 지도자의 영향력에 대해서 다음과 같이 기술하였다.

첫 번째, 지도자는 한 집단의 구성원들이 채택한 태도라든지 혹은 구성원들이 적절하다고 여기는 행동 같은 규범에 영향을 미칠 수 있다.

두 번째, 지도자는 한 집단에서 누가 우리에 속하며 누가 우리 구성원이 아닌지에 대해서 한계를 정의할 수 있다.

세 번째, 지도자는 한 집단이 가지고 있는 이미지(고정관념)를 정의할 수 있다.

진정으로 재능을 부여받은 교사는 세 가지 방법 모두를 사용하여 지도력을 행사할 수 있을 것이다. 또 진정으로 재능을 부여받은 교사는 다양한 학생들로 이루어진 교실이 조각조각 난 그룹으로 쪼개지는 것을 막을 수 있을 것이고 전체 교실을 '우리'라는 틀로 묶을 수 있을 것이다. 우리란 스스로를 훌륭한 학생들로 보는 것이다. 또한 우리란 그 스스로를 능력 있고 근면하다고 보는 것이다(p. 245).

물론 '우리'라는 것은 일종의 지역사회이다. 이와 같은 교실에서는 Harris가 지적했듯이 아이들이 함께 학습과 행동상의 어려움을 가진 친구들과 즐거워하고 문제해결을 위해서 서로를 격려해준다. 이제 막 읽기를 시작한 아이에게 둥글게 모여서 모두들 박수를 쳐서 응원을 해줄 수 있는 것과 같이 아이들의 의사표현을 위해 거부하는 대신에 물어보기 시작한 아이에게 열광적으로 답변을 해줄 수 있다. 다시 한 번 아이들은 스스로가 문제의 한 부분이 되는 대신에 문제해결의 한 부분이 될 수 있다는 것을 보여주고 있는 것이다.

어떻게 협동적이고 포괄적인 지역사회를 만들 것인가

연초는 교실을 지역사회로 만들기에 가장 적합한 시기이며 모든 아이들이 포괄적인

'우리'라는 곳에서 각자의 자리를 찾도록 도와줄 수 있는 시기이기도 하다. 집단을 가장 우선시하고 서로 나누고 돕는 것을 당연시하는 집단주의 문화들에서 온 아이들에게 지역사회라는 개념은 의심할 여지없이 그들을 아주 편안하다고 느끼게 해줄 것이다.

지역사회 만들기 활동

심리학자 Brooks(1999)는 아이들과 교사들이 처음 며칠 동안을 서로에 대해서 알고 도우며 모두가 환영받고 안전한 곳에 있다는 느낌을 받을 수 있도록 하는 일에 사용할 것을 제안했다. 반 전원이 참여하는 게임이나 놀이활동 등은 불안감을 줄이고 어색함도 없애며 모든 인원을 하나로 만들어준다. 교사를 포함해서 특히 아이들이 모든 친구들의 이름을 알게 해주는 것은 정말로 중요하다. 아이들 각자가 자신의 이름을 말하게 하고 또 아이들이 이름을 자연스럽게 부를 수 있도록 아이들의 이름을 동요나 경쟁이 필요 없는 게임에 포함시켜서 준비하는 것도 좋은 방법이다.

지역사회에 속한 사람들은 자주 공통된 시간들을 공유한다. 교사는 전원이 참여하는 놀이활동을 준비하거나 사진을 찍거나 또는 반 친구들만 할 수 있는 비밀악수 같은 교실 내에서만 공유할 수 있는 관습이나 의식 같은 놀이활동들을 준비함으로써 행복한 기억들로 점철된 공통된 시간들을 만들어낼 수 있다. 초등학교 교실의 공통된 시간을 만들기 위해 교사 Ecken은 제한된 시간을 모든 학생들과 보내기 위해서 그룹을 바꾸어가며 규칙적으로 작은 그룹의 학생들과 교실에서 점심을 함께 먹었다(Watson, 2003). 아이들도 자기들끼리만 통하는 의례 같은 것을 만들 수 있다. 가령 어떤 일을 하는 특별한 방법이라든가 특정 장소에서 그들이 따르는 행동들을 적어 둔다든가 하는 방식으로 말이다. 이렇게 반복되는 몸짓, 말, 행동들은 그룹 구성원들을 하나로 묶고 그들의 환경이 일관되고 안전하다고 느끼게 만들어준다(Raikes & Edwards, 2009).

아이들이 공통의 목적을 위하여 짜임새 있는 협동놀이 행동이나 함께하는 일에 참여할 때 서로를 더 잘 알고 좋아하게 되며 친구가 될 수 있는 더 좋은 기회를 가지게 된다. 반 꽃밭에 꽃을 심는 경우를 예를 들면, 무엇을 심고 어디에 심을 것인지 계획을 세우거나 꽃들을 심을 장소를 마련하고 씨앗과 식물들을 사러 가고 사온 씨앗과 식물들을 함께 심으며 물을 주고 잡초를 제거해주고 열매를 수확하는 아이들은 다른 아이들의 관점에서 여러 가지 일들을 보고 다른 이들의 생각을 들으며 타협하고 문제를 해결하며 공유하고 서로 도울 것을 요구받게 된다. 노래나 음악, 춤, 연극 활동들은 아이들을 통합시킬 수 있는 훌륭한 방법이다. 또한 다른 아이들 앞에서 매일 큰 소리로 책을 읽게 하는 것도 아이들에게 서로 논의를 할 수 있는 공통의 흥미거리를 제공할 수 있는 좋은 방법이다(Watson, 2003). 비경쟁적인 게임, 요리, 벽화 그리기, 큰 구조물을 세우는 프로젝트 같은 일들 또한 아이들 스스로 협력적인 사회적 상호작용과 친사회적인 행동과 다른 이들을 수용하는 방법들을 배울 수 있게 해줄 수 있다(Eisenberg & Fabes, 1998; Slaby, Roedell, Arezzo, & Hendrix, 1995). 협력하는 활동들에 참여하는 아이들은 심지어 심통이 나있을 경우에도 덜 공격적으로 행동하고 협력활동을 하지 않는 시간에도 좀 더 쉽게 협력적으로 행동하게 된다.

아이들이 물건이나 놀이활동을 그들의 방식대로 고를 수 있는 자유가 많이 주어진 좀 더 덜 구조화된 프로그램에 속할 경우 사회적 상호작용과 친사회적인 행동들을 위태롭게 하는 경향이 더 높다는 것을 연구들은 잘 보여주고 있다(Quay, Weaver, & Neel, 1986; Slaby et al., 1995).

교사의 정서 상태와 언어

아이들은 교사의 말보다 자신들과 의사소통을 하는 교사의 정서 상태와 신체 언어를 훨씬 많이 빠르게 관찰한다. 교사가 미소 짓거나 아이들에 대한 애정을 보여줄 때와 무언가를 가르칠 때의 열정적인 모습을 아이들은 금방 받아들이며 전체 교실에 긍정적인 분위기를 가져올 수 있게 한다.

교사가 사용하는 언어는 무엇을 말하고 어떻게 말하든지 간에 또한 사회적 맥락을 구축하는 데 필수적인 역할을 한다. 교사의 목소리 톤, 목소리 크기, 속도, 연설의 강도, 단어의 선택 등 모든 것들이 교실의 분위기를 좌우하는 예제들이 될 수 있다. 매일 아이들 각자에게 인사해주기, 아이들의 이름 불러주기, "부탁해." 또는 "고마워."라고 말하기, 교사의 감정을 표현해주기, 다른 이들의 느낌에 민감해지기, 교사의 도움을 제공하기, 다른 아이들의 도움을 받아들이기 등 이 모든 일들이 아이들에게 교사가 그들을 존경하고 가치 있게 대하고 있다는 것을 보여주는 것이다. 그리고 또한 아이들이 어떻게 다른 아이들을 존경하고 가치 있게 대할 수 있는지를 보여주는 일이기도 하다.

포괄적인 언어를 사용하고 반의 공유된 가치와 특징들을 지적해주는 것 또한 지역사회와 긍정적인 사회적 맥락을 형성하는 일이 될 수 있다(Watson, 2003). 예를 들어 교사는 다른 아이를 잘 대하는 것이 왜 중요한지를 아이들에게 설명해주거나 서로 돕도록 격려해줄 수도 있고 예전에 그들이 어떻게 문제를 해결했었는지를 상기시켜 줄 수도 있을 것이다.

교사가 아이와 대화를 하고 싶을 때에는 그 아이 앞으로 걸어가서 보통의 목소리 톤으로 대화할 수 있도록 해야 한다. 그렇지 않을 경우 교사는 소리를 지르거나 부정적인 명령어를 사용하게 되어서 비우호적인 분위기를 만들어내게 된다. 만약 교사가 지속적으로 목소리를 크게 올리게 된다면 아이들은 당신을 무시하거나 서로에게 큰 목소리로 더 자주 외치게 되고 어느 누구도 교사의 말을 듣거나 집중하지 않게 된다.

아이들에게 무엇을 하지 말라는 말보다 무엇을 하라고 말하는 긍정적이고 직접적인 언어를 선택하라. "뛰지 마."라고 말하는 것은 부정적이고 아이들에게 어떠한 가르침도 줄 수 없을뿐더러 문제만 더 키우게 될 것이다. "쟤가 깡총깡총 뛸 수 있을까?", "복도로 걸어갈래?" 등의 명확하고, 다정하고, 정중한 표현은 아이에게 올바른 행동이 요구된다는 정보를 주게 된다. 이것은 또한 "주스 엎지르지 마."와 같은 '그만' 하고, '멈추고', '안 된다' 는 부정적인 메시지를 감추는 역할도 하게 된다. 긍정적이고 직접적인 언어는 파괴적인 단순 비교 또한 피할 수 있게 해준다. 비록 아이들이 교사가 "나는 마들렌이 조용히 앉아있는 것을 좋아해."라고 말한 직후 모두 마들렌을 따라서 행동한다고 해도 그들은 아마도 자신을 통제하는 법을 배운다기보다는 조종당한다는 느낌을 더 받을 것이다(Denton, 2008).

문제행동이 관여되었을 때 '왜'냐고 묻는 질문을 피하는 것이 좋다. 앤드류는 왜 옆에 있는 아이에게 침을 뱉는지 모를 수도 있으며 그래서 만약 왜라고 물어보면 그 이유를 대충 만들어낼지도 모른다. 또한 더 나아가 좋은 설명은 나쁜 행동을 정당화시킨다고 생각하게 될 수도 있을 것이다. 그러나 요점은 그 이유가 무엇이건 간에 받아들여질 수 없는 행동은 항상 받아들여질 수 없다는 것이다. 왜라고 묻는 것은 아이들을 방어적으로 만들고 그들을 진정시키는 데 더욱 어려움을 겪게 만든다. 그래서 비록 어려울지라도 이런 짧은 질문을 없애는 것은 노력할만한 가치가 충분히 있다.

규칙과 수단

규칙과 수단(종종 **행동표준** 또는 **규범**이라고 불린다.)은 아이들에게 올바른 행동이 요구된다는 것과 행동상의 경계를 만들고 사회적 맥락에 큰 기여를 하는 법 등을 가르쳐준다. 이것들은 또한 상징적인 가치를 가진다. 즉, 아이들에게 그들의 행동에 대해서 교사가 배려하고 있다는 것을 말해주는 역할을 한다는 것이다(Carter & Doyle, 2006).

규칙은 학교 전체의 긍정적 행동지원의 초석이 될 수 있지만, 학교나 프로그램이 PBS 시스템을 적재적소에 활용하고 있느냐는 교실의 규칙을 발전시키는 데 아주 중요하다. 이런 규칙을 발전시키는 데에는 보통 교실의 모든 인원의 가장 주된 욕구로부터 시작하는 것이 안전하다. 규칙은 그 수가 너무 많지 않을 때 아이들이 기억하기 쉽다. 3~5개면 충분하다. 규칙들은 명확하고 분명하고 긍정적으로 진술되어야 하고(무엇을 한다이지 무엇을 하지 않는다가 아니다.), 모든 상황을 포괄할 수 있도록 일반적이어야 하며, 예외사항이 없도록 충분히 중요해야 한다.

다음은 아이들과 교사들이 제안한 규칙들이다.

- 스스로를 존중하기
- 다른 이들을 존중하기
- 주변 환경을 존중하기

반 구성원들은 만약 자신들이 스스로 규칙을 만들었다면 이 규칙들을 좀 더 지속적으로 이해하고 존중할 것이다. 교사는 또한 얼마나 많이 아이들에게 지원하고 안내를 해주어야 할지 결정을 해야 할 것이다. 이러한 책임감을 아이들에게 준다는 것은 교사가 그들을 책임감 있게 행동할 수 있도록 고려한다는 것을 보여주는 것이고 그들의 추론이나 판단을 사용해서 규칙들을 실천하도록 허용한다는 것을 보여주는 것이다(Katz & McClellan, 1997). 또한 이것은 아이들에게 주인의식을 제공해주는 것이며 규칙을 공정하고 적절하게 보이게 하며 이 규칙들을 따르도록 하는 강력한 장려책이 되기도 한다(Elias & Schwab, 2006).

아이들이 규칙을 이해할 수 있도록 돕는 것은 자의적인 것이 아니라 사람들이 다른 이들을 공정하고 친절하며 공손하게 대할 수 있도록 해주는 실제적인 도구를 알게 하는 것이다(Watson, 2003). 이것은 이해하기 어려운 개념이기에 지속적으로 이 개념을 알 수 있도록 노력할 계획을 세우고, 아이들이 자신들이 원하는 교실이 될 수 있고 다른 이들이 그들에게 어떻게 행동하기를 원하는지 알 수 있도록 도와주는 놀이활동과 교실에서 함께 보내는 시간들을 이용해야 한다(Watson, 2003). 추상적인 개념을 구체화할 수 있도록 많은 예제들을 포함하고, 아이들이 규칙을 스스로 잘 따르고 그 규칙들이 무엇을 의미하는지 공통적인 이해를 할 수 있도록 논의를 활성화시켜야 한다. 예를 들어 '다른 이들을 존중하라.'는 규칙은 '다른 사람이 이야기할 때 잘 들어라.'는 뜻이 되거나 '복도에서는 조용한 목소리로 말해라.'는 뜻이 될 것이다.

그림 7.1은 이런 과정을 교사가 이해할 수 있게 도와줄 수 있는 한 예제 차트를 보여주고 있다. 큰 브리스틀 판지(bristol board)에 이 차트를 그리고 교실의 가장 잘 보이는 곳에 붙여놓는다. 아이들에게 이 차트에 규칙들을 적어넣도록 격려하고 그들의 노력도 같이 적어놓는다. 또한 각각의 아이들이 이 차트를 복사해서 집에 가져가도록 한다.

한 해 동안 규칙을 강화하기 위해 스토리텔링이나 역할극 등과 같은 자연적인 기회들과 놀이활동들을 이용해서 아이들에게 추가로 주위를 환기시킬 필요가 있을 때

규칙	기대행동	상황				
		모든 영역	대그룹 시간	자유선택 시간	복도	쉬는 시간/바깥놀이 시간
자신에 대한						
타인에 대한						
환경에 대한						

그림 7.1 어린이들은 하루 동안의 규칙에 대해 알 필요가 있다. 각 활동에서 지켜야 할 규칙이 무엇인지 논의하고, 그 방법을 차트 위에 단어나 그림으로 기록하도록 하며, 아동이 볼 수 있는 장소에 붙이고, 각 활동을 시작하기 전에 올바른 행동을 알려줄 때 활용한다.

출처 : National Center on Positive Behavioral Interventions and Supports(www.pbis.org)

이를 상기시켜 줄 수 있다. 아이들은 특히 행동하는 데 다른 방법을 사용하게 될 때 쉽게 잊어버리는 경향이 있으며 이럴 때 연습을 통해서 아이들이 규칙을 기억할 수 있게 도와줄 수 있다. 때때로 학급회의 시간에 규칙에 대한 것을 안건으로 정하고 아이들이 얼마나 잘 규칙을 지켜왔는지 살펴보며 필요하다면 규칙을 수정해야 한다. 교실을 방문한 학부모나 그 외에 다른 성인들도 규칙에 대해 잘 알고 이해하고 있어야 한다.

학급회의

규율을 개발하는 데 기본적인 전략, 학급에 대한 책임감 갖기(responsible classroom) 혹은 그 외에 다른 교육학적 접근에서 학급회의는 개개인을 지역사회로 내로 편입시키고 포괄적인 사회적 맥락을 만들어내는 강력한 도구 중에 하나이다. Watson은 *Learning to Trust* (2003, p. 81)에서 학급회의는 아이들에게 심리학적이나 신체적으로 "그들 스스로 하나의 그룹으로 모이고 경험하는 기회를 줄 수 있다."라고 하였다. 소속감을 가진다는 것과 교실에서 무엇이 진행될 것인가를 말한다는 것은 아이들의 자율성에 대한 욕구를 만족시키도록 도와주고 아이들에게 그들의 생각에 대한 문제를 말해주고 관계를 형성해주고 동정심과 책임감을 기를 수 있도록 해준다 (Leachman & Victor, 2003).

그렇다면 학급회의에서는 무슨 일이 일어나는 것인가? 아이들과 교사는 둥글게 모여 앉아서 노래를 하거나 간단한 그룹활동을 하고, 경험이나 생각을 나누며, 다른 아이의 친절한 행동을 인정하고 그날의 일정에 대해서 이야기하며, 문제해결을 하고 학급의 목표를 정한다. Kohn(1996)에 의하면 회의는 학급 전체에 영향을 미치는 문제를 위해서 하는 것이고, 나누고(한 주 동안 무엇을 했는지), 결정하고(괴롭힘을 어떻게 다룰 것인가 혹은 숙제를 학급 차원에서 아니면 작은 그룹 차원에서 검토할 것인가), 반영하기(가치나 학습에 대해서) 위해서 하는 것이다. 다른 교육자들은 한 그룹은 단지 몇몇의 사람들이나 혹은 그 누구라도 제기한 문제들을 회의에서 논의할 수 있다고 믿는다. Vance와 Weaver(2002)는 교사들에게 논의할 주제의 리스트를 작성하라고 제안했다. 가령 "네가 놀지 않은 장소를 청소하니?"라든가 "네 친구가 너한테 하라고 말하는 일을 항상 하니?" 같은 주제들이 포함될 것이다.

말을 못하면 놀지도 못해

시카고대학교 부속 실험학교의 유치원 교사이자 유명한 맥아더재단 상의 수상자인 Paley는 그녀의 교실에서 왕따 행위가 발생해서 골머리를 썩고 있었다. 그녀는 몇몇의 아이들이 친구들이 사회적 경험들을 할 기회를 제한하고 막는 것을 용납할 수가 없었기에 유치원부터 5학년 아이들을 상대로 광범위한 면담을 한 끝에 교실에서 새로운 규칙을 적용하기로 했다. 즉, 말을 못하면 놀지도 못한다는 규칙이었다.

"일반적으로 친구들로부터 배척당하는 아이들을 돕기 위한 연구는 이 아이들이 그들을 배척하는 아이들과 좀 더 잘 어울릴 수 있도록 도와주는 것에 초점을 맞추고 있다. 하지만 나는 조금 다른 관점에서 해결책을 제시하고 싶다. 즉, 그것이 어떤 이유에서이든지 다른 아이들에게서 배척당하는 아이들이 있다면 왕따 당하는 아이들보다 배척하는 아이들 집단의 태도와 요구되는 행동들을 바꾸어야만 한다는 것이다."라고 Paley는 적고 있다(1992, p. 33).

비록 이런 방법을 도입하는 데에는 꽤 시간이 걸렸지만 이는 그동안의 교실 내의 사회적 풍토에 상당한 반향을 일으켰다. 교실에서 가장 인기 있는 여자아이는 그동안 자신이 가장 함께 놀기 싫어하던 2명의 친구를 직접 초대했고 그 누구도 왕따를 당하는 일 없이 골고루 놀이에 참여했으며 서로에게 잘 대해주게 되었고 좀 더 기꺼이 새로운 역할과 아이디어를 시도할 수 있게 되었다.

아이들을 돕는다는 것은 어떻게 교실 규칙들을 학급회의에 적용할지를 이해한다는 의미이다. 예를 들면 다른 모든 사람들을 존중해준다는 것은 어떤 의미인가? 아이들이 주의 깊게 듣고 참여함에 따라 그들은 좀 더 섬세해지고 호응을 보이게 되고 다른 관점, 선택, 모든 이들에게 적용되는 해결책을 제시하기 위한 결과물들을 수용하는 것과 같은 기본적인 문제해결 기술들을 배우게 된다. 의견 일치나 타협에 다다른다는 것은 한 그룹을 승자와 패자로 나누는 투표를 전제로 하는 것이며 몇몇 구성원들을 해결책에 동의할 수 없게 만드는 일임을 명심하라(Kohn, 1996).

교사는 일주일에 10~30분 사이로 한 번이나 두 번 혹은 세 번 정도 아이들과 회의 시간을 가질 수 있다(10~15분은 유치원 아동들에게 적합하다.). 그러나 많은 교사들이 매일 회의 시간을 갖거나 때때로 그보다 더 자주 회의 시간을 갖는다. Vance와 Weaver(2002)는 가장 큰 효과를 보기 위해서는 교사들이 최소한 3개월 동안 매일 회의 시간을 갖는 것이 좋다고 제안했다.

짝 찾기

아이들이 함께 놀거나 협력할 짝을 찾을 때 종종 똑같은 아이가 항상 홀로 되는 경우가 있다. 아이들은 자신이 친구들로부터 소외되지 않는다는 느낌을 받고 싶어 하며 반복해서 다른 아이들로부터 자신이 거절을 당하게 되면 부적절한 방법으로 주의를 끌려고 하게 된다. 비록 교사의 목적은 아이들이 우정을 다지고 그들 스스로 문제해결을 할 수 있도록 도와주는 것이겠지만, 몇몇의 아이들은 특히나 다른 아이들과 어울리는 데 몹시 어려움을 겪게 될 것이라는 예측을 하는 것도 아주 중요하다. 교사가 직접 아이들의 짝을 선택해주는 것으로 배척당하는 아이들이 생기는 것을 방지할 수 있다. 비슷한 관심이 있는 아이들끼리 짝을 이루어주고 자연스럽고 편안 분위기를 만들어주도록 하라. 좀 더 사교적인 아이와 그렇지 못한 아이와 짝을 이루어주는 것은 아주 효과적일 수 있다(Hymel, Wagner, & Butler, 1990). 교사가 그들에게 식물에 물을 주거나 책을 도서관에 가져다주도록 시켰을 때 항상 좀 더 능숙한 아이가 사회적 기술을 모형화해서 보여주게 된다. 그리고 이런 일대일 상황은 사교성이 부족한 아이에게서 호감이 가는 부분을 발견하게 해줄 수도 있고 그 아이에게 다른 아이들과 잘 어울릴 수 있는 기회를 제공할 수도 있을 것이다.

주사위 굴리기

1명도 왕따가 되는 일이 없도록 각자에게 짝을 지워주기 위해서 반을 두 그룹으로 나눈다. 즉, 도움이 필요한 아이와 좋은 역할 모델이 될 수 있는 아이들로 말이다. 예를 들어 만약 16명의 아이들이 있다면 8명이 되도록 두꺼운 종이로 2개의 주사위를 만든다. 한 주사위에다 상대방에게 도움을 줄 수 있는 아이들의 사진을 붙이고 다른 주사위에 나머지 8명의 사진을 붙인다. 교사가 짝을 이루기 위해서 주사위를 굴리게 되면 짝을 이룰 때 무작위로 짝을 선택해주는 것처럼 보일 수 있다(Bruce, 2007).

사회적 · 정서적 기술 가르치기

통합적이고 친사회적 환경을 만드는 것과 더불어 교사는 사회적 · 정서적 기술(긍정적인 사회적 관계를 시작하고 유지할 수 있도록 하는 행동, 태도, 몸짓, 단어)을 지도하기에 앞서 사회적 맥락을 해결해야 한다(Rubin, Bukowski, & Parker, 1998). 사실 사회적 · 정서적 학습과 긍정적 · 협력적인 사회적 맥락은 함께 수반된다. 각각의 요소들은 서로의 역량을 강화한다(Hawkins, Smith, & Catalano, 2004).

유아들이 그룹 안에서 사회적 · 정서적 기술을 배운다는 것에 대해서는 의심할 여지가 없지만 교사가 이러한 기술들을 사전에 학습시켜 줄 때 더 많이 습득할 수 있다. 프로그램의 공식적인 상황에서 이러한 기술들을 제공하는 것이 잠재적이기보다는 의도적인 교수방법으로 만들 수 있고(Elias & Schwab, 2006), 가치를 강조할 수 있으며 학급의 친사회적인 분위기를 향상시킬 수 있다. 또한 사회적 · 정서적 학습 프로그램은 문제행동을 지닌 유아들에게 그들이 학습하지 못한 기술들을 학습할 수 있는 기회를 제공한다.

왜 사회적 기술이 중요한가

친구들을 사귀고 함께 어울리게 하는 것 이외에도 사회적 · 정서적 기술들은 유아들에게 다음과 같은 것들을 할 수 있게 한다.

- 자신의 감정을 확인하고 조절하기(Fabes & Eisenberg, 1992)
- 자신감과 자아존중감 획득(Michelson & Mannarino, 1986)
- 갈등의 쉬운 해결과 공격적인 행동의 감소(Fabes & Eisenberg, 1992)
- 또래 거부와 폭력으로부터 모면(Perry, Kusel, & Perry, 1998)
- 학교에서 더 좋은 수행(Elias & Schwab, 2006)
- 비행이나 범죄 위험의 감소(Nagin & Tremblay, 2001)

이러한 기술들은 특히 저소득층 가족과 유아가 스트레스를 관리하여 학업적으로 성공할 수 있도록 도와주는 데 중요한 역할을 한다(Raver, 2002).

문제행동을 지닌 유아는 사회적 · 정서적 영역에서 큰 어려움을 겪는다(Bierman & Erath, 2006). 그들의 또래로부터 거부당하고 때로는 친구가 없이 지내면서 사회적 기술들을 학습하거나 자신감을 습득할 수 있는 기회가 적어지게 된다. 이러한 유아들은 점점 고립되면서 화를 내거나 불안해하고 공격적이고 방해하는 행동들이 증가한다(Fabes, Gaertner, & Popp, 2006; Raver et al., 2007). 정서적 발달은 인지적 발달과 연관이 되어있기 때문에 유아들의 사고가 제 기능을 발휘하지 못하며 그들의 학교 성공을 저해한다(National Scientific Council on the Developing Child, 2004).

공격적으로 행동하는 유아들은 또한 사회적 정보를 처리하는 데 어려움을 가진다. 이러한 유아들은 사회적 단서를 이해하는 데 실패하고 다른 사람들이 적대적인 의도를 지니고 있다고 생각한다. 부가적인 정보를 찾지 못하거나 문제의 대안적인 해결책을 생각하지 못한다. 그리고 자신이 공격적으로 행동했을 때 어떠한 일이 발생할지 고려하지 못한다(제1장 참조). 다른 학생들(그리고 교사)은 이러한 학생들을 두려워하고 종종 그들의 행동에서 부정적인 측면만 보게 된다. 심지어 문제행동을 지닌 학생들이 사회적 · 정서적 기술을 학습하기 시작하더라도 그들의 평판이 그들을 수용하기 어렵게 만든다(Coie & Koeppl, 1990). 이러한 유아들이 사회적 · 정서적 기술들을 필요로 하는 것이다.

어떻게 유아가 사회적 · 정서적 기술을 학습하는가

성인들은 사회적 · 정서적 기술에 대해 모델이 되고 가르치며 강화하고 피드백을 제공한다. 그러나 유아기 시기에는 이러한 기술들을 또래들과의 상호작용을 통해 학습한다(Fabes et al., 2006). 단순히 누가 가족들보다 덜 관대한가에 대한 사회적 평등 문제로만 접근을 한다면, 유아들은 어른들과는 겪어보지 않았던 딜레마에 직면하게 된다. 그래서 만약 유아들의 사회적 기술이 잘 학습되고 상호작용이 긍정적으로 된다면 유아들은 리드하기, 따르기, 의견 말하기, 대화하기, 위협이나 요구에 단호하게 반응하기, 협상하기, 타협하기, 연기하기, 문제해결하기, 다양한 관점으로 바라보기, 서열에 대해 이해하기, 설득하기, 교대하기, 추리하기, 협력하기, 공유하기, 지원을 제공하거나 수용하기, 친밀감 경험하기, 관계를 원만하게 유지할 수 있는 규칙과 중요한 사항들을 학습할 수 있다. 사회적 기술을 잘 익힌 유아들은 함께 있는 것을 더 선호하고 상호작용하면서 더 많은 시간을 보내며 좀 더 사회적으로 능숙하게 된다. 이러한 유아들에게는 갈등도 유용하게 작용하는데 이러한 모든 기술들을 발달시키며 다른 사람의 감정 또한 이해할 수 있도록 도움을 준다(Fabes et al., 2006).

그러나 위험에 놓여있는 유아들은 또래와는 완전히 다른 경험을 한다. 그들은 사회적 · 정서적 기술이 부족하기 때문에 자신의 감정을 조절하는 데 어려움을 가지고 있으며, 때때로 사회적 상호작용이 부족하고 부정적이며 와해된다. 그들은 좀 더 사회적인 능력을 지닌 유아들로부터 거부되고 배제됨으로써 필요로 하는 사회적 기술들을 학습할 기회를 놓치게 된다(Fabes et al., 2006).

그럼에도 불구하고 유아는 그룹에서 거절된 이후에도 친구를 사귈 수 있는데(Katz & McClellan, 1997) 그러한 우정은 거부라는 치명적인 영향으로부터 보호하게 된다(Andrews & Trawick-Smith, 1996). 다른 한편으로 공격적인 행동 때문에 거부를 경험한 유아들은 그들끼리 더 많은 시간을 보냄으로써 자신들의 반사회적 성향들이 강화되기도 한다(Bagwell, 2004).

또래들은 매우 중요한 역할 모델이 된다. 유아들은 모방하는 것을 좋아하기 때문이다(Michelson & Mannarino, 1986). 사회적 기술이 잘 발달된 유아들이 중재를 할 때 문제행동을 지닌 유아들의 공격성이 감소되고 좀 더 많이 수용될 수 있다(Bierman, 1986). 학대와 방임을 경험한 유아들에 대한 연구에서 적절한 행동에 대한 교사들의 강화에는 단지 12%만이 반응했다. 그러나 또래들이 관심을 가질 때 문제행동 유아들은 53%의 반응을 나타냈다(Strayhorn & Strain, 1986). 사회적으로 유능한 또래들은 적절한 행동에 대한 모델이 되고 강화를 해주는 문제행동 유아들을 위한 최고의 교사가 될 수 있다(Slaby et al., 1995; Vitaro & Tremblay, 1994).

어떻게 사회적 · 정서적 기술을 가르칠 것인가

문제행동을 지닌 유아들은 사회적 기술이 잘 발달된 또래들과 함께 있을 때 가장 잘 학습할 수 있기 때문에 학급 전체(또는 학교 전체를 대상으로 긍정적 행동지원을 제공)를 대상으로 사회적 · 정서적 기술을 지도하는 것이 가장 좋은 방법이다. 1명만을 지목하거나 낙인 찍지 않도록 학급 전체에 유용할 수 있도록 한다. 모두가 같은 개념과 어휘를 학습하게 되며 일과 내에서 기술들을 모델링해주고 사용하며 강화할 수 있다(Elias & Schwab, 2006). 이러한 **보편적 중재**(universal intervention)는 대략적으로 유아의 80~90%에 효과적으로 작용한다(Sugai, Horner, & Gresham, 2002). 문제가 지속되는 소그룹이나 개별 유아들을 대상으로 하는 **집중적 중재**(intensive intervention)는 매우 적은 수의 유아들만이 필요로 하게 된다. 그림 7.2를 보라.

몇몇 전문가들은 유치원 시기가 최적의 시간이라고 생각한다(Bierman & Erath, 2006; Mize & Ladd, 1990). 학교에 입학하기 전에 사회적 · 정서적 기술을 학습하지

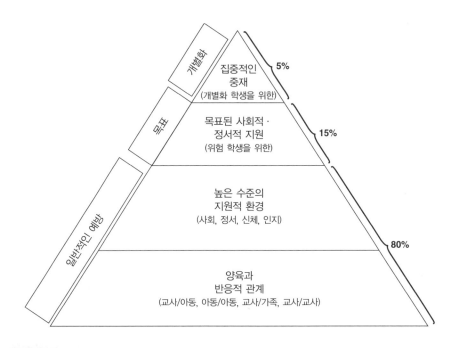

개별화

목표

일반적인 예방

집중적인 중재
(개별화 학생을 위한)   5%

목표된 사회적 ·
정서적 지원
(위험 학생을 위한)   15%

높은 수준의
지원적 환경
(사회, 정서, 신체, 인지)

양육과
반응적 관계
(교사/아동, 아동/아동, 교사/가족, 교사/교사)   80%

그림 7.2

피라미드 모델은 문제행동을 예방하고 줄이기 위한 사회적 · 정서적 능력을 향상시키는 방법이다. 양육과 반응적 관계는 모든 영유아의 사회적 · 정서적 능력을 위한 기초를 형성한다. 피라미드 모델이 보여주는 것처럼 모든 영유아는 높은 수준의 보조적 환경을 필요로 한다. 몇몇 유아들에게는 문제행동을 예방하기 위한 추가적인 지원이 필요하며 이들 중 특별히 어려운 문제행동을 지닌 유아에게는 좀 더 집중화되고 개별화된 중재가 요구된다.

출처 : Fox, L., Dunlap, G., Hemmeter, M. L., Joseph, G., & Strain, P. (2003). The teaching pyramid: A model for supporting social emotional competence and preventing challenging behavior in young children. *Young Children*, 58(4), 48-52.

못한 유아들은 또래 거부나 그것의 결과들에 의해 어려움을 경험하는데 유아들이 어릴수록 사회적 위치의 변화가 더 쉽다. 그러나 그 후에 학습한 사회적 능력들도 도움이 되는데 몇 년 동안 지속해서 연습해야 한다(Mize & Ladd, 1990).

사회적 · 정서적 학습 프로그램은 종종 Bandura의 사회적 인지학습이론에 근거한 다양한 방법들을 사용하는데, 예를 들어 교훈적 교수, 모델링, 역할극, 피드백, 그룹토의가 있다. 유아가 스트레스를 받을 때 새로운 기술을 습득하는 데 어려움이 있기 때문에(Elias & Butler, 1999) 정기적으로 조용한 분위기에서 충분한 예행연습과 편안한 분위기가 필수적이다. 유아들이 이러한 기술들을 수행하도록 도움을 주기 위해서는 교실이나 학교에서 실제 상황에서의 상호작용으로 강화를 하도록 한다(Mize & Ladd, 1990).

사회적 · 정서적 학습을 교육 과정 내에 통합시키는 것은 매우 효과적이다(Elias & Schwab, 2006). 예를 들어 유아가 소설 속 인물들이 어떻게 느끼는지, 그들의 행동이 다른 사람들에게 어떠한 영향을 주는지, 만약에 다른 선택을 했을 경우에는 어떠한 일이 일어날지에 대해서 말하기 또는 쓰기를 통해 다른 사람의 관점을 수용하는 연습을 할 수 있다.

유아가 사회적 기술활동을 시연할 때에는 교사가 역할 모델이 되어야 하고 가장 친사회적인 존재가 될 수 있도록 집중해야 한다. 개별 유아의 요구가 무엇인지를 인지하는 것도 매우 중요하다. 종종 가장 많은 것을 습득해야 할 유아의 참여가 가장 적을 수도 있다. 아마도 자신이 생각하는 행동의 유형들이 위험요인이 되고 낮은 자아존중감 때문에 어떤 것도 그룹 내에서 자신의 위치를 바꾸지 못한다는 생각을 가지고 있을 수도 있다. 만약 유아가 참여를 원하지 않을 경우에는 교실의 원하는 자리에서 듣는 것을 제안한다. 손가락 인형, 사진, 그림, 책, 역할극, 토론 등을 이용해서 실제 사건을 가정해보거나 재연해볼 수 있다. 이러한 외재적인 접근법은 특정 유아를 지목한다는 느낌을 받지 않고 모든 유아의 기술을 발달시킬 수 있다.

다른 수업과 같이 사회적 · 정서적 학습도 즐겁고, 발달적으로 적합하며, 문화적 민감성 또한 갖추어야 한다. 좋은 분위기를 만들 수 있는 몇 가지 아이디어를 제시하면 다음과 같다.

- 게임이나 역할극의 활용
- 비디오를 만들고 토론하기
- 유아들이 보았던 친사회적 행동들에 대한 이야기를 공유하기
- 공개적으로 성취한 것에 대해 축하해주기
- 아동의 목표들(더 많은 친구, 더 나은 학업수행, 안전한 학교)을 활동으로 연결하기

유아들이 실제 상황에 배우는 것들을 적용할 때 교사의 역할은 유아들이 원하는 결과를 얻도록 옆에서 조절하고, 지도하고 촉구를 하며 강화를 해주는 것이다. 적절한 행동의 강화는 유아들에게 자신들이 올바른 방향으로 가고 있으며 계속해서 노력할 수 있도록 해준다. 유아들의 기술이 명확하게 확립이 되면 교사는 자연적 보상(더 좋은 또래 관계)이 충분히 주어지기 때문에 강화를 점차적으로 소거한다.

연구자들은 교사의 열정이 사회적 · 정서적 기술을 성공적으로 지도하는 데 있어서 중요한 열쇠라고 이야기하고 있다(Thornton et al., 2000). 교사는 폭력을 예방할 수 있고 그것을 다르게 만들 수 있다고 스스로 믿음을 가져야 한다.

어떠한 기술들을 유아들이 습득해야 하는가

또래 수용을 증진시키고 긍정적이고 통합적인 사회적 맥락과 사회적 · 정서적 학습에 대한 프로그램들은 항상 감정조절과 감정이입, 충동통제, 그룹 참여, 분노관리, 사회적 문제해결, 자기주장에 초점을 맞추어야 한다.

감정조절과 감정이입

사회적 능력의 기초를 습득하기 위해서는 생후 첫 5년 동안 복잡한 과정을 거친다(National Scientific Council on the Developing Child, 2004). 영아들은 자신의 내적 상태를 조절할 수 없다. 그들은 자신들이 필요로 하는 것이 무엇인지 단서를 해석해서 도움을 제공하고 반응하는 양육자에게 의존한다(Cicchetti, Ganiban, & Barnett, 1991). 양육자들은 아기의 내부조절 시스템의 외부 보호체제로 작용하며, 이것은 점

차적으로 아기에게 인계되어 아기들이 자신의 감정을 조절할 수 있게 된다. 여기에서 기질이 결정적인 역할을 한다. 모든 것에 대해 예민한 유아는 이것을 발견하는 데 어려움을 갖는다(Vandell, Nenide, & Van Winkle, 2006).

애착이론에 따르면 양육자가 유아의 신호에 예민하게 반응하면 유아는 자신의 감정을 더 잘 조절할 수 있게 된다. 다른 한편으로 만약 주 양육자가 예측할 수 없고 필요할 때 곁에 없거나 거부적이라면 유아는 자신의 감정을 조절하는 것을 이러한 방법으로 학습했기 때문에 교실에서도 부적절하게 행동할 수 있다(Greenberg, DeKlyen, Speltz, Endriga, 1997). 주 양육자와 유아와의 관계는 성장해서 관계를 형성하는 데 모델이 되며 자아존중감 형성에 기초가 된다(Bowlby, 1969/1982).

감정(인정하기, 확인하기, 명명하기, 반영하기)에 대해서 이야기하는 것은 자신의 감정이 다양하다는 것을 학습할 수 있으며, 각각의 감정에 대해 이름을 붙일 수 있다(Dunn & Brown, 1991). 이러한 감정이해는 사회적 능력과 감정조절의 기초가 되며 동시에 유아에게 자신의 감정에 대해 행동으로 하기에 앞서 언어를 사용할 수 있게 하는 강력한 도구를 제공한다(Raver, 2002).

교실에서 감정적인 문제가 발생할 때 그것에 대해서 이름을 붙이고 토론하는 것은 좋은 생각이다. 유아에게 어떻게 느끼는지에 대해서 물어보고 제안을 만든다("제프리가 경주차를 가져가서 네가 화가 났니?"). 교사는 또한 긍정적인 감정을 지적해 준다("너랑 레오는 책에 관심이 많구나."). 유아들에게 어떠한 상황이 어떠한 감정을 만드는지 생각할 수 있도록 도와준다("노아가 너랑 놀아주지 않아서 네가 슬프구나."). 그리고 같은 상황에서 어떻게 다른 사람들이 다른 감정을 가지는지에 대해 이야기한다(후안은 높은 미끄럼틀 위에 있을 때 재미를 느끼는데 이네스는 두려움을 느낀다.). 가장놀이, 다른 사람 관찰하기, 거울 보기, 다른 감정을 가진 사람들에 대해 그림 그리기, 질문하기, 다른 상황을 통한 지도, 자기대화 등의 전략을 사용하는 것은 자신의 감정을 배우는 데 도움을 준다(Dunn & Brown, 1991). 쉽게 화를 내거나 공격적이 되는 유아는 아마도 감정의 원인을 찾는 데 어려워할 것이다(Raver et al., 2007).

아마도 유아가 자신의 감정을 조절할 수 있게 도와주는 최선의 도구는 교사와의 관계이다. 경청하고 진심으로 반응하며 편안함을 제공하고 유아가 자신의 감정에 대처할 수 있도록 도움을 준다면 유아들은 자신의 감정을 더 잘 조절할 수 있게 된다 (Karen, 1998). 교사는 자신의 감정을 표현하는 방법으로 이러한 긍정적·부정적인 메시지를 전한다. 유아는 감정을 가지고 표현할 수 있으며 조절할 수 있다는 것을 배우게 된다. 만약 유아가 자신이 필요할 때에 교사가 항상 있다면 점차적으로 안정감을 느끼고 자신의 어려운 감정을 조절할 수 있다는 확신을 갖게 되며 심지어 다른 사람의 감정을 고려할 수 있을 정도로 통제력을 갖게 된다(Karen, 1998).

감정이입(empathy)은 다른 사람의 감정이 무엇인지 이해하고 상대방의 입장이 되어 생각할 수 있는 능력으로 2세 이전부터 형성된다. 예를 들어 우는 동생을 위로하기 위해 토닥거리거나 담요를 가져다주는 행동이다(Dunn & Brown, 1991). 유아들은 모두가 자신이 느끼는 것과 같은 것을 느끼는 것은 아니며 다른 사람들은 다른 감정을 가진다는 것을 인식함에 따라 다른 사람들이 어떻게 느끼게 될지 예상하고 어떻게 적절하게 반응해야 하는지에 대해서 배우게 된다.

다른 사람의 입장을 생각해보는 것은 유아가 세계를 수용하는 방법에 있어서 상당한 차이가 있다는 것을 알게 해준다. 이것은 문제행동을 조절할 때 중요하다(Beland, 1996; Cartledge & Milburn, 1995; Slaby et al., 1995). 문제행동을 지닌 유아는 다른 사람의 관점에서 이해하는 것이 어렵다. 그들은 친구의 화나 스트레스에 의해 두려움을 느끼고 그 친구를 무시하거나 때리는 것으로 자기 스스로를 보호한다(Thompson & Lagattuta, 2006). 학대를 경험하거나 지켜본 유아들은 대항하기 위해 공감적 반응을 닫아버린다(Beland, 1996).

반대로 다른 사람의 감정을 생각할 수 있는 유아는 덜 공격적으로 행동한다. 그들이 친구에 대해서 공감할 때 도움을 더 줄 수 있게 되며 화나게 되거나 오해로 인한 사건이나 고의적인 행동들이 감소하게 된다(Eisenberg & Fabes, 1998). 그들은 자신의 말이나 행동이 어떠한 영향을 가져오는지 예상할 수 있으며 만약 자신이 친구를 밀거나 놀리면 누군가가 상처를 받게 된다는 것을 이해한다. 따라서 더 나은 결정을 하게 되고 문제해결을 할 때 다른 사람들의 감정을 고려하게 되며 안정적인 해답을 찾을 수 있는 기회가 증가한다(Ianotti, 1985).

교사는 유아들이 자신의 감정을 이해하고 명명할 수 있도록 도움을 주는 것과 같은 방법으로 감정이입을 지도할 수 있다. 화를 돋우는 행동과 감정적 결과를 연결해서 설명하도록 하며("네가 한나를 두고 나가는 것이 한나를 슬프게 만든단다."), 교실 내에서 감정이입의 신호에 대해 격려하고 강화하며, 유아들이 다른 사람들의 관점을 받아들일 수 있는 데 도움이 되는 활동들을 계획한다. 다른 사회적 · 정서적 기술과 같이 감정이입도 연습이 필요하다.

감정을 조절하고 표현할 때 다른 문화에서는 다른 믿음과 가치를 가진다. 개인주의적인 유럽계 미국인 문화에서는 유아들은 자신의 감정을 표현하도록 한다. 그러나 일본, 한국, 중국 등의 집단주의 문화에서는 집단의 조화가 중요하게 여겨지므로 사람들은 다른 사람에게 상처를 줄 수 있기 때문에 자신의 감정을 드러내지 않는다(Chan & Lee, 2004).

유아들은 한 문화에서 다른 문화로 이동하면서 이렇게 다른 감정표현방법으로 문화적 충격을 받을 수 있다(Gonzalez-Mena, 2008). 교사는 문화적으로 다른 방법들에 대해서 지도하고 반응해야 한다. 예를 들어 집단주의 문화에서 온 유아에게 그들에게 동의하지 않는 친구들이 있는 상황으로 참여하기를 강요하지 않는다(제6장 참조).

충동통제

충동통제를 위해서 규칙을 알려주거나 그것을 지키지 않았을 때의 결과들에 대해 알려주는 것은 의미가 없다. 문제행동을 지닌 많은 유아들, 특히 다른 사람들을 방해하고, 손을 들지 않고 대답을 하고, 순서를 지키는 데 어려움을 지닌 유아는 모든 규칙이나 왜 그들의 행동이 부적절한지에 대해 설명할 수 있으며 이러한 지식들은 그런 유아들에게 도움을 주지 못한다. 비록 ADHD나 FASD를 포함한 대부분의 유아들이 점차적으로 자신의 충동을 통제하는 방법을 배우고 그 과정을 발견하지만 많은 어려움이 있다.

"아마도 충동을 참는 것 이외에 더 근본적인 심리학적 기술은 없을지도 모른다."라고 Goleman(1997)은 기술하고 있다. "모든 감정의 근원은 자기통제이며, 자신의 본성이고, 하나나 그 이상의 충동은 행동을 수반한다(p. 81)." 충동통제를 지도하는 것은 문제행동을 예방할 수 있는데 이는 유아들이 충동을 둔화시킨 후 자신과 다른 사람들의 감정이 무엇인지 알게 하는 기회를 제공한다.

유아들은 항상 자기통제 기술(또한 사고에 있어서 중요한)을 2~5세 사이에 배운

랜디는 어떻게 느낄까?

Scond Step 폭력예방교육과정(Committee for Children, 2002)에서는 사회적 · 정서적 기술을 지도하기 위해서 사진과 글을 사용한다. 교사는 큰 사진을 교실에 전시하고 사회, 언어, 과학 수업 시간에 개념을 통합시킬 수 있는 생각들을 작성한다.

랜디와 할아버지가 있다. 랜디는 오늘 학교에서 일어난 일에 대해서 이야기를 하고 있다. 랜디의 친구인 데릭이 특별한 휴식 게임에 손지를 초대했지만 랜디는 초대받지 못했다. 랜디는 화가 난 것을 드러내지 않으려고 노력했지만 배가 아파서 점심을 다 먹지 못했다. 랜디는 남은 시간 동안 조용히 지냈다. 집에 돌아오는 길에 랜디는 다시 배가 아팠고 울고 싶어졌다.

1. 랜디의 마음을 어떻게 생각하는가?
2. 랜디가 슬펐을 거라고 어떻게 말할 수 있을까?
   랜디는 무슨 일이 있었고 마음이 어떠했는지 누군가에게 말하고 싶었다. 우리는 우리를 괴롭히는 감정이 생겼을 때 믿을만한 어른과 우리의 감정에 대해서 이야기하면 기분이 나아질 수 있다.
3. 당신이 믿는 사람과 이야기를 나누면 어떤 기분인가? 우리가 믿을 수 있는 사람은 우리가 안전하고 편안하다고 느낄 수 있게 한다.
4. 랜디는 자신이 어떤 기분인지에 대해 할아버지와 이야기하고 싶어 한다. 그것은 감정을 명명하는 데 도움을 준다. 랜디의 감정은 무엇이라고 말할 수 있을까?
5. 랜디의 할아버지가 이야기를 나누기에 훌륭한 사람이라는 것을 무엇으로 알 수 있을까?
6. 학교에서 믿고 이야기를 나눌 수 있는 사람이 누가 있는가?

출처 : Lesson 5, Unit 1, of *Second Step: A Violence Prevention Curriculum*, 3rd edition, 2002. Copyright ⓒ 2002 by Committee for Children. Reprinted with permissin from Committee for Children, Seattle, WA. www.cfchildren.org

다. 이는 만족감을 연기시킬 수 있는 능력(만약 지금 기다리고 참으면 2개의 마시멜로를 가질 수 있다.) 이외에 다음과 같은 것들을 포함한다.

- 좌절에 대한 수용(만약 원하는 것을 얻지 못했을 때 때리지 않기)
- 노력이 필요한 통제(다른 것을 하기 위해 때로는 원하지 않을 때에도 행동을 참는 것. 예를 들어 다른 친구로부터 인형을 빼앗지 않고 수학문제를 풀 때 울기보다는 도움을 요청하기)
- 상황에 맞게 행동하기(도서관에서 조용히 이야기하기)

야단법석인 학급에서 주고받기는 자동적이며 본능적인 행동이다. 유아들은 자신들이 항상 해왔던 것들을 하는데 만약 과거에 공격적으로 행동했던 유아들이라면 공격적인 행동이 다시 나타난다. Slaby와 동료들에 의하면(1995) 유아들은 다음과 같은 이유로 충동적으로 행동한다고 말하고 있다.

- 자신의 감정을 조절하지 못해 문제가 생길 때
- 주의 깊게 듣지 못할 때
- 행동을 멈추고 생각할 수 있게 하는 언어적 기술이 있지만 사용하지 못할 때
- 공격적인 행동 이외에 어떻게 행동해야 하는지 또는 만약 공격적으로 행동했을 때에 어떠한 일이 일어날지 고려하지 못할 때

충동통제는 감정과 행동 사이의 차이를 배우는 것이라고 Goleman (1997)은 이야기하고 있다. 유아가 자신이 화가 나거나 좌절감을 느끼고 있다는 것을 알 때 유아는 또한 감정에는 신호가 있다는 것을 알게 된다. 감정을 인지하는 학습의 한 부분은 자신의 감정이 어떤 것이든지 느끼고 있다는 것은 올바르다는 것을 배우며 그것을 비폭력적인 방법으로 표현할 수 있도록 한다.

평정심을 유지하는 것 또한 중요하다. 마시멜로 테스트에서 4세 된 유아는 2개의 마시멜로를 얻기 위해 자기대화 또는 언어적 전달전략을 사용한다(자기대화, 혼잣말 혹은 언어적 중재라고 부른다.). 유아는 스스로에게 계획을 크게 말하며 자신의 행동

마시멜로 테스트

1960년대 심리학자 Mischel은 특별한 연구를 시작하였다. 그와 동료들은 4세 유아들에게 마시멜로를 주고 연구자가 나간 15분 동안 기다리면 2개를 얻을 수 있고 만약 기다리지 못하면 그냥 하나만 갖게 될 것이라고 이야기하였다.

유아들의 2/3는 2개의 마시멜로를 얻었다. 그들은 유혹에 넘어가지 않게 하기 위해 눈을 가리고 노래를 부르고, 스스로에게 말을 걸고, 손장난이나 발장난을 했다.

연구자들은 이 유아들이 고등학교를 졸업한 후 다시 찾아서 조사를 하였다. 2개의 마시멜로를 얻었던 유아들은 사회적 능력이 뛰어났다. "개인적으로 유능하고, 자신감이 있으며 좌절에 대처하는 능력이 더 발달되었다(Goleman, 1997, p. 81)." 또한 마시멜로 1개를 얻은 학생들보다 평균적으로 SAT 점수가 210점 이상 뛰어난 학생들이었다.

만족감을 연기시키지 못하는 충동적인 유아들은 비싼 대가를 치른다. 청소년이 되면서 그들은 고집스러워지고 우유부단해지거나 좌절에 쉽게 화를 내고 신뢰하지 못하며 질투하고 싸움이나 논쟁을 하기 쉽다.

을 지도한다. 자기대화는 유아들에게 자신의 행동에 대해 책임질 수 있게 한다 (Watson, 2003).

여러 가지 사회적·정서적 기술 프로그램들에서는 유아들에게 그들이 화가 나거나 좌절했을 때 큰 소리로 '멈추고 보고 듣는' 것을 상기시키도록 하고 있다. 교사들은 이러한 방법을 쓸 수 있도록 모델이 되어서 크게 이야기하여 잠재적 과정을 명확하게 해준다. 유아는 또한 깊게 숨을 쉬거나, 5까지 수를 세기, 이완 체조 등을 배운다. 그들이 침착하게 되었을 때 이러한 방법들을 실제 상황에서 해보기 이전에 화가 날 수 있는 상황들을 역할극을 통해 인형, 교사, 친구들과 함께 연습을 해본다. 많은 단서와 촉구, 강화를 제공하는 것을 명심하라.

충동통제에 대해서 지도할 때 예방은 가장 중요하다. 항상 그렇듯이 유아에 대해서 아는 것이 핵심이다. 그 후에 교사는 유아가 언제 어디에서 폭발할 것인지 예측한다. 만약 가까운 곳에서 관찰을 하면 유아에게 규칙이나 기대되는 행동에 대해서 말해주고 유아의 감정이 무엇인지 확인시켜 주며 유아가 통제력을 잃기 전에 무엇이라고 말해야 할지 스크립트를 제공하고 유아가 스스로를 통제할 수 없을 때 일어나는 일에 대한 단서나 정보를 제공해준다. 유아가 성공을 필요로 하는 만큼 도움과 격려를 제공한다.

그룹 참여

유아들은 매일매일 그룹에 참여해야 한다. 그러나 그룹에 참여하는 것이 쉬운 일은 아니다. 연구들에서 유아들은 전체 하루에서 반 이상을 거부를 경험하며 심지어 2, 3학년에서는 전체 시간의 26%를 거부당하거나 무시당한다고 보고하고 있다(Putallaz & Wasserman, 1990).

충동통제는 성공을 위해 중요하다. 기다릴 수 있는 유아들은 그룹에서 무엇이 이루어지고 있으며 어떻게 참여할 수 있는지, 언제 친구들을 받아들여줄지에 대해 생각할 수 있는 더 많은 기회를 가지게 된다. 적어도 세 번 정도 시도를 하는 유아들이 그룹에 참여할 수 있으며 인내가 요구된다(Putallaz & Wasserman, 1990).

전략의 과정 또한 중요하다. 다음에 제시하는 것들이 가장 성공할 수 있는 방법들이다(Putallaz & Wasserman, 1990; Walker, Ramsey, & Gresham, 2004).

- 게임이나 활동의 규칙 알기
- 말하지 않고 그룹 주변을 둘러보기
- 그룹에서 하는 활동을 흉내 내보기(평행놀이)
- 자연적인 휴식 시간에 그룹의 활동에 대해 긍정적인 반응 보이기
- 참여 제안(부분 참여)에 바로 수용하기(예 : 심판 보기)

참여를 요청할 때 유아들은 직접적인 접근을 시도하는 것을 주저한다. 아마도 거부를 당했을 경우 다시 시도하기 어렵기 때문일 수도 있다(Putallaz & Wasserman, 1990). 사회적 상호작용에 효과적인 방법은 그룹이 무엇을 하고 있는지 이해하고 있다는 것을 보여주는 것이다(Putallaz & Sheppard, 1992).

놀이를 방해하거나 길을 막고 말을 하거나 새로운 주제를 소개하고 직접적인 대화를 시도하고 대답이 필요한 질문을 하고 설명을 하거나 동의하지 않은 행동들은 대부분 실패할 수 있다(Walker et al., 2004). 소년들은 거부를 당해도 체면을 세우기

위해서 이러한 전략들을 좀 더 사용하는 경향이 있다(Putallaz & Wasserman, 1990). 그들에게는 실제로 그룹에 참여하는 것보다는 체면을 세우고 지위를 유지하는 것이 더 중요하다.

교사는 특별한 유아의 요구와 관심을 고려한 학급 전체의 활동을 계획하고 진행한다. 만약 루크가 공격적인 행동 때문에 종종 소외되지만 기차를 좋아해서 많은 지식을 가지고 있다면 기차 프로젝트를 계획한다. 루크의 전문적인 지식으로 인해서 그룹의 구성원들에게 인기가 있게 될 것이고 쉽게 그룹에 참여할 수 있게 된다(Carr, Kikais, Smith, & Littmann, n.d.). 그리고 이러한 기술들을 토론, 역할극, 예행연습, 촉구, 강화를 통해 다시 지도한다.

분노관리

심리학자 Tice는 400명의 사람들에게 자신의 감정을 어떻게 관리하는지 질문을 한 후, 그들 대부분이 분노를 관리하는 데 문제가 있다는 것을 발견했다(Goleman, 1997).

유아나 성인 모두에게 분노는 위험한(신체적이거나 감정적인 것) 감정으로부터 나타난다. 모욕을 당했거나 부당한 대우를 받았을 때, 또는 중요한 목표에 도달하는 것이 좌절되었을 때, 자존심이나 자아존중감이 위협받는다고 느꼈을 때(Goleman, 1997) 우리의 몸은 첫 번째로 싸우거나 회피하게 된다. 부신피질 호르몬 덕분에 우리 몸은 흥분 상태를 유지하며 어떤 새로운 공격을 화로 변환시킬 준비가 되어있다. 심지어 원래의 화가 나게 만든 사건('그게 나를 화나게 만들었어.'라는 생각)을 계속해서 생각하게 만들어 화를 상승시키는 효과를 가져온다(Goleman, 1997; Novaco, 1975). 이것이 왜(화를 폭발하거나 베개를 때리는 것) 유아를 침착하게 만들지 못하게 하고 그의 감정을 조절하도록 가르치는 것이 어려운지에 대한 이유이다. 오히려 그것은 폭력성을 증가시킬 수 있다(Berkowitz, 1993).

문제행동을 지닌 유아들에게 세상은 위협과 화를 내게 만드는 잠재적인 원인들로 가득찬 것으로 보인다. 유아는 사회적 정보를 올바르게 처리할 수 없기 때문에 다른 사람의 행동을 잘못 이해하고 종종 또래로부터 거부되고 활동으로부터 제외되거나 과제를 수행하는 데 있어서 좌절을 하게 된다. 수학문제가 너무 어려울 때 화를 내게 되며 자신을 학교에 다니게 한 부모에게 화를 내고 어려운 문제를 낸 교사에게 화를 내며 그것을 잘 푸는 친구에게 화를 내게 된다. 폭발과 함께 화가 지속되는데 그것을 중단시킬 수 있도록 초기에 개입하는 것이 중요하다. 정확하게 어떠한 분노관리 프로그램을 가르칠 것인지가 중요하다.

유아들은 침착한 상태에서 가장 잘 학습할 수 있다. 유아들이 화가 난 상태에서는 듣지 않으며 이러한 상황에서 말하는 것은 실제적으로 그들의 행동을 악화시킨다. 대신에 이런 유아가 자신이 원하는 것을 얻지 못했을 때, 상처받거나 좌절했을 때, 친구가 그를 화나게 했을 때 등 기분이 폭발할 때의 상황을 대비해서 전략을 계획한다.

첫 번째 단계는 몸의 신호(빨개지는 얼굴, 주먹을 꽉 쥐기, 입술을 삐죽이기, 이마 찌푸리기, 팔짱 끼기 등)에 민감해져서 화가 난 것을 인식하는 것이다(Elias, Schwab, 2006). 유아들은 화가 나는 것은 바른 것이라는 것을 배울 필요가 있으며(그러한 감정들은 자신들을 불편하게 만드는 감정이고) 자연스러운 반응이며 명명하고 이해하고 수용하며 조절하는 것이 중요하다는 것을 알게 해준다.

유아들은 또한 감정은 신호이며 화가 나는 감정은 멈추고 다음에 무엇을 해야 할지 생각하는 신호라는 것을 반드시 배워야 한다. 분노관리 프로그램은 직접적인 기술을 가르쳐 주는데 예를 들어 충동통제를 위해 사용했던 자기대화('멈추고', '가라앉히고', '나는 화가 났어.', '나는 곧 화를 낼 거야.'), 천천히 호흡하기, 휴식하기, 숫자 세기 등을 사용한다(Coie & Koeppl, 1990; Kreidler & Whittall, 1999). 한 유치원 교사는 유아들에게 손을 들어 자신의 가슴에 올려놓고 그들이 어떻게 느끼는지 확인하며 "나는 크게 뛰는 가슴이 화가 날 신호라는 것을 알았어요."라고 말하였다 (Bauer & Sheerer, 1997). 거북이 방법(Robin, Schneider, & Dolnick, 1976)은 유아들이 화가 났을 때 자신의 팔로 만든 '껍질'로 들어가 자신의 몸을 감싸서 신체적인 행동을 못하게 하고 침착해질 수 있도록 도와주는 방법이다.

재구성은 화를 조절하는 다른 효과적인 방법이다. 교사는 감정이입을 통해 일어난 상황에 대해서 다른 관점으로 바라볼 수 있다("엠마는 너에게 상처를 주려고 한 것이 아니라 너를 도우려고 했어."). 또는 설명을 해준다("엠마가 실수를 한 거야. 왜냐하면 엠마가 너무 많은 물건을 가지고 있어서 네가 어디로 가는지 보지 못했어."). 교사는 또한 화를 외현화함으로써 재구성할 수 있는데 유머를 사용할 수 있고 (그러나 빈정대지 않도록 한다.)("컴퓨터가 오늘 기분이 안 좋은가 봐."), '감정 괴물'을 멈추게 하거나 유아가 화가 났을 때 설명하는 방법 등을 사용할 수 있다(Coie, Underwood, & Lochman, 1991).

유아가 통제할 수 있는 상황이 되면 원래의 상황에서 문제해결을 하기에 적절한 시간이다. 이 시점에서 유아는 "나는 수학이 너무 어려워서 화가 났고 무엇을 해야 할지 모르겠어요."라고 말할 수 있게 되며 교사의 도움을 받고 문제를 해결하기 위한 생각에 대해 브레인스토밍을 한다. 이러한 과정을 통해 의자를 집어던지는 것이 아닌 화가 나는 감정을 올바르게 이해할 수 있도록 해준다.

사회적 문제해결 또는 갈등해결

올바른 문제해결은 유아의 공격적인 행동을 방지하고 유능감과 자아존중감을 확립하고 친구를 사귈 수 있게 해준다(Slaby et al., 1995; Spivack & Shure, 1974). 유아들은 협력자로서 교사의 도움을 필요로 하게 되고 교사는 일과 동안 많은 시간과 노력을 필요로 하게 된다. 만약 유아들이 피곤해할 경우에는 일과 중에 간식 시간이나 휴식 시간을 갖는 것이 좋다. 일과 중의 갈등 상황은 평범한 일상이며 유아들이 스스로 생각하고 해결책을 배울 수 있는 좋은 학습 기회를 제공한다.

감정(화, 슬픔, 불안)은 문제가 있다는 첫 번째 징후이고(Elias & Schwab, 2006) 유아들이 감정을 조절할 수 있도록 도와주어야 한다. 모든 유아가 진정되고 경청할 수 있을 때 시작한다. 대부분의 전문가들은 사회적 문제해결을 위한 다섯 가지 기본 단계가 있다고 말하고 있다(Committee for Children, 2002).

- 문제 확인. 논쟁에 놓여있는 각 참여자들에게 반드시 자신의 관점을 제시하고 자신이 보는 관점으로 문제를 정의할 수 있는 기회를 제공한다. 마지막으로 유아들은 서로 다른 관점과 가능한 해결책을 공유함으로써 문제를 조직화할 수 있도록 해야 한다. "세자르가 나를 밀었어요." 또는 "드숀은 내가 컴퓨터를 사용하지 못하게 했어요."와 같이 사실만 이야기하고 그것에 대해 구체적으로 설명하지 않도록 한다. 세자르와 드숀이 "우리는 같이 컴퓨터는 사용하기를 원해요."라며 문제에 동의했을 때 해결책을 찾기 시작한다.
- 해결책을 위한 토의. 여러 해결책 중에서 선택할 수 있도록 하는 것이 좋다. 교

사는 여러 제안 등을 비판단적으로 제시하고 유아들에게 자율권을 부여하고 사고할 수 있는 기술을 향상시킨다. "좋은 생각이야. 또 다른 의견은 없니?" 등의 표현을 사용하여 다른 생각이 떠오를 수 있도록 도움을 준다. "드손이 첫 번째로 사용하고 10분씩 사용해요.", "컴퓨터 게임을 함께해요.", "선생님께서 1명은 선생님 컴퓨터를 사용할 수 있도록 해주세요." 유아들이 과거에 비슷한 문제에서 사용했던 해결책 중에서 만족스러웠던 해결책을 상기시키고 유아들이 해결책을 제안하면서 그들의 목표가 무엇인지 생각할 수 있도록 격려한다.

- 해결책 평가하기. 해결책이 어떻게 작용할지에 대해 검토해본다. Second Step 프로그램은 이 단계를 "만약 ~했더라면?"이라고 부르며 자신들이 제안했던 행동의 가능한 결과들을 예측할 수 있도록 도움을 준다. 유아들은 모든 유아들이 참여하여 생각해낸 해결책에 동의해야 한다.
- 해결책을 선택하고 시도해보기.
- 결과 평가하기. 만약 첫 번째 해결책이 효과가 없다면 각 단계를 다시 거쳐본다.

비록 어린 유아들은 이러한 단계를 한 번에 배울 수 없지만 한 번에 한 단계씩 배울 수 있게 한다.

사회적 정보를 처리하는 데 어려움을 가진 유아들을 위해서는 이러한 기술들을 학습하고 실행하는 것이 중요하다. 만약 사회적 정보처리 문제를 지닌 많은 유아들이 자신의 실패는 자기 자신의 잘못이고 성공은 행운 때문이라고 믿는다면 쉽게 포기할 것이다(Rubin et al., 1998). 문제해결 학습을 통해 유아들에게 힘을 실어주는 동시에 이러한 기술들을 향상시킬 것이다. 의도적인 행동과 사고의 구별을 통해 친구의 의도에 대해 덜 의심하게 되고 비폭력적인 대안으로 극복할 수 있게 된다(Price & Dodge, 1989). 그러나 다른 사람에게 적대적으로 대하는 것에는 삶과 죽음과 같은 환경적인 요인도 작용한다(Guerra, 1997b)(제13장 참조).

자기주장

자기주장 기술을 지닌 유아들은(자신의 감정, 요구 등을 다른 사람에게 폭력적이지 않게 주장하고 표현하는 것을 알고 있는) 덜 적대적이고 우호적이다(Hodges,

Boivin, Vitaro, Bukowski, 1999)(제13장 참조).

유럽계 미국인 학교에는 자기주장행동(그룹에 참여하기, 그네 순서 바꾸기, 다른 친구가 마음대로 할 때 이름을 부르는 등)이라고 불리는 상황들이 지속적으로 존재한다. 어떻게 접근하고 반응해야 하는지에 대해 아는 것은 유아로 하여금 공격적인 행동 없이도 자신의 행동을 성취할 수 있다는 것을 알게 해주는 것이다. 적극적인 반응은 괴롭힘으로부터 자신을 보호할 수 있으며, 적극적인 제안은 공격적인 유아에게 공격적인 행동 없이도 자신이 원하는 것을 얻을 수 있다는 것을 알게 해준다. 모든 유아들이 이 기술을 학습했을 때 그들은 서로를 도울 수 있으며 다른 유아의 자기주장행동을 강화하고 누군가를 비난하고 낙인 찍는 행동들을 방지할 수 있다.

자기주장행동은 수동적인 행동(다른 사람의 편의를 위해 자신의 요구를 무시하는 것)과 공격적인 행동(다른 사람의 권리를 부정하는 것) 사이의 연속선상에 놓여있다(Bedell & Lennox, 1997). 유아들은 특정 상황에 가장 적합한 것을 선택하기 위해서 이러한 연속선상에서 다양한 반응들을 필요로 한다(Rotheram-Borus, 1998).

Slaby와 동료들(1995)은 자기주장행동의 두 가지 유형을 기술하였다. 우리가 사용하는 **반응적 자기주장행동**(reactive assertive behavior)은 다른 의견을 가진 사람의 행동을 변화시키기 위해서 또는 불합리한 요구를 거절하기 위한 반응이다. **능동적 자기주장행동**(proactive assertive behavior)은 상호작용을 시작하고 유지할 수 있도록 도와주며 긍정적인 감정을 표현하고 칭찬을 주고받으며 요구와 제안을 하고 정중하고 개방적인 자세로 생각을 제공한다(Hargie, Saunders, & Dickson, 1994). 이러한 유형은 반응적 유형보다 부드럽고 친근하며 안정적이다.

자기주장은 문화와 관련이 깊다. 겸손과 집단의 조화를 중요한 가치로 여기는 문화에서는 눈살을 찌푸리는 행동으로 여겨질 수 있다(Bedell & Lennox, 1997; Hargie et al., 1994). 유럽계 미국인 문화에서는 자기주장 반응이 항상 다음과 같은 행동을 수반한다.

- 상대방을 마주하고 바라보기
- 단호한 목소리로 크고 명확하게 직접적으로 이야기하기
- 상대방의 행동에 대해 어떻게 느끼는지 나-메시지를 사용하여 말하기

- 언어적 메시지에 부합되는 얼굴표정과 몸짓 사용하기
- 다른 사람으로부터 45~90cm 정도 떨어져서 바르게 서기
- 즉각적으로 대답하기(Bedell & Lennox, 1997; Weist & Ollendick, 1991)

자기주장에는 여러 기술이 필요하다. 충동통제에 비해 자기주장 기술은 모든 유아들에게 자신의 생각과 감정을 알게 하며 자신이 원하는 말과 행동을 알 수 있게 하기 때문에 가장 중요할 것이다. 인기가 있는 유아들의 자기주장 반응에 대해 조사한 연구자들은 이러한 유아들은 자신의 요구와 거절에 대해서 정당한 이유를 제공한다는 것을 알아냈다(Weist & Ollendick, 1991).

다른 사회적 · 정서적 기술들과 같이 자기주장 기술도 흥분한 상황이 지나간 후에 지도하는 것이 중요하다. 연습 상황이나 유아가 새로운 기술을 교실 내에서 사용할 때 지도하고 강화하는 것은 특히 중요하다. 자기주장에 대해서 들어본 경험이 없는 유아들에게 효과적인 자기주장 반응을 지도하기 위해서는 대본이 필요할 것이다.

다시 한 번 더 강조하는 것은 사회적 · 정서적 기술을 실행하고 연습할 때에는 유아들이 안정된 상태에서 실행해야 한다는 것이다. 유아들이 연습에 들어가면 교사는 충분한 촉구와 지도, 단서, 강화를 제공해야 한다. 비록 사회적 · 정서적 학습이 우리가 직면한 모든 문제를 해결할 수 없지만, 긍정적인 사회적 분위기를 형성하며

입장 밝히기

괴롭힘을 방지하기 위해서는 유아들은 반드시 다음과 같은 자기주장 반응(즉각적이고 직접적이며 명확한)을 배워야 한다(Slaby et al., 1995).
- 신체적 공격에 대해서는 "나는 네가 때리는 것이 싫어.", "나를 발로 차지 마. 다치잖아."
- 물건을 가져가거나 자리를 뺏는 행동에 대해서는 "나는 아직 그것을 끝내지 않았어.", "나는 여기에 있을 거야."
- 언어폭력이나 차별에 대해서는 "나는 네가 그렇게 말하는 것이 싫어.", "누구나 여기서 놀수 있어."
- 부당한 대우를 받았을 때에는 "이번에는 내 차례야."

유아들을 평안하고 안전하게 느낄 수 있도록 도와준다.

이에 대해 〈부록 A〉에서는 반응적 태도를 위한 체크리스트를 제공하고 있다.

생각해볼 문제

1. 이 장에서 나타나있는 학급 내에서 사회적 맥락을 발전시키고 지지할 수 있는 방법들에 대해서 생각해보라.

2. "공평하지 않아요."라고 아동들이 말했을 때, 교사가 생각하는 '공평'의 의미는 무엇일까? 교사가 모든 아동들을 같은 방법으로 가르치지 않는다는 것을 어떻게 부모들에게 설명할 수 있을까?

3. Paley가 유치원 학급에서 '말을 못하면 놀지도 못해.'라는 규칙을 도입하였다. 이렇게 한 이유는 무엇인가? 그녀가 옳다고 생각하는가? 그녀가 문제를 해결할 수 있는 다른 방법이 있는가?

4. 어떠한 그룹에 들어가려고 노력했던 경험이 있는지 생각해보라. 어떤 감정이었는가? 어떻게 노력했는지 기억하는가? 어떤 방법이 효과적이고 효과적이지 않았는지 기억하는가?

5. 어떻게 화가 난 걸 알 수 있을까? 화가 났다는 신호는 무엇인가? 화가 났다는 것을 아는 것이 어떻게 자신의 감정을 다스리는 데 도움이 되는가?

6. 하나의 사회적 맥락 상황(학교 등)에 적합한 행동이 다른 사회적 상황(아동의 집)에서는 적합하지 않을 수 있다. 아동이 스스로 문제를 해결할 수 없는 상황에서 살고 있다면 이 아동에게 가르칠 수 있는 비공격적인 전략에는 무엇이 있을지 생각해보라.

참고문헌

Apacki, C. (1991). *Energize! Energizers and other great cooperative activities for all ages*. Newark, OH: Quest Books.

Children's book list. (n.d.). www.vanderbilt.edu/csefel/documents/booklist.pdf

Collaborative for Academic, Social, and Emotional Learning(CASEL). http://casel.org/

Goleman, D. (1997). *Emotional intelligence*. New York: Bantam.

Joseph, G. E., & Strain, P. S. (2003). Comprehensive evidence-based social-emotional curricula for young children: An analysis of efficacious adoption potential. *Topics in Early Childhood Special Education, 23(2)*, 65-76.

Katz, L. G., & McClellan, D. E. (1997). *Fostering children's social competence: The teacher's role*.

Washington, DC: National Association for the Education of Young Children.

Paley, V. (1993). *You can't say you can't play*. Cambridge, MA: Harvard University Press.

Responsive Classroom. www.reponsiveclassroom.org/index.html

Slaby, R. G., Roedell, W., Arezzo, D., & Hendrix, K. (1995). *Early violence prevention: Tools for teachers of young children*. Washington, DC: National Association for the Education of Young Children.

Technical Assistance Center on Social Emotional Intervention for Young Children(TACSEI). www.challengingbehavior. org/

Vance, E., & Weaver, P. J. (2002). *Class meetings: Young children solving problems together*.

Washington, DC: National Association for the Education of Young Children.

Note : In the last few years, a virtual library of user-friendly social and emotional skills programs has appeared on the market.

Incredible Years, Dina Dinosaur Curriculum, 1441 8th Avenue West, Seattle, WA98119; phone 888-506-3562 or 206-285-7565; www.incredibl eyears.com/program/child.asp

PATHS, Promoting Alternative Thinking Strategies, Channing Bete Company, 1 Community Place, South Deerfield, MA 01373-0200; phone 1-800-477-4776; www.chnning-bete.com/prevention programs/paths-preschool/; www.channing-bete.com/prevention-programs/paths/

RCCP, Resolving Conflict Creatively Program, Educators for Social Responsibility, 23 Garedn Street, Cambridge, MA 02138; phone 1-800-370-2515; http://esrnational.org/prefessional-services/elementaryschool/prevention/resolving-conflict-creatively-program-rccp/

Second Step: A violence prevention curriculum, Committee for Children, 568 First Avenue South, Suite 600, Seattle, WA 98104; phone 800-634-4449; www.cfchildren.org/programs/ssp/overview

Chapter **08**

문제행동 예방 :
물리적 공간, 일과와 전이, 교수전략

Chapter 08
문제행동 예방
: 물리적 공간, 일과와
전이, 교수전략

이전 장과 같이 이 장에서도 문제행동의 예방에 초점을 맞출 것이지만 좀 더 익숙한 접근방식이 될 것이다. 학급 내에서 문제행동을 최소화하기 위해서 유효성이 입증된 방법을 설명할 것이다. 이 장은 세 부분으로 나누어졌으며 첫 번째는 교실의 물리적 공간, 두 번째는 일과와 전이, 세 번째는 다양한 교수전략에 대해 다루게 될 것이다.

물리적 공간

Greenman은 그의 저서 *Caring Spaces*(2005)에서 "모든 환경은 메시지를 가진다."라고 기술하고 있다(p. 13). 도서관, 식당, 수영장을 생각해봤을 때 각각의 장소는 그곳에서 어떻게 행동해야 하는지 정확하게 알려주고 있으며 교실도 마찬가지이다.

우리가 본 것처럼 사회적 맥락은 대부분의 메시지를 전달하고 있으며 사회적 맥락과 물리적 공간은 상호적인 관계이다. 이 둘은 서로에 영향을 주기 때문에 물리적 환경은 그 공간 내에 있는 사람들에게 중요한 단서를 제공한다. 즉, 교실의 환경을 구성하는 방법이 문제행동을 예방할 수 있다는 것을 말해주고 있다(Katz & McClellan, 1997). 가구와 용품의 배치 등과 같은 환경에 대한 전반적인 계획과 공간의 활용은 유아로 하여금 편안함 또는 불편함을 느끼게 하거나 유아를 통합시키거나 독특하다고 느끼게 할 수도 있으며, 교실에 질서가 있다고 느끼거나 또는 통제할 수 없는 환경이라고 느끼게 할 수도 있다. 공간을 변화시키는 것이 행동을 변화시키는 것보다 확실히 쉬운 방법이며 역설적으로는 물리적 공간을 변화시키는 것이 행동을 변화시킬 수 있다는 것을 의미한다. 이러한 이유와 같은 맥락에서 건물 주인들이 건물의 낙서를 지우고, 깨진 창문을 수리하는 것은 다른 사람들에게 건물을 잘 관리하고 있다는 것을 알려주면서 그만큼 소중하게 다루어주기를 바라는 것이다.

하루 종일 유아들을 힘들게 만드는 것 중 하나는 그들의 공간, 장난감, 교사의 관심을 다른 유아들과 공유해야 하는 것이다. 교육위원회와 주정부에서는 교사 대 유아의 비율, 그룹 크기에 따른 공간에 대해 정기적으로 권고사항을 만들고 있으며 (Pianta, 2006), 미국유아교육협회(National Association for the Education of Young Children, NAEYC, 2007)에 의해 적합한 기준이 마련되어 있다. 그러나 정해진 기준에 따른다 하더라도 많은 유아들은 최적의 상태라고 보기 힘든 교실에 놓이게 된다. 이러한 기준은 더 많은 공간이나 성인의 관심을 필요로 하는 유아들의 요구를 만족시키는 데 어려운 걸림돌이 된다.

어떻게 공간의 활용이 학습을 촉진시키고 적절하고 친사회적인 행동을 격려하는 배려 깊고, 협력적이며, 통합적인 학급을 만드는 데 도움을 줄 수 있는가? 어떻게 주변 환경이 유아들의 소속감, 자율성, 유능감에 대한 요구를 만족시키는 데 도움을 줄 수 있는가?(Deci & Ryan, 1985) 이에 대한 몇 가지 아이디어를 제시하고 있다.

맞이하기

첫인상은 결정적인 역할을 한다. 교사가 유아들을 맞이하는 첫날을 준비할 때, 유아에 대한 자료를 살펴보고 이전 교사들과 이야기를 나누어서 유아의 생활과 흥미에 대해 알고 있어야 한다. 유아와 가족들이 자신들과 관련이 되어있고 그들의 문화를 반영한 교실을 보았을 때 더욱 소속감을 느낄 수 있으며 교실에서 일어나는 일에 대해 적극적으로 참여하게 된다. 유아가 각자 자신의 물건을 보관할 수 있는 장소를 준비한다. 그리고 성인 사이즈 가구를 최소한 1개 정도 배치하여 가족들이 가정과 같은 느낌을 가질 수 있도록 한다. 교사도 유아들이 인사하면서 안을 때 교사의 무릎 위에 자연스럽게 유아들이 앉을 수 있도록 편안하게 앉아있는다. 부모와 어린 동생들을 위해 카펫이나 전등, 화분, 책 등을 준비해서 교실에 방문하는 모든 사람들을 환영한다는 메시지를 전달할 수 있도록 한다(Gonzalez-Mena, 2010).

가구 배치

한 해 동안 유아들에 대해 더 잘 알게 되고 여러 번의 학급 모임을 갖고 다양한 그룹으로 지도하면서 공간을 수없이 변경하게 될 것이라는 것에 대해서는 의심의 여지가 없다. 그러나 가정에 기반을 둔 기본적인 배치는 유아의 학습을 촉진시키기 위해 우선시되어야 한다. 영아 학급이나 유치원 교실에서는 역할놀이 영역이 가장 복잡한 사회적 상호작용을 일으키고 블록, 게임, 목공, 모래, 조작 영역이 그 뒤를 잇는다(Quay, Weaver, & Neel, 1986). 그래서 이러한 소그룹활동이나 유아들이 함께 놀이를 하면서 서로 격려할 수 있는 공간을 제공해주는 것이 매우 중요하다. 컴퓨터 영역에도 1명 이상 앉아서 작업할 수 있게 해주고, 만약 모래 테이블의 네 면을 모두 이용할 수 있다면 4명의 유아들이 각각 자신의 공간을 갖고 모래와 장난감은 함께 공유할 수 있도록 한다. 이러한 결과로 유아들은 더욱 좋은 또래 관계와 더 나은 사회적 협상 기술을 갖게 될 것이다.

　문제행동을 지닌 유아들은 아마도 많은 약속과 규제가 있는 물리적 공간의 기능에 대해 문제를 나타낼 것이다. 물론 모든 유아는 일정 부분 제약이 필요한데 이에

역할놀이, 목공작업, 블록놀이는 사회적 상호작용뿐 아니라 공격행동이 나타날 수 있는 기회를 더 많이 지니고 있는 영역이다.

대해서는 이후에 다시 언급할 것이다. 그러나 너무 많은 제약을 부여하는 것은 문제를 악화시킬 수 있다(Kritchevsky & Prescott, 1977). 어떤 특정한 지점에서 유아는 듣기를 멈출 수 있는데 이것은 응급 상황에서는 위험해질 수 있다. 그러므로 교실을 현명하게 배치해서 유아가 지속적으로 교사의 경고를 듣지 않고도 움직일 수 있도록 해야 한다.

독립성과 자율성을 길러주고 싶다면, 선반을 잘 체계화하고 유아들이 쉽게 접근할 수 있도록 만들어야 한다. 만약 블록 영역을 유아들이 복잡하게 놀이하는 영역 옆에 배치하면 누군가가 다른 유아가 만든 작품을 망가뜨리게 되어 화를 내거나 좌절할 수 있게 되는 원인이 될 것이다. 싱크대 근처에 모래, 물, 미술 영역 등을 배치해서 유아들이 물이나 물감을 잔뜩 묻힌 붓이나 그릇을 들고 교실을 가로질러 걷지 않게 한다. 그리고 책 읽기, 쓰기, 조형과 같은 조용한 활동들은 함께 배치하고 소음이 많이 발생하는 영역에서는 멀리 배치한다. 재료와 도구들이 알기 쉽고 뚜렷하게 표시된 장소와 상자에 놓여있을 때 유아들은 각각의 물건들이 어디에 속해있는지 알며 쉽게 정리할 수 있다. 대그룹이나 이야기 나누기 시간에는 선반들을 닫아둔다. 그렇지 않으면 유아들이 자꾸 호기심을 보일 수 있다.

때때로 유아들은 평화롭고 조용함을 필요로 하기 때문에 방해받지 않을 장소를 제공해주는 것이 매우 중요하다. 이렇게 마련된 장소에서 초등학생들은 공부를 하거나 휴식을 취하고 몇몇 친구들과 이야기를 하거나 아픈 학생들은 회복할 수 있을 것이다. 카펫, 편안한 쿠션, 안락의자나 쿠션소파 등을 제공해서 스스로 진정될 수 있도록 도움을 주는 것이다. 연령이 낮은 유아들은 부드러운 가구나 베개 같은 개인 용품이 필요하다. 그러나 소음이 있는 교실에서 조용한 공간은 무의식적으로 문제행동을 하는 쉽게 산만해지거나 흥분을 하는 유아들에게는 충분히 조용한 장소가 될 수 없기 때문에 사무실에서 휴식을 취하도록 하는 것이 좋다.

공간을 배치할 때에는 빈 공간도 염두에 두어야 한다. 한 연구에서 많은 수의 유아들이 '1/3보다 작지 않고 1/2를 넘지 않는 빈 공간'을 필요로 한다는 것을 찾아냈다 (Kritchevsky & Prescott, 1997, p. 19). 그러나 또한 너무 개방된 공간은 달리기, 쫓기와 혼동을 야기시킨다. 낮은 선반과 가구를 통해 넓은 공간을 나누어 정돈하고 구조화해준다. 만약 교사가 명확한 경계와 한 영역에서 다른 영역 사이의 잘 정비된 이동경로를 테이프나 발자국 표시들로 설계해준다면 유아들은 더 편안하게 느끼며 협조적인 행동을 하게 될 것이며 방해를 하는 것이 줄어들게 될 것이다. 개인적인 공간을 방해받는 것을 막기 위해 각 영역에는 입구와 출구를 만들어주는 것이 좋다.

그리고 카펫 위에 전체 유아가 모일 수 있는 공간을 계획해야 한다.

초등학교 학급의 책상과 탁자의 배열은 교사의 교육 목표와 철학을 반영한다. 작은 탁자와 책상들은 3~6명의 유아들을 작은 그룹으로 모이게 해서 협동과 협력이 필요한 활동이라는 것을 알게 한다. 이러한 자리 배치는 유아들이 함께 협력하고 물건을 공유하고 서로 도울 수 있도록 한다. 만약 책상 사이마다 지나가는 길을 명확하게 만들어주면 방해받지 않고 소그룹활동을 진행할 수 있게 되고 교사도 그룹을 돌아다니면서 의견을 듣거나 도움을 주는 등 그룹활동에 참여할 수 있게 된다.

줄이 맞춰진 책상들은 교사 중심의 학급을 의미한다. 이러한 배치는 유아들이 서로 이야기를 나누기가 어려우며 교사는 앞줄부터 교실의 중간까지 '활동 영역' 내에 있는 유아들과 상호작용하게 된다(Adams & Biddle, 1970). 만약 이러한 배열을 선택했을 때에는 어려움을 겪거나 이중 언어를 사용하는 유아들은 앞쪽에 앉히거나 다른 유아들 사이에 자리를 앉히도록 하며 교실 전체를 살펴볼 수 있도록 유아들 주변을 걸어 다니거나 주의를 집중하도록 한다. 그 해 후반에는(연말쯤에는) 다른 배치를 시도할 수 있을 만큼 익숙하게 느껴질 수도 있게 된다.

어떠한 교실 배치를 선택하더라도 유치원(학교) 첫날에는 자리를 배정해주는 것이 좋다(Wong & Wong, 2001). 비록 유아가 스스로 결정할 수 있도록 하는 것이 좋은 연습이기는 하지만 첫날에 한 번은 교사가 담당해야 한다. 만약 유아들에게 자신들이 원하는 곳에 앉게 한다면 자신들의 그룹을 만들기 쉬우며 반면에 섞여서 앉히면 새로운 유대 관계를 형성하게 되고 사회적 기술을 증진시키고 다양한 재능과 지성이 발휘될 수 있다. 유아의 생활기록부를 읽고, 유아를 담당했던 교사와 이야기를 나누는 것이 누구를 어디에 앉혀야 하는지 결정하는 데 도움이 된다.

또한 쉽게 산만해지는 유아는 집중할 수 있도록 도움을 받아야 한다. 교실 앞에 앉혀서 주변 자극을 차단시키고 창문이나 문, 연필 깎는 장소, 교사의 책상과 같이 분주한 장소로부터 멀리 떨어뜨려서 자리를 배치한다(Epstein, Atkins, Cullinan, Kutash, & Weaver, 2008). 만약 집중을 잘하는 유아 옆에 앉힌다면 협력하는 데 있어서 좋은 역할 모델이 될 것이다(U.S. Department of Education, Office of Special Education Programs, OSEP, 2004).

의례적으로 교사의 책상은 앞에 위치하는 것이 일반적이었다. 그러나 이러한 위치에서는 교사와 유아 사이가 가로막히게 되므로, 칠판이나 프로젝터를 사용하기 위해 교사가 뒤로 가지 않아도 되는 교실의 뒤쪽이나 옆면에 교사의 책상을 배치하는 것을 생각해볼 수 있다. 교실 전체를 볼 수 있는 곳과 다른 유아들을 방해하지 않고 개별 유아나 소그룹으로 이야기를 나눌 수 있는 곳에 책상을 배치하도록 한다.

자료의 선택

교사가 선택한 재료, 장난감, 게임, 책 또한 유아의 행동에 영향을 줄 수 있다. 유아들의 참여를 위해서는 흥미, 능력, 문화, 기질, 발달 단계에 적합해야 한다. 만약 조립식 장난감이 너무 어렵다면 유아들은 총과 같이 간단한 것을 만들게 될 것이다. 경쟁적인 게임은 공격적인 행동을 일으키며(Slaby, Roedell, Arezzo, & Hendrix, 1995; Sobel, 1983), 슈퍼영웅이나 군인놀이를 하고, 많이 기다려야 하는 게임을 하며 텔레비전 쇼의 폭력성을 바탕에 둔 장난감을 가지고 논다(National Association for the Education of Young Children, 1990, 1994). 찰흙, 모래, 물놀이와 같은 촉감놀이는 유아들을 이완시키는 데 도움이 되고 낙하산이나 타이어 그네와 같은 어려운 기구를 타는 것은 협동을 필요로 하게 된다.

폭력과의 전쟁

9·11 테러 이후 태어난 유아들은 항상 교전 중인 나라에서 살고 있으며 이러한 유아들은 점점 전쟁놀이에 열광하는 것처럼 보인다(Levin & Carlsson-Paige, 2006). 유아들은 본 것을 이해하기 위해 자신들의 생활 속에서 폭력문제를 연습해보기를 원한다. 그리고 이러한 것들을 가능하게 하도록 자신들이 조정하고 결정할 수 있는 극본이 있는 '창작놀이'를 만들기도 한다.

그러나 폭력적인 텔레비전 쇼와 비디오, 컴퓨터 게임과 관련된 실제와 흡사한 장난감들은 유아들의 놀이의 본성을 변화시키고 있다(Levin & Carlsson-Paige, 2006). 그것은 종종 Piaget 이론의 용어로 '모방'이 된다. 이러한 놀이는 제한적이고 반복적이며 단순히 텔레비전 쇼의 대사와 인물들을 모방하는 것으로는 유아들이 자신들의 경험을 자유롭게 구사하거나 발달적 요구를 만날 기회를 제공하지는 않는다. 대신에 유아들은 더욱 상처와 폭력에 대한 유해함을 배우게 된다.

Levin과 Carlsson-Paige는 *The War Play Dilemma*(2006)에서 전쟁놀이에 대한 최상의 접근은 그것을 적극적으로 사용하는 것이라고 결론 내리고 있다. 이러한 방법으로 교사들은 유아들이 공격적 충동을 통제할 수 있도록 지도하며, 다른 사람의 관점을 이해하고, 세계에 대한 이해와 자신의 힘에 대해 인지할 수 있는 경험을 제공할 수 있다. Carlsson-Paige(2006)는 다음의 것들을 제안했다.

- 유아들이 자신의 감정과 생각을 반영한 놀이를 어떻게 사용해야 하는지에 대해 생각할 수 있도록 하는 시도
- 새로운 역할이나 재료들을 제안하고 놀이 안에서의 역할을 임시적으로 정해봄(통제하지 않고)으로써 놀이를 확장할 수 있는 도움을 제공
- 유아들이 놀이하지 않을 때 놀이와 그 내용에 대하여 이야기를 나누고 미술, 독서, 이야기 만들기, 쌓기 등을 통해 유아들의 관심 영역을 함께하기

비록 어떤 유아들에게는 장난감 제공을 가정에서 보충해주기 때문에 보육기관이나 학교에서의 사용을 수월하게 해주지만 유아들은 새로운 문제를 만들어내기도 한다. 어떤 유아들은 총이나 칼과 같은 적절하지 못한 장난감만 선택하고 다른 유아들은 자신의 소유물을 공유하거나 보호하는 데 걱정을 해서 놀이에 집중을 하지 못한다. 부모들 또한 언쟁에 휘말리게 된다. 아침에 늦었을 때 자녀들과 액션 히어로 장난감에 대해 논쟁하는 것을 줄이기 위해 규칙을 무시하고 보육기관이나 학교에 와서 결론짓기를 원한다. 부모와 함께 문제를 해결하기 위해 협상을 하는 것은 중요하다. 한 센터에서는 다음과 같은 절충안을 제시했다. 무기와 같은 부적절한 장난감은 9시 30분까지 허용되며, 유아들의 사물함에 보관하도록 제안했다. 유아들이 다른 아이들과 함께 공유하고 싶은 것을 가지고 오는 것은 격려해야 한다. 아마도 모두에게 읽어주고 싶은 책이나 함께 듣고 춤을 출 수 있는 자신의 문화가 반영된 음악 테이프가 있을 수 있다.

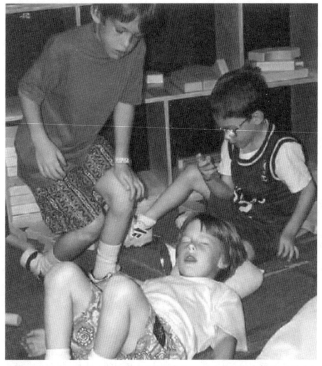

19명의 유아를 포함해서 168명의 사상자를 낸 1995년 오클라호마 시의 연방정부 건물 폭파사건 이후, 테네시 주 킹스포츠에 있는 유아교육기관에 다니는 유아들은 블록놀이 영역에서 만든 구조물을 사용해서 폭파된 상황을 재현하였다. 그 당시 도움을 주었던 사람들을 기억하는 유아들은 역할놀이 영역에서 911에 전화를 하고 부상자를 돌보는 구급대원(구조견 포함) 놀이를 했다. 유아들은 며칠 동안 이러한 놀이를 반복했고, 그에 대한 사후활동으로 교사와 함께 응급 상황에서 우리를 안전하게 지켜주는 지역 서비스들에 대해 이야기를 나누고 방문해보았다.
Photo by Betty Jane Adams

개인적 공간은 무엇인가

모든 유아들이 교실 주위를 돌아다니고 친구와 상호작용할 수 있는 공간과 마찬가지로 개인적인 공간을 필요로 하며 이는 유아들의 문화와 기질에 따라 다르다.

문제행동을 지닌 유아는 때때로 어느 정도의 개인적인 공간을 가지고 있어야 하는지에 대한 확고한 생각이 있다. 그래서 자신의 공간이 침입을 받았을 때에는 쉽게 밀치거나 떠미는 행동을 일으킬 수 있다. 앤드류에게 에바가 가까이 가려는 의도가 아니었다는 것을 이해시켜 주고, "나는 네가 너무 가까이 오는 것을 좋아하지 않아."라고 말할 수 있도록 한다. 이러한 대화는 앤드류에게 자신과 다른 사람들의 공간에 대한 필요에 대해 이해할 수 있게 하며 다른 사람이 가까이 오는 것에 대한 인내심을 키울 수 있다.

유아들이 복잡하게 모여있을 때 뜻하지 않게 부딪히거나 다른 친구의 작업을 망가뜨리고 좌절과 공격성을 유발하는 많은 오해를 불러일으키게 된다. 그러므로 각영역에서 놀이를 할 수 있는 인원들을 통제해야 한다. 공간의 크기, 활동, 재료의 이용성, 참여하는 유아의 특성이 균형 있게 고려되어야 한다. 유아들의 협력하에 한 영역에 적절한 인원과 그것을 정하는 방법에 대해서 생각한다. 예를 들어 각 학습 영역의 입구에 유아들의 이름카드를 걸 수 있는 고리를 만들어 놀이할 수 있는 자리가 있으면 자신의 이름카드를 걸고 들어갈 수 있도록 한다.

영역의 인원수는 변할 수 있다. 며칠 후 앤드류는 블록 영역에서 5명의 유아들과는 함께 놀이를 할 수 없고 4명과는 괜찮다는 것을 발견하게 될 수 있다. 해결방법은 참여 가능한 인원을 줄이는 것이며 특정한 유아를 지적하지 않고 유아들에게 변경할 부분에 대해 설명해준다. 예를 들어 "선생님이 블록 영역에서 5명이 놀이하는 것보다 4명이 놀이할 때 더 재미있다는 것을 알았어. 우리가 사람을 4명으로 바꾸는 것에 대해서 어떻게 생각하니?"라고 말하는 것이다. 다른 방법으로는 추가적으로 블록을 제공하면서 공간을 확대해줄 수 있는데, 예를 들어 레고를 추가하거나 찰흙놀이를 위한 막대를 더 보충해줄 수 있을 것이다(Curtis & Carter, 2003).

남자 유아들은 종종 일반적으로 교실에서 수용되는 것 이상으로 주변을 돌아다니는 것을 필요로 한다. Gartrell과 King(2003)에 따르면 주의 깊게 계획된 바깥놀이 활동과 교실 내 대근육 운동(오르기 기구, 레슬링 매트, 신체적 운동 영역, 실제 나무, 못, 망치로 구성된 목공놀이 영역)은 유아들의 신체적 놀이를 만족시켜 주고 에너지를 부적절한 방법으로 사용하는 것을 예방할 수 있다. 그러나 블록과 역할놀이 같은 신체활동은 또한 갈등을 제공할 기회가 많아지며 유아들이 손에 쥐고 있는 많은 것들 중에서는 잠재적인 무기가 될 수 있는 것들이 있기 때문에 가까이서 세심한 주의를 기울이고 면밀하게 감독해야 한다(Quay et al., 1986). 유아들에 대한 직감과 지식에 자신감을 가지고 만약 필요하다면 실물들을 플라스틱이나 스티로폼 또는 나무의 형태를 띠고 있는 플라스틱으로 대체해주어야 한다.

문화도 또한 공간을 사용하는 방법에 영향을 준다. 따뜻해 보이고 재미있어 보이는 환경도 어느 유아에게는 차갑게 느껴지고 흥미를 끌지 못할 수도 있다. Kritchevsky와 Prescott(1977)은 멕시코계 미국인 유아들은 중산층의 유럽계 미국인에게는 비좁게 느껴지는 공간에서 편안하게 놀이하고 상호작용한다는 것을 알아냈다. 비록 연구자들은 좁은 공간에서 공격적인 행동을 유도하기는 했지만 갈등의 상황은 보이지 않았다고 말하고 있다.

자극의 정도가 차이를 만드는가

교실의 소음과 소란스러움은 듣거나, 집중하거나, 조용하게 말하고, 조용하게 논의하는 것을 어렵게 만든다(Slaby et al., 1995). 특히 태아알코올스펙트럼장애(Fetal Alcohol Spectrum Disorder, FASD), 청력손실, 감각통합장애 또는 예민한 기질의 유아에게 영향을 준다. 일과 중 움직임을 통해 나타나는 소음에 주의하고, 음악을 끄고, 벽 공간에 여백을 두며, 유아들의 미술작품을 색에 따라 배열하고, 장난감을 정리하고, 어지럽히는 물건들을 줄이며, 조명을 조절하여 자극을 줄여준다.

생각해볼 수 있는 또 하나의 방법은 조용한 시간을 갖는 것이다. 이러한 시간은 미리 계획할 필요는 없으며 만약 유아들을 주의 깊게 관찰한다면 "자, 모두들 하던 일을 멈추고 바닥에 누워서 천장을 바라보자. 그리고 숨쉬기를 해보는 거야."라고 말할 필요가 있는 적절한 시간을 알게 될 것이다(학령기 아동들은 책상 위에 손을 올려놓게 할 수 있다.). 유아들에게 발끝부터 시작하여 자신의 몸을 차례대로 생각해보도록 제안한다. 시간이 되면 유아의 머리로 집중시키고 이때 분위기는 확실히 달라질 것이다.

책상과 벽

교실 벽은 무엇이 문제인지에 대해 알려준다. 전시품들을 통해 교실이 유아들의 것임을 보여주어야 하는 것이 좋은데 유아들의 관심, 가족, 문화, 과거와 미래 등을 반영한 사진이나 그림을 전시해준다(관광객 같은 접근은 피한다.). 전시품들은 또한 교사가 가르치고 있는 것들이 무엇이며 유아들이 작업한 것이 무엇인지 보여주어야 한다. 교실의 모든 유아들의 작품을 전시하는 것을 기억해야 한다. Freiberg(1999)는 "몇 개의 작품만 전시하는 것은 … 잘한 것만 필요하다는 것을 인식시킨다."라고 말하고 있다(p. 167).

또한 어떤 공간은 교실의 규칙이나 그림이나 목록을 첨부하여 비상 상황에서 교실을 빠져나가는 방법, 점심 메뉴, 일과 과제, 일과표 등을 위해 사용한다.

결과 고려하기

교사가 모든 것을 배치하는 것이 끝났을 때, 교실의 모든 것을 조사해볼 필요가 있다. 모든 유아가 교사를 볼 수 있다면 잘 넓혀진 시야는 문제행동을 저지할 수 있으며, 교사가 모든 유아를 볼 수 있다면 일찍 문제행동을 유발하는 유아를 발견하게 되어 문제행동이 시작되기 전에 막을 수 있다.

유아의 관점에서 공간의 사용을 평가한다. 무릎을 꿇고 살펴보면 어느 정도 흥미로우며 접근 가능한지 파악할 수 있다. 시각적으로 너무 산만하지는 않은가? 또는 차갑거나 비어있는 것은 아닌가? 복도가 달리기를 유발하는 것은 아닌가? 학습 영역이 뚜렷이 구별되고 잘 정돈되어 있으며 공간적으로 충분한가? 벽에 전시된 작품이 유아들의 시선에 맞는가? 공간이 복잡하지는 않은가? 유아들의 시야에서 미로처럼 복잡하게 보여서는 안 된다.

교실에 대한 책임감 갖기

심지어 어린 유아들도 교사가 해야 하는 많은 일들을 함으로써 교실에 대해 책임감을 가질 수 있다. 재활용품을 모으고, 간식을 가져오고, 교무실의 메시지를 전달하고, 식물에 물을 주고, 안내하고, 테이블을 정리하고, 쓸고, 찢어진 책에 테이프를 붙이는 것과 같은 일들을 할 수 있다. 유아들에게 그 밖에 해야 될 일들이 무엇인지 물어볼 수 있다(Bovey & Strain, n.d.; Curtis & Carter, 2003). 짝을 지어 할 수도 있고 (집단주의 문화의 유아들에게는 좋은 배치가 될 수 있다.)(Trumbull, Rothstein-Fisch, & Greenfield, 2000), 개별 유아에게 각자의 일을 정해주거나 1~2주마다 일을 바꾸어 할 수도 있다. 모두가 자신이 무엇을 해야 하는지 알 수 있도록 표를 만들어 붙여준다. 책임감 갖기는 교실에서 자신이 어느 정도 공헌을 하고 있다고 느끼게 하고 주인의식을 갖도록 할 뿐만 아니라 교실을 돌아다닐 때에도 정당한 이유를 만들어준다.

일과와 전이

교사들은 교실에 질서를 만들고 유지하기 위해 많은 일을 하며 동시에 유아들의 자기조절과 학업적 · 사회적 · 정서적 기술을 발전시키기 위해 통합적이고 세심한 환경을 만들려고 노력한다(Elias & Schwab, 2006; Weinstein, 2003). 이러한 공동체 안에서 교사와 유아는 협력하게 되고 유아는 학습과 윤리적인 행동을 원하며 예우에 호응한다(Watson & Battistich, 2006).

유아가 자기통제, 자율성, 주도성, 능력을 발전시킬 수 있는 기회를 제공하는 것과 동시에 질서를 유지하고 생산적인 학습 환경을 유지하는 데에는 항상 긴장이 존재한다(Watson & Battistich, 2006). 핵심은 유아들에게 교사의 기대를 알게 하는 것이다. 유아들은 자신이 무엇을 해야 하고, 언제 어떻게 해야 하는지, 다음에 무엇을 해야 할지에 대해 알고 있을 때 다루기 쉽고 적절하게 행동한다. 첫날에 유아들에게 교사가 무엇을 기대하고 있는지 말해주고 각 활동이 시작되기 전에 상기시킨다. 유아들이 기억하지 못해도 환경이 예측 가능하거나 유아가 필요로 하는 지원을 받고 있으면 문제행동에 대한 필요가 거의 없으며 좀 더 자유롭게 탐색하고 어울릴 수 있다.

유아가 무엇을 해야 하는지 알 수 있게 하는 예측 가능한 교실을 만들기 위한 몇 가지 방법이 있다. 제7장에서 논의한 한 가지 방법으로 교실의 규칙(classroom rule)은 특히 유아가 왜 규칙이 필요하고 만들어야 하는지 이해하고 있을 때 기대도 할 수 있고, 문제행동을 예방할 수 있다(195~197쪽 참조). 다른 방법들은 일과표, 절차 가르치기, 사려 깊은 전이의 사용이다.

일과표

일반적으로 유아들은 다양함과 정적인 활동과 동적인 활동의 균형성 있는 일과, 실내/실외놀이, 소그룹/대그룹 활동, 교사주도/유아주도 활동 등을 즐긴다(Harms, Clifford, & Cryer, 2005). 예측 가능하고 일관성 있는 기대는 하루를 시작하는 데 있어서 중요하다. 규칙적인 교실 모임이나 대그룹 시간을 시작할 때 유아들이 학습할 수 있게 도움을 주고 속한 그룹을 상기시켜 준다. 유아 모두가 함께 있을 때 일과표를 점검하고 현장학습과 같은 특별한 행사에 대해 알려준다. 유아들의 기억을 돕기 위해 그림 일과표를 함께 붙여준다.

절차 가르치기

교사들은 예측 가능한 환경을 만들기 위해 다른 방법을 사용한다. 특정 활동을 어떻게 수행하는지를 명확하게 해주는 절차(순서)를 만들고 지도한다. 이는 교실이 원활하게 진행될 수 있도록 만들어주며 순서는 유아들에게 다음에 무엇을 해야 하는지 정확하게 알려준다. 실제로 절차는 등교하고 하교할 때까지의 모든 것들을 포함하고 있는데 개별적 요구, 전이, 교사주도 활동의 참여, 소그룹/대그룹 활동, 도움 받기, 재료와 도구 다루기 등을 포괄한다. 학년 초부터 단계적으로 지도하고 꾸준히 연습이 필요한 일과는 유아의 성공에 중요한 역할을 한다. 이러한 과정은 학급 규칙 내에서 쉽게 이루어질 수 있다.

각각의 절차는 명확한 이유를 가지고 있어야 한다. 규칙과 절차는 그것 자체로 다가 아니라 사회적 맥락을 지원하는 긍정적이고 편안한 학습 환경을 조성하는 방법이다(Brophy, 1999; Emmer, Evertson, & Anderson, 1980).

이때 한 번에 몇 가지 절차만 소개하는 것이 바람직하다. 학교 첫날에 유아들은 자신들의 소지품을 어디에 두어야 하는지, 교실의 출입구는 어디인지, 화장실은 어디로 가는지, 도움은 어떻게 받는지, 질문은 어떻게 하는지 등을 먼저 필요로 한다. 며

시각적 단서

유아에게 도움을 주기 위하여 그림 일과표를 만들 수 있다.

- 브레인스토밍 : 어떻게 하루를 보는가? 학교에 도착하거나 버스가 도착한 시점부터 시작한다.
- 하루 일과의 모든 장면을 사진으로 찍는다(간식 시간, 화장실 가기, 야외놀이를 위해 옷 입기, 휴식 시간, 낮잠 시간 등).
- 8"×10" 크기로 사진을 출력하고 코팅하라.
- 유아와 함께 적절한 순서대로 나열하고 앨범 안에 넣거나 고리로 묶거나 유아의 시선에 맞게 붙여준다.
- 한 해 동안 새로운 일과표가 추가될 경우 새로운 사진을 찍어 업데이트한 후 모든 유아가 확인할 수 있도록 한다.
- 예전 사진을 모아두고 다른 행사를 위해 사용할 수 있다.

칠 후 하루 일과를 시작하기 위한 다른 중요한 절차들을 추가할 수 있다. 새로운 활동을 시작하기 전에 필요한 절차를 가르쳐야 한다.

절차에 필요한 이유를 설명하기 위해 주의 깊게 계획하고 각 단계를 간단히 단계별로 나누어서 설명하고 시범을 보여준다. 그리고 나서 유아들이 절차를 빠르고 자동적으로 실행할 수 있을 때까지 반복해서 연습을 한다. 충분하게 촉구하고, 단서를 제공하며 가까이에서 즉각적이고 정확한 피드백과 긍정적인 보상으로 지도한다(Brophy, 2000 ; Evertson, Emmer, & Worsham, 2003 ; Smith, 2004).

절차들을 규칙적으로 검토하고(특히 처음 몇 주 동안에는) 유아들의 피드백을 부탁한다. 유아들의 생각은 항상 유용하고 혁신적이며 자신들이 절차를 계획하거나 수정하는 데 기여할 때 더욱 적극적으로 따르게 된다. 유아들이 어디에서나 사용할 수 있도록 시각적 단서와 함께 절차들을 붙여준다.

만약 앉아있는 데 문제행동을 지닌 유아가 돌아다닐만한 정당한 이유가 있다면 적절한 행동으로 격려해준다. 연필을 깎거나, 교실 뒤의 안락의자에 앉거나, 화장실에 가거나, 또는 허락 없이 재활용품을 정리하는 임무가 있는 활동들은 정당화되고 신뢰를 쌓을 수 있다. 그러나 한 번에 1명씩 조용히 갈 수 있거나 수업 시작 20분 후부터 가기 등 유아들이 알아야 하는 절차들이 필요하다.

활동의 전이

전이는 문제행동을 지닌 유아들에게 특별한 도전이며 특히 전체 그룹활동에 참여시킬 때 더 어려움을 겪을 수 있다. 이상적으로는 하루 동안 가능하다면 전이의 횟수를 적게 포함시켜야 하는데 비록 교사가 프로그램을 확대경을 가지고 실험을 할지라도 제거할 수 없는 것이 있게 마련이다. 사실 초등학교에서는 하루 일과 중 15%를 전이를 위해 사용하고 있다(Carter & Doyle, 2006).

절차나 전이와 관계없이 매우 고집이 세고 부정적인 기질을 가진 앤드류와 같은 유아들이나 ADHD나 FASD의 유아들은 초기부터 추가적인 도움을 필요로 한다. 그러한 유아들이 도움을 요청하는 행동을 할 것이라고 생각해서는 안 된다. 항상 특별한 도움을 필요로 한다는 것을 염두에 두고 계획해야 한다. 예를 들어 앤드류가 사고 없이 공원에 가도록 하기 위해서는 누가 그의 짝이 되었으면 하는지 물어보거나 감정을 확인해본다. "나는 네가 준비가 되지 않았는데 읽기를 멈춰야 하는 것이 힘들다는 것을 알아. 그런데 짝이 되어서 함께 공원에 가면 네가 읽은 이야기에 대해서 함께 이야기할 수 있어." 이것은 체벌이 아니라 앤드류가 성공할 수 있도록 도움을 주는 것이며 가능하다면 자주 교사가 짝이 되어주는 것

전이는 즐거운 활동이 되어야 한다.

이 좋다. 유아에게 행동할 수 있는 지원을 적절하게 제공해준다면 자아존중감을 지켜주면서 그룹 전체가 한 활동에서 다른 활동으로 부드럽게 움직일 수 있게 된다.

전이를 관리하는 최고의 전략은 미리 알려주는 것이다. "선생님이 이야기 읽는 것이 끝나면, 우리는 밖으로 나갈 거예요."라고 전체 그룹을 대상으로 말하거나 또는 개별 소그룹에 다가가서 그룹별로 메시지를 전달할 수 있다. 또한 불빛을 비추는 것으로 알려줄 수 있지만 어느 문화에서는 그러한 신호가 독단적으로 보일 수 있기 때문에 유아들에게 자신들이 하고 있는 것을 끝내야 하는 적절한 이유를 제공해야 한다. 곧 있을 전이를 알려주는 또 다른 방법으로는 노래를 부르거나 음악을 틀어주는 것이다. 만약 같은 상황에서 같은 노래를 불러주면, 유아들은 곧 그것이 무엇을 의미하고 준비할 수 있는 시간이 얼마나 남았는지를 알 수 있게 된다. 전이활동 중에만 노래를 부르거나 음악을 틀어준다면, 전이 과정에 긍정적이고 활기찬 분위기를 불어넣을 수 있다.

쉬는 시간, 점심 시간, 화장실 가기, 그 밖에 다른 장소로 이동할 때 모두가 참여하는 것이 중요하지만 똑바로 줄을 서서 가는 것이 필요할까? 모든 유아가 함께 이동할 때 앤드류가 누군가를 발로 차서 줄 뒤로 보내버리거나 앉아있으라는 이야기를 들을 수 있으며 어느 것도 앤드류가 다음 활동 동안 적절하게 행동하거나 친구들에게 수용될 수 있는 준비를 하도록 해주지는 않는다. 이 상황에서 중요한 전략은 전체 그룹을 작은 그룹으로 나누는 것이다. 다양한 방법들을 사용할 수 있으며 학습 기회를 만들 수도 있다. 예를 들어 갈색 양말을 신은 유아들을 먼저 보낼 수 있고 다음에는 이름이 'J'로 시작하는 유아들을 먼저 보낼 수 있다. 교사가 가르치고자 하는 내용과 연관 지어 그룹을 나눌 수 있는데 만약 달력에 대한 공부를 하고 있을 때 생일에 따라서 줄을 서게 할 수 있다(Jones, 2008).

그룹을 나누는 또 다른 방법은 문 근처에 붙여둔 모양 위에 서게 하는 방법이 있다. 혼자서 서든지 짝을 지어 서든지 모양은 유아들에게 개인적 공간을 확보해주고 미는 행동을 예방할 수 있다. 발자국 모양, 기하학적 모양이나 알파벳 글자 등을 선택할 수 있으며, 색에 따라 그룹을 만들거나 모양 위에 유아의 이름을 적을 수 있다.

점심 시간 전이나 몸이 지저분해지는 활동 후에는 모든 유아들이 동시에 교실의 싱크대에 몰리게 된다. 대부분의 유아들은 복잡하거나 기다려야 하는 상황에 잘 대처할 수 있지만 앤드류는 누군가가 의도적으로 자신을 밀었다고 생각하게 되고 다시 누군가를 밀게 된다. 다시 한 번 말하지만 손을 씻기 위해서는 소그룹으로 유아들을 보내고 신속하게 처리해야 하며 한 아이가 친구들의 손에 비누를 묻혀주면 다른 유아는 수건을 나누어주도록 일을 지정해준다.

만약 교실에 충분한 공간의 화장실이 있다면 유아들은 필요할 때마다 화장실을 사용할 수 있다. 그러나 대부분의 화장실이 복도 끝에 있기 때문에 일과 동안 일어날 수 있는 끔찍한 위험을 피할 수 있는 방법이 없다. 만약 유아가 화장실을 1명씩 사용하는 것이 안전하다면, 한 번에 1명만 사용할 수 있도록 한다. 예를 들어 자리가 없다면 다음 칸을 사용하게 하며 유아들은 자신의 차례가 될 때까지 기다려야 한다는 것을 알게 된다. 교사가 전체 그룹을 데리고 화장실로 가야 한다면 다른 절차가 필요하다. 교사는 입구에 서서 화장실을 계속 지켜봐야 하며 복도의 유아들도 감독해야 한다. 책 상자를 가지고 와서 화장실을 사용하기 전이나 사용한 후에 책을 읽으며 조용히 할 수 있게 한다. 화장실을 조용하게 유지하고 쾅쾅거리는 소리를 막기 위해 문고리를 거는 소리만 날 수 있게 한다.

정리를 효과적으로 하기 위한 다른 방법은 모든 유아에게 성취 가능한 과제를 지정해주는 것이다. "너는 의상들을 정리하렴."이라는 부수적인 지시는 유아에게 해야 할 일의 목표와 책임감을 줄 수 있다. 또한 합리적인 이유를 제공할 수 있다. ("네가 장난감 트럭을 선반에 잘 정리해주면 다음에 네가 다시 가지고 놀고 싶을 때 어디에 있는지 알 수 있을 거야.") 유아들은 자신의 일을 끝낸 후에도 다른 친구들을 도와줄 수 있다.("우리 모두가 다 할 때까지는 끝난 게 아니에요.")(Rothstein-Fisch & Trumbull, 2008) 고려할 수 있는 몇 가지를 사전에 생각한다면 정리 시간을 더 쉽게 만들 수 있다.

여기에 전이를 쉽게 하기 위한 추가적인 기술들이 있다.

- 적응이나 변화에 느린 유아에게 더 많은 시간을 제공한다.
- 몇몇 유아들은 어디로 가게 될지, 누구와 함께할지, 누가 담당할지, 활동 시간이 얼마나 되는지에 대한 구체적인 설명이 있을 때 더 편안하게 느낀다.
- 몇몇 유아들은 줄 앞에 서기, 문을 잡아주기, 스페인어 교사에게 공책 전해주기

등 전이 시간 동안 수행할 수 있는 과제가 주어졌을 때 더 잘 수행한다.

- 몇몇 유아에게는 자신들을 안내해줄 또래지원을 제공해준다.
- 활동을 시작하기 전에 모든 재료들을 준비한다. 유아들에게 준비와 정리를 할 때 도움을 요청한다.
- 쉬는 시간이나 점심 시간과 같은 소란스럽고 활동적인 시간 후에는 책을 읽어줌으로써 조용하게 학습할 수 있는 분위기로 전환시킨다.
- 우주비행사처럼 복도를 떠다니기, 어미를 따라가는 다섯 마리의 오리 노래 부르기, 발걸음 세기, 리더의 행동 따라하기, 자신이 최근에 읽은 책의 주인공이 되어보기 등 전이 시간을 재미있고 교육적으로 만든다. 이러한 상황에 적용할 수 있는 다양한 노래와 게임이 있다.

힘든 전이활동들

어떠한 변화들은 특히 어려움을 지니고 있다. 예를 들어 낮잠 시간은 잠재적으로 어려운 문제이다. 특정 문제행동을 지닌 많은 유아들은 낮잠이나 휴식 시간을 필요로 하지 않는다. 이러한 유아들은 깨어있으려고 노력하는 어려움 없이 하루를 지내며 다른 유아들이 낮잠을 자는 동안 재미있게 보낸다. 이러한 모든 상황들이 교사를 독재자로 만들거나 낮잠 시간이 악몽으로 느껴지게 만든다. 교사는 이러한 다양한 요구들을 그룹, 물리적 설비, 교육적 철학에 바탕을 두고 고려해봐야 한다. 우선 많이 힘든 유아들을 먼저 낮잠을 재우도록 하는 것은 모두에게 유익할 것이다. 그다음 불안함을 가라앉히기 위해 잠자는 곳, 휴식하는 곳, 조용히 놀이를 할 수 있는 곳으로 공간을 분리한다. 잠을 자지 않는 유아들에게 음악을 들려주면 더 잘 참을 수 있으며, 책도 볼 수 있게 허락해줄 수 있지만 다른 유아들이 잠들기 전까지는 자신들의 자리에서 머물러야 한다는 것을 확인시켜 준다. 다른 유아들이 잠들고 나면 조용히 일어나서 퍼즐, 사인펜, 책을 가지고 조용히 놀이할 수 있도록 한다.

문제행동을 지닌 유아들에게 하루 중 가장 힘든 시간이 등원이다. 유아들은 여러 가지 감정들을 가지고 오는데 교사는 유아가 장화를 신는 것이 힘이 들어 화가 났는지 부모들이 지난밤에 싸워서 화가 났는지에 대해 이해하기가 어렵다. 무엇보다도 등원 시간에는 모든 유아들이 등원하고 부모들은 교사와 이야기를 하기 원하며 다른 유아는 버스에 도시락을 놓고 오는 등의 여러 가지 상황들로 인해 유아의 요구를 알아차리기가 어렵다. 만약 한 유아가 거의 매일 아침마다 문제가 있다면, 가족과 이야기하는 것이 현명한 방법이다. 유아를 부모가 직접 데려다주는 것이 도움이 될 수 있으며 그렇게 함으로써 가족뿐만 아니라 유아도 교사를 신뢰할 수 있게 된다. 만약 유아가 놀이방에서 친구와 함께하는 것을 더 좋아한다면 그것 또한 괜찮은 방법이 될 수 있다. 만약 하루가 힘들게 시작되었다면 교사에게 알려줄 것을 요청하고 가족의 도움이 필요할 때 알려줄 것이라고 말해둔다.

유아의 문제행동이 예전으로 다시 돌아갔을 때, 하원 시간에 가족과 개방적인 의사소통을 하는 것이 중요하다. 유아들이 집으로 가는 동안 생각을 조정할 수 있도록 몇 분 동안 유아들과 보낼 수 있는 시간을 갖도록 한다. 만약 부모들이 유아의 옆에 앉아있다면 유아의 활동을 끝낼 수 있도록 도움을 주고 유아와 친구들과 함께 이야기를 하거나 하루 동안의 활동을 둘러보는 동안 유아가 스스로 하원할 준비를 하도록 한다. 적절하게 부모에게 교실의 규칙에 대해 상기시킨다. 부모가 있다고 해서 유아들이 복도에서 뛰거나 자전거에서 뛸 수 있다는 것을 의미하지는 않는다.

모든 것에 대한 통찰력

1970년대 교육심리학자인 Kounin(1970)은 한 학생을 꾸짖는 것이 학급 전체의 집중을 바꿔놓는다는 것을 발견하고 초등학교 교실의 교사와 학생들의 행동을 녹화한 후 조사해보았다. 그는 문제행동을 사전에 예방하는 것이 문제행동이 일어난 후에 대응하는 것보다 중요하다는 것을 발견했다.

그룹과 함께 효과적으로 지내기 위해서 교사들은 학생들의 협력을 이끌어내고 학업활동에 참여시키며, 학급이 원활하게 운영될 수 있도록 유지시키고, 문제행동을 저지할 수 있는 방법들을 사용한다(Good & Brophy, 2008; Kounin, 1970). 이러한 방법들은 다음에 기술하는 것들을 자리 잡도록 하는 학년 초기에 특히 중요하다(Emmer et al., 1980).

- 장악력(withitness). 모든 것을 꿰뚫어보기. 이것은 Kounin이 발견한 가장 중요한 전략이다. Good과 Brophy(2008)는 이러한 교사를 다음과 같이 설명했다.

  이러한 교사들은 "규칙적으로 교실을 모니터링한다. 모든 학생들을 볼 수 있는 곳에 자리를 잡고 지속적으로 교실을 살펴보며 그 당시에 학생들이 무엇을 하고 있는지는 개의치 않는다. 교사는 무슨 일이 일어나고 있는지 알고 있으며 문제행동을 초기에 정확하게 지적할 수 있는 교실에서 '함께하고 있다.'는 인식을 학생들에게 갖게 한다 (p. 112)."

- 동시에 처리하기(overlapping). 한 번에 여러 일들을 동시에 처리하는 능력. 도움이 필요한 유아에게 개입이 필요한 상황에서도 수업을 원활하게 진행하는 것은 매우 중요하다.
- 추진력(momentum). 활동을 유지하거나 타당한 이유에 따라 수업을 이동할 수 있는 능력. 이는 단순하고 비언어적인 전략뿐만 아니라 훌륭한 조직력과 준비를 필요로 한다(교실의 모든 영역에 관심을 두고 문제가 발생될 가능성이 있을 경우 눈맞춤을 하거나 가까이 다가가는 신호를 만든다.). 이러한 기술들은 활동이 방해받지 않고 진행되면서 초기 단계에서 잠재적인 문제행동을 확인할 수 있도록 한다.
- 원활함(smoothness). 수업을 순조롭게 진행시킨다. 유능한 교사는 초점이 흐트러지지 않으며 다른 방향으로 빠지지 않는다.
- 전체에 집중하기(maintaining group focus). 학급 전체가 집중할 수 있도록 긴장감을 주거나, 적극적인 참여를 이끌어내고, 피드백을 자주 제공해줌으로써 학생들의 흥미를 유지시킬 수 있다(Evertson et al., 2003).

Brophy(1996)는 유능한 교사의 중요한 다른 특징을 발견했다. 유능한 교사들은 유아의 개별적인 요구에 반응하고, 각 유아에 따라 접근방식을 달리한다. 반대로 유능하지 않은 교사들은 모든 유아들에게 같은 전략을 사용한다. 교사들은 Brophy가 제안한 것과 같은 다양한 기술을 개발해야만 한다. 유아와의 강한 결속력은 어려운 상황에 대한 예상을 쉽게 하고 나아가 적절한 행동에 대해 상기시켜 주며 문제를 최소화하기 위해서 무엇을 해야 하는지 생각할 수 있게 해주고 성공을 기대할 수 있게 해준다(Marzano, 2003).

교수전략

문제행동을 지닌 유아는 교사의 교수전략들을 실험하게 만든다. 교사가 가르치고자 하는 지도방법뿐만 아니라 행동도 중요하다. 만약 과제가 너무 어렵다면 유아는 그의 요구에 관계없이 참여하는 것을 피하고 실패하게 될 것이다. 스스로 25조각의 퍼즐을 맞출 수 있는 유아에게 40조각의 퍼즐을 준다거나, 대그룹 시간에 아메리카 인디언 유아에게 개별적인 대답을 요구한다든지, 매우 활동적인 유아에게 오랜 시간 앉아있어야 하는 수학 프로젝트에 참여시킨다면 결과는 실패할 것이며 유아는 아마도 다른 회피방법을 찾게 될 것이다. 유아를 프로그램에 맞추기보다는 유아들의 요구에 맞게 고안된 프로그램을 통해 학습할 수 있도록 도와주는 것이 좋다.

유아는 매일 다른 요구를 가진다는 것을 명심하도록 한다. 주말 동안 비구조화된 시간을 보내거나 다른 부모(법적 양육권이 없는)와 시간을 보낸 유아들 대부분이 월요일에 그룹활동이나 예상과 다른 활동들에 적응하는 것에 문제를 지닌다. 대부분 주중이 되면 리듬을 찾지만, 금요일이 다가오면 피곤해지고 누가 데리러 올 것인지에 대한 생각으로 가득차 있다. 또한 1년 중 크리스마스나 핼러윈, 감기가 유행하는 시기나 그 밖에 기념일들에 유아들은 동요한다. 이러한 시기에는 교사는 자신이 예상했던 모든 것들에 대해 고려하고 프로그램을 조정해야 하는데 아마도 이러한 날에는 문제행동이 일어날 기회가 적거나 거의 없기 때문에 유아들이 성공할 수 있는 능력이 서로 일치하도록 고려해야 한다.

궁극적으로 유아들이 어떻게 학습하고 학습에 얼마나 흥미를 갖는지는 유아의 흥미, 능력, 문화, 기질, 학습 경험, 준비도를 반영한 교육 과정과 교수전략을 얼마나 잘 계획하는지에 달려있다. 계획에서 문제행동을 지닌 유아를 고려하고 그 유아를 위한 것들을 계획한다면 교실의 모든 유아에게도 효과적일 수 있다.

기회 제공

Froebel이 처음 유치원을 설립한 이후로 유럽계 미국인 이론가들은 유아들이 자신들의 시간을 어떻게 보낼지에 대해 의미 있는 선택을 할 때 동기가 부여되고 자율적으로 활동할 수 있다고 주장하고 있다(Hewes, 2001). 만약 교사가 프로그램에 선택의 기회를 만들고 유아들에게 자신이 의사결정을 할 수 있는 기회를 제공한다면 유아들은 자신들의 능력이나 독립심을 주장하기 위해 부적절한 방법을 필요로 하지 않을 것이다.

그러나 특히 실외활동과 같은 구조화되지 않은 선택 시간에 만약 자신들이 해야 할 일이 충분하지 않거나, 어떻게 놀이를 하고 선택해야 하는지 알지 못하고, 자신들의 요구에 맞는 선택이 없다면 공격적인 행동을 유발할 수 있다(Slaby et al., 1995). 교실은 더욱 소란스러워지고 지저분해질 것이고, 역할놀이 영역은 협동놀이를 위해 갑자기 비좁아지고, 유아들은 해야 할 일을 찾기 위해 교실을 돌아다닐 것이다. 이러한 상황이 되기 전에 활동을 끝내고 새로운 대안을 제시한다. 유아들의 사회적, 정서적, 놀이 기술이 향상됨에 따라 점차적으로 자유선택을 확대해준다.

어떤 유아들은 자유놀이 시간 동안 추가의 체계와 지도를 필요로 한다. 근접관찰은 각각의 유아들에게 어느 정도의 도움이 필요한지를 알 수 있게 도움을 줄 것이다. 놀이 기술에 제한을 지니고 있는 유아들은 쉽게 좌절하고 지루해할 수 있기 때문에 적절한 활동을 찾아주거나 새로운 것을 배우는 동안 지원이 필요할 수도 있다(놀이 기술에 대한 것은 228쪽, 248~252쪽 참조). 어떤 유아들은 그 누구도 무엇을 해야 할지 이야기를 해주지 않기 때문에 불안해할 수도 있다. 이러한 유아들에게는 선택의 수를 제한해주거나 그들이 도움이 필요할 때 요청할 수 있도록 상기시켜 주는 것이 좋다. 반면에 어떤 유아들은 자신들이 무엇을 해야 하는지, 누구와 함께 놀이를 해야 하는지 정확히 알기 때문에 자신의 계획이 틀어졌을 경우에 좌절, 불안, 심지어 분노로 반응한다. 재즈민은 제니가 등원했을 때 함께 그림 그리기를 기대했지만 제니는 역할놀이 영역에 있었다. 재즈민은 실망하게 되고 어느 유아와도 놀이를 하지 않으려고 하고 자신과 함께 놀이를 할 친구가 없다고 걱정할 수도 있다. 재즈민을 지원하기 위해서는 재즈민이 좋아하는 활동을 선택할 수 있도록 도와주거나 친구에게 다가갈 때 함께 동행해줄 수 있다. 유아가 원하는 한 함께 머물러준다. 교사가 함께 있어주기 때문에 재즈민은 블록을 던지는 것으로 제니의 관심을 얻는 것을 필요로 하지 않는다.

근접지도는 교사에게 얼마나 많은 선택을 제공해야 하는지 도움을 줄 것이다. 너무 많은 선택이나 너무 많은 장난감은 놀이 시간이나 정리 시간을 혼란스럽게 할 수 있으며 또한 너무 적은 것은 충돌을 일으킨다. 아주 어린 유아들에게는 인기가 많은 장난감과 재료들을 여러 개 제공하는 것이 좋다. 연령이 많은 유아들도 타당한 이유 내에서 함께 공유할 수 있도록 한다. 학기 초에는 두 세트로 시작해서 점차 다른 장난감과 재료들을 여러 개 제공하는 것이 좋다. 예를 들어 블록 영역에서 동물, 나무, 자동차, 트럭, 그리고 사람들을 증가시켜 주어 유아들이 총체적인 환경을 만들 수 있도록 해준다.

교사는 문제행동을 방지하기 위한 선택을 사용할 수 있다. 만약 앤드류를 그룹에 앉아있게 하는 모든 방법(다양한 지원을 포함하거나, 그룹의 대형을 바꾸는 등)을 시도했지만 앤드류가 여전히 그룹에 앉아있는 것을 힘들어한다면, 조용히 다른 곳으로 가서 책을 읽거나 그림 그리기나 퍼즐 맞추기를 할 수 있도록 하는 선택을 제시한다. 그리고 앤드류가 다시 그룹에 참여하고 싶을 때 제자리로 돌아올 수 있도록 한다(그룹에서 벗어나고 돌아올 때의 절차에 대해 확인시켜 준다.).

차별화된 교수

Tomlinson의 *The Differentiated Classroom* (1999)에 따르면 "차별화된 교수는 교수전략이나 지도방법이 아니다. 그것은 지도와 학습에 대해 생각하는 방법이며, 행동의 계획을 규정짓기보다는 유아가 행동을 시작할 수 있도록 지지하는 것이다(p. 106)." 유아를 위한 차별화된 교수를 위해 시간을 할애하는 것보다는 유아의 특별한 요구와 관심에 반응할 수 있도록 충분하게 이해하는 데 교수법을 사용해야 하며 주의 깊은 계획이 필요하다.

차별화된 교수는 유아의 정보를 수집할 때, 무엇에 몰입하는 과정에 있어서, 배운 것을 입증하는 데 여러 가지 방법이 있다는 것을 인정하는 것이다(Tomlinson,

차별화된 교수는 학생들이 다양한 요구를 지니고 있다는 것과 학습할 수 있는 다양한 방법을 제공해야 한다는 가정으로부터 시작해야 한다.

2001). 교사가 학생들의 다양한 요구를 짐작하고 학습에 있어서 다양한 방법을 제공하는 것이 최상의 방법이다(Tomlinson, 2001).

지속적인 평가(ongoing assessment)를 Tomlinson(1999)은 '어떻게 내일 수업을 수정해야 하는지에 대한 오늘의 생각'(p. 10)이라고 설명했는데 이것은 계획에 있어 필수적이다. 학기와 함께 시작되어야 하며, 학기 중에도 지속되어야 하고 학생들의 세 가지 특성을 검토해야 한다(Tomlinson, 2001).

첫 번째 특성은 준비도(readiness)이다. 유아들이 인지적 · 발달적으로 준비가 되었을 때 학습이 더 쉽고 자연스러워진다. 과제가 너무 어려우면 쉽게 좌절하고, 과제가 너무 쉬우면 쉽게 지루해진다. 유아의 지식, 기술, 이해에 적합하게 과제와 재료들을 사용해야 하며 적절한 도전적인 과제도 제시한다(Tomlinson, 2005). 앤드류는 소근육 운동이 취약하기 때문에 선을 잘 자를 수 없다. 따라서 먼저 빈 종이를 자르는 연습을 할 수 있도록 한다.

두 번째 특성은 흥미(interest)이다. 유아는 자신들이 흥미 있는 것을 할 때 적극적으로 학습에 참여한다. 만약 유아들에게 배우고 싶은 것이 무엇인지 물어보고 선택할 수 있는 기회를 준다면, 결과는 좀 더 만족스럽고 유아들에게 창의력과 자율성을 제공할 수 있게 된다(Tomlinson, 2001).

세 번째 특성은 학생의 학습 프로파일(learning profile)을 평가하는 것이다. 우리는 다음에서 제시하는 네 가지 구성요소들을 혼합하여 자신의 학습에 대한 독특한 접근법을 가지게 된다(Tomlinson, 2001).

- 학습 선호도는 유아가 공부하고 정보를 처리하는 데 있어서 선호(밝은 불빛을 좋아하는지 부드러운 불빛을 좋아하는지, 조용한 환경을 좋아하는지 시끄러운 환경을 좋아하는지, 움직이는 것을 좋아하는지 앉아서 하는 것을 좋아하는 지, 혼자서 작업하는 것을 좋아하는지 소그룹으로 하는 것을 좋아하는지, 시각과 청각을 사용하는지, 촉각을 사용하는지 등)하는 환경적이고 개별적인 요소이다. 그러나 새로운 연구에서는 유아의 선호에 맞추는 교수가 효율적인 학습을 위해 필요한 것은 아니라는 것을 알아냈다(Pashler, McDaniel, Rohrer, & Bjork, 2009). 따라서 다양한 접근을 하는 데 현명해야 할 것이다.
- 지능 선호도가 학습을 형성한다. Gardner(1983)에 따르면 다양한 두뇌는 다양한 방법으로 작용한다. 언어나 논리적-수학적 재능을 지니고 있는 사람들은 전통적인 교수방법이 적절하지만 음악적, 공간적, 신체-운동감각적, 자연주의적, 관계적, 개인 내적, 실존주의적인 다른 학생들은 학급에서 잘 눈에 띄지 않는다. 고정관념에서 벗어나 이러한 잠재적인 것들을 생각해야 한다(Moran, Kornhaber, & Gardner, 2006).
- 문화 또한 학습에 영향을 준다. 예를 들어 개인주의적 문화의 유아는 문맥에서 떼어놓고 그것 자체의 개념과 사실을 이해할 수 있지만 집단주의 문화의 유아들은 맥락 내에서 개념과 의미를 찾으려고 한다(Trumbull et al., 2000). 145쪽에 제시된 달걀 이야기를 기억하는가?
- 마지막으로 성별도 학습에 영향을 미친다. 때로 남자 유아들은 추상적이고 공간-역학 영역에 강한 반면에 여자 유아들의 두뇌는 언어적이고 정서적인 영역

에서 좀 더 집중되고 빠르게 발달한다(Tyre, 2008).

효과적인 차별화는 다양한 읽기 수준과 학습방식을 포함하는 다양한 교수전략과 자료를 이용하는 것이다. 유아들의 요구에 따라 다양한 기술과 주제를 다양한 방법으로 탐색할 수 있도록 유동적인 그룹을 편성하여 도움을 제공할 수 있다(Good & Brophy, 2008; Tomlinson, 2005). 차별화된 교수는 주제에 의미를 줄 수 있는 큰 아이디어, 개념, 주제에 초점을 맞추어야 한다. 교사는 모든 유아들이 반드시 학습해야 하는 단원에서 중요한 부분에 토대를 두고, 수업을 이해하고 평가하는 데 있어 다양한 방법들을 생각해야 한다(Scherer, 2006; Tomlinson, 2005). 모든 유아들의 활동에 대해 공평하게 관심을 가지고 표현하며 중요하게 생각해야 한다(Rebora, 2008). 주의 깊은 평가 또한 좌절이나 문제행동을 예방할 수 있다.

놀이의 중요성

아동낙오방지법(No Child Left Behind, NCLB)이 도입되면서 시험이 증가하여 놀이 시간이 사라지고 있다. 최근의 연구에서는 유치원에 다니는 유아들은 하루에 2~3시간 정도를 읽기와 쓰기, 수학 수업과 시험으로 보내고 있는 반면에 자유놀이와 같은 선택 시간에는 단지 30분 정도를 할애하고 있는 것으로 나타났다(Miller & Almon, 2009). 블록놀이, 모래놀이, 물놀이, 역할놀이의 영역이 거의 사라지고 있다는 것을 증명하고 있다.

그러나 놀이는 학습의 기본이며 유아의 인지적, 신체적, 사회적, 정서적 발달에 필수적이다(Ginsburg, 2007; Hirsh-Pasek & Golinkoff, 2008). Bodrova와 Leong(2007)에 의해 발전된 생각의 도구(Tools of the Mind) 교육 과정은 러시아의 심리학자인 Vygotsky의 이론에 근거한 놀이 중심의 교육 과정이다. 이것에 따르면 성숙하고, 다차원적이며, 지속적인 상징놀이는 자기조절을 발달시키는 데 중요한 역할을 한다. 유아는 스스로 가상 시나리오를 계획하고, 다양한 역할들을 연기하고, 자신들이 되고자 하는 역할에 대한 규칙을 따른다(예 : 레스토랑에서 일하는 사람은 손님을 잘 대접해야 하는 규칙). 만약 한 아이가 피자 만들기를 잊어버리면, 친구가 바로잡아주어 스스로 조절할 수 있도록 도움을 준다(Bodrova & Leong, 2007). 가상놀이를 하는

그림 8.1 유아가 놀이를 시작하기 전에 누구와 할 것인지, 어디로 갈 것인지, 무엇을 할 것인지와 같은 계획을 세울 수 있도록 돕는다. 이러한 질문들에 대해 의논한 후에 그들이 의논한 것을 기억할 수 있도록 그리거나, 받아쓰거나, 기록하여 계획을 공유하게 한다.

출처 : *Tools of the Mind: The Vygotskian Approach to Early Childhood Education* by Elena Bodrova & Deborah J. Leong(2007). Used with permission of Deborah Leong.

동안 유아들은 어른스러워지고, 집중을 하며 좀 더 계획적이고 일관성 있게 기억하고 행동, 정서, 인지에 있어서 더 발전된 자기조절 능력을 보인다. 동시에 상징적 사고를 연습한다.

생각의 도구는 교육자와 신경과학자들의 평가를 순조롭게 통과하였으며 자기조절력을 포함한 실행기능은 학습될 수 있다는 근거를 제공하였다(Barnett et al., 2008; Diamond, Barnett, Thomas & Munro, 2007). 이 도구를 사용한 유아들은 다른 교육 과정을 사용한 유아들보다 억제통제, 작업기억, 학교와 생활에서 성공하기 위해 중요한 인지적 유연성이 높은 더 나은 결과를 가져왔다(Diamond et al., 2007). 게다가 도구를 사용한 유아들은 문제행동에서도 낮은 수치를 보였다(Barnett et al., 2008).

요즘 유아들은 놀이하는 것을 배우지 않기 때문에 교사들이 도와주어야 한다. 전문가들(Bodrova & Leong, 2003, 2007; Levin & Carlsson-Paige, 2006)은 다음과 같은 것들을 제안했다.

- 충분한 시간을 확보한다. 다양한 주제들과 역할들을 개발하기 위해서는 유아들에게 매일 일과에서 20분 정도 방해받지 않는 놀이 시간이 필요하며 40~60분 정도까지는 놀이를 할 수 있다(Bodrova & Leong, 2007).
- 놀이의 내용을 확장할 수 있도록 주제에 대한 생각들을 제공한다. 유아들은 생일파티에 참여하거나 친척들을 방문했던 자신의 경험들을 활용할 수 있다. 그리고 교사는 책이나 현장학습을 통한 새로운 경험을 제공한다. 새로운 상황에서 유아들이 놀이할 수 있는 사람이나 역할을 알려준다.
- 다양한 방법으로 사용할 수 있고 유아들이 자신들의 도구를 직접 만들어볼 수 있도록 블록, 두루마리 화장지, 판지상자와 같은 소도구와 장난감을 선택한다. 현실적인 도구들을 좋아하는 유아들을 위해 일반적이고 손쉽게 사용할 수 있는 물건들을 포함시켜 준다. 식료품 가게에서 사용하는 실제 쇼핑카트나 상자, 계산기 같은 것들을 제공해줄 수 있다. 이러한 도구들은 유아들에게 자신들의 역할을 기억할 수 있도록 도와줄 것이다.
- 놀이를 시작하기 전에 누가 어떤 역할을 하고, 어디로 갈지, 무엇을 할지 등에 대해 계획을 세울 때 도움을 준다. 이러한 문제에 대한 토의가 끝나면 그림을 그리고 받아 적고 기억한 계획에 대해 기록하도록 해야 한다(그림 8.1 참조).
- 진행 상황을 모니터링하고 어떻게 놀이 기술을 확장시켜 줄 수 있는지에 대해 생각해본다. 관찰한 것에 대해 종종 조언을 해주고 개방적인 질문을 하고, 놀이가 오랜 시간 동안 지체되어 있을 때 새로운 역할이나 활동을 제안한다.

Bodrova와 Leong(2007)도 마찬가지로 자기조절력을 증진시킬 수 있는 또 다른 놀이활동들을 제안했다.

- 규칙 있는 게임은 정해진 규칙에 따라 행동하는 것을 가르치면서 상상놀이를 보완할 수 있다.
- 친근한 이야기를 극화하는 것은 배역을 연기하는 데 도움이 되며 상상놀이를 연결할 수 있는 매개체가 된다.
- 유아들이 신호에 따라 시작하고 멈춰야 하는 **움직임**(고정, 조각상, 리더 따라하기, 수건돌리기, 줄넘기, 사방치기, 박자 맞춰 박수 치기)은 후에 정신작용과 관련 있는 집중력과 운동조절 능력을 향상시킨다.
- 미술 및 그리기 활동은 기억에 도움을 준다. 유아는 이야기, 방법, 현장학습, 특별손님 방문 등을 기록할 수 있다.

시간과 인내심

교사는 중재자를 사용하여 유아들을 도와 그룹에 잘 앉아있기 등의 과제를 잘 수행할 수 있도록 지도할 수 있다. Bodrova와 Leong(2007)은 교사가 사용할 수 있는 지원에 대해서 지적하고 있다.

라니는 그룹활동 시간 동안 매우 산만하기 때문에 이야기를 듣는 동안 집중할 수 있게 하기 위해서 많은 중재를 필요로 한다. 라니는 교사 앞에 자신의 이름이 쓰여있는 네모난 카펫 위에 앉아 동물인형을 무릎에 올려놓고 양쪽에서 두 친구들이 손을 잡아주고 있을 때 최상의 모습을 보인다(네 가지의 중재자가 필요하다!). 이러한 많은 중재자를 사용했을 때 라니는 이야기를 듣는 동안 앉아있을 수 있다. 이러한 방법으로 한 주를 성공적으로 보낸 후, 교사는 중재자를 한 가지씩 소거하기로 했다. 첫 번째로, 이름이 쓰여있는 카펫 위에 동물인형을 가지고 교사 앞에 혼자 앉아있게 했다. 다음 주에는 카펫 위에 혼자 앉아있도록 하였다. 4주 후에는 교사는 카펫 위에서 이름표를 떼고 자신의 팔에 붙였으며 라니는 더 이상 카펫을 상기시키기 위한 실물을 필요로 하지 않게 되었다. 마지막 5주가 되었을 때에는 라니는 이름표를 더 이상 필요로 하지 않았다. 교사는 어떻게 중재자들을 소거할지에 대한 계획을 신중하게 계획하게 되었다(p. 58).

출처 : Elena Bodrova & Deborah J. Leong, *Tools of the Mind*, p. 58, ⓒ 2007. Reproduced by permission of Pearson Education, Inc.

교사는 또한 유아들에게 **중재자**를 제공해줄 수 있다. 이는 특별한 과제에서 유아들의 역할을 상기시켜 주는 물건이다(또래 읽기에서는 한 유아가 듣기에 대한 행동을 촉구하는 '귀' 그림을 들고 있고 다른 유아는 큰 소리로 책을 '읽으라는' 행동을 촉구하는 '입' 그림을 들고 있다. 역할을 서로 바꾸어서 활동한다.).

그룹활동

2~6명 정도의 소그룹에서 유아는 공동의 목표를 달성하기 위해 함께 활동을 한다. 이러한 그룹 구성은 높은 동기, 참여, 학업성취(특별히 다문화 유아들과 장애 위험이 있는 유아들), 다른 사람의 관점에 대한 이해, 많은 상호작용과 친사회적 행동 그리고 친구들로부터의 수용 등 많은 이익을 가져온다(Ormrod, 2008).

또래교수

연령이 높은 학생들은 연령이 낮은 학생들을 도와주거나 같은 연령의 유아들이 서로 순서를 바꾸어서 지도해줄 수 있다. 학업 내용에 대해 깊게 이해할 수 있을 뿐 아니라, 두 유아 모두에게 자신들이 필요한 존재이고 능력을 지녔다고 느끼도록 해주며 상대방에 대한 긍정적인 태도를 지닐 수 있게 해준다(Haager & Kligner, 2005). 이러한 방법은 정기적으로 만나서 문제해결, 타인의 감정 이해하기, 명확한 지도방법과 같은 훈련을 받았을 때 효과적이다(Walther-Thomas, Korinek, McLaughlin, & Williams, 2000). 예를 들어 PALS(Peer-Assisted Learning Strategies), 읽기와 수학에서 이중 언어 학습자나 학습장애를 포함한 모든 학생들에게 효과적이다(Peer-Assisted Learning Strategies, 2005).

파트너 학습

유아가 짝을 지어서 기술을 연습하고, 학업과제를 수행하고, 일과를 따르고 사회적 상호작용에 참여한다(Walther-Thomas et al., 2000). 예를 들어 협동학습(Think-Pair-Share, TPS)에서 학생들은 한 가지 주제에 대해 생각하고, 파트너끼리 짝을 지어서 의견을 나누고, 전체 그룹에서 생각을 공유한다(Slavin, 1995).

협력적인 학습그룹

소그룹으로 활동할 때 다양한 유아들이 모여있는 그룹은 각 개별 유아들의 학습에 책임을 져야 한다. 교사는 활동을 촉진하고, 성공적으로 협력하기 위한 기술들을 훈련할 수 있도록 하며, 학업 내용을 계획하고, 그룹의 과제와 평가 기준을 구조화하고, 참여와 모니터링 과정을 선택하는 역할을 한다. 협력적인 학습그룹은 문제행동을 감소시키고(Johnson & Johnson, 2004), 학업성취와 사회적 기술을 향상시키며, 관점의 전환이나 다양성에 대한 수용을 증진시킨다(Slavin, 1995). 협력적인 학습그룹은 어떠한 주제, 어떠한 연령에도 활용할 수 있다(Johnson & Johnson, 2004). 다양한 유아들의 그룹을 만드는 것이 성공에 있어서 중요하다.

Lotan(2003)은 협력학습을 위한 '그룹활동을 가치 있게 만드는 과제'의 다섯 가지 특징을 설명했다.

- 상호의존성을 지원할 수 있는 과제를 제시한다. 과제를 완수하기 위해서는 그룹 내 모든 유아의 도움을 필요로 하기 때문에 모든 유아가 가치 있는 존재로 느낄 수 있다. 또한 유아들은 과제를 공유함으로써 각자의 역할에 대한 책임감을 가지게 된다.
- 주제는 유아의 삶에 의미가 있고 흥미 있으며 관련 있는 것이어야 한다.
- 과제는 유아 각자의 재능, 역량, 지식 그리고 문제해결 전략을 사용할 수 있도록 다차원적이어야 한다.
- 과제는 개방적으로 답이 주어지는 것이 아니라 실제 상황에서 불분명하거나 모호할 때 필요한 분석, 종합, 평가의 과정을 포함한 것이어야 한다.
- 과제의 모든 측면에 적용할 수 있는 명확한 평가 기준이 있어야 한다.

만약에 교사가 그룹의 모든 구성원이 가치 있는 참여를 하고 문제행동을 지닌 유아도 성공할 수 있는 능력을 지녔다는 것을 염두에 두고 계획할 경우, 문제행동을 지닌 유아도 이러한 활동에 성공적으로 참여할 수 있다. 유아에게 자신의 특별한 재능을 사용할 수 있는 역할을 만들어주고 그룹이 목표를 성취할 수 있도록 도움을 줄 때 정적 강화를 제공해준다(Lotan, 2006). 유아를 잘 도와주는 또래 옆에 배정하는 것은 현명한 방법이지만 개인적인 공간을 충분히 마련해주는 것도 중요하다.

교수전략의 개요

유아들은 자신들이 하는 일에 집중할 때 학습이 더 잘 이루어지고 더 적절하게 행동하며 교사가 유아의 요구에 긍정적이고 열정적이며 세심하고 민감하게 반응할 때 더 집중하게 된다(Rimm-Kaufman, Curby, Grimm, Nathanson, & Brock, 2009). 어떤 유아들은 다른 유아들보다 교사의 관심을 더 자주 필요로 한다. 유아가 요청하기를 기다리지 말고 유아들의 질문이나 활동 등에 대해 규칙적으로 점검하는 시간을 계획한다. 다음은 유아들을 가르치는 데 도움이 되는 교수전략의 개요이다.

흥미 있게 만들기

동기는 중요하고 동기화된 뇌는 더 잘 작동하며, 빠르게 신호를 전달한다(Bronson & Merryman, 2009). 유아는 자신이 해야 하는 일을 선택할 수 있을 때, 그리고 과제가 도전할 수 있고 성취 가능하며 흥미 있고 자신들의 생활과 연계되었을 때 좀 더 동기화가 된다. 적극적인 참여는 또래들과 더 많은 학습을 공유할 수 있게 해준다. 교사는 유아들이 도식화를 사용하는 활동을 지원하고 호기심을 유발하고 격려하며 특별한 피드백을 제공하고 자기표현의 기회를 만들어준다(Rimm-Kaufman et al., 2009).

유아의 사전지식(이미 알고 있는 것)이 모든 새로운 학습의 출발점이다(Zull, 2002). 그러므로 사전지식을 활성화시키고 활용하는 것이 중요하다. 많은 교사들이 K-W-L이라고 불리는 전략을 사용한다. 먼저 유아에게 주제에 대해 이미 알고 있는 것(Know)이 무엇인지 물어보고, 그다음 무엇(What)을 알고 싶은지에 대해 질문을 한 후, 마지막으로 실제로 학습(Learn)한 것에 대해 질문을 한다. 이러한 전략은 깊이 있는 학습과 더불어 흥미 있고 즐거운 학습을 할 수 있게 도와준다(Hodges, 2001).

최상의 기대

유아들에 대한 높은 기대는 반드시 가져야 한다. 유아들에 대한 기대는 교사로 하여금 무엇을 어떻게 가르쳐야 하는지, 어떻게 행동을 해야 하는지를 알려주기 때문이다. 유아는 교사의 기대를 내면화하고 그 기대를 따른다. 한 학생은 이렇게 받아들인다. "네 선생님의 기대를 위해서 너에게 요구하는 것은 좋은 거야. 그것은 선생님이 너를 돌보고 있다는 것과 네가 인생에서 성공하는 것을 보기 원한다는 것을 알려주는 것이야(Cushman et al., 2003, p. 64)."

기회 주기

유아들이 학급을 잘 유지하기 위해서 어떠한 책임감을 가져야 하는 것처럼, 자신의 학습을 위한 책임감도 지녀야 한다. 무엇을 학습하게 될 것인지에 대해 이야기를 해 주고 단원을 시작할 때 유아들이 자신들을 위한 학습 목표를 설정하게 한다(Marzano, 2003). 활동을 선택할 수 있게 하고 자신의 과제를 계획하고 기록하며 계획했던 목표와 완성된 과제를 비교할 수 있도록 한다(Tomlinson, 2001). 이러한 과정에서 자신의 학습 자료와 매체를 선택하고, 계획한 과제의 순서를 정하고, 학급 모임을 주도하며 그룹이나 프로젝트를 위한 전문가나 책임자로서의 역할을 다한다.

세분화하기

기억과 정보처리에 문제를 지닌 유아에게 있어서는 특히 한 번에 한 가지씩 하는 것이 쉽다. 이러한 유아들은 작게 감당할 수 있는 단위로 나누어서 학습할 때 성공할 수 있다. 가르치고자 하는 내용과 기술을 분석하여 세부적인 부분이나 단계로 나눈다. 구체적인 예와 시각적 단서, 시범 보이기, 각 단계의 목록이나 그림이 그려진 순서카드를 제공하고(Cook, Klein, & Tessier, 2004), 가장 기본이 되는 것부터 논리적 순서에 맞게 한 번에 한 가지를 가르친다. 명확하고, 직접적이며 긍정적인 언어를 사용하고 유아들이 이해하고 있는지 지속적인 질문을 통해 확인하며, 수업 마지막에는 주요한 부분들을 복습한다(Brophy, 2000).

이러한 방법은 시간이 오래 걸리거나 복잡한 활동에 효과적이며 개인뿐 아니라 학급 전체에도 적합하다. 만약 유아가 30분 정도의 모임활동이나 15분 정도의 그룹 활동에 대처하기 어렵다면, 하나의 활동을 두 부분으로 나누어 중간에 유아에게 휴식 시간을 제공해준다.

배합하기

어떤 활동이나 수업에 관계없이 다양한 활동은 흥미를 제공해줄 것이다. 어린 유아들은 보통 5~8분 정도의 집중 시간을 보이기 때문에 활동을 자주 바꿀 수 있도록 계획한다(Jensen, 2005). 하루 중 집중력이 높을 때에 가장 중요한 수업을 계획하며 이러한 학습활동(수학활동) 후에는 유아들이 좋아하는 활동(휴식 시간)을 배치함으로써 일종의 보상작용을 일으킬 수 있다(Epstein et al., 2008). 어려운 내용을 가르칠 때에는 속도를 늦추고, 쉬운 것을 가르칠 때에는 속도를 높인다(Yehle & Wambold, 1998). 지루한 과제와 흥미로운 과제를 교대로 배치하고, 어려운 것을 몇 개의 간단한 과제로 만든다(Yehle & Wambold, 1998). 말투를 바꾸거나 색분필을 사용해서 중요한 내용을 강조한다.

다양한 학습 선호도와 인지적 차이를 지닌 학생들의 흥미를 유도하기 위해서 비디오, 오디오테이프, 컴퓨터, 시범 보이기, 조작하기, 보조공학 등을 포함한 다양한 매체를 사용한다. 문제행동을 지닌 유아와 장애를 지닌 유아들도 음악, 미술, 무용, 컴퓨터 같은 소외된 영역에서 강점을 나타낼 수 있다. 이러한 접근은 이러한 유아들의 독특한 능력을 발전시키고 나타날 수 있게 해준다.

수정/개편하기

가능하면 수용력을 높이고, 전체 학습수업이나 오랜 시간을 필요로 하는 개별 과제를 자제하고, 움직임과 활동적인 참여를 프로그램에서 주요한 부분으로 포함시킨다. 소그룹 학습을 하는 동안의 움직임은 자연적이며 용인될 수 있는데 지시에 따라 가구 움직이기, 그룹에 참여하거나 이탈하기, 그룹과 함께 상의하기 등이 있을 수 있다. 교실의 중앙을 유아들의 움직임이 용이하도록 배치한다. 유아들이 교실 중앙에 모일 때에는 생각뿐 아니라 몸을 사용할 수 있도록 공식적으로 허용하는 것이다.

교실 중앙을 사용하는 것 이외에도 동극활동, 기념행사, 학습 내용을 개념화하기 위한 게임, 많은 질문과 대답이 필요한 활동, 그리고 서로의 과제를 점검하기 위한 활동 등에 정기적으로 파트너나 소그룹활동을 사용한다. 유아들은 실제로 조작하거나 신체적으로 해볼 때 집중이 더 잘 되고 방해는 감소된다.

유아에게 일어서서 작업하거나 작업 영역으로 칠판을 사용하는 것을 허락한다.

노아의 마음속의 말

4세인 노아는 자신의 마음대로 하지 못했을 때 드러눕곤 한다. 내가 그에 관하여 알게 된 것은 11월 즈음 그의 어머니가 나에게 노아가 하루 종일 학교와 교사에 관해 이야기한다는 것을 말했을 때이다.

12월 초의 어느 날 자유놀이 시간에 노아는 교실 주변을 매우 빠르게 달리기 시작했다. 그는 뛰어다니면서 손발을 가만 놔두지 않았다. 그가 사방을 뛰어다니자 다른 아이들은 다치는 것을 피하기 위해 허둥지둥 도망갔다. 나는 그에게 이러한 놀이는 교실에서 안전하지 않다고 말했지만 그는 "나는 달리는 게 필요해요."라고 말했다.

나는 이것에 대해 생각하고, 그 아이의 필요를 충족시켜 주기 위한 안전한 방법이 있다는 것을 깨달았다. 나는 노아에게 달린 다음에 내게 말해달라고 요청했다. 그리고 교실 밖 복도에서 달리는 것이 안전한지 아닌지를 고려해보았다. 이것은 성공적인 전략으로 변했고, 노아는 하루에 최소 한 번 복도에서 달리기를 했다.

3개월이 지난 어느 날 복도는 안전하지 않게 되었다. 나는 숨을 크게 들이쉬고 드러눕는 노아를 예상했지만, 노아는 웃으며 놀이로 돌아갔다. 그는 나를 신뢰하였고 그가 곧 다시 달릴 수 있다는 것을 알았다.

교사가 주요한 생각들을 칠판에 쓰기 위해 서기를 지정해줄 수 있다. 교실에 장애 유아를 위해 작업치료사가 들어왔을 때, 학급 전체에 운동을 통해 휴식을 가르칠 수 있다. 유아들은 스트레칭을 하고 물을 마시고, 서거나 기지개를 펴고, 발을 구르고, 박수를 치거나, 노래를 부르고 또는 화장실을 가기 위해서 규칙적인 휴식 시간을 갖는다(Emmer et al., 1980; Jensen, 2005). 그리고 감각자극을 주기 위해 조용히 조작할 수 있는 물건들을 가지고 있는 것을 허락한다(U.S. Department of Education, OSEP, 2004).

유아들은 각기 다른 속도로 작업을 한다. 만약 컴퓨터 영역이나 읽기 영역과 같이 조용한 활동을 진행한다면 유아들이 그것을 차지하기 위해 빨리 끝내려는 부적절한 행동은 필요하지 않을 것이다. 이것은 특히 ADHD 유아와 같이 충동통제가 부족한 유아에게는 중요하다.

미술활동 동안에는 의자를 치우고 책상을 큰 종이로 씌운 다음 각각의 유아가 활동할 수 있는 충분한 공간과 물건들을 사용할 수 있도록 배치한다. 이러한 방법은 문제행동을 가진 유아들이 쉽게 활동할 있도록 만들어주는데 특히 소근육 통제에 문제가 있는 유아들은 물건을 사용하는 데 있어서 좌절하게 되고 미술을 싫어하기가 쉽기 때문이다. 큰 붓이나 칫솔, 아이스캔디 막대, 천, 목화송이, 달력조각, 깃털, 셀로판지, 잡지사진, 색종이 조각과 같은 다루기 쉬운 도구와 재료들을 선택한다. 만약 결과물을 만들어내는 활동보다 개방적인 프로젝트를 진행한다면 미술활동에 어려움을 겪는 유아들은 자신이 실패했다고 느끼지 않을 것이다.

밖에서 기다리기

ADHD 학생이 큰 소리로 대답을 외치는 것에 화가 날 수 있지만, 그 학생이 손을 들고 대답해야 한다는 것을 알고 있을 지라도 그것은 매우 어려운 일이라는 것을 기억하라. 통제하는 방법을 습득하도록 돕기 위해서는 소리치며 대답하는 것을 무시하고, 손을 들었을 때 바로 대답하도록 한다. 시간의 흐름을 보여주는 째깍거리는 소리가 나는 시계나 모래시계 등을 사용하여 깊게 숨을 쉬거나 자기대화("나는 기다릴 수 있어.")를 통해 기다리기를 가르친다. 또한 활동의 정확한 시작과 끝을 알게 해준다(Kostelnik, Onaga, Rohde, & Whiren, 2002).

복잡한 질문을 물었을 때에는 대답할 수 있는 충분한 시간을 준다. 연구자들은 대답을 위해 적어도 3초 이상 기다려야 길고 유도하지 않은 적절한 대답을 이끌어내고 어려움을 겪는 학생들로부터 더 많은 질문과 참여를 유도할 수 있다고 보고하고 있다(Rowe, 1986). 예를 들어 소리 내서 생각하기(thinking aloud)와 같은 인지전략 모델을 가르칠 때 행동을 이끌어주고 집중할 수 있도록 격려한다. 실망할 것을 예측하고 격려를 제공한다. "이것이 어렵다는 걸 알아. 하지만 너는 잘해낼 수 있을 거야. 천천히 해보자(Kostelnik et al., 2002)."

밖에서 뛰어놀기

휴식 시간이 빠르게 사라지고 있다. 최근의 연구에 의하면 8~9세의 30%는 휴식 시간이 거의 없거나 부족한 것으로 나타났으며 하루에 최소 15분 정도 휴식 시간을 갖는 다른 또래들보다 주의집중에 어려움을 겪는 것으로 나타났다(Barros, Silver, &

Stein, 2009). 뇌를 이완시키는 휴식은 학습을 촉진하고 유아들이 스트레스와 갈등을 다루는 데 도움을 준다(Jensen, 2005). 그리고 만약 학교에서 휴식 시간을 없애고 있다면 학급에서 운동과 휴식 시간을 보강해주는 것이 중요하다.

그러나 휴식 시간과 점심 시간은 좋기도 하지만 나쁜 시간이기도하다. 종종 지루해지거나 감독이 소홀해지기 때문에 공격적거나 괴롭히는 행동이 나타나고 자신들과 다른 유아를 따돌리기도 한다. 학급 전체가 함께 어울릴 수 있도록 운동장을 만들거나 식당을 안전하고 쾌적하게 만들어주는 방법 등을 생각해보라. 한 가지 대안으로 사회적 기술이 부족한 유아에게 짝을 지어주어서 운동장에서 놀이를 할 때 도와줄 수 있도록 한다. 다른 방법으로는 휴식 시간이나 점심 시간에 무엇을 할지에 대해 이야기를 나눈다. 학급 친구들과 특별한 활동을 계획하도록 도와주고 후에 활동에 대해 이야기하고 다음 날 준비해야 할 것을 도와준다. 교실에 머물고 싶은 유아들을 위해 함께 있어줄 수 있는 자원봉사자를 모집하거나, 소외되거나 방해되는 것을 피할 수 있는 비경쟁적인 게임이나 활동을 감독해줄 수 있는 연령이 높은 유아들을 초대할 수도 있다(Litner, 2000). 어떤 학교에서는 '휴식 코치'의 감독하에 휴식 시간 프로그램을 조직하기도 하지만(Hu, 2009), 휴식 시간 연구의 권위자인 Barros는 유아들에게 낮잠을 자거나 상상을 하고 자신의 문제를 해결할 수 있는 한가로운 시간을 제공해주는 것이 중요하다고 말한다(Hu, 2009).

숙제가 필요한가, 필요하지 않은가

유아가 숙제를 하지 않았을 때(또는 못했을 때), 교실로 들어가는 유아는 걱정, 두려움, 화 그리고 좌절감에 가득차 있게 된다. 회피하고 싶은 마음이 가장 우선이 되고 그것은 문제행동으로 나타나게 된다.

초등학생의 숙제에 대한 논쟁은 지속되고 있다. 몇몇 전문가들을 학생들이 교사가 가르친 내용이 무엇이었는지 연습하고 교과 과정의 내용을 숙달하기 위해서는 숙제가 필요하며 차후에 숙제를 성공적으로 끝내는 데 필요한 기술들을 향상시킨다고 믿고 있다. 또한 교사들에게 추가의 시간이 필요할 때나 학습 주제를 다시 논의해주어야 하는 유아에 대한 정보를 제공할 때 숙제가 가정과의 중요한 연계를 제공한다고 보고 있다.

이와 반대로 숙제 전문가인 Cooper(2001)는 초등학교에서 학생의 학업성취와 교사가 내주는 숙제 사이의 관련성이 매우 적다고 결론지었다. 그리고 Kohn(2006a)에 따르면 숙제는 잘 듣지 않고 이해하지 못하거나 지시 따르기에 문제가 있는 유아들에게 도움이 되지 않는다고 보고 있다. 사실 숙제는 유아들에게 자신이 어리석다고 느끼게 만들고, 잘못된 방법에 익숙해지게 만든다.

숙제는 또한 빈부의 격차를 넓힌다(Kralovec & Buell, 2001). 중산층의 유아는 컴퓨터나 잘 교육받은 부모들의 도움을 받는다. 그러나 경제적으로 낮은 위치에 속해 있는 유아의 부모들은 늦은 밤까지 일을 하거나 영어에 능숙하지 못하며 컴퓨터나 숙제를 할 수 있는 조용한 장소가 부족하다. 또한 이러한 가정의 유아들은 동생을 돌보거나 식사를 만들어야 하는 등 가족을 책임져야 하는 일들이 있다.

만약 숙제가 반드시 필요하다면 많은 전문가들은 점수를 부여하는 것에는 반대를 한다. Cooper(2001)는 평가는 단지 기술이 부족하다는 것에 대한 판별과 교정이라고 주장했다. 다음은 숙제를 가치 있게 만들 수 있는 제안을 기술하고 있다(Bennett & Kalish, 2006; Darling-Hammond & Hill-Lynch, 2006; Kohn, 2006a).

- 매일 해결하기에 10분을 넘지 않는 숙제 양을 준다.
- 유아의 요구와 가능한 자원에 맞도록 과제를 차별화한다.
- 수행 가능하고 노력을 가치 있게 만드는 과제를 준다. 과제가 정확하고 타당할 때 유아는 해야 하는 이유를 가지게 된다.
- 읽기를 중요하게 만든다. 그러나 Kohn(2006a)은 구체적인 페이지나 정해진 시간을 부여하지 않도록 했다.
- 만약 유아가 원한다면 학교에서 숙제를 할 수 있도록 한다. 숙제를 시작할 때 과제를 이해하고 있는지 확인한다(Brophy, 2000). 소그룹으로 작업할 때 유아들이 서로 도와서 문제해결 전략이 나올 수 있도록 하며(Trumbull et al., 2000), 다음 날 같은 방법으로 숙제를 했는지 확인할 수 있도록 한다(Evertson et al., 2003).

〈부록 A〉에서 이 장에서 언급한 자료들을 바탕으로 한 체크리스트를 사용할 수 있다. 물리적 공간, 일과와 전이, 교수전략 등을 활용할 수 있다.

생각해볼 문제

1. 교사가 학생을 가르친다면 식당, 가게, 도서관에 가보라. 그리고 교실을 둘러보라. 교사가 물리적 환경으로부터 얻을 수 있는 메시지는 무엇인가? 이유는? 단서들은 무엇인가?

2. 예상과 과정을 정의할 때 하루 일과를 생각하는 것은 교실 환경을 더욱 원활하게 만드는 것이다. 일단 하나를 고르고 과정을 개발하라. 그리고 교실에서 그것을 가르치라(또는 만약 당신이 가르친다면, 당신의 학생에게 그것을 가르치라.).

3. 흥미로운 전이를 만들기 위한 다섯 가지 방법을 구상하라. 아동이 오는 곳, 그들이 가는 곳, 교사가 그곳에서 그들을 이끄는 방법을 묘사하라.

4. 활동을 위한 학습 목표를 기록하거나, 가능한 모든 아동(다양한 문화적 배경과 다른 능력을 가진 아동)을 교사의 교수 대상으로 두어 참여하게 하고 혜택을 받게 하라.

5. 학급 아동을 두 그룹으로 나누고, 대그룹이나 이야기 나누기 시간과 같은 활동에서 떠나는 것에 대한 선택권을 아동에게 주는 것에 대한 찬성과 반대를 투표하게 하라.

참고문헌

Bodrova, E., & Leong, D. J. (2007). *Tools of the mind: The Vygotskian approach to early childhood education* (2nd ed.). Upper Saddle River, NJ: Pearson.

Feldman, J., & Jones, R. (1995). *Transition time: Let's do something different!* Beltsville, MD: Gryphon House.

Greenman, J. (2005). *Caring spaces, Learning places: Children's environments that work*. Redmond, WA: Exchange Press.

Hemmeter, M. L., Ostrosky, M.M., Artman, K.M., & Kender, K.A. (2008). Moving right along… Planing transitions to prevent challenging behavior. *Young Children*, 63(3), 18-25.

Levin, D. E., & Carlsson-Paige, N. (2006). *The war play dilemma*. New York: Teachers College Press.

Smith, R. (2004). *Conscious classroom management: Unlocking the secrets of great teaching*. San Rafael, CA: Conscious Teaching Publicaitons.

Tomlinson, C. A. (2001). *How to differentiate instruction in mixed-ability classrooms* (2nd ed.). Alexandria, VA: Association for supervision and Curriculum Development.

Tomlinsion, C. A. (2007-2008). Learning to love assessment. *Educational Leadership*, 65(4), 8-13.

Chapter 09

지도하기

Chapter 09
지도하기

이 장에서는 문제행동을 보이는 아이를 직접적으로 다루기 위한 여러 가지 전략들에 대해서 기술할 것이다.

여기에서는 세 가지 이유와 함께 한 가지 이상의 전략을 제공할 것이다. 첫째, 사람들은 다른 방식, 가치, 삶의 경험을 가지고 있으며 복도에서는 사용하기에 적합했던 방법이 다른 부분에서는 적합하지 않을 수 있다. 사용하고 있는 전략에 대한 확신이 중요하다. 만약에 전략이 편하지 않거나 그 이면에 숨겨진 철학을 이해하지 못한다면, 그것을 사용하는 사람에게도 효과적이지 않을 수 있다. 둘째, 모든 유아는 독특하며 개별 유아의 기질, 연령, 발달 단계, 그리고 문화는 말할 것도 없이 심리 상태에 적합한 접근방법을 필요로 한다. 여러 가지 전략들을 어떻게 사용하는지 알고 있을 때 가능성이 열려있으며 환경에 가장 적절한 방법을 선택할 수 있다. Maslow는

"만약에 가지고 있는 유일한 도구가 망치라면, 모든 문제를 못으로 보려고 할 것이다."라고 말했다. 셋째, 만약 유아의 문제행동이 오래도록 변화하지 않는다면, 사용한 방법이 효과가 없으므로 다른 전략을 시도하려고 노력해야 할 것이며 많은 전략들을 가지고 있어야 할 것이다.

이러한 전략들은 공식화되어 있지 않기 때문에 교사는 한 번에 한 가지 전략을 사용하거나 여러 가지를 혼합해서 사용할 수 있다.

전략들이 어떻게 다른가

문제행동을 지적하고 사회적으로 수용 가능한 행동으로 지도하는 방법에는 몇 가지 다른 이름이 붙여진다. 어떤 사람들은 지도(guidance)라고 부르는 것을 선호하고 다른 사람들은 훈육(discipline)이라는 단어를 사용한다. 그리고 여전히 많은 사람들이 그것을 행동관리라고 부르고 있다. 선택하는 이름이나 방법은 사용하는 사람의 배경이나 철학에 따라 달리 사용된다. 이 책에서는 지도라는 단어를 사용한다.

전략들은 교사들이 필요한 통제의 정도에 따라 다양하다(Wolfgang, 2001). 지도는 낮은 통제방법으로 종종 언급되는데 Ginott과 Gordon, Kohn, Watson에 의해 지지되었다. 그들의 접근은 애착이론, 구성주의, 심리학자 Rogers의 인본주의심리학에 바탕을 두고 있다. 그들에 따르면 유아들은 자신의 학습에 있어서 적극적인 참여자가 되어 스스로 선택하고 자신의 가치와 지식을 구성할 수 있는 지지적이고 민주적인 학급에서 더 잘 학습한다고 말한다. 교사의 역할은 유아의 감정, 생각, 아이디어에 관심을 기울이면서 유아들의 발달을 촉진하는 것이다. 유아들이 잘못 행동하는 것은 자신들의 요구가 충족되지 않았거나 문제해결을 위한 기술이 부족하기 때문이다(Burden, 2003; Greene, 2008; Watson, 2003).

더 많은 통제를 사용해야 한다고 믿는 교육자들은(Dreikurs, Glasser, Curwin & Mendler, Albert, Nelsen, Gathercoal) 종종 훈육이라는 용어를 사용한다. Adler의 이론에 영향을 받은 그들은 유아의 발달을 지배하는 내적인 힘과 외적인 힘의 조합이라는 입장을 취하고 유아의 잘못된 행동은 어떻게 그룹에 속해야 하는지에 대한 생각의 실수 때문이라고 주장한다. 유아는 자신의 결정에 대한 결과를 이해하면서 적절하게 행동하는 것을 배운다. 이러한 입장을 취하는 교사들은 유아의 개별적인 요구에 앞서 그룹의 요구를 고려하는 경향이 있다(Burden, 2003; Wolfgang, 2001).

Lee, Canter, Jones, Alberto, Troutman의 방법을 사용하는 교사들은 종종 이러한 방법을 행동관리라고 부른다. Skinner의 행동수정이론과 Bandura의 사회학습이론에 의하면, 유아의 발달은 외적 조건에 의한 결과로 본다. 사회학습이론에 따르면, 유아는 그들 주변의 사람들을 관찰하고 모방하는 것을 통해 학습한다. 유아들이 스스로를 모니터링할 수 없고 자기 스스로 행동을 효과적으로 통제할 수 없기 때문에 교사는 규칙을 만들고 실행하고, 적절한 행동을 강화하며 부적절한 행동의 결과를 적용함으로써 유아들을 담당하고 지원하는 책임을 맡아야 한다(Burden, 2003; Wolfgang, 2001).

이 장은 두 부분으로 구분되며 첫 번째 부분은 무엇이 효과적인 전략을 만드는지에 대한 개요와 특별한 전략에 대한 기술을 다루고 두 번째 부분은 유아가 통제할 수 없을 때 어떠한 방법을 사용해야 하는지에 대해 논의할 것이다.

부적절한 행동에 대한 반응

무엇이 전략을 효과적으로 만드는가

비록 전문가들은 다른 철학적 배경을 가지고 있지만 몇 가지 요인들이 전략의 효과를 증가시킨다는 데 동의하고 있다. 성공을 위한 열쇠는 다음과 같다.

긍정적이며 반응적인 교사와 유아의 관계를 형성하기 위해서는 힘들고 많은 시간이 소모되지만 행동을 성공적으로 지도하는 데 있어서는 매우 필수적이다(제5장 참조).

교실 환경을 구조화하면 문제행동을 예방할 수 있다. 진공 상태에서는 행동도 존재하지 않기 때문에 안전하고, 세심하고, 협조적이고, 사회적 맥락과 물리적 공간의 통합, 명확한 규칙, 일과, 절차 그리고 흥미와 의미를 고려하여 학습을 극대화하고 문제행동을 최소화하는 차별화된 교수전략을 제공하는 것이 중요하다(제7, 8장 참조).

높은 기대감(high expectation)은 유아의 적절한 행동을 유도할 수 있다. 학습할 수

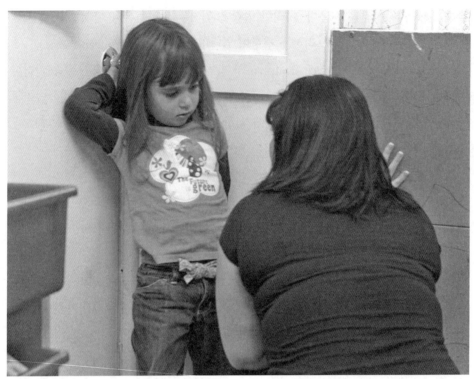

아동이 문제가 있을 때에는 아동과 개인적으로 이야기를 나누라. 청중들은 당혹감을 고조시키고 사람들의 눈길을 끌어 상황을 악화시킨다.

있는 유아의 능력을 믿고 최선을 다할 수 있도록 지지한다.

문제행동을 보이는 유아를 그룹에서 떼어내거나 교무실로 보내기보다는 함께 해결하면서 시간을 보낸다. 교실전략 연구(Brophy, 1996; Brophy & McCaslin, 1992)는 유능한 교사들은 빠르게 문제행동을 수정하기보다는 장기적인 해결책에 목표를 두고 있다는 것을 알아냈다.

교사는 계획적으로 행동하고 감정을 통제한다. 전략의 효과는 문제 상황 동안의 교사의 행동에 의해 좌우된다. 침착함을 유지하는 것은 생각을 명확하게 해서 문제를 해결하고 문제가 확대되는 것을 예방하는 것을 좀 더 쉽게 할 수 있도록 해준다. 낮은 목소리를 유지하고 편안하고 대립적이지 않은 자세로 팔을 옆으로 두고(Kottler, 2002) 그리고 아동으로부터의 거리는 사실 아동의 감각이 안정적이고 문화적으로 편하다고 느끼는 정도를 추정해야 한다(144쪽의 "안정의 교감" 글상자 참조). 유아가 주도권을 잡지 않도록 하면서 문제행동을 지닌 유아들이 부족한 감정조절 방법을 모델링을 해준다.

또한 교사는 사람이 아닌 행동에 대해 초점을 맞춘다. 유아를 좋아하고 존중한다는 것을 명확하게 보여주면서 문제는 유아 자신이 아니라 유아가 한 행동이라는 것을 알려준다(Kohn, 1996; Kottler, 2002).

또 유아와 개인적으로 이야기를 한다. 청중(다른 유아들)이 있는 것은 유아의 당황스러움을 상승시키고 종종 다른 유아들의 눈길을 끄는 결과를 만들며 누구에게든지 체면을 잃으며 그만두게 하지 않으면 안 되도록 상황을 악화시킨다.

이때 유머를 사용하여 긴장된 상황을 완화시키고 모두에게 자아존중감을 유지할 수 있도록 한다(Curwin, Mendler, & Mendler, 2008). 빈정대거나 유아를 다른 사람 앞에서 깎아내리는 것을 피해야 한다.

회상하기(be reflective)를 통해 하루 일과가 끝났을 때 문제행동이 나타났던 상황에 대해 사건을 다시 논의하고, 행동이 전달하고 있는 메시지가 무엇인지 이해할 수 있도록 노력한다(Kottler, 2002). 유아의 행동에 숨겨진 생각, 감정이나 요구는 무엇인가?(Kohn, 2006b) 유아가 자신이 이해할 수 없거나 무엇을 해야 할지 모르기 때문에 당황하고 좌절하는 것이라고 말하고 있는가? 아무도 자신을 짝으로 선택하지 않아서 두려운가? (의사소통 기능으로서 행동에 관한 것은 제10장 참조)

또 매일을 새로운 기분으로 시작한다. 어제 무슨 일이 일어났든지 더 이상 문제 삼지 않는다(Curwin et al., 2008).

인내심과 융통성도 가져야 한다. 오랫동안 이러한 행동을 사용한 유아들은 습관을 바꾸기가 어렵다. 새로운 전략의 효과가 나타나는 데에는 몇 주가 소요되며 유아의 행동은 효과가 나타나기 이전에 더 악화될 수 있다. 그러나 변화가 나타나지 않는다고 결론이 내려지면 새로운 전략을 시도한다.

마지막으로 문제행동이 학습의 기회가 될 수 있다는 것을 기억한다(Kohn, 1996). 유아가 문제행동을 사용하는 것은 동시에 자신의 요구를 충족시키기 위한 새로운 기술과 적절한 행동을 배워야 한다는 것을 말하고 있는 것이다. 그러나 또한 유아가 화를 내거나 통제력을 잃었을 때에는 가르쳐야 하는 순간이 아니라는 것을 명심해야 한다.

발달적 훈육은 무엇인가

애착이론(제5장 참조)에 근거하여 지도전략은 발달적 훈육(Watson, 2003)으로 알려져 있으며 교사에게 다음과 같은 요구들을 강조하고 있다.

- 학생들과 따뜻하고 지지적인 관계를 형성한다.
- 교실의 규칙과 기대의 이유에 대한 이해를 돕기 위해 지원한다.
- 학생들이 부족하기 쉬운 의미 있는 기술을 지도한다.
- 협력적으로 학생들을 참여시키고 문제해결 과정은 문제행동을 중단시키는 데 목적을 둔다.
- 행동의 외적 통제가 필요할 때에는 비체벌적인 방법을 사용한다(p. 4).

이러한 접근은 시간과 노력이 필요하며, 교사는 가장 먼저 무엇이 가치 있는 것인가에 대한 의문을 가질 수 있게 될 수 있다. 그러나 교사가 인내심을 갖게 되면 교실에서의 대화는 좀 더 능숙하게 될 것이고 모든 것이 자리를 잡게 될 것이다. 유아들은 교사와 친구들 그리고 학습에 더 관심을 갖게 되고 교사는 시간을 절약할 수 있게될 것이다.

발달적 훈육(developmental discipline)은 교사를 포함한 유아와 양육자와의 관계

뇌에서 뇌로

Goleman(2006b, p. 77)에 의하면 "정서 상태는 뇌에서 뇌로 전달된다."라고 기술하고 있다. 우리가 누군가와 상호작용할 때마다 뇌의 '거울뉴런(mirror neuron)'은 동시에 감정을 자동적으로 조절한다.

그룹 안에서 가장 영향력 있는 사람(대부분 교사)은 감정의 중심에 있으며 다른 사람들에게 가장 많은 영향을 준다(Barsade, 2002). 교사가 유아를 좋아한다는 감정 상태는 유아로 하여금 교사를 더 좋아하고 교사의 이야기를 더 잘 들을 수 있게 한다. 즉, 반대로는 만약 교사가 유아를 좋아하지 않는 감정을 느끼게 한다면 유아는 비협조적으로 될 것이다.

가 발달의 기초를 제공한다는 것을 가정하고 있다. 이러한 관계가 초기부터 민감하고 반응적일 때 유아는 안정적인 애착을 형성하게 되며 자신의 감정을 조절하는 방법을 배우고 자기 자신과 다른 사람에 대해 신뢰감을 가지고 지원과 지도를 수용하게 된다.

문제행동을 지닌 유아들은 종종 불안정한 관계를 갖고 있으며(Fearon, Bakermans-Kranenburg, van IJzendoorn, Lapsley, & Roisman, 2010), 쉽게 좋아하지 않을지도 모른다. 다른 유아와 같이 보살핌과 성인과의 신뢰 있는 관계를 필요로 하고 원한다. 그러나 이러한 유아들은 종종 관계를 형성하기 위해 부적절한 방법을 사용하고 교사의 관심을 계속해서 시험할 것이다. 사실 유아들은 교사의 가르치고 지도하는 노력들을 자신들을 통제하기 위한 방법이라고 생각할 것이다(Watson, 2003). 그러나 발달적 훈육은 유아와의 관계를 중요하게 생각하며 유아를 무조건적으로 수용해야 함을 강조하고 있다. 그러므로 교사는 유아의 자율성을 줄이지 않으면서 이러한 저항을 극복하기 위해 노력하고 관심과 신뢰의 관계를 형성하도록 해야 한다. 보상과 처벌은 효과적이지 않으며 유아들로 하여금 관계는 조작할 수 있다는 관점을 확고하게 할 뿐이다(Watson, 2003).

그러면 교사는 어떠한 형태의 갈등 없이 성인의 중재가 필요한 유아를 어떻게 도울 수 있을까? 또한 체벌 없이 어떻게 정중하게 대할 수 있을까? 발달적 훈육은 문제행동을 불신과 기술 부족의 결과로 보기 때문에 교사의 첫 번째 반응은 유아가 왜 그렇게 했어야 하는가에 대해 이해하는 것이라고 본다. Kohn(1996)은 "출발점에서 우리는 항상 다음을 염두에 두어야 한다. 어떻게 학생과 함께 이 문제를 해결할 수 있을까? 어떻게 이 상황을 학생들이 학습하도록 도움을 줄 수 있는 기회로 만들 것인가?(p. 121)". 이러한 과정은 문제행동의 해결방법과 재발생을 예방하기 위한 계획에 있어서 유아가 적극적으로 참여하는 대화, 의논, 협상을 포함한다. 교사가 유아의 요구가 무엇인지 발견하고 어떤 도움을 어떻게 제공해야 하는지 알게 되며 이는 지도로 이어지게 된다.

교사는 비계(scaffolding, 성인의 도움이 있으면 유아가 기술을 배우고 개념을 습득할 수 있도록 하는 지원 수준)를 사용하여 학업 주제를 가르치며 또한 사회적, 정서적, 행동 기술들을 지도하는 데 사용할 수 있다. 유아가 무엇을 기대하는지 아는 예

조건 없이 좋아해주기

Learning to Trust(Watson, 2003)에서는 교사 에큰이 대니를 설득하기 위해 사용했던 한 가지 방법을 기술한다.

> 나는 단지 그의 옆에 앉아 말했다. "너는 내가 정말 너를 좋아한다는 것을 알아. 네가 계속 이러한 상태를 유지할 수 있어도 그것은 나의 마음을 바꾸지 않을 거란다. 그것은 내가 너를 좋아하지 않게 될 것처럼 보이지만, 그런 일은 일어나지 않을 거야. 내가 그렇게 하지 않을 테니까. 나는 너와 그것에 대해 이야기하기 원하고 네가 멈추고자 한 이유를 나에게 설명해주길 바란단다. 그러나 그것은 결코 내가 너에 대해 갖는 감정을 바꿀 수는 없어. 나는 단지 네가 알도록 해주고 싶구나."
>
> 그렇게 말한 뒤, 나는 즉각적으로 말하지 않았다. 그의 방해하는 행동은 점차 감소되기 시작했다(pp. 2-3).

상되는 협력적인 사회적 맥락은 모든 비계의 기초를 제공해주며 교사는 개별적인 요구에 맞는 지원과 추가 전략을 제공할 수 있다.

유아와 교사가 함께 갈등을 해결하고 계획을 세운 후에는 응시하기, 단어사용, 손동작 등의 **암시** 또는 **개별 신호**를 사용할 수 있으며 이러한 것들은 유아에게 다시 과제를 수행할 수 있도록 하거나 유아의 목표를 상기시키거나 도움이 필요하다는 신호를 보내기도 한다. 이러한 몸짓은 협박이 아니며 반대로 교사와 유아가 이해하고 있다는 것을 확인시켜 주기도 한다. 체육관에 가기 위해 학급이 모였을 때 오언이 앤드류와 부딪치게 된다. 앤드류가 오언을 밀려고 손을 들었을 때 교사는 앤드류를 바라보고 귀를 만지는 특별한 신호를 사용해서 물리적 행동이 아닌 언어를 사용할 수 있도록 상기시켜 준다. 앤드류는 손을 내리고 오언에게 말을 한다.

가끔 문제행동을 일으키는 유아들에게 암시는 자율권을 위협하는 것으로 이해할 수 있기 때문에 이러한 상황에서는 대립을 피하는 것이 현명할 수 있다. 대신에 명확한 요구를 만들고, 아동의 반항적인 태도와 이탈은 무시하고, 유아에게 교사가 요구하는 것을 선택할 것이라는 믿음을 암시한다. 유아에게 **시간과 공간**을 제공한다면 유아는 순응하면서 교사의 신뢰에 대해 보상하지만, 만약 교사가 그가 복종하기를 기다리면서 지켜본다면 유아는 교사를 위협의 존재로 볼 것이며 체면을 세우기 위해 상황을 이기고 지는 문제로 해석하게 된다. 시간과 공간을 문자 그대로 제공해줄 수 있다. 예를 들어 유아에게 심부름을 보내 뛸 수 있게 하거나 물을 마시고 오게 하여 스스로 평온함을 찾을 수 있도록 도와준다.

발달적 훈육은 또한 유아에게 자신의 행동에 책임감을 가질 수 있도록 하는 자기대화(self-talk)의 사용을 권장하고 있다. 유아가 스스로 상황을 분석하고 방법을 찾았을 때, 충동적인 행동보다 무엇을 해야 할지 선택할 수 있게 된다(Watson, 2003) (자기대화에 대해서는 211, 214쪽 참조.).

문제행동을 지닌 유아와의 관계는 유아가 부적절하게 행동할 때마다 매번 시험받게 된다. 교사는 가능한 한 힘의 사용을 최소화함으로써 이러한 관계를 보호할 수 있으며 유아는 자신은 능력 있고 관심받고 있으며 자율적이라는 생각을 유지할 수 있다(Watson, Solomon, Battistich, Schaps, & Solomon, n.d.). 유아의 상황에 공감하고 있다는 것을 보여주고("조시, 나는 이것이 너를 화나게 만들었다는 것을 알아. 누군가 너를 화나게 했을 때 조용하게 있는 것이 힘들지. 하지만 친구의 작품을 망치는 것은 바람직하지 못해."), 유아를 동기화시키고("라이언, 나는 너와 패트릭이 이야기를 잘했다고 확신해. 만약 나와 네가 이야기를 했더라면 아무도 듣지 않았을 거야."), 선택을 제공할 수 있게 해준다("앤드류, 너는 책을 봐도 되고 대릴과 모래책상에서 함께 놀이해도 돼. 네가 선택할 수 있어.").

효과적인 훈육방법

발달적 훈육과 마찬가지로 개인의 행동은 그 개인을 둘러싼 세계에 대한 수용에 의해 결정된다고 믿는 인본주의적 심리학자 Rogers로부터 교사 효율성 훈련(Gordon, 2003)이 시작되었다. 임상심리학자인 Gordon이 발전시킨 이러한 접근은 교사-학생 관계의 중요성을 강조하며 이것이 학생의 행동에 보상이나 벌보다 더 강력한 영향을 끼친다고 보고 있다.

문제가 발생했을 때 Gordon(2003)은 교사들에게 누구의 문제인지를 생각하도록 요구한다. 만약 문제가 교사에게 실제적으로 어떠한 영향도 없지만 유아의 감정이 학습을 방해한다면 유아가 문제를 지니고 있는 것이다. 예를 들어 아침에 앤드류가 시리얼을 쏟았다면 학교에서도 걱정하게 되고 행동에 있어서 제한이 있게 된다. 앤드류는 차례를 기다리지 못하거나 오전 모임까지 참석이 힘들 수도 있다. 평소보다 침착하지 못하거나 조용한 이러한 행동들은 놓치기 쉽다. 그러나 만약 교사가 그것에 반응하지 못한다면, 유아의 걱정은 방해행동으로 바뀌게 되고 교사의 수업 진행

개방적인 의사소통

만약 교사가 유아의 예민한 감정에 대해서 빠르게 반응한다면, 교사는 유아가 감정을 통제하는 것을 돕고 악화되는 행동을 예방할 수 있다. 심리학자 Butchard와 Spencler(2000)에 의해 개발된 WEVAS(폭력적이고 공격적인 상태에서 효과적으로 조치하기)는 다음과 같은 과정으로 이루어진다(Carkhuff, 1987; Gibb, 1961; Gordon, 2000).

- 개방적인 태도. 정중한 말이나 질문들("선생님이 도와줄까?", "선생님이 함께 앉아있기를 원하니?")은 유아에게 교사가 관심을 보이고 있고 들을 준비가 되었다는 것을 말해준다.
- 개방형 질문. 정보에 대한 순수한 질문들은 유아의 걱정을 감소시켜 줄 수 있다. '누가', '무엇을', '언제', '어디서', '어떻게'에 대한 질문(판단하기 위한 것이 아닌)은 무슨 일이 일어났으며 어떠한 감정이었는지에 대해 유아가 생각하고 문제를 해결할 수 있도록 도움을 준다.
- 확인하며 이해하기 쉽게 다른 말로 표현하기. 이 단계에서는 유아의 수용이 중요한 문제이다(Gordon, 2000). 교사의 말로 다시 고쳐서 말함으로써 유아의 메시지를 이해하고 있다는 것을 유아에게 알려준다. 유아가 "개빈이 미워요."라고 말하면 교사는 "네 기분이 좋지 않구나."라고 대답해준다. 유아의 말이 아닌 전하고자 하는 메시지의 요구에 응답해준다. 유아가 도움을 요청하는가? 그룹에 참여하고 싶을 때 제공되는 지원은 유아의 걱정을 덜어줄 수 있다.
- 재구성하기. 사건의 긍정적인 면을 볼 수 있도록 도와준다("실수하는 건 어리석은 게 아니야. 우리가 배우는 과정이야.").
- 유아의 목소리 인식하기. 유아에게 걱정이 있을 때에는 말소리가 빠르거나 또는 느려지거나, 목소리가 높아지거나 또는 낮아지거나, 소리가 커지거나 또는 작아질 수 있다. 만약 교사가 유아의 목소리 패턴에 맞출 수 있다면, 서서히 자신의 목소리를 정상적인 목소리로 만들어서 유아 또한 정상적으로 말하게 되고 감정이 이완될 수 있다.

을 방해하게 됨으로써 유아뿐 아니라 교사의 문제로 만든다.

교사는 유아가 자신들의 문제를 해결하도록 도움을 준다. 중요한 열쇠는 교사가 유아의 '모든 것'을 수용하고 있다는 것을 전달해주는 경청에 있다(Gordon, 2003, p. 59). 먼저, 교사는 유아의 개인적인 순간을 발견한다. 예를 들어 앤드류에게 "걱정이 있는 것처럼 보이는구나. 선생님하고 이야기하면 도움이 되겠니?" 그러고 나서 교사는 수동적으로 들으며 이야기에 집중하고 있다는 것을 보여주기 위해 "나도 알아."라고 말하는 언어적 단서나 고개를 끄덕이거나 미소나 눈살을 찌푸리는 등의 비언어적 단서를 보여준다. 그러나 교사에 따라 **적극적인 경청**이 더 효과적일 수도 있다. 유아의 이야기를 들으면서 앤드류의 말에 있는 숨겨져 있는 감정과 메시지를 발견하려고 노력한다. 그러고 나서 교사는 유아를 이해했다는 것을 확신시키기 위해 메시지를 건넨다("너의 엄마가 여전히 너 때문에 화가 났다고 생각해서 네가 속상하구나."). 이러한 대화의 주고받음은 앤드류가 자신의 문제를 더욱 더 깊이 탐구할 수 있도록 하며 무엇이 자신을 괴롭게 하는지 명확하게 하고, 감정을 표현하고 문제를 해결할 수 있도록 시작하는 데 도움을 준다.

문제가 교사에게 있을 때(요구에 필요한 능력을 방해하거나 어떠한 방법에 있어서 화가 날 때) Gordon(2003)은 '나-메시지'를 사용할 것을 조언했다. 감정의 비판단적인 의사소통 방법인 나-메시지('나'로 시작하는)는 교사의 인간적인 면을 보여주면서 유아를 비난하는 메시지나 무엇을 해야 한다고 말하는 것보다 더 쉽게 변화시킬 수 있다. 나-메시지는 유아의 행동이 어떻게 교사에게 영향을 주는지 알려주며 감정을 숨기기보다는 자신의 것으로 받아들일 수 있게 한다. 교사가 나-메시지를 사용할 때마다 자신의 감정을 어떻게 확인하고 표현하는지 모델이 되고 유아의 공감 능력을 발달시키는 데 도움을 준다. 무엇보다도 나-메시지는 유아에게 직접적으로 행동을 변화시키는 책임감을 부여하며 모든 부분을 고려한 방법으로 유아가 반응할 수 있다고 믿는다(Ginott, 1956; Gordon, 2000).

나-메시지는 정직함과 개방성을 필요로 하기 때문에 강하고 친밀한 관계를 발전시킨다. 그러나 그 효과 또한 관계에 달려있기 때문에 교사의 감정에 관심을 두지 않는 유아는 아마도 나-메시지를 무시할 수 있다.

만약 화가 났다면 조심하자. 화를 표현한 나-메시지는 유아에게 교사가 자신을

느낌 먼저

나-메시지는 유아에게 어떻게 자신의 행동이 다른 사람에게 영향을 주는지 말해주며 문제해결을 할 수 있도록 도와준다(Gordon, 2000). 교사가 나-메시지를 사용해 수용될 수 없는 행동을 설명할 때, 낙인을 찍거나 판단적 진술을 하는 것은 피하는 것이 중요하다. 나-메시지의 구성요소는 다음과 같다.

- 행동을 묘사하기. "선생님이 책을 읽는 동안 네가 교실을 걸어 다닐 때……." (이러한 진술은 판단하거나 비난하지 않는다.)
- 유아의 행동이 교사에게 미치는 효과를 설명하기. "선생님은 자리를 잃었어……."
- 교사의 감정을 설명하기. "선생님이 다른 친구들의 이야기를 들을 수 없게 되어서 힘들었어."

위의 세 문장은 순서에 맞게 사용한다. 나-메시지를 사용해서 긍정적인 감정을 전달할 수 있음도 명심한다.

비난하고 있거나 무시한다고 느끼게 만들 수 있다.

교사가 나-메시지를 보낸 후에는 적극적인 경청으로 전환한다. 비록 유아가 공감할 수 있는 신중한 메시지가 부정적인 감정을 없애는 데 도움을 준다고 할지라도 문제가 해결되거나 유아의 감정이 나아질 때까지 함께 머무는 것이 중요하다.

나-메시지가 효과적이지 못하거나 유아가 교사와 함께 갈등을 해결하기를 원할 때에는 문제가 유아와 교사 모두에게 속하게 된다. Gordon(2003)은 이러한 갈등해결 방법을 '무승부 법(no-lose method)'이라고 불렀다(p. 220). 이러한 과정의 단계는 215~216쪽에 설명된 문제해결 방법과 비슷하다. 이러한 방법은 모두가 만족하는 방법으로 문제를 해결하며 아마도 나-메시지와 적극적인 경청(active listening)이 모두 필요할 것이다.

Gordon(2003)은 힘의 사용은 문제를 해결할 수 없다고 믿는다. 힘은 적을 만들고 단순히 일시적으로 유아가 복종하도록 만들기 때문에 유아의 행동을 변화시키는 것을 가르치거나 설득할 수 없으므로 교사의 영향을 감소시킨다. 유아는 교사가 뒤돌아서자마자 이전의 행동으로 돌아갈 것이다. 게다가 힘의 사용은 교사와 유아의 관계를 위태롭게 한다. 예를 들어 위험한 상황 같은 경우에만 힘을 사용해야 할 것이다. 그러나 그 후에 교사는 사과를 통해 악화된 관계를 회복하고, 왜 힘을 사용했는 지 설명하고 유아의 감정을 적극적으로 들어주거나 다시 발생할 수 있는 것을 예방 하기 위한 계획을 협력해서 세울 수 있다.

협력적인 문제해결

협력적인 문제해결(Collaborative Problem Solving, CPS)은 정신과 의사 Greene(2008)에 의해 개발되었으며 발달적 훈육과 교사의 효과적인 훈련과 비슷하 다. 이 세 가지 방법 모두 긍정적인 교사-아동 관계를 필요로 하고 있으며, 교사와 유아의 대화를 통해 문제행동의 원인과 해결책을 찾을 수 있다고 믿고 있다.

Greene(2008)에 따르면 문제행동을 지닌 유아는 어떻게 행동하기를 원할 뿐만 아 니라 바람직한 행동을 원한다는 것을 알고 있지만 그렇게 행동하기 위한 인지적인 기술을 가지고 있지 않다고 설명하고 있다. 만약 유아가 유연성, 욕구불만 내성 (frustration tolerance, 욕구불만에 대한 저항력), 문제를 해결하기 위한 능력이 부족 하다면 유아의 어려운 행동들은 교사에게 자신이 할 수 없는 문제나 해결하지 못하 는 문제에 직면했다는 것을 알려주는 것이다. 교사의 역할은 이러한 행동의 원인을 찾아내고 유아가 갖고 있지 않는 기술들을 가르치는 것이다. 이러한 문제는 협력적 인 문제해결을 통해 해결할 수 있다.

직설법

유아의 행동이 교수와 학습 모두를 방해할 때(교실 주변에 모래를 뿌리거나, 친구를 괴롭히 거나, 의자를 끊임없이 흔들거리는 것 등) WEVAS(Butchard & Spencler, 2000)는 '반응교수 (teaching response)'를 사용할 것을 제안한다. 유아에게 방해되는 행동을 멈추라고 말하는 대신 교사는 유아에게 무엇을 해야 하는지를 말해준다. 목소리를 침착하게 유지하고 애정을 갖고 조용한 걸음걸이로 유아에게 가서 이야기한다. "앤드류, 모래를 상자 안에 넣어두자." 라고 말한다. 이러한 기법은 "안돼. 멈춰. 그만."과 같은 체벌적인 말을 사용하지 않고도 효 과를 거둘 수 있다.

협력적인 문제해결은 유아가 흥분했을 때가 아니라 평온할 때 사전에 사용하는 것이 효과적이다. 유아를 만나기 전에 유아가 지니고 있는 문제가 정확하게 무엇인지, 부족한 기술이 무엇인지, 어떠한 상황이 문제행동을 일으키는지를 알고 있는 성인을 먼저 만나는 것이 좋다. 만약 교사가 유아를 주의 깊게 관찰한다면 이러한 부분들을 예측할 수 있을 것이다(www.lostatschool.org에서 평가 양식을 사용할 수 있다.). 교사가 해결하고자 하는 문제를 결정했다면, 다음의 세 가지 CPS의 단계에 따라 유아를 참여시킨다.

- **공감하기.** 이 단계의 목표는 유아의 관심을 이해하고 유아의 관점에서 사물을 바라보는 것이다. 유아가 교사가 자신에게 화나지 않았으며 무엇을 해야 하는지 말하지 않을 것이라는 것을 알게 해야 한다. Greene(2008)은 문제에 대해 중립적인 진술로 시작할 것을 조언하였다. "나는 네가 최근에 어떤 아이들 때문에 화가 났다는 것을 알아. 무슨 일이 있었니?(p. 75)" 이 단계에서는 서두르지 않는 것이 중요한데 왜냐하면 만약 교사가 유아의 관심을 이해하지 못한다면 후에 해결책을 찾아내는 것이 어려워지기 때문이다. 유아가 무엇을 생각하는지 명확히 하고, 적극적인 경청을 사용하며, 유아에게 더 말하고 싶은 것이 있는지 물어본다. 이 과정에서는 몇 마디 대화를 주고받는다. 만약 유아가 무엇이 잘못되었는지 설명하는 데 어려움을 보인다면(많은 문제행동을 지닌 유아들이 적절한 단어를 찾거나 자신의 생각을 정리하는 데 어려움을 지니고 있다.) 교사는 관찰에 근거하여 경험에서 우러나온 추측을 만들어줌으로써 유아를 도와준다. "아, 친구들이 너랑 같이 놀아주지 않아서 화가 났구나(Greene, 2008, p. 76)."

- **문제 정의하기.** 이 단계에서는 교사는 교사 자신의 관심을 이야기한다. 유아들은 자신의 행동이 다른 사람 또는 다른 사람의 감정을 다치게 할 수 있고 학습을 방해할 수 있으며 교사의 역할은 모든 사람을 안전하게 지키는 것이라는 걸 알게 될 것이다. "선생님은 네가 친구들이 놀아주지 않았을 때 화내지 말았어야 한다고 말하지는 않을 거야. 중요한 건 우리는 모두 교실에서 안전하다고 느껴야 하고 다른 사람에게 우리가 어떻게 느끼는지 이야기를 통해 알려주어

야 해. 네가 다른 친구를 때렸을 때 나는 친구가 다치게 될 것과 안전하다고 느끼지 못하게 될 것을 생각해. 그리고 아마 친구들은 네가 왜 화가 났는지 알지 못할 수도 있어(Greene, 2008, p. 79)."

- **협력 요청하기.** 두 가지 관점이 있을 때 교사는 해결책을 찾을 수 있어야 한다. 문제를 다시 말해주면서 유아에게 협력을 요청한다. "선생님은 네가 친구들이 놀아주지 않아서 화가 났을 때 친구들을 때리는 대신에 나한테 와서 말해줄 수 있지 않았을까 생각해. 네가 생각하는 다른 방법이 있니? (Greene, 2008, p. 81)." 유아가 먼저 해결책을 제시하도록 하고, 만약 그것이 만족스럽지 않다면 교사가 자신의 생각을 제시한다. 교사가 동의할 수 있는 실제적이고 서로가 만족할 수 있는 계획이 나올 때까지 브레인스토밍을 계속한다. 이러한 방법을 통해 해결될 수 있다고 믿으며 만약 해결책이 효과가 없을 때에는 다시 이야기하도록 한다.

매시간 교사는 협력적인 문제해결을 사용하며 문제를 해결하는 것뿐 아니라 유아의 관심을 확인하고 분명하게 표현하고, 다른 사람의 관점을 생각하며, 다양한 해결책을 만들고 평가할 수 있는 기술들을 가르칠 때에도 사용할 수 있다. 최종 목표는 문제행동을 감소시키는 데 있다.

정적 강화는 얼마나 유용한가

정적 강화는 아마도 모든 지도전략에 있어서 가장 기본이 되며 우리가 무의식적으로 사용하는 일반적인 기법이다. 사회학습이론과 행동주의이론에서 착안되었으며 행동 뒤에 따르는 긍정적인 반응의 보상이며 보통 빈도나 강도를 증가시키면서 사용된다.

긍정적 행동지원의 주요 요소인 정적 강화는 실제적인 피드백이다. 그것은 교사가 수용하는 행동과 학급의 가치에 대한 정보를 제공하고, 유아가 노력하고, 실수를 하고, 다시 노력하는 동안 지원하게 된다. 상황에 따라 언어적 또는 신체적, 사회적 또는 구체적인 물건이 될 수 있다(예 : 격려의 표현, 등을 토닥거려주는 것, 웃는 것,

스티커 등).

비록 연구들은 이러한 기법이 행동에 영향을 주는 효과적인 방법이 된다는 것을 보여주고 있지만(Marzano, 2003), 사용에 있어서는 논란의 여지가 많다. 많은 교육자들(Fields & Boesser, 1998; Gordon, 2003; Kohn, 1996)은 전통적인 정적 강화인 칭찬은 강압적이고 인위적이라고 믿고 있다. 즉, 유아들이 내부적인 이유(자신의 즐거움이나 본질적으로 가치 있는 일을 하는 것)가 아닌 외부적인 이유(다른 사람의 즐거움)를 위해 행동하도록 자극을 주는 것이라고 생각한다. 또한 보상이 멈추게 되면 동기 또한 멈추게 될 것이다. 칭찬을 하는 것은 교사가 유아의 수행에 대해 판단하게 되고 유아의 노력이나 만족에 대한 평가 대신 다른 사람의 관점에 의존하도록 가르치게 된다. 또한 칭찬을 반대하는 사람들은 관계를 다치게 할 수 있으며 유아에게 무엇을 느꼈는지에 대해 말하는 것으로 유아의 자율성, 창의성, 자기통제, 자아존중감, 즐거움 등을 저하시킨다고 주장하고 있다. 비평가들은 교사가 인정하고 있다는 것을 표현하고, 다른 유아와 비교하는 등의 평가적인 칭찬에 대해 특히 냉소적인데 이러한 칭찬이 대부분 일반적이다. 메타분석 연구(Deci, Koestner, & Ryan, 1999, 2001)에 의하면 실물 보상은 내적 동기를 약화시키지만 언어적 보상은 통제의 수단이 아닌 정보를 제공하는 방법으로 사용될 때 긍정적인 효과를 볼 수 있다고 보고하고 있다.

어떻게 정적 강화를 효과적으로 만들 수 있는가

유아를 격려할 때 교사는 칭찬의 함정을 피할 수 있어야 한다. 격려는 판단이 되어서는 안 되며 유아나 결과물보다는 행동과 과정을 강조해야 한다. 노력, 향상, 숙달된 기술과 진정한 성취를 인정해주는 것을 통해 격려는 유아에 대한 신뢰와 능력을 표현할 수 있으며, 내적 동기, 자율성 그리고 자아존중감을 향상시킬 수 있다.

Watson(2003)은 "학생들은 성공에 대한 기준을 배우고 그러한 기준에 어떻게 도달했는지에 대해 알기 위해 우리를 본보기로 삼는다."라고 말했다. "그들은 진정한 기쁨에 대한 표현, 자신들이 한 것에 대한 관심 그리고 노력에 대한 정직한 피드백을 필요로 한다(p. 47)." '진정한 기쁨과 관심' 과 '정직한 피드백' 은 아마도 문제행동을 지닌 유아에게도 강압적인 것이 아닐 것이며 관계를 형성하는 데에도 도움을 줄 수 있다.

긍정의 강조

수십 년간 동기에 대해 연구한 Dweck(2007)은 참여, 인내, 전략, 향상에 더하여 유아가 무엇을 성공적으로 수행했고 다음에 성공을 위해서는 무엇이 필요한지를 말해주는 '과정에 대한 칭찬'은 유아의 동기를 발전시킨다는 것을 보여주었다.

학습에 대해 정적 강화를 받는 유아는 도전에 적극적이며 어려운 문제를 해결하려고 노력하고 실수를 수정할 방법을 찾으며 실패로부터 얻는다(Dweck, 2007).

격려를 더욱 의미 있게 만들기 위해서는 다음을 참고로 한다.

- 유아의 작업이나 행동에 있어서 일반적인 것보다는 특별한 결과에 초점을 둔다("마이클이 너와 부딪칠 때 네가 화가 났구나. 그렇지만 발로 차는 대신에 말로 해야 한다는 걸 기억해야 한다.").
- 과정을 강조하고, 유아에게 실수도 학습의 일부라는 것을 알게 한다("처음에 몇 번은 다리에 오르지 못할 거야. 하지만 곧 오를 수 있고 어떻게 해야 하는지 알게 될 거야!").
- 유아의 바람직한 행동이 친구들에게 어떻게 영향을 주고 아프게 하는 행동이 어떠한 충격을 주는지 알려준다("케이틀린의 웃는 모습을 봐. 네가 케이틀린이 소방관이 될 수 있다고 말해준 것이 친구를 행복하게 만든 거야.").
- 정직하고, 진실되게 직접적으로 이야기한다. 아동은 더 멀리 벗어나지 않아야 한다는 것을 발견할 수 있다(유아들은 작은 거짓도 쉽게 알 수 있다.).
- 격려를 개인적으로 전해준다.
- 자연스러운 목소리를 사용하되 몇몇 유아들은 열정적이고 강렬한 상호작용을 선호하며 또 다른 유아들은 작고 많은 이목이 집중되지 않은 것에 대한 긍정적인 관심을 필요로 한다.
- 다른 유아와의 비교를 피한다.
- 자신의 행동과 성취에 감사할 수 있도록 도와준다("잘했어." 또는 "나는 네가 한 방법이 좋아."라고 말하기보다 "란 잉크고 사인펜을 같이 사용할 생각을 한 너를 자랑스러워해야 해.")(Dwek, 2007; Kohn, 2001).

정적 강화는 또한 완벽함을 요구하는 것보다 바람직한 행동(노력, 과정, 문제행동의 중단)의 근사개념을 인식할 수 있는 데 유용하다(Barton, 1986). ADHD인 라이언이 답을 외치는 동시에 손을 드는 것은 어떻게 행동해야 하는지에 대해 인식을 하고 있는 과정이기 때문에 이름을 불러주고 손을 들어준 것에 대해 고마움을 표시한다. 이러한 정적 강화는 생색내거나 빈정거리거나 과거의 일에 대한 비판 또는 미래의 행동에 대한 독촉이 없고 명확해야 한다(Webster-Stratton & Herbert, 1994).

만약 유아가 긍정적인 행동으로 교사의 관심을 받고 교사의 격려를 수용하는 것을 배우게 되면 아마도 문제행동이 덜 필요하게 될 것이다. 그리고 만약 교사가 유아의 강점을 찾고 인정해준다면 유아는 좀 더 긍정적이고 이해하고 공감할 수 있는 기회를 가지게 될 것이며 유아와의 관계를 향상시켜 주고 유아가 좀 더 적절하게 행동하게 될 것이다.

정적 강화가 문제행동을 유발한다면 어떻게 될까

어떤 유아들에게는 정적 강화가 틀림없이 잘못된 효과를 낳을 수도 있다. 이러한 유아들은 칭찬하자마자 책을 바닥에 던지거나 가까이 있는 사람을 발로 찰 수 있다.

왜 유아는 이런 방법으로 반응할까? 가장 있음직한 이유는 긍정적 관심이 유아의 생활에서 드물기 때문에 그것이 유아를 비난하는 것처럼 느껴지기 때문이다. 유아는 자주 성공하지 못하기 때문에 좋은 감정과 성공으로 이끌어주는 자연스러운 강화를 경험하지 못했다. 만약 교사가 유아가 적절하게 행동하고 있다는 것을 알았다면 굳이 그 상황에 개입해서 문제를 일으키기를 꺼릴 것이다. 반면에 부적절한 행동에 대해서 교사가 극히 민감하게 반응하는 것 또한 사실이다. 그 결과 유아와의 대부분의 상호작용이 부정적으로 되고 유아와 학급 친구들은 교사의 관심을 얻는 최선의 방법이 교사를 화나게 하는 것이라고 배우게 된다.

문제행동을 지닌 유아는 자신이 누군가를 때렸을 때 어른들의 비난과 또래로부터의 거부 등 무엇이 예상되는지를 정확하게 알고 있다. 유아는 이러한 반응에 더 익숙하고 그러한 결과가 당연하다고 믿는다. 유아는 긍정적 관심을 가치 없는 것으로 확신하며 자신을 "선생님은 제가 나쁘다고 생각하시겠지만 제가 왜 좋은 아이여야 하죠?"라는 말에 몰입시킨다.

유아가 정적 강화에 너무 많은 문제가 있을 때 그것을 그만두는 것이 유아가 필요로 하는 마지막이라고 결론 내리기 쉽다. 그러나 이러한 유아들은 적어도 더 많은 격려를 필요로 한다. 그렇다면 우리는 무엇을 할 수 있을까? 유아의 자신에 대한 부정적인 관점에 대항하기 위해서는 책임, 인내, 끈기를 필요로 한다. 그것은 교사의 유아에 대한 신뢰, 존경 그리고 관심을 필요로 하며 그렇게 함으로써 유아가 자신에 대한 신뢰, 존경 그리고 관심을 배우게 된다. 유아가 스스로 성공할 수 있다고 믿고 자신이 할 수 없는 것보다는 할 수 있는 것을 찾는 것이 중요하다. 만약에 유아가 학급을 방해하거나 다른 친구를 다치게 할 것이라고 기대한다면, 유아는 그렇게 행동하게 될 것이다. 그러나 유아가 자신의 차례를 잘 기다리고 장난감을 공유할 것이라고 기대하면 성공에 대한 유아의 잠재력이 증진될 것이다.

모든 유아는 어느 시간 동안에는 옳은 것을 한다. 만약 교사가 유아가 바르게 행동했을 때 표현을 하고 그 순간의 노력을 지지해준다면 유아의 강점을 형성해주고 부적절한 행동을 적절한 행동으로 대체할 수 있도록 도움을 주며 자신에 대해 좋은 감정을 느낄 수 있도록 만들어줄 것이다. 유아를 억압하려는 것을 피하고 비언어적인 정적 강화(웃음, 하이파이브, 윙크, 고개 끄덕이기, 손가락 들어주기)를 사용하기 시작한다. 모든 유아는 다르기 때문에 교사는 유아가 무엇을 좋아하는지, 무엇에 능숙한지, 강화물로 무엇이 좋은지를 주의 깊게 살펴보아야 한다. 그리고 유아가 좋아하는 활동, 책, 재료들을 제공하고 유아가 노력했을 때 끝까지 수행할 수 있을 과제를 제공한다. 유아와 함께 긍정적인 시간을 만들고 유아 스스로 선택할 수 있는 것을 하

정적 강화에도 아동이 문제를 일으킬 때에는 아동은 그 이상의 격려를 필요로 한다.

무슨 생각을 하고 있니?

안젤라가 나를 괴롭히지 않을 때에는 큰 목소리로 말하거나, 옆에 있는 다른 아이를 쿡쿡 찌르고 있다. 내가 이러한 행동에 대해 이야기하려고 하면, 안젤라는 의자를 뒤집거나 자신이 익힌 4개의 단어를 말한다. 나는 안젤라가 학급에 있는 것이 걱정되며 그 아이에 대해 좋은 점을 찾을 수가 없다. 나는 안젤라가 결석하기를 바라기도 했다.

나는 어떻게든 이러한 패턴을 깨뜨려야 한다는 것을 안다. 동료들은 나에게 교사가 학생과 부정적인 것보다 긍정적인 상호작용을 할 때 더욱 효과적이라는 것을 상기시켜 주었다. 각각의 비평에 대해서 5개 이상의 긍정적인 의견을 제시해줄 수 있다. 동료들은 간단한 전략을 제안했다. 아침마다 오른쪽 주머니에 10개의 동전을 놓고, 안젤라가 적절하게 행동하려고 노력할 때마다 오른쪽의 동전을 왼쪽 주머니로 옮기는 것이었다. 나의 목표는 하루 일과를 마쳤을 때 모든 동전을 왼쪽 주머니로 옮기는 것이었다. 동전을 사용하는 것은 안젤라를 좀 더 긍정적인 방법으로 바라볼 수 있도록 상기시켜 주기 위한 것이고 마침내 안젤라와의 관계와 행동 모두 향상되었다.

여 과제에 대해 책임감을 갖도록 하고 교사는 유아와 함께 말하고 있는 것을 좋아한다는 것을 말해준다. 유아 옆에 앉거나 활동에 참여하고, 농담을 주고받고, 가족이나 강아지, 문화, 학교 밖에서 좋아하는 활동들에 대한 이야기를 나눈다. 교사나 다른 친구가 하는 과제를 도와줄 수 있는지 물어보고, 한 가지를 제안하여 새로운 기술을 가르친다. 그룹 안에서 유아의 도움, 유머, 감각에 대해 고마움을 표시한다. 유아의 쾌감대를 점차 증가시켜 주면서 자신에 대한 좋은 감정에 익숙하게 되면 적절하게 행동해야 한다는 불안함이 감소하게 된다.

무엇이 자연적이고 논리적인 결과인가

전략 자체로서 정적 강화는 잘 알려진 훈육 기법 중 절반에 해당되며 나머지 절반은 자연적이고 논리적인 결과이다. 사실 정적 강화는 결과이며 효과적인 동기 자극이다. 그러나 종종 교사들은 다른 결과에 주목하는데 부정적인 행동에 대한 반응이 그것이다.

Adler의 연구에 기초하여 이 기법을 발전시킨 Dreikurs(1964)에 따르면 가장 의미 있는 결과는 실제 세계로부터의 자연적 또는 사회적인 순서에 의해 얻어진 것이라고 말하고 있다(Coloroso, 1995; Dreikurs, 1964). 유아가 어떤 것을 행하고 그의 행동에 대한 결과로 어떠한 일이 생긴다. 즉, 결과는 유아가 선택한 행동에 대한 반영을 돕는다.

어떤 후속결과들은 **자연적으로** 발생한다. 만약 영하의 몹시 추운 날에 유아가 장갑을 끼지 않고 밖으로 나갔다면, 손은 아주 차가워지게 될 것이다. 만약 유아가 수학 개념에 대한 교사의 설명을 듣지 않는다면, 유아는 문제를 푸는 데 어려움을 가지게 될 것이다. 그러나 자연적인 결과가 너무 적거나 위험한 상황일 때에는 교사는 대신에 **논리적 결과**를 만들 수 있다. 파올로를 때린 후에 파올로의 멍이 가라앉도록 앤드류에게 얼음을 가지고 오게 하는 것이다. 결과가 자연적인지 논리적인지, 긍정적인지 부정적인지 관계없이 결과는 교수 도구이며 유아는 자신의 행동의 결과를 경험하면서 학습하게 된다(Dreikurs, 1964). 결과는 유아로 하여금 자신의 행동을 통제해야 하고 자신이 한 것에 대해 책임을 가져야 한다는 것을 말해준다(Coloroso, 1995; Dreikurs, 1964). 결과는 의사결정을 하고, 실수로부터 유익함을 얻고(Webster-Stratton & Herbert, 1994), 자신의 감정을 적절하게 표현하도록 도와준다(Curwin et al., 2008).

효과적인 후속결과를 위해서는 다음과 같은 것들을 고려해야 한다.

- 유아의 행동과 관련된 것이어야 한다.
- 공정하고 타당해야 한다(앤드류에게 식수대에서 물을 뿌려 지저분해진 바닥을 닦도록 요구하는 것이 논리적이나 휴식 시간 동안 그곳에 서있게 하는 것은 아니다.).
- 정중해야 한다(침착하고, 자연스러운 태도, 단호하지만 친근한 목소리, 판단이나 비평을 피하고, 문화적으로 적절하고, 교사의 메시지를 잘 수용할 수 있는 편안한 거리를 유지한다.).
- 실행 가능한 것이어야 한다(교사와 유아 모두에게 효과적인지 생각하고 결과는 유아에게 상처를 입은 유아를 위해 얼음을 가져다 주도록 요구하는 것과 같이

간단하고 실제적인 것이어야 한다.)(Coloroso, 1995).

- 의무적이어야 한다(이행되지 않는 후속결과는 무엇을 해야 하는지 가르칠 수 없고 대신에 유아는 결과가 없다는 것을 배우게 된다.).
- 교육적이어야 한다(결과는 유아에게 자신의 행동에 대한 유용함을 가르쳐야 한다.).

또한 결과는 부적절한 행동을 강화하는 것이 아니라는 것에 주의해야 한다. 예를 들어 교장실로 보내는 것은 유아가 싫어하거나 어려워하는 활동을 피하기 위한 목적을 이루게 하는 것이다(행동의 목적에 대한 것은 제10장 참조).

만약 교사가 사용 가능한 다양한 결과를 가진다면, 교사는 상황에서 가장 적적절한 것을 선택을 할 수 있다(Curwin et al., 2008). Smith(2004)는 '자유재량권(wiggle room)'을 허가하는 것을 제안하고 있다. "내 일은 각 학생들의 학습을 도와주는 데 최선을 다하는 것이다. 그것은 때때로 학생들마다, 상황들마다 다르다. 따라서 다양한 결과를 허락해주는 것이 교사에게 판단의 자유와 일관성을 줄 수 있다. 간단하게 여러 가지 결과들 중에서 한 가지를 지정해주면, '학생들은 방과 후에 교사를 개인적으로 만날 수 있다.' 이러한 만남에서 무엇이 다음에 발생할지 결정할 수 있다(pp. 173-174)." 교사와 유아 모두에게 침착하게 무엇을 해야 할지 생각할 수 있도록 하고 이러한 결과는 유감스러웠다고 말하게 되는 것을 막을 수 있고, 체면을 유지하고, 학생이 결과를 따르기를 거부하는 대립을 피할 수 있다. 또한 유아를 원래의 작업으로 돌아갈 수 있게 한다.

결과는 유아가 제멋대로 행동하거나(바닥에 물을 뿌려서 쉬는 시간을 주지 않는 것) 교사가 화가 나거나 앙심을 품었을 때에는 위협적이거나 처벌로 보일 수 있다. 교사의 태도나 전달방식은 유아가 교사의 행동을 결과인지 처벌인지 결정하게 한다.

만약 교사가 교실 규칙을 지키지 않았을 때 결과를 만들고자 한다면 유아들이 참여하도록 하는 것은 좋은 생각이다(195~197쪽 참조). 유아들은 어떤 결과들이 자신의 행동을 통제하는 데 도움이 되는지 알 수 있고(Curwin et al., 2008), 유아들이 규칙과 결과 모두를 이해하고 받아들일 수 있게 한다.

WEVAS 전략은 선택적 진술(option statement)이라고 불리는 결과의 대안적 형태

놀람/뜻밖의 일

WEVAS는 유아가 체면을 잃거나 무기력해지는 감정을 느끼지 않고 선택할 수 있는 다른 기법을 제안했다(Butchard & Spencler, 2000). 방해는 유아의 과거 경험이나 현재의 기대에도 맞지 않은 예측하지 못한 반응이다. 그것은 유아를 놀라게 하고 혼란스럽게 하기 때문에 행동을 멈추고 무엇을 해야 할지 생각하도록 도와준다.

마이클이 교실을 돌아다니며 트럭으로 다른 유아의 머리를 때리고 다닐 때 행동을 멈추게 하기 위해서 교사가 마이클 앞에 섰지만, 트럭을 달라고 요구하는 것 대신에 유아의 다리를 꿇어서 발 옆 오른쪽에 앉게 했다. 깜짝 놀란 마이클은 교사 옆에 앉았다. 비록 교사가 근처에 있는 것을 필요로 하지만, 친구들과 함께 트럭을 가지고 놀이를 하면서 안정되어 갔다. 놀이에 다른 유아가 참여한 후 문제행동은 자연스럽게 사라졌다.

이다(Butchard & Spencler, 2000). 비록 명확한 선택을 제공하지만 궁극적인 목적은 좋은 유아의 행동을 멈추게 하는 것이 아니라 올바른 선택을 하고 자신의 행동이 격한 감정, 부정적인 생각 그리고 개인적 경험에 의한 것인지를 생각하도록 도움을 주는 것이다. 왜냐하면 이 시점에서 유아는 보통 문제행동을 찾을 것이기 때문에 선택은 유아를 놀라게 할 수도 있다. 결정을 하기 위해서 유아는 신중하게 선택해야 하며 신중한 행동은 유아가 반복하는 부정적인 행동을 벗어나게 하며 이성적인 사고와 행동으로 이끌 것이다.

선택을 제공하는 것은 교사를 덜 위협적으로 보이게 하기 때문에 유아의 행동을 강요하는 것이 덜 필요하게 된다(Butchard & Spencler, 2000). 그것은 유아에게 자제력을 갖게 한다. 교사가 선택을 제시할 때 유아의 이름을 불러 주목하게 한 다음, 뒤이어 "네가 결정할 수 있어." 또는 "네가 선택할 수 있어."라고 말함으로써 유아가 선택에 대해서 생각할 수 있도록 한다. "앤드류, 네가 선택할 수 있어. 네가 벤과 함께 가거나 나와 함께 공원을 갈 것인지 선택할 수 있어." 이때 교사의 표정이 전달될 수 있기 때문에 행동이나 목소리를 조심한다.

또 유아가 선택에 대해 생각할 수 있는 시간을 가질 수 있도록 한다. 유아는 이것이 힘 싸움이 아닌 선택을 하는 기회라고 느껴야 한다. 교사는 유아가 마음을 가라앉힐 수 있는 다른 활동을 진행할 수 있다. 만약 유아가 적절하게 행동한다면, 유아의 불평은 문제가 되지 않는다. "이건 바보 같아!"라는 말은 체면을 세우기 위한 것이며 자신의 평판과 자아존중감을 지키기 위한 것이다. 유아의 발언을 무시하고 적절한 행동을 인정해주는 것을 통해 모든 유아들에게 규칙을 잘 지키고 안전하다는 메시지를 전해준다.

만약 유아가 올바른 방식을 취하지 않는다면 그 선택을 다시 사용하지 않는다. 유아의 행동은 자신이 무엇을 하기로 결정했는지를 교사에게 말해준다(Butchard & Spencler, 2000). 충분히 생각한 후에는 유아의 결정이 어떠한 결과를 수반하는지 알려준다("네가 선택해서 아마도 나와 네가 짝이 될 것 같아."). 만약 유아가 마음이 바뀌어서 벤과 함께할 것이라고 말하면 상황을 해결할 수 있는 부정적인 대답("안돼. 너는 이미 결정했잖아.")보다는 긍정적인 방법으로 대답한다("좋은 생각이야. 네가 결정해서 좋구나.").

타임아웃과 체벌

정적 강화와 같이 타임아웃(time-out)은 사회학습이론과 행동주의에서 비롯되었다. 비록 많은 변인이 존재하지만, 타임아웃은 유아를 그룹에서 제외시키거나 교실의 외딴 곳으로 가게 하거나 특정한 의자를 마련해서 앉아있게 하기도 한다. 시간은 나이에 따라 1분씩으로 무엇을 했는지 생각하게 한다. 만약 유아의 행동이 지속되면, 그 이후에는 교장실로 보내기도 한다. 타임아웃의 극단적인 형태는 정학과 퇴학에 이르기도 한다.

타임아웃의 남용과 오용으로 그 실행에 있어서 수년간 교육계에서 논쟁이 지속되고 있다. 타임아웃을 지지하는 사람들은 타임아웃이 유아를 보살피고 유아가 스스로 자신을 통제하는 데 도움을 준다고 말한다. 지지자들에 의하면 타임아웃을 세심하고 정확하게 사용하면 존경과 신뢰 있는 관계를 유지하는 데 도움을 준다고 말하고 있다. 또한 타임아웃이 공격적인 행동을 중단하고 예방하며, 다른 유아들의 권리와 안전을 도모한다고 말한다(Rodd, 1996). 타임아웃은 공격적인 유아, 괴롭힘을 당하는 유아 그리고 공격적으로 행동하는 유아에게 지나친 관심을 두지 않고 유아들을 조절할 수 있는 충분한 시간을 필요로 하는 성인 모두에게 가능하다. 미국유아교육협회(National Association for the Education of Young Children, NAEYC, 1996)에서는 다른 유아를 괴롭히거나 자신에게 해를 입히는 위험한 상황에 타임아웃이 마지막 수단으로 적절한지 고려하였다. 유아에게 절대로 굴욕감을 느끼게 해서는 안 되며 타임아웃 시간이 유아가 진정할 수 있는 시간보다 길거나 유아가 원하는 것이 아닌 스스로 자리를 떠나야 하는 상황은 위협적이거나 두렵게 만들 수 있다.

반대하는 사람들은 타임아웃이 적절하지 않은 행동을 감소시키기 위해서 잘못된 것에 대한 불이익을 주는 체벌의 한 형태라고 주장한다(Quinn et al., 2000). 효과가 있을까? 단기적으로는 효과가 있을 수 있다. 그러나 효과를 유지하기 위해서는 점점 더 강력해져야 하는데 체벌은 감독하는 사람이 있을 때에만 적절하지 않은 행동을 제압할 수 있으며 감독자가 떠났을 때에는 바로 다시 나타나기 때문이다.

체벌은 유아가 다른 문제를 발생시켰을 때 필요하다. 왜 교사들은 반항적이고 순종하지 않는 유아가 교실 뒤로 보내지거나 교장실로 가는 것에 대해 동의할 것이라고 기대하는가? 목소리를 높이겠는가? 유아의 마음이 바뀔 때까지 기다리겠는가? 교사가 지나칠 정도로 관심을 보이면 모든 유아를 위험에 놓이게 하고 유아의 문제행동이 더 많아지면 교사와 학급 친구들의 더 많은 관심을 주게 되는 것이다. 이러한 구경거리는 수업보다 더 흥미로워지며 다른 유아들이 그 유아를 부추기게 된다. 이 모든 것들이 교사가 대처할 수 없다는 것을 보게 된 나머지 유아들을 겁먹게 만들고

따돌림

보육기관을 찾던 어머니가 지역의 한 센터를 방문했다. 그곳에 있는 4세 된 유아가 교실 주변을 둘러보는 데 도움을 주었다. 그 유아는 자신의 그룹은 마지막으로 소개하기 위해 미뤄두었다. "이곳은 과학 영역인데 무게가 다른 돌이 놓여있어요."라고 말한 후 블록 영역, 역할놀이 영역, 미술 영역, 음악을 듣거나 책을 읽는 조용한 영역을 보여주었다. "그리고 저기는요."라고 말하며 구석의 한 의자를 가리키며 "저건 게리의 의자예요. 게리는 더 이상 내 친구가 아니에요."라고 말했다.

자신들을 안전하게 지켜줄지에 대해 의심을 가지게 된다.

타임아웃과 체벌에 맞서는 몇 개의 영향력 있는 주장은 다음과 같다.

- 유아를 화나고, 억울해하며 반항하게 만들고, 더 공격적이고 솔직하지 못한 행동을 하게 만든다. 몇몇 교육자들은 타임아웃 시간 동안 유아들은 자신의 행동을 생각하기보다 교사가 어떻게 그럴 수 있는지와 복수를 계획한다고 주장한다(Katz & McClellan, 1997).
- 유아들에게 다른 사람을 힘으로 통제할 수 있다는 것을 받아들이도록 가르친다.
- 다른 친구들 앞에서 한 유아를 겁먹고 당황스럽게 만들고, 굴욕감을 준다. 유아들은 교사와 반 친구에 의하여 외로움, 슬픔, 무서움, 좋지 않은 감정들을 느낀다고 보고되고 있다(Readdick & Chapman, 2000).
- "너는 나빠. 그리고 나는 네가 여기에 있는 것을 원치 않아."라는 말로 인하여 자아존중감에 손상을 준다. 그룹에 속해있는 것을 중요하게 생각하는 문화의 유아에게 타임아웃은 대단히 심각한 체벌로 피하고 싶어 하는 경험이 된다(Gonzalez-Mena, 2008).
- 문제행동의 원인을 지적할 수 없으며 적절한 행동을 가르치지 못한다(Katz & McClellan, 1997). 한 예로 같은 유아에게 타임아웃을 반복해서 시행하고 있다. 게다가 타임아웃은 교사가 소거하고자 하는 행동을 무심코 증가시킨다.
- 유아의 안전에 대한 감각을 약화시키며, 주도성과 자율성을 학습하고 발달시키는 것을 방해한다(Hay, 1994-1995).
- 성인과 유아 사이의 관계를 믿지 못하고 해롭게 한다. Kohn(1996)은 "충동적이고 공격적이거나 무감각한 학생이 더욱 책임감을 가지도록 도와주기 위해서는 유아가 왜 그렇게 행동하는지에 대한 이유를 통찰해야 한다. 유아가 교사와의 관계가 충분히 가까워졌고, 안전하다고 느끼게 되면 자신의 관점에서 왜 그렇게 행동했는지에 대한 설명이 가능하다. 많은 학생들이 교사를 체벌자로 보며, 변화할 수 있는 환경을 만들어주는 사람으로 바라볼 가능성은 더 적다(p. 27)."

대안적 방법으로서 타임어웨이

아주 흥미롭게도 타임아웃을 철저하게 반대하는 사람들 중에는 '타임어웨이(time-away)', '진정시키기(cool down)', '휴식하기', '자유 시간', 또는 '참관하기' 등에 대해서는 우호적이다. 두 가지를 만족시키기 위해서는 타임어웨이는 다음의 목표들을 가지고 있어야 한다.

- 모든 유아에게 안전한 장소에서 진정시킬 수 있는 기회를 주어서 그룹에 다시 참여할 때 성공할 수 있는 능력을 만들어줄 수 있어야 한다.
- 유아가 자신의 감정이 위험한 수준에 있다는 것을 인식하고 다시 준비가 되었을 때가 언제인지 알 수 있도록 가르칠 수 있어야 한다.
- 그룹의 나머지 유아들에게는 활동을 계속 유지할 수 있도록 해야 한다.

양쪽 모두 효과적이려면 성인은 반드시 침착하고, 존중하며 화내거나 위협하지 않아야 한다(Slaby, Roedell, Arezzo, & Hendrix, 1995).

타임아웃을 좋아하지 않을 때에는 타임어웨이를 사전에 사용할 수 있다. 이는 유아를 고립시키기보다는 충동을 통제하고 감정을 관리할 수 있는 다른 방향을 제공해준다. 교사는 유아에게 타임어웨이의 시작을 제안하지만, 어떤 것을 할지에 대해서는 스스로 찾게 한다. 유아가 걱정하거나 불안해질 때 깊게 숨쉬기, 10까지 수 세기, 모래놀이같이 덜 자극적인 활동으로 옮겨가기 등을 할 수 있다. 이러한 상황, 활동, 자극 단계를 자기주도적으로 변화시키는 것은 자신의 감정을 스스로 다스릴 수 있도록 해주며 문제가 있는 관계를 회복시킬 수 있다. 유아는 준비가 되었을 때 언제든지 다시 그룹으로 되돌아갈 수 있으며 교사가 따뜻하게 맞이해줄 것을 알게 된다.

규율의 다양성

신체적 처벌은 유아보육 환경에서는 절대로 적절하지 않다. 감정을 무기로 사용하는(협박, 소리 지르기, 창피 주기, 고함치기, 당황하게 하기, 괴롭히기, 겁주기, 창피

진정할 기회

블록 영역에 있는 다른 유아가 너무 가까이 다가왔을 때 타이론은 불안해지기 시작했다. 타이론은 자기가 만든 것뿐 아니라 블록 영역의 모든 구조물을 부수기 시작했다.

교사는 타이론에게 타임어웨이가 필요하다는 것을 깨달았다. 교사는 "타이론, 블록 영역이 지금 너에게 적당한 활동은 아닌 것 같아. 다음에 다시 활동하자. 그러는 동안 미술 영역에서 그림을 그리거나 함께 읽을 책을 고르는 건 어떨까?"라고 말했다. 교사는 사용하는 단어와 제공할 기회를 신중하게 선택했으며 유아에게 강요하거나 위협하지 않았다. 교사는 유아가 스스로 감정을 통제할 수 있는 기회를 제공했다. 교사는 유아가 좋아하는 활동과 그러한 활동들이 진정시키는 효과를 가진다는 것을 이미 알고 있었다.

타이론은 교사와 함께 책을 읽는 것을 선택했다. 교사가 읽기를 마쳤을 때, 타이론이 원한다면 다시 블록 영역으로 돌아갈 수 있을 만큼 충분히 안정되었다는 것을 느꼈다. "타이론, 나는 메건을 지금 도와주어야 해. 다른 책을 읽거나 아니면 다시 블록 영역에서 놀이를 할래?"

주기, 모욕하기 또는 깎아내리기 등) 것은 상처가 되고 가혹한 것으로 여겨지며, 유럽계 미국인 문화에서는 수용되지 않는다(Hay, 1994-1995).

그러나 이러한 방법이 적절하다고 여겨지는 다른 문화에서는 합리적이고 정상적인 것으로 여겨진다. 예를 들면 아이티에서는 교사가 "너의 부모님이 너를 창피하게 여기시길 원하니?"라는 질문을 통해 적절한 행동을 요구하며 이는 가족 구성원의 가치와 책임을 강조하는 것이다(Ballenger, 1992).

아이티 아이들을 가르치고 1년이 지난 후, Ballenger(1992)는 "내 생각에 교육에 있어서 다양한 문화에 대한 이해를 얻기 위한 과정은 두 가지이다. 하나는 처음에는 이상하고 이해할 수 없던 행동이 친숙해지게 되고, 다른 하나는 친숙했던 가치와 실제들이 일시적으로 검토가 필요한 이상한 것이 된다는 것이다(p. 297)."

북미 주류의 문화에서 성인은 어린 유아들이 자기통제를 연습할 수 있도록 보육기관에 가기 전까지 훈육을 사용하며 학교에서는 선생님의 도움을 최소화하고 자기 스스로 통제할 수 있기를 기대한다(Gonzalez-Mena, 2008). 그러나 많은 다른 문화에서는 유아가 아닌 성인이 유아의 행동통제에 대한 책임을 지닌다. 유아들은 행동수정에 있어서 성인에게 의존하기 때문에 최소한의 규제로 자유롭게 행동한다. 만약 유아들이 규칙에서 너무 벗어나게 되면 성인은 행동을 멈추기 위해 명확하고, 정확하고 권위적인 개인적 힘을 사용한다(Delpit, 2006).

이러한 문화에서 성장한 유아들은 교사가 부드럽게 말하거나 요구를 간접적으로 이야기하는 것에 대해 혼란스러워하거나 반응을 보이지 않게 된다. Gonzalez-Mena(2008)는 다음과 같이 기술하였다.

> 가정과 보육기관에서 다른 방법으로 훈육이 된 유아들에게서 어떤 종류의 문제가 발생할 것인지에 대해 아는 것은 어렵지 않다. 아무도 유아에게 어떠한 방향에 대해 알려주지 않을 때, 무엇을 해도 아무도 관심이 없을 때, 유아들은 어떻게 할까? 게다가 유아들에게는 그것이 낯선 감정일 수도 있다. 만약 교사가 공정하게 대하는 것이 모든 유아를 같게 대하는 것은 아니라는 생각에 기울어있다면 훈육에 대한 생각을 확장할 수 있을 것이다. 한번 유아들에게 외부적 통제 메시지가 더 유용하다는 것을 알았다면, 교사는 이러한 메시지에 집중하고 유아와 가까운 곳에서 학습하고, 눈맞춤을 하고, 유아에게 익숙한 다양한 신호들을 제공한다(p. 135).

가족이 학교나 보육기관에서 사용했던 훈육과는 다른 종류의 훈육을 사용할 때, 교사는 많은 학습과 생각을 해야 한다. 교사의 실제 속에 놓여있는 문화적 가정은 무엇인가? 유아의 문화에서 어떻게 성인이 가르치고 훈육하는지 알고 있는가? 다른 방법으로 적용했을 때 편안한가? (문화에 관한 더 많은 내용은 제6장 참조)

통제 상실

공격적인 행동을 하는 유아의 통제가 상실되면 교사가 말하는 어떤 말도 듣지 않게 된다. 공격성은 언어적이거나 신체적이거나 관계없이 오래 지속되어서는 안 된다. 유아는 과거에 효과적이었던 감정과 행동 양식에 의해 움직이게 되며 이는 가르치기에 적절한 시간은 아니다. WEVAS에 의하면 유아 내부의 감정이 폭발했을 때 가까이에 있는 누군가에게 영향을 미치게 된다고 말하고 있다(Butchard & Spencler, 2000). 교사의 목표는 화를 가라앉히는 데 있다(또는 스스로 가라앉도록 두는 것). 이를 수행하기 위해서는 교사는 무엇을 해야 하는지 알아야 하며, 침착함을 유지해야 한다. 그러고 나서 교사는 유아가 적절한 상황으로 돌아가기 위해 필요한 지원을 제공할 수 있다. 이를 통해 교사와 유아의 관계가 더 좋아지게 되고 성공의 가능성이 증가하게 된다.

교사가 다른 유아를 걱정하게 되면 통제력을 상실한 유아에게 집중할 수 없게 된다. 다른 유아들을 안전하게 유지하는 가장 효과적인 방법은 교실 밖으로 내보내는 것이다. 이것은 유아들을 보호하는 것뿐 아니라 청중을 내보내기 위한 것이다. 이렇게 하는 것은 통제력을 상실한 유아가 좀 더 빨리 진정될 수 있게 한다. 교사가 그것을 필요로 하기 전에 이러한 위급 상황에 대한 반응을 잘 준비하는 것이 중요하다(Butchard & Spencler, 2000). 동료 교사들과 함께 유아를 어디로 보낼 것인지, 교사가 도움을 필요로 할 때 어떻게 다른 사람에게 알릴 것인지('Code Red'와 같은 위급 신호를 포함), 누가 다른 유아들을 돌볼 것인지, 누가 의자를 옮길 것인지(또는 위험한 물건), 부모가 도착했을 때 누가 이야기할 것인지에 대해 계획해야 한다.

불에 가솔린을 붓는 것처럼 언어는 공격적으로 행동하는 유아의 감정에 연료가 되어 공격적인 행동을 부추기게 된다(Butchard & Spencler, 2000). 유아가 진정할 때까지 교사는 질문 형태의 대화를 피하고, 유아와의 의사소통을 위해 비언어적인 기술을 사용하여 공격성을 단계적으로 감소시킨다. 유아는 정확하게 교사의 신체적 위치를 파악하며, 교사의 몸은 가장 유용한 도구가 된다. 만약 교사가 손을 허리에 얹거나 몸짓을 사용하면서 유아의 앞에 서게 되면, 교사의 권력을 가중시키거나 유아를 위협하는 것이 되어서 유아는 방어적이 되어 상태가 더 악화될 가능성이 증가하게 된다. 교사의 권위를 버리지 않으면서 편안한 자세, 얼굴표정, 행동을 통해 유아에 대한 열린 마음과 관심 그리고 신뢰를 가지고 대화할 수 있어야 한다.

Houdini act의 중요한 점을 머릿속에 염두에 두어야 한다. 교사는 심리적으로 거리를 두어야 한다(Butchard & Spencler, 2000). 유아가 무엇을 말하든지 사적인 감정으로 받아들이지 않는다. 교사의 감정을 문제 상황에 끌어들이는 것은 유아에게 집중하는 것을 방해하며 효과적이지 못하다. 교사는 침착함을 유지하며 바닷가에 있

WEVAS의 개념과 모델은 WEVAS Inc., 778 Ibister Street, Winnipeg, MB R2Y 1R4, Canada의 허락하에 게재함. Email: neil@WEVAS.net or bob@WEVAS.net.

다고 상상을 하면서 자신의 발끝부터 집중하며 숨을 크게 쉬거나 자기대화를 사용한다.

이것은 유아와의 대화를 차단하는 것을 의미하는 것은 아니다. 교사는 중립적인 위치를 유지하고 유아에게 집중하면서 행동을 주의 깊게 관찰하고 행동을 조정한다. 교사의 메시지는 논쟁을 하려는 것이 아니라 유아가 선택을 할 준비가 되었을 때 교사가 기다리고 있다는 것이 되어야 한다.

교사는 자신의 안전을 확보하면서 유아가 안전하다고 느끼게 하며 반드시 유아와 신체적으로 거리를 두어야 한다. 유아는 교사의 신체적 위치에 반응하기 때문에 평소보다 더 많은 공간을 필요로 한다. WEVAS는 L-자세라는 편안하고 유연한 자세를 제안하고 있다(Butchard & Spencler, 2000). L-자세는 교사가 유아의 얼굴을 향해 바로 서지 않고, 대신에 위협적으로 느끼지 않게 옆으로 서는 것이다. 가장 중요한 것은 어깨의 위치이다. 만약 어깨를 유아에게 수직으로 보이게 하면(L자 형태), 유아에게 덜 위협적으로 보이게 된다. 발은 몸의 방향보다 더 벌리거나 적게 벌리고, 앞쪽 어깨는 유아를 향해 45° 각도로 돌린다. 발은 유아와 12~18인치(약 30~45cm) 정도 떨어지게 하고 상황에 따라 거리를 더 둘 수 있다. 교사는 머리를 세우고, 입과 눈은 편안하게 하고, 어깨는 구부리지 않게 내리고, 등은 곧게 펴고, 무릎은 살짝 구부린다. 안전을 위해 무게중심을 발 앞쪽에 놓이게 하라(그림 9.1 참조).

유럽계 미국인 문화에서는 눈을 맞추는 것이 자연스럽지만, 통제를 상실한 유아에게 눈을 맞추는 것은 싸움을 강화시키거나 교사의 집중을 얻으려는 유아의 목표를 강화하게 된다(Butchard & Spencler, 2000). 따라서 L-자세를 취했을 때에는 처음에는 눈맞춤을 피하고 어깨나 유아의 몸 중간 부분에 시선을 둔다.

심지어 공격적인 행동을 하는 유아에게는 때때로 숨을 쉬게 해주어야 한다. 잠시 조용한 시간 동안에도 유아가 실제로 진정되었는지 아니면 잠시 힘이 소모된 것인지 확인하는 것이 중요하다(Butchard & Spencler, 2000). 유아가 다시 교사와 이야기를 할 준비가 되었다면 천천히 교사의 시선을 유아에게 옮기고, 눈맞춤을 하는 동안 유아의 공격적인 행동이 증가하는지 또는 감소하는지 측정한다. 만약 공격성이 증가하거나 유지된다면, 교사는 다시 눈길을 돌린다. 이러한 상황에서 눈맞춤은 행동이 진정되는 것을 강화하고 유아에게 교사가 유아를 위해 있다는 것을 알려주는 역할을 한다.

만약 유아의 행동이 감소되고 있다는 것이 느껴지면, 교사는 유아와 함께 원인이 무엇이었는지 찾도록 한다(Butchard & Spencler, 2000). 미소를 지으며 유아의 새로운 감정을 나타내는 단어들을 잘 선택한다. "앤드류, 선생님은 이것이 너에게 어렵다는 것을 알고 있어."라며 유아의 감정을 인정해준다. 만약 교사가 자신에게 관심을 가진다는 것을 보여주면, 유아는 교사와 맞서야 하는 필요들이 줄어들게 될 것이다. 이러한 상황에서 교사가 사용하는 단어들은 심지어 작은 것이라 할지라도 비판적이될 수 있다. 그러나 대신 그리고(이전의 주장을 무시하지 않는다.)를 사용한다. 너 대신에 우리(지원을 제안하는)를 사용한다. 해야 한다에서 할 수 있다(개별적 선택을 포함하는)를 사용한다. 유아를 비난하거나 도전한다고 생각하게

만드는 어떤 것도 피하도록 한다. "앤드류, 선생님은 네가 화가 났고 모두 너를 싫어한다고 느끼는 것을 알고 있어. 선생님은 우리가 이 상황을 해결할 수 있는 방법을 찾을 수 있을 거라고 생각해." 공격성이 표출되는 동안 교사의 역할은 유아의 공격적 행동이 감소하고 가능한 빨리 안정을 찾을 수 있도록 도와주는 것이다. 이 방법의 특별한 효과는 유아 스스로 진정하는 방법을 배운다는 것이다.

만약 앤드류의 목표가 다른 유아이고 그 다른 유아가 교사의 도움을 필요로 하게된다면, 그 유아를 바라본 후 천천히 앤드류로 대체하면서 다른 유아 대신에 교사가 앤드류의 시선에 놓이게 한다. 이것은 앤드류가 떠나는 것을 허용하면서 행동을 감소시키는 것을 쉽게 만들어준다. 만약 2명의 유아가 싸우고 있을 때, 교사는 유아가 다치는 것을 막기 위해 유아들을 떼어놓아야 한다. 만약 두 유아 모두가 공격적이고 어느 유아도 교사를 보지 않는다면, 하키 심판의 기술을 시도한다. 주의 깊게 살피면서 행동이 잠잠해질 때까지 기다린 다음 유아들을 분리시킨다. 유아 모두 체면을 잃

그림 9.1 L-자세는 아동이 두렵거나, 통제 불능 상황에서도 안전하다는 메시지를 전달한다.

는 것을 원하지 않기 때문에 교실 밖으로 내보내는 것이 좋다. 교사는 또한 특별한 전략들을 배워서 유아들의 때리고, 꼬집고, 누르고, 머리를 잡아당기는 행동들을 대체시켜 준다. 최선은 방법은 이러한 기술들을 배울 수 있는 과정이나 워크숍에 참석해서 자격을 갖춘 전문가로부터 도움을 얻는 것이다.

유아가 만족할만한 상태로 돌아온 후에 유아로부터 이야기를 듣는 것은 중요하다. 개별적이고 안전한 장소를 찾아서 함께 앉은 후 무엇이 일어났는지, 어떤 감정이 있었는지, 다음에 어떻게 해야 하는지에 대해서 이야기를 나눈다. 가능하다면 유아 스스로 자신의 행동을 수정하고 관계를 재정립할 수 있는 기회를 갖도록 한다. 예를 들어 유아가 교실을 어지럽혔다면 함께 치우는 것이 방법일 수 있다.

규제의 사용은 어떠한가

유아가 위험하게 통제를 상실했을 때 교사는 본능적으로 유아 본인뿐 아니라 다른 유아가 다치지 않도록 규제를 해야 한다고 생각할 것이다. 하지만 그렇게 해서는 안 되는 몇 가지 주목할만한 이유들이 있다. 많은 상황에서 교사는 유아를 통제하기 전에 부모, 의사, 학교 또는 아동보호 관련 당국으로부터 허가를 받아야 한다. 교사는 또한 적절한 훈련을 받아야 하는데 규제를 부적절하게 사용했을 경우에는 유아나 성인 모두에게 상처를 입힐 수 있다. 규제는 자유를 침해하고 가혹하며 유아에게 스

문제해결

심각한 언쟁 후에 교사는 유아가 한 행동에 대해 다시 이야기를 들을 필요가 있다. 하루나 이틀 이내에 팀을 소집해서 일어난 일에 대해 논의한다. 교사의 응답은 빠르고 효과적이었는가? 모두가 무엇을 해야 하는지에 대해 이해하였는가? 다음에는 교사가 다르게 행동해야 하는가? 잘된 것과 잘못된 것 모두 기록한다.

교사의 감정이 어떠했는지(좌절, 무력감, 분노, 슬픔, 두려움)에 대해서 충분한 시간을 두고 이야기를 한다. 안전한 장소에서 자신의 감정을 인정하는 것은 다음 단계로 옮겨가는 것을 더 쉽게 만든다.

스로 감정을 자제하거나 자신의 요구를 충족시키는 방법을 가르칠 수 없다. 특히 학대를 경험한 몇몇 유아들은 행동이 극도로 악화되거나 규제를 받았을 때 갑자기 조용해지거나 반응을 하지 않게 되기도 한다. 유아들이 부적절하게 행동했을 때 안아달라거나 자신들을 잡아달라고 요청하도록 가르치는 것이 더 바람직하다. 억압의 사용은 정신건강 전문가를 포함한 많은 영역의 전문가들에 의해 계획되는 종합적인 행동 중재 계획의 일부여야 하며 규제 기술을 훈련받은 교사가 감독해야 한다.

생각해볼 문제

1. 지금 당신이 읽은 이 장의 내용 중에서 당신에게 가장 적합하게 느껴지는 지도전략은 무엇인가? 그리고 그 이유는 무엇인가?

2. 아동과 당신의 관계가 당신의 교수전략에 어떠한 영향을 미치는가? 문제행동이 벌어졌을 때 관계는 도움을 주는가, 저해요인이 되는가?

3. 파트너와 함께 교사의 지도 능력에 참견하기를 좋아하는 아동의 행동에 대한 상황을 포함한 역할놀이를 하라. 나-메시지를 사용하는 방법을 개발하라. 만약 필요하다면, 적극적인 경청과 나-메시지를 사용할 수 있다. 교사가 마쳤을 때, 역할을 바꾸고 연습을 반복하라.

4. 후속결과와 체벌의 차이점은 무엇인가? 시나리오를 만들고 하나를 먼저 사용하여 응답하고 다른 것을 사용하라. 만약 좋다면 교사는 파트너와 함께 역할놀이를 할 수 있다.

5. 둘씩 짝을 지어 L-자세를 하라. 295쪽에 당신의 자세를 점검하기 위한 설명을 보라. 모든 구체적인 것은 중요하다. 아동의 역할을 하는 사람은 교사가 안전하고 안정감의 메시지를 주기 위하여 상대의 서기를 도울 수 있어야 한다. 집에 있는 거울로 연습하라.

참고문헌

Cuwin, R. L., Mendler, A. N., & Mendler, B. D. (2008). *Discipline with dignity: New challenges, new solutions* (3rd ed.). Alexandria, VA:ASCD.

Dweck, C.S. (2007). The perils and promises of praise. *Educational Leadership, 65(2),* 34-39.

Gordon, T.(with Burch, N.). (2003). *Teacher effectiveness training.* New York: Three Rivers Press.

Greene, R. W. (2008). *Lost at school: Why our kids with behavioral challenges are falling through the cracks and how we can help them.* New York:Scribner.

Kohn, A. (1996). *Beyond discipline: from compliance to community.* Upper Saddle River, NJ: Merrill Prentice-Hall.

Watson, M. (with Ecken, L.). (2003). *Learning to trust: Transforming difficult elementary classrooms through developmental discipline.* San Francisco: Jossey-Bass.

Chapter 10

기능평가와 긍정적 행동지원

Chapter 10
기능평가와
긍정적
행동지원

모 든 문제행동은 문제에 대한 유아의 해결책이나 의사소통의 유형으로 생각될
수 있다. 이러한 생각은 우는 아기의 행동이 어떤 목적을 가진다고 말한
Plato로 거슬러 올라간다. 이러한 아기의 행동은 자신을 돌봐줄 수 있는 누군가를 얻
고자 하는 시도이다(Durand, 1990).

이것은 **기능평가**(FA, 어떤 이들은 **기능행동평가**라고 부른다.)와 **긍정적 행동지원**
(PBS)의 기본적인 원리이며, 이 두 가지 전략은 아동의 문제행동을 이해하고자 했던
행동심리학자들에 의해서 발전되었다. 그들은 무엇이 행동을 촉발시키는지, 아동이
그것으로부터 무엇을 얻는지를 이해하고자 했으며, 유아가 자신의 욕구를 좀 더 수
용적인 방법으로 충족시킬 수 있도록 지도하고자 하였다(O'Neill et al., 1997; Repp,
Karsh, Munk, and Dahlquist, 1995). 이는 우리가 세계를 바라볼 때 유아의 관점에서

바라볼 수 있도록 해준다.

문제행동은 때때로 보이는 것만큼 예측 불가능하지는 않다. 유아의 주변 환경에 초점을 맞춤으로써 어디에서 문제가 발생하는지, 특정 장소에서 특정 시간에 행동이 왜 일어나는지와(Durand, 1995) 그러한 행동이 유아에게 제공하는 숨겨진 타당성, 기능이나 목적을 이해할 수 있다(Dunlap & Kern, 1993; Iwata, Dorsey, Slifer, Bauman, & Richman, 1982; O'Neill et al., 1997). 비록 행동이 적절하지 않더라도 기능은 거의 그렇지 않다. 한번 그 기능을 이해하면 아동이 '상관없고, 비효과적이고, 비효율적인' 문제행동 대신 적절한 방법으로 목적을 성취하도록 돕기 위한 **긍정적 행동지원 계획(PBS), 행동중재 계획(BIP)**을 설계할 수 있다(O'Neill et al., 1997, p. 8).

물론 문제행동의 모든 원인이 주변 환경에 기인하는 것은 아니지만 이러한 관점은 큰 도움이 될 수 있다. 기능평가와 긍정적 행동지원 계획은 예방 차원의 효과적인 전략이며, 특히 유아와 긍정적이고 반응적인 관계를 세웠을 때 이러한 전략들은 통합적이고 지지적인 학습 환경을 만들어낸다(제5~8장, 제11장 참조). 비록 기능평가와 긍정적 행동지원을 실행하기 위해 많은 시간과 노력이 필요하지만 이는 안전한 투자이며 궁극적으로 문제행동을 지적하는 데에는 적은 시간을, 지도하는 데에는 더 많은 시간을 소비할 수 있다.

이 장은 두 주요 영역으로 구분되었다. 첫 번째는 기능평가 과정을 설명하고 두 번째는 긍정적 행동지원 계획을 만드는 것에 관한 것이다. 유치원에 다니는 다섯 살 재즈민은 지속적인 문제행동을 나타내고 있으며 그녀의 교사는 기능평가에 기초한 행동지원 계획을 수립하고자 결심하였다.

기능평가의 수행

언제 기능평가와 긍정적 행동지원을 사용해야 하는가

대부분의 유아들은 앞 장에서 설명된 것과 같은 보편적인 전략에 잘 반응하지만, 모두 그렇지는 않다. 대략 5~15% 정도는 추가적인 도움을 필요로 하는데 이를 **이차적**

중재(secondary intervention)라고 부른다(Sugai & Horner, 2002; Walker, Ramsey, & Gresham, 2004). 그리고 추가적으로 1~7%(도시 안에 있는 학교에서 좀 더 많은)의 아동은 세 번째 중재(tertiary intervention)라고 불리는 집중적이고 개별화된 중재가 요구된다(Warren et al., 2003; Clonan, Lopez, Rymarchyk, & Davison, 2004)(이러한

힘 실어주기

비록 기능평가와 긍정적 행동지원은 원래 발달장애 유아를 돕기 위해 개발되었으나 학교뿐 아니라 국가적으로 문제행동을 예방하고 지정하기 위해서 학교 차원에서 제도적으로 긍정적 행동지원을 적용하고 있다(Fox, Dunlap, & Cushing, 2002; Sugai et al., 2000). 학급과 개별적 전략을 위한 기초이자 지원 제도로서 학교 차원의 긍정적 행동지원은 학생들의 힘을 향상시 킨다(Sugai, Horner, & Gresham, 2002).

기능평가와 긍정적 행동지원이 효과적이기 때문에 1997년과 2004년 IEDA에서는 행동이 학 습을 방해하거나 규율적인 조치가 필요할 때 사용할 것을 조언하고 있다(Quinn, Gable, Rutherford, Nelson, & Howell, 1998; Mandlawitz, 2005). 미국전국학교심리학자협회에서는 기능평가나 긍정적 행동지원을 최선의 실제로 간주한다(Miller, Tansy, & Hughes, 1998).

최근 교육자와 연구자들은 '반응중재(Response To Intervention, RTI)' 방법을 행동에 적용 하기 시작했다. 차별화된 지도방법들의 대부분이 읽기 지도를 위해 사용되고 있으며 (Sandomierski, Kincaid, & Algozzine, n.d.) 반응중재의 목적은 지원을 필요로 하는 학생들에 게 초기의 빠른 중재와 더불어 효과적인 근거 기반 전략과 교육 과정을 제공함으로써 학업의 실패와 특수교육으로 보내지는 것을 예방하는 데 있다(Fox, Carta, Strain, Dunlap, & Hemmeter, 2009).

이러한 순향적이고 계층적인 접근인 반응중재는 학교 차원의 긍정적 행동지원과 초기 유아 기 피라미드 중재 모델(203쪽 참조)의 자연스러운 동반자로 보인다. 이 세 가지 중재의 연결 점은 증거에 기반한 중재를 강조하고 있다는 것이다(Fox et al., 2009; Sugai, n.d.). 유아의 현 재 상황을 선별과 모니터링 과정을 통해 자료를 수집하고 각 유아의 요구에 맞게 팀을 구성한 다. 유아에게 가장 지속적으로 나타나는 행동문제는 기능평가와 긍정적 행동지원의 형태로 개별적인 지원을 받게 된다(Fox et al., 2009).

문제행동은 종종 학업의 어려움과 관련되어 있기 때문에 몇몇 학교에서는 학업과 행동을 반 응중재라는 하나의 시스템으로 통합시켜 두 영역에서의 결과를 향상시킨다(McIntosh, Chard, Boland, & Horner, 2006; Stewart, Benner, Martella, & Marchand-Martella, 2007).

중재 모델 도표는 203쪽의 그림 7.2에 나타나있다.).

기능평가와 긍정적 행동지원은 세 번째 중재이며, 심각하고, 빈번하고, 집중적인 문제행동에 사용할 수 있다(Gable, Quinn, Rutherford, Howell, & Hoffman, 1998). 더 중도의 문제행동들(특히 오랜 기간 동안 지속되거나 학습과 사회적 관계에 영향을 주는)에도 또한 사용할 수 있다(Chandler & Dahlquist, 2005).

재즈민이 하루 동안 수없이 차고 때리는 행동들을 보이는 것처럼 느껴져 기능평가와 긍정적 행동지원을 계획하겠지만 이에 앞서서 이러한 행동이 얼마나 심각한지 알 필요가 있다. 비형식적인 관찰은 문제행동이 하루에는 몇 번이며, 한 주 동안에는 몇 번인지, 특정 시간에 나타나는지(예를 들어 자유놀이 시간, 교사주도 활동 또는 유아가 힘든 하루 일과가 끝나는 시간에만 나타나는지) 등 얼마나 빈번하게 행동이 일어나는지를 정확하게 이해할 수 있도록 도움을 제공한다.

한 주씩 요일별로 하루 동안 시간의 흐름에 따른 관찰 내용을 간단한 목록에 기록한다. 관찰된 행동 중에 가장 문제가 있는 행동 한두 가지(발로 차기, 때리기 등)를 선택해서 관찰된 시간을 적절한 부분에 표시한다. 만약 그 행동이 오랜 시간 지속된다면 지속 시간으로 기록하는 것이 유용할 것이다. 행동이 10분 또는 10초 동안 지

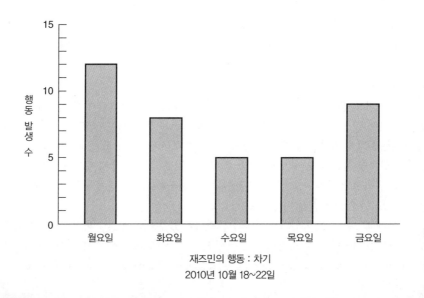

재즈민의 행동 : 차기
2010년 10월 18~22일

그림 10.1   교사가 자신의 자료를 막대그래프로 만들면 유아의 행동 유형을 파악하는 데 더 도움이 된다.

속되는가? (여기에서는 초 단위의 기록이 효과적일 것이다.) 비록 행동의 정도는 측정하기 어렵지만, 1~5 사이의 척도를 만들면 행동이 얼마나 심각하고 파괴적인지 이해하는 데 도움을 줄 것이다.

하루 일과를 마쳤을 때 하루 동안 행동이 몇 번 일어났는지 알 수 있게 되며, 1~2주 후에 막대그래프나 선그래프 등을 만들면 정확하게 어떤 일이 일어났는지 가시화할 수 있다. 요일이나 날짜는 가로축으로 두고 행동의 빈도는 세로축에 둔다. 문제행동이 일어났을 때 시간이나 활동을 구분해서 그래프를 만들 수 있다(자유놀이나 수학 시간 등). 후에 참고하기 위해서 유아의 이름과 관찰한 행동과 날짜를 적는 것을 잊어버리지 않도록 한다. 그림 10.1에서 재즈민의 차는 행동의 빈도수를 막대그래프를 통해 알 수 있다.

만약 관찰 결과에서 유아의 행동이 정말 문제가 된다면 다음 단계에서는 긍정적 행동지원을 위해 기능평가를 시행한다.

교사는 수사관이 된다. 기능평가를 수행할 때에는 교사와 유아와 관계있는 누구나 다 문제행동의 기능을 함께 발견하고 해결할 수 있는 팀의 구성원이 된다.

기능평가는 긍정적 행동지원의 핵심이 된다. 이러한 과정은 문제행동의 기능과 목적을 알 수 있게 해주며 일상생활 속에서 문제행동을 촉발시키거나 유지시키는 원인을 발견할 수 있게 한다. 이러한 정보와 함께 교사는 효과적인 행동지원을 계획할 준비를 한다.

팀 구성과 소집

기능평가와 긍정적 행동지원이 잘 진행되도록 하기 위해서는 팀이 필요하다. 가족, 교사, 교장, 심리학자, 사회복지사, 교육 보조자, 요리사, 버스 운전사 등과 같이 유아와 관계된 모든 사람이 정보와 생각을 수집하거나 연락하고, 누구나 모두 수행할 수 있는 효과적인 계획을 찾아내는 것에 기여할 수 있다(Gable et al., 1998). 만약 기능평가 훈련을 받는 **중재 보조팀**과 함께해야 한다면 중재 보조팀 내에 반드시 교사도 포함되어야 한다(339~340쪽 참조).

가능한 한 계획을 효과적으로 하기 위해서는 계획이 반드시 **종합적**이어야 한다.

즉, 가정, 학교, 그리고 지역사회 내에서 유아의 일상의 모든 측면들을 포함해야 한
다는 것을 의미한다. 가족은 강점과 지식을 가지고 있으며 그들이 참여해서 계획할
때 계획의 논리적 근거를 이해할 수 있으며 믿을 수 있고 신뢰를 가지고 실행할 수
있게 된다. 언제나 세심하고 원만한 관계를 유지하는 것이 중요하다. 가족의 생활,
문화, 흥미, 자원 등을 학습함으로써 가족의 신뢰와 협력을 얻으라. 가족의 각 구성
원의 역할을 이해하고(누가 양육자이며 누가 훈육자인지) 교사는 가족의 편이라는
것을 알 수 있도록 돕는다. 그들과의 친선으로 인해 문제해결과 계획의 수행이 좀 더
쉬워지고 일관성 있게 될 것이다.

　팀이 처음 만날 때 교사의 역할은 문제행동을 명확하게 판별하며 중재의 목표를
세우는 것이다. 무엇을 성취하기를 원하는가? 재즈민의 경우 교사의 중요한 장기 목
표는 아마도 방해행동을 감소시키는 것이며 재즈민이 학습을 하고 기능을 발휘할
수 있게 되는 것이다. 교사는 문제행동의 목적과 그것을 촉발시키는 상황에 대해서
생각할 수 있게 된다. 브레인스토밍(brainstorming)은 기억들을 촉진시켜 생각과 아
이디어를 자극할 것이다. 그렇게 되면 아마도 재즈민이 왜 부적절하게 행동하는지
확신을 가질 수 있게 되겠지만, 상황은 생각했던 것보다 복잡해질 수 있다. 재즈민이
청소 시간에 빠져나가기를 원한다고 의심할 수 있지만 한편으로는 청소 시간의 소
음 등을 참지 못하는 이유일지도 모른다는 가능성을 염두에 두어야 한다. 정보를 모

을 때 이러한 모든 가능성에 대해 생각한다. 결국에는 행동의 목적에 대한 가설(또는 최상의 추측)이 분명해질 것이다.

어떻게 행동의 기능을 알아낼 수 있을까

기능평가는 그것을 둘러싼 직접적인 환경들에 초점을 맞춤으로써 문제행동의 목적을 알아내는 것에 있다(Carr, 1994). 교실은 복잡한 장소이기 때문에(물리적 공간, 교육 과정, 반복되는 일과뿐만 아니라 사회적 맥락과 교사와 학생 사이의 많은 행동들로 구성된) 기능평가는 교사가 A-B-C 분석이라고 불리는 특별한 방법으로 바라볼 수 있도록 요구한다(Bijou, Peterson, & Ault, 1968; O' Neill et al., 1997).

A는 선행사건(antecedent)을 뜻한다. 문제행동 바로 이전에 일어난 사건이 문제행동을 촉발시킨다고 본다. 연구자들은 선행사건으로 요구하기, 요청하기, 어려운 과제, 전이, 중지 그리고 혼자 남겨두기 등이 있다고 말하고 있다(O' Neill et al., 1997). 또래의 행동 또한 선행사건이 될 수 있다. 귀찮게 하기, 괴롭히기, 과시하기, 가까이 다가오기, 제외시키기 등이 포함된다. 불을 키거나 노래를 해서 청소 시간이 시작되었음을 알릴 때(청소 시간을 알리는 신호) 재즈민은 라이앤을 발로 차거나 때린다. 불을 켠 것과 청소노래(청소 시간을 알리는 노래)는 선행사건이 된다.

선행사건과는 약간 거리가 있는 배경사건(setting event, 선행사건 전이나 주변에서 일어난 사건)은 선행사건과 구별하기 어렵다. 배경사건은 유아가 선행사건에 좀 더 취약하게 만들어 문제행동이 더 쉽게 일어나도록 한다(Durand, 1990; Repp et al., 1995). 성인이 있거나 없는 경우(대체교사는 종종 문제행동을 불러일으킨다.), 일과의 변화, 그룹에서 유아의 수, 교실의 구성, 소음의 정도, 밝기, 활동 유형, 활동의 순서 그리고 하루 일과는 모두 배경사건이 될 수 있다. 배경사건은 또한 배고픈지, 피곤하거나 아픈지, 약을 복용하는지(또는 하지 않는지), (법적으로 이혼했지만 양육권이 없는) 부모와 주말을 보냈는지, 부모가 사이가 좋지 않은지, 학교에 좋아하는 장난감을 가져오는 것을 금지당했는지, 버스에서 떠밀렸는지 등 유아의 신체적 또는 정서적 상태를 포함한다. 유아의 문화 또한 배경사건이 될 수 있는데 만약 유아의 행동이 가정에서는 적절하거나 격려되는 행동이지만 학교에서는 수용되지 않을

어려운 과제나 요구, 재촉, 전이나 방해 등은 종종 문제행동을 유발시킨다.

수 있다(Sheridan, 2000). 배경사건은 분명하게 정의하는 것이 어렵고 종종 누군가에 의해 제공된 정보에 의존하거나, 분명하게 알지 못할 수도 있다(아마도 재즈민의 엄마는 오전 8시에 있는 회의 때문에 아침 동안 재즈민을 서두르도록 재촉한 것을 알지 못할 것이다.). 배경사건은 어려워지거나 변경이 불가능할 수도 있지만 때때로 판별하기가 쉽거나 변화를 받아들이기 때문에 그것들을 찾는 것이 중요하다.

B는 행동(behavior)을 뜻하며, 특히 그것을 관찰하는 사람 누구라도 행동을 인정하고 측정할 수 있도록 명확하게 기술해야 한다('재즈민은 공격적이다.'가 아니라 '재즈민은 다른 친구를 차고 때린다.'라고 기술한다.)(Durand, 1990; Gable et al., 1998). 만약 유아가 몇 가지 문제행동을 갖고 있다면 그것들에 대해 모두 기술해야 하는데, 여러 문제행동들을 같은 것으로 봐야 하는지 각각 다른 기능을 가지고 있는지 이해할 필요가 있기 때문이다(재즈민은 또한 욕을 하고 때때로 침을 뱉는다.). 물론 슬픔이나 화 같은 감정이나 생각을 관찰하거나 측정할 수 없지만 울음, 소리 지르는 것, 의자를 던지는 것 등을 관찰하고 측정할 수 있다.

C는 후속결과(consequence)를 뜻한다. 그것은 문제행동 후에 무슨 일이 일어났는지를 뜻한다. 여기서 교사는 자신의 행동과 재즈민의 또래의 반응을 반드시 살펴보아야 한다. 재즈민이 라이앤을 차는 것을 못 본 척 했는가? 엄하게 꾸짖고 개별적인 대화를 위해 그녀의 옆에 서거나 또는 자리를 바꾸었는가? 유아에게 다른 활동을 시키거나 사무실로 보냈는가? 다른 아동들이 웃었는가, 함께했는가, 다른 곳으로 옮겨갔는가, 또는 멈추라고 말했는가? 긍정적이거나 부정적인 이러한 모든 반응들이 재

즈민의 행동에 영향을 주고 행동을 강화시키며 유지하게 만들 수 있다.

행동이 어떤 기능을 제공하는가

종합해볼 때, A-B-C 분석과 배경사건은 문제행동의 기능이나 목적을 이해할 수 있는 행동 양식을 만든다. 기능평가는 세 가지 가능한 기능을 가정한다.

- 유아가 무언가를 얻기 위한 기능(성인이나 또래로부터 관심 끌기, 사물이나 활동에 접근하기 등). 재즈민이 라이앤을 차면, 반 친구들은 소리를 지르게 되고 교사가 꾸짖거나 대화를 하려고 하기 때문에 재즈민은 관심을 얻게 된다. 재즈민은 자신이 원하는 것을 얻었기 때문에 행동이 긍정적으로 강화되며 이러한 행동이 지속될 것이다.

- 유아가 무언가로부터 회피하거나 벗어나기 위한 기능(내키지 않은 요구, 어려운 과제나 활동, 특정 성인이나 또래와의 접촉 같은 것들). 대근육 활동이 서툰 로니는 체육관에서 친구들을 민다. 교사가 로니를 가장자리로 이동시키게 되면 로니는 활동에 참여하지 않게 된다. 이러한 반응은 행동을 강화하고 그 행동이 지속될 가능성을 증가시킨다.

- 유아가 자극의 정도를 바꾸기 위한 기능. 모든 사람은 자기 자신의 고유한 최적자극 수준을 유지하려고 하며 너무 많은 자극이나 너무 적은 자극을 받았을 때 그것을 변화시키려고 한다(Karsh, Repp, Dahlquist, & Munk, 1995; Repp et al., 1995). 자말이 그룹에 8분 이상 앉아있거나 화장실에 가기 위해 줄을 오랫동안 서게 되면 자말은 주변의 유아들을 찌르거나 밀게 되면서 주변 환경은 즉시 더 많은 자극이 주어지도록 변화한다. 자말은 환경에서 자극의 수준을 변화시켰기 때문에 그의 행동 자체가 자기강화를 만들었다(Iwata, Vollmer, & Zarcone, 1990).

적절한 행동은 무엇인가

유아가 절대 적절하게 행동하지 않는 것처럼 보여도 주의 깊게 열린 마음으로 바라본다면 결코 그렇지 않다는 것을 알게 된다. 적절한 행동 또한 선행사건, 후속결과, 배경사건을 가진다(O'Neill et al., 1997). 효과적인 중재 계획의 한 부분은 어떻게 유아의 적절한 행동을 증가시킬 것인가이기 때문에 무엇에 유아가 관심을 두는지, 유아의 재능이 어디에서 발휘되는지, 어떤 또래와 교사가 유아를 편하게 만드는지, 구조화된 환경을 좋아하는지 비구조화된 환경을 좋아하는지, 작은 그룹을 좋아하는지, 짝과 함께할 때를 좋아하는지 혼자서 하는 것을 좋아하는지에 대해서 알아야 할 필요가 있다. 재즈민이 선호하는 것과 강점(에너지, 고집, 지능, 그리기를 좋아하는 것)에 초점을 맞추는 것은 새로운 수용 가능한 행동과 잠재적인 강화물을 제공할 수 있게 해준다.

기능평가를 위해 어떻게 정보를 습득해야 하는가

기록 검토

재즈민의 행동 기능을 이해하고 나중에 가설을 세우기 위해서는 현재의 정확한 자료가 필요하며 더 많은 정보를 가질수록 정보는 더 정확해진다(Dunlap & Kern, 1993; Durand, 1990). 공식적인 기록이 정확한 시작점이 된다. 비록 학교나 센터가 종종 개인자료를 공개하도록 하는 규정을 가지고 있지만, 반드시 문제행동이 심각한 경우에만 자료를 이용할 수 있도록 해야 한다. 진료기록, 사건보고서, 성적, 유아의 개인 파일, 그리고 교사의 개인 일지 등은 숨겨져 있는 귀중한 자료이다. 앞서 실행된 행동관리 계획에 대한 기록을 읽는 것은 매우 중요하다. 유아에게 어떤 전략들이 사용되었으며 어느 정도 지속되었는가? 어느 전략이 사용되지 않는가? 아마도 그것들을 되풀이하기를 원하지는 않을 것이다.

재즈민의 파일을 정독하면 재즈민이 세 번의 보육기관을 다녔으며 한 센터에서는 ADHD 검사를 의뢰받았지만 그녀의 가족은 실행하지 않은 것을 알 수 있을 것이다.

인터뷰 진행

이미 알아야 할 것에 대해 다 알고 있다고 생각할 때에도 공식적인 인터뷰는 구조화된 양식에 정보를 기술할 수 있도록 도움을 주며 놀라운 것을 알게 될 수도 있다(Durand, 1990). 팀의 구성원으로서 중요한 배경정보(재즈민의 행동에 영향을 줄 수 있는 수면과 식습관, 알레르기, 질병, 지역사회 내에서의 일화, 또는 가족문제 등)와 통찰력을 추가시켜 줄 수 있는 가족의 인터뷰로 시작할 수 있다. 재즈민의 엄마는 늦게 퇴근하기 때문에 자신을 늦게까지 기다려서 종종 피곤한 채로 학교에 간다고 말한다.

다양한 문화에서 온 가족들에게 기능평가는 못마땅하고 거슬리며 낯설게 느껴질 수 있기 때문에(Sheridan, 2000), 반드시 질문을 시작하기 전에 허락을 받아야 한다. 또한 자신의 문화적 편견이 개입되지 않도록 고려해야 한다. 왜냐하면 가족은 교사와는 달리 문제와 해결책을 다르게 볼 수 있기 때문에 해결책을 강조하는 것이 좋다(Sheridan, 2000). 가족의 참여와 신뢰는 계획의 성공적인 실행을 위해서 매우 중요하다.

교사는 또한 재즈민의 예전과 현재의 교사를 포함한 팀의 다른 구성원을 인터뷰할 수 있다(O'Neill et al., 1997). 방과 후 프로그램 교사는 놀라운 일이 아니라는 듯이 재즈민은 미술활동과 체육을 좋아하며, 몇몇의 연령이 많은 유아들과 잘 지낸다는 사실을 말해줄 것이다. 버스 운전기사는 재즈민이 아침에 버스에 탈 때 종종 기분이 좋지 않았으며, 맨 뒷자리에 혼자 앉을 수 있는 자리를 찾을 때까지 통로를 어슬렁거리며 다른 친구들을 괴롭힌다는 것을 말해줄 것이다.

모든 자료들 중에서 가장 명확한 자료는 유아 그 자체라는 사실을 간과해서는 안 된다. 심지어 5세 유아도 자신의 반응이 무엇 때문인지 설명할 수 있다. 유아가 안정되고 자신에 대해 긍정적으로 생각할 때, 조용한 장소에서 이야기를 나누어보자. '왜'라는 질문은 하지 말고, 무엇이 방어적으로 행동하게 만들었는지에 대해 불평뿐만 아니라 선호하는 것과 즐거워하는 것에도 초점을 맞춘다. 만약 교사의 태도, 목소리 그리고 몸짓이 개방적이고 온화하며 위협적이지 않다면, 유용한 정보를 얻을 수 있을 것이다.

단서 수집하기

유아에 대해 자세히 알고 있는 사람을 인터뷰할 때 전문가들은 다음과 같은 질문을 할 것을 제안하고 있다(Durand, 1990; Gable et al., 1998; Iwata et al., 1990; O'neill et al., 1997; Quinn et al., 1998).

- 유아의 어떤 행동을 문제행동으로 간주하며 그들이 어떻게 보이는가?
- 언제, 어디서 이러한 행동이 발생하는가?
- 언제, 어디서 유아가 적절하게 행동하는가? 어떤 활동을 즐거워하는가?
- 문제행동이 일어날 때에는 누가 있었으며 적절하게 행동할 때에는 누가 있었는가?
- 문제행동이 일어나기 전에 어떤 활동, 사건, 상호작용이 있었는가? 유아의 일과 스케줄에서 어떻게 예상할 수 있는가? 얼마나 기다려야 하며 유아는 얼마나 많은 선택을 할 수 있는가? 일과가 변경되었을 때 유아의 행동이 변화할 수 있는가?
- 문제행동 후에는 어떤 일이 일어났는가? 교사는 어떻게 반응했는가? 다른 유아들은 어떻게 반응했는가? 유아가 행동으로부터 얻은 것이 있는가?(관심이나 좋아하는 간식) 청소나 장화를 신는 등 특정한 상황을 피하기 위해 행동했는가? 기능평가의 개척자인 Iwata(1994)에 의하면, "부모, 교사, 다른 양육자들은 때때로 유아의 문제행동의 기능적 특징을 검증되지 않은 정확성으로 기술한다(p. 414)."
- 문제행동을 대체할만한 좀 더 수용할만한 행동에 대해 생각할 수 있는가?
- 어떤 활동이 유아를 어렵게 하는가?
- 어떠한 방법이 유아에게 효과적으로 작용하고 어떠한 방법이 효과가 없는가? 교사와의 상호작용에서 어떤 것을 선호하는가?(목소리가 큰 것과 부드러운 것, 말이 빠른 것과 느린 것) 유아가 어느 정도의 개인적 공간을 필요로 하는가? 만약 특정한 가족이나 직원 중 유아의 중재에 효과적이라면 그들은 유아에게 어떻게 대하는가?
- 만약 유아가 다른 문화에서 왔다면, 이러한 행동이 교사가 생각하는 것처럼 가족에게도 같은 의미를 가지는가? 가족에도 문제가 되고 있는가? 가족들은 어떻게 반응하는가?

현재 사용되고 있는 질문지(위에 나열된)로부터 질문들을 선택하거나 새롭게 만들 수 있다. A-B-C에 대한 몇 가지 질문을 포함시키라. 어떠한 환경이 유아의 문제행동 주변에 항상 존재하고(Dunlap & Kern, 1993; O'Neill et al., 1997) 어떤 상황들이 생기지 않는가? 인터뷰를 받는 사람이 유아가 왜 이러한 방식으로 행동하는지에 대한 이론을 가지고 있는가? 만약 앞서 실행된 중재에 참여한 사람을 인터뷰할 경우

선행 중재에 대한 자세한 사항을 기록할 수 있다.

유아와 환경에 대한 관찰

유아의 행동에 대해 알 수 있는 최선의 방법은 행동을 관찰하고 그에 대한 자료를 수집하는 것이다(O'Neill et al., 1997). 뉴욕 양키스의 포수 베라는 "단지 보는 것만으로 많은 것을 관찰할 수 있다."라고 말했다.

유아의 문제행동을 관찰하는 데에는 두 가지 이유가 있다. 첫 번째는 평가에 있어서 과학적 근거를 마련하는 것이다. 중재 전, 중재 동안, 중재 후에 자료를 수집하는 것은 정확히 무엇을 다루고 있는지 정확하게 이해할 수 있게 하며, 신뢰성 있는 측정을 할 수 있게 한다. 두 번째 이유는 문제행동과 환경과의 관계를 좀 더 직접적으로 볼 수 있게 해준다는 것이다(Dunlap & Kern, 1993; Repp et al., 1995). 다시 말해 무엇이 행동을 유발시키는지, 어떤 결과가 그 행동을 유지시키는지, 유아가 결과적으로 무엇을 얻기 위한 것인지 또는 회피하기 위한 것인지를 정확히 찾아낸다.

만약 팀에 특수교사나 기능평가를 훈련받은 누군가가 포함된다면, 그들이 유아를 관찰할 수 있으며 교장이나 학교심리사 또한 도움을 줄 수 있을 것이다. 교사 또한 직접 관찰할 수 있는데 아마도 교사를 불안하게 만들거나 유아들을 방해하고 환경을 변화시키는 외부인이 없다면 좋은 자료를 수집할 수 있을 것이다(Durand, 1990; O' Neill et al., 1997). 유아들과 시간을 보낼 수 있는 누군가가 반드시 참여해야 한다.

비록 관찰된 행동이 의도된 지도를 하는 데 있어서 중요하지만 때때로 관찰이 우선시되지는 않는다. 교수와 관찰은 의지력, 빠르고 통찰력 있는 시각, 좋은 기억력을 갖게 한다. 이 과정에서 가장 힘든 과업 중 하나는 교사가 스스로를 관찰하는 것이다. 교사는 유아의 행동뿐만 아니라 자신도 관찰해야 한다. 다행히도 그것은 다른 기술과 마찬가지로 연습하면 더 쉬워질 수 있다.

유아와의 경험이나 평가들이 객관적인 관찰을 어렵게 할 수 있다. 교사들은 그들이 보기를 기대하는 것을 보려는 경향이 있으며 특히 그들이 문제행동을 예상했다면 그것만 보기 쉽다. 자기성찰 또한 도움이 된다. 실제로 일어난 일을 관찰하는 데 있어서 개입된 자신의 편견이 무엇인지 알아내려고 노력해야 한다.

이것이 A-B-C 분석이 나타난 이유이다. 안내 지침이 될 수 있도록 팀이 수집한 자료를 사용하여 두세 가지의 행동을 선택해서 좀 더 면밀히 관찰을 한다. 다양한 활동, 일과 시간 등 하루 동안 관찰을 계획하면 언제 어디서 행동이 발생하고 발생하지 않는지를 알 수 있게 될 것이다. 문제행동 전에 어떤 일이 일어났는지, 누가 참여했는지 그리고 그 후에는 어떤 일이 일어났는지에 대해서 주의 깊게 관심을 기울여야 한다.

관찰을 기록하는 데에는 여러 가지 방법이 있다. 기본적인 A-B-C **목록**이 그중 하나이다(유아의 이름, 날짜, 시간, 과목 또는 교사를 기록하는 것을 잊어서는 안 된다.). 또는 O'Neill과 동료들(1997)에 의해 특별히 개발된 **기능평가 관찰 양식**(functional assessment observation form)을 사용할 수 있다(목록 사용법에 대한 설명과 예는 부록 B와 C를 참조). 만약 교실 내의 편리한 장소에 클립보드를 이용하여 목록을 꽂아두면 지켜보면서 기록할 수 있다. 때때로 이런 방법이 가능하지 않을 때에는 앞치마나 주머니가 있는 옷을 착용해서 펜, 메모카드나 점착 메모지를 넣어두고 사용할 수 있다. 관찰한 것은 시간이 날 때(점심 시간, 낮잠 시간, 방과 후 등) 목록에 정보를 옮겨 적는다. A-B-C 목록에 먼저 기록한 후 기능평가 양식에 정보를 옮겨 적는 것이 수월할 것이다. 관찰을 한 사람은 누구나 초기의 인상을 함께 기록한다.

뚜렷한 행동 양식이 발생할 때까지 자료를 수집해야 하는데 대개 2~5일 동안 최소한 15~20번이 나타나야 한다(O'Neill et al., 1997). 너무 일찍 자료에 대해 결론을 내리거나 해석하지 않도록 한다. 만약에 상당한 노력을 했음에도 불구하고 자료가 명확하지 않다면, 목표행동의 기술이 구체화되기에 충분하지 않으며 교사의 개인적

모두를 위한 하나와 하나를 위한 모두

일리노이 연구에서 연구자들은 기능평가와 긍정적 행동지원을 사용하여 특수 학급과 장애 위험 학급의 유아들과 함께 지내는 훈련을 받았다(Chandler, Dahlquist, Repp, & Feltz, 1999). 결과는? 한 유아의 행동을 지목하는 것은 대체적으로 학급 전체의 문제행동을 낮추었다. 동시에 활동적인 일과와 또래와의 상호작용을 상승시키는 것은 모두에게 더 좋은 학습 환경을 조성하는 것이 되었다.

편견이 방해가 될 수 있다. 따라서 추가적인 도움이 필요하게 될 것이다.

어떻게 가설을 발전시킬 것인가

충분한 자료를 가지고 있을 때 다른 브레인스토밍 시간을 갖기 위해 팀을 소집한다. 가설과 가설진술을 만드는 시간을 갖는다. 이러한 활동을 위해 교사는 자료를 분석하고 그것이 무엇을 보여주고 있는지에 대해 결론을 도출해야 한다. 무엇이 문제행동을 유발시켰는가? 문제행동을 유지시킨 후속결과는 무엇인가? 그리고 문제행동이 유아에게 어떠한 기능을 제공했는가?

〈부록 B〉에 제시하고 있는 기능평가 관찰 양식을 보면, 재즈민의 문제행동이 전이와 관련 있다는 것을 분명하게 볼 수 있다. 재즈민에게 정리나 점심 식사를 할 시간이라는 것을 알릴 때 재즈민은 차기나 때리기로 반응한다. 그러나 재즈민이 그레이스와 함께 있는 오후 정리 시간이나 다른 전이 시간에서는 차거나 때리는 행동이 거의 나타나지 않는다는 것을 알 수 있게 될 것이다. 그레이스는 어떻게 다르게 행동하며 이러한 행동의 기능이 무엇인지 말해줄 수 있는가?

교사가 정리 시간이나 전이를 위해 불을 깜빡이거나 노래를 부를 때 재즈민의 차거나 때리는 행동이 나타나는 것을 자료에서 볼 수 있다. 그러나 팀 회의에서 그레이스는 자신이 정리 시간을 담당할 때에는 불을 깜빡이거나 노래를 부르기 전에 각각의 유아에게 무엇을 정리해야 할지 개별 과제를 지정해준다고 말하고 있다. 그러고 나서 재즈민이 자신의 과제를 시작하고 나면 무엇을 해야 할지 정확하게 알게 될 때까지 곁에서 머물러준다. 재즈민은 차거나 때리지 않는다. 이것은 기능에 대한 힌트를 준다. 청소 전이나 청소 시간 동안 그레이스는 재즈민과 시간을 함께 보내고 무엇을 해야 하는지 명확하게 해준다. 재즈민은 관심과 정확한 지시를 원했던 것이다.

후속결과는 때때로 문제행동을 강화하고 유지시키기 때문에 관찰은 이러한 가설을 명확하게 하는 데 도움을 준다. 재즈민이 발로 차는 것을 보았을 때, 교사는 항상 엄격하게 규칙을 상기시켜 주거나 다음 활동이 시작되기 전까지 곁에서 지켜보았을 것이다. 재즈민에게 관심을 주는 것이 차는 행동을 무심결에 강화했을 것이라는 것을 갑자기 깨달을 수도 있다. 문제행동을 지닌 유아들에게는 흔한 일이지만 재즈민은 관심을 얻는 한 그것이 긍정적이든 부정적이든 상관하지 않았다.

이제 가설진술을 만들 수 있다. 재즈민은 무엇을 해야 하는지 알지 못할 때 관심과 도움을 얻기 위해 때리고 차는 행동이 나타난다. 행동을 지속시키는 것은 교사의 꾸짖음이나 다른 활동으로 움직일 때이다. 가설진술은 촉발사건이나 선행사건, 행동, 기능, 그리고 후속결과를 반드시 기술해야 한다.

긍정적 행동지원 계획

어떻게 긍정적 행동지원을 발전시키는가

명확한 가설진술은 유아가 자신이 원하는 것을 적합한 방법으로 얻고 교사와 다른 성인들이 유지해야만 하는 행동의 방법에 대해 지도할 수 있는 행동지원 계획을 수립할 수 있게 한다(Quinn et al., 1998). 또한 선행사건과 후속결과와 함께 유아의 행동을 판별해야 하며, 유아를 위한 긍정적 행동지원에는 다음과 같은 요소들이 포함된다.

- 유아를 위한 장·단기 목표를 계획
- 문제행동 예방을 위해 유아의 환경에서 바꾸어야 할 부분을 판별
- 문제행동을 대체할 수 있는 기술에 대한 판별과 지도
- 유아가 새로운 적절한 기술을 사용할 때와 문제행동을 사용할 때 다른 사람의 반응에 대한 구체화
- 평가 틀 작성

이 시점에서 교사는 재즈민에 대한 장·단기 목표를 수립할 준비가 되어있어야 한다. 긍정적 행동지원 팀은 재즈민의 방해행동을 줄여 학급 내에서 학습을 잘할 수 있도록 하기 위한 그들의 원래 장기 목표가 여전히 옳다고 믿는다. 팀 구성원들은 재즈민이 혼란스럽거나 이해하지 못할 때 도움을 요청을 할 수 있도록 하는 것을 단기

촉발 사건	행동	후속 결과
	기능	
예방	목표/기술	새로운 반응
		문제행동 : 새로운 기술 :

그림 10.2   명확한 형태의 계획으로 행동지원 계획 목록에 표시하기

출처 : *Positive Behavior Support* by Lise Fox and Michelle A. Duda. Reproduced with permission. www.challengingbehavior.org

목표로 설정해야 한다고 결정했다.

다음 단계는 재즈민이 원하는 것을 적절한 방법으로 얻는 방법을 가르칠 수 있는 전략들을 생각해내는 것이다(O' Neill et al., 1997). 이것을 성취하기 위한 네 가지 방법이 있는데, 교사는 아마도 모든 방법을 사용해야 할 수도 있다(Dunlap et al., 2006). 네 가지 방법은 예방하기(유아가 문제행동을 필요로 하지 않도록 환경을 변화시키는 것), 대체 기술 가르치기(문제행동을 같은 목적을 성취할 수 있는 적절한 행동으로 대체하기), 적절한 행동 인식시키기 그리고 문제행동을 강화하지 않는 방법으로 적절하지 않는 행동에 반응하기이다.

예방하기

이것은 아마도 문제행동을 다루는 가장 쉬운 방법일 것이다. 유아를 변화시키는 것보다 교사의 행동을 포함한 환경을 변화시킬 수 있다. 심리학자 Leman(1992)은 타

인의 행동을 변화시키는 방법은 없다고 지적했다. 오직 자신만 변화시킬 수 있으며, 그렇게 했을 때 특이한 일들이 일어난다. 다른 사람들이 당신이 희망했던 대로 행동을 변화시킨다.

가능한 한 배경사건부터 시작한다. 재즈민의 엄마는 재즈민이 오전 6시 30분에 배고파하지 않았으며 그 시간이 집을 나서기 전에 아침을 먹을 수 있는 마지막 기회였다는 것을 이야기할 것이다. 재즈민이 먹는 것에 대한 자기통제가 있다는 것을 알고 난 후 재즈민이 등원하는 대로 아침을 제공하기로 결정을 하거나 만약 재즈민이 배고프면 간식을 요청할 수 있는 방법을 가르칠 수도 있다.

다음 단계는 선행사건을 변화시키는 것이다. 이것은 보통 물리적 환경, 일과, 교육과정, 교사의 기대, 문제행동이 발생할 기회를 제거하는 교사의 접근방법 등이 포함된다. 때때로 활동 시작 전에 무엇이 적절한지를 아동에게 상기시켜 주는 것이나 도움이 필요할 때에는 교사가 항상 도움을 제공할 것이라고 안심을 시키는 것, 또는 유아에게 요청하거나 방향을 가르쳐줄 때 목소리나 몸짓을 바꾸는 것은 매우 간단한 방법이다.

재즈민은 청소 시간과 다른 어려움이 있는 전이 시간에 더 많은 관심을 필요로 한다고 가정했기 때문에 교사와 다른 팀 구성원은 일과를 바꾸기로 결정한다. 청소 시간 전에 모든 유아들에게 개별적으로 알려주어서 각각의 유아에게 특정 과제를 지정해주고, 재즈민에게는 좋아하는 일을 지정해준다. 그런 후에 교사는 불을 깜빡이거나 노래를 부르는 정리신호를 알려 재즈민이 시작할 수 있도록 돕는다. 교사는 비록 물건들이 가까이에 있더라도 그것들을 정리하는 노력을 강화해야 한다. 그러한 방법으로 재즈민은 발로 차거나 때리지 않고 관심을 끄는 목적을 성취할 것이다. 게다가 교사의 적절한 행동에 대한 강화로 재즈민은 적절한 방법을 통해 교사의 관심과 도움을 얻을 수 있다는 것을 알게 될 것이다(문제행동을 예방하기 위한 방법에 관해서는 제7, 8장 참조).

행동지원 팀에서 체육활동에 참여하기 싫어 학급 친구를 떠민다는 가설을 설정한 로니의 경우에는 교사는 프로그램의 변경을 결정해야 한다. 체육관 수업 대신 교실에서 할 수 있는 가벼운 신체활동인 스카프와 음악을 활용한 게임, 그룹에서 흥미를 가지고 이야기와 연계시킬 수 있는 거북이 자세, 나무 자세 등과 같은 요가 자세 등으로 대체할 수 있다. 이러한 쉬운 활동은 로니의 걱정을 줄여줄 수 있고 신체인식, 강화, 협응을 향상시키는 데 도움을 줄 것이다.

흥미롭게도 팀이 관찰한 내용에 따르면 자말은 줄을 서서 기다리거나 대그룹 활동 시 앉아있을 때 주변 사람들을 찌르지만 적극적인 신체적 참여가 요구되는 미술활동과 체육 시간에는 과제에 집중하는 것을 보여주고 있다. 이러한 내용은 팀이 세운 가설처럼 자말에게 더 많은 자극이 필요하다는 결론을 내릴 수 있다. 교사는 학급 전체를 더 자주 움직일 수 있도록 결정한다. 전이 시간을 더욱 활동적으로 만들고, 완전히 줄을 없애고 소그룹이나 파트너와 하는 활동을 추가한다. 자말이 대그룹이나 다른 전체 그룹활동에서 문제행동 없이 떠나도록 하기 위해서는 교사가 유아들이 그룹을 떠나거나 참여하고 다시 재참여할 때 적절하게 행동할 수 있는 절차를 만들어야 할 것이다(연령이 많은 유아들과 함께 물을 마시거나, 연필을 깎고, 화장실 가기 등을 함께할 때 더 쉬워질 수 있다.).

이러한 전략을 사용한 결과에 따라서 아마도 그 후에 팀은 생각의 도구(Tools of the Mind)(Bodravo & Leong, 2007) 접근을 시도할 것이고, 자말이 대그룹에 머무르는 것을 돕기 위해 무엇인가를 잡고 있거나, 어떤 것 위에 앉거나, 친구들을 옆에 앉게 할 수 있다. 추가적으로 자말의 교사는 자말의 행동이 학습을 방해하려는 것이 아니라 신체적 요구에 의한 움직임으로 간주하고 그러한 행동을 참을 수 있는 인내심을 향상시킬 수 있도록 노력해야 한다. 교사의 동료들은 가르치는 유아들에게 감정을 진정시키는 데 도움이 될 수 있도록 느리게 숨쉬기, 10부터 거꾸로 수 세기 등의 충동 통제 기술을 사용하도록 제안한다. 만약 교사가 자말의 돌아다니는 행동에 견딜 수 있다면, 자극을 줄이고 대신 타당한 방법으로 더 많은 자극이 있는 환경을 만들어 제공해서 집중하게 할 수 있다.

적절한 대체 기술 가르치기

유아가 행동을 멈추도록 결정하는 것만으로는 충분하지 못하다. 교사는 반드시 멈추는 행동 대신 원하는 행동(문제행동 시 얻을 수 있는 같은 결과를 효율적이고 효과적으로 얻을 수 있는)이 무엇인지를 알아야 한다. 가능하다면 유아가 이미 갖고 있는 기술을 기반으로 대체행동을 선택한다. 교사는 하루 동안 문제행동이 일어났을 때 대체행동을 사용할 수 있도록 촉구하고 지도하며 강화해야 한다.

각각의 유아들은 부족한 기술들이 다르다. 그래서 도움이나 휴식을 어떻게 요청해야 하는지 가르쳐줄 수 있으며, 신체적, 사회적, 정서적, 인지적인 것들과 같이 어떤 것도 가르칠 수 있다. 예를 들어 어떻게 연필을 잡고 가위질을 하는지, 어떻게 참여하고 순서를 기다리는지, 어떻게 화를 참고 언어로 표현하는지 등이 있을 수 있다. "가르친다는 것은 우리 뜻대로 할 수 있는 가장 강력한 행동관리방법 도구라는 것을 기억하라."라고 O' Neill 등은 기술하고 있다(1997, p. 74). 유아가 빠르고 쉽게 배울 수 있는 기술부터 시작하도록 계획한다. 가능한 한 빨리 성공을 경험하도록 하는 것이 중요하다. 때때로 우리는 유아가 준비되었을 때 배울 수 있을 것이라고 생각하지만 사실상 유아는 친구들이 자신을 좋아하지 않거나 학습할 능력이 없다고 점점 확신하게 된다.

새로운 기술을 사용할 수 있는 많은 기회를 유아들에게 제공하고 그것을 강화하는 말과 몸짓, 그리고 유아들이 좋아하는 활동들을 제공하는 데 힘써야 한다. 매번 유사하게 행동했을 때마다 반응하며 특히 시작 단계에서 노력과 향상을 강조한다. 예전의 행동에서 벗어나야 새로운 행동이 실제적으로 성공할 수 있다(Durand, 1990). 유아들의 일과 내에서 새로운 기술을 지도하는 것은 좋은 생각이지만, 유아들이 새로 배운 기술들을 사용할 수 있는 곳에서 학습한다면 더 빨리 학습하고 일반화할 것이다(Durand, 1990; Gable et al., 2000).

재즈민의 팀은 재즈민이 혼란스러울 때 방해하지 않는 방법으로 도움을 요청해서 더 이상 재즈민이 도움이 필요하다는 것을 학급 내에 공공연하게 알리지 않도록 지도하기로 결정하였다. 유아와 함께 개인적인 신호를 만들어 재즈민이 도움이 필요할 때마다 코를 만지면 교사는 즉시 도움을 주거나 관심을 주어 정적 강

새로운 기술을 교수하는 것은 문제행동을 예방하는 가장 좋은 방법 중 하나이다.

화를 제공한다.

비록 교사가 이미 학급에 사회적·정서적 기술을 가르쳤다고 할지라도 재즈민은 추가적인 도움을 필요로 한다는 것을 생각해야 한다. 이러한 기술들을 향상시키는 것을 장기 목표로 설정하고 교사는 재즈민에게 감정이 혼란스러울 때나 다른 감정 또한 확실하지 않을 때를 인식하도록 도움을 주는 것으로 시작한다. 재즈민이 자신의 감정을 인식하면 언제든지 많은 정적 강화를 제공한다.

로니의 팀은 체육활동에서 쉬는 시간을 적절하게 요청하는 방법을 로니에게 가르치기 위한 계획을 세웠지만 로니는 체육 영역에서 어려움이 있기 때문에 체육활동 전체를 쉬게 할 수 없다는 것을 깨달았다. 따라서 몇 가지 체육 기술을 가르쳐야 했다. 교실에서 매일 요가활동을 하게 하거나, 몇 주 동안은 체육관에서 바닥을 이용한 색 모양게임을 시도할 수 있었다. 또한 유아가 바닥에 앉아서 하는 소그룹 활동이나 큰 공 굴리기 등을 시도할 수 있었다. 교사는 로니가 정교하지 못해도 모든 시도를 격려한다. 만약 로니가 잘 견뎠다면 적절한 방법으로 휴식을 요청할 수 있는 새로운 기술을 사용할 수 있다. 동시에 교사는 체육 시간이 끝났을 때 로니가 좋아하는 활동을 선택하게 함으로써 동기를 부여하거나 강화할 수 있다(Repp et al., 1995). 로니의 수행 능력과 자아존중감을 향상시킴으로써 로니의 흥미와 의지 모두가 증가할 것이라고 기대할 수 있다. 교사는 로니가 체육관에 오랜 시간 있는 것이 어려운 일이라는 것을 알기 때문에 지속적으로 지원해야 한다(이것이 긍정적 행동지원의 모든 것이다!). 그다음 교사는 자신의 학급에 맞게 자신을 맞춰야 하며 교사가 학급에 좀 더 참여할 때 로니도 그렇게 될 것이다.

자말의 경우, 팀은 자극 단계를 높이기 위한 대체행동(교실을 돌아다니며 또래들에게 참여시키는 방법)을 찾는 것이 필요하다. 교사는 자말이 앉아있기 힘들거나 더 이상 집중할 수 없을 때 휴식을 요청하는 방법을 가르치고 자말이 움직임이 필요할 때 할 수 있는 일들을 함께 작성해본다(보드에 작업하기, 공 위에 앉기, 테이블 설치하기, 화분에 물 주기, 도서관에 책 반납하기, 사무실에서 노트 가져오기 등).

적절한 행동과 문제행동에 반응하기

개별화 행동지원 계획은 유아의 필요를 충족시키는 적절한 대체행동에 대한 긍정적인 인식에 달려있다. 선택한 방법이 행동의 기능에 적합한 방법인지 확인한다. 교사의 심각성을 유아가 깨닫는 데에는 시간이 걸릴 것이다. 그러나 만약 교사가 유아의 적절한 행동과 대체 기술이 문제행동보다 나은 작용을 할 것이라는 것을 꾸준히 일깨워준다면, 문제행동의 강도와 빈도는 감소할 것이다. 교사는 재즈민이 자신의 등을 토닥여주는 것을 좋아한다는 것을 알게 될 것이다. 재즈민이 적절하게 행동할 때 유아가 좋아하는 가벼운 접촉을 제공할 수 있으며, 만약 재즈민이 적절한 행동을 좋은 감정과 연관 지을 수 있다는 기대하에 행동이 변화하면 교사는 멈출 수 있다.

교사의 계획은 보상 없이 부적절한 행동에 반응할 수 있도록 도움을 주어야 한다. 기능평가에서 유아의 행동이 단지 교사의 관심을 얻기 위한 것이라고 나타나있다면, 계획적 무시하기(planned ignoring)를 사용할 수 있다. 이것은 교사가 유아의 문제행동에 반응하지 않도록 계획하는 것을 의미한다. 유아가 부적절한 행동을 할 때 옆에 다가가거나 말을 걸지 않고 대신에 유아가 허용 가능한 행동(또는 비슷한 행동)을 했을 때 관심을 기울인다. 이러한 행동은 유아에게 문제행동은 더 이상 자신이 원하는 것을 얻게 해주는 방법이 아니라는 것을 보여주는 것이다(Durand, 1990; O'Neill et al., 1997). 주의할 점은 교사가 멈추는 어느 시점에서도 문제행동을 강화시킬 수 있고, '소거폭발(extinction burst)'이 일어날 수도 있다는 것이다(Durand, 1990, p. 152). 즉, 행동이 좋아지기 전에 악화될 수 있다는 것을 의미한다. 이는 잘 알려진 현상이며, 잘 준비하고 지나가기를 기다리는 것이 좋다.

문제행동을 무시하는 것은 쉽지 않고 위험하게 될 수도 있다. 아동의 안전이 언제나 최우선이 되어야 한다. 무시하기를 하고 위험한 상황에서는 뒤에 서있어야 한다. 신체적·정서적 공격에 대응하고 유아가 폭력화되는 것을 예방하기 위해서 개입해야 한다. 유아가 다른 유아의 공격을 받지 않도록 두 유아 사이에 선다. 안전한 거리를 유지하기 위해서 L-자세를 사용하고 유아의 공격적인 행동을 진정시킬 때까지 기다린다(Butchard & Spencler, 2000). 유아가 진정되면 무슨 일이 일어났으며 무엇을 내신할 수 있었는지에 대해서 이야기한다(295~297쪽 참조). 만약 교사가 직접적으로 공격행동을 보지 못했다면, 먼저 상처를 입은 유아에게 간 다음 공격적인 행동에 대해 책임이 있는 유아에게 가서 다치게 한 유아의 기분이 좋아질 수 있는 방법(얼음 갖다 주기, 다친 유아가 좋아할만한 책이나 활동을 찾아보기 등)을 찾을 수 있

준비 시간

유아들은 자신들이 다루기 힘든 상황을 회피하기 위해 종종 문제행동을 이용한다. 유아들은 좌절하고, 어리석게 느껴지며 당황스러워지는 것을 피하기를 원하거나 친구들이 놀리는 것을 걱정할 수도 있다. *Beyond Functional Assessment*(2000)에서 Kaplan은 교사와 팀의 구성원들이 다음과 같은 질문들에 대해 심사숙고해서 무엇을 가르치고 어떻게 가르칠 것인가를 결정하도록 제안하고 있다.

- 어떤 상황에서 유아는 기대되는 것이 무엇인지를 알고 있는가? 유아는 그것을 이해하고 있는가? 교사의 기대와 가정에서 요구되는 것이 다른가?
- 유아는 기대되는 것을 어떻게 해야 하는지 알고 있는가?
- 유아는 기대되는 것을 언제 해야 하는지 알고 있는가?
- 유아는 기대되는 것을 하기 위한 자기통제력을 갖고 있는가?
- 유아는 자신의 행동을 지각하고 있는가?
- 유아의 관점에서 보면 문제행동에서 얻는 것이 많은가, 적절한 행동으로부터 얻는 것이 많은가? (적절한 행동으로 더 많은 보상을 만들어내는 것이 중요하다!)
- 유아의 생각이 적절한 행동과 호환될 수 있는가? 유아가 자신이 적절한 행동을 학습하고 수행할 수 있는 능력이 있다고 믿고 있는가? 유아가 일어난 상황에 자신이 어떤 영향이라도 미칠 수 있다고 믿고 있는가? 유아가 새로운 행동이 자신이 원하는 것을 얻게 할 수 있을 것이라 믿고 있는가? 몇몇 유아들은 자신에게 일어난 일에 대해 통제력이 없다고 생각하기 때문에 적절한 행동을 시도조차 하지 않을 수도 있다.

도록 도움을 준다.

만약 문제행동의 기능이 활동이나 과제를 피하는 것이라면 교사는 행동을 무시해서는 안 된다. 로니가 오늘 공놀이를 원하지 않기 때문에 소리 지르는 것이라면 활동을 견딜 수 있도록 계획하고, 멈추거나 활동하는 것, 심지어 숨쉬는 것도 작은 노력으로 간주할 수 있으며 가까운 거리에서 적절한 행동을 할 수 있도록 이야기해준다. 로니를 지켜보면서 의미 있는 정적 강화를 제공하며 로니가 다시 자신의 행동을 통제할 수 있게 되었을 때 교사는 도움을 주거나 선택을 할 수 있도록 한다. "네가 공을 굴리거나 나에게 주는 것 중에서 네가 선택할 수 있어. 그러고 나면 너는 휴식 시간을 가질 수 있어.", "굉장해. 네가 공을 굴렸구나. 이제 휴식 시간을 가질 수 있어

(Chandler & Dahlquist, 1997)."

　이러한 상황은 아주 다루기 힘들고, 교사가 재빠르게 대응할 수 있어야 하며 교사가 유연성과 독창성을 자유롭게 활용할 수 있어야 한다. 해결책이 우습게 보일 수도 있다. 로니가 깊게 숨을 들이쉬어도 실제로는 진정이 되지 않지만 효과를 나타내기에는 충분하다. 로니는 소리 지르는 것을 멈추고, 과제를 회피하지 않으며, 창피를 당하지 않는다. 교사 또한 체면을 깎이지 않게 된다. 이러한 전략을 실행하기 위해서는 교사 또한 침착함을 유지하고 마음을 가라앉혀야 한다.

　문제행동의 기능이 활동을 회피하고자 하는 것일 때 유아를 다른 활동으로 옮기는 것은 선택사항이 아니며 심지어 다른 유아를 다치게 할 수 있다는 것을 기억해야 한다. 유아는 문제행동을 해도 자신이 원하는 것을 얻을 수 없다는 것을 깨닫기 시작하며 어려운 과제나 자신이 노력하여 적절한 방법을 요청했음에도 불구하고 활동을 하기 싫을 때 도움을 받을 수 있다는 것을 알아야 한다. 적절한 대체 기술은 유아의 문제행동이나 문제행동을 사용하지 않게 하는 데 효율적이고 효과적이다.

　만약 교사가 자신의 계획을 실행하고 중재들을 지속적으로 이행한다면, 곧 변화를 볼 수 있을 것이다. 유아의 경험이 여기에서 중요한 역할을 한다는 것을 명심해야 한다. 유아가 자신의 문제행동을 사용하는 기간이 길어지고 그것이 효과적으로 작용했다면 문제행동을 바꾸는 것은 더욱더 어렵게 된다. 그렇기 때문에 인내심이 가장 필수적이다(O'Neill et al., 1997).

계획을 어떻게 보는가

유아 행동의 목적을 이해했을 때 유아의 요구를 적절한 방법으로 충족시켜 주기 위한 네 가지 방법을 고려할 수 있다. 즉, 환경의 변화로 행동을 예방하기, 대체 기술을 성공적으로 지도하기, 적절한 행동과 문제행동에 반응하는 의미 있는 방법 찾기 등의 방법은 교사가 잘 운영할 수 있다. 교사는 목표나 목적과 같이 성취하려는 것이 무엇인지에 대해 측정 가능한 용어(재즈민은 때리는 행동을 하지 않고 청소할 것이다. 로니는 체육관에서 새로운 기술을 익힐 것이다. 자말은 휴식 시간을 요청하는 방법을 학습할 것이다.)와 기간, 사용할 방법, 그리고 각 중재에 대한 책임자를 기록한다. 교사가 무엇을 말하고 행동할 것인지, 필요로 하는 자료가 무엇인지 등 세부적인 것들을 파악해야 한다. O'Neill과 동료들(1997)은 전형적인 일과에 대한 기술뿐 아니라 교사가 가장 어려운 상황을 어떻게 다룰 것인지에 대한 설명을 포함하도록 제안하고 있다. 비록 교사가 그러한 상황을 잘 준비한다 해도 문제행동은 여전히 일어날

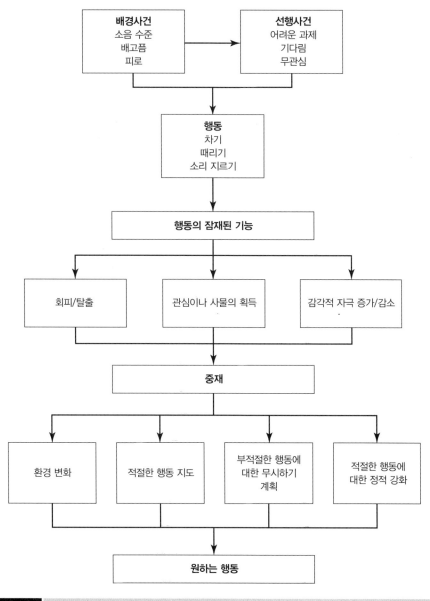

그림 10.3 이 도식은 긍정적 행동지원 계획을 세우기 위하여 기능평가를 사용하는 데 포함된 과정들을 설명하고 있다.

수 있기 때문에 같은 상황에서 누구라도 어떻게 행동해야 하는지 알 수 있을 정도로 명확하게 절차를 정의할 필요가 있다. 가족과 직원들의 동의를 얻고 자신들의 부분에 대해 준비가 되었다는 것을 확인한다. 성공을 거두기 위해서는 중재가 그것을 실행하는 사람들 모두에게 수용되어야 한다. 교사의 가치, 기술, 자원들이 일관되어야 한다(전 과정에 대한 요약은 그림 10.3 참조).

어떻게 계획을 평가하는가

어떻게 진행사항을 측정할 것인지 결정하고 검토하기 위한 날짜를 정한다. 행동 계획이 준비된 후에 유아의 행동을 A-B-C 목록, 기능평가 관찰 양식 또는 기능평가를 시작하기 전에 사용했던 간단한 양식 등을 사용하여 지속적으로 관찰하고 기록하는 것이 중요하다(그림 10.1 참조). 문제행동의 특성에 따라 빈도나 지속 시간 등을 사용하여 측정할 수 있다(두 가지 모두 감소되도록 해야 한다.). 또한 다음과 같은 긍정적 행동의 증가도 기록해야 한다.

- 개인적인 시간을 시작할 때
- 놀이에 다른 유아의 참여를 승낙할 때
- 소그룹 활동에 참여할 때
- 성인의 도움이 적어질 때
- 친구를 사귈 때
- 도움이나 휴식을 요청하기 위해 언어를 사용할 때
- 전이에 더 잘 대처할 때
- 갖고 싶은 것이 있어도 친구를 때리지 않았을 때(Meyer and Evans, 1993)

행동을 변화시키기 위해서는 6주 정도 걸릴 수 있으며 변화된 행동이 유아에게 익숙해지기 위해서는 1년 정도 노력해야 한다. 작은 진전이라도 나타난다면 올바른 방향으로 가고 있다는 것을 의미한다.

만약 모든 것에 있어서 진전이 없을 때에는 새로운 가설, 전략을 세우거나 전체적으로 다른 관점에서 바라보기 위해 수집된 자료를 다시 검토할 필요가 있다. 초기 가설을 다시 생각해보라(재즈민이 청소 시간을 회피하기를 원했을 수도 있고 또는 청소 시간이 너무 참기 힘든 자극이었을 수도 있다.). 전이에 대한 방법을 변화시키는 등 다른 방법으로 선행사건을 조작해보고 행동이 변화되었는지 살펴보라. 팀 구성원들이 행동지원 계획을 얼마나 잘 긴밀하게 협조하고 있는지 살펴보라. 만약 교사가 정확하게 수행하지 않는다면 협력이 잘 이루어지지 않을 것이다. 긍정적 행동지원은 끊임없이 시험해보고, 새로운 정보를 받아들이며, 유아가 좀 더 나은 삶을 살 수 있도록 전략들을 수정해야 하는 지속적이고 순환적인 과정이다.

생각해볼 문제

1. "모든 문제행동은 문제에 대한 유아의 해결책이나 의사소통 유형으로 생각해볼 수 있다." 당신에게 이것은 어떤 의미인가? 당신이나 누군가가 문제행동을 의사소통을 위하여 사용했는지 알았을 때와 그 문제를 해결하기 위한 방법을 기억할 수 있는가? 왜 당신은 그 방법을 사용하는가?

2. 행동의 기능을 이해하는 것은 아동과 아동의 행동에 대한 당신의 태도에 어떠한 영향을 끼치는가?

당신의 태도는 어떻게 적절한 중재를 사용하기 위한 당신의 능력에 영향을 끼치게 되는가?

3. 소그룹에서 문제행동을 가진 아동과 함께했던 당신의 경험을 생각하라. 만약 당신에게 아직 경험이 없다면, 누군가와 함께 팀을 구성하거나 시나리오를 구상하라. 문제행동의 기능을 생각해내도록 시도하라. 425~426쪽의 양식을 사용하여 가설을 만들고, 긍정적 행동지원(PBS)을 계획하라.

참고문헌

Artesani, J. (2000). *Understanding the purpose of challenging behavior: A guide to conducting functional assessments.* Upper Saddle River, NJ: Prentice-Hall.

Center for the Social Emotional Foundations for Early Learning (CSEFEL). www.vanderbilt. edu/csefer/briefs/wwb10.pdf

Chandler, L., & Dahlquist, C. M. (2010). *Functional assessment: Strategies to prevent and remediate challenging behavior in school settings* (3rd ed.). Upper Saddle River, NJ: Pearson.

Kaplan, J. S. (2000). *Beyound functional assessment: A social-cognitive approach to the evaluation of behavior problems in children and youth.* Austin: Pro-Ed.

O'Meill, R. E., Horner, F.H., Albin, R.W., Sprague, J. R., Storey, K., & Newton, J. S. (1997). *Functional assessment and program development for problem behavior: A practical handbook* (2nd ed.). Pacific Grove, CA: Grooks/Cole.

OSEP Center on Positive Behavioral Interventions and Supports. www.pbis.org/

Technical Assistance Center on Social Emotional Intervention (TACSEI). www.challenging behavior.org/

Chapter 11

통합 학급

Chapter 11
통합 학급

요즘 교사들은 자신의 학급에 적어도 1명 이상의 장애 아동이 있는 것을 당연하게 여기고 있다. 미국에서 특수교육을 받고 있는 아동의 절반 정도가 학습장애를 지니고 있기 때문에(U.S. Department of Education, Office of Special Education Programs, OSEP, 2008b) 반에 있는 아동이 학습장애를 가지고 있을 수도 있거나 혹은 다른 장애일 수도 있다. 아동이 경도 장애 또는 중도 장애 혹은 드러나는 장애이거나 드러나지 않은 장애라도 다른 아동들과 함께 종일, 반일, 시간제 보육시설이나 학교를 다닐 수 있다. 하지만 아동이 도움반(resource room)이나 다른 곳에서 일주일에 몇 시간 동안 특수교육을 받는 경우일지라도 다른 학생과 똑같은 권리와 기회를 지닌 학급의 한 구성원이다.

이 장은 두 부분으로 나누어져 있다. 첫 번째는 통합의 철학과 통합의 기본적인 실제를 제시하고 두 번째는 장애 아동의 문제행동과 예방에 대해 제시하고 있다.

통합

1970년대 초반 이후 의회는 지금의 특수교육법(Individuals with Disabilities Education Act, IDEA)의 원안을 통과시켰고, 기타 민권 법안에서는 장애 아동이 일반 학급에서 장애가 없는 아동과 함께 교육받는 것에 대한 논의가 이루어졌다. 2004년 개정법에는 통합은 보편적인 것이며 전형적인 발달을 해야만 참여할 수 있었던 **자연적 환경인** 학교, 유치원, 헤드스타트 프로그램 그리고 지역사회 아동보호센터에서 활동에 참여할 수 있는 권리가 명시되어 있다. 이러한 교육기관은 모든 아동들이 그들의 능력과 요구에 맞는 교육 기회뿐만 아니라 성공을 위해 필요한 서비스와 지원을 제공할 의무를 가진다(Stainback & Stainback, 1996).

왜 통합이 중요한가

통합은 기본적으로 인간 윤리의 가치인 평등을 주장하고 있다. 그것은 1954년 Brown 대 Board of Education 판례를 통해서 학교에서의 차별 철폐와 통합에 관한 법을 만든 대법원의 판결과 동일한 가치를 지닌다. 판결에 따르면 분리는 평등하지 않으며, 고립과 열등감과 같은 부정적인 영향을 초래하는 차별의 한 형태이며, 교육적 · 정신적 발달을 지연시킨다고 하였다(Karagammis, Stainback, & Stainback, 1996).

반면에 Falvey와 Givner(2005)에 의하면 통합은 '모두를 포용하는 것이며, 지역사회에서 각각의 학생들에게 제공되는 협약이고, 민주사회의 한 시민으로서 양도할 수 없는 권리'이다. "통합은 신념 체계이며, 그저 전략을 모아놓은 것이 아니다. 통합은 사고방식에 관한 것이며, 학교에서 의도적으로 실례를 교수하도록 배치하는 것이다(p. 5)."

통합은 장애 아동을 사회구조의 일부분으로 받아들이고, 올바른 인식을 증진시키

장애 유아는 학급의 진정한 구성원으로서 다른 유아와 동등하게 참여할 권리가 있다.

며, 일반 아동들에게는 다양성을 이해하도록 한다. 두 집단은 더 나은 학업과 사회적 기술 그리고 더 나은 지역사회에서의 삶을 위한 준비 기술을 습득하게 된다(Holahan, 2000; Karagammis et al., 1996). 통합 환경의 이점을 받아들이는 것은 어릴수록 쉽다. 통합 환경에 있었던 일반 사람들은 자라면서 장애인 친구를 괴롭히거나 거부할 가능성이 적고, 성장하면서 장애인을 포용하고 거부하지 않을 가능성이 높다. 장애인은 일반적인 환경에서 더 나은 역할을 할 수 있고, 통합 학교에서와 이후의 삶에서 보다 더 성공할 수 있다(Holahan, 2000).

IDEA는 어떻게 작용하는가

IDEA는 모든 장애 아동이 3세부터 무상 공교육(FAPE)의 권리를 가진다는 점에서 특별하며, 1997년 수정안에서는 장애가 있거나 없는 모든 아이들이 최소 제한 환경(LRE)인 일반 학급에서 정기적으로 함께 교육받아야만 한다는 것을 분명히 하였다. 학교는 아이의 성공을 위해 필요한 서비스와 특수교육 지원을 제공해야만 하며, 분리교육은 모든 지원과 서비스를 제공했음에도 불구하고 아동이 성공하기 어려운 경우에만 하도록 한다(Individuals with Disabilities Education Act, 1997).

IDEA에서 설명하고 있는 특수교육에 해당하는 장애 아동의 장애 범주는 다음과 같다.

- 학습장애(learning disability)
- 말 및 언어장애(speech or language impairment)
- 정신지체(지적장애)[mental retardation(cognitive disability)]
- 정서장애(정서 및 행동장애)[emotional disturbance(emotional and behavior disorder)]
- 농맹(청각장애와 시각장애를 둘 다 가지고 있는 경우)(deafness-blindness)
- 시각장애(visual impairment)
- 청각장애(hearing impairment)
- 지체장애[orthopedic(physical) impairment]
- 기타 건강장애(other health impairment)
- 자폐(자폐스펙트럼장애)[autism(Autistic Spectrum Disorder, ASD)]
- 외상성 뇌손상(traumatic brain injury)
- 중복장애(multiple disability)
- 발달지체(developmental delay)

2007년 IDEA에 의해 약 6천6백만의 학령기 아이들과 70만 명의 유아들 그리고 30만 명의 영아들이 특수교육이나 조기 중재 서비스를 제공받았다(U.S. Department of Education, OSEP, 2008a, 2008e).

IDEA가 유아들에게 어떠한 서비스를 제공하는가

유아들은 IDEA에 따라 3세부터 조기 중재 서비스를 받을 수 있다. 영유아들은 특정 장애로 분류되지 않고, 발달지체나 발달지체 위험으로 종종 분류된다. 아동의 학습

게임을 하는 방법

5세 마틴은 집에서 어린이집으로 가는 길에 대한 지도를 완벽하게 그렸다. 마틴은 자폐스펙트럼장애와 소아당뇨(juvenile-onset diabetes)를 가지고 있었고, 선생님들은 학급에 보조원이 없더라도 마틴이 모든 활동에 참여할 수 있도록 프로그램을 수정하였다. 마틴은 겨울에 친구들과 함께 스케이트를 탔고, 광고 카피를 반복하여 부르면서 스케이트장에서 돌아왔다. "이기고 지는 것은 중요하지 않아요. 그것은 당신이 게임을 하는 방법일 뿐이에요. 네슬레 핫초코!" 여름에는 아이들과 수영장에 갔고 수영하는 방법을 배웠다.

선생님들은 즐거워했고, 마틴의 존재를 존중했으며, 하루 동안 시범을 보이게 했다. 선생님들이 마틴을 수용했기 때문에 아이들 역시 마틴을 받아들였다. 마틴의 특별한 친구 리즈가 방에 들어왔을 때 마틴의 눈은 반짝였고 리즈의 이름을 부르면서 인사를 했다. 리즈는 마틴과 같이 앉았으며, 마틴이 뛰어난 그림 실력을 보여주면 리즈는 기쁘게 반응했고, 마틴이 센터에 오지 않았을 때 리즈는 종일 마틴에 대해 걱정했다.

대부분이 그들의 보호자와의 상호작용을 통해 이루어지므로, IDEA에서는 가족의 결정적인 역할과 가족과 아동이 지니고 있는 자원, 관심, 우선순위, 요구와 같은 기본적인 서비스를 제공하고 목표를 달성하는 **개별화 가족지원 계획(IFSP)**을 세우기 위해 연계를 강조한다. 특수교육 전문가(보건간호사, 작업 및 물리치료사, 음성 및 언어병리학자, 영양사를 포함하는)들은 각 전문 영역별로 아동의 요구를 충족시켜 아동의 역량을 강화하기 위한 가족의 개별화 가족지원 계획을 세우는 것을 조력한다. 특수교육 전문가들은 자연적인 일상생활이 이루어지는 가정과 어린이집 또는 기관을 방문해야 한다. 그리고 IFSP는 6개월마다 작성해야 한다(Turnbull, Turnbull, Erwin, & Soodak, 2006).

공중보건국 또는 지역교육청과 같은 기관에서는 가족과 함께할 수 있는 **가족지원 코디네이터**(유아가 IEP 실행의 자격이 되는 3세가 되면, IDEA의 유아교육 분과로 전이할 수 있도록 하는 일을 함)를 통해 조직적인 평가와 조율, 모니터링 서비스를 제공해야 하는 책임을 가지게 된다(Cook, Klein, & Tessier, 2004). 문서화된 전이 계획에는 새로운 환경에서 아동이 적절하게 행동할 수 있도록 도울 수 있는 전략을 포함해야 한다(Fox, Dunlap, & Cushing, 2002). 주에서는 유치원에 들어갈 때까지 IFSP

를 지속적으로 계획해야 하며, IFSP는 학교 준비도(school readiness)를 마련해야만 한다(Council for Exceptional Children, n.d.a).

예전에 무슨 일이 있었는가

연방법에서는 통합교육을 법으로 명시하고 있고 주 의회에서는 이에 따른 경제적인 부분을 지원하도록 하고 있다. 그러나 각 지역마다 통합교육을 다르게 실행하고 있다. 각 주와 학교마다 정책, 규정, 자원이 다르며, 지원금, 서비스 자격, 학급 내 장애 아동 비율, 통합 시간, 교사교육 등 아동과 교사가 받는 지원과 서비스 또한 다양하다. 그러나 특수교육 전문가들이 부족하고, 어떤 지역에서는 모든 학교와 어린이집에서 특수교육 서비스를 일부만 지원하거나 거의 지원하지 않고 있다(Klass & Costello, 2003). 특수교사(special education teacher)는 일반학급 교사와 풀타임으로 협력하고, 특수학급 교사(resource teacher)는 장애 아동을 직접 교육하며, 순회교사(itinerant teacher)는 일정한 주기로 유아교사 또는 일반교사를 만나 교사가 혼자 교수할 때 알아야 할 것이나 필요한 것을 지원한다(Odom, 2000).

도움을 인식하다

교사 프라이스는 25년 동안 교직생활을 해왔음에도 불구하고 올해 맡게 된 학생들에 대해 걱정이 많다. 26명의 아이들 중에서 7명의 아이들이 자폐스펙트럼장애(ASD), 주의력결핍 과잉행동장애(ADHD) 등 문제가 될만한 행동을 지니고 있기 때문이다. 그녀가 있는 지역의 학교는 자원이 제한되어 있고, 매일 정오에 이루어지는 보조교사(paraprofessional)의 지원과 일주일에 3일 이루어지는 특수교사의 지원만 바라고 있을 뿐이다. 아이들은 에르난데스 선생님이 오는 날만 손꼽아 기다렸다. 그녀는 이반이 소리를 지르거나 조가 교실을 뛰쳐나가려고 할 때 전혀 난처해하지 않고 차분하게 만들곤 하였다.

비록 프라이스 교사가 특수교사로서의 기술이 부족했지만, 그녀는 에르난데스 선생님처럼 열심히 노력하였다. 조금씩 그녀는 현장 동료를 찾기 시작했고, 통합과 관련한 전문가 양성 워크숍 등에 참여하였다. 그리고 그녀는 스스로 무엇을 해야 하는지를 발견하였고, 통합을 하기 위한 자신의 능력에 대해 자신감을 얻었다.

특수교육이 필요한 아동은 어떻게 판별하는가

교사는 많은 아동들을 만나고 아동들의 발달에 대해 잘 알고 있기 때문에 아이에게 도움이 필요하다는 것을 최초로 알아낼 수 있는 사람일 것이다. 장애 아동의 가족을 대상으로 한 전국조사에서 40%의 가족들이 자녀들의 특수교육에 대한 평가를 교사가 시작(jump-starting)하는 것을 신뢰하고 있는 것으로 나타났다(Johnson & Duffett, 2002).

교사가 아동을 세심하게 관찰하는 것이 중요하며, 관찰한 것을 기록하고, 또래들의 능력과 비교하여 동료 및 가족들과 함께 그 문제를 논의해야 한다는 것을 고려해야 한다. 조심스럽게 가족에게 이야기를 시작한다. 교사는 의사가 아니기 때문에 의학적 진단을 내릴 수는 없지만 의학적 평가를 제안은 할 수 있다. 하지만 문제의 원인이 무엇인지에 대한 자신의 견해에 대해서는 이야기하지 않는 것이 좋다(Friend, 2005). 교사는 수업을 하는 동안에 아동이 힘들어하는 것과 요구하는 것이 무엇인지 생각해본다. 교사가 일과나 작업을 수정한다면 교사와 아이의 관계에 어떤 도움이 될 수 있는가? 가능한 해결책으로서 아동의 반응에 대한 모니터링을 시도하도록 한다. 만약에 교사의 중재가 통하지 않는다면 다음 단계로 센터의 이사장이나 학교 교장, 심리학자와 **사전평가 팀**(prereferral team, **심사위원회, 아동학습, 교사지원, 개입지원 또는 교육상담 팀**으로 불리기도 함)에게 알린다. 그들은 학급에서 관찰하고, 의견서를 만들고, 문제행동과 학업을 해결하기 위한 서비스, 지원, 전략을 이행하기 위한 도움을 줄 것이다.

IDEA의 특수교육 사정 형식은 그들의 개입이 실패했을 때 이런 문제를 중재하기 위한 것이다. 다학문 간 팀(interdisciplinary team, 아동의 교사, 특수교사, 학교 지역구의 대표를 포함해야 함)은 아동이 자라온 환경(history)을 고려하여 가족을 관찰하고, 아동이 가장 잘 사용하는 언어 및 여러 가지 형태의 측정도구를 사용하여 아동과 함께했던 전문가들과 함께 IDEA 평가를 실시한다(Friend, 2005). 이 과정에는 기능적인 사정을 종종 포함한다(제10장 참조). 모든 사람의 권리를 유지하기 위해서 평가는 문화적으로 적절해야 하며, **적법 절차의 규칙에 따라야만 한다.** 이때 부모는 모든 팀의 구성원이다[U.S. Department of Education, Office of Special Education and

Rehabilitative Services(OSERS), 2000]. 부모들이 만약 자녀에게 특수교육 서비스를 받게 하고 싶지 않다면 평가를 거부할 수도 있다. 하지만 교사는 책임을 가지고 아동의 성공을 돕기 위해서 지속적으로 평가해야 할 것이다.

팀에서 특수교육 대상자라고 확정된다면, 평가는 개별화 교육 계획(IEP)을 위한 기초 내용이 될 것이며, 아동을 위해 측정 가능한 다음 학년의 목표를 설정하고, 모든 특수교육과 관련된 서비스 및 지원을 규정하고 그것들을 달성하도록 해야만 한다. IEP는 또한 일반 교육 과정에서 아동의 발달 과정을 측정하는 방법과 주와 지역구 평가(test)에 참여하는 방법을 나타낸다(U.S. Department of Education, OSERS, 2000). 일부 주에서는 IEP에 단기 목표나 기준을 제공할 수 있지만 더 이상 대안적 사

내재된 편견이란?

특수교육을 받게 된 아프리카계 미국인 아동의 수는 2007년 학령기 인구의 15%임에도 불구하고, IDEA에 따른 서비스를 제공받는 아동이 20% 이상을 차지하는 불균형한 모습을 보이고 있다(U.S. Department of Education, OSEP, 2008c, 2008f). 특히 정서장애, 인지장애, 발달지체의 범주에서 높은 비율로 나타났으나, 이는 대부분 주관적인 기준으로 특수교육 대상자의 자격이 주어진 것이다(U.S. Department of Education, OSEP, 2008d). 일부 주에서는 학습장애 집단의 아프리카계 미국인과 라틴계 미국인 학생 수가 불균형적으로 구성되는 것으로 나타났다(Donovan & Cross, 2002). 게다가 아프리카계 미국 아동은 유럽계 미국인 아동보다 학교생활 중에 일반 학급에서 보내는 시간이 더 적다. 이들에 대한 결론을 너무 자주 내리면 부정적 낙인(National Alliance of Black School Educators, 2002)과 낮은 기대를 불러온다(Delpit, 1992).

이 결과는 특수교육계에 큰 논란을 불러일으켰다. 편견은 IDEA 확인 절차와 교육 시스템 자체에 들어있는 것인가? 교사들의 태도에도 책임이 있는 것인가?

심각한 빈곤은 아프리카계 미국인 사이에서 임신 중 담배와 알코올 섭취, 영양실조와 태아 보호 및 납 중독과 같은 장애에 대한 위험요인을 증가시켜 문제의 원인이 된다. 그러나 불균형은 이러한 요인들을 고려했음에도 여전히 남아있다(Oswald, Coutinho, & Best, 2002).

이러한 불균형을 해결하기 위해 2004년 IDEA에서는 주에 얼마나 많은 아이들이 다문화 집단에서 특수교육 대상자로 확인되고 조기 중재를 제공받는지에 대한 것을 파악하도록 요구하였다(U.S. Department of Education, OSERS, n.d.).

정에 대한 제한을 요구하지 않는다(Turnbull et al., 2006). 팀은 연간 IEP를 검토해야만 하고, 주에서는 다년간 IEP를 시험적으로 실시해야 하는데 최대 3년까지 실행해야 한다(Council for Exceptional Children, n.d.a).

IDEA는 모든 장애를 포함하는가

IDEA는 모든 장애를 포함하지는 않고 있다. 잘 알려진 제외된 장애로는 주의력결핍 과잉행동장애(ADHD)로, 어떤 주에서는 특수교육 대상자가 되지만 일반적으로는 민법의 큰 범위 내에 포함되어 있다. 1973년 직업재활법(Vocational Rehabilitation Act 504)에서는 IDEA보다 좀 더 광범위하게 장애를 정의하였으며, ADHD나 다른 장애, 사회적 부적응으로 인해 일반 학교에서 교육받지 못하게 되는 차별로부터 보호하고 지원하도록 하고 있다(Hayes, 2000).

연방정부는 이 아이들을 위한 지원금을 제공하지 않으며, 이들의 적격성을 결정하는 데 대한 책임은 지역 교육청이 지도록 하고 있다. 교사들은 ADHD 아동을 주로 초기에 의뢰한다. 다학문위원회에 아동을 잘 알고 있는 교사를 포함시켜 다양한 평가방법을 실행한다. 부모의 동의가 반드시 있어야 하고, 부모들은 의사결정 과정에 참여할 수 있다. 팀은 Section 504 또는 개별 편의 계획(Individual Accommodation Plan, IAP)(U.S. Department of Education, Office for Civil Rights, 2009)을 IDEA의 IEP처럼 검토해야 하고 물리적 환경, 일과, 교수방법을 포함한 광범위한 조정을 필요로 한다. 그러나 Section 504의 규정사항이 적기 때문에 IDEA에 따른 아동들보다 모니터링을 덜 받게 된다.

IEP가 행동을 다루기에 충분한가

장애 아동에게 심각한 문제행동이 있다면, IDEA에서는 IEP 팀의 행동중재 계획(BIP)을 수립해야 하고 이는 바로 IEP에 반영된다. IDEA는 체벌의 사용을 명확하게 제한하고 있으며, BIP의 목적은 문제행동을 예방하거나 초기에 행동을 바로잡기 위함이다. 긍정적 행동지원 계획처럼(제10장 설명 참조), BIP는 기능평가에 기초하고 개별화된 PBS와 문제행동을 절적한 행동으로 대체하기 위한 전략을 수립한다(U.S. Department of Education, OSEP, 2006).

장애가 있거나 문제행동을 가지고 있는 아동에게는 BIP를 적용할 수 있으나 정서 및 행동장애(IDEA에서는 정서장애라고 함) 아동에게는 한 가지가 더 필요하다. 비록 이들의 행동이 일반 아동의 행동과 크게 다르지는 않지만 강도, 빈도, 지속 시간 등 에서는 차이가 있다(Friend, 2005). IDEA의 해당 범주에서는 특수교육 대상자로 사 회적 부적응자를 특별히 포함하지 않고 있어서 많은 정서 및 행동장애 아동이 제외되 고 있다. 아동은 Section 504에 따라 특수교육 대상자가 될 수 있지만(Friend, 2005), 그렇지 않다 하더라도 팀은 여전히 아동을 위한 긍정적 행동지원 계획을 세울 수도 있고 기능평가를 실시할 수도 있다.

IEP 실행의 책임은 누구에게 있는가

IEP를 실시하면 Section 504 또는 BIP에 따라 교사가 이끈다. 오히려 단순한 문서보 다 이러한 계획이 법적 구속력이 있다. 하지만 교사는 또한 매일의 일과를 참고하기 위해서 문서를 작성해야만 한다. 계획이 문서화되지 않았다면, 교사는 특별히 재검 토할 것을 요청할 수 있다(U.S. Department of Education, OSERS, 2000).

교사가 처음으로 아동의 요구를 확인하고 개별화 계획을 수립하기 전까지의 모든 과정은 시간이 많이 소요될 수 있기 때문에 기다릴 준비를 하는 것이 좋다.

장애 아동의 문제행동 예방 및 다루기

성공적인 통합은 좋은 교수를 필요로 하고, 좋은 교수는 모든 아동이 특별하고 자신 만의 독특한 방식으로 배운다는 것을 이해하는 것이다. 교사가 아동을 프로그램에 맞추기보다는 개별 아동의 요구, 능력, 흥미, 선호도, 문화 그리고 학습방식을 고려 했을 때 모든 아동(장애가 있거나 없는 아동)이 참여하고 성공할 수 있는 방법을 찾 을 수 있을 것이다.

교사가 처음 통합 학급을 맡았을 때 느끼는 불안은 자연스러운 것이다. 교사는 이 직업에 필요한 지식과 기술을 스스로 가지고 있는지 궁금해할 것이다. 교사가 장애인을 많이 접하지 못했다면 무엇을 하고 무슨 말을 할지 걱정할 수 있다. 아동은 교사의 불안한 감정이 단서가 되기 때문에 이러한 감정을 가지지 않도록 하는 것이 중요하다. 이때 제5장에서 설명한 자기성찰 전략이 도움이 될 것이다. 자기성찰 전략에는 교사의 가족과 친구, 동료들과의 대화, 저널 쓰기, 학급 내 아동의 장애에 대해 미리 준비하기, 가족에 대한 충분한 이해 등이 있다. 결론적으로 아동의 부정적인 면을 부각시키지 않도록 한다. 개별 아동에게 생각을 집중하고 아동이 무엇을 할 수 없을지가 아니라 무엇을 할 수 있을지를 고려하여 아동의 강점을 찾고, 관계를 형성한다.

교사가 차이를 받아들이는 환경을 만듦으로써 교사의 태도가 중요한 결정적인 역할을 하게 된다. 만약 교사가 자신의 학급의 모든 아이들이 소속감을 갖고 있다는 것을 느낀다면, 각각의 교사의 노력은 가치 있는 것이 되고, 교사의 말과 행동이 다양성을 수용하는 것을 확실하게 촉진시켜서 모든 아동이 유대감을 느끼고 학습할 수 있는 배려하는 공동체를 만들게 될 것이다(Haager & Klingner, 2005).

장애가 문제행동에 어떠한 역할을 하는가

장애 아동은 더 많은 행동과 사회적 문제를 자주 나타내고 장애가 없는 또래들보다 거부당할 가능성이 높다(Haager & Vaughn, 1995; Odom, Zercher, Marquart, Sandall, & Wolfberg, 2002). 일반적으로 정서문제, ADHD와 같은 출현율이 높은 장애를 지닌 아동은 특별한 위험에 처할 수 있다.

아동의 문제행동은 종종 그들의 장애를 대변해준다. 예를 들어 말과 언어에 손상이 있는 아동은 자신의 요구를 말로 표현하는 데 문제가 있기 때문에 말하는 것 대신에 부적절한 행동으로 표현을 할 수 있다. 하지만 장애 아동을 포함한 문제행동을 하는 거의 모든 아동들은 그들의 행동을 통해 의사소통하려고 한다는 것을 기억하는 것이 중요하다. 이러한 이유로 장애 아동이 관련되면 문제행동의 해결에 대해 지금까지 알게 된 것들을 적용해보아야 한다. 사용할 수 있는 모든 수단(아동과 가족의 따뜻한 유대 관계, 총체적이고 사회적인 물리적 공간, 문제행동을 예방할 수 있는

중복장애

출현율이 높은 장애는 종종 문제행동을 수반하며, 아동은 한 가지 이상의 장애가 함께 나타날 수 있다. 중복되어 나타나는 장애로는 다음과 같은 것들이 있다.

- 학습장애와 ADHD(Willicutt & Pennington, 2000)
- 정서장애와 ADHD(Handwerk & Marshall, 1998)
- 정서장애와 언어장애(Benner, Nelson, & Epstein, 2002)

학급 관리와 교수전략, 효과적인 반응 기술)을 사용하는 것은 필수적이다.

누가 도울 수 있는가

교사는 문제행동을 다루는 과정에서 몇몇의 중요한 협력자를 가지고 있으며, 가족이 그중 하나이다. 가족은 모든 아동(무엇보다도 장애를 가진 아동)의 삶에서 중심적인 역할을 한다. 아마도 이것은 장애 아동이 장애가 없는 아동보다 더 가족에 의존하기 때문일 것이며, 가족 구성원들은 자신보다 아동의 성공을 돕기 위하여 더 많은 것(시간, 돈, 물리적 · 정서적 에너지)을 제공하기 때문일 것이다. 아동이 교육을 받기 시작하면 아동에게 많은 경비를 필요로 할 것이다.

만약 가족이 아동의 장애에 대해 전문가가 아니라 할지라도 가족은 곧 아동에 대한 전문가가 될 것이다. 많은 가족들은 교사와 무엇을 해야 하고 하지 말아야 할 것인지에 대해서 이야기할 것이고, 전문적인 자원을 계속 소개해주고, 교사와 학급에서 아동의 상태에 대한 정보를 공유함으로써 장애에 대한 인식이 높아질 것이다(Grigal, 1998).

특수교육에서 대부분의 부모들은 학교와 교사들에게 매우 만족하지만, 40%는 여전히 "아동에게 필요한 서비스를 주기 위한 노력이 필요하다."라고 말한다(Johnson & Duffett, 2002, p. 23). Lake와 Billingsley(2000)의 연구에 의하면 갈등에 대한 몇 가지 이유를 지적하고 있는데, 가족과 학교는 종종 아동과 아동의 요구에 다른 관점을 갖고 있으며(예 : 가족은 학교가 개개인이 가지고 있는 강점을 보기보다는 아동의 약점에 초점을 맞추고 있다고 생각한다.), 그들은 통합의 질과 전달방법에 대해 동의하지 않는다(예 : 시간, 돈, 또는 서비스를 제공할 수 있는 사람). 하지만 연구자들이 발견한 가장 중요한 요인은 신뢰이다. 부모와 전문가들이 서로를 신뢰했을 때, 서로의 차이를 극복하며 일을 처리할 수 있다. 그러나 신뢰가 깨졌을 때에는 아동에게 심각한 결과가 있을 것이다. 학교의 노력과 추천에 대한 확신이 부족하면 부모들은 새로운 학교 배정과 중재를 요청하고 IDEA에 따라 이들에게 적법한 절차에 맞춰 청문회를 한다.

가족들은 과거에 무시받거나 모욕적이거나 거절당한 경험이 있기 때문에 신뢰 관계를 형성하기 위해서는 많은 노력과 회유가 필요하다(Kluth, 2003). 그들과 좋은 목소리로 솔직하게 이야기하는 것은 많은 도움이 된다. 어떻게 제도가 운영되는지, 가족의 요구가 무엇인지, 선호하는 것은 무엇인지, 자녀를 위한 꿈이 있는지, 행복하지 않다면 그 이유는 무엇인지, 가족의 질문을 환영하고 대답을 찾고, 가족이 말하는 것이 무엇인지 주의 깊게 들어야 한다. 만약 교사가 부모에게 자신의 신념에 대해 가치 있게 존중받고 싶다면 교사가 먼저 부모를 존중하고 가치 있게 대해야 할 것이다. 교사는 최선의 문제해결 방법을 사용하고, 가족의 요구에 교사의 전략과 자원을 일치시키도록 노력하고, 교사가 맡은 것을 끝까지 완수할 수 있도록 한다. 가족을 지원함으로써 교사는 아동을 지원한다(제5, 12장 참조).

교장이나 감독관을 포함한 교사의 동료들은 유용한 협력자이다. 지금까지 특수교사들과 담임교사들은 다른 배경을 가지고 있었지만(Friend & Bursuck, 2002), 이들은 더 많은 협력 기회를 가지고, 전문 지식을 확장하며, 아동에 대한 책임을 공유하면 무엇이 더 특별한지에 대한 구분이 불필요해질 것이다.

좋은 협력은 노력이 필요하다. 교사들은 다른 사람들의 신념을 존중하고 자신을 반성할 필요가 있으며, 모든 아동들의 성공에 중요한 공헌을 하는 사람이기 때문에 아동들을 동등하게 대해야 한다. 교사들은 함께 계획하고, 절차와 규범을 명확하게 처리하고, 그들의 손에서 빠져나가기 전에 문제에 대해 이야기해야 한다(Friend & Bursuck, 2002). 시간, 결정, 의식적인 계획과 함께 그들은 서로를 신뢰하고 존중하며, 목표와 기대를 공유하고, 의사소통하여 문제를 효과적으로 해결하는 것과 같이 원활하게 움직이는 팀이 될 수 있다.

보조교사는 또한 학급에서 중요한 구성원이다. 그들은 보조교사, 보조교육자, 보조원, 교육지원자, 교수지원자, 교육적 지원자, 일대일 보조자, 치료지원자 또는 코치와 같은 용어로 불리며, 교사는 그들을 어떻게 불러야 할지 IEP를 작성할 때 그들의 지원을 명시할 수 있는 권리가 있다. 교사의 슈퍼비전 아래 보조원은 작은 집단에서 읽기를 지도하거나 아이들 사이에서 상호작용을 촉진하는 등 학급생활을 쉽게 만들기 위한 많은 것들을 할 수 있다(French, 1999).

보조교사는 한 아이를 담당할 수 있지만 아이를 가르치는 데 대한 우선적인 책임은 없다. 그것은 교사의 일이다(Giangreco, 2003). 연구 결과에 의하면 보조교사에게 최선의 역할은 전체 집단활동을 도와주는 것이다. 이는 장애 아동들이 또래와 더 상호작용하여 고립되고 낙인된 느낌을 덜 받게 하며, 더 만족할만한 교육을 받을 수 있게 한다(Giangreco, Edelman, Luiselli, & MacFarland, 1997).

보조교사의 역할을 위한 몇 가지 팁은 아래와 같다(Cook et al., 2004; Giangreco, 2003; Lehmann, 2004).

- 교사는 보조교사가 해야 하는 것이 무엇인지를 결정하고, 수행을 위해 전문적인 계획을 제공한다. 적어도 일주일에 한 번 이상은 어떤 문제를 협의하기 위해 보조교사와 논의를 해야 한다. 그리고 그들에게 기대하는 것이 무엇인지를 알려주었을 때 일을 더 잘한다.
- 보조교사의 기술, 재능, 관심과 아동에 대한 지식과 같은 것들에 대해 알아보고 이러한 정보를 사용하여 보조원에게 적절한 작업을 지정해주어야 한다. 훈련이 필요하다면 제공한다.
- 슈퍼바이저는 보조교사의 일을 지원해주고, 구체적이고 적절한 피드백을 주며, 보조교사의 의견과 생각을 묻고 보조교사의 도움에 감사해하고 있다는 것을 알려주어야 한다.
- 교실에서 서로를 맞추기 위해 교사의 통합과 관련된 신념을 보조교사와 함께 공유해야 한다. 어떤 의견에 대한 논의는 아동들이 듣지 않는 곳에서 하고, 다

른 사람들 앞에서 보조교사를 비판하지 않도록 한다.

- 말하지 않고 의사소통할 수 있는 방법을 개발한다.
- 하루를 간단히 정리한다.

교사와 동료들이 할 수 있는 더 나은 구체적인 계획은 더 효과적인 교사의 전략이 될 것이다. 함께 정기적인 시간을 갖는 것이 필요하다면 점심시간, 휴식시간, 여분의 시간, 등교 전이나 하교 후에도 만날 수 있다. 믿을 수 있는 관계인 가족과 동료들은 당신의 성공과 직업에 대한 당신의 느낌과 아동들에 대해 큰 의견 차이를 만들 수 있다.

통합적인 사회적 맥락은 어떻게 문제행동을 예방할 수 있는가

다시 한 번 말하지만, 예방은 최선의 중재이다(제7, 8장 참조). 모든 아동들을 긍정적으로 수용하는 분위기는 통합 학급에서 문제행동을 예방하는 데 많은 도움이 될 수 있다. Haager와 Klinger(2005)는 문제행동을 예방하는 학급은 결속력이 강한 특성을 가진다는 것을 관찰하였다.

- 모든 아동들이 참여할 것이라는 분명한 기대가 있으며, 자연적이고 유동적인 지원이 일어날 수 있게 한다.
- 아동의 다양성을 인정하며 학습방식과 능력이 모두 다르다는 것을 이해한다. 다르다는 것을 비난해서는 안 된다.
- 다른 아동의 학습을 도우며, 자신과 타인에 대한 책임감을 느끼게 된다.
- 교사는 긍정적 행동지원을 사용하고 아동의 강점과 과정을 강조한다.
- 학급의 중심은 아동이다. 교사들은 그들의 계획에 아동의 흥미를 고려해야 하고 아동에게 선택권을 주며, 아동 스스로 학습을 설정할 수 있는 기회를 주어야 한다.

감성 개발

어떤 아동은 장애인을 만나본 적이 없을 수도 있다. 학급에서 누구도 소외되지 않게 하기 위해서는 장애는 사람을 규정하는 것이 아니라 단지 사람이 지니고 있는 일부분이며, 우리 모두는 어떤 면에서 다르고, 다르다는 것은 귀중한 자산이 된다고 설명해야 한다(Kluth, 2003). 또 장애는 눈에 보이는 것(예 : 휠체어와 보청기)과 눈에 보이지 않는(예 : 학습장애, ADHD) 여러 가지 유형이 있다는 것도 분명히 해야 한다.

가능하다면 조기에 자녀와 다른 장애 아동에 대해 이야기해보도록 부모에게 요청해야 한다(Derman-Sparks & Edwards, 2010). 교사는 가족과 아동의 허락을 받아 그들이 알고 있는 것과 생각에 대해 교실에서 이야기하고 생각해본다. 장애 아동은 자신의 경험에 대해 이야기하길 원할 것이다. 아동들이 편안한 마음으로 서로 도울 수 있는 지침서를 만들기 위해서는 개별 아동의 강점을 기억하고, 강점에 초점을 맞추고 각각의 아동들이 자신의 능력에 대해 판단할 수 있도록 허락한다(Karten, 2005).

직접적으로 가치에 대해 교수하기

교실에서 아동이 존중과 배려에 대해 배울 수 있도록 하는 방법은 이러한 행동을 가르치는 것이다. 교사 자신이 모델이 되었을 때 아동들은 중요한 것을 더 쉽게 이해하고 교사의 예시를 더 잘 따를 수 있다. 동시에 교육 과정 안에 이러한 가치를 통합해 넣도록 한다. 교사처럼 다름을 존중하고 배려하는 것에 대해 이야기하고 아동들이 학급 규칙을 만들게 한다. 이는 다양성과 우정에 대한 논의와 책 읽기, 장애 포함하기, '그게 바로 진정한 친구지요'(Salend, 1999)라는 노래 부르기, 노래와 게임으로 친사회적 구성원 구축하기(사이먼이 말하는 "친구를 안아줘.")(Odom et al., 2002), 반편견 교육 과정 사용하기(Derman-Sparks & Edwards, 2010) 등이 있다. 교사가 무엇을 가르치든 통합의 가치를 보여주고 강조한다. 이야기하기, 놀이하기, 사회화시키기, 참여하기와 같은 많은 방법들이 있는데 이를 확실하게 해야 한다(Kluth, 2003).

정상화 그리고 가능한 다양한 방법으로 포용하기

아동의 문화를 연구하는 사회학자인 Corsaro(1988)는 영유아들은 항상 함께하기 때문에 자신을 그룹의 구성원으로 본다고 제안하였다. 통합에 포함되지 않는 아동은 (교실을 이동하는 아동, 장애인 차량을 타는 아동, 특수 의자를 사용하는 아동) 학급

밖의 아동일 뿐이다(Diamond & Stacey, 2002). 이를 최소화하려면 장애인들의 사진을 붙여놓고, 특수 의자를 모두에게 개방하고, 치료 수업은 전체 학급을 위한 활동으로 하고, 활동을 변경하여 모든 아동들이 참여할 수 있도록 한다. **차별화 학습**(differentiated learning)과 **활동중심 중재**(activity-based intervention)는 다른 자료와 활동을 선택할 수 있도록 하는 기대와 학습, 일과, 활동에 특별한 교수를 통합시키는 것을 통하여 모든 아동이 학급의 구성원으로 느끼도록 만든다.

많은 장애 아동과 문제행동이 있는 아동은 성인과 함께하는 일대일의 상황에서 더 잘하지만(DuPaul & Stoner, 2003), 학급에서 분리하지 말고 학급에 특수교사, 치료사, 보조교사, 자원봉사자들을 활용하여 다른 아동들과 함께 활동하도록 한다.

상호작용과 우정 형성을 위한 기회 만들기

장애와 문제행동이 있는 아동은 그들보다 사회적 능력이 뛰어난 또래들과 함께 시간을 보내면서 적절한 행동과 사회적 기술을 배우고 친구를 만들 수 있다. 다른 사람과 함께 있는 것을 재미있어 하기 때문에 이 학습은 자기강화이다(Odom et al., 2002). 또래지원은 교사들이 할 수 없는 것들을 다른 친구들이 줄 수 있기 때문에 통합 학급에서 특별히 중요하다(Kluth, 2003).

장애 아동들은 다른 아동들과 함께 어울리는 것에 종종 도움을 필요로 한다(Odom et al., 2002). 교사는 사회적 기술이 더 좋거나 낮은 아동들을 정기적으로 재배치함으로써 상호작용을 위한 기회를 제공할 수 있다(252쪽 참조). 예를 들어 아동들에게 전이나 교실에서 작업하는 동안에 사회적 기술이 뛰어난 또래의 적절한 행동을 모방할 수 있는 기회를 제공하고, 간식과 점심 시간에 자리를 적절하게 배치해주고, 자유놀이를 하는 동안 필요한 역할을 지정해준다. 예를 들어 역할놀이 영역에 가게를 차리고 쇼핑객, 점원이나 배달원으로 지정해준다(Odom et al., 2002; Sandall & Schwartz, 2002).

아동들에게 다른 사람과 어울리는 데 도움이 필요한(예 : ASD 아동) 아동의 짝으로서 어떻게 행동해야 하는지, 친구로서 어떻게 대해줘야 하는지를 이름 부르기, 어깨동무하기, 게임에 참여시키기, 장난감 주기, 도움이 필요한지 물어보기(Strain & Danko, 1995) 등을 통해 가르쳐준다. 의사소통 단서를 읽고(Cook et al., 2004), 지속

유아는 사회적으로 더 성숙한 친구를 통해 적절한 행동과 사회적 기술을 학습한다.

적으로 관계를 유지하고 스크립트를 사용하며(Hall, 2009), 도움을 먼저 요청하고, 도움을 받기 전에 자신이 필요로 하는 도움을 요청하도록 가르쳐준다. 자폐 아동은 눈맞춤을 어려워하거나 짜증을 낼 수 있기 때문에 자신을 바라보지 않는 것을 이해하도록 설명한다(Kluth, 2003). 이러한 노력들에 여러 아동을 참여시키고, 아동들에게 자신들의 도움이 얼마나 도움이 되는지 알게 하도록 한다.

또래를 교수전략(협동 그룹학습, 또래학습, 또래교수, 그룹 프로젝트 그리고 협력활동)에 가능하다면 자주 적용하고, 상호작용을 위해서 서로 빌려줄 수 있는 공, 인형, 보드게임과 같은 자료를 제공하고, 아동들이 참여할 수 있는 기술을 가르친다 (Cook et al., 2004). 공통된 흥미를 이용하여 아동들이 함께 협력하여 작업할 수 있도록 유도하거나 퍼즐이나 컴퓨터와 같이 혼자서 사용할 수 있는 장비를 사용한다 (Sandall & Schwartz, 2002). 그리고 아동에게 공유하고 전달할 기회를 준다(Sandall & Schwartz, 2002). 도와주고, 공유하고, 의사소통하는 모든 노력에 징적 강화를 주도록 한다.

이 기술은 의사소통과 사회성을 향상시키고, 장애 아동을 존중하고 공감할 수 있

사회적 이야기

새롭고 어려운 것에 대해 화가 난 상황을 아동이 받아들이는 것을 돕도록 '사회적 이야기'를 만들어보라. 아동의 수준에서 쓰고, 아동의 관점에서 쓰며, 복잡하거나 아주 강한 감정을 다루기보다는 아동이 이해할 수 있을 정도로 간단하고 구체적인 형태로 무엇을 기대하거나 어떻게 반응하는지에 대해 쓰도록 해야 한다(Thompson, 2007).

사회적 이야기는 세 가지 형태의 문장으로 구성된다.

- 설명(descriptive) : 사건에 대한 객관적인 정보 제시하기
- 관점(perspective) : 관련된 사람들의 느낌 설명하기
- 지침(directive) : 원하는 행동 보여주기

각각의 지시문 하나에 대하여 3~5개의 설명과 관점을 사용한다. 이것은 Thompson(2007)의 '자폐증의 느낌 만들기'에 대한 실례이다.

자말은 화가 났다.
매리 선생님은 보통 자말과 함께 모래상자에서 놀았지만, 매리 선생님은 오늘 너무 바빴다. 테레사 선생님과 함께 모래상자에 놀러 가기로 했기 때문에 자말은 슬펐다. 자말은 화가 날 수도 있었지만 테레사 선생님과도 재미있을 것이기 때문에 괜찮다고 생각했다(p. 123).

사진이나 그림을 이용하여 책으로 만들고, 아동이 더 이상 필요로 하지 않을 때까지 아동에게 그것을 읽게 한다. 사회적 이야기는 자폐 아동에게 특히 유용하다(Thompson, 2007).

게 하며, 비장애 아동에게는 책임감과 성취감을 주고, 학업성취를 개선하고, 문제행동을 감소시킨다(Soodak & McCarthy, 2006).

사회적 · 정서적 기술 교수

아동들의 사회성과 정서적 기술이 개선되었을 때 그들의 상호작용이 향상되는데, 반대의 경우도 마찬가지이다. 교사는 아동에게 교대하기, 그룹에 참여하려고 노력하기 전에 칭찬하기, 놀이를 할 때 질문하고 대답하기를 선행적으로 가르칠 수 있다. 교사는 아동에게 가게나 학교놀이, 인형이나 트럭놀이와 같은 일상적인 놀이에 대해 가르칠 수 있다(Sandall & Schwartz, 2002). 그리고 역할극, 연습 촉구, 강화와

같은 직접 교수를 통해 공감, 충동통제, 분노관리와 같은 정서 기술을 발달시키는 것을 도울 수 있다(사회적 기술에 대한 내용은 200~219쪽 참조).

어떻게 공간, 절차, 교수전략이 문제행동을 예방할 수 있는가

모두를 위한 학급 만들기

통합 학급은 교사에게 학급 내 공간을 새로운 방식으로 볼 수 있는 기회를 제공한다. 교실의 모든 것이 수용적이어야 한다. 장애 아동이 교사와 또래들과 접근할 수 있도록 보조교사 옆이나 교실 한쪽 자리가 아닌 유리한 위치에 배치해야 한다(Giangreco, 2003). 문제행동이 있는 아동은 교사가 가르칠 수 있는 가까운 자리(교실 중앙, 가운데 통로, 반원의 중심)에 앉도록 하는 것이 특히 중요하다(Guetzloe & Johns, 2004).

휠체어를 포함한 다른 모든 보장구가 자유롭게 이동할 수 있도록 충분하게 넓은 통로가 있어야 하고(Bauer & Matuszek, 2001), 문제를 지닌 아동이 방해받지 않고 집중하여 작업을 할 수 있도록 조용하고 편안한 곳을 만들어야 한다는 것을 기억해야 한다(Grigal, 1998). 종이에 연필로 긁적거리는 소리와 같은 것을 자동적으로 차단할 수 있는 일반 아동들에 반하여 많은 소리를 듣는 ASD 아동들에게는 특히 중요하다. 이 영역에는 귀마개, 헤드폰, 조용한 음악과 부드러운 간접 조명과 같은 장비를 갖추고 있어야 한다(Kluth, 2003).

아동들은 때때로 자신만의 개인적인 공간에 머물도록 지원해주는 것이 필요하다. 쟁반, 개인 매트 또는 상자 뚜껑을 사용하여 탁자 위에 올려놓고 사각 카펫 또는 바닥 위에 테이프로 개별 작업 공간이나 모임 시간(meeting-time), 장소를 만든다(Sandall & Schwartz, 2002). 교사는 가만히 앉아서 장난감, 쿠시 볼(koosh ball), 다른 작은 물건을 가지고 있거나 빌리는 아동을 위해 장난감 상자를 지켜줄 수 있다(Kluth, 2003).

예측 가능한 하루 일과 만들기

구조화하는 것과 일관성 있게 하는 것은 유아가 안정감을 느끼는 데 도움을 준다. 유아는 기대하는 것이 무엇인지 알고 있을 때 적절한 행동을 더 쉽게 찾아낸다. 제7장과 8장의 내용은 교사가 교실을 예측할 수 있도록 하는 데 도움이 될 것이다. 하루 일과를 계획하고, 변한 것을 볼 수 있도록 모든 일과를 그림과 단어로 붙여놓는다. ASD 아동과 다른 장애 아동들은 더 많은 도움을 필요로 하기 때문에 그들을 위한 개별적인 그림 일과표를 만들어 하루 동안 이것을 참고하도록 할 수도 있다.

교사는 학급의 규칙, 절차의 사용과 교수, 일과 만들기를 통해 유아들에게 안정감을 주어야 하고, 시각적 단서를 붙여서 각각의 영역에서 유아들이 무엇을 해야 하는지 다시 한 번 상기시킨다. 전환이 어려운 아동의 경우에는 변화가 다가올 때 개인적인 경고를 해주고, 어깨를 살짝 치고, 그를 이끌거나 다음 활동을 시작하고 정리하는 방법을 보여주는 것과 같은 가벼운 신체적 지원을 사용한다(Kostelnik, Onaga, Rohde, & Whiren, 2002). 학급에 ASD 아동이 있다면 전이를 하는 동안 감각에 강한 압력을 느끼게 할지도 모르는 밝은 빛이나 시끄러운 소리가 나지 않도록 해야 한다. 대신에 노래나 부드러운 소리를 사용한다(Willis, 2009). 교사는 언제든 새로운 것을 할 때 활동을 미리 연습하게 하고, 친숙하지 않은 물건과 미리 함께 있는 시간을 갖도록 해야 한다(Koegel & Koegel, 1995).

IEP 실행

IEP는 대부분 수업에 대한 내용이다. IEP는 일반 교육 과정을 학습하도록 특

규칙적인 일과를 계획하기 위해서는 모든 유아가 잘 볼 수 있도록 눈에 띄는 글씨와 그림으로 일과를 게시해준다.

정 유아를 돕는 구체적인 방법이다[National Dissemination Center for Children with Disabilities(NICHCY), n.d.b].

- 특수교육은 유아의 독특한 요구를 충족시키기 위해서 특별히 설계된 교수법이다. 그리고 특수교사들은 당연히 이 분야의 전문가들이다.
- 관련 서비스는 언어치료사나 심리학자 등이다.
- 추가적 지원과 서비스는 특수 컴퓨터와 같은 장비, 의사소통 판, 책이나 테이프, 보조원과 같은 직원이다. 여기에는 협력학습을 위한 교수전략을 포함한다.
- 조절과 수정(accommodation and modification)은 유아가 주와 지역의 사정(assessment)에 참여할 수 있게 한다.

여러 가지 방법 중에서 IEP는 유아의 연간 목표를 달성할 수 있도록 구체적으로 명시하게 하였는데, 이것이 가장 중요한 **차별화 교수법**이다. 보육기관이나 학교에 오는 유아는 근본적으로 다른 능력의 관점과 기술을 지니고 있으며 다른 방법으로 학습하게 된다. 차별화 교수법은 교사가 교육 과정에 따라 유아에게 맞춰서 교육하는 것을 말한다. 통합을 경험한 교사들이 529가지의 차별화된 학습법과 교육 과정의 적용에 대해 자료를 수집하였으며(Horn, Lieber, Sandall, Schwartz, & Wolery, 2002), 방법에 대해 다음과 같이 분류하고 있다.

- **환경적 지원**은 물리적, 사회적 또는 시간적 환경을 변경하는 것이다. 유아 그 자체가 시간적 환경을 측정할 수 있는 기준이 된다. 만약에 유아들이 안절부절 못하기 시작했다면, 활동을 끝내야 할 시간이다. 학령기 아동을 위한 시간적 지원은 시험을 보는 동안에 추가 시간을 제공하는 것과 같은 의미이다(U.S. Department of Education, OSEP, 2004).
- **자료를 수정**하는 것은 유아가 더 독립적으로 참여할 수 있도록 도와준다. 예를 들어 교사는 콜라주를 할 때 붙이기가 너무 어려운 경우, 뒷면에 접착제가 있는 종이를 제공하거나 종이를 자르는 것 대신에 종이를 찢게 할 수 있다.
- **특수 장비**는 소프트웨어와 같은 상업적인 것일 수도 있으며 친숙한 사물이나

활동 그림으로 제작된 것일 수도 있는데, 유아가 스스로 무엇을 만들고 있는지 말할 수 없는 상황에서 도움이 될 수 있다.

- 유아들의 선호, 흥미, 강점, 선호하는 물건과 전문 지식을 사용하여 활동에 참여하는 유아들을 격려한다. 예를 들어 우주 공간에 관심이 많은 교사는 극놀이 영역을 우주정거장으로 꾸밀 수 있다. 역방향 설계는 유아가 하는 작업에서 시작하여 활동을 연계해나간다(Kluth, 2003).

- 단순화된 활동은 좌절을 줄여준다. 촉구를 사용하고 과제의 단계를 나누어주며(한 번에 맞출 수 있도록 퍼즐 수를 조절해주며) 사진이 있는 순서도를 통해 어떻게 활동을 진행해야 하는지 참고할 수 있도록 한다.

- 성인지원은 많은 형태가 있다. 예를 들어 교사는 적절한 행동의 모델링 대상이 되기도 하고, 놀이에 참여하거나 비계학습을 한다.

- 또래지원에서는 상호작용을 격려하며 다른 유아들이 잘 배울 수 있기 때문에 중요하다.

- 보이지 않는 지원은 유아에게 성공할 수 있는 기회를 더 제공하기 위해 활동을 알아차리지 못하게 재배열하여 제공하는 것을 의미한다. 예를 들어 ADHD 유아를 줄 가까이에 배치하여 너무 오래 기다리지 않도록 하는 것이다.

학교는 언어와 수학적 지식에 초점을 맞추는 경향이 있지만, 장애 유아들은 음악, 미술, 체육, 컴퓨터와 같은 다른 지식에 큰 강점을 가질 수 있다고 본다. 그리고 장애 유아들이 다양한 방법으로 알고 있는 것을 표현할 수 있는 기회가 있을 때 더 잘 배울 수 있다.

유아가 IEP 목표를 성취하기 위해 교수방법과 실행에 좀 더 초점을 맞출 수 있을 때 **활동중심 중재**(Pretti-Frontczak & Bricker, 2004)나 삽입교수가 매우 효과적이다. 이 전략 모두에서 교사는 의도적으로 일반 학급에서의 일과 및 활동 과정에서 필요한 특정 기술을 가르친다. 교사가 1명의 유아에게 대근육 운동 기술을 가르쳐야 한다면, 교사는 모든 아동에게 크게 움직이는 단계별 활동이나 살금살금 움직이는 활동을 할 수도 있다(Pretti-Frontczak & Bricker, 2004). 교사가 ASD 아동의 의사소통 기술을 돕고 있다면 교사의 도착 시간에 유아가 어떻게 반기는지에 초점을 맞출 수도 있다. 교사의 전략이 유아의 요구에 적절히 대응하도록 유지하기 위해서는 IEP 목표 달성의 진행 과정에 대한 자료를 정기적으로 수집해야 한다(Hall, 2009).

평가의 적용

이 모든 전략은 적용이고 교사의 학급에 있는 모든 유아들에게 사용할 수 있지만, 지금 장애 학생들에게 요구되는 주와 지역의 다양한 시험에 사용할 수 있는 자격에는 필요하지 않다.

주에서 승인한 적용을 조절(accommodation)이라고 부르며, 이것은 유아의 IEP에 반드시 나타나야만 한다. Fisher와 Kennedy(2001)에 따르면, 조절은 "교수방법이나 절차를 변경하여 아동에게 제공함으로써 정보를 이용하고 지식과 기술을 입증할 수 있도록 동등한 기회를 만들어줄 수 있는 것을 의미한다(p. 54)." 조절은 과제나 시험에 있어 시간(추가 시간 제공), 환경(조용한 방이나 개인 열람실 제공), 일과(휴식을 자주 허용), 발표(오디오 테이프나 판독기 구비) 그리고 반응(답을 쓰게 하거나 입력하는 것을 허용)의 변화를 허용할 수 있으나, 방법이 다양할 수 있어도 측정하려는 것은 변경하지 않는다(Luke & Schwartz, 2007). 예를 들어 카세트로 책을 듣는 것 역시 조절이다. 만약 측정하고자 하는 것이 유아의 읽기 기술이 아니라 개념에 대한 이해라면 조절은 훨씬 수월해질 수 있다.

유아가 표준화된 테스트를 할 수 없다는 것이 IEP에 명시되어 있을 때 대안적 평가를 치르게 할 수 있다(NICHCY, n.d.a). 이러한 합의 안에서 유아가 배워야 하거나 실행해야 할 부분에 대해 변경이 이루어져야 한다.

평상시 학교에 있는 동안 아동의 IEP 적용은 매우 중요하다. 아동이 그것에 익숙해지고 시험 시간에 성공적인 경험을 할 수 있게 될 것이기 때문이다. 만약 아동이 시험 시간에 시험을 수행할 수 없다면 자신을 가치 있다고 느끼게 했던 교사가 한 모든 행동들이 실패로 끝날 수 있다. 자아존중감이 바닥으로 떨어질 것이고, 좌절감은 커지며, 학급에 대한 흥미, 자신에 대한 신뢰, 교사에 대한 신뢰를 잃게 될 것이다. 이 모든 것들이 문제행동의 원인이 될 것이다. 보이지 않는 장애 아동들은 보이는 장애 아동들보다 수용을 사용하는 것에 대하여 더 당황스러워할지도 모른다. 배려된 교실 환경은 아동이 필요한 지원을 사용할 수 있을 만큼 편안함을 느끼게 하는 데 도움이

측정을 위한 측정

학교는 최근의 진전을 측정하는 데 증거에 기반한 평가를 요구하고 있다. '교육 과정 중심 평가(CBA)'와 '교육 과정 중심 측정(CBM)'은 교사들이 어떻게 잘 학습하고 있는지에 대해 간단하고 빈번하게 표준화된 검사를 하게 한다. 이러한 결과는 교수법에 대한 의사결정을 하는 데 도움을 주고(Friend & Bursuck, 2002; Haager & Klingner, 2005) 어떠한 조절이 효과가 있는지에 대해 보여줄 것이다.

학교에서는 학습이 뒤처지는 아동을 선별하거나 예방하는 데 '반응중심 중재(RTI)'를 적용한다. 학습장애(Council for Exceptional Children, n.d.b) 아동을 판별할 때 대안적인 방법인 RTI는 간단하고 주기적인 평가로서 추가적인 도움을 필요로 하는 아동에 대한 중재를 제공한다. 만약 아동이 보완적 교수법에 적절하게 반응하지 않는다면, IDEA에 따라 진단평가를 의뢰할 수 있다(Council for Exceptional Children, n.d.b).

된다.

평가는 교사가 무엇을 어떻게 가르치는지에 대한 정보를 제공하기 때문에 다양한 방법(예 : 학급토의, 구두 퀴즈, 수업의 시작과 끝에 간략한 복습 등)으로 평가하는 것이 중요하다. 포트폴리오는 발전 과정을 관찰하기 위한 훌륭한 방법이다.

어떻게 문제행동에 효과적으로 대처할 수 있는가

문제행동이 발생했을 때 비장애 유아들에게 사용했던 방법을 장애 유아에게도 적용하게 된다. 모든 효과적인 지침의 기초는 친밀한 관계이다. 교사가 유아의 감정, 선호, 촉발요인에 대해 이해하고 있을 때 아동이 적합한 행동을 할 수 있도록 도울 수 있으며, 아동은 최선을 다할 수 있게 된다. 그리고 만약 아동이 교사가 자신에게 관심을 가지고 지지하고 있다고 이해한다면, 교사가 가르치고 있는 내용에 대해 더 긍정적으로 반응한다.

인문학, 정신분석학, 사회학습이론, 행동주의이론을 포함한 다양한 이론적 관점들은 가장 폭넓게 사용되고 있는 지도전략을 사용하고 있다. 만약 교사가 이끌어낼 수 있는 몇 가지가 있다면 한 가지나 상황에 맞는 조합을 선택할 수 있다. 몇 가지 접근법에 대해서는 제9장과 10장에서 찾을 수 있다.

ASD란 무엇인가

자폐스펙트럼장애(ASD)는 2000년대 초기에는 300명 중 1명꼴로 나타난 것에 비해, 2006년에는 신경발달장애와 함께 8세 아동(여자아이보다 남자아이가 4배 더 많음) 100명 중 1명으로 증가했다(Rice, 2009). 이러한 급격한 증가는 높은 인식, 광범위한 진단 기준, 서비스 이용성의 결과이며(Rice, 2009), 통합 학급 내에 자폐 아동이 배치됨으로써 교사를 종종 난처하게 만들었다(National Comprehensive Center for Teacher Quality, 2008; National Professional Development Center, 2009).

　ASD는 스펙트럼장애로 증상과 정도에 있어서 다양하게 나타나며, 개개인마다 각기 다른 증상과 정도를 보인다(Kluth, 2003). 대부분 일반적인 장애로는 자폐성 장애, 아스퍼거증후군, 전반적 발달장애(PDD-NOS)이며 다음과 같은 특징을 공유하고 있다(Kluth, 2003).

- 의사소통의 어려움. 자폐 아동들은 말을 거의 하지 않거나 아예 하지 않고, 언어, 표현 그리고 대화의 규칙에 어려움을 가진다. 자폐 아동들은 언어를 산출하는 데 노력해야 하고, 종종 반응하는 데 추가적인 시간을 필요로 한다. 무엇을 말했는지 이해하기 위해서는 뇌의 시각적인 부분을 활용하여 그림을 통해 생각할 수 있다(Williams, 2008). 시각적인 단서를 이용하는 것이 매우 유용하다.
- 상호작용의 어려움. 비록 자폐 아동들은 관계에 관심이 없다고 생각하지만, 이들은 친구를 갖기를 원하지만 단지 어떻게 사귀어야 하는지 모를 뿐이다. 그들은 친숙한 얼굴을 바라볼 때 정상적으로 얼굴을 인식하는 뇌의 영역이 활성화되지 않는다. 대신에 흥미로운 사물을 볼 때에는 이 뇌 영역이 활성화 된다(Goleman, 2006a). 자폐 아동들은 얼굴에 주의를 기울이지 않기 때문에 얼굴 표정, 사회적 상호작용의 미묘함, 다른 징서적 상태를 이해하는 데 어려움이 있다(Thompson, 2007). 이러한 회피를 하게 되는 이유는 눈맞춤이 강한 불안이나 두려움을 만들어내기 때문이다(Goleman, 2006a).

- 한정된 관심 영역. 자폐 아동들의 지나친 관심은 때때로 위험하거나 당황하게 만들지만, 그러한 관심사가 자폐 아동들이 집중하고, 안정하고, 다른 사람들과 관계를 맺는 데 도움을 줄 수 있다. 이러한 관심을 제한하면 자폐 아동들은 텐트럼(tantrum)을 보일 수도 있다.
- 감각의 어려움. 자폐 아동들이 가지고 있는 민감한 감각 체계는 극도로 민감하거나 반대로 둔감해질 수 있다. 만지기, 듣기, 보기, 냄새 맡기 등은 모든 것에 영향을 받을 수 있다.
- 운동의 어려움. 여러 영역에서 발생하는 자폐 아동의 운동 어려움은 행동, 말하기, 생각하기, 감정, 기억을 방해할지도 모른다(Donnellan & Leary, 1995; Leary & Hill, 1996).

각 아동마다 다르긴 하지만 특정 상황에서는 종종 자폐 유아의 문제행동을 예측할 수 있다. 일과가 변경되었을 때, 선호하는 반복적인 행동이 제지되었을 때, 원하는 것이나 요구가 의사소통이 되지 않았을 때, 감각이 과부화되었을 때 취약해진다(Thompson, 2007). 낯선 사회적 상황 또한 불안과 문제행동을 야기할 수 있다. 아동들은 자해, 공격적 행동, 상동행동, 울기 등과 같은 반응을 보일 수 있다.

교사가 아동의 행동을 보다 더 이해했을 때 그것을 좀 더 쉽게 받아들이거나 새로운 기술을 가르칠 수 있다(Kluth, 2003). 진정한 문제는 누구 때문에 일어나며, 가족들은 그것을 어떻게 바라보는지, 아동을 통제하는 것이 어려운지 쉬운지, 아동이 자신의 삶에서 그것을 원하는지이다.

유아가 자신의 요구를 충족시키기 위한 능력을 높이기 위해서는 의사소통을 해야 한다. 보완 대체 의사소통(AAC)은 가리키기, 제스처, 쓰기와 수화와 같은 효과적인 의사소통 체계(직접 제작한 그림판이나 고성능 발성 컴퓨터)로서 좌절을 줄이고 문제행동을 감소시킬 수 있다(Hall, 2009). 또한 교실에서 이러한 장치를 사용하여 수업 이외의 활동에서도 활용할 수 있다(Kluth, 2003). 교사는 유아의 숙달된 언어를 증가시키기 위해 환경을 구조화해야 한다. 예를 들어 마커를 사용할 수 있게 하고, 도움을 줄 수 있는 또래 유아와 짝이 되게 하고, 인형과 노래, 리듬, 그리고 활동적인 제스처로 유아의 의사소통을 촉진한다(Hall, 2009). 유아가 교사에게 말하려고 시도하

그네

특수교육자이면서 작가인 Kluth(2003)는 통합문제의 어려움에 대한 독특한 해결방법을 다음과 같이 설명하였다.

맷은 교실 밖으로 종종 뛰쳐나가 운동장으로 들어갔다. 어느 날 맷은 그네에서 점프하였고, 하루에 다섯 번 가까이 이러한 행동을 반복하였다. 학생들이 교실 문을 잠그려고 했을 때, 맷은 도서관으로 돌진하여 구석에 있는 그물침대로 점프했다.

모두들 맷이 그네를 타도록 내버려둬야 한다고 느꼈다. 어느 누구도 일반 교육 환경에서 있는 기회를 놓치는 것을 원치 않았다. 주임교사는 "맷이 그네를 타러 갈 수는 없지만, 맷에게 그네를 제공해줄 수는 있다."라고 말했다. 그래서 1학년 교실 뒤에 그네 바구니를 설치하기 위한 계획을 세우고 진행하였다. 1학년 교사, 맷의 어머니, 주임교사, 학교장 모두가 동의했고 계획을 세우기 시작하였다. 읽기 영역 한 부분에 그네를 설치하고 맷이 이용하지 않을 때 다른 아동들이 이용할 수 있게 기회를 주기로 결정하였다(p. 171).

출처: *"You're Going to Love This Kid!" Teaching Students with Autism in the Inclusive Classroom* by Paula Kluth, p. 171, ⓒ 2003. Baltimore: Paul H. Brookes Publishing Co., Inc. Reprinted by permission.

는 것이 무엇이든지 간에 교사는 반응하고, 듣고, 관찰하기 위해 지속적으로 노력해야 한다.

위기 상황에서는 침착해야 한다. 유아가 안전함을 느낄 수 있도록 천천히 부드럽게 이야기하여 편안함을 제공하고 교사가 돌봐준다는 것을 알려주어야 한다(Kluth, 2003). 유아를 교실 밖으로 내보내는 것은 도움이 되지 않으며, 유아가 학급에 속해 있다는 생각이 들도록 하는 것이 중요하다.

다양한 교수방법 사용하기

문제행동을 다루기 위한 다음과 같은 방법을 기억하고 있는가?

- 유아가 잘하는 것이 무엇인지를 알고 강점을 토대로 유아에게 성공할 수 있는

기회를 제공한다.

- 교사는 화가 났다는 것을 깨닫고, 유아가 주도권을 잡지 않도록 해야 한다. 교사는 화가 났거나, 목소리가 격양되고, 평정심을 잃었을 때 적절한 행동으로 모델링을 제공한다.

- 교사는 유아의 문제행동을 전환시키려고 할 때 유아의 이름을 불러 관심을 끈다.

- 무엇을 해야 하는지, 무엇을 하지 말아야 하는지 학생에게 이야기를 해준다. "걸으세요.", "뛰지 마세요." 이러한 정보는 무엇이 적절한 행동인지 알 수 있도록 도움을 준다.

- 교사가 쉽게 흥분하는 유아와 함께 있을 때 유아에게 무엇을 해야 하는지 상기시키기 위해서 간단한 시각적 단서를 제공한다. 유아가 지나치게 불안해지기 전에 가까이 가거나 눈맞춤을 하고, 미리 정해놨던 끄덕이기, 윙크하기, 머리 긁적이기와 같은 신호를 사용한다(Cook et al., 2004).

- 유아들은 선택할 수 있는 기회가 필요하지만, 개별 유아가 처리할 수 있는 방법이 몇 가지인지 알고 있어야 한다.

- 기억이나 정보처리 과정에 문제가 있는 유아들은 한 번에 많은 정보를 처리할 수 없지만, 교사가 작은 부분으로 절차를 나누어 한 번에 한 단계씩 가르친다면 성공할 수 있으며, 유아들이 전 단계를 습득하고 있는 경우에만 다음 단계로 넘어갈 수 있다.

- 발작을 한 후이거나 유아가 스트레스를 받았을 때, 때때로 침착하게 할 수 있고 눈과 손의 협응을 요구하는 '연속작업(order task)'이나 퍼즐 맞추기, 페그보드, 설계 작업하기와 같은 것을 찾게 한다(Cook et al., 2004). 이 전략은 눈과 손의 협응이 부족한 유아에게는 적용되지 않는다.

- 유아들에게 자기대화로 자신을 보상하는 방법을 가르친다(예 : "일기 쓰기를 끝냈어요. 느낌이 어떤가요?"). 이것은 유아들이 자신에 대해 긍정적으로 생각할 수 있도록 용기를 준다(ERIC Clearinghouse on Disabilities and Gifted Education, 1998).

- 참으라. 작은 변화를 찾으라. 교사가 올바른 길로 가고 있는지 이야기해줄 것이니 낙담하지 말고 기다리면 된다.

1. 통합교육의 이점이 무엇이라고 생각하는가? 장애가 있는 유아와 없는 유아가 함께 수업을 받는 동안 통합교육을 이용하는 것이 도움이 되었는가?

2. 장애가 있는 사람의 세상에 대해 이해하기 위하여 주로 사용하는 손이 아닌 다른 손으로 글을 써보고, 단어를 사용하지 않고 요점을 말하고, 열 가지의 일반적인 과제를 3분 내에 실시해보라. 이렇게 좋은 연습을 교실에서 유아들과 함께할 것인가?

3. 학습장애의 가능성이 있는 유아가 있다는 것을 교사가 알게 되었다면 교사는 어떤 단계를 따를 것인가? IDEA에서 보고하고 있는 부모의 역할은 무엇이고, 교사는 어떻게 그들을 참여시킬 것인가? 만약 그들이 저항한다면 어떻게 할 것인가?

4. 장애가 있는 유아와 장애가 없는 유아의 문제행동에 대한 교사의 반응은 다를까? 그 이유는 무엇인가?

5. ADHD 아동이 교실에 함께 있다고 상상해보자. 문제행동에 무슨 전략을 사용할 것인가? 이 질문에 대한 답은 제8장을 참조하라.

참고문헌

Karten, T. J. (2005). *Inclusion strategies that work: Research-based methods for the classroom*. Thousand Oaks, CA: Sage.

Kluth, P. (2010). *"You're going to love this kid!" Teaching students with autism in the inclusive classroom* (2nd ed.) Blatimore: Brookes.

Paley, V. G. (1991). *The boy who would be a helicopter*. Cambridge: Harvard University Press.

Rief, S. F. (2005). *How to reach and teach children with ADD/ADHD: Practical techniques, strategies, and interventions*. New York: Wiley.

Sandall, S. R., & Schwartz, I. S. (with Joseph, G. E., Chou, H. Y., Horn, E.M., Lieber, J., Odom, S. L., & Wolery, R.). (2002). *Building blocks for preschoolers with special needs*. Baltimore: Brookes.

U.S. Department of Education, Office for Civil Rights. (2009). *Protecting students with disabilities: Frequently asked questions about Section 504 and the education of children with disabilities*. www2.ed.gov/about/offices/list/ocr/504faq.html

Chapter 12

가족 및 다른 전문가들과 협력하기

Chapter 12
가족 및
다른 전문가들과
협력하기

문제행동은 그것의 복합적인 원인을 알고 있을 때조차도 모든 문제행동의 원인을 가족의 책임으로 전가시키곤 한다. 그러나 가족들은 맞설 상대가 아니라 교사 함께해야 할 대상이다. 부모는 자녀를 사랑하고 교사를 돕기를 원하므로 부모들과 협력 관계를 만드는 것은 최선의 전략이다. 특히 과거에 유아가 문제행동을 했다는 것을 알고 있다면 초기에 관계를 형성하는 데 중요한 부분이 될 수 있다. 가족과의 첫 만남에서부터 문제를 보고한다면 해결책을 찾는 것이 더 어려울 것이다.

제5장에서 우리는 가족과의 관계 형성을 어떻게 해야 하는지에 대해 논의하였다. 이 장에서는 문제행동이 나타난 후에 가족과 함께 협력할 때 고려해야 할 점에 대해 알아보고자 한다. 이 장은 3개의 주제인 가족 간담회(meeting) 준비, 가족 간담회, 다른 전문가들과 협력하기로 분류한다.

가족 간담회 준비

유아의 문제행동에 관한 가족 간담회를 준비하기 위해 해야 하는 것들에 대해 동료들과 상의하는 것은 매우 중요하다. 책임자, 교장, 학교 상담사 또는 특수교사의 임무 중 일부는 가족들이 어려움을 겪고 있을 때 지원 및 자원과 정보를 제공하는 것이다. 가족들과 함께 이야기하는 것은 교사가 가족과 유아를 돕고 이해할 수 있게 하는 능력을 향상시킨다. 많은 학급의 교사들은 전에 만나봤던 많은 유아와 가족들에 대한 경험에 의존할 수 있다. 또 다른 가능성으로는 센터의 직원회의에서 주제를 논의하는 것이다.

교사가 느끼는 감정(당혹감부터 화까지)과 유아의 행동들(수업 시간에 자리에 앉지 않는 행동부터 책으로 누군가의 머리를 때리는 행동까지)은 고민을 들어줄만한 충분한 이유가 있다. 만약 교실에서 감당하기 어려운 상황인데도 도움을 요청하는 것을 미룬다면 너무 늦어버리게 된다. 때때로 교사들은 자신이 무능하다고 판단하거나 스스로 문제를 해결해야 한다는 생각 때문에 지원을 요구하지 않는다. 이것은 잘못된 생각이다. 어떤 유아들은 가르치기 어렵고, 누구나 감정 발산 수단이 필요하고, 또래를 지원해야 하며 때때로 조언도 필요하다. 팀은 문제행동을 다룰 때 특히 중요하다. 왜냐하면 서로 다른 관점과 기술을 가진 사람들이 서로 협력하여 창의적이고 효과적인 해결책을 찾을 수 있기 때문이다.

(당신의 동료와 이야기하는 것처럼 유아와 가족의 비밀을 보호해야 한다. 그것은 교사의 전문성과 사생활 모두에 있어서 신중하게 지켜져야 하는 윤리적 의무이다. 공공장소에서 이야기하거나 이름을 언급하지 말아야 한다. 북적거리는 레스토랑이나 극장에서는 더욱 조심해야 한다.)

문제가 있다는 점이 명확해지면, 가족들이 문제에 대해 알 필요가 있다. 아동의 문제에 대해 아는 것은 가족들의 권리이며, 나중에 아는 것보다 더 빨리 문제를 해결할 수 있다. 즉시 가족들에게 연락하여 자녀에 대해 이야기하도록 한다. 이것은 교사가 가족들의 지원을 요청할 수 있는 절호의 기회이다(Walker, Ramsey, & Gresham, 2004).

무엇보다 중요한 점은 가족이 도움을 줄 수 있다는 것이다. 가족은 유아에 대해 잘 알고 있고 유아의 생활과 문화(가족의 규칙, 출신, 지원망, 부모의 권위) 그리고 스트레스(질병, 이혼, 재정문제)에 대해 이야기해줄 수 있다. 가족들은 유아의 발달 과정에 대해 설명해주고, 가정에서 발생하는 문제행동의 강도와 빈도 및 과거에 그것을 어떻게 다루었는지에 대한 정보를 제공할 수 있다. 교사가 문제행동의 원인에 대하여 더 이해할수록 유아에게 더 효과적으로 반응할 수 있게 될 것이다.

가족과 교사의 상호작용을 통해 가족들의 관점을 이해하고 강점, 역량과 자원을 찾아볼 수 있도록 시도한다. 만약 가족이 유능하다고 가정한다면 교사의 기대치를 충족할 것이며, 가능성 있는 다양한 해결책을 찾을 수 있을 것이다.

가족은 새로운 문제행동에 어떻게 반응하는가

가족은 유아와 강한 정서적 유대를 맺고 있으며, 종종 문제행동에 대해 정확하게 알고 있을지라도 문제에 대해 들을 준비가 되어있지 않다. 가족들은 매일 하는 식사, 목욕, 취침 시간이 모두 어려운 일과일 수도 있다. 함께 슈퍼마켓에 가는 것도 악몽처럼 느껴지며, 다른 아동을 다치게 할 것을 두려워하여 놀이터에 가는 것을 꺼려한다. 그러나 이것이 누군가로부터 자녀의 어려움에 대해 들을 준비가 되어있다는 것을 의미하지는 않는다. *Troubled Families-Problem Children* (1994)의 저자인 심리학자 Stratton과 Herbert는 "아이의 행동에 문제가 있고, 다른 아이들과 다르다는 것을 부모들이 인정하는 것은 결코 쉽지 않다."라고 보고했다(p. 201).

문제행동을 지닌 아동이 있는 가족의 경우에는 극심한 스트레스와 함께 생활하게 된다(Fox, Vaughn, Wyatte, & Dunlap, 2002). 부모는 아동의 행동에 대해 다른 사람을 비난하고 소외감, 불안, 분노, 감정통제의 상실, 죄책감, 우울함, 그리고 무기력 등을 느끼게 된다(Webster-Stratton & Herbert, 1994). 부모의 마음에는 문제행동을 지닌 아동이 있다는 것이 다른 부모들(자신의 아이들이 완벽하다고 느끼는)뿐 아니라 다른 친척들로부터 나쁜 부모라고 판단되거나 거부될 수 있다는 신호라고 생각하게 된다. 가족들과 이야기할 때 교사는 자기비난, 실망 그리고 방어적인 태도를 느낄 수 있게 될 것이다.

비록 교사는 가족에게 이러한 주제에 대해 이야기하는 것이 처음일지라도 가족에게는 누군가가 아동의 문제에 대해 언급하는 것이 처음이 아닐 수도 있다. 만약 이전의 만남이 결코 이상적이 아니었다면 새로운 만남은 위협적으로 느껴질 수 있다. 다른 한편으로 만약 아동의 문제에 대해 듣는 것이 처음이라면, 가족들은 충격을 받거나 교사가 문제의 원인이라고 간주할 수 있다.

결과적으로 모든 가족이 아동의 문제행동 전략을 수립하는 데 협조적인 것은 아니다. 어떤 가족은 교사가 제시하는 새로운 방법에 즉각적으로 참여할 수 있지만 다른 가족은 거절할 수도 있다. 예를 들어 예전 학교에 대한 경험이 부정적이거나 가정과 학교 사이에는 명확한 경계가 있다고 생각하는 가족들은 교사와 학교를 신뢰하지 못하거나 두려워하기도 한다(Lareau & Shumar, 1996). 아동의 문제에 대해 여전히 대화를 해보지 못했던 가족들은 관심을 갖지 않거나 적대적으로 보일 수 있다(Martin & Hagan-Burke, 2002). 그리고 많은 다른 가족들은 문제행동을 지닌 아동이 가족의 여유를 빼앗아 갔기 때문에 교사와 협력하는 데 있어서 시간, 에너지, 경제적

바다에서 잃다

문제행동이 있는 유아들과 함께 살고 있는 부모들은 학교나 보육 환경에서 소외당했다는 느낌을 받을 수 있다. 한 어머니는 Webster-Stratton과 Herbert(1994)에게 자신의 아들이 다녔던 유치원에서의 경험에 대해 다음과 같은 이야기를 했다.

유치원 원장이 제게 말했어요. "당신의 아들은 매우 아파서 오랫동안 심리상담을 받아야 할 필요가 있는 것 같습니다." 저는 교사들이 이것에 대해 알고 있다고 생각했고, 학교에서 이미 결정해놓았기 때문에 우리는 더 이상 할 수 있는 일이 없었어요. 저는 유치원에서 다른 사람들이 배를 타고 가고 있는 동안에 그 배를 잡으려고 노력했어요…….

학년이 끝날 무렵 우리 가족은 그 배가 이미 멀어졌다는 것을 깨달았고, 유치원에서 되돌아오지 말라고 우리에게 말할 때 우리는 배에 탈 수 없고 물에 빠질 수밖에 없다고 느꼈어요(p. 59).

출처 : Carolyn Webster-Stratton and Martin Herbert, *Troubled Families-Problem Children: Working with Parents: A Collaboratice Process*(Chichester, England: Wiley, 1994). Copyright John Wiley & Sons Limited. Reproduced by permission.

인 부족으로 힘들어할 수 있다.

이민가족은 주류 문화의 가족보다 언어적인 어려움에 직면할 수 있다. 그들은 교사와 함께 가족의 문제에 대해 논의하거나 자신들이 이해할 수 없을 때 질문을 하는 것이 적절하지 않다고 생각할 수 있다. 그들은 교사가 협력 관계를 유지하려고 할 때 교사를 전문가로 바라볼 것이다. 또는 교사의 의견에 반대하는 것은 무례한 것으로 간주하기 때문에 자신들이 상황을 다르게 보고 있음에도 불구하고 교사의 제안에 전적으로 동의할 것이다. 가족의 믿음을 존중하는 것이 대화의 첫걸음이지만 동시에 자녀와 관련된 가족이 지닌 고유의 전문성을 상기시켜 주는 것이 중요하다.

가족의 대답과는 관계없이 교사는 자신이 스스로 방어적으로 되는 것 또한 자제해야 한다. 만약 가족이 교사를 원망하거나 자신의 아이를 좋아하지 않는다고 생각한다면, 가족들은 교사의 이야기를 듣거나 생각을 공유하는 것을 원하지 않게 되어서 협력이 불가능해질 수 있다. 중요한 점은 성공에 대한 책임은 교사 자신에게 달려 있다는 것이다.

어떻게 느끼는가

교사의 입장에서도 약간의 불안감이 있을 수 있다. 교사는 자신의 말에 가족들이 어떻게 반응할 것인지에 대한 확신이 없고, 가족들이 교사의 믿음을 단번에 거절하거나 어려운 유아에 대한 책임을 떠안을 것에 대해 두려움을 가질 수 있다. 가정에서 매우 엄격하거나 체벌을 하는 가족들은 교사의 엄격함과 지시가 충분하지 않다고 생각하고, 가족의 문화에 따르는 것이 옳다고 생각할 것이다(Delpit, 2006)(제6, 9장 참조). 만약에 교사가 유아와 함께 화를 내거나 슬프다고 느낀다면, 그 느낌은 가족들과의 관계에 영향을 줄 수도 있다(Kay, Fitzgerald, & McConaughy, 2002). 교사는 감정을 인식하고 통제하는 것이 중요하다.

교사는 아마도 몇 가지 편견을 가지고 있을 것이다. Public Agenda(2004)의 조사에 따르면 82%의 교사들은 자녀를 훈육하지 못한 부모를 비난하는 것으로 나타났다. 교사들이 가족들을 참여시키지 않고 인종, 계급, 성별, 장애, 이민 신분에 따라 다른 가족들을 하찮은 존재로 판단하는 경향이 있는 것으로 나타났다(Lopez, 2001). 이러한 관점에서 벗어나려면 가족에 대해 알려고 노력해야 하며, 가족의 삶과 문화에 대해 배우고, 자녀의 양육과 의사소통에 대한 특별한 방법을 배우도록 해야 한다.

교사에게 아이가 없다면 가족들이 느끼는 것이 어떤 것인지 상상하기조차 힘들 수도 있다. 그럼에도 불구하고 교사는 유아의 성공을 돕기 위해 가족들과 함께 노력해야 한다. 가족의 관점에 대해 열린 마음으로 대할 때 다른 환경이 다른 행동을 끌어낼 수 있다는 차이를 인식할 수 있으며, 이는 협력이 시작되는 것을 의미한다.

가족 간담회

간담회 준비하기

문제행동을 하는 아동의 가족과의 관계에 있어서 첫 번째 만남에서 교사와 가족과의 새로운 관계가 형성된다. 상황에 따라 가족이 협력자나 비협력자로 분류될 것이고, 이러한 분류는 다음 간담회에도 영향을 미칠 것이다. 간담회에서는 전문적이거나 권위주의적인 접근방식을 피하는 것이 중요하다. 교사와 가족들은 서로 존중하면서 다른 사람의 전문성을 인식하고 의견의 차이를 인정하며, 교사는 목표 설정, 계획, 문제해결에 가족의 강점을 활용하여 사용할 수 있어야 한다.

다양한 문화에서는 다양한 사람들이 유아에 대한 의사결정에 있어서 책임을 갖는다. 어떤 문화에서는 남자만 말할 수 있고, 다른 문화에서는 가족 중에 연장자가 의사결정의 책임자이지만 여전히 대부분의 문화에서는 어머니가 의사결정의 책임자이다. 가족과 연락하기 전에 누구에게 먼저 연락해야 하고, 그 이외에 누가 참석할 수 있는지에 대해 알아보아야 한다. 모든 가족의 실제 거주지 주소와 전화번호를 확인한다.

부모들이 별거했거나 이혼을 했다고 하더라도 같은 지역에 살고 있다면 부모 모두가 참여하도록 연락한다. 특히 공동 양육권의 경우에는 양쪽 부모가 교사로부터 직접 동시에 같은 정보를 얻는 것이 더 나을 것이다. 양쪽 부모에게 전 배우자(전 부모)가 참석할 것이라는 이야기를 미리 정해주도록 한다.

첫 번째 연락은 전화로 하는 것이 좋다. 회사로 전화하는 것은 부모를 당황하게 할 수 있으므로 가정으로 전화하는 것이 좋으며, 친절한 목소리로 이야기하며 단어를 선택할 때 신중을 기해야 한다. 주변에 다른 가족이 있을 수 있기 때문에 미리 시간을 약속하고 통화하는 것이 좋다.

유아에 대해 긍정적인 이야기부터 시작해야 한다. 마음의 여유를 두고 몇 가지 격려할 수 있는 멘트를 준비한다. 만약 교사가 아무것도 떠오르지 않을 때에는 적절한 행동만 관찰하도록 한다. 부모가 자녀에 대해 교사가 깊은 관심을 가진다는 것을 알고 있을 때 교사에게 쉽게 다가가고 문제를 명료하게 다룰 수 있게 된다.

교사가 자신을 소개하는 것으로 이야기를 시작하고, 전화를 건 이유에 대해 분명하게 말한다. "저는 재즈민에 대해서 이야기하고 싶어요."라고 막연하게 말하는 것은 부모들에게 있어 최악의 상황을 생각하게 하기 때문이다. 그 대신에 자녀가 다른 아이들을 때리고 작품을 망가뜨린다는 것과 같은 사실에 기반하여 알리고자 하는 것이 무엇인지 정확하게 설명한다. 교사는 자신이 학교에서 어떻게 대처하는지에 대해 이야기하고 부모의 조언을 요청한다. 이때 가족들을 비난하거나 판단하지 않도록 주의해야 한다(Dunst, 2002).

일부 부모는 이러한 전화를 걱정스럽게 기다렸을 수도 있고, 어떤 부모들은 생각도 못하고 있다가 받기도 한다. 가족들은 죄의식, 분노, 실망감, 당혹감 등의 반응을 보일 수 있다. 가족들은 거부, 정당화, 합리화, 최소화하거나 심지어 책임을 전가할 수도 있다. "집에서는 그렇지 않아요.", "지루했나 보죠.", "우리가 때려도 결코 우리 말을 듣지 않아요." 심지어 교사와 협력적인 부모조차도 무기력하고 방어적이라고 느낄지도 모른다(Losen & Diament, 1978). 교사는 이에 관심을 표현하고, 주의 깊게 들어주도록 한다.

교사가 유아에 대해 걱정하는 부분을 가족이 이해할 수 있을 만큼 충분한 대화를 나눈 후 협력을 요청한다. 일부 부모들은 이야기를 나눈 후 만나야 하는 이유가 없다고 결정을 내릴 수 있으므로 이런 상황에 도달하지 않도록 해야 한다. 정중하게 하되, 만나서 이야기하는 것이 더 중요하다는 것을 언급해야 한다. 모든 사람의 의견이 반영된 시간을 가지게 되면 대화가 좀 더 원활하게 진행될 수 있을 것이다.

가능하다면 만나는 계획을 바로 세우도록 한다. 모두가 참석할 수 있도록 하기 위

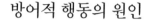

방어적 행동의 원인

부모들은 교사가 유아의 문제행동에 대해 논의하기 위해 연락을 하면 종종 방어적이 된다. 그러한 반응에는 다음과 같은 것들이 있다.

- 문제행동이 더 심각해지기 전에 문제행동에 대하여 이야기를 했어야 한다는 생각
- 교사나 다른 유아의 잘못이라고 생각
- 학교나 센터에서 있었던 이전의 부정적인 경험
- 심한 스트레스(Losen & Diament, 1978)

해서는 지역사회센터나 커피숍과 같은 중립적인(neutral) 환경에서 저녁 시간에 모일 수 있도록 한다. 교사가 만나는 약속도 잡고 간담회를 마치는 시간도 정하도록 한다. 마치는 시점을 알고 있어야 모든 사람이 주제에 집중하는 데 도움이 되고, 간담회가 마무리되어야 할 때 부모들이 당황하지 않도록 해준다. 교사는 시간을 충분하게 설정해서 급하게 진행되지 않도록 한다. 어떤 문화권의 가족들은 급하게 진행시키기 때문에 교사의 적절한 개입이 필요한데 이때 교사가 가족들을 존중하지 않아서 그들이 불쾌해하거나 상처를 받지 않도록 해야 한다.

가족들이 같은 언어를 사용하지 않을 때 통역이 필요하다고 요청하면, 통역을 책임질 수 있는 통역사 1명을 정해야 한다. 형제가 서비스에 참여하도록 압박하는 것은 좋은 방법이 아니다(Lynch, 2004a). 가족 구성원들은 형제들 앞에서 민감한 문제에 대해 논의하는 것을 원하지 않을 수도 있으며, 통역사에 의해 민감한 가족 문제가 밖으로 알려지는 것을 원하지도 않을 것이다. 또한 이 상황에 있는 것 자체가 형제와의 관계에서 서열이 바뀌게 되는 것일 수 있으며, 아동과 부모 모두에게 문제의 원인이 될 수도 있다. 다른 한편으로는 가족이 낯선 사람과 함께 이야기하는 것을 불편해할 수 있고, 심지어 같은 문화의 구성원일 경우에는 개인 정보 보호 및 비밀 유지의 문제를 일으킬 수도 있다(Lynch, 2004a). 만약에 교사가 통역사를 선택하였다면 가족과 함께 재확인을 하고, 가족들이 교사의 선택에 만족할 수 있도록 해야 한다(Joe & Malach, 2004). 언어뿐만 아니라 문화적 단서를 통역할 수 있으며, 말해야 하는 것

뿐만 아니라 말하지 않아야 되는 것이 무엇인지 알려줄 수 있는 유능한 전문가를 선택하는 것이 좋다.

간담회에서 이루어져야 하는 일은 무엇인가

맨 먼저 준비하기로 무슨 말을 할 것인지를 결정하고 원하고자 하는 주요 요점과 의제의 목표를 만든다. 보고서, 메모, 관찰 차트에서 간담회의 자료를 찾지 않도록 한다.

첫 간담회 때에는 혼자서 참석할 계획을 세운다. 다른 직원을 참석시키는 것은 가족에게 위화감을 줄 수 있으며 마치 다른 곳에서 아동에 대해 이미 이야기한 것처럼 보일 수 있다. 만약에 다른 사람이 참석하는 것이 필요하다고 생각되면, 다음 간담회에는 부모의 동의를 받은 후 참석시킬 수 있다.

교사가 학교나 센터에서 간담회를 하게 된다면 개별 공간을 고르고, 간담회가 중단되는 것을 막기 위해 문 앞에 '회의 중'을 표시한다. 교사와 가족 사이에 책상과 같은 물리적 장애물을 없애고 성인용 의자를 준비하여 동반자적 관계를 느끼도록 배치한다. 아동을 함께 동반한다면 아동을 위한 돌봄 서비스를 마련한다.

많은 문화에서 의사소통은 간접적이며 예의가 높은 가치라는 것을 기억해야 한다. 간담회를 할 때에는 예의 있게 복장을 갖추어 입도록 한다. Lynch와 Hanson(2004)은 그 주제를 꺼내기 전에 커피와 차를 제공하거나 사적인 대화로 분위기를 편안하게 만들도록 제안하였다. 이와 함께 가족의 문화에 따라 공식적인 방법으로 회의를 진행한다(Joe & Malach, 2004). 통역사가 있는 경우 그들 사이에 통역사가 있다는 것을 염두에 두고 가족들에게 직접적으로 이야기하도록 한다.

가족과 함께 만났을 때 교사는 민감성과 경청 능력이 요구된다. 숨쉬기를 하고 마음을 차분히 가라앉히고, 유아에 대한 전문적인 지식, 객관적인 자세, 가족의 의견과 감정에 대한 존경심들이 중요하게 작용할 수 있다는 것을 기억해야 한다.

문제에 대해 이야기하기 전에 가족을 미소로 맞이하고, 다시 한 번 유아가 성공하기 위한 것들(유아가 잘하는 것, 유아의 친구, 유아가 좋아하는 것)을 그들에게 알려준다. 그리고 나서 교사가 관찰한 문제행동에 대해 이야기하고, 그러한 일에는 가족

협력하기

부모와 전문가들에게 협력에 있어서 중요한 가치들을 물어본 결과, 다음과 같은 여섯 가지 주제로 분류되었다(Blue-Banning, Summers, Frankland, Nelson, & Beegle, 2004).

- **의사소통** : 부모들은 전문가와의 의사소통이 자주 이루어지고, 개방적이고, 정직하게 숨김 없이 솔직하기를 원한다. 양방향 의사소통과 자신을 존중해주고, 함부로 판단하지 않으며, 긍정적인 말을 해줄 수 있는 전문가를 원한다.
- **헌신** : 전문가들이 자신의 일을 단순한 직업 이상의 가치로 생각할 때 부모에게 인정을 받게 된다. 아동의 생일을 기억하거나 근무 외 시간에 만나는 것과 같은 헌신을 보여준다.
- **평등** : 부모들은 전문가들이 그들의 관점의 타당성을 인정해주길 바라고 그들과의 관계에 있어서 자신들을 평등하게 대해주는 것에 대해 감사하게 느낀다.
- **기술** : 부모들은 자녀에게 일어난 일을 해결해주는 전문가를 존경하고, 자신이 모르는 것을 인정하고 모르는 것을 찾으려고 노력하는 사람을 인정한다.
- **믿음** : 첫 번째, 부모에게 있어서 믿음은 전문가가 말한 것을 실천할 것이라는 신뢰를 의미한다. 두 번째, 믿음은 안전의 제공을 의미하는데, 아동에 대한 존중과 보호를 제공하는 것을 말한다. 마지막으로 개인 정보를 함부로 이야기하지 않는 신중함을 의미한다.
- **존중** : 전문가들은 아동을 하나의 인격체로 여기고, 예의바르게 대해준다는 것을 보여줌으로써 존중을 나타낸다. 가족 구성원에게 바른 호칭을 사용하고, 약속 시간을 지키고, 자녀에 대한 부모의 노력과 공헌을 인정해준다.

의 도움이 필요하다는 것을 알린다. 침착하고, 사실적이고 구체적으로 유아의 행동을 설명하고 구체적인 교사의 기대와 노력했던 전략들에 대해 이야기한다. 교사가 생각한 것보다 교사가 본 것을 가족들에게 말한다.

가족의 생각과 관점을 공유하고 과거의 성공에 대한 경험과 자녀의 행동이나 진단에 대한 어떠한 정보들에 대해서 이야기를 나눈다. 예를 들어 "왜 이런 일이 있었을까요?", "일상에서 변화나 새로운 스트레스가 있었나요?", "집에서 어떻게 행동하나요?", "전에도 이러한 방법으로 행동했을 때 가족들은 어떻게 반응했나요?", "자녀를 위해 지금 가족들이 하고 있는 일은 무엇인가요?", "유아를 위한 목표는 무엇인가요?", "이 목표들이 문제행동에 대한 해결책이 되었나요?"와 같은 질문을 들 수 있다. 일부 학부모들은 이미 전문가나 부모 집단과 일을 하고 있고, 자녀의 문제를 관리하기 위한 적절한 방법에 대해 알고 있을지도 모른다. 이럴 때에는 "전문가들이 제안하는 조언은 어떤 것들이 있나요?"와 같은 질문이 적절하다.

만약에 가족이 자녀의 행동이 가정에서 문제가 되지 않는다고 말했을 경우에는 믿어주어야 한다. 가족은 문제행동을 지닌 모든 아동이 그런 환경 밖에서 어려움을 지닌다고 보지 않는다. 하지만 아동의 행동이 아동의 공간과 장난감, 관심을 공유해야 하는 교실에서는 문제라는 것에 대해서 공손하게 말해야 한다. 유아가 어린이집에서 문제가 있을 경우 많은 아이들에 비해 적은 교사들, 더 많은 요구사항이 존재하는 학교에 있는 동안 유아가 더 어려움을 지닐 수 있다는 것에 대해서 정중하게 상기시켜주어야 한다.

자녀에 대한 비판의 소리로 들릴 수 있는 어떠한 조언들은 가족에게 깊은 상처를 줄 수 있다. 가족들은 자녀를 위해 최선을 다하고 있기 때문에 기분이 언짢거나 방어적이고, 화가 나는 것을 느낄 수도 있다. 이 모든 것은 정상적인 대처 기제이다. 가족

교사는 부모를 초대하여 경험과 생각을 공유하며 함께 계획을 세운다.

에게 상황에 대처할 수 있는 시간을 주어야 한다. 가족이 말하는 것은 들어주어야 하며, 경청은 가족을 이해할 수 있게 되고 존경과 공감한다는 것을 보여줄 것이다. 메시지의 표면적인 의미와 숨어있는 의미에 집중을 하고 "정말 어려우시죠. 그렇지 않나요?"와 같은 말로 공감해야 한다. 가족이 말한 것의 의미를 명확하게 재인용하고 잘 이해하고 있다는 것을 보여주도록 한다(275~276쪽 참조).

위에서 말한 것처럼 교사는 신체적인 언어(body language)를 알아차려야 한다. 열린 마음으로 가족의 메시지를 반영해야 한다. 교사는 부모와의 대화에서 듣는 자세나 눈맞춤에도 유의해야 한다. 이것이 문화적으로 중요하게 여겨질 수 있음을 기억하고, 가족의 표현을 존중하는 의사소통이 중요하다. 가족이 말하는 어조와 속도, 억양에 주의하여 대화를 들어야 하는지 혹은 대화를 이끌어야 하는지에 대해 결정해야 한다. 가족의 말과 얼굴표정, 그리고 손짓은 가족의 감정에 대한 단서를 제공할 것이다.

때때로 교사들은 가족이 집에서 유아에게 가하는 체벌에 대해 걱정할 수도 있다. 비록 아동에게 있어서 체벌이 최상의 전략이 아닐지라도 부모에게 요청하지도 않은 충고(충고가 유용할지 여부와 관계없이)로 비난받고 있다고 느끼게 만드는 것은 삼

가족의 사회적 기술

가족과 함께 문제를 해결하는 것은 유아와 함께 문제를 해결하는 것과 같다. Galinsky(1988)는 다음 여섯 가지 단계를 사용할 것을 제안하였다.

- 문제의 이전 상황을 설명한다. 부모나 유아가 문제의 근원이라는 것에 대한 암시나 비난은 피해야 한다.
- 다양한 해결책을 만든다. 부모와 전문가는 모두 기여해야만 하고, 누구의 제안이든 무시하거나 거절하거나 비난하지 않도록 해야 한다.
- 각 제안의 장단점을 논의한다.
- 어떤 해결책을 시도할 것인지 일치점을 찾도록 한다.
- 해결책을 시도하는 것에 대해 합의한다.
- 필요한 경우 접근방법을 수정하기 위한 방법으로 이 해결책을 어떻게 실행할 것인지에 대해 논의한다(p. 11).

가야 한다. 대신에 상황을 어떻게 다루어야 하는지, 만약 가족이 먼저 그 문제를 꺼내낸다면 가족들이 어떻게 느꼈는지에 대한 느낌을 이야기한다. 아마도 가족들은 그 문제에 대해 이미 인식하고 있거나 다른 방법으로 그 문제를 해결하려는 의지를 가지고 있을 수 있다. 이때 교사는 가장 효과적인 방법을 제공해줄 수 있다.

브레인스토밍은 가능한 많이 생각하고 계획을 세우는 것이다. 아동의 진전을 평가하는 다른 간담회를 계획한다. 간담회를 마무리하는 과정에서 "시간이 이제 다 되어갑니다. 우리가 논의한 부분과 다음에 해야 할 것에 동의했는지 확인하고 싶습니다."라고 마무리한다. 가족의 참석과 문제해결 과정에서의 노력에 감사하도록 한다. 그리고 가족에게 아동의 문제뿐만 아니라 해결책과 성공에 대한 아동의 잠재력에 대해 주체의식을 갖도록 하는 것이 중요하다.

간담회를 마친 후 회의 내용을 기록하고 평가한다. 말하고자 하는 내용을 말했는지, 가족이 어떻게 반응했는지, 모두가 동의한 부분이 무엇인지, 후속 조치가 분명하였는지를 간단하게 기록하고, 감사 인사를 하고, 함께 결정한 부분에 대해서 다시 한번 강조한다. 만약에 이 내용에 대해 보내주거나 전화하고자 한다면, 가능한 빨리 하도록 한다.

교사와 가족이 동의하지 못한다면

일들이 항상 원활하게 진행되는 것은 아니다. 갈등이 발생했을 때 교사는 먼저 자신의 감정이 무엇인지에 집중하고(이러한 행동이 감정을 완화시키는 데 도움이 된다.) 그리고 나서 나중에 다시 생각할 수 있도록 감정을 잠시 접어두도록 한다. 만약에 모두가 원하는 바람직한 해결책으로 상황을 해결하고 싶다면 교사에게 열린 마음과 이성, 최고의 안목이 요구될 것이다. 이것은 침착함과 전문성을 유지해야 함을 의미한다. 아마도 가장 중요한 목표는 지속적인 논의를 통해 차이점을 해결하는 것이며 이를 위해서는 시간과 대화가 필요하다.

최선의 방법은 경청이다. 교사가 가족이 말하는 것에 동의하지 않더라도 가족의

이 절은 *Partners in Quality, vol. 2/Relationships* ⓒ CCCF 1999, written by Barbara Kaiser and Judy Sklar Rasminsky, based on the research papers of the Partners in Quality Project에서 발췌함. Canadian Child Care Federation, 201-383 Parkdale Avenue, Ottawa, ON, K1Y 4R4의 허락하에 게재함.

감정을 수용하는 것이 중요하다. 이것은 존중한다는 것을 나타내는 것이다. 경청은 도움이 될 것이다. 만약 가족들이 "재즈민이 항상 선생님이 자신을 지적한다고 해요."라고 말했을지라도 교사는 재즈민이 틀렸다고 말하고 싶은 것을 참아야 한다. 아동을 가족들이 대변하는 것은 일반적이다. 가족의 감정을 마음속으로부터 듣기 위해 노력하고 "제가 재즈민을 공평하게 대하지 않을 것을 걱정하시는군요."라고 대답한다.

교사와 가족이 다른 문화의 배경을 지닌 경우 서로 오해하기 쉽다. 서로의 문화를 더 잘 이해하고 있을 때 해결의 가능성이 높아지며 의견의 차이를 다루는 능력이 나아질 것이다.

아동의 권리에 대한 국제 협약 문서에 나타나있는 것은 교사와 부모들이 협상할 수 없는 것이다(United Nations Office of the Hight Commision on Human Rights, 1989, 1989). 교사는 부모가 강하게 주장하여도 아동의 체벌에 관해서는 결코 동의할 수 없다. 또한 인종과 성별문제에서 타협하는 것도 마찬가지이다. 그러나 다른 상황은 그렇게 분명하지 않다. 교사는 자신의 태도를 절대 변경할 수 없었다고 생각할 수 있지만, 후에 어떠한 변화들이 아동을 더 행복하게 할 수 있다는 것을 깨달을 수 있다. 먹고, 자고, 화장실에 가는 것과 같은 일과는 이러한 부류에 속한다. 예를 들어 가정에서 부모와 함께 잠을 자는 일본 아이들은 만약 낮잠 시간에 교사가 옆에 누워 있을 때 어떻게 느끼는지에 대해 생각해보아야 한다. 자녀를 위해 엄격하게 양육하는 부모의 요구를 신중하게 바라볼 필요가 있다(Chud & Fahlman, 1995). 여기서는

마음 열기

The Essential Conversation (2003)에서 Lawrence-Lightfoot은 부모와 교사의 관계에 대한 연구를 다음과 같이 기술하였다.

부모와 교사의 대화에서 갈등은 당연한 것이며, 그것을 무시하거나 피할 수 없다는 것을 인정해야만 한다. 오히려 열린 마음과 넓은 가슴으로 만나야 하고, 시간이 지남에 따라서 점차 뚜렷하게 보일 것이다(p. 73).

유아에게 있어 최선의 선택이 무엇인지 마음속에 염두에 두어야 한다. 교사는 해결책에 도달할 수 있고 동의하거나 반대할 수도 있다. 어느 쪽이어도 교사가 대화를 유지하고 상대방을 존중한다면 괜찮을 것이다.

만약 다음 간담회에서 대립될 것이 걱정된다면, 제3자의 참석을 고려해볼 수 있다. 교사나 책임자와 같은 적합한 사람을 선택해야 하고 다른 사람의 참석에 대해서는 가족에게 알려주어야 한다.

부모와 함께 있을 때 문제행동을 어떻게 다루는가

부모와 교사가 유치원과 같은 공간에 있을 때 등원·하원 시간, 현장학습이나 행사 시 아동들의 담당자가 누구인지에 대해 모른다면 혼란스러워 문제행동이 다시 나타날 것이다. 부모가 적절하게 행동하지 않는다면, 교사는 적절한 반응을 모델링하는 기회를 사용해야 한다. 부모가 적절하게 행동했다면 교사는 부모가 자녀와 상호작용하는 모습을 보는 좋은 기회를 갖게 될 것이다. 가족의 행동에 대해서 판단하지 말고 그대로 지켜보는 것이 좋다.

유아가 다쳤을 때 무엇을 해야 하는가

유아가 다른 유아로 인해 상처를 입어서 응급처치가 필요할 때 교사는 부장교사와 교장에게 사고 경위를 말하고 보고서를 작성해야 한다.

부상당한 유아의 부모가 도착하면 상처를 입힌 유아의 이름을 언급하지 않고 무슨 일이 일어났는지 정확하게 알려주어야 한다(무슨 일이 일어나고 있는지 가족에게 이야기해야 하지만, 교사에게는 모두의 사생활을 보호해야 하는 것도 중요하다.). 아동의 상처를 본 가족들이 화를 낼 것에 대해 준비를 해야 한다. 가족들은 교사가 주의를 기울이지 못한 것을 비난하거나 다른 유아를 프로그램 중에 제외시키기를 요구하고 교사의 어떠한 설명도 듣지 않으려고 할 수 있다. 교사는 침착함을 유지하고, 하루 이틀 정도 감독관이나 교장과 함께 이 상황을 처리하기 위한 계획에 대하여 가족과 함께 개인적으로 이야기할 수 있다.

직접적으로 참여하지 않은 아동의 부모들조차도 화를 내거나 항의하고 소문을 내거나 교육청에 민원을 제기할 수 있다. 어떤 부모들은 자신의 자녀들이 공격적인 행동을 하는 유아와 함께 놀지 못하도록 주의를 주기도 한다. 교사는 신중하게 관찰하고, 안전을 지키는 것에 대해 설명하고, 놀이터나 일상생활에 필요한 기술들을 언어를 사용하여 자신을 방어하는 방법을 가르친다. 가족들이 정보를 얻길 원하고 자녀에 대해 논의를 하고자 할 경우 관련 행정부서에 요청하게 한다.

다른 전문가들과 협력하기

다른 전문가의 조언을 구하는 것은 어떠한가

특정한 시점에는 전문가에게 전화를 해야 한다. 도움을 요청하는 것은 약점을 나타내는 것이 아니라 현명한 것임을 기억해야 한다. 교사는 창의적인 생각을 통해 문제를 해결하고 새로운 기술을 습득하려고 노력해야 한다. 교사는 아동 발달에 대한 지식, 유아와의 생활을 통해 발전된 직감, 어떻게 유아가 교사를 화나게 하는지에 대한 전문적인 판단을 믿어야 한다. 중요한 것은 교사가 자신의 한계를 느끼기 전에 행동하는 것이다. 한계에 다다른 교사는 문제행동을 지닌 유아를 다루거나 자문가의 조언을 수용할 수 없다.

부장교사나 교장과 함께 가능한 서비스를 고려해야 한다. 심리학자나 사회복지사는 센터나 학교에서 때때로 함께 일할 수 있고, 학교에서 상담교사나 사전평가 팀이 당신을 도울 수 있다. 그들과 함께 일하는 동안에 그들은 기능적 사정과 긍정적 행동지원 계획(제10장 참조)이나 IDEA의 특수교육을 위한 평가(제11장 참조)를 제안할 수 있다. 두 경우 모두 가족이 참여해야만 하고, 공식적인 동의를 받아야 한다. 교사는 모두 협력하였기 때문에 이것이 문제가 되지 않지만, 새로운 관점에서 이러한 방법이 얼마나 유용할지에 대해 정확하게 부모에게 언급해주어야 한다. 자문가가 부모의 자녀뿐만 아니라 교사와 다른 아이들을 관찰할 수 있다는 것에 대해 명확하게 해주어야 한다. 이러한 정보를 제공하는 것이 부모의 동의를 얻기에 더욱 쉽다.

교실을 관찰할 자문가나 사전평가 팀을 만났을 때 교사가 관찰한 것, 시도한 전략들, 가족의 관점에 대해서 알고 있는 것들에 대해서 설명해준다. 관찰을 끝냈을 때 부모를 포함한 전체 팀과 함께 시간과 평가방법에 대한 중재 계획을 수립한다. 자문가나 사전평가 팀의 구성원들은 교사가 계획을 수립할 수 있도록 가능한 한 지원하도록 해야 한다.

자문가나 팀이 어떤 종류의 치료를 제안할 수도 있다. 가족은 자신과 관계가 있는 사람의 제안을 수용하기 쉽기 때문에(Koplow, 2002) 교사는 의뢰가 논의될 때 참석하는 것이 좋다. 시간 또한 중요하다. 만약 교사와 가족이 유아의 행동에 대해서 이야기하지 않았거나 유아의 학급 내에서 해결책을 찾으려고 노력하지 않았을 때 그들의 지원을 받는 것이 더 어려울 것이다. 그들이 추가적인 도움이 필요하다고 믿지 않을 수도 있고, 절차를 이행하지 않을 수도 있다. 만약 가족이 사회복지기관의 개입을 두려워한다면, 교사가 유아를 '더욱 잘 보호해줄 수 있는' 다른 기관을 찾을 수도 것이고, 전학을 갈 수도 있을 것이다.

대부분의 경우 가족들은 자신들이 스스로 결정하고 지정하기 때문에 지역사회 내에서 이용 가능한 지원과 자원에 대해서 이야기해주어야 한다. 부장교사나 교장은 교사가 병원 서비스, 클리닉, 개인 전문의, 대안학교와 프로그램, 사회복지기관의 자료를 수집하는 것을 도와줄 수 있다. 학교와 헤드스타트 프로그램은 도움을 제공할 수 있는 사회복지사를 보유하고 있다. 가족의 좌절을 최소화하기 위해서는 대기자 명단에 대해서도 알려주어야 한다.

이 문제에 대한 의식이 높아지면 가족들은 좀 더 특별하고 구체적으로 요구하게 될 것이다. 가족들과의 대화에 여러 가지 어려움이 있을지라도 이것이 가장 힘든 일이 될 것이다. 교사의 생각을 강요하려 하지 말고, 유아와 그 행동을 별개로 분리해야 한다. 교사가 여전히 왜 강한 우려를 갖고 있는지에 대해서 구체화해야 한다. 교사가 시도했었던 전략들을 상기시키고, 아동의 장기적인 발전이 왜 중요한지에 대한 교사의 생각을 설명한다. 그들의 협력에 대해서 감사하고 있다는 것을 표현한다.

이것은 심각한 문제이며, 학교에서 단지 '문제가 있다'는 것 이상으로 수용하기 어려운 부분이다. 가족은 교사가 말하는 것에 대해 들으려 하지 않을 것이기 때문에 질문이 있을 때 전화를 할 수 있다는 점을 명확하게 해주어야 한다. 어떤 가족들은 특수교사나 특수교육이 생소할 수 있기 때문에 거부나 낙인의 형태로 볼 수 있다. 그들에게는 이것이 아동과 자신들에게 어떠한 의미인지 두려워하며 정서적인 지원을 필요로 할 수 있다. 또한 비용이나 치료 기간에 대해 걱정하고 그들의 힘든 생활을 어떻게 조절해야 하는지 궁금해할 수 있다. 또한 그러한 가족의 문화에서는 가족의 문제에 대해 낯선 사람과 이야기하는 것이 적절하지 못하다고 생각할 수 있다. 만약 이전에 외부 전문가에 대해 부정적인 경험이 있는 가족이라면 다시 시도하는 것을 꺼릴 수 있다. 가족들에게 어떠한 문제를 지니고 있는지 물어본 후 적절한 서비스나 그들의 요구에 맞는 사람을 찾아주도록 노력한다.

학령기 아동을 평가하는 것은 어려울 수 있다. 아동은 빠르게 성장하고 정상 범위가 매우 넓기 때문에 ADHD와 같은 문제들은 진단하기 어려우며 전문가들은 아동이 지속적으로 지니고 있어야 하는 낙인을 찍는 것을 꺼려한다. 행동에 대한 자세한 설명이 되어있는 자료가 도움이 될 것이다. 가족의 동의를 얻은 후 서류를 작성하고 전문가에게 복사본을 우편으로 보낼 수 있다. 만약 전문가로부터 조언을 얻고 싶을 때에는 부모에게 정보 제공에 대한 동의를 구한 다음에 진행해야 한다.

가족이 외부의 중재를 거절할 가능성도 있다. 그것은 가족의 권리이며, 그들의 결정을 자녀를 사랑하지 않는다고 해석해서는 안 된다. 단지 가족은 준비가 되어있지 않거나 상황에 대해서 교사와는 다른 관점을 지닐 수도 있다.

문제행동을 지닌 유아에게 그만두도록 요청할 수 있는가

만약 절박한 상황에 놓여있다면 교사는 부장교사에게 아동을 잠시 교실 외의 장소에 배치하거나, 중요한 시간에는 협력을 요청하거나, 하루 일과 중에 일부분을 도와줄 수 있는 보조원을 고용할 것을 지원받을 수 있다. 만약 이러한 상황에 대해 이미 다른 동료들과 논의가 이루어졌다면, 그들은 이러한 요구를 이해해줄 수 있으며 여유를 갖도록 도와줄 수 있다. 또한 동료 교사들도 아동에게 최선인 방법을 원할 것이다. 극도의 피로 또한 정당한 요구가 될 수 있으며 단기 장애의 혜택을 받을 수 있다.

유아가 자신과 다른 유아들에게 위험이 되거나 교사와 다른 전문가가 마련한 모든 방법들을 사용했을 때에는 분리(exclusion)를 생각해볼 수 있다. 때때로 부모에게 유아를 프로그램에서 분리해서 유아의 요구에 맞는 중재를 제공할 것을 요청하게 되지만 교사는 이것을 절대로 의사결정을 합리화하는 데 사용해서는 안 된다.

유아를 다른 사람에게 이양하는 것은 거의 성공하기 어려운 해결책이다. 새로운 인력을 고용할 여유가 허락되지 않는다면 항상 많은 사람과 스케줄을 조율해야 한다. 또 한 가지 고려해야 될 사항은 애착이 유아의 발달에 있어 중요하다는 점이다. 교사는 문제행동을 지닌 유아와 많은 시간을 함께 보내야 하며, 그것은 유아의 장기적인 발달(특히 신뢰에 대한 발달)에 중요하다. 유아가 교사를 신뢰할 수 있어야 교사가 유아에게 관심을 기울일 수 있어 유아가 교사를 힘들게 할 수 없게 된다. 유아를 멀리하는 것은 어떤 것도 긍정적으로 교육할 수 없게 한다. "나는 네가 여기 있는 걸 원하지 않아."라는 신호는 궁극적으로 자아존중감을 망치게 하여 유아가 부정적인 자아상을 형성하도록 만든다.

다시 돌아오지 말라는 말을 꺼내는 것은 유아에게 교사가 유아를 나쁘게 생각한다는 것을 말하는 것이며, 이는 유아가 정말로 나빠야만 한다는 것을 의미한다. 유아가 다른 학교로 전학을 갔을 때 자신이 누구인지에 대한 감정을 가지고 가게 되며 잘못된 자아상으로 교사와 또래들에게 자신이 얼마나 나쁜지에 대해서 보여주는 것을 더 편안하게 느낄 수 있다.

교사는 자신의 학급의 모든 유아들을 가르칠 책임이 있으며 가르칠 수 없는 유아는 없다는 것을 알아야 할 것이다.

생각해볼 문제

1. 자신의 태도를 검토한다. 당신은 아이가 학교에서 하는 행동에 대해 가족에게 책임이 있다고 생각하는가? 어떻게 그러한가? 다른 요인과 관련되는가?

2. 교사는 부모와 함께 작업하는 동안 학급에서 일어나는 유아의 문제행동에 대해 이야기를 한다. 유아의 태도에는 어떤 것이 있는가? 긍정적인 관계 형성에 성공했는가? 어떻게 성공했는가? 만약 가족과 협력 관계를 발전시키지 못했다면 가족의 입장에서 어떠한 부분이 작용했다고 생각하는가?

3. 학급 내에서 부모-교사의 역할극을 통해 한 사람은 교사가 되고 다른 한 사람은 문제행동 아동의 부모 역할을 해본 후 평가를 해보라. 교사에게 어려운 것은 무엇인가? 부모에게 어려운 것은 무엇인가? 부모의 반응에 대한 교사의 협상은 무엇인가? 다르게 하는 것은 무엇인가? 발생한 문제점을 해결하기 위한 후속 회의를 실시한다.

4. 많은 조직들은 문제행동 유아와 그들의 가족을 돕는다. 가까이에 있는 자원의 목록을 편집하고, 그들이 하는 일을 설명하고, 각각의 장소에서 누군가

를 위한 연락처를 얻고, 광고지나 가족에게 유용한   다른 문서 정보를 수집한다.

참고문헌

Baker, A. C., & Manfreid/Petitt, L. A. (2004). *Relationships, the heart of quality care: Creating commuity among adults in early care settings.* Washington, DC: National Association for the Education of Young Children.

Blue-Banning, M., Summers, J. A., Frankland, H. C., Nelson, L. L., & Beegle, G. (2004). Dimensions of hamily and professional partnerships: Constructive guidelines for collaboration. *Exceptional Children, 70,* 167-184.

Lareau, A., & Shumar, W. (1996). The problem of individualism in family-school policies [Extra issue]. *Sociology of Education, 69,* 24-39.

Lawrence-Lightfoot, s. (2003). The essential conversation: *What parents and teachers can learn from each other.* New York: Ballantime.

Trumbull, E., Rothstein-Fisch, C., Greenfield, P. M., & Quiroz, B. (2001). *Bridging cultures between home and school: A guide for teachers.* Mahwah, NJ: Erlbaum.

Webster-Stratton, C., & Herbert, M. (1994). *Troubled families-Problem children: Working with parents: A collaborative process.* Chichester, England: Wiley.

Chapter **13**

괴롭히기

괴롭히기(bullying)는 오래전부터 존재해왔으며, 1982년부터 일부 연구자들은 이 문제를 심각하게 생각해왔다. 그 이유는 1982년에 노르웨이 신문에 친구들로부터 괴롭힘을 당한 10~14세 소년 3명이 자살을 시도했다는 기사가 보도되었기 때문이다. 그 뉴스는 국가적으로 매우 큰 충격을 주었으며, 1983년에 노르웨이 교육부는 초등학교와 중학교에서의 괴롭힘에 대비하는 전국적인 프로그램을 시작하였다(Olweus, 1991, 1993). 그 이후로 이 주제에 대한 관심은 점차 유럽 전역으로 퍼져 아일랜드, 영국과 일본, 호주, 뉴질랜드, 캐나다, 미국으로 확대되었다(Smith et al., 1999).

괴롭히기는 이처럼 복잡한 사안이므로 마지막 장에서 다루게 되었다. 교사는 이를 해결하기 위해서 이전 장들에서 획득한 모든 기술과 지식을 필요로 할 것이다. 이 장은 세 부분으로 나누어져 있다. 첫째, 괴롭히기가 무엇인지에 대해 알아보고, 둘째, 교사가 괴롭히기를 감소시키고 예방할 수 있는 방법, 셋째, 괴롭히기에 대응하는 방법을 알아볼 것이다.

괴롭힘은 무엇인가

괴롭히기는 공격적 행동의 특정 형태이다. 괴롭히기에 관한 서적의 세계적인 저자이며, 중재 프로그램을 개발한 노르웨이의 Olweus는 괴롭히기를 '한 사람 혹은 여러 사람의 부정적인 행동에 노출되어 오랫동안 반복적으로 괴롭힘을 당하는 사람'(Olweus, 1991, 1993)이라고 정의하였다. 괴롭히기와 다른 공격행동과의 차이는 괴롭히는 사람이 해하려는 의도가 있고, 하나 이상의 사건이 있으며, 힘의 불균형으로 인해 괴롭힘을 당하는 아동이 스스로를 방어하지 못하도록 만든다는 점이다. 이러한 힘의 차이는 신체적인 것일 수 있다. 괴롭히는 아동의 나이가 많거나 몸집이 크고, 더 강할 수 있으며, 혹은 여러 명의 아동이 집단적으로 한 아동을 괴롭힐 수도 있

힘의 차이는 신체적인 것일 수 있는데, 괴롭히는 아동은 나이가 더 많거나, 키가 더 크고 힘이 세거나, 여러 명이 그룹을 지어서 한 유아를 괴롭힐 수 있다.

다. 또한 괴롭히기가 심리적인 것일 수는 있으나 잠재된 것으로 보기는 어렵다. 괴롭히는 아동은 일반적으로 사회적 지위가 더 높다.

괴롭히기의 유형은 다음과 같다.

- 신체적 괴롭히기는 정의하기가 가장 쉽다. 예를 들어 때리기, 발로 차기, 밀기, 물건을 빼앗거나 부수기 등이다. 신체적 괴롭힘은 전반적으로 남아들에게서 많이 나타난다(Nansel et al., 2001).
- 언어적 괴롭히기는 이름 부르기, 모

3~4세의 일부 아동들은 관계적 괴롭히기 기술을 이미 습득한다. 328명의 유아를 대상으로 한 Nelson, Robinson과 Hart(2005)의 연구에 따르면, 자신의 욕구가 충족되지 않는 경우 많은 여아들과 일부 남아들이 관계 관리, 급우 제외하기, 소문 확산시키기, 비밀 말하기, 놀이를 하지 않는다고 위협하기 위해 공포 분위기를 조성하거나 힘으로 위협하기를 사용한다는 것을 발견했다. 그럼에도 불구하고 이들은 능숙한 사회적 기술을 가지고 있어서 인기가 있는 아동일 수도 있다.

욕하기, 조롱하기, 위협하기, 비웃기, 놀리기, 인종적이거나 성적인 말하기를 포함한다. 놀리기가 괴롭힘으로 변경되는 시기는 언제인가? 모든 사람이 동의하지는 않지만, 일부 연구자들은 놀리기와 괴롭히기는 의도적으로 괴롭히는 행동의 연장선상에 있으며, 단지 정도의 차이만 있다고 보았다(Froschl, Sprung, & Mullin-Rindler, 1998). 어떤 연구에서는 아동들이 놀리기에 대해 혼동한다는 것을 발견하였다(Oliver, Hoover, & Hazler, 1994). 아동들은 놀리기가 재미있어서 했다고 하였으며, 그와 반대로 괴롭히는 행동 역시 가장 빈번하게 일어난다고 설문지에 표시하였다. 언어적 괴롭히기는 가장 일반적인 괴롭히기 형태이며, 나이, 성별과는 별개로 어린 아동에게서도 나타나며, 남아, 여아 모두에게서 나타난다(Kochenderfer & Ladd, 1996; Nansel et al., 2001).

• 관계적 · 심리적 괴롭히기는 3세 때인 이른 시기에 시작되며(Ostrov, Woods, Jansen, Casas, & Crick, 2004), 집단이나 경기에서 제외시키기, 험담하기, 소문 퍼뜨리기, 상대에게 거짓말하기와 같이 타인을 통제하거나 피해를 입히는 관계에서 사용되는 것이다(Crick, Casas, & Ku, 1999; Crick et al., 2001). 관계적 괴롭히기는 아동이 또래와 친해지고 또래들에게 받아들여질 기회를 갖지 못하게 한다. 이것은 아동이 잘 지내고 발달하는 데 매우 중요한 것이다(Crick et al., 2001). 여아들은 관계적 괴롭히기를 더 많이 사용하고 관계적 괴롭히기의 표적으로 만들지만(Crick et al., 1999; Crick & Grotpeter, 1995), 남아와 여아 모두

마음을 상하게 하는 형태로 괴롭히기를 한다(Rigby, 2002).

- 성희롱(학생의 생활을 방해하는 원치 않는 성행동)은 남아와 여아 모두에게 일 반적으로 행해진다(Gruber & Fineran, 2008).
- 사이버 괴롭히기는 전자 매체의 발전으로 인해 발생한 것으로 아이들의 생활 속 어디에나 존재한다(Hertz & David-Ferdon, 2008; Juvonen & Gross, 2008).

비록 구분하기 어렵지만 표정과 몸짓 역시 괴롭히기가 되기도 한다.

전문가들은 괴롭히기를 **직접적인 것**(어떤 아동을 공개적으로 괴롭힐 때 자신을 공 격한 범인을 알면서도 공격을 받은 아동이 허용함)(Olweus, 1993)과 **간접적인 것**(아 동을 괴롭힐 때 의도를 밝히지 않고 피해를 입힘)(Alsaker & Valkanover, 2001)으로 분류하였다. 신체적 괴롭히기는 일반적으로 직접적이지만 언어적, 관계적 괴롭히기 는 직접적일 수도 있고 간접적일 수도 있다. 일부 학령전기 아동들은 아직 간접적으 로 괴롭히는 사회적 기술을 가지고 있지 않다. 그래서 그들의 괴롭힘은 직접적이다 ("너희 엄마 머리를 잘라버릴 거야.")(Crick et al., 1999; Crick et al., 2001). 그러나 더 나이 많은 아동들은 좀 더 교묘하고 간접적인 방법을 사용하는데, 이를테면 아이샤 가 점심을 먹기 위해 빈자리를 찾을 때 빈자리를 찾을 수 없도록 만드는 것과 같다 (Ostrov et al., 2004).

대체적으로 괴롭히기는 은밀하게 이루어지는 것이다. 괴롭히기 위해 선호하는 장 소로는 어른들이 드문 놀이터, 복도, 식당, 로커룸, 화장실이다(Vaillancourt et al., 2010). 피해를 입은 아동들은 쉬는 시간 동안 될 수 있는 대로 교실에 머물 수 있는 방법을 찾고, 큰 신체적 불편함을 감수하면서 화장실 사용을 피한다.

괴롭힘이 얼마나 일반적으로 나타나는가

괴롭히기는 모든 인종과 민족 그리고 모든 사회계층에서 나타나며(Orpinas & Horne, 2006), 학교가 크든 작든, 도시에 있건 시골에 있건 어느 곳에서나 발생한다 (Olweus, 1993). 많은 아동들이 괴롭힘을 학령기 동안 경험하거나 학생 시절 동안 잠 깐은 경험할 수 있으나(Juvonen & Graham, 2001), 놀랄 만큼 많은 괴롭힘이 빈번하게 일어나거나 심각하다. 미국에서 이루어진 괴롭힘에 대한 최초의 대규모 연구(전국의 공립·사립학교 6~10학년 학생 15,000명 이상을 대상으로 한 연구)에서 거의 30%의 학생들이 '때때로' 혹은 '자주(일주일에 한 번)' 괴롭힘을 당한 것으로 나타났고, 13%는 타인을 괴롭힌 것으로, 11%는 괴롭힘을 당한 것으로, 6%는 타인을 괴롭히기도 하고 자신이 괴롭힘을 당하기도 한 것으로 나타났다(Nansel et al., 2001). 놀이터에서 관찰해본 결과 괴롭히기가 3~7분마다 발생되는 것으로 나타났다(Craig & Pepler, 1997; Snyder et al., 2003).

괴롭히기는 6~13세 사이에 최고조에 달한다(Finkelhor, Turner, Ormrod, & Hamby, 2009). 학령전기에 18%의 아동이 괴롭힘의 표적이 되며, 17%의 아동은 타인을 괴롭힌다(Alsaker & Valkanover, 2001; Crick et al., 1999). 유치원에서 3학년까지 추적한 한 연구에서 4%가 계속적으로 피해를 당했다고 하였다(Ladd & Ladd, 2001). 일부 아동은 결코 괴롭힘을 멈추지 못했으며, 사람들은 성년기에는 이들의 소행을 희롱, 배우자 학대, 아동 학대, 인종차별, 성차별과 같은 다른 이름으로 부른다(Pepler & Craig, n.d.).

괴롭히기는 은밀히 이루어지는 것이기 때문에 교사들은 괴롭히기의 출현을 과소평가할지도 모른다. Craig와 Pepler(1997)가 토론토의 놀이터에서 괴롭히는 장면을 비디오로 녹화하였는데, 75%의 교사들이 항상 괴롭힘에 개입한다고 응답한 것과 달리 전체 괴롭힘 중 4%에만 개입하는 것을 발견하였다. 이러한 낮은 비율은 교사가 괴롭힘을 실제로 보지 못했거나 인식하지 못한다는 것을 의미한다. 그리고 괴롭히는 아동은 구경꾼과 피해 아동 모두에게 어떤 일이 일어났는지 누설하지 않을 것을 확실히 해두었다. 이러한 전술은 매우 성공적이었다. 한 연구에 따르면 대상 아동의 30%가 부모나 선생님에게 말하지 않았다(Smith & Shu, 2000).

타인을 괴롭히는 아동은 어떤 아동인가

당연히 괴롭히는 아동은 자신보다 더 약한 또래를 장악하기 위해 택하는 강자이다. 그들은 충동적이며 성급한 경향이 있고, 더 중요한 것은 폭력에 대해 긍정적인 태도를 갖고 있을지도 모른다(Olweus, 1993). 성적은 학교에서 평균 이하이며(Nansel et al., 2001), 항상 규칙을 지키지 않으며, 성인에게 빈번하게 공격적이고 반항적이다. 괴롭히는 남아의 경우에는 신체적으로 강하고 스포츠와 싸움에 능하지만(Olweus, 1993), 괴롭히는 여아들의 경우에는 간접적인 방법을 사용하는 경향이 있다.

다른 아동을 표적으로 삼는 아동은 폭력에 대한 시각이 가정에서부터 학습되었을 수 있으며, 폭력이 얼마나 효과적이었는가를 보았을 것이다. 이들은 부모나 형제가 다른 사람을 괴롭히는 모습을 보았거나 그들 자신이 괴롭힘을 당했을 것이다(Sharp & Smith, 1994). Olweus(1993)는 괴롭히는 아동의 가족들이 예를 들면 체벌이나 폭력적인 감정 폭발과 같은 권력형 양육방법을 사용해왔다는 것을 발견하였다. 이러한 가족들은 명확한 한계를 정해주거나 공격행동을 금지시키지 않았으며, 보통 자녀에게 냉담하고 무관심하였다. 이러한 것이 회피적인 애착 관계를 유발하였고 공격적 행동의 위험을 증가시켰다. 그러한 가정에서 성장한 아동은 타인을 지배하려는 욕구가 강하며 제멋대로 하거나 통제하려 해서 협상, 협력, 타인의 생각을 수용하는 데 관심이 없다(Olweus, 1993; Rigby, 1998). Pepler와 Craig(n.d.)는 중요한 교훈을 얻었음을 언급하였다. 사람을 공격적이 되도록 하는 힘을 가지면 그 힘과 공격성이 지배와 지위를 가져온다는 것이다.

무분별하게 공격적 행동을 하는 아동과 달리 괴롭히는 아동은 일반적으로 인기 있고, 친구들이 좋아하며 어렸을 때부터 친구들과 지지자들에게 둘러싸여 있다(Alsaker & Nagele, 2008; Olweus, 1993). 이들이 사회적 기술과 자아존중감이 결여되어 있다는 것은 근거 없는 이야기이다(Olweus, 1991, 1993). 사실상 괴롭히기 행동을 하는 아동은 사회적 기술을 가지고 있고, 사교성과 자신감도 있으며 걱정스럽거나 불안해하지 않는다. 이들은 종종 또래 집단에서 우위를 차지하며, 높은 지위를 차지하기 위해 사람들을 마음대로 휘두르곤 한다(Pepler, Jiang, Craig, & Connolly, 2008).

연구자들은 최근 괴롭히는 아동이 타인의 마음을 이해하고 조정하는 진보된 능력인 뛰어난 마음이론과 사회인지를 지녔다고 주장하였다(Sutton, Smith, & Sweetenham, 1999). 이것은 특히 간접적인 괴롭히기에서 중요하다. 다른 아동을 따돌릴 때 또래들이 따돌리는 것에 동참할 것인지의 여부와 그룹에서 허용되는 것을 발견하여 무엇을 정당화시키는지 여부는 간접적인 괴롭히기에서 특히 중요하다. 직접적인 괴롭히기조차도 예리한 사회적 통찰이 요구되기 때문이다. 괴롭히는 아동은 발각되는 것을 피해야만 하고 표적을 괴롭히는 동안 상처 내지 않고 아동을 배제시키는 방법을 선택해야 한다(Perry, Perry, & Kennedy, 1992).

비록 다른 사람을 괴롭히는 아동이 타인의 정서를 이해하는 데 능통하다 하여도 그러한 정서를 타인과 공유하는 것 같지는 않다. 다시 말해서 이들은 거의 감정이입을 하지 않으며 자신이 일으킨 일로 인한 고통이나 불편함을 걱정하지 않는다(Olweus, 1993). 오히려 이것을 즐기는 것 같다(Rigby, 2001b).

괴롭히는 아동은 성장하면서 공격적 행동, 알코올이나 약물남용, 범죄, 비행 집단 가입, 학교 중퇴, 또래 따돌림과 같은 총체적인 위험에 당면하게 된다. 그들은 또한 품행장애, 우울, 불안 등 정신건강문제로 고통받을 것이다(Olweus, 1991; Yale University Office of Public Affairs, 2008). 괴롭히는 남아의 생애를 연구한 Olweus(1993)는 60%가 성인 초기에 위법행위로 유죄판결을 받았으며, 세 번 이상의 유죄판결을 받았음을 발견하였다. 관계적 괴롭힘을 했던 아동들 역시 위험에 당면했다. 이들은 행동문제와 자아존중감에 문제가 있고, 고독하고 우울하며 거부당하기 쉽다(Crick & Grotpeter, 1995).

누가 괴롭힘의 대상이 되는가

괴롭히기의 결말이 장난으로 끝나는 것이 아니다. 신체적 상처, 수치심, 무력감, 거부, 불행과 같은 직접적인 결과만으로도 충분히 고통스럽지만 이러한 모든 일이 곧 다시 반복될 것임을 아는 것은 그 고통을 배가시키게 된다. 두려움, 불안, 근심, 압박감, 우울 그리고 수업에 집중하지 못했던 경험으로 고통받았던 아동들은 두통, 복통을 느끼고 악몽을 꾼다. 이런 아동들이 학교를 회피하는 일은 놀랄 일이 아니다(Kochenderfer & Ladd, 1996). 괴롭힘을 당하는 일은 자아존중감을 황폐하게 만든다. 자신이 당하는 모든 것이 받을만하다는 생각을 멈추기 어렵고(Boivin, Hymel, & Hodges, 2001), 자기 자신에 대해 더 나쁘게 느끼게 되고, 더욱 취약해진다(Swearer, Song, Cary, Eagle, & Mickelson, 2001).

어떻게 아동이 괴롭힘의 표적이 되는가? Olweus(1993)는 괴롭힘을 당하는 대부분의 아동들이 '수동적인 피해자'라고 부르는 아동들이라는 것을 발견하였다. 이는 '조심스럽고 민감하고 조용하고 배척당하며 수동적이고 유순하고 부끄럼을 잘 타며 불안하고 근심이 있고 불행하고 괴로운'(p. 57) 아동이다. 그들은 체력이 약하고 (Perry, Hodges, & Egan, 2001), 서투르고, 다치는 것을 두려워할지도 모른다. 괴롭힘을 당하는 아동들은 종종 불안정한 애착을 가지고 있으며, 부모와의 분리불안 문제, 그리고 환경 탐색에 대한 두려움을 가진다. 가족들은 아동들을 과잉보호하는 경향이 있으며 아동의 생각과 느낌들을 조종하거나 강압적이며 권위적인(power-assertive) 훈육을 하는 경향이 있다(Card & Hodges, 2008). 이러한 방침들은 아동의 자아개념 발달을 위협하며 자신감과 자아존중감을 손상시킨다(Perry et al., 2001).

더 강한 아동이나 집단은 아동의 취약점을 알아차리고는 아동을 놀리거나 조롱하기로 결정할 수 있다(Rigby, 2002). 이들은 공격당할 때 스스로 견뎌내지 못하고 그 대신에 쉽게 울어버리거나 도망쳐버린다. 그리고 괴롭힘의 표적이 되는 아동들은 일반적으로 빈약한 사회적 기술을 가지고 있으며 많은 시간을 혼자 보내고 친구가 거의 없기 때문에 괴롭히는 아동은 당하는 아동을 보호해줄 사람이 없다는 것을 알고 있다(Hodges, Boivin, Vitaro, & Bukowski, 1999; Perry et al., 2001). 일부 아동들은 집단에 간절히 포함되고 싶어서 어떤 학대든지 당하곤 한다(Roberts, 2006). 새로운 학급이나 학교에서조차 괴롭힘을 당하는 아동은 불안과 공포를 나타내며, 자신을 피해자라고 주장한다(Salmivalli, Kaukiainen, & Lagerspetz, 1998). 이들은 8~9세 때까지 피해자로 전락할 수 있다(Pepler, Smith, & Rigby, 2004).

아동들이 다른 사람들과의 차이 때문에 괴롭힘을 당하는가? Perry, Hodges와 Egan(2001)은 신체적 차이가 괴롭힘을 조장한다고 언급하였는데, 이것이 고통과 자아존중감 상실의 원인이 될 수 있으며, 아동을 괴롭힘의 위험에 빠뜨릴지 모른다고 하였다. 미국 전수 연구에서(Nansel et al., 2001) 20%의 남녀 아동들이 외모와 언어 때문에 괴롭힘의 피해자로 선택한다고 하였다. 장애가 있는 아동(Whitney, Smith, & Thompson, 1994)과 비만 아동(Janssen, Craig, Boyce, & Pickett, 2004)이 괴롭힘을 당할 위험이 더 많다고 하였다.

인종과 문화는 종종 아이를 표적으로 만든다. 미국 전수 연구(Nansel et al., 2001)에서 8%의 학생들이 자신의 인종과 종교 때문에 종종 괴롭힘을 당했다고 보고되었

초기 신호들

아동들이 어떻게 피해자 역할에 처하게 되는가를 알아내기 위해서 심리학자 Schwartz, Dodge 그리고 Coie(1993)는 서로 모르는 1학년과 3학년 남학생들에게 일련의 실험적 놀이를 시행하였다.

초기 회기에서 일부 남학생들은 독단적이지 않았다. 그들은 대화를 더 적게 하였고 병행놀이에 더 많은 시간을 보냈으며, 자신이 무엇을 하는지에 대해 또래들에게 말하려 하지 않았다. 다른 아동들이 이들에게 공격적이고 거친 신체놀이로 접근했을 때 이들은 복종했으며 공격한 아동들은 보람 있어 하였다. 이러한 행동은 이들을 잠재적인 표적으로 삼게 만들었다. 후기 회기에서 그 집단의 다른 구성원들은 이들을 더 부정적, 강압적, 공격적으로 위협했다.

다. 그러나 다른 연구에서는 그보다 더 높은 비율로 보고되었음이 발견되었다. 뉴욕과 뉴저지의 조사 연구에서 약 45%의 아프리카계 미국인, 라틴계 미국인, 유럽계 미국인 학생, 그리고 65%의 아시아계 미국인 학생이 인종과 민족 때문에 또래 학생에게 희롱이나 차별을 당했다고 보고하고 있다(Way & Hughes, 2007). 아동들은 심각한 교육적, 정서적, 신체적 결과로 인해 인종적 괴롭힘의 표적이 되었다.

괴롭힘을 당하는 아동이 모두 수동적인 것은 아니다. 약 10~20% 정도가 저항하고 학대하는 자들의 체면을 구기기도 한다. Olweus(1993)는 피해자들을 '자극제'라고 칭했는데, 그들은 '공격자' 혹은 '괴롭힘의 피해자'라고도 불린다. 새로운 연구에 의하면 높은 강도로 지속적으로 괴롭힘을 당한 아동은 공격 성향이 강하게 나타난다는 것을 보여주고 있다.

괴롭히는 아동들과 마찬가지로 괴롭힘의 피해자 역시 집중에 문제가 있고 충동적이며 과잉행동의 경향이 있다. 이들 역시 다른 사람을 지배하려고 시도하며 행동은 종종 공격적이며 반사회적이다(Olweus, 1993). 괴롭힘의 표적이지만 보복하지 않는 아동처럼 불안하고 우울하고 거부당하며 고독하다. 사회적 기술이 부족하기 때문에 그들은 거의 친구가 없다(Perry et al., 2001; Schwartz, Proctor, & Chen, 2001). 그러나 이들의 가장 지배적인 특질은 변덕이다. 자신들의 정서를 조절할 수 없기 때문에 성질을 부리고 과잉반응하고 논쟁하고 모든 일에 대해 싸우지만 거의 항상 진다

(Perry et al., 1992). 화를 돋우는 행동은 타인으로부터 부정적인 반응을 유도할 뿐이다(Olweus, 1993).

이러한 아동이 일반적으로 부모가 냉담하고 처벌적이며 갈등과 폭력이 많은 가혹한 환경에서 나온다는 것은 놀랄 일이 아니다. 한 연구에서 '공격적인 피해자'로 드러난 38%의 남아들이 신체적 학대를 받아왔다고 하였다(Schwartz, Dodge, Pettit, & Bates, 1997).

장기적으로 괴롭힘을 당한 모든 아동은 정서적으로 위험하다. 이들은 또래들보다 자아존중감이 낮고, 더 우울하고, 불안해하고, 사회적으로 역기능적이고, 체력이 약하다(Olweus, 1993, 2001; Rigby, 2001a). 네덜란드의 한 연구에서는 9세와 같이 매우 어린 아동이 자살을 생각한다는 것을 밝혔다(van der Wal, de Wit, & Hirasing, 2003). 관계적 괴롭힘의 표적이 되었던 아동들은 이후의 삶에서 더 우울하고, 외롭고, 불안해하고, 거부당하게 된다(Crick et al., 1999; Crick et al., 2001). 괴롭힘의 피해자는 대부분 정신적 장애를 일으키게 되고, 그와 함께 행동문제와 학교생활의 어려움도 가지게 된다(Juvenon, Graham, & Schuster, 2003). 37개 학교의 총기 사건을 분석한 결과, 총을 쏜 범죄자의 70%가 자신의 또래들로부터 괴롭힘을 당했다고 하였다(Vossekuil, Fein, Reddy, Borum, & Modzeleski, 2002).

방관자들은 누구인가

괴롭히기는 집단행동이며, 괴롭힘의 출현 및 그것에 대응하는 것 모두에 영향을 미치는 사회적 맥락에 위치해있다. Craig와 Pepler(1997)는 비디오카메라를 이용하여 괴롭힘 사건의 85%에 또래들이 개입되어 있다는 것을 보여주었다. 괴롭힘은 더 많은 또래들이 있을 때 더 오래 지속되었으며(O' Connell, Pepler, & Craig, 1999), 또래들이 개입하지 않을 경우 점점 더 허용되곤 한다. 그 결과 더 가혹해지고 괴롭힘을 더욱 부추기는 비공감적인 사회적 분위기가 허용된다(Salmivalli, 2010).

관중은 괴롭히는 아동의 생명줄과 같다. 자발적인 지원, 말, 웃음과 같은 방관자들의 반응은 괴롭히는 사람의 행동을 강화하고 자극하며(Slaby, 1997), 아동의 권력에 대한 소문을 퍼뜨리며 학급에서 아동의 위치를 정립해준다(Sutton et al., 1999). 심리학자 Salmivalli(1999, 2001)는 괴롭히기 사건에서 아동들은 각자의 개인적 기질과 집단의 기대에 따라 서로 다른 역할들을 한다고 하였다. 게다가 괴롭히는 자와 괴롭히기 대상자는 다음과 같은 역할을 한다.

- 조력자(assistant)는 괴롭히기 행동을 하는 아동을 돕거나 동참한다. 7~10세 아동을 대상으로 한 연구에서 약 7%의 아동들이 조력자의 역할을 수행하였음을 발견하였다(Sutton & Smith, 1999).
- 강화자(reinforcer)는 무슨 일이 일어났는가를 보기 위해 다가오고, 웃거나 그 행동에 대해 언급함으로써 괴롭히기 행동을 부추긴다. 거의 6%의 아동들이 이 역할을 수행하고 있다고 하였다(Sutton & Smith, 1999).
- 방관자(outsider)는 멀리 떨어져 있고 관여하지 않지만 이들의 침묵은 괴롭히기를 용인하는 것이다. 대략 12%가 이것을 설명해주었다(Sutton & Smith, 1999). 토론토 학교 연구에서 아동들은 당시에 54%가 침묵의 증인으로 행동했다(O'Connell et al., 1999).
- 방어자(defender)는 아동이 공격을 받고 있을 때 방어해주었다. 오직 17~20%의 학생들만이 핀란드어 시간에 아동을 위해 일어났으며(Salmivalli, 2010), 토론토 연구에서는 단지 19%만이 함께 앉았고, 대개는 괴롭히기를 중단시켰다(Hawkins, Pepler, & Craig, 2001). 방어자는 좀 더 자신감이 있으며, 인기가 있고 친구들이 더 좋아하는 경향이 있다(Sutton & Smith, 1999).

역설적으로 캐나다 전수 조사에서 83%의 아동들은 괴롭히기가 이들을 불편하게 하였다고 생각하였으며(O'Connell et al., 1999), 많은 아동들이 괴롭힘을 당하는 아동을 돕기 위해 간섭해야 한다고 생각했다고 보고되었다(Hawkins et al., 2001). 공격을 목격하는 것 또한 일부 아동들에게는 상처가 될 수 있다(Garbarino & deLara, 2002). 여기서 분명한 것은 아동의 태도와 행동 간에는 차이가 있다는 것이다.

방관자는 왜 그렇게 행동하는가

- 공격의 매력. Pepler와 Craig(2000)는 "또래는 괴롭히기 영화를 보는 관람객이다(p. 9)."라고 했듯이, 방관자들을 흥분시키고 자극시킨다.

- 두려움. 방관자들은 또한 괴롭히는 아동에 대해 두려움을 느끼고 만약 자신이 괴롭힘을 당하는 아동을 도우려고 한다면 자신들의 안전 역시 위협받을 수 있다는 것을 깨닫고 있다(O'Connell et al., 1999). 이들은 또한 집단으로부터 제외되는 것을 두려워한다(Garandeau & Cillessen, 2006). 괴롭힘을 당하는 아동에게 공격적이나 비우호적으로 행동하는 것은 소유하기 위한 하나의 방법이다(Salmivalli, 2010).

- 사회적 전염. 아동은 타인의 공격적인 행동을 보게 되면 스스로 더 공격적인 행동을 하는 경향이 있다. 이러한 결과는 아동이 공격하는 사람을 우러러볼 때 더 증가한다. 인기 있는 아동이 괴롭힌다면 지지하는 아동들은 그가 이끄는 대로 따르게 되고(Salmivalli, 2010), 사회적 지위가 올라가게 되고 앞으로의 괴롭힘으로부터 안전하게 된다(Olweus, 1993). 학급 내에서 방관자들이 괴롭히기를 지원하는 것처럼 보일 때 괴롭히기는 최고조에 달하며, 이는 학급 내 모든 아동이 괴롭힘을 허용한다는 것으로 해석된다(Salmivalli, 2010).

- 공격적 행동에 대항할 통제력의 취약. 공격적 행동에 대한 아동의 억제력은 괴롭힘이 부정적인 결과를 초래하지 않는다는 점과 보상을 받는다는 것을 깨닫게 될 때 훨씬 약해진다. 공격적 행동이 성공하는 것을 보게 되면 폭력에 대해 둔감해질 수 있다.

- 개인적 책임에 대한 혼란. 여러 명의 사람이 개입될 때 개인마다의 감정이입이 적어지며 죄의식을 적게 느끼게 되고, 책임감을 더 적게 느끼게 된다(Thompson & Grace, 2001).

- 괴롭히기에 개입하는 아동의 지각 변화. 괴롭힘에 개입하는 아동은 옹호자로 명성을 얻지만, 그와 반대로 이 아동이 견뎌야 하는 고통은 더욱 커지며, 또래들은 이 아동을 더 이상하게 여기고 가치 없게 생각하며 학대받아 마땅하다고 생각하게 된다(Ladd & Troop-Gordon, 2003). 많은 아동들이 괴롭힘을 당하는 아

사회적 전염

다섯 살 된 비키는 식탁에 앉아서 모든 친구들이 점심을 가져올 때까지 기다렸다. 그런 후 비키는 친구들에게 초콜릿을 좋아하는 사람은 손을 들라고 요구했다. 비키는 자신의 손을 들어 따라하게 하였다. 다음에 비키는 말했다. "스파게티 좋아하는 사람 손 들어." 비키가 다시 한번 손을 들었고, 모든 아이들이 따라하였다. 마지막으로 비키는 말했다. "카르멘좋아하는 사람 손 들어." 비키는 손을 들지 않았고 다른 소녀들 중 어느 누구도 손을 들지 않았다. 카르멘은 식탁 끝에 가서 앉았고, 울기 시작했다.

※ 사회적 전염(social contagion) : 세상을 살다 보면 어떤 경우에는 다른 사람들에게 무의식적으로 동조하고, 어떤 경우에는 집단 속에서 자기 자신을 잃어버린 채 행동하기도 한다.

동이 자신의 행동을 통제할 수 있다고 믿게 되므로 괴롭힘에 대한 책임을 지게 된다(Graham & Juvonen, 2001). 학생들은 그러한 일들이 무작위로 공정하지 않게 일어난다고 생각하면 삶을 제대로 영위한다는 것이 어렵기 때문에 피해자 학생을 비난할지도 모른다. 세상은 공정한 곳이며 사람들은 그들이 당할만하니 당하는 것이라고 생각하는 것이 세상을 바라봄에 있어 덜 두려울 것이다(Wilczenski et al., 1994). 일반적으로 통제할 수 없는 환경을 비난하는 사람이 더욱 동정적이며 도움을 주려 한다.

- 역할 안정화. 한번 아동이 집단 내에서 역할을 떠맡고 나면 이를 변화시키는 것은 어렵다(Salmivalli, 1999).

- 희생양 되기. 괴롭힘이 벌어질 때 집단 구성원은 모두 행동하거나 행동하지 않음으로써 과정과 결과에 기여한다(Twemlow, Fonagy, & Sacco, 2004). 괴롭히는 아동은 집단 구성원의 지지와 이익을 조정한다. 스스로 괜찮다고 느끼기 위해서 피해자 아동에게 최악의 두려움과 압박감을 투사한다. 이런 아동은 희생양이 되고 학교사회로부터 추방된다(Thompson & Grace, 2001).

- 이해의 결여. 아동들은 괴롭히기의 과정을 이해하지 못하고 그것에 어떻게 대항할지 모르기 때문에 괴롭힘을 당하는 아동을 도우려고 하지 않는다(O'Connell et al., 1999).

괴롭힘을 어떻게 막을 수 있나

괴롭히기는 제거되기 어렵지만, 빈도와 기간을 줄이는 방법을 찾는 것은 대처하기 위한 아동의 능력에 중요한 차이점을 만들 수 있다(Ladd & Ladd, 2001).

학교 차원의 접근

많은 연구자들은 괴롭힘을 줄이거나 예방하기 위해 학교 환경에 있는 모든 구성원인 행정가, 교사, 아동, 부모, 보조교사, 통학버스 운전기사, 영양사, 상담가, 간호사, 사무원 등이 함께하는 학교 차원의 접근의 착수를 지지하였다. 이것은 Olweus의 방법으로 노르웨이 정부가 성공적인 국가 괴롭힘 중재에서 사용하였다(Olweus, 1993, 2001). 비록 이 접근방법이 미국에서 실시한 반복 연구에서는 노르웨이에서보다 더 작은 효과를 보여 완벽하진 않았지만, 연구자들은 다른 어떤 것보다 더 나은 가능성이 있다고 결론을 내렸다(Farrington & Ttofi, 2009; Merrell, Gueldner, Ross, & Isasva, 2008; Smith, Schneider, Smith, & Ananiadou, 2004; Vreeman & Carroll, 2007).

학교 차원 접근(whole-school approach)의 목적은 환경을 재구성하여 괴롭히기의 기회를 줄이고 괴롭히기에 대한 처벌을 줄이며 긍정적인 행동을 더욱 강화시키는 것이다(Olweus, 1993). 이것은 사회적 맥락을 변화시켜서 아동이 괴롭히기가 수용될 수 없다는 것을 이해하고 성인이 이를 막기 위해 지속적으로 개입할 것임을 알게 한다. 반(反)괴롭힘 정책을 학교에 도입한다면 그것의 근본적인 가치를 공개적으로 밝히고 완전히 시행한다(Salmivalli, Kaukiainen, & Voeten, 2005). 그렇지 않으면 거의 보호가 되지 않을 수 있고 심지어 아동을 위험에 노출시킬 수도 있다(Sullivan, Cleary, & Sullivan, 2004). 모든 사람들이 똑같이 이해하고 있을 때 반(反)괴롭힘에 대한 메시지는 크고 분명하게 전달되며, 예방과 중재에 대한 지원을 더 하게 된다(Sharp & Thompson, 1994).

학교 차원의 긍정적 행동지원은 괴롭힘 예방을 위한 탄탄한 기반를 제공하고, 통합된 사회적 맥락에서 모두의 권리를 존중하는 것에 대한 분명한 규칙을 제안한다. PBS 지지자들은 괴롭힘 예방 프로그램도 개발하는 과정에 있다(Ross & Horner,

2009). 만약 학교와 아동보호센터에 PBS나 괴롭힘을 반대하는 정책이 없다면 교사
는 학급의 아동에게 이를 소개할 수 있을 것이다. 이 과정은 시간이 걸릴 수도 있는
데, 이는 아동이 오히려 괴롭힘을 인식함으로써 이전보다 문제가 더 심각하게 보일
수도 있기 때문이다(Pepler & Craig, 2000). 여기에서 제시한 많은 부분들이 이전 장
에서 언급되었으므로 이미 많은 부분에 대해 알고 있을 것이다.

괴롭힘은 본래의 불균형한 권력 때문에 아동이 혼자 싸우는 것을 불가능하게 만
들며 성인의 무대책은 묵시적 승인과 동일하다. 구경꾼과 같은 수동적 성인의 존재
가 아동의 공격적인 행동을 증가시킨다고 알려져 왔다(Siegel & Kohn, 1959). 교사가
아동의 괴롭히기 행동에 개입하지 않는 학급에서는 아동들이 어느 쪽이든 나아가지
못한다(Slee, 1993). 반(反)괴롭힘 프로젝트 성공의 열쇠는 학급을 이끄는 사람에게
있다.

교사들은 반(反)괴롭힘 계획을 수행하기 위한 효과적인 방법들을 가지고 있기도
하다. 우선 가장 중요한 것은 교사의 역할 모델이다. 만약에 교사가 학생에게 창피를
주고, 괴롭히고, 바보로 만들었다면, 교사는 학생들에게 '권력과 공격성을 사용한
첫 번째 수업'을 실시한 것이다(Pepler & Craig, 2007). 대신에 교사는 권력을 매일

긍정적으로 사용하고, 존중하는 행동의 역할 모델을 보여줄 수도 있다.

교사는 학급에서 아동들과 함께 감성적이고 반응적인 관계를 발전시킬 필요가 있다. 통합적으로 만들기, 협력적인 학급 분위기, 용납할 수 없는 행위에 대한 확고한 한계를 정해놓는다(Pepler et al., 2004; Roland & Galloway, 2002). 괴롭히기에 대한 분명한 규칙은 필수적이고(Farrington & Ttofi, 2009), 전체 학급을 포함시키는 것이 최선의 방법이다(195~197쪽 참조). Olweus(1993)는 다음을 제안하였다.

- 우리는 다른 아동을 괴롭혀서는 안 된다.
- 우리는 괴롭힘을 당하는 아동을 도와주도록 노력해야 한다.
- 우리는 쉽게 소외되는 아동과 함께할 수 있도록 해야 한다.

규칙을 만들고 나면 아동들은 괴롭히기가 무엇이며 왜 규칙이 중요한지, 그리고 아동들이 학급의 안전을 위해 무엇을 할 수 있는지에 관해 이야기해야 한다.

사회적 맥락은 괴롭히기를 장려하거나 억제하는 데 중요한 역할을 하기 때문에 많은 연구자들은 반(反)괴롭힘 프로그램이 단지 개인적으로 이루어지기보다는 집단을 목적으로 해야 한다고 하였다(Salmivalli, 2010). 아이들은 종종 괴롭히기를 잘못 생각하고 있고, 피해자를 불쌍하게 생각하고, 도와주고 싶어 하지만 그런 행동은 실패하게 된다. 다른 사람들과 그들의 관점을 공유하는 것이 차이를 만든다는 것을 깨닫게 만들어야 한다. 단 1명의 변호인일지라도 괴롭힘을 당하고 있는 아동의 고통을 줄여줄 수 있다(Salmivalli, 2010). 사실 아동들은 친구와 부모의 기대에 대한 믿음이 있을 때 괴롭힘을 당하는 상황에 더 개입하려 한다(Rigby & Johnson, 2006).

다시 말해서 괴롭히기 문제는 계속 다루어져야 하고 교육 과정에 통합되어 다루어져야 한다(Olweus, 1993; Salmivalli et al., 2005). 권력, 감정이입, 또래 압력, 용기, 친사회적 행동, 우연함과 의도성 사이의 차이, 누군가를 문제에 빠뜨리는 소문 내기와 누군가를 문제로부터 구하기 위해 말하기 간의 차이, 귀찮게 하기와 괴롭히기의 경계, 환영받지 않는 것이 어떤 느낌인지 등 이 모든 주제들은 흥미로운 토론을 일으키며, 연령에 적합한 책, 그림, 인형놀이, 역할놀이를 사용하여 괴롭힘을 반대하는 것에 대한 메시지를 확장시키고 강화할 수 있다. 그러나 괴롭힘을 경험한 아동을 괴롭힘을 당했던 장소에 있게 하거나 괴롭혔던 아동과 함께 두는 것에 주의를 기울여야 한다.

교사는 방관적인 역할을 하는 아동들을 일깨워야 함을 명심하여야 한다. 아동들이 인식하지 못하고 있는 괴롭히기 상황에서 비록 쳐다보고만 있는 것조차도 괴롭히는 아동을 사실상 지지한 것이라고 설명해주어야 한다. 이들이 대신에 할 수 있는 일인 그 자리를 떠나는 것, 괴롭히는 아동에게 멈추라고 말하는 것, 교사에게 말하는 것, 따돌림 당하는 아동을 포함시키는 것에 대해 토론하고 역할놀이를 하도록 한다(Pepler & Craig, 2007). 만약 아동들이 맞서는 것을 대안으로 제안한다면 폭력은 단기적인 효과는 있겠지만 장기적으로는 공격성을 증가시키고 중재한 아동을 위험에 빠뜨리며, 문제해결에 적절한 방법이라는 잘못된 생각을 강화하는 결과를 낳는다는 것을 이해할 수 있도록 도와야 한다(Hawkins et al., 2001).

비밀 엄수로 인해 오히려 지속적인 괴롭히기가 일어난다는 것을 강조하여 알려주고, 성인들이 도와줄 수 있다는 것을 강조해야 한다. 교사는 누군가 문제를 고자질하는 것과 문제를 이야기하는 것과의 차이가 다름을 분명하게 하여 괴롭힘에 관해 성인에게 말하는 아동을 격려할 수 있다. 괴롭힘에 대해 드러낼 때 그들을 항상 믿을 것이라는 것과 비밀 정보의 출처를 유지하기 위해 최선의 노력을 할 것임을 깨닫게 해야 한다. 결국 아동은 신중한 행동과 괴롭힘을 효과적으로 멈추기 위해 교사가 그들을 믿을 것이라는 확실한 느낌이 있어야만 괴롭힘을 보고할 것이다.

아동이 화장실, 놀이터의 격리된 지역과 같은 위험한 지점에서 괴롭힘을 인식하도록 도와야 한다. 만약 그들이 자신이 위험에 처했다는 것을 지각한다면 이런 위험을 피할 수 있을 것이고 친구와 함께 가거나 혹은 선생님이 볼 수 있는 거리에 있게 될 것이다. 이러한 지역에 대한 관리감독을 강화하는 것과 놀이터에 연령에 적합한 시설들을 구축하는 것(Swearer & Doll, 2001), 그리고 전통적인 비경쟁적인 게임을 구성하는 것도 도움이 될 것이며, 이로써 놀이터와 교실에서의 괴롭힘을 유의미하게 감소시킬 수 있다(Froschl et al., 1998). 더불어 교사는 아동이 안전하게, 개인적으로 괴롭힘을 말할 수 있도록 하는 시스템이 필요할 것이다.

가능하면 빨리 부모를 그 현장에 포함시키도록 하여야 한다. 부모가 괴롭힘과 학교의 규칙에 대해 더 많이 알수록 더 많은 지원을 해줄 수 있게 된다. 부모들을 포함시키는 한 가지 방법은 이들을 초대하여 괴롭힘에 관한 비디오를 보여주는 것이다 (427쪽 "참고문헌" 참조). 그다음 교사의 정책과 괴롭힘의 중요한 사실들을 말하고 이 주제에 대해 토론하도록 부모를 유도한다. 부모들이 가정에서 자녀와 이야기를 나누도록 돕기 위해서 비밀을 누설하는 것과 누군가를 위해 말하는 것의 차이, 방관자의 역할 그리고 어떻게 괴롭힘을 당하거나 따돌림 당하는 아동을 도울 수 있는지를 확실히 설명하도록 한다(Olweus, 1993).

무엇이 아동을 괴롭힘에 대처하도록 돕는가

연구자들은 아동이 괴롭히기로부터 피하고, 일어날 공격들을 멈추게 하며, 압도되는 것에 대처할 수 있게 하는 몇 가지 보호요인과 전략을 제시했다. 비록 신체적 힘과 지능과 같은 자연적인 능력이 보호를 가능하게 할지라도(Smith, Shu, & Madsen, 2001), 표적이 된 아동은 다양한 대응전략을 필요로 한다.

- 자아존중감. 자신에 대해 좋은 감정을 가지고 있는 아동은 괴롭힘을 효과적으로 방어할 수 있다(Egan & Perry, 1998). 자아존중감을 세우도록 아동의 강점을 찾고 격려하며, 그들이 자신의 성취에 자부심을 느낄 수 있는 많은 기회를 주라. 또한 또래와 함께 긍정적인 상호작용을 할 수 있도록 격려하고 강화하는 것이 특히 중요하다.
- 자기주장 기술. 아동들이 단호하게 반응할 때 괴롭히는 아동은 (괴롭힘을) 멈추거나 이동할 것이다. 자기주장 훈련은 아동이 자기통제, 자신감, 자아존중감을 습득하도록 도울 수도 있으며(Sharp & Cowie, 1994), 그것은 단지 괴롭힘을 당하는 아동에게만 도움이 되는 것은 아니다. 단호한 행동을 배우는 것은 아동이 또래 압력에 저항하고 괴롭힘을 피하도록 돕는 조력자와 강화자의 역할을 할 수 있도록 도우며, 괴롭힘에 대해서 방관하는 아동들이 방어자의 역할을 하도록 독려할 수 있다(Salmivalli, 1999). 이러한 그들의 태도와 행동의 변화는 괴롭히는 아동의 행동을 변하게 만들 수도 있다.
- 사회적 기술. 사회적 · 정서적 기술들은 집단 내에서 가치 있는 구성원이 되도

록 도우며, 괴롭힘의 대상에서 벗어날 수 있도록 돕는다(Egan & Perry, 1998; Perry et al., 2001). 이러한 기술 훈련은 방관하는 아동과 피해를 당하는 아동에게 도움이 되겠지만(DeRosier, 2004), 모든 것을 해결할 수 있게 하는 것은 아니다. 예를 들면 괴롭힘을 당하는 아동은 사회적 능력과 문제해결을 통한 괴롭힘 상황을 점차 감소시키는 데 필요한 지지적인 또래 집단이 거의 없다(Kochenderfer-Ladd & Skinner, 2002). 이것은 사회적 기술 훈련이 괴롭히는 아동에게 효과가 거의 없다는 것을 의미한다(Rigby, Smith, & Pepler, 2004). 사실 그것은 아동에게 감정이입을 가르치게 되는 경솔한 것이며, 그들의 사회적 선입견과 괴롭히는 기술을 북돋아주게 할 가능성이 높다. 몇몇 전문가들은(Sutton et al., 1999) 이러한 것들 대신에 도덕적인 이슈와 그들의 공격성에 대한 긍정적인 태도를 변화시키기 위한 노력에 초점을 맞출 것을 제안했다(Thompson & Grace, 2001).

- **협력 기술.** 괴롭히는 아동들은 감정이입을 잘하지 못하고, 괴롭힘을 당하는 아동은 내향적이며 또래들로부터 수용되지 못하기 때문에 이들은 모두 협력하지 못하는 경향이 있다(Rigby, 1998). 다른 사람들에게 협력적인 아동은 더욱 행복하고 인기가 있으므로 (협력 기술은) 우정을 만들고 괴롭힘을 막기 위한 가치 있는 기술이다. 협동학습 그룹과 또래교수와 같은 사회적 맥락과 기술들은 협력하기를 발전시킬 수 있다.

- **친구.** 좋은 친구를 갖는 것은 괴롭힘에 대한 강력한 방패가 되고(Boivin et al., 2001), 피해 아동이 될 가능성을 줄여주며, 정서적·행동적 문제로 괴롭힘을 당해온 아동에게 완충 역할을 해준다(Hodges et al., 1999). 그러나 연구자들은 아동을 보호해줄 수 없는 약한 친구는 괴롭힘의 위험을 더 증가시킨다는 것을 발견하였다(Bollmer, Milich, Harris, & Maras, 2005; Hodges et al., 1999). 교사들은 아동이 공격받게 만드는 것을 해결하고 감소시키기 위해 중요한 역할을 할 수 있다(Hazler & Carney, 2006). 교사는 아동이 친구를 만들고 아동 주변의 친구들이 그에게 다가올 수 있도록 도와줄 수 있는 협동학습 그룹 이용하기, 단짝 친구나 혼자 있는 아이를 위한 친구 그룹과 팀 만들기, 팀과 그룹, 좌석 선택하기와 같은 방침을 만드는 것을 사용할 수 있다(Pepler & Craig, 2007). 그러

나 교우 관계 내에서 괴롭힘은 일어날 수 있는 일이며, 힘의 불균형을 관찰하는 것이 중요하다는 것을 기억한다(Mishna, Scarcello, Pepler, & Wiener, 2005).

- 내적 통제. 아동은 자신의 성격 중 바꿀 수 없는 어떤 것이 자신을 표적으로 만든다고 생각할 때 무력감이나 실망감을 느끼고 포기하려고 한다. 그러나 아동이 자신의 생활을 통제할 수 있다고 믿을 때 아동을 변화시킬 수 있는 방법과 긍정적인 자기대화와 같은 구체적인 방법을 찾는 것을 도울 수 있다(Graham & Juvonen, 2001; Ladd & Ladd, 2001). 교사는 아동에게 책임감을 부여하고 성공의 기회를 제공해주며, 아동 스스로의 능력으로 생각하도록 격려함으로써 아동이 자기효능감을 발달시키도록 도울 수 있다(Doll, Song, & Siemers, 2004).

- 교사에게 말하기. 호주 연구에서 5~6세 유아가 자신이 괴롭힘을 당했다는 것에 대해 누군가에게 이야기할 때 괴롭히는 상황이 개선된다고 보고하였다(Rigby, 2002). 유아 이상의 아동에게는 괴롭히기를 무시하는 것이 더 효과적이다(Smith et al., 2001). 그러나 모든 연령의 아동에게 중요한 것은 괴롭힘을 성인에게 말하는 것이다.

이런 여러 가지 전략들은 제7장과 8장에 더 자세히 기술되었다. 역할놀이와 리허설은 그런 모든 것을 학습하기 위해 필수적이다. 증거에 기반한 괴롭힘을 반대하는 교육 과정 역시 도움이 될 것이다.

괴롭힘에 대한 반응

괴롭힘을 예방하고자 하는 교사의
노력에도 불구하고 괴롭힘은 여전
히 일어날 것이다. 괴롭힘이 발생
하기 전에 그 문제에 대한 교사의
느낌을 이해할 시간을 가지라. 만
약 교사가 어렸을 때 다른 아동을
괴롭혔거나 혹은 괴롭힘을 당했다
면, 느낌이 매우 큰 강도일지도 모
르기 때문에 그들을 이해하고 아동
이 경험하는 것으로부터 그들을 분

친구는 괴롭힘에 대한 강력한 방패가 될 수 있다.

리시키는 것이 중요하다. 괴롭힘의 상황에서는 명석한 생각과 위협적이지 않은 목
소리와 침착함을 유지한 몸짓언어가 필수적이다.

법에서는 무엇이라고 말하는가

연방법에서는 인종, 민족, 종교, 장애에 의한 괴롭힘뿐만 아니라 성희롱과 같은 가혹
행위를 금지하고 있다(American Association of University Women, 2004; U.S.
Department of Education, 2005a, 2005b). 게다가 대부분의 주와 학교 지역구에서는
괴롭힘을 반대하는 법안, 정책 또는 안전한 교육 환경을 제공하기 위한 전학 절차가
있다(U.S. Department of Education, 2005a, 2005b). 지역 법과 정책에서 요구하는
것이 무엇인지를 정확히 알고 있는 것이 중요하다.

교사는 괴롭힘에 어떻게 반응할 수 있는가

괴롭히기를 그만두게 하는 행동은 법적 의무 이상이며, 필수적인 것이다. 교사는 모든 아동들에게 괴롭힘에 대한 반응으로 '괴롭힘을 용납하지 않을 것이다.'는 메시지를 보내야 한다(Sullivan et al., 2004). 작은 사건이라 할지라도 그에 대해 반응을 하거나 처리하는 것은 괴롭힘을 단계적으로 방지하는 데 효과적인 도움이 될 것이다. 또한 즉시 중재한다. 언어적 공격이든 신체적 공격이든, 교실 밖에서의 공격이든 안에서의 공격이든 간에, 교사는 공격을 대체할 수 있는 다른 행동을 하라. 필요하다면 아이를 분리시키고, 괴롭히는 아동으로부터 보호하고, 지원하는 것을 알려주고, 단호하게 반응하게 하는 것은 아동에게 도움이 된다(Sharp & Cowie, 1994)("나의 역할은 모든 아이를 안전하게 만드는 것이고 괴롭히는 것은 좋지 않다. 아동에게 교사가 괴롭힘을 싫어한다는 것을 말하라."). 이것은 당신이 괴롭히고 있는 아동을 직접적으로 주시하지 않으면서 규칙을 말할 수 있게 한다. 다음으로 방관하는 아동에게 그곳을 떠나도록 요구하라. 그들의 존재가 괴롭히기를 독려하며, 공개적인 대면이 상황을 나쁘게 만들 수도 있다.

교사가 괴롭힘을 보지 못한다면 어떻게 할 것인가

아동은 자신이 목격하지 못한 괴롭힘에 대해 교사에게 말할 가능성이 더 높다. 교사는 직감으로 자신의 눈으로 그것을 볼 때까지 행동을 자제할 수도 있지만, 이것이 꼭 필요한 것은 아니다. 아이들은 괴롭히기에 대해 거짓말을 만들어내지는 않는다(Pepler & Craig, 2000). 괴롭힘의 대상이 아닌 아동이 교사에게 말하는 것은 쉽지 않은 일이다. 만약 그 아동이 교사에게 말한 것을 괴롭힌 아동이 알게 된다면, 괴롭히기가 확대되고 더욱 퍼질지도 모른다(Smith & Shu, 2000). 교사가 무슨 일이 일어나고 있는지 알았다면 괴롭히는 사람으로부터 아동을 보호할 수 있는 행동을 취하고, 아동 자신이 스스로 보호할 수 있도록 도울 수 있다.

교사는 무슨 일이 일어났는지도 모를 수 있다. 중요한 것은 괴롭히기가 발생했고, 언제 어디에서 일어나고 있으며, 관련된 사람이 누구인지를 알고 있는 것이다. 교사는 가까운 곳에서 감독하고 전체 집단과 함께 작업을 강화하여 예방할 수 있다.

괴롭히기에 포함된 아동에게 무엇이라고 말할 것인가

괴롭히기에 대해 알고 난 다음에는 무엇을 해야 하는가? 현재 전문가들의 의견은 서로 다르다. Pepler와 동료들(2004)은 판단은 문제에 대한 교사의 인식에 달려있다고 지적했다. 괴롭히는 아동의 공격적인 행동이 문제라고 생각한다면 교사는 아마도 해당 아동과 일대일로 만나서 아동의 행동에 대한 일련의 결과들을 논의할 것이다. 그러나 괴롭히기가 집단역학의 문제라고 생각한다면 교사는 집단해결을 더욱 선호할 것이다. Olweus(1993)는 첫 번째 관점에 더 많은 비중을 둔다. 그는 괴롭히는 아동과 당하는 아동 모두와의 '진지한 논의'를 권고하고 대화가 제대로 이루어지지 않으면 제재할 것을 권고한다. 다른 연구자들은 '발달에 중요한 결과들'을 선호하고, 교육방법의 전문가들은 여전히 집단은 중재의 대상이라고 보며 어떠한 처벌도 동의하지 않는다. 많은 연구자들이 두 가지 행동을 모두 해야 한다고 조언한다 (Farrington & Ttofi, 2009; Salmivalli, 2010; Smith et al., 2004).

표적이 된 아동과 이야기하기

교사의 철학적 관점이 어떠하든지 상관없이 교사는 피해 아동과 이야기해야 한다. 가능하다면 교사는 괴롭힘을 당한 아동에게 말하기 전에 옆에 앉도록 한다. 그 아동에게 자신이 안전함을 느낄 권리가 있음을 말해주고 교사가 보호할 것이며 지원할 것임을 분명히 밝힌다(Pepler & Craig, 2000). 무엇이 일어났는지에 대해 이야기하는 것을 적극적으로 듣고 개방형 질문을 사용하며, 괴롭히기가 그 아동의 잘못이라고 하거나 그럴만하다는 식의 말을 하지 않도록 주의한다. 아동의 관점에서 이 상황은 교사와는 다를 수 있으며, 교사가 알고 있는 것보다 더 큰 고통을 받았을 수도 있다. 아동의 관심과 감정을 주의해서 듣고, 공감이 도움이 된다는 것을 기억하도록 하고, 경시하거나 무시하는 태도는 상황을 악화시킬 수 있다는 것을 생각해야 한다(Mishna et al., 2005).

함께 상황을 완화시킬 생각들을 나눈다. 그 아동에게 단호한 반응을 생각하게 하고, 괴롭히기가 일어날 것 같은 장소를 피하라고 제안해주고, 자신을 안전하게 느끼도록 돕고, 혼자 있는 시간을 적게 해줄 친구를 선택하도록 도움을 준다(Pepler & Craig, 2000). 아동이 이러한 계획들을 실천할 수 있도록 교사가 도울 것이라는 것을 아동에게 다시 한 번 확인시켜야 한다. 만약 그 아동이 충동적이고 까다로운 행

다른 유아를 괴롭힌 경험이 있는 유아와 이야기할 때에는 통제적인 언어와 방법을 피한다. 그러한 방법들은 역효과를 낼 것이다.

동과 자신의 정서조절 부족이 괴롭힘을 일으키는 '괴롭히기의 피해자' 처럼 보인다면, 그 아동의 행동 이면에 있는 이유들을 이해하도록 노력하며, 아동의 자아존중감, 소속감 그리고 정서조절 기술을 향상시키도록 아동과 관계를 맺는다.

표적이 되어온 아동에게 아동의 부모에게 그 사실을 말할 것임을 말하는 것도 중요하다. 부모가 무슨 일이 일어나고 있는지 알면 아동을 도와주고 싶어 할 것이며, 그러면 안전할 것이라고 설명해야 한다. 만약 아동이 이의를 제기한다면 아동이 그 생각을 수용하도록 격려해야 하지만, 결국 교사는 아동의 허락이 없어도 아동의 이해와 함께 나아가도록 추진해나가야 할 것이다.

괴롭히는 아동과 이야기하기

괴롭혀왔던 아동과 대화하는 것은 쉽지 않다. 아동이 교사의 감정을 자극하거나 잘못된 행동을 부정할 수 있기 때문에 아동을 존중해주고 판단 없이 이야기를 잘 들어주는 것이 중요하다. 만약 아동이 그룹에 속해있다면 개별적으로 이야기할 시간을 계획한다. 그래서 모든 아동이 똑같은 대답을 하거나 집단행동을 할 기회를 갖지 않게 한다.

이야기의 목표는 괴롭히기가 수용할 수 없는 것이며 멈추어야 한다는 메시지를 전달하는 것이다. 단정적인 어투는 멀리하고 적개심, 공격성, 빈정거림, 위협, 창피 주기와 같은 방법을 피한다. 괴롭히는 아동들은 말대답을 하거나 괴롭힘을 정당화시키며 회피하기 위한 주장을 내세운다(Sharp & Cowie, 1994; Sharp, Cowie, & Smith, 1994). 그 대신에 조용히 그 아동의 수준에 맞게 사적인 장소에 앉아서 규칙을 상기시켜 준다(괴롭힘을 반대하는 것에 대한 특별한 규칙이 없더라도 존중, 보살핌, 타인을 해치지 않기 등과 같은 규칙들은 있을 것이다.). 그 아동의 행동이 타인에게 어떠한 영향을 주는지에 대해 이야기하고 교사가 부모를 만날 것임을 말한다.

괴롭히는 아이와 일대일 시간을 보내는 것은 매우 중요하다. 긍정적인 관계는 괴롭히는 아동의 행동 이면에 있는 이유를 찾아내어 리더십 능력으로 인식을 전향하는 것과 같이 강점에 초점을 맞추고 아동을 이해하는 데 도움이 될 수 있으며, 아동의 요구를 충족시킬 긍정적인 대체행동을 생각해내는 데 도움이 될 수 있다. 심리학자 Orpinas와 Horne(2006)은 이에 대해 다음과 같은 제안을 만들었다.

- 요청하기 같은 접근방법을 수립하라. "나는 무슨 일이 있는지 너와 이야기하고 싶고 문제에 대한 너의 생각을 듣고 싶어(p. 193)."
- 인격적으로 대우하고 존중하라. 괴롭히기로 문제를 일으키는 학생들의 행동을 수치스럽다고 여기도록 한다. 그것은 더불어 그들이 존중하는 것을 중요하게 생각하게 할 것이다.
- 이해는 하되 승인하지는 말라. 아동의 관점에서 이해하려고 노력해야 하지만, 부적절한 행위를 인정하는 듯한 인상을 주는 것은 피해야 한다. "우리는 그들을 좋아하지 않더라도 교사의 분노를 관리할 수 있는 다른 방법과 다른 학생을 용인할 수 있는 방법을 찾아야 한다(p. 194)."
- 아동과 부모가 최선을 다하고 있다는 것을 수용하라. "나는 네가 지금 최선을 다하고 있다고 생각해. 그런데 네가 했던 방법이 생각대로 잘 되지 않았다면 다른 사람과(친구, 교사 등) 새로운 방법을 찾는 시간을 갖는 게 좋을 것 같아(p. 195)."

괴롭히는 아동에 대한 조치가 있어야 하는가

많은 전문가들은 괴롭힘에 대한 체벌이 심각한 괴롭힘 문제를 가지고 있는 아동을 막지 못하며 체벌은 변화를 지속시키지 못할 뿐 아니라 더 심각한 공격성을 이끈다고 믿는다. 괴롭히는 아동은 자신이 처벌받는 것에 대해 표적 아동에게 비난할 것이며 보복하려 할 것이고 새로운 위협거리를 찾으려 할 것이다(Robinson & Maines, 2000). 처벌은 또한 괴롭히기가 힘 있는 사람을 수용함을 가르친다. 정학이나 퇴학 같은 심각한 처벌은 따돌림을 공개하거나 괴롭히기 상황에 개입하여 아동을 억제하기 때문에 전문가들은 그것의 사용을 반대한다(U.S. Department of Education, 2010).

Olweus(1993)는 괴롭히는 아동에 대한 조치를 그 아동과의 진지한 대화로 간주하였고, 몇 가지 다른 관습적인 제재, 예를 들면 교장선생님 방에서 시간 갖기 등을 제안하였다. 어떤 학교들은 앞으로는 괴롭히지 않겠다고 약속하고 계약을 어길 때의 결과를 이해하는 행동계약을 사용하기도 한다(O' Moore & Minton, 2004). Pepler와 Craig(2000)는 '발달에 중요한 결과(formative consequence)'를 더 선호하며, 이것은 감정이입과 지각하기, 사회적 기술을 가르치고 괴롭히기가 수용될 수 없다는 메시지를 전달하며 아동이 자신의 행동에 민감해지도록 만든다. 발달에 중요한 결과는 잔인한 방법으로 행동하는 아동이 자신의 행동을 수정하도록 돕고 좀 더 친절하게 타인을 대하는 것을 배우게 한다. 이런 접근은 괴롭히는 아동이 '그들의 부정적인 힘과 지배력을 긍정적인 리더십으로 전환'하게 한다(Pepler & Craig, 2000, p. 19). Coloroso(2002)도 괴롭히는 아동에게 책임감을 갖게 하고, (학급에) 기여하게 하고, 그들 자신의 능력으로 긍정적인 결과를 만들 기회를 주어야 한다고 하였다.

Rigby(1998)는 괴롭히기에 동참한 아동들에 대한 이해를 바탕으로 존경하고 인간적인 방법을 선호한다. 그들은 유심히 듣고, 쌍방적 대화를 해야 하며, 영국의 Robinson과 Maines(2000)가 제안한 지지그룹지원(support group approach)이나 스웨덴의 Pikas(1989)가 개발한 관심 공유하기(method of shared concern)와 같은 기술을 사용할 것을 제안한다.

이러한 중재는 괴롭힘을 단계적으로 줄이고 방어할 수 있는 설계로, 괴롭히기의 영향에 초점을 맞추고 괴롭히는 아동을 좀 더 긍정적으로 전향시킨다. 문제의 해결을 위해 표적이 되었던 아동의 일부 지지자뿐만 아니라 괴롭힌 아동들을 포함한 모임을 조직한다. 이 모임의 목적은 아동들이 서로 공감대를 형성할 수 있도록 하고 문제를 해결할 수 있는 것이 무엇인지 심사숙고하도록 하며, 괴롭히는 집단으로부터 벗어날 수 있도록 돕는 것이다(Smith, Cowie, & Sharp, 1994). 모임은 해결책을 찾는 것에 대한 책임을 지게 되고, 구성원들의 자아존중감을 향상시키게 되며, 집단 내 권력 구조에 미묘한 변화가 생기게 되고, 평온한 상태를 유지하고 이끌어가기 위한 좀 더 친사회적인 방법을 찾고자 노력하게 된다(Sullivan et al., 2004; Young, 1998).

후속 조치

감독자 혹은 교장과 즉시 상담한 후 가능하면 빨리 사건에 관계된 아동들의 부모와 만날 약속을 하고 동시에 괴롭힘을 당하고 있는 아동을 주의 깊게 관찰한다. 교사의 학급에 있는 가구들을 재배치하여 교실의 모든 구석을 다 볼 수 있게 하고, 일정을 바꾸어서 아동들이 휴게실이나 화장실에 갈 때 성인이 감독할 수 있도록 한다. 전체 집단을 대상으로 괴롭힘을 반대하는 활동을 확실히 시행하는 것은 중재의 효과를 증가시킬 것이다.

부모와 협력하기

괴롭힘에 대해 부모와 반드시 이야기해야 한다(Pepler & Craig, 2000). Olweus (1993)는 교사가 "괴롭힘이 일어난 것으로 약간 의심이 된다."라고 했을 때조차도 부모는 자신의 자녀가 개입되어 있으면 괴롭히기 문제에 대해 알고 싶어 한다는 것을 발견했다(p. 95). 교사와 부모가 함께 일하는 것은 아동을 위한 가장 좋은 방법이다. 교사는 가능한 한 빨리 아이들과 관련된 이야기를 나누고, 부모와는 각각의 그룹으로 개별적 만남을 가질 수 있도록 준비한다(제12장 참조). 교사가 부모와 만나는 것이 일반적인 과정이라고 하더라도 괴롭히기는 특별한 경우이다. 괴롭힘에 인내해온 아이의 부모들은 감독자나 교장의 존재로 인하여 안심할 것이다. 그리고 괴롭히는 아동의 부모들과 함께 이야기를 할 때 좀 더 편안한 지원의 느낌을 받을 수 있다.

아동은 괴롭힘에 대해 숨기기 때문에 부모들은 괴롭힘에 대해 아무것도 모를 수 있다(Pepler & Craig, 2000). 괴롭힘을 당한 아이는 아마도 그것에 대해 이야기하는 것이 창피할 것이고, 그의 부모가 개입하여 상황을 더 나쁘게 만들게 될 것을 걱정했을 것이다. 괴롭힘에 대해 알게 되면 부모는 놀라게 되고 왜 자녀가 학교버스를 타지 않으려고 하거나 전혀 학교에 가지 않으려고 했는지 그 이유를 알게 된다. 그러나 이런 소식을 듣게 되면 부모는 화가 나기 쉽고 당황하게 되고 무력해지고 적절한 감독을 하지 못한 자기 자신과 학교를 탓하게 된다. 그들은 즉시 조치를 취하기를 원하며 체벌을 원할지도 모른다(Pepler & Craig, 2000).

때때로 흥분하고 걱정하는 부모들은 교사에게 괴롭힘에 대해 공식적으로 알리려고 할 것이다(Ziegler & Pepler, 1993). 만약에 교사가 그 상황에 대해서 이제 막 알기 시작했다면 교사는 많은 피드백을 제공할 수 없고, 다시 한 번 가족들은 교사의 무관심을 무능력으로 해석하고 화를 낼 것이다. 이러한 상황에서 교사라는 직업의 역할은 들어주고, 공감을 표시하고, 부모들에게 문제의 심각성을 알려주는 것이다. 괴롭힘을 반대하는 정책을 설명하고, 학교를 아동에게 안전한 장소로 만들기 위해 함께 일하기를 원한다고 부모들에게 이야기한다(Suckling & Temple, 2002).

괴롭힘을 당하는 아동의 부모는 심각한 벌을 주는 것이 정당하고 필수적이라고 믿고 압박할 것이다. 그러나 일반적으로 그들이 이러한 자세를 취하는 것은 괴롭힘을 멈추게 할 다른 방법을 모르기 때문이다(Young, 1998). 영국에서는 어려운 괴롭힘의 사례에 지지그룹지원을 사용했는데, Young(1998)은 부모들이 실제로 벌을 주는 것보다 효과적인 결과에 더 많은 관심을 가진다는 것을 발견했다.

만약 교사가 눈으로 직접 괴롭히기를 목격하지 못했다면 괴롭힘이 의심될 때마다 부모들과 함께 이야기하는 것이 교사의 정책이라고 말하라. 괴롭힘을 당하는 아이들이 꾸며서 이야기하는 것은 드물다는 것과 어떤 중재를 하더라도 그들이 협력을 하면 더 효과적이라는 것을 인식하게 한다.

문제에 개입된 아동의 부모들을 개별적으로 만날지라도 모든 가족에게 다음과 같은 세 가지 전략을 명심하도록 하는 일이 매우 중요하다.

- 교사가 그들의 자녀를 돌보고 있다는 것과 도우려고 노력하는 중이라는 것을 알게 하라.
- 비난하거나 논쟁하는 일을 피하라. 부모들의 관심에 주의를 기울이고 그들의 시각에서 사물을 바라보도록 노력하라. 그리고 그들이 심지어 교사를 공격하더라도 그들과 다투지 말라.
- 교사가 문제를 해결해야 한다는 것과 문제해결의 최선의 방법은 부모들의 협조를 구하는 것임을 명심하라. 적극적인 역할을 하는 부모들은 덜 화내고 덜 불안해하고 무력감을 덜 느낀다. 그들이 자기 자녀를 도울 수 있다는 것과 교사가 아동의 강점을 정의하는 것을 도울 수 있음을 깨닫도록 확신을 주고 교사의 노력을 가정에서도 강화시킬 수 있도록 전략을 설명하라.

또 다른 방법으로 부모와 교사가 대화하는 방법은 꽤 다양할 것이다. 괴롭히는 아동의 부모는 문제가 있다는 것을 부인하려고 하거나 괴롭히기를 자연스러운 성장 과정의 일부분으로 보려고 할 것이다. 괴롭히기는 수용되고 아니고의 문제가 아님을 확고하게 이해시킨다. 만남의 목적은 공동의 입장을 찾고 괴롭힘을 멈추게 하기 위한 전략을 모색하는 것이다. 모든 학생에게 안전하고 보호적인 환경을 만들기 위한 학교와 교사의 정책을 설명한다(Pepler & Craig, 2000). 자녀가 한 일을 간략히 말하면서 아이들 자체가 아니라 그 아이들의 행동이 수용될 수 없다는 점을 확실히 강조한다. 그 아동의 긍정적인 측면을 말하는 것도 기억하도록 한다. 동시에 교사의 기대와 교사가 받아들일 수 있는 행동에 대해 설명하고 표적이 되었던 아동과 관심을 공유하도록 노력한다. 그들의 생각을 들어보고 함께 계획을 세운다. 긍정적인 마음을 갖도록 노력한다. 모든 부모들은 궁극적으로 자녀가 성공하기를 바란다.

괴롭힘을 당한 자녀의 부모들은 죄의식을 느끼거나 자녀가 스스로 맞서지 못한 것에 대해 당황스럽게 생각할지도 모르며, 교사가 그 아동을 과잉방어한다고 비난했을 것이라고 생각할지도 모른다. 부모가 어렸을 때 괴롭힘을 당했다면 그들의 느낌은 과장될 것이다. 그리고 부모들은 교사에게 자기 자녀가 상처받도록 방치했다고 화를 낼지도 모른다(Pepler & Craig, 2000). 공감하기로 그들의 관심에 주의를 기울이고, 교사의 반괴롭힘 정책에 대해 설명하고 교사가 그들의 자녀를 보호하기 위해 어떠한 일을 하는지와 학급의 모든 아동을 대상으로 괴롭힘에 대한 교육을 실시하고 있다는 것을 이해시킨다. 아동이 미래에 괴롭힘의 대상이 되지 않도록, 아동이 자기 자신을 옹호할 수 있도록 교사와 부모가 함께할 수 있는 일을 논의해야 한다. 교사가 만든 계획을 아동에게 알리는 것도 기억해야 한다. 양쪽의 부모 모두에게 전화로 접촉을 계속할 것이라는 것과 언제든 부모가 전화하는 것도 환영한다는 점을 알리도록 한다.

괴롭힘은 오랫동안 지속되어온 것이지만 연구자들이 연구하기 시작한 것은 최근의 일이라는 것을 기억하는 일은 중요하다. 많은 진보가 있었으나 이 고통스러운 문제에 대한 명확한 해답을 찾는 데에는 더 오랜 시간이 걸릴 것이다. 우리는 지금까지 약간의 지식과 최선의 실제들을 보여주었지만 이 영역은 빠르게 발전하고 있어서 최근 연구문헌들은 교사가 괴롭히기 문제를 다루게 될 때마다 좋은 생각을 제공해 줄 것이다. 아동이 어릴수록 적절히 행동하는 방법을 가르치는 일이 더 수월하며 아동과 사회를 위한 결과도 더 좋다. 아동의 나이에 관계없이 이 문제에 대한 가장 효과적인 도구는 긍정적이고 정서적인 상호작용이다.

생각해볼 문제

1. 과거의 경험이 괴롭히는 아동, 괴롭힘을 당하는 아동, 방관하는 아동에 대한 당신의 태도에 어떠한 영향을 미쳤는가?

2. 제7장과 8장에서 당신이 배운 예방이 당신이 지금 알게 된 괴롭히기와 어떻게 연관이 되는가?

3. 괴롭히는 아동의 행동, 희생자 아동의 행동, 방관자의 행동 중에서 당신이 생각하는 어떤 행동이 가장 변하기 어려운가? 왜 변하기 어려운가?

4. 이 장에서 당신이 읽은 것에 기초하여 괴롭히기를 다루는 가장 좋은 방법은 무엇이라고 생각하는가? 당신은 괴롭히기를 하는 아동, 당하는 아동, 방관하는 아동에게 어떻게 반응하겠는가?

5. 괴롭히기 사건이 발생했을 때 부모를 참여시키는 것은 왜 중요한가?

참고문헌

Education Development Center. (2008). Eyes on bullying. www.eyesonbullying.org

Garrity, C., Jens, K., Porter, W., Sager, N., & Short Camilli, C. (2000). *Bully proofing your school: A comprehensive approach for elementry schools*(2nd ed.). Longmont, CO: Sopris West.

Olweus, D. (1993). *Bullying at school: What we know and what we can do*. Malden, MA: Blackwell.

Operation Respect. (n.d.). *Don't laugh at me* [Video]. http://operationrespect.org/curricula/index.php

Page, M. (Producer), & Perlman, J. (Writer/Director/Animator). (2000). *Bully dance* [Video]. National Film Board of Canada. (Available from National Film Board of Canada, 1123 Broadway, Suite 307, New York, NY 10010; 1-800-542-2164; Fax 1-866-299-9928. www.onf-nfb.gc.ca/eng/collection/film/?id=33918)

Pepler, D. J., & Craig, W. (2000). *Making a difference in bullying*. Toronto: Lamarsh Centre for Research on Violence and Conflict Resoultion, York University, Report No. 60. www.yorku.ca/lamarsh/pdf/Making_a_Difference_in_Bullying.pdf

Rigby, K. (2002). *New perspectives on bullying*. London, UK: Jessica Kingsley.

U.S. Department of Education, Office of Safe and Drug Free School. (2010). *Exploring the nature and prevention of bullying*. Online workshop. www2.ed.gov/admins/lead/safety/training/bullying/index.html

부록 A
자기점검 목록

자기점검 목록(제7, 8장)

사회적 맥락

내용	항상 한다	때때로 한다	전혀 하지 않는다	하고 있는 것	앞으로 해야 할 것
나는 배려하고, 도움이 되며, 통합적으로 지낼 수 있도록 하는 역할 모델이다.					
나는 유아들을 위해 서로를 알아갈 수 있는 기회를 제공한다.					
나는 존중과 애정을 가지고 유아를 대한다.					
나는 유아에게 해야 할 것과 하지 말아야 할 것을 이야기해준다.					
우리 학급에는 유아와 함께 긍정적으로 정한 3~5개의 규칙이 있으며 이를 일관되게 적용한다.					
나는 협력을 증진시키고 그룹으로 함께하는 과제나 놀이를 격려할 수 있는 자료와 활동을 제공한다.					
나는 자주 학급 회의를 연다.					
나는 유아들이 자신과 타인의 감정을 이해할 수 있도록 도와준다.					
나는 유아에게 문제를 해결하는 방법을 가르치고 갈등을 해결하기 위한 기술을 사용할 것을 격려한다.					

출처 : the DECA Program, Devereux Foundation (1999). Used with permission of DECI, The Devereux Early Childhood Initiative.

물리적 공간

내용	항상 한다	때때로 한다	전혀 하지 않는다	하고 있는 것	앞으로 해야 할 것
교실은 유아의 가족, 문화, 모국어를 반영하고 있다.					
유아의 결과물은 유아의 눈높이에 맞게 게시한다.					
활동 영역은 유아의 현행 수준과 관심을 반영한다.					
활동 영역과 진열대는 잘 조직화되어 흥미롭고, 쉽게 접근할 수 있고, 체계적으로 배치되어 있다.					
영역 간의 경계는 분명하며 잘 배치되어 있다.					
한 영역에서 유아의 수를 조절하는 방법이 있다.					
대그룹 활동을 위한 넓은 공간이 있다.					
장난감과 자료는 유아의 흥미, 능력, 문화, 기질 및 발달 수준에 적합하다.					
유아들이 선택할 수 있는 다양하고 충분한 수의 장난감이 있다.					
촉각 경험을 할 수 있는 찰흙, 모래 또는 물놀이가 항상 준비되어 있다.					
각 유아마다 사물함이 있다.					
편안한 휴식 공간이 있다.					
하루 일과 동안 편안한 분위기가 유지된다.					
유아들이 학급에 대해 책임감을 가진다.					
1~3학년					
책상은 협력적으로 할 수 있도록 배치되고 모든 학생이 칠판을 볼 수 있다.					
쉽게 주의가 산만해지는 학생은 창문, 문 그리고 연필 깎기 영역에서 멀리 떨어져 앉는다.					

출처 : the DECA Program, Devereux Foundation (1999). Used with permission of DECI, The Devereux Early Childhood Initiative.

일과와 전이

내용	항상 한다	때때로 한다	전혀 하지 않는다	하고 있는 것	앞으로 해야 할 것
조용한/활동적인 시간, 실내/야외활동, 소그룹/대그룹 활동, 교사/아동주도 활동의 균형 맞추고, 이러한 활동은 예측 가능하다.					
그림이 포함된 하루 일과표가 게시되어 있다.					
등원, 전이, 화장실 가기, 교실 이동하기, 청소하기, 점심 시간, 하원 등 하루 일과를 가르친다.					
유아들에게 하루 일과를 상기시키고, 아이들은 규칙적으로 실행한다.					
필요에 따라 소그룹으로 나눈다.					
더딘 유아들에게 더 많은 시간을 준다.					
흥미로운 활동으로 아동의 관심을 지속시키고 적극적인 참여를 유도하며 피드백을 자주 제공한다.					
지속적으로 교실을 점검한다.					
활기찬 교실을 유지한다.					
유아의 개별적 요구에 맞는 다양한 전략을 사용한다.					

출처 : the DECA Program, Devereux Foundation (1999). Used with permission of DECI, The Devereux Early Childhood Initiative.

교수전략

내용	항상 한다	때때로 한다	전혀 하지 않는다	하고 있는 것	앞으로 해야 할 것
수업에 계획을 세우기 위한 아동의 능력, 관심, 준비도, 학습방법, 문화를 평가한다.					
사전 학습 내용을 활용하여 수업을 시작한다.					
수업은 필수적인 것(모든 유아가 배워야만 하는 것)에 초점을 맞추고 유아들이 이해하도록 다양한 방법을 제공한 후 평가한다.					
융통성 있게 그룹을 구성하고 다양한 교수전략을 사용한다.					
유아들이 의미 있는 선택을 할 수 있도록 기회를 제공한다.					
하루 일과 중 특히 자유선택활동에서 다양한 수준을 제공한다.					
매일 40~60분의 놀이 시간을 계획한다.					
놀이의 내용을 확장하고, 다양한 방법으로 소품과 장난감을 선택할 수 있는 주제를 제공한다.					
유아들에게 높은 기대치를 가진다.					
1~3학년					
아동들에게 배울 내용에 대해 설명한다.					
관심을 유지하기 위해 교수방법을 조정한다.					
하루 일과에 적극적인 참여와 활동을 위한 많은 기회를 제공한다.					

출처 : the DECA Program, Devereux Foundation (1999). Used with permission of DECI, The Devereux Early Childhood Initiative.

기능평가 관찰 양식 이해하기

O'Neill과 동료들(1997)은 기능평가 관찰 기록을 위한 양식을 개발했다. 기능평가 관찰 양식은 '문제행동 사건(problem behavior event)'을 조직화한 것이다. 한 사건은 몇 초간 지속되는 한 가지 문제행동일 수도 있고(재즈민이 라이앤을 찼다.), 여러 가지 문제행동(차기, 비명, 소리 지르기)을 포함하기도 한다. 첫 번째 문제행동이 시작될 때 사건이 시작되고, 다른 문제행동 없이 3분이 경과되면 끝난다.

  기능평가 관찰 양식을 통해서 다음과 같은 것을 볼 수 있다.

- 문제행동 사건의 횟수
- 함께 발생한 문제행동
- 문제행동이 가장 많이 또는 가장 적게 발생한 시간
- 선행사건
- 행동의 기능에 대한 교사의 인식
- 후속결과

  설명에 따른 두 가지 관찰 양식을 찾을 수 있을 것이다. 첫 번째 양식은 제10장에서 제시된 재즈민의 행동을 관찰하여 작성한 것이며, 두 번째 양식은 나중에 사용하

이 장은 O'neill/Horner/Albin/Sprague/Storey/Newton. *Functional Assessment and Program Development for Problem Behavior*, 2/E에서 발췌함. © 1997 Wadsworth, a part of Cengage Learning, Inc.의 허락하에 게재함. www.cengage.com/permissions

기 위해 공란으로 되어있다. 양식은 다음과 같이 8가지 영역으로 구성되어 있다.

A. 맨 윗부분에 아동의 이름과 관찰 날짜를 기록한다. 하루 이상이나 며칠 동안 관찰한 것을 기록하기 위해 이 양식을 사용할 수 있다.

B. 세로단 왼쪽 맨 끝은 하루 일과 시간이나 구체적인 활동 시간을 나타낸다(9 : 00~ 9 : 20 대그룹 활동). 예를 들어 교사가 낮잠 시간보다 대그룹 활동에서 문제행동의 가능성이 더욱 예측된다면 표의 간격을 다른 크기로 배열할 수 있다.

C. '문제행동'으로 이름 붙인 위치에 교사가 관찰하고자 하는 행동(팀에서 의논하거나 인터뷰를 통해 확인된 것)들을 적는다. 한 장면에 함께 발생한 행동을 알아내기 위하여 각각의 행동을 구분하여 기록한다.

D. 날짜가 기록된 부분 하단에 즉각적으로 문제행동 이전의 선행사건을 기록할 수 있는 공간을 둔다. 다시 교사는 다른 팀원들에게 이러한 과정을 설명한다. 요구/요청, 어려운 과제, 전이, 방해, 무관심과 같이 가장 공통적인 것은 이미 적혀있다. 만약 다른 선행사건을 포함시키고자 한다면 빈칸에 적는다. 특정 활동이나 과제, 소란스러운 환경, 또래나 성인의 존재와 같은 (일어날 수 있는) 가능한 일은 행동에 영향을 끼칠 수 있다.

E. 이 행들은 문제행동의 기능에 관한 교사의 인식에 대한 것이다. 행동이 어떠한 목적으로 아동에게 제공되는가? 재즈민은 무언가를 얻거나 회피하였는가? 혹은 자극의 수준이 변경되었는가? 왜 재즈민이 이러한 방법으로 행동하였다고 생각하는가? 책에서 제시되었던 기능은 이미 나열되어 있으며, 빈 공간에는 교사가 인터뷰와 토론을 통해 얻게 된 추가 기능을 기록할 수 있다.

F. 이 행은 후속결과에 대한 것이다. 행동 뒤에 따르는 것은 무엇인가? 교사는 목록을 작성할 때 실제로 가장 빈번하게 발생하는 후속결과를 빈칸에 채우도록 한다. 재즈민의 행동을 무시할 것인가, 행동을 변화시킬 것인가? 타임아웃을 할 것인가? 재즈민이 세발자전거를 획득했는가? 다른 아이들이 웃었는가? 결과를 관찰하면 재즈민이 행동을 통해서 무엇을 얻었는지 정확하게 판단할 수 있으며 행동의 기능에 대한 보다 많은 정보를 수집할 수 있다. 예를 들어 만약 교사가 활동을 하기 싫어하는 아동에게 타임아웃을 사용하면 결과적으로 문제행동을 강화하게 될 것이다.

G. 오른쪽에 있는 마지막 항목은 의견이나 머리글자에 대한 것이다. 관찰하는 동

안에 기록한 각 머리글자가 무엇을 의미하는지에 대해서 확실하게 해두어야 하며 이는 행동에 대한 자세한 기록 없이도 머리글자를 보고 관찰한 내용을 이해할 수 있어야 하기 때문이다.

H. 마지막으로 맨 아래 줄에 있는 '사건'과 '날짜'에는 사건의 수와 관찰한 날짜를 기록할 수 있으며 다음 절에서 어떻게 기록하는지에 대해 설명한다.

기능평가 관찰 양식의 사용

문제행동이 처음 발생하면 그날 바로 '문제행동' 칸에 숫자 1을 적는다. 행동을 지속적으로 관찰함으로써 '선행사건', '문제행동의 기능' 그리고 '후속결과'에 해당하는 칸에 1을 적는다. 마지막으로 '사건' 칸에 적혀있는 숫자 1을 하나씩 지운다. 두 번째 행동이 발생했을 때 2를 적고 '사건' 칸에 있는 숫자 2를 하나씩 지운다.

마지막 날에는 '사건' 칸에 지운 숫자 밑에 선을 긋고 날짜를 적는다. 지운 숫자들은 하루 동안 얼마나 많은 행동이 발생했는지 보여주며 사건의 빈도를 비교할 수 있게 해준다.

이 양식은 적절한 행동을 관찰하고 기록할 때에도 사용할 수 있다. 이렇게 양식을 사용하여 관찰하는 것은 유아의 선호도와 강점이 무엇인지 발견할 수 있게 해주며 유아의 행동지원 계획을 수립하는 데 중요한 정보가 된다.

관찰 동안에도 교사의 도움이 필요한 유아에게는 항상 지원을 해주어야 한다.

기능평가 관찰 양식(예시)

출처 : O'neill/Horner/Albin/Sprague/Sotrey/Newton. Functional Assessment and Program Development for Problem Behavior, 2/E. © 1997 Wadsworth, a part of Cengage Learning, Inc. Reproduced by permission. www.cengage.com/permissions

Ⓐ 이름 : 재즈민

시작 날짜 : 11/10, 수요일   마지막 날짜 : 11/12/2010

Ⓑ 하루 일과 및 활동 시간 / Ⓒ 문제행동 / Ⓓ 선행사건 / Ⓔ 문제행동의 기능 / Ⓕ 후속결과 / Ⓖ 비고 / Ⓗ

Ⓑ 하루 일과 및 활동 시간	Ⓒ 문제행동 발로 차기	때리기	예절	침 뱉기	Ⓓ 선행사건 여가/여흥	어려운 과제	전이	혼자놂	마침점	지나친 관심	Ⓔ 획득 관심	신체어 더 많/적음	더 많은이/적이 자극	Ⓔ 회피 여가/여흥	어려운	사람	Ⓕ 타임아웃	훈계	교사 열중 상기	마침	Ⓖ 비고
8~8:45 자유놀이	3	1,2 11,18					4,5 12 13		2,3 11,18	1	2,3 11 18							1,2 11	3 18		D-10/10 D-10/11 D-10/12
8:45~9 정리 시간	4 12								5 12					4 13			5	4,12	13		M-10/10 M-10/11 G-10/12
9:30~10:15 블럭놀이																					M-10/10 D-10/11 G-10/12
11:15~12 바깥놀이/정리	6 / 15	14 19 / 7			19		7 15	6 14	6		6 14 / 15			7	19		15	6 14	7		M-10/10 M-10/11 G-10/12
12~12:30 점심 시간																1					G-10/10 G-10/11 G-10/12
2:45~3 그룹활동	20	8 20			20				8		8			20			20	16	8		M-10/10 M-10/11 M-10/12
3:15~4 자유놀이	21	10 16 17	9						9 10 16 17 21		9 10 16 17 21			17 21					10	9	L-10/10 L-10/11 G-10/12
4~4:15 정리 시간	7	14	1		2		6		12	1	15			5	4	1	5	8	7	1	
합계	7	14	1		2		6		12	1	15						22 23 24 25			25	

Ⓗ 사건 : 1 2 3 4 5 6 7 8 9 10 11 12 13 14 15 16 17 18 19 20 21 22 23 24 25

날짜 :   11월 10일   11월 11일   11월 12일

Ⓐ

기능평가 관찰 양식

이름 :

시작 날짜 :

마지막 날짜 :

하루 일과 및 활동 시간	문제행동	선행사건						문제행동의 기능							결과	비고
								획득			회피					
		여가/여흥	어려운 과제	전이	관심	마치려함		관심	예방/선호 사물/물건	더 많이/적이 먹기	여가/여흥	예방	사람			

시간 :	1	2	3	4	5	6	7	8	9	10	11	12	13	14	15	16	17	18	19	20	21	22	23	24	25
날짜 :																									

출처 : O' neill/Horner/Albin/Sprague/Sotrey/Newton. *Functional Assessment and Program Development for Problem Behavior*, 2/E. © 1997 Wadsworth, a part of Cengage Learning, Inc. Reproduced by permission. www.cengage.com/permissions

부록 C
ABC
기능평가 양식

아동 이름 : _____   **날짜 :** _____

시간/활동	선행사건(A)	문제행동(B)	후속결과(C)	문제행동의 기능

배경사건 :

Adams, R. S., & Biddle, B. J. (1970). *Realities of teaching: Exploration with videotape.* New York: Holt, Rinehart & Winston.

Adeed, P., & Smith, G. P. (1997). Arab Americans: Concepts and materials. In J. A. Banks (Ed.), *Teaching strategies for ethnic studies* (6th ed., pp. 489–510). Boston: Allyn & Bacon.

Ainsworth, M. D. S., Blehar, M., Waters, E., & Wall, S. (1978). *Patterns of attachment: A psychological study of the strange situation.* Hillsdale, NJ: Erlbaum.

Ajrouch, K. (1999). Family and ethnic identity in an Arab-American community. In M. W. Suleiman (Ed.), *Arabs in America: Building a new future* (pp. 129–139). Philadelphia: Temple University Press.

Alsaker, F. D., & Nägele, C. (2008). Bullying in kindergarten and prevention. In D. Pepler & W. Craig (Eds.), *Understanding and addressing bullying: An international perspective. PREVNet series* (Vol. 1, pp. 230–248). Bloomington, IN: AuthorHouse.

Alsaker, F. D., & Valkanover, S. (2001). Early diagnosis and prevention of victimization in kindergarten. In J. Juvonen & S. Graham (Eds.), *Peer harassment in school: The plight of the vulnerable and victimized* (pp. 175–195). New York: Guilford.

American Academy of Pediatrics, American Association of Ophthalmology, American Association for Pediatric Ophthalmology and Strabismus, & American Association of Certified Orthoptists. (2009). Joint statement—Learning disabilities, dyslexia, and vision. *Pediatrics, 124,* 837–844.

American Academy of Pediatrics Council on Communications and Media. (2009). Policy statement—Media violence. *Pediatrics, 124,* 1495–1503.

American Association of University Women. (2004). *Harassment-free hallways: How to stop sexual harassment in school.* Washington, DC: American Association of University Women Educational Foundation.

American Psychiatric Association. (2000). *Diagnostic and statistical manual of mental disorders* (4th ed., Text revision). Washington, DC: Author.

Anderson, V. (2002). Executive function in children: Introduction. *Child Neuropsychology, 8,* 69–70.

Andrews, L., & Trawick-Smith, J. (1996). An ecological model for early childhood violence prevention. In R. L. Hampton, P. Jenkins, & T. P. Gullotta (Eds.), *Preventing violence in America* (pp. 233–261). Thousand Oaks, CA: Sage.

Archer, J., & Côté, S. (2005). Sex differences in aggressive behavior: A developmental and evolutionary perspective. In R. E. Tremblay, W. W. Hartup, & J. Archer (Eds.), *Developmental origins of aggression* (pp. 425–443). New York: Guilford.

Aronson, J., & Steele, C. M. (2005). Stereotypes and the fragility of human competence, motivation, and self-concept. In C. Dweck & E. Elliot (Eds.), *Handbook of competence and motivation* (pp. 436–456). New York: Guilford.

Arseneault, L., Moffitt, T. E., Caspi, A., Taylor, A., Rijadijk, F. V., Jaffee, S. R., et al. (2003). Strong genetic effects on cross-situational antisocial behaviour among 5-year-old children according to mothers, teachers, examiner-observers, and twins' self reports. *Journal of Child Psychology and Psychiatry, 44,* 832–848.

ASCD Advisory Panel on Improving Student Achievement. (1995). Barriers to good instruction. In R. W. Cole (Ed.), *Educating everybody's children: Diverse teaching strategies for diverse learners.* Alexandria, VA: Association for Supervision and Curriculum Development.

Ashman, S. B., Dawson, G., & Panagiotides, H. (2008). Trajectories of maternal depression over 7 years: Relations with child psychophysiology and behavior and role of contextual risks. *Development and Psychopathology, 20,* 55–77.

Ashman, S. B., Dawson, G., Panagiotides, H., Yamada, E., & Wilkinson, C. W. (2002). Stress hormone levels of children of depressed mothers. *Development and Psychopathology, 14,* 333–349.

Association for Supervision and Curriculum Development. (2004, September 28). The effect of state testing on instruction in high-poverty elementary schools. *ASCD*

Research Brief, 4(20). Retrieved October 29, 2009, from www.ascd.org/publications/ researchbrief/ archived_issues.aspx

August, D., & Shanahan, T. (2006). *Developing literacy in second-language learners: Report of the National Literacy Panel on Language Minority Children and Youth.* Mahwah, NJ: Erlbaum.

Ayers, W. (2001). *To teach: The journey of a teacher* (2nd ed.). New York: Teachers College Press.

Ayoub, C. C., & Fischer, K. W. (2006). Developmental pathways and interactions among domains of development. In K. McCartney & D. Phillips (Eds.), *Handbook of early childhood development* (pp. 106–125). Malden, MA: Blackwell.

Ayres, A. J. (1979). *Sensory integration and the child.* Los Angeles: Western Psychological Services.

Bada, H. S., Das, A., Bauer, C. R., Shankaran, S., Lester, B., LaGasse, L., et al. (2007). Impact of prenatal cocaine exposure on child behavior problems through school age. *Pediatrics, 119*, 348–359.

Bagwell, C. L. (2004). Friendships, peer networking, and antisocial behavior. In A. H. N. Cillessen & L. Mayeux (Eds.), *Children's peer relations: From development to intervention* (pp. 37–57). Washington, DC: American Psychological Association.

Bai, M. (1999, May 3). Anatomy of a massacre. *Newsweek, 133*, 24–31.

Baillargeon, R. H., Zoccolillo, M., Keenan, K., Côté, S., Pérusse, D., Wu, H.-X., et al. (2007). Gender differences in physical aggression: A prospective population-based survey of children before and after 2 years of age. *Developmental Psychology, 43*, 13–26.

Baker, J. (2002). Trilingualism. In L. Delpit & J. K. Dowdy (Eds.), *The skin that we speak: Thoughts on language and culture in the classroom* (pp. 49–61). New York: New Press.

Bakermans-Kranenburg, M. J., & van IJzendoorn, M. H. (2006). Gene-environment interaction of the dopamine D4 receptor (DRD4) and observed maternal insensitivity predicting externalizing behavior in preschoolers. *Developmental Psychobiology, 48*, 406–409.

Balaban, N. (1995). Seeing the child, knowing the person. In W. Ayers (Ed.), *To become a teacher: Making a difference in children's lives* (pp. 49–57). New York: Teachers College Press.

Ballenger, C. (1992). Because you like us: The language of control. *Harvard Educational Review, 62*, 199–208.

Bandura, A. (1977). *Social learning theory.* Englewood Cliffs, NJ: Prentice-Hall.

Barker, E. D., Boivin, M., Brendgen, M., Fontaine, N., Arsenault, L., Vitaro, F., et al. (2008). Predictive validity and early predictors of peer-victimization trajectories in preschool. *Archives of General Psychiatry, 65*, 1185–1192.

Barnett, W. S., Jung, K., Yarosz, D. J., Thomas, J., Hornbeck, A., Stechuk, R., et al. (2008). Educational effects of the Tools of the Mind curriculum: A randomized trial. *Early Childhood Research Quarterly, 23*, 299–313.

Barrera, I., & Corso, R. M. (with Macpherson, D.). (2003). *Skilled dialogue: Strategies for responding to cultural diversity in early childhood.* Baltimore: Brookes.

Barros, R. M., Silver, E. J., & Stein, R. E. K. (2009). School recess and group classroom behavior. *Pediatrics, 123*, 431–436.

Barsade, S. (2002). The ripple effect: Emotional contagion and its influence on group behavior. *Administrative Science Quarterly, 47*, 644–675.

Barton, E. J. (1986). Modification of children's prosocial behavior. In P. S. Strain, M. J. Guralnick, & H. M. Walker (Eds.), *Children's social behavior: Development, assessment, and modification* (pp. 331–372). Orlando: Academic Press.

Bauer, A. M., & Matuszek, K. (2001). Designing and evaluating accommodations and adaptations. In A. M. Bauer & G. M. Brown (Eds.), *Adolescents and inclusion: Transforming secondary schools* (pp. 139–166). Baltimore: Brookes.

Bauer, K. L., & Sheerer, M. A. (with Dettore, E., Jr.). (1997). Creative strategies in Ernie's early childhood classroom. *Young Children, 52*, 47–52.

Beam, J. M. (2004, January 20). The blackboard jungle: Tamer than you think. *The New York Times*, p. A19.

Bedell, J. R., & Lennox, S. S. (1997). *Handbook for communication and problem-solving skills training: A cognitive-behavioral approach.* New York: Wiley.

Beer, J. S. (2007). The importance of emotional-social cognitive interactions for social functioning: Insight from the orbitofrontal cortex. In E. Harmon-Jones & P. Winkielman (Eds.), *Social neuroscience: Integrating biological and psychological explanations of social behavior* (pp. 15–39). New York: Guilford.

Beland, K. R. (1996). A schoolwide approach to violence prevention. In R. L. Hampton, P. Jenkins, & T. P. Gullotta (Eds.), *Preventing violence in America* (pp. 209–231). Thousand Oaks, CA: Sage.

Bellinger, D. C. (2008). Neurological and behavioral consequences of childhood lead exposure. *PLoS Medicine, 5*(5), e115. Retrieved October 31, 2009, from www. plosmedicine.org/article/info:doi/10.1371/journal. pmed.0050115

Belsky, J. (2009). Child care composition, child care history, and social development: Are child care effects disappearing or spreading? *Social Development, 18*, 230–238.

Belsky, J., Vandell, D. L., Burchinal, M., Clarke-Stewart, K. A., McCartney, K., Owen, M. T., et al. (2007). Are there long-term effects of early child care? *Child Development, 78*, 681–701.

Bendersky, M., Bennett, D., & Lewis, M. (2006). Aggression at age 5 as a function of prenatal exposure to cocaine, gender, and environmental risk. *Journal of Pediatric Psychology, 31*, 71–84.

Benner, G. J., Nelson, J. R., & Epstein, M. H. (2002). Language skills of children with EBD: A literature review. *Journal of Emotional and Behavioral Disorders, 10*, 43–59.

Bennett, S., & Kalish, N. (2006). *The case against homework: How homework is hurting our children and what we can do about it*. New York: Crown.

Berkowitz, L. (1993). *Aggression: Its causes, consequences, and control*. New York: McGraw-Hill.

Berlin, L. J., Isa, J. M., Fine, M. A., Malone, P. S., Brooks-Gunn, J., Brady-Smith, C., et al. (2009). Correlates and consequences of spanking and verbal punishment for low-income white, African American, and Mexican American toddlers. *Child Development, 80*, 1403–1420.

Bhutta, A. T., Cleves, M. A., Casey, P. H., Cradock, M. M., & Anand, K. J. S. (2002). Cognitive and behavioral outcomes of school-aged children who were born preterm: A meta-analysis. *Journal of the American Medical Association, 288*, 728–737.

Bierman, K. L. (1986). Process of change during social skills training with preadolescents and its relation to treatment outcomes. *Child Development, 57*, 230–240.

Bierman, K. L., & Erath, S. A. (2006). Promoting social competence in early childhood: Classroom curricula and social skills coaching programs. In K. McCartney & D. Phillips (Eds.), *Handbook of early childhood development* (pp. 595–615). Malden, MA: Blackwell.

Biglan, A., Brennan, P. A., Foster, S. L., & Holder, H. D. (with Miller, T. R., Cunningham, P., Derzon, J. H., Embry, D. D., Fishbein, D. H., Flay, B. R., et al.). (2004). *Helping adolescents at risk: Prevention of multiple problem behaviors*. New York: Guilford.

Bijou, S. W., Peterson, R. F., & Ault, M. H. (1968). A method to integrate descriptive and experimental field studies at the level of data and empirical concepts. *Journal of Applied Behavior Analysis, 1*, 175–191.

Birch, S. H., & Ladd, G. W. (1998). Children's interpersonal behaviors and the teacher-child relationship. *Developmental Psychology, 34*, 934–946.

Blue-Banning, M., Summers, J. A., Frankland, H. C., Nelson, L. L., & Beegle, G. (2004). Dimensions of family and professional partnerships: Constructive guidelines for collaboration. *Exceptional Children, 70*, 167–184.

Blum, R. W. (2005). A case for school connectedness. *Educational Leadership, 62(7)*, 16–20.

Bodrova, E., & Leong, D. J. (2003, May). Chopsticks and counting chips: Do play and foundational skills need to compete for the teacher's attention in an early - childhood classroom? *Beyond the Journal*. Retrieved March 22, 2010, from www.naeyc.org/files/yc/file/200305/Chopsticks_Bodrova.pdf

Bodrova, E., & Leong, D. J. (2007). *Tools of the mind: The Vygotskian approach to early childhood education* (2nd ed.). Upper Saddle River, NJ: Pearson.

Boivin, M., Hymel, S., & Hodges, E. V. E. (2001). Toward a process view of peer rejection and harassment. In J. Juvonen & S. Graham (Eds.), *Peer harassment in school: The plight of the vulnerable and victimized* (pp. 265–289). New York: Guilford.

Boivin, M., Vitaro, F., & Poulin, F. (2005). Peer relationships and the development of aggressive behavior in early childhood. In R. E. Tremblay, W. W. Hartup, & J. Archer (Eds.), *Developmental origins of aggression* (pp. 376–397). New York: Guilford.

Bolger, K. E., & Patterson, C. J. (2003). Sequelae of maltreatment: Vulnerability and resilience. In S. S. Luthar (Ed.), *Resilience and vulnerability: Adaptation in the context of childhood adversity* (pp. 156–181). New York: Cambridge University Press.

Bollmer, J. M., Milich, R., Harris, M. J., & Maras, M. A. (2005). A friend in need: The role of friendship as a protective factor in peer victimization and bullying. *Journal of Interpersonal Violence, 20*, 701–712.

Bondy, E., & Ross, D. D. (2008). The teacher as warm demander. *Educational Leadership, 66*(1), 54–58.

Bortfeld, H., & Whitehurst, G. J. (2001). In D. B. Bailey, Jr., J. T. Bruer, F. J. Symons, & J. W. Lichtman (Eds.), *Critical thinking about critical periods* (pp. 173–192). Baltimore: Brookes.

Boulton, M. (1994). How to prevent and respond to bullying behaviour in the junior/ middle school playground. In S. Sharp & P. K. Smith (Eds.), *Tackling bullying in your school: A practical handbook for teachers* (pp. 103–132). New York: Routledge.

Bovey, T., & Strain, P. (n.d.). *What works briefs 5: Using classroom activities and routines as opportunities to support peer interaction*. Center on the Social and Emotional Foundations for Early Learning. Retrieved March 18, 2010, from www.vanderbilt.edu/csefel/briefs/wwb5.pdf

Bowlby, J. (1969/1982). *Attachment and loss: Vol. 1. Attachment*. New York: Basic Books.

Bowman, B. T. (1989). Self-reflection as an element of professionalism. *Teachers College Record, 90*, 444–451.

Bowman, B. T., Donovan, M. S., & Burns, M. S. (Eds.). (2001). *Eager to learn: Educating our preschoolers*. National Research Council Committee on Early Childhood Pedagogy. Commission on Behavioral and Social Sciences and Education. Washington, DC: National Academy Press.

Boykin, A. W. (1986). The triple quandary and the schooling of Afro-American children. In U. Neisser (Ed.), *The school achievement of minority children*. Hillsdale, NJ: Erlbaum.

Brady, J. P., Posner, M., Lang, C., & Rosati, M. J. (1994). *Risk and reality: The implications of prenatal exposure* to alcohol and other drugs. Washington, DC: U.S. Department of Health and Human Services and U.S. Department of Education. Retrieved October 14, 2009, from http://aspe.hhs.gov/hsp/cyp/drugkids.htm

Bransford, J. D., Brown, A. L., & Cocking, R. R. (Eds.). (2000). How people learn: Brain, mind, experience, and school (expanded ed.). Commission on Behavioral and Social Sciences and Education, National Research Council. Washington, DC: National Academy Press.

Brendgen, M., Vitaro, F., Boivin, M., Dionne, G., & Pérusse, D. (2006). Examining genetic and environmental effects on reactive versus proactive aggression. Developmental Psychology, 42, 1299–1312.

Brendgen, M., Wanner, B., & Vitaro, F. (2006). Verbal abuse by the teacher and child adjustment from kindergarten through grade 6. Pediatrics, 117, 1585–1598.

Broidy, L. M., Tremblay, R. E., Brame, B., Fergusson, D., Horwood, J. L., Laird, R., et al. (2003). Developmental trajectories of childhood disruptive behaviors and adolescent delinquency: A six-site, cross-national study. Developmental Psychology, 39, 222–245.

Bronfenbrenner, U. (1979). The ecology of human development: Experiments by nature and design. Cambridge, MA: Harvard University Press.

Bronson, P., & Merryman, A. (2009). NurtureShock: New thinking about children. New York: Twelve.

Brooks, R. B. (1994). Children at risk: Fostering resilience and hope. American Journal of Orthopsychiatry, 64, 545–553.

Brooks, R. B. (1999). Creating a positive school climate: Strategies for fostering self-esteem, motivation, and resilience. In J. Cohen (Ed.), Educating minds and hearts: Social emotional learning and the passage into adolescence (pp. 24–39). New York: Teachers College Press.

Brophy, J. (1996). Teaching problem students. New York: Guilford.

Brophy, J. (1999). Perspectives of classroom management: Yesterday, today, and tomorrow. In H. J. Freiberg (Ed.), Beyond behaviorism: Changing the classroom management paradigm (pp. 43–56). Boston: Allyn & Bacon.

Brophy, J. (2000). Teaching. Geneva: International Bureau of Education. (ERIC Document No. ED440066).

Brophy, J., & McCaslin, M. (1992). Teachers' reports of how they perceive and cope with problem students. Elementary School Journal, 93, 3–68.

Bruce, N. K. (2007). DECA program protective factor kit. Lewisville, NC: Kaplan Early Learning.

Bruer, J. T. (1999). The myth of the first three years: A new understanding of early brain development and lifelong learning. New York: Free Press.

Bruer, J. T. (2001). A critical and sensitive period primer. In D. B. Bailey, Jr., J. T. Bruer, F. J. Symons, & J. W. Lichtman (Eds.), Critical thinking about critical periods (pp. 3–26). Baltimore: Brookes.

Bruer, J. T., & Greenough, W. T. (2001). The subtle science of how experience affects the brain. In D. B. Bailey, Jr., J. T. Bruer, F. J. Symons, & J. W. Lichtman (Eds.), Critical thinking about critical periods (pp. 209–232). Baltimore: Brookes.

Burden, P. R. (2003). Classroom management: Creating a successful learning environment (2nd ed.). Hoboken, NJ: Wiley.

Bushman, B., & Anderson, C. (2001). Media violence and the American public: Scientific facts versus media misinformation. American Psychologist, 56, 477–489.

Butchard, N., & Spencler, R. (2000). Working effectively with violent and aggressive states. Winnipeg, MB: WEVAS Inc.

Buyse, E., Verschueren, K., Verachtert, P., & Van Damme, J. (2009). Predicting school adjustment in early elementary school: Impact of teacher-child relationship quality and relational classroom climate. Elementary School Journal, 110, 119–141.

Cadoret, R. J., Yates, W. R., Troughton, E., Woodworth, G., & Stewart, M. A. (1995). Genetic-environmental interaction in the genesis of aggressivity and conduct disorders. Archives of General Psychiatry, 52, 916–924.

Campbell, S. B. (2002). Behavior problems in preschool children: Clinical and developmental issues (2nd ed.). New York: Guilford.

Campbell, S. B. (2006). Maladjustment in preschool children: A developmental psychopathology perspective. In K. McCartney & D. Phillips (Eds.), Handbook of early childhood development (pp. 358–377). Malden, MA: Blackwell.

Card, N. A., & Hodges, E. V. E. (2008). Peer victimization among schoolchildren: Correlations, causes, consequences, and considerations in assessment. School Psychology Review, 23, 451–461.

Card, N. A., Stucky, B. D., Sawalani, G. M., & Little, T. D. (2008). Direct and indirect aggression during childhood and adolescence: A meta-analytic review of gender differences, intercorrelations, and relations to maladjustments. Child Development, 79, 1185–1229.

Carkhuff, R. (1987). The art of helping. Amherst, MA: Human Resource Development Press.

Carr, A., Kikais, T., Smith, C., & Littmann, E. (n.d.). Making friends: A guide to using the Assessment of peer relations and planning interventions. Vancouver, BC: Making Friends.

Carr, E. G. (1994). Emerging themes in the functional analysis of problem behavior. Journal of Applied Behavior Analysis, 27, 393–399.

Carter, K., & Doyle, W. (2006). Classroom management in early childhood and elementary classrooms. In C. M. Evertson & C. S. Weinstein (Eds.), Handbook of classroom management: Research, practice, and contemporary issues (pp. 373–406). Mahwah, NJ: Erlbaum.

Carter, P. L. (2005). *Keepin' it real: School success beyond black and white*. New York: Oxford University Press.

Cartledge, G., & Milburn, J. F. (1995). *Teaching social skills to children: Innovative approaches* (3rd ed.). Needham, MA: Allyn & Bacon.

Caspi, A., Langley, K., Milne, B., Moffitt, T. E., O'Donovan, M., Owen, M. J., et al. (2008). A replicated molecular genetic basis for subtyping antisocial behavior in children with attention-deficit/hyperactivity disorder. *Archives of General Psychiatry, 65*, 203–210.

Caspi, A., McClay, J., Moffitt, T. E., Mill, J., Martin, J., Craig, I. W., et al. (2002). Role of genotype in the cycle of violence in maltreated children. *Science, 297*, 851–854.

Caspi, A., Roberts, B. W., & Shiner, R. L. (2005). Personality development: Stability and change. *Annual Review of Psychology, 56*, 17.1–17.32.

Caspi, A., & Silva, P. A. (1995). Temperamental qualities at age three predict personality traits in young adulthood: Longitudinal evidence from a birth cohort. *Child Development, 66*, 486–498.

Cauce, A. M., Stewart, A., Rodriguez, M. D., Cochran, B., & Ginzler, J. (2003). Overcoming the odds? Adolescent development in the context of urban poverty. In S. S. Luthar (Ed.), *Resilience and vulnerability: Adaptation in the context of childhood adversity* (pp. 343–363). New York: Cambridge University Press.

Caughy, M. O., Nettles, S. M., O'Campo, P. J., & Lohrfink, K. F. (2006). Neighborhood matters: Racial socialization of African American children. *Child Development, 77*, 1220–1236.

Centers for Disease Control and Prevention. (2009). *Youth violence: National statistics*. Retrieved November 17, 2009, from www.cdc.gov/ViolencePrevention/youthviolence/ stats_at_a_glance/homicide.html

Chan, S., & Lee, E. (2004). Families with Asian roots. In E. W. Lynch & M. J. Hanson (Eds.), *Developing cross-cultural competence: A guide for working with children and their families* (3rd ed., pp. 219–298). Baltimore: Brookes.

Chandler, L. K., & Dahlquist, C. M. (1997). *Confronting the challenge: Using team-based functional assessment and effective intervention strategies to reduce and prevent challenging behavior in young children*. Presentation at SpeciaLink Institute of Children's Challenging Behaviors in Child Care, Sydney, NS.

Chandler, L. K., & Dahlquist, C. M. (2005). *Functional assessment: Strategies to prevent and remediate challenging behavior in school settings* (2nd ed.). Upper Saddle River, NJ: Prentice Hall.

Chandler, L. K., Dahlquist, C. M., Repp, A. C., & Feltz, C. (1999). The effects of team-based functional assessment on the behavior of students in classroom settings. *Exceptional Children, 66*, 101–122.

Chang, F., Crawford, G., Early, D., Bryant, D., Howes, C., Burchinal, M., et al. (2007). Spanish-speaking children's social and language development in pre-kindergarten classrooms. *Early Education and Development, 18*, 243–269.

Chao, R. K. (1994). Beyond parental control and authoritarian parenting style: Understanding Chinese parenting through the cultural notion of training. *Child Development, 65*, 1111–1119.

Chartrand, M. M., Frank, D. A., White, L. F., & Shope, T. R. (2008). Effect of parents' wartime deployment on the behavior of young children in military families. *Archives of Pediatrics and Adolescent Medicine, 162*, 1009–1014.

Chasnoff, I. J., Anson, A., Hatcher, R., Stenson, H., Laukea, K., & Randolph, L. A. (1998). Prenatal exposure to cocaine and other drugs: Outcome at four to six years. *Annals of the New York Academy of Sciences, 846*, 314–328.

Chess, S., & Thomas, A. (1989). Temperament and its functional significance. In S. I. Greenspan & G. H. Pollock (Eds.), *The course of life: Vol. 2, Early childhood* (pp. 163–228). Madison, CT: International Universities Press.

Christakis, D. A., Zimmerman, F. J., DiGiuseppe, D. L., & McCarty, C. A. (2004). Early television exposure and subsequent attentional problems in children. *Pediatrics, 113*, 708–713.

Christian, C. W., Block, R., & the Committee on Child Abuse and Neglect. (2009). Policy statement—Abusive head trauma in infants and children. *Pediatrics, 123*, 1409–1411.

Chud, G., & Fahlman, R. (1985). *Early childhood education for a multicultural society*. Vancouver: Faculty of Education, University of British Columbia.

Chud, G., & Fahlman, R. (1995). *Honouring diversity within child care and early education: An instructor's guide*. Victoria: British Columbia Ministry of Skills, Training, and Labour and the Centre for Curriculum and Professional Development.

Cicchetti, D., Ganiban, J., & Barnett, D. (1991). Contributions from the study of high risk populations to understanding the development of emotional regulation. In J. Garber & K. A. Dodge (Eds.), *The development of emotional regulation and dysregulation* (pp. 15–48). New York: Cambridge University Press.

Cicchetti, D., & Rogosch, F. A. (1997). The role of self-organization in the promotion of resilience in maltreated children. *Development and Psychopathology, 9*, 799–817.

Clonan, S. M., Lopez, G., Rymarchyk, G., & Davison, S. (2004). School-wide positive behavior support: Implementation and evaluation at two urban elementary schools. *Persistently safe schools: The National Conference of the Hamilton Fish Institute on School and*

Community Violence. Retrieved April 14, 2010, from http:// gwired.gwu.edu/hamfish/merlin-cgi/p/download File/d/16824/n/off/other/1/name/08Clonanpdf/

Coie, J. D. (1996). Prevention of violence and antisocial behavior. In R. DeV. Peters & R. J. McMahon (Eds.), *Preventing childhood disorders, substance abuse, and delinquency* (pp. 1–18). Thousand Oaks, CA: Sage.

Coie, J. D., & Dodge, K. A. (1998). Aggression and antisocial behavior. In N. Eisenberg (Ed.), *Handbook of child psychology: Vol. 3, Social, emotional, and personality development* (5th ed., pp. 779–862). New York: Wiley.

Coie, J. D., & Koeppl, G. K. (1990). Adapting intervention to the problems of aggressive and disruptive children. In S. R. Asher & J. D. Coie (Eds.), *Peer rejection in childhood* (pp. 309–337). New York: Cambridge University Press.

Coie, J. D., Underwood, M., & Lochman, J. E. (1991). Programmatic intervention with aggressive children in the school setting. In D. J. Pepler & K. H. Rubin (Eds.), *The development and treatment of childhood aggression* (pp. 389–410). Hillsdale, NJ: Erlbaum.

Coles, G. (2008–2009). Hunger, academic success, and the hard bigotry of indifference. *Rethinking Schools, 23*(2). Retrieved October 19, 2009, from http:// rethinkingschools.org/archive/23_02/hung232.shtml

Coloroso, B. (1995). *Kids are worth it! Giving your child the gift of inner discipline.* Toronto, ON: Somerville House.

Coloroso, B. (2002). *The bully, the bullied, and the bystander.* Toronto, ON: HarperCollins.

Colvert, E., Rutter, M., Beckett, C., Castle, J., Groothues, C., Hawkins, A., et al. (2008). Emotional difficulties in early adolescence following severe early deprivation: Findings from the English and Romanian adoptees study. *Development and Psychopathology, 20,* 547–567.

Committee for Children. (2002). *Second step: A violence-prevention curriculum* (3rd ed.). Seattle: Author.

Conduct Problems Prevention Research Group. (2004). The FAST Track experiment: Translating the developmental model into a prevention design. In J. B. Kupersmidt & K. A. Dodge (Eds.), *Children's peer relations: From development to intervention* (pp. 181–208). Washington, DC: American Psychological Association.

Connell, D. (2003, September). The invisible disability. *Instructor.* Retrieved September 15, 2009, from www2.scholastic.com/ browse/search?query=%22invisible+ disability%22

Cook, A., Blaustein, M., Spinazzola, J., & van der Kolk, B. (Eds.). (2003). *Complex trauma in children and adolescents.* National Child Traumatic Stress Network Complex Trauma Task Force. Retrieved July 15, 2009, from www.nctsnet.org/nctsn_assets/ pdfs/edu_materials/ComplexTrauma_ All.pdf

Cook, R. E., Klein, M. D., & Tessier, A. (with Daley, S. E.). (2004). *Adapting early childhood curricula for children in inclusive settings* (6th ed.). Upper Saddle River, NJ: Merrill Prentice Hall.

Cooper, H. (2001). Homework for all—in moderation. *Educational Leadership, 58*(7), 34–38.

Cords, M., & Killen, M. (1998). Conflict resolution in human and nonhuman primates. In J. Langer & M. Killen (Eds.), *Piaget, evolution, and development* (pp. 193–218). Mahwah, NJ: Erlbaum.

Cornelius, M. D., & Day, N. L. (2009). Developmental consequences of prenatal tobacco exposure. *Current Opinion in Neurology, 22,* 121–125.

Corsaro, W. (1988). Peer culture in the preschool. *Theory into Practice, 27*(1), 19–24.

Costello, E. J., Compton, S. N., Keeler, G., & Angold, A. (2003). Relationships between poverty and psychopathology: A natural experiment. *Journal of the American Medical Association, 290,* 2023–2029.

Côté, S. M., Boivin, M., Nagin, D. S., Japel, C., Xu, Q., Zoccolillo, M., et al. (2007). The role of maternal education and nonmaternal care services in the prevention of children's physical aggression problems. *Archives of General Psychiatry, 64,* 1305–1312.

Côté, S. M., Borge, A. I., Geoffroy, M.-C., Rutter, M., & Tremblay, R. E. (2008). Nonmaternal care in infancy and emotional/behavioral difficulties at 4 years old: Moderation by family risk characteristics. *Developmental Psychology, 44,* 155–168.

Côté, S. M., Vaillancourt, T., Barker, E. D., Nagin, D. S., & Tremblay, R. E. (2007). The joint development of physical and indirect aggression: Predictors of continuity and change during childhood. *Development and Psychopathology, 19,* 37–55.

Côté, S. M., Vaillancourt, T., LeBlanc, J. C., Nagin, D. S., & Tremblay, R. E. (2006). The development of physical aggression from toddlerhood to pre-adolescence: A nationwide longitudinal study of Canadian children. *Journal of Abnormal Child Psychology, 34,* 71–85.

Council for Exceptional Children. (n.d.a). *New IDEA delivers for students with disabilities.* Retrieved April 27, 2010, from www.cec.sped.org/AM/Template.cfm?Section=Home&CONTENTID=6234&TEMPLATE=/CM/ContentDisplay.cfm

Council for Exceptional Children. (n.d.b). *A primer on the IDEA 2004 regulations.* Retrieved May 2, 2010, from www.cec. sped.org/AM/Template.cfm?Section=Home &TEMPLATE=/CM/ContentDisplay. cfm&CONTENTID=7839

Cozolino, L. (2006). *The neuroscience of human relationships: Attachment and the developing social brain.* New York: Norton.

Craig, W. M., & Pepler, D. J. (1997). Observations of bul

lying and victimization in the school yard. *Canadian Journal of School Psychology, 13*, 41–60.

Crick, N. R., Casas, J. F., & Ku, H.-C. (1999). Relational and physical forms of peer victimization in preschool. *Developmental Psychology, 35*, 376–385.

Crick, N. R., & Grotpeter, J. K. (1995). Relational aggression, gender, and social-psychological adjustment. *Child Development, 66*, 710–722.

Crick, N. R., Grotpeter, J. K., & Bigbee, M. S. (2002). Relationally and physically aggressive children's intent attributions and feelings of distress for relational and instrumental peer provocations. *Child Development, 73*, 1134–1142.

Crick, N. R., Nelson, D. A., Morales, J. R., Cullerton, C., Casas, J. F., & Hickman, S. E. (2001). Relational victimization in childhood and adolescence: I hurt you through the grapevine. In J. Juvonen & S. Graham (Eds.), *Peer harassment in school: The plight of the vulnerable and victimized* (pp. 196–214). New York: Guilford.

Criss, M. M., Pettit, G. S., Bates, J. E., Dodge, K. A., & Lapp, A. L. (2002). Family adversity, positive peer relations, and children's externalizing behavior: A longitudinal perspective on risk and resilience. *Child Development, 73*, 1220–1237.

Crockenberg, S. (1981). Infant irritability, mother responsiveness, and social support influences on the security of infant-mother attachment. *Child Development, 7*, 169–176.

Cullinan, D., Evans, C., Epstein, M. H., & Ryser, G. (2003). Characteristics of emotional disturbance of elementary school students. *Behavioral Disorders, 28*, 94–110.

Cummins, J. (1999-2003). Bilingual children's mother tongue: Why is it important for education? Retrieved February 6, 2010, from www.iteachilearn.com/cummins/mother.htm

Curran, M. E. (2003). Linguistic diversity and classroom management. *Theory into Practice, 42*, 334–340.

Curtis, D. (2009, March-April). A thinking lens for reflective teaching. *Exchange*, 41. Retrieved December 20, 2009, from https:// secure.ccie.com/library/5018601.pdf

Curtis, D., & Carter, M. (2003). *Designs for living and learning: Transforming early childhood environments.* St. Paul, MN: Redleaf.

Curtis, W. J., & Cicchetti, D. (2003). Moving research on resilience into the 21st century: Theoretical and methodological considerations in examining the biological contributors to resilience. *Development and Psychopathology, 15*, 773–810.

Curwin, R. L., Mendler, A. N., & Mendler, B. D. (2008). *Discipline with dignity: New challenges, new solutions* (3rd ed.). Alexandria, VA: Association for Supervision and Curriculum Development.

Cushman, K., & the students of What Kids Can Do. (2003). *Fires in the bathroom: Advice for teachers from high school students.* New York: New Press.

Darling-Hammond, L. (2004). From "separate but equal" to "No Child Left Behind": The collision of new standards and old inequalities. In D. Meier & G. Wood (Eds.), *Many children left behind: How the No Child Left Behind Act is damaging our children and our schools* (pp. 3–32). Boston: Beacon Press.

Darling-Hammond, L., & Hill-Lynch, O. (2006). If they'd only do their work! *Educational Leadership, 63*(5), 8–13.

Davidson, R. J., Putnam, K. M., & Larson, C. L. (2000). Dysfunction in the neural circuitry of emotion regulation—A possible prelude to violence. *Science, 289*, 591–594.

Dawson, G., Ashman, S. B., Panagiotides, H., Hessl, D., Self, J., Yamada, E., et al. (2003). Preschool outcomes of children of depressed mothers: Role of maternal behavior, contextual risk, and children's brain activity. *Child Development, 74*, 1158–1175.

Dearing, E., Berry, D., & Zaslow, M. (2006). Poverty during early childhood. In K. McCartney & D. Phillips (Eds.), *Handbook of early childhood development* (pp. 399–423). Malden, MA: Blackwell.

Deater-Deckard, K., Bates, J. E., Dodge, K. A., & Pettit, G. S. (1996). Physical discipline among African American and European American mothers: Links to children's externalizing behaviors. *Developmental Psychology, 32*, 1065–1072.

Deater-Deckard, K., & Cahill, K. (2006). Nature and nurture in early childhood. In K. McCartney & D. Phillips (Eds.), *Handbook of early childhood development* (pp. 3–21). Malden, MA: Blackwell.

De Bellis, M. D. (2005). The psychobiology of neglect. *Child Maltreatment, 10*, 150–172.

De Bellis, M. D., Baum, A. S., Birmaher, B., Keshavan, M. S., Eccard, C. H., et al. (1999). Developmental traumatology part I: Biological stress systems. *Biological Psychiatry, 45*, 1259–1270.

De Bellis, M. D., Keshavan, M. S., Clark, D. B., Casey, B. J., Giedd, J. N., et al. (1999). Developmental traumatology part II: Brain development. *Biological Psychiatry, 45*, 1271–1284.

Decety, J., Michalsky, K. J., Akitsuki, Y., & Lahey, B. B. (2008). Atypical empathic res-ponses in adolescents with aggressive conduct disorder: A functional MRI investigation. *Biological Psychology, 80*(2), 203–211.

Deci, E., Koestner, R., & Ryan, R. (1999). A meta-analytic review of experiments examining the effects of extrinsic rewards on intrinsic motivation. *Psychological Bulletin, 125*, 627–668.

Deci, E., Koestner, R., & Ryan, R. (2001). Extrinsic rewards and intrinsic motivation in education: Reconsidered once again. *Review of Educational Research, 71*,

1–27.

Deci, E. L., & Ryan, R. M. (1985). *Intrinsic motivation and self-determination in human behavior.* New York: Plenum.

Delgado, J. M. R. (1979). Neurophysiological mechanisms of aggressive behavior. In S. Feshbach & A. Fraczek (Eds.), *Aggression and behavior change: Biological and social processes* (pp. 54–65). New York: Praeger.

Delgado-Gaitan, C. (1994). Socializing young children in Mexican-American families: An intergenerational perspective. In P. M. Greenfield & R. R. Cocking (Eds.), *Cross-cultural roots of minority child development* (pp. 55–86). Hillsdale, NJ: Erlbaum.

Delpit, L. (2002). No kinda sense. In L. Delpit & J. K. Dowdy (Eds.), *The skin that we speak: Thoughts on language and culture in the classroom* (pp. 31–48). New York: New Press.

Delpit, L. (2006). *Other people's children: Cultural conflict in the classroom* (updated ed.). New York: New Press.

Delpit, L. D. (1992). Education in a multicultural society: Our future's greatest challenge. *Journal of Negro Education, 61,* 237–239.

Dennis, T., Bendersky, M., Ramsay, D., & Lewis, M. (2006). Reactivity and regulation in children prenatally exposed to cocaine. *Developmental Psychology, 42,* 688–697.

Denton, P. (2008). The power of our words. *Educational Leadership, 66*(1), 28–31.

Derman-Sparks, L., & Edwards, J. O. (2010). *Anti-bias education for young children and ourselves.* Washington, DC: National Association for the Education of Young Children.

Derman-Sparks, L., & Ramsey, P. G. (with Edwards, J. O.). (2006). *What if all the kids are white? Anti-bias multicultural education with young children and families.* New York: Teachers College Press.

DeRosier, M. E. (2004). Building relationships and combating bullying: Effectiveness of a school-based social skills group intervention. *Journal of Clinical Child and Adolescent Psychology, 33,* 196–201.

Dettling, A. C., Gunnar, M. R., & Donzella, B. (1999). Cortisol levels of young children in full-day childcare centers: Relations with age and temperament. *Psychoneuroendocrinology, 24,* 519–536.

DeVries, M. W. (1989). Temperament and infant mortality among the Masai of East Africa. *American Journal of Psychiatry, 141,* 1189–1194.

Dewey, J. (1933). *How we think.* Boston: Heath.

Diamond, A., Barnett, W. S., Thomas, J., & Munro, S. (2007). Preschool program improves cognitive control. *Science, 318,* 1387–1388.

Diamond, K. E., & Stacey, S. (2002). The other children at preschool: Experiences of typically developing children in inclusive programs. In S. Sandall & M. Ostrosky (Eds.), *Natural environments and inclusion* (pp.

59–68). Denver and Longmont, CO: Division for Early Childhood of the Council for Exceptional Children.

DiPietro, J. (2002). Prenatal/perinatal stress and its impact on psychosocial child development. In R. E. Tremblay, R. G. Barr, & R. DeV. Peters (Eds.), *Encyclopedia on early childhood development* [online]. Montreal, QC: Centre of Excellence for Early Childhood Development. Retrieved October 31, 2009, from www.child-encyclopedia.com/documents/DiPietroANGxp.pdf

DiPietro, J. A. (2000). Baby and the brain: Advances in child development. *Annual Review of Public Health, 21,* 455–271.

Doble, J., & Yarrow, A. L. (with Ott, A., & Rochkind, J.). (2007). *Walking a mile: A first step toward mutual understanding.* Public Agenda. Retrieved February 6, 2010, from www.publicagenda.org/reports/walking-mile-first-step-toward-mutual-understanding

Dodge, K. A. (2003). Do social information-processing patterns mediate behavior? In B. B. Lahey, T. E. Moffitt, & A. Caspi (Eds.), *Causes of conduct disorder and juvenile delinquency* (pp. 254–274). New York: Guilford.

Dodge, K. A. (2006). Translational science in action: Hostile attributional style and the development of aggressive behavior problems. *Development and Psychopathology, 18,* 791–814.

Dodge, K. A., Bates, J. E., & Pettit, G. S. (1990). Mechanisms in the cycle of violence. *Science, 250,* 1678–1683.

Dodge, K. A., Coie, J. D., & Lynam, D. (2006). Aggressive and antisocial behavior in youth. In W. Damon (Series Ed.) & N. Eisenberg (Vol. Ed.), *Handbook of child psychology: Vol. 3. Social, emotional, and personality development* (6th ed., pp. 719–788). New York: Wiley.

Dodge, K. A., Coie, J. D., Pettit, G., & Price, J. (1990). Peer status and aggression in boys' groups: Developmental and contextual analyses. *Child Development, 61,* 1289–1309.

Dodge, K. A., Lansford, J. E., Burks, V. S., Bates, J. E., Pettit, G. S., Fontaine, R., et al. (2003). Peer rejection and social information-processing factors in the development of aggressive behavior problems in children. *Child Development, 74,* 374–393.

Doll, B., Song, S., & Siemers, E. (2004). Classroom ecologies that support or discourage bullying. In D. L. Espelage & S. M. Swearer (Eds.), *Bullying in American schools: A socio-ecological perspective on prevention and intervention* (pp. 161–183). Mahwah, NJ: Erlbaum.

Donnellan, A. D., & Leary, M. R. (1995). *Movement differences and diversity in autism/mental retardation.* Madison, WI: DRI Press.

Donnerstein, E., Slaby, R. G., & Eron, L. D. (1994). The mass media and youth aggression. In L. D. Eron, J. H. Gentry, & P. Schlegel (Eds.), *Reason to hope: A psychosocial perspective on violence & youth* (pp. 219–

250). Washington, DC: American Psychological Association.

D'Onofrio, B. M., Van Hulle, C. A., Waldman, I. D., Rodgers, J. L., Harden, K. P., Rathouz, P. J., et al. (2008). Smoking during pregnancy and offspring externalizing problems: An exploration of genetic and environmental confounds. *Development and Psychopathology, 20*, 139–164.

Donovan, M. S., & Cross, C. T. (Eds.). (2002). *Minority students in special and gifted education.* Washington, DC: National Academies Press.

Dreikurs, R. (with Soltz, V.). (1964). *Children: The challenge.* New York: Hawthorn.

Driscoll, K. C., & Pianta, R. C. (2010). Banking time in Head Start: Early efficacy of an intervention designed to promote teacher-child relationships. *Early Education and Development, 21*, 38–64.

Duncan, C., Brooks-Gunn, J., Yeung, W., & Smith, J. (1998). How much does childhood poverty affect the life chances of children? *American Sociological Review, 63*, 406–423.

Dunlap, G., & Kern, L. (1993). Assessment and intervention for children within the instructional curriculum. In J. Reichle & D. P. Wacker (Eds.), *Communicative alternatives to challenging behavior: Integrating assessment and intervention strategies* (pp. 177–204). Baltimore: Brookes.

Dunlap, G., Strain, P. S., Fox, L., Carta, J. J., Conroy, M., Smith, B. J., et al. (2006). Prevention and intervention with young children's challenging behavior: Perspectives regarding current knowledge. *Behavioral Disorders, 32*, 29–45.

Dunn, J., & Brown, J. (1991). Relationships, talk about feelings, and the development of affect regulation in early childhood. In J. Garber & K. A. Dodge (Eds.), *The development of emotional regulation and dysregulation* (pp. 89–108). New York: Cambridge University Press.

Dunst, C. J. (2002). Family-centered practices: Birth through high school. *Journal of Special Education, 36*, 139–147.

DuPaul, G. J., & Stoner, G. (2003). *ADHD in the schools: Assessment and intervention strategies* (2nd ed.). New York: Guilford.

Durand, V. M. (1990). *Severe behavior problems: A functional communication training approach.* New York: Guilford.

Durston, S. (2008). Converging methods in studying attention-deficit/hyperactivity disorder: What can we learn from neuroimaging and genetics? *Development and Psychopathology, 20*, 1133–1143.

Dweck, C. S. (2007). The perils and promises of praise. *Educational Leadership, 65*(2), 34–39.

Eaton, D. K., Kann, L., Kinchen, S., Shanklin, S., Ross, J., Hawkins, J., et al. (2008). *Youth risk behavior surveillance—United States, 2007. Morbidity and Mortality Weekly Report Surveillance Summaries*, 57 (SS04). Retrieved November 17, 2009, from www.cdc.gov/mmwr/preview/mmwrhtml/ss5704a1.htm

Egan, S. K., & Perry, P. G. (1998). Does low self-regard invite victimization? *Developmental Psychology, 34*, 299–309.

Eggers-Pieróla, C. (2005). *Connections and commitments: Reflecting Latino values in early childhood programs.* Portsmouth, NH: Heinemann.

Eisenberg, N. (2005). Temperamental effortful control (self-regulation). In R. E. Tremblay, R. G. Barr, & R. DeV. Peters (Eds.), *Encyclopedia on early childhood development* [online]. Montreal, QC: Centre of Excellence for Early Childhood Development. Retrieved September 6, 2009, from www.child-encyclopedia.com/documents/EisenbergANGxp.pdf

Eisenberg, N., Cumberland, A., Spinrad, T. L., Fabes, R. A., Shepard, S. A., Reiser, M., et al. (2001). The relations of regulation and emotionality to children's externalizing and internalizing problem behavior. *Child Development, 72*, 1112–1134.

Eisenberg, N., & Fabes, R. A. (1998). Prosocial development. In N. Eisenberg (Ed.), *Handbook of child psychology: Vol. 3, Social, emotional, and personality development* (5th ed., pp. 701–778). New York: Wiley.

Eisenberg, N., Sadovsky, A., Spinrad, T. L., Fabes, R. A., Losoya, S. H., Valiente, C., et al. (2005). The relations of problem behavior status to children's negative emotionality, effortful control, and impulsivity: Concurrent relations and prediction of change. *Developmental Psychology, 41*, 193–211.

Eisenberg, N., Spinrad, T., Fabes, R., Reiser, M., Cumberland, A., Shepard, S., et al. (2004). The relations of effortful control and impulsivity to children's resiliency and adjustment. *Child Development, 75*, 25–46.

Eisenberg, N., Valiente, C., Spinrad, T. L., Cumberland, A., Liew, J., Reiser, M., et al. (2009). Longitudinal relations of children's effortful control, impulsivity, and negative emotionality to their externalizing, internalizing, and co-occurring behavior problems. *Developmental Psychology, 45*, 988–1008.

Elias, M., & Butler, L. B. (1999). Social decision making and problem solving: Essential skills for interpersonal and academic success. In J. Cohen (Ed.), *Educating minds and hearts: Social emotional learning and the passage into adolescence* (pp. 74–94). New York: Teachers College Press.

Elias, M. J., & Schwab, Y. (2006). From compliance to responsibility: Social and emotional learning and classroom management. In C. M. Evertson & C. S. Weinstein (Eds.), *Handbook of classroom management: Research, practice, and contemporary issues* (pp. 309–341). Mahwah, NJ: Erlbaum.

Elicker, J., & Fortner-Wood, C. (1995). Adult-child relationships in early childhood programs. *Young Children, 51*(1), 69–78.

Ellis, B. (2009, Spring). Educating children who differ in susceptibility to rearing. *Florida Humanist Journal, 3*, 13–16.

Emmer, E. T., Evertson, C. M., & Anderson, L. M. (1980). Effective classroom management at the beginning of the school year. *Elementary School Journal, 80*, 219–231.

English, D. J., Upadhyaya, M. P., Litrownik, A. J., Marshall, J. M., Runyan, D. K., Graham, J. C., et al. (2005). Maltreatment's wake: The relationship of maltreatment dimensions to child outcomes. *Child Abuse and Neglect, 29*, 597–619.

Epstein, M., Atkins, M., Cullinan, D., Kutash, K., & Weaver, R. (2008). *Reducing behavior problems in the elementary school classroom: A practice guide.* Washington, DC: National Center for Education Evaluation and Regional Assistance, Institute of Education Services, U.S. Department of Education.

ERIC Clearinghouse on Disabilities and Gifted Education. (1998). *Teaching children with attention deficit/hyperactivity disorder.* Reston, VA: Author. (ERIC Digest E569).

Eron, L. D., Gentry, J. H., & Schlegel, P. (Eds.). (1994). Introduction: Experience of violence: Ethnic groups. In L. D. Eron, J. H. Gentry, & P. Schlegel (Eds.), *Reason to hope: A psychosocial perspective on violence & youth* (pp. 101–103). Washington, DC: American Psychological Association.

Espinosa, L. M. (2010). *Getting it right for young children from diverse backgrounds: Applying research to improve practice.* Upper Saddle River, NJ: Pearson.

Estell, D. B., Cairns, R. B., Farmer, T. W., & Cairns, B. D. (2002). Aggression in inner-city early elementary classrooms: Individual and peer-group configurations. *Merrill-Palmer Quarterly, 48*, 52–76.

Evans, G. W., & English, K. (2002). The environment of poverty: Multiple stressor exposure, psychophysiological stress, and socioemotional adjustment. *Child Development, 73*, 1238–1248.

Evertson, C. M., Emmer, E. T., & Worsham, M. E. (2003). *Classroom management for elementary teachers* (6th ed.). Boston: Allyn & Bacon.

Fabes, R. A., & Eisenberg, N. (1992). Young children's coping with interpersonal anger. *Child Development, 63*, 116–128.

Fabes, R. A., Gaertner, B. M., & Popp, T. K. (2006). Getting along with others: Social competence in early childhood. In K. McCartney & D. Phillips (Eds.), *Handbook of early childhood development* (pp. 297–316). Malden, MA: Blackwell.

Fabes, R. A., Hanish, L. D., & Martin, C. L. (2003). Children at play: The role of peers in understanding the ef-

fects of child care. *Child Development, 74*, 1039–1043.

Falvey, M. A., & Givner, C. C. (2005). What is an inclusive school? In R. A. Villa & J. S. Thousand (Eds.), *Creating an inclusive school* (2nd ed., pp. 1–11). Alexandria, VA: Association for Supervision and Curriculum Development.

Fantuzzo, J., McWayne, C., Perry, M. A., & Childs, S. (2004). Multiple dimensions of family involvement and their relations to behavioral and learning competencies for urban, low-income children. *School Psychology Review, 33*, 467–480.

Farah, M. J., Shera, D. M., Savage, J. H., Betancourt, L., Giannetta, J. M., Brodsky, N. L., et al. (2006). Childhood poverty: Specific associations with neurocognitive development. *Brain Research, 1110*, 166–174.

Farmer, T. W. (2000). Misconceptions of peer rejection and problem behavior: Understanding aggression in students with mild disabilities. *Remedial and Special Education, 21*, 194–208.

Farrington, D. P., & Ttofi, M. M. (2009). How to reduce school bullying. *Victims and Offenders, 4*, 321–326.

Fass, S., & Cauthen, N. K. (2008). *Who are America's poor children?* National Center for Children in Poverty. Retrieved October 14, 2009, from http://nccp.org/publications/pub_843.html

Fearon, R. P., Bakermans-Kranenburg, M. J., van IJzendoorn, M. H., Lapsley, A.-M., & Roisman, G. I. (2010). The significance of insecure attachment and disorganization in the development of children's externalizing behavior: A meta-analytic study. *Child Development, 81*, 435–456.

Federal Interagency Forum on Child and Family Statistics. (2009). Food security. In *America's children: Key national indicators of well-being, 2009.* Retrieved October 29, 2009, from http://childstats.gov/americaschildren/eco3.asp

Fergus, S., & Zimmerman, M. A. (2005). Adolescent resilience: A framework for understanding healthy development in the face of risk. *Annual Review of Public Health, 26*, 399–419.

Ferguson, C. (with Ramos, M., Rudo, Z., & Wood, L.). (2008). *The school-family connection: Looking at the larger picture: A review of the current literature.* Austin, TX: National Center for Family and Community Connections with Schools. Retrieved December 20, 2009, from www.sedl.org/connections/resources/sfclitrev.pdf

Fergusson, D. (2002). Tobacco consumption during pregnancy and its impact on child development. In R. E. Tremblay, R. G. Barr, & R. DeV. Peters (Eds.), *Encyclopedia on early childhood development* [online]. Montreal, QC: Centre of Excellence for Early Childhood Development. Retrieved October 29, 2009, from www.child-encyclopedia.com/pages/PDF/tobacco.pdf

Fields, M., & Boesser, C. (1998). *Constructive guidance*

and discipline: Preschool and primary education (2nd ed.). Upper Saddle River, NJ: Prentice Hall.

Finkelhor, D., Ormrod, R., Turner, H., & Hamby, S. L. (2005). The victimization of children and youth: A comprehensive national survey. *Child Maltreatment, 10*, 5–25.

Finkelhor, D., Turner, H., Ormrod, R., & Hamby, S. L. (2009). Violence, abuse, and crime exposure in a national sample of children and youth. *Pediatrics, 124*, 1411–1423.

Fisher, E., & Kennedy, C. H. (2001). Access to the middle school core curriculum. In C. H. Kennedy & D. Fisher, *Inclusive middle schools* (pp. 43–59). Baltimore: Brookes.

Fisher, P. A., Gunnar, M. R., Dozier, M., Bruce, J., & Pears, K. C. (2006). Effects of therapeutic interventions for foster children on behavioral problems, caregiver attachment, and stress regulatory neural systems. *Annals of the New York Academy of Sciences, 1094*, 215–225.

Fox, L., Carta, J., Strain, P., Dunlap, G., & Hemmeter, M. L. (2009). *Response to Intervention and the pyramid model*. Tampa, FL: University of South Florida, Technical Assistance on Social Emotional Intervention for Young Children. Retrieved April 13, 2010, from www. challengingbehavior.org/do/resources/documents/ rti_pyramid_web.pdf

Fox, L., Dunlap, G., & Cushing, L. (2002). Early intervention, positive behavior support, and transition to school. *Journal of Emotional and Behavioral Disorders, 10*, 149–157.

Fox, L., Dunlap, G., Hemmeter, M. L., Joseph, G. E., & Strain, P. S. (2003). The teaching pyramid: A model for supporting social competence and preventing challenging behavior in young children. *Young Children, 58*(4), 48–52.

Fox, L., Vaughn, B. J., Wyatte, M. L., & Dunlap, G. (2002). "We can't expect other people to understand": Family perspectives on problem behavior. *Exceptional Children, 68*, 437–450.

Freiberg, H. J. (1999). Sustaining the paradigm. In H. J. Freiberg (Ed.), *Beyond behaviorism: Changing the classroom management paradigm* (pp. 164–173). Boston: Allyn & Bacon.

Freire, M., & Bernhard, J. K. (1997). Caring for and teaching children who speak other languages. In K. M. Kilbride (Ed.), *Include me too! Human diversity in early childhood* (pp. 160–176). Toronto, ON: Harcourt Brace & Company Canada.

French, N. K. (1999). Paraeducators and teachers: Shifting roles. *Teaching Exceptional Children, 32*(2), 69–73.

Frick, P. J. (2004). Integrating research on temperament and childhood psychopathology: Its pitfalls and promises. *Journal of Clinical Child and Adolescent Psychology, 33*, 2–7.

Frick, P. J., Cornell, A. H., Bodin, S. D., Dane, H. E.,

Barry, C. T., & Loney, B. R. (2003). Callous-unemotional traits and developmental pathways to severe conduct problems. *Developmental Psychology, 39*, 246–260.

Frick, P. J., & Morris, A. S. (2004). Temperament and developmental pathways to conduct problems. *Journal of Clinical Child and Adolescent Psychology, 33*, 54–68.

Fried, P. A. (2002a). Adolescents prenatally exposed to marijuana: Examination of facets of complex behaviors and comparisons with the influence of in utero cigarettes. *Journal of Clinical Pharmacology, 42*, 97S–102S.

Fried, P. A. (2002b). Tobacco consumption during pregnancy and its impact on child development. In R. E. Tremblay, R. G. Barr, & R. DeV. Peters (Eds.), *Encyclopedia on early childhood development* [online]. Montreal, QC: Centre of Excellence for Early Childhood Development. Retrieved October 29, 2009, from www. child-encyclopedia.com/pages/PDF/tobacco.pdf

Friend, M. (2005). *Special education: Contemporary perspectives for school professionals*. Boston: Allyn & Bacon.

Friend, M., & Bursuck, W. D. (2002). *Including children with special needs: A practical guide for classroom teachers* (3rd ed.). Boston: Allyn & Bacon.

Frith, U., & Frith, C. D. (2003). Development and neurophysiology of mentalizing. *Philosophical Transactions of the Royal Society of London. Series B: Biological Sciences, 358*, 459–473.

Froschl, M., Sprung, B., & Mullin-Rindler, N. (with Stein, N., & Gropper, N.). (1998). *Quit it! A teacher's guide on teasing and bullying for use with students in grades K-3*. Washington, DC: NEA Professional Library.

Fry, D. P. (1988). Intercommunity differences in aggression among Zapotec children. *Child Development, 59*, 1008–1019.

Fry, P. S. (1983). Process measures of problem and non-problem children's classroom behaviour: The influence of teacher behaviour variables. *British Journal of Educational Psychology, 53*, 79–88.

Furman, E. (1986). Stress in the nursery school. In E. Furman (Ed.), *What nursery school teachers ask us about: Psychoanalytic consultations in preschools*. Madison, CT: International Universities Press.

Gable, R. A., Quinn, M. M., Rutherford, R. B., Jr., Howell, K. W., & Hoffman, C. C. (1998). *Addressing student problem behavior: Part II—Conducting a functional behavioral assessment* (3rd ed.). Washington, DC: Center for Effective Collaboration and Practice. Retrieved April 14, 2010, from http://cecp.air.org/fba/default.asp

Gagnon, C. (1991). Commentary: School-based interventions for aggressive children: Possibilities, limitations, and future directions. In D. J. Pepler & K. H. Rubin (Eds.), *The development and treatment of childhood aggression* (pp. 449–455). Hillsdale, NJ: Erlbaum.

Galinsky, E. (1988). Parents and teacher-caregivers: Sources of tension, sources of support. *Young Children, 43,* 4–12.

Ganesh, A., & Surbeck, D. (2005, December). *An investigation of the impact of standardized testing in second grade.* Presentation at National Association for the Education of Young Children, Washington, DC.

Garandeau, C. F., & Cillessen, A. H. N. (2006). From indirect aggression to invisible aggression: A conceptual view on bullying and peer group manipulation. *Aggression and Violent Behavior, 11,* 612–625.

Garbarino, J. (1999). *Lost boys: Why our sons turn violent and how we can save them.* New York: Free Press.

Garbarino, J., & deLara, E. (2002). *And words can hurt forever: How to protect adolescents from bullying, harassment, and emotional violence.* New York: Free Press.

Garcia, E. E. (2005). *Teaching and learning in two languages: Bilingualism and schooling in the United States.* New York: Teachers College Press.

García Coll, C., & Magnuson, K. (2000). Cultural differences as sources of developmental vulnerabilities and resources. In J. P. Shonkoff & S. J. Meisels (Eds.), *Handbook of early childhood intervention* (2nd ed., pp. 94–114). New York: Cambridge University Press.

Gardner, H. (1983). *Multiple intelligences: The theory in practice.* New York: Basic Books.

Garrison-Wade, D. R., & Lewis, C. W. (2006). Tips for school principals and teachers: Helping Black students achieve. In J. Landsman & C. W. Lewis (Eds.), *White teachers / diverse classrooms: A guide to building inclusive schools, promoting high expectations, and eliminating racism* (pp. 150–161). Sterling, VA: Stylus.

Gartrell, D., & King, M. (2003, November). *Guidance with boys in early childhood classrooms: An interactive exploration of boys' behavior techniques to alleviate conflict.* Presentation at National Association for the Education of Young Children, Chicago.

Gatti, U., & Tremblay, R. E. (2005). Social capital and physical violence. In R. E. Tremblay, W. W. Hartup, & J. Archer (Eds.), *Developmental origins of aggression* (pp. 398–424). New York: Guilford.

Gay, G. (2000). *Culturally responsive teaching: Theory, research, and practice.* New York: Teachers College Press.

Genesee, F. (2008). Early dual language learning. *Zero to Three, 29*(1), 17–23.

Genesee, F., Paradis, J., & Crago, M. B. (2004). *Dual language development and disorders: A handbook on bilingualism and second language learning.* Baltimore: Brookes.

Genishi, C., & Dyson, A. H. (2009). *Children, language, and literacy: Diverse learners in diverse times.* New York: Teachers College Press.

Gershoff, E. T. (2002). Corporal punishment by parents and associated child behaviors and experiences: A meta-analytic and theoretical review. *Psychological Bulletin, 128,* 539–579.

Giangreco, M. F. (2003). Working with paraprofessionals. *Educational Leadership, 61*(2), 50–53.

Giangreco, M. F., Edelman, S. W., Luiselli, T. E., & MacFarland, S. Z. C. (1997). Helping or hovering? Effects of instructional assistant proximity on students with disabilities. *Exceptional Children, 64,* 7–18.

Gibb, J. R. (1961). Defensive communication. *Journal of Communication, 11,* 141–148.

Giedd, J. N. (2004). Structural magnetic resonance imaging of the adolescent brain. *Annals of the New York Academy of Sciences, 1021,* 77–85.

Gilliam, W. S. (2005, May). *Prekindergarteners left behind: Expulsion rates in state prekindergarten programs.* New York: FCD Policy Brief 3. Retrieved August 31, 2009, from http://fcd-us.org/usr_doc/Expulsion PolicyBrief.pdf

Ginott, H. G. (1956). *Between parent and child.* New York: Avon.

Ginsberg, M. B. (2007). Lessons at the kitchen table. *Educational Leadership, 64*(6), 56–61.

Ginsburg, K. R. (2007). The importance of play in promoting healthy child development and maintaining strong parent-child bonds. *Pediatrics, 119,* 182–191.

Goldenberg, C. (2008). Teaching English language learners. *American Educator, 32*(2), 8–23, 42–44.

Goldenberg, C., Rueda, R. S., & August, D. (2006). Synthesis: Sociocultural contexts and literacy development. In D. August & T. Shanahan (Eds.), *Developing literacy in English-language learners: Report of the National Literacy Panel on Language Minority Children and Youth* (pp. 249–267). Mahwah, NJ: Erlbaum.

Goldschmidt, L., Day, N. L., & Richardson, G. A. (2000). Effects of prenatal marijuana exposure on child behavior problems at age 10. *Neurotoxicology and Teratology, 22,* 325–336.

Goleman, D. (1997). *Emotional intelligence.* New York: Bantam.

Goleman, D. (2006a). *Social intelligence: The new science of human relationships.* New York: Bantam.

Goleman, D. (2006b). The socially intelligent leader. *Educational Leadership, 64*(10), 76–81.

Gonzalez-Mena, J. (2003, November). Discovering my whiteness. Presentation at the National Association for the Education of Young Children, Chicago.

Gonzalez-Mena, J. (2008). *Diversity in early care and education: Honoring differences* (5th ed.). New York: McGraw-Hill.

Gonzalez-Mena, J. (2010). *50 strategies for communicating and working with diverse families* (2nd ed.). Upper Saddle River, NJ: Pearson.

Gonzalez-Mena, J., & Bernhard, J. K. (1998). Out-of-home care of infants and toddlers: A call for cultural linguistic continuity. *Interaction, 12,* 14–15.

Good, T. L., & Brophy, J. E. (2008). *Looking in classrooms* (10th ed.). Boston: Allyn & Bacon.

Gopnik, A., Meltzoff, A. N., & Kuhl, P. K. (2001). *The scientist in the crib: What early learning tells us about the mind*. New York: Perennial.

Gordon, T. (2000). *Parent effectiveness training: The proven program for raising responsible children*. New York: Three Rivers Press.

Gordon, T. (with Burch, N.). (2003). *Teacher effectiveness training*. New York: Three Rivers Press.

Gottfredson, D. (n.d.). School-based crime prevention. In L. W. Sherman, D. Gottfredson, D. MacKenzie, J. Eck, P. Reuter, & S. Bushway, *Preventing crime: What works, what doesn't, what's promising*. Washington, DC: U.S. National Institute of Justice. Retrieved October 29, 2009, from www.ncjrs.gov/works/

Gottfredson, G. D., Gottfredson, D. C., Czeh, E. R., Cantor, D., Crosse, S. B., & Hantman, I. (2004, November). *Toward safe and orderly schools—The national study of delinquency prevention in schools*. Washington, DC: National Institute of Justice. Retrieved October 29, 2009, from www.ncjrs.gov/pdffiles1/nij/205005.pdf

Graham, S., & Juvonen, J. (2001). An attributional approach to peer victimization. In J. Juvonen & S. Graham (Eds.), *Peer harassment in school: The plight of the vulnerable and victimized* (pp. 49–72). New York: Guilford.

Granot, D., & Mayseless, O. (2001). Attachment security and adjustment to school in middle childhood. *International Journal of Behavioral Development, 25,* 530–541.

Greenberg, M. T. (1999). Attachment and psychopathology in childhood. In J. Cassidy & P. R. Shaver (Eds.), *Handbook of attachment theory and research* (pp. 469–496). New York: Guilford.

Greenberg, M. T. (2006). Promoting resilience in children and youth: Preventive interventions and their interface with neuroscience. In B. M. Lester, A. S. Masten, & B. McEwen (Eds.), *Resilience in children* (pp. 139–150). Boston: New York Academy of Sciences.

Greenberg, M. T., DeKlyen, M., Speltz, M. L., & Endriga, M. C. (1997). The role of attachment processes in externalizing psychopathology in young children. In L. Atkinson & K. Zucker (Eds.), *Attachment and psychopathy* (pp. 196–222). New York: Guilford.

Greenberg, M. T., Speltz, M. L., & DeKlyen, M. (1993). The role of attachment in the early development of disruptive behavior problems. *Development and Psychopathology, 5,* 191–213.

Greene, R. W. (1998). *The explosive child: A new approach for understanding and parenting easily frustrated, "chronically inflexible" children*. New York: HarperCollins.

Greene, R. W. (2008). *Lost at school: Why our kids with behavioral challenges are falling through the cracks and how we can help them*. New York: Scribner.

Greene, R. W. (2010). *The explosive child: A new approach for understanding and parenting easily frustrated, chronically inflexible children*. New York: Harper.

Greenfield, P. M., & Suzuki, L. K. (1998). Culture and human development: Implications for parenting, education, pediatrics, and mental health. In I. E. Sigel & K. A. Renninger (Eds.), *Handbook of child psychology: Vol. 4, Child psychology in practice* (5th ed., pp. 1059–1109). New York: Wiley.

Greenman, J. (2005). *Caring spaces, learning places: Children's environments that work*. Redmond, WA: Exchange Press.

Greenough, W. T., Black, J. E., & Wallace, C. S. (1987). Experience and brain development. *Child Development, 58,* 539–559.

Greenspan, S. I. (1996). *The challenging child: Understanding, raising, and enjoying the five "difficult" types of children*. Reading, MA: Addison-Wesley.

Grigal, M. (1998). The time-space continuum: Using natural supports in inclusive classrooms. *Teaching Exceptional Children, 30*(6), 44–51.

Groves, B. M. (2002). *Children who see too much: Lessons from the Child Witness to Violence Project*. Boston: Beacon Press.

Groves, B. M., & Zuckerman, B. (1997). Intervention with parents and caregivers of children who are exposed to violence. In J. D. Osofsky (Ed.), *Children in a violent society* (pp. 183–201). New York: Guilford.

Gruber, J. E., & Fineran, S. (2008). Comparing the impact of bullying and sexual harassment victimization on the mental and physical health of adolescents. *Sex Roles, 59,* 1–13.

Guerra, N. G. (1997a). Intervening to prevent childhood aggression in the inner city. In J. McCord (Ed.), *Violence and childhood in the inner city* (pp. 256–312). New York: Cambridge University Press.

Guerra, N. G. (1997b, May). *Violence in schools: Interventions to reduce school-based violence*. Presentation at the Centre for Studies of Children at Risk, Hamilton, ON.

Guetzloe, E. C., & Johns, B. H. (2004). Instructional strategies for students with emotional and behavioral disorders in inclusive settings. In B. H. Johns & E. C. Guetzloe (Eds.), *Inclusive education for children and youths with emotional and behavioral disorders: Enduring challenges and emerging practices* (pp. 11–17). Arlington, VA: Council for Children with Behavioral Disorders.

Gunnar, M. R. (1998). Quality of early care and buffering of neuroendocrine stress reactions: Potential effects on the developing human brain. *Preventive Medicine, 27,* 208–211.

Gunnar, M. R. (2000, July). *Brain-behavior interface: Studies of early experience and the physiology of stress.* Presentation at the World Association for Infant Mental Health, Montreal, QC.

Gunnar, M. R. (2006). Social regulation of stress in early childhood development. In K. McCartney & D. Phillips (Eds.), *Handbook of early childhood development* (pp. 106–125). Malden, MA: Blackwell.

Gunnar, M. R., & Cheatham, C. L. (2003). Brain and behavior interface: Stress and the developing brain. *Infant Mental Health Journal, 24,* 195–211.

Gunnar, M. R., & Donzella, B. (2002). Social regulation of the cortisol levels in early human development. *Psychoneuroendocrinology, 27,* 199–220.

Guzman, B. (2001, May). *The Hispanic population: Census 2000 brief.* Washington, DC: U.S. Census Bureau. Retrieved February 7, 2010, from www.census.gov/prod/2001pubs/c2kbr01-3.pdf

Haager, D., & Klingner, J. K. (2005). *Differentiating instruction in inclusive classrooms: The special educator's guide.* Boston: Allyn & Bacon.

Haager, D., & Vaughn, S. (1995). Parent, teacher, peer, and self reports of social competence of students with learning disabilities. *Journal of Learning Disabilities, 28,* 205–215, 231.

Hackman, D. A., & Farah, M. J. (2009). Socioeconomic status and the developing brain. *Trends in Cognitive Sciences, 13,* 65–73.

Hagan, J. F., Jr., & the Committee on Psychosocial Aspects of Child and Family Health, & the Task Force on Terrorism of the American Academy of Pediatrics. (2005). Psychosocial implications of disaster or terrorism on children: A guide for the pediatrician. *Pediatrics, 116,* 787–795.

Hale, J. E. (1986). *Black children: Their roots, culture, and learning styles.* Baltimore: Johns Hopkins Press.

Hale, J. E. (2001). *Learning while black: Creating educational excellence for African American children.* Baltimore: Johns Hopkins Press.

Halgunseth, L. C., Ipsa, J. M., & Rudy, D. (2006). Parental control in Latino families: An integrated review of the literature. *Child Development, 77,* 1282–1297.

Hall, E. T. (1977). *Beyond culture.* Garden City, NY: Anchor Press/Doubleday.

Hall, L. J. (2009). *Autism spectrum disorders: From theory to practice.* Upper Saddle River, NJ: Merrill.

Halle, T., Forry, N., Hair, E., Perper, K., Wandner, L., Wessel, J., et al. (2009). *Disparities in early learning and development: Lessons from the Early Childhood Longitudinal Study—Birth Cohort.* Washington, DC: Child Trends. Retrieved October 19, 2009, from http://childtrends.org/Files/Child_Trends-2009_07_10_FR_DisparitiesEL.pdf

Hamby, S., Finkelhor, D., Turner, H., & Ormrod, R. (2010). Exposure to intimate partner violence and other forms of family violence: Nationally representative rates among U.S. youth. *Office of Juvenile Justice and Delinquency Prevention.*

Hamilton, C. E. (2000). Continuity and discontinuity of attachment from infancy through adolescence. *Child Development, 71,* 690–694.

Hamre, B. K., & Pianta, R. C. (2001). Early teacher-child relationships and the trajectory of children's school outcomes through eighth grade. *Child Development, 72,* 625–638.

Hamre, B. K., & Pianta, R. C. (2005). Can instructional and emotional support in the first-grade classroom make a difference for children at risk of school failure? *Child Development, 76,* 949–967.

Hamre, B. K., Pianta, R. C., Downer, J. T., & Mashburn, A. J. (2008). Teachers' perceptions of conflicts with young students: Looking beyond problem behaviors. *Social Development, 17,* 115–136.

Handwerk, M. L., & Marshall, R. M. (1998). Behavioral and emotional problems of students with learning disabilities, serious emotional disturbance, or both conditions. *Journal of Learning Disabilities, 31,* 327–338.

Hanish, L. D., Martin, C. L., Fabes, R. A., Leonard, S., & Herzog, M. (2005). Exposure to externalizing peers in early childhood: Homophily and peer contagion processes. *Journal of Abnormal Child Psychology, 33,* 267–281.

Hargie, O., Saunders, C., & Dickson, D. (1994). *Social skills in interpersonal communication* (3rd ed.). New York: Routledge.

Harms, T., Clifford, R. M., & Cryer, D. (2005). *Early childhood environment rating scale* (Revised ed.). New York: Teachers College Press.

Harris, J. R. (1999). *The nurture assumption: Why children turn out the way they do.* New York: Touchstone.

Harwood, M., & Kleinfeld, J. S. (2002). Up front, in hope: The value of early intervention for children with fetal alcohol syndrome. *Young Children, 57*(4), 86–90.

Hawkins, D. L., Pepler, D. J., & Craig, W. M. (2001). Naturalistic observations of peer interventions in bullying. *Social Development, 10,* 512–527.

Hawkins, J. D., Guo, J., Hill, K. G., Battin-Pearson, S., & Abbott, R. D. (2001). Long-term effects of the Seattle Social Development Project on school bonding trajectories. *Applied Developmental Sciences, 5,* 225–236.

Hawkins, J. D., Smith, B. H., & Catalano, R. F. (2004). Social development and social and emotional learning. In J. E. Zins, R. P. Weissberg, W. C. Wang, & H. J. Walberg (Eds.), *Building academic success on social and emotional learning: What does the research say?* (pp. 135–150). New York: Teachers College Press.

Hawkins, J. D., Smith, B. H., Hill, K. G., Kosterman, R., & Catalano, R. F. (2007). Promoting social development and preventing health and behavior problems during the elementary grades: Results from the Seattle Social Development Project. *Victims and Offenders, 2,* 161–181.

Hay, D. F. (2005). The beginnings of aggression in infancy. In R. E. Tremblay, W. W. Hartup, & J. Archer (Eds.), *Developmental origins of aggression* (pp. 107–132). New York: Guilford.

Hay, T. (1994-1995, Winter). The case against punishment. *IMPrint, 11,* 10–11.

Hayes, N. (2000). *Section 504: It is not "unfunded" special education.* New Horizons for Learning. Retrieved May 2, 2010, from www.newhorizons.org/spneeds/inclusion/law/hayes3.htm

Hazler, R. J., & Carney, J. V. (2006). Critical characteristics of effective bullying prevention programs. In S. R. Jimerson & M. J. Furlong (Eds.), *The handbook of school violence and school safety: From research to practice* (pp. 275–291). Mahwah, NJ: Erlbaum.

Heath, S. B. (1983). *Ways with words: Language, life, and work in communities and classrooms.* New York: Cambridge University Press.

Heath, S. B. (2002). A lot of talk about nothing. In B. M. Power & R. S. Hubbard (Eds.), *Language development: A reader for teachers* (2nd ed., pp. 74–79). Upper Saddle River, NJ: Merrill Prentice Hall.

Hernandez, D. J., Denton, N. A., & Macartney, S. E. (2008). Children in immigrant families: Looking to America's future. *Social Policy Report, 22,* 3–22.

Hertz, M. F., & David-Ferdon, C. (2008). *Electronic media and youth violence: A CDC issue brief for educators and caregivers.* Atlanta: Centers for Disease Control. Retrieved May 21, 2010, from www.cdc.gov/ncipc/dvp/YVP/electronic_agression_brief_for_parents.pdf

Hewes, D. W. (2001). *W. N. Hailmann: Defender of Froebel.* Grand Rapids, MI: Froebel Foundation.

Hickman-Davis, P. (2002, Spring). "Cuando no hablan Inglés": Helping young children learn English as a second language. *Dimensions of Early Childhood,* 3–10.

Hilliard, A. G., III. (2002). Language, culture, and the assessment of African American children. In L. Delpit & J. K. Dowdy (Eds.), *The skin that we speak: Thoughts on language and culture in the classroom* (pp. 87–105). New York: New Press.

Hirsh-Pasek, K., & Golinkoff, R. M. (2008). Why play=learning. In R. E. Tremblay, R. G. Barr, R. DeV. Peters, & M. Boivin (Eds.), *Encyclopedia on early childhood development* [online]. Montreal, QC: Centre of Excellence for Early Childhood Development. Retrieved March 17, 2010, from www.child-encyclopedia.com/pages/PDF/Hirsh-Pasek-GolinkoffANGxp.pdf

Ho, D. Y. F. (1994). Cognitive socialization in Confucian heritage cultures. In P. M. Greenfield & R. R. Cocking (Eds.), *Cross-cultural roots of minority child development* (pp. 285–314). Hillsdale, NJ: Erlbaum.

Hodges, E. V. E., Boivin, M., Vitaro, F., & Bukowski, W. M. (1999). The power of friendship: Protection against an escalating cycle of peer victimization. *Developmental Psychology, 35,* 94–101.

Hodges, H. (2001). Overcoming a pedagogy of poverty. In R. W. Cole (Ed.), *More strategies for educating everybody's children* (pp. 1–9). Alexandria, VA: Association for Supervision and Curriculum Development.

Holahan, A. (2000). A comparison of developmental gains for preschool children with disabilities in inclusive and self-contained classrooms. *Topics in Early Childhood Special Education, 19*(4), 224–235.

Holden, C. (2000). The violence of the lambs. *Science, 289,* 580–581.

Holmeboe, K., & Johnson, M. H. (2005). Educating executive attention. *Proceedings of the National Academy of Sciences, 102,* 14479–14480.

Honig, A. S. (2002). *Secure relationships: Nurturing infant/toddler attachment in early care settings.* Washington, DC: National Association for the Education of Young Children.

Hoover-Dempsey, K. V., Walker, J. M. T., Sandler, H. M., Whetsel, D., Green, C. L., Wilkins, A. S., et al. (2005). Why do parents become involved? Research findings and implications. *Elementary School Journal, 106,* 105–130.

Horn, E., Lieber, J., Sandall, S. R., Schwartz, I. S., & Wolery, R. A. (2002). Classroom models of individualized instruction. In S. I. Odom (Ed.) (with P. J. Beckman, M. J. Hanson, E. Horn, J. Lieber, S. R. Sandall, I. L. Schwartz, et al.), *Widening the circle: Including children with disabilities in preschool programs* (pp. 25–45). New York: Teachers College Press.

Howard, G. R. (2007). As diversity grows, so must we. *Educational Leadership, 64*(6), 16–22.

Howes, C. (1999). Attachment relationships in the context of multiple caregivers. In J. Cassidy & P. R. Shaver (Eds.), *Handbook of attachment theory and research* (pp. 671–687). New York: Guilford.

Howes, C. (2010). *Culture and child development in early childhood programs: Practices for quality education and care.* New York: Teachers College Press.

Howes, C., & Hamilton, C. E. (1993). The changing experience of child care: Changes in teachers and in teacher-child relationships and children's social competence with peers. *Early Childhood Research Quarterly, 8,* 15–32.

Howes, C., & Hamilton, C. E. (2002). Children's relationships with caregivers: Mothers and child care teachers. *Child Development, 63,* 859–866.

Howes, C., Hamilton, C. E., & Phillipsen, L. C. (1998). Stability and continuity of child-caregiver and child-peer relationships. *Child Development, 69,* 418–426.

Howes, C., Matheson, C. C., & Hamilton, C. E. (1994). Maternal, teacher, and child care history correlates of children's relationships with peers. *Child Development,*

65, 264–273.

Howes, C., & Ritchie, S. (1999). Attachment organizations in children with difficult life circumstances. *Development and Psychopathology, 11,* 251–268.

Howes, C., & Ritchie, S. (2002). *A matter of trust: Connecting teachers and learners in the early childhood classroom.* New York: Teachers College Press.

Howes, C., & Shivers, E. M. (2006). New child-caregiver attachment relationships: Entering child care when the caregiver is and is not an ethnic match. *Social Development, 15,* 343–360.

Hu, W. (2009, March 14). Forget goofing around: Recess has a new boss. *The New York Times.* Retrieved March 18, 2010, from www.nytimes.com

Hughes, J., & Kwok, O. (2007). Influences of student-teacher and parent-teacher relationships on lower achieving readers' engagement and achievement in the primary grades. *Journal of Educational Psychology, 99,* 39–51.

Hughes, J. N., Cavell, T. A., & Willson, V. (2001). Further support for the developmental significance of the quality of the teacher-student relationship. *Journal of School Psychology, 39,* 289–301.

Huijbregts, S. C. J., Séguin, J. R., Zoccolillo, M., Boivin, M., & Tremblay, R. E. (2008). Maternal prenatal smoking, parental antisocial behavior, and early childhood physical aggression. *Development and Psychopathology, 20,* 437–453.

Human Rights Watch & American Civil Liberties Union. (2008). *A violent education: Corporal punishment of children in US public schools.* Retrieved October 10, 2009, from http://aclu.org/pdfs/humanrights/aviolenteducation_report.pdf

Humber, N., & Moss, E. (2005). The relationship of school and early school-age attachment to mother-child interaction. *American Journal of Orthopsychiatry, 75,* 128–141.

Hyman, I., & Snook, P. A. (1999). *Dangerous schools: What we can do about the physical and emotional abuse of our children.* San Francisco: Jossey-Bass.

Hymel, S., Wagner, E., & Butler, L. J. (1990). Reputational bias: View from the peer group. In S. R. Asher & J. D. Coie (Eds.), *Peer rejection in childhood* (pp. 156–186). New York: Cambridge University Press.

Ianotti, R. J. (1985). Naturalistic and structured assessments of prosocial behavior in preschool children: The influence of empathy and perspective taking. *Developmental Psychology, 21,* 46–55.

Individuals with Disabilities Education Act Amendments of 1997, P.L. 105–17.

Iwata, B. A., Dorsey, M. F., Slifer, K. J., Bauman, K. E., & Richman, G. S. (1982). Toward a functional analysis of self-injury. *Analysis and Intervention in Developmental Disabilities, 2,* 3–20.

Iwata, B. A., Vollmer, T. R., & Zarcone, J. R. (1990). The experimental (functional) analysis of behavior disorders: Methodology, applications, and limitations. In A. C. Repp & N. N. Singh (Eds.), *Perspectives on the use of nonaversive and aversive interventions for persons with developmental disabilities* (pp. 301–330). Sycamore, IL: Sycamore.

Jacobson, S. W., & Frye, K. F. (1991). Effect of maternal social support on attachment: Experimental evidence. *Child Development, 62,* 572–582.

Janssen, I., Craig, W. M., Boyce, W. F., & Pickett, W. (2004). Associations between overweight and obesity with bullying behaviors in school-aged children. *Pediatrics, 113,* 1187–1194.

Jensen, E. (2005). *Teaching with the brain in mind.* Alexandria, VA: Association for Supervision and Curriculum Development.

Joe, J. R., & Malach, R. S. (2004). Families with American Indian roots. In E. W. Lynch & M. J. Hanson (Eds.), *Developing cross-cultural competence: A guide for working with children and their families* (3rd ed., pp. 109–139). Baltimore: Brookes.

Johnson, D. W., & Johnson, R. T. (2004). The three Cs of promoting social and emotional learning. In J. E. Zins, R. P. Weissberg, W. C. Wang, & H. J. Walberg (Eds.), *Building academic success on social and emotional learning: What does the research say?* (pp. 40–58). New York: Teachers College Press.

Johnson, J., & Duffett, A. (with Farkas, S., & Wilson, L.). (2002). *When it's your own child: A report on special education from the families who use it.* New York: Public Agenda. Retrieved May 2, 2010, from www.publicagenda.org/reports/when-its-your-own-child

Jones, L. R. (2008, September 3). Teaching secrets: Bridging the gender gap. *Teacher.* Retrieved March 16, 2010, from www.edweek.org/tm/articles/2008/09/03/01tln_jones. h20.html

Jones, R. L., Homa, D. M., Meyer, P. A., Brody, D. J., Caldwell, K. L., Pirkle, J. L., et al. (2009). Trends in blood lead levels and blood lead testing among US children aged 1 to 5 years, 1998-2004. *Pediatrics, 123,* e376–e385.

Joshi, P. T., O'Donnell, D. A., Cullins, L. M., & Lewin, S. M. (2006). Children exposed to war and terrorism. In M. M. Feerick & G. B. Silverman (Eds.), *Children exposed to violence* (pp. 53–84). Baltimore: Brookes.

Joussemet, M., Vitaro, F., Barker, E. D., Côté, S., Nagin, D., Zoccolillo, M., et al. (2008). Controlling parenting and physical aggression during elementary school. *Child Development, 79,* 411–425.

Juvonen, J., & Graham, S. (2001). Preface. In J. Juvonen & S. Graham (Eds.), *Peer harassment in school: The plight of the vulnerable and victimized* (pp. xiii–xvi). New York: Guilford.

Juvonen, J., Graham, S., & Schuster, M. A. (2003). Bullying among young adolescents: The strong, the weak, and the troubled. *Pediatrics, 112,* 1231–1237.

Juvonen, J., & Gross, E. F. (2008). Extending the school grounds? Bullying experiences in cyberspace. *Journal of School Health, 78,* 496–505.

Kagan, J. (1998). Biology and the child. In N. Eisenberg (Ed.), *Handbook of child psychology: Vol. 3, Social, emotional, and personality development* (5th ed., pp. 177–235). New York: Wiley.

Kagan, J., & Snidman, N. (2004). *The long shadow of temperament.* Cambridge, MA: Belknap.

Kagan, J., Snidman, N., Kahn, V., & Towsley, S. (2007). The preservation of two infant temperaments into adolescence. *Monographs of the Society for Research in Child Development, 72,* 1–95.

Kağıtçıbaşı, C. (1996). *Family and human development across cultures: A view from the other side.* Mahwah, NJ: Erlbaum.

Kandel, E. R., Jessell, T. M., & Sanes, J. R. (2000). Sensory experience and the fine-tuning of synaptic connections. In E. R. Kandel, J. H. Schwartz, & T. M. Jessell (Eds.), *Principles of neural science* (4th ed., pp. 1115–1130). New York: McGraw-Hill.

Kaplan, H. B. (1999). Toward an understanding of resilience: A critical review of definitions and models. In M. D. Glantz & J. L. Johnson (Eds.), *Resilience and development: Positive life adaptations* (pp. 17–83). New York: Kluwer Academic/Plenum.

Kaplan, J. S. (2000). *Beyond functional assessment: A social-cognitive approach to the evaluation of behavior problems in children and youth.* Austin: Pro-Ed.

Karagammis, A., Stainback, W., & Stainback, S. (1996). Rationale for inclusive schooling. In S. Stainback & W. Stainback (Eds.), *Inclusion: A guide for educators* (pp. 3–16). Baltimore: Brookes.

Karen, R. (1998). *Becoming attached: First relationships and how they shape our capacity to love.* New York: Oxford University Press.

Karsh, K. G., Repp, A. C., Dahlquist, C. M., & Munk, D. (1995). In vivo functional assessment and multi-element interventions for problem behavior of students with disabilities in classroom settings. *Journal of Behavioral Education, 5,* 189–210.

Karten, T. J. (2005). *Inclusion strategies that work: Research-based methods for the classroom.* Thousand Oaks, CA: Corwin.

Katz, L. F., Kramer, L., & Gottman, J. M. (1992). Conflict and emotions in marital, sibling, and peer relationships. In C. U. Shantz & W. W. Hartup (Eds.), *Conflict in child and adolescent development* (pp. 122–149). New York: Cambridge University Press.

Katz, L. G., & McClellan, D. E. (1997). *Fostering children's social competence: The teacher's role.* Washington, DC: National Association for the Education of Young Children.

Kaufman, J. M. (2005). Explaining the race/ ethnicity vi olence relationship: Neighborhood context and social psychological processes. *Justice Quarterly, 22,* 224–251.

Kay, P., Fitzgerald, M., & McConaughy, S. H. (2002). Building effective parent-teacher relationships. In B. Algonzzine & P. Kay (Eds.), *Preventing problem behaviors: A handbook of successful intervention strategies* (pp. 104–125). Thousand Oaks, CA: Corwin and Council for Exceptional Children.

Kellam, S. G., Ling, X., Merisca, R., Brown, C. H., & Ialongo, N. (1998). The effect of the level of aggression in the first grade classroom on the cause and malleability of aggressive behavior into middle school. *Development and Psychopathology, 10,* 165–185.

Keller, P. S., Cummings, E. M., Davies, P. T., & Mitchell, P. M. (2008). Longitudinal relations between parental drinking problems, family functioning, and child adjustment. *Development and Psychopathology, 20,* 195–212.

Keyser, J. (2006). *From parents to partners: Building a family-centered early childhood program.* St. Paul, MN, and Washington, DC: Redleaf and National Association for the Education of Young Children.

Kim, U., & Choi, S.-H. (1994). Individualism, collectivism, and child development: A Korean perspective. In P. M. Greenfield & R. R. Cocking (Eds.), *Cross-cultural roots of minority child development* (pp. 227–258). Hillsdale, NJ: Erlbaum.

Kitzmann, K. M., Gaylord, N. K., Holt, A. R., & Kenny, E. D. (2003). Child witnesses to domestic violence: A meta-analytic review. *Journal of Consulting and Clinical Psychology, 71,* 339–352.

Klass, C. S., Guskin, K. A., & Thomas, M. (1995). The early childhood program: Promoting children's development through and within relationships. *Zero to Three, 16(2),* 9–17.

Klass, P., & Costello, E. (2003). *Quirky kids: Understanding and helping your child who doesn't fit in—when to worry and when not to worry.* New York: Ballantine.

Klein, T. P., DeVoe, E. R., Miranda-Julian, C., & Linas, K. (2009). Young children's response to September 11th: The New York City experience. *Infant Mental Health Journal, 30,* 1–22.

Kleinfeld, J. (1975). Effective teachers of Eskimo and Indian students. *School Review, 83(2),* 301–344.

Kluth, P. (2003). *"You're going to love this kid!" Teaching students with autism in the inclusive classroom.* Baltimore: Brookes.

Knudsen, E. I. (2004). Sensitive periods in the development of the brain and behavior. *Journal of Cognitive Neuroscience, 16,* 1412–1425.

Kobak, R. (1999). The emotional dynamics of attachment relationships: Implications for theory, research, and clinical intervention. In J. Cassidy & P. R. Shaver (Eds.), *Handbook of attachment theory and research* (pp. 21–43). New York: Guilford.

Kochenderfer, B. J., & Ladd, G. W. (1996). Peer victimization: Manifestations and relations to school adjustment in kindergarten. *Journal of School Psychology, 34*, 267–283.

Kochenderfer-Ladd, B., & Skinner, K. (2002). Children's coping strategies: Moderators of the effects of peer victimization? *Developmental Psychology, 38*, 267–278.

Kochman, T. (1985). Black American speech events and a language program for the classroom. In C. B. Casden, V. P. John, & D. Hymes (Eds.), *Functions of language in the classroom* (pp. 211–261). Prospect Heights, IL: Waveland.

Koegel, R. L., & Koegel, L. K. (1995). *Teaching children with autism: Strategies for initiating positive interactions and improving learning opportunities.* Baltimore: Brookes.

Kohn, A. (1996). *Beyond discipline: From compliance to community.* Upper Saddle River, NJ: Merrill Prentice-Hall.

Kohn, A. (2001). *Five reasons to stop saying "Good job!"* Retrieved April 4, 2010, from www.alfiekohn.org/parenting/gj.htm

Kohn, A. (2006a). *The homework myth: Why kids get too much of a bad thing.* Cambridge, MA: De Capo Press.

Kohn, A. (2006b). *Unconditional parenting: Moving from rewards and punishments to love and reason.* New York: Atria.

Kokko, K., Tremblay, R. E., Lacourse, E., Nagin, D. S., & Vitaro, F. (2006). Trajectories of prosocial behavior and physical aggression in middle childhood: Links to adolescent school dropout and physical violence. *Journal of Research on Adolescence, 16*, 403–428.

Koplow, L. (2002). *Creating schools that heal: Real-life solutions.* New York: Teachers College Press.

Kostelnik, M. J., Onaga, E., Rohde, B., & Whiren, A. (2002). *Children with special needs: Lessons for early childhood professionals.* New York: Teachers College Press.

Kottler, J. A. (2002). *Students who drive you crazy: Succeeding with resistant, unmotivated, and otherwise difficult young people.* Thousand Oaks, CA: Corwin.

Kounin, J. S. (1970). *Discipline and group management in classrooms.* New York: Holt, Rinehart & Winston.

Kralovec, E., & Buell, J. (2001). End homework now. *Educational Leadership, 58*(7), 39–42.

Kranowitz, C. S. (2006). *The out-of-sync child: Recognizing and coping with sensory processing disorder* (rev. ed.). New York: Perigee.

Kreidler, W. J., & Whittall, S. T. (with Doty, N., Johns, R., Logan, C., Roerden, L. P., Raner, C. & Wintle, C.). (1999). *Early childhood adventures in peacemaking.* Cambridge, MA: Educators for Social Responsibility.

Kritchevsky, S., & Prescott, E. (with Walling, L.). (1977). *Planning environments for young children: Physical space.* Washington, DC: National Association for the Education of Young Children.

Kuhl, P. K., Williams, K. A., Lacerda, F., & Stevens, K. N. (1992). Linguistic experience alters phonetic perception in infants by 6 months of age. *Science, 255*, 606–608.

Kupersmidt, J. B., Griesler, P. C., DeRosier, M. E., Patterson, C. J., & Davis, P. W. (1995). Childhood aggression and peer relations in the context of family and neighborhood factors. *Child Development, 66*, 360–375.

Kutcher, S., Aman, M., Brooks, S. J., Buitelaar, J., van Daalen, E., Fegert, J., et al. (2004). International consensus statement on attention-deficit/hyperactivity disorder (ADHD) and disruptive behavior disorders (DBDs): Clinical implications and treatment practice suggestions. *European Neuropsychopharmacology, 14*, 11–28.

Kyle, D. W., McIntyre, E., Miller, K. B., & Moore, G. H. (2002). *Reaching out: A K-8 resource for connecting families and schools.* Thousand Oaks, CA: Corwin.

Ladd, B. K., & Ladd, G. W. (2001). Variations in peer victimization: Relations to children's maladjustment. In J. Juvonen & S. Graham (Eds.), *Peer harassment in school: The plight of the vulnerable and victimized* (pp. 25–48). New York: Guilford.

Ladd, G., & Troop-Gordon, W. (2003). The role of chronic peer difficulties in the development of children's psychological adjustment problems. *Child Development, 74*, 1344–1367.

Ladd, G. W., & Burgess, K. B. (1999). Charting the relationship trajectories of aggressive, withdrawn, and aggressive/withdrawn children during early grade school. *Child Development, 70*, 910–929.

Ladd, G. W., & Burgess, K. B. (2001). Do relational risks and protective factors moderate the linkages between childhood aggression and early psychological and school adjustment? *Child Development, 72*, 1579–1601.

Ladson-Billings, G. (1994). *The dreamkeepers: Successful teachers of African American children.* San Francisco: Jossey-Bass.

Lagae, L. (2008). Learning disabilities: Definitions, epidemiology, diagnosis, and intervention strategies. *Pediatric Clinics of North America, 55*, 1259–1268.

Lahey, B. B., & Waldman, I. D. (2003). A developmental propensity model of the origins of conduct problems during childhood and adolescence. In B. B. Lahey, T. E. Moffitt, & A. Caspi (Eds.), *Causes of conduct disorder and juvenile delinquency* (pp. 76–117). New York: Guilford.

Lake, J. F., & Billingsley, B. S. (2000). An analysis of factors that contribute to parent-school conflict in special education. *Remedial and Special Education, 21*, 240–251.

Lamb-Parker, F., LeBuffe, P. A., Powell, G., & Halpern, E. (2008). A strength-based, systemic mental health approach to support children's social and emotional development. *Infants and Young Children, 21*, 45–55.

Landsman, J. (2006a). Educating Black males: Interview with Professor Joseph White, Ph.D. In J. Landsman & C. W. Lewis (Eds.), *White teachers/diverse classrooms: A guide to building inclusive schools, promoting high expectations, and eliminating racism* (pp. 52–60). Sterling, VA: Stylus.

Landsman, J. (2006b). When truth and joy are at stake: Challenging the status quo in the high school English class. In J. Landsman & C. W. Lewis (Eds.), *White teachers / diverse classrooms: A guide to building inclusive schools, promoting high expectations, and eliminating racism* (pp. 221–233). Sterling, VA: Stylus.

LaPlante, D. P., Barr, R. G., Brunet, A., du Fort, G. G., Meaney, M., Saucier, J.-F., et al. (2004). Stress during pregnancy affects general intellectual and language functioning in human toddlers. *Pediatric Research, 56,* 1–11.

Lareau, A. (2000). *Home advantage: Social class and parental intervention in elementary school* (2nd ed.). Lanham, MD: Rowman and Littlefield.

Lareau, A., & Shumar, W. (1996). The problem of individualism in family-school policies [Extra issue]. *Sociology of Education, 69*, 24–39.

Lawrence-Lightfoot, S. (2003). *The essential conversation: What parents and teachers can learn from each other.* New York: Ballantine.

Leachman, G., & Victor, D. (2003). Student-led class meetings. *Educational Leadership, 60(6),* 64–68.

Leary, M. R., & Hill, D. A. (1996). Moving on: Autism and movement disturbance. *Mental Retardation, 34*(1), 39–55.

Lebra, T. S. (1994). Mother and child in Japanese socialization: A Japan-U.S. comparison. In P. M. Greenfield & R. R. Cocking (Eds.), *Cross-cultural roots of minority child development* (pp. 259–274). Hillsdale, NJ: Erlbaum.

LeBuffe, P. A., & Naglieri, J. A. (1999). *Devereux Early Childhood Assessment user's guide.* Lewisville, NC: Kaplan.

LeDoux, J. (2002). *Synaptic self: How our brains become who we are.* New York: Viking.

Leffert, J. S., Siperstein, G. N., & Millikan, E. (2000). Understanding social adaptation in children with mental retardation: A social-cognitive perspective. *Exceptional Children, 66,* 530–545.

Lehmann, K. J. (2004). *Surviving inclusion.* Lanham, MD: Scarecrow.

Leman, K. (1992). *The birth order book: Why you are the way you are.* New York: Bantam-Dell.

Lengua, L. J., Honorado, E., & Bush, N. R. (2007). Contextual risk and parenting as predictors of effortful control and social competence in preschool children. *Journal of Applied Developmental Psychology, 28*, 40–55.

Lenroot, R. K., & Giedd, J. N. (2006). Brain development in children and adolescents: Insights from anatomical magnetic imaging. *Neuroscience and Biobehavioral Reviews, 30*, 718–729.

Levin, D. E. (1998). *Remote control childhood? Combating the hazards of media culture.* Washington, DC: National Association for the Education of Young Children.

Levin, D. E., & Carlsson-Paige, N. (2006). *The war play dilemma.* New York: Teachers College Press.

Lewis, M. D., Granic, I., & Lamm, C. (2006). Behavioral differences in aggressive children linked with neural mechanisms of emotional regulation. *Annals of the New York Academy of Sciences, 1094,* 164–177.

Lieberman, M. D., & Eisenberger, N. I. (2006). A pain by any other name (rejection, exclusion, ostracism) still hurts the same: The role of dorsal anterior cingulate cortex in social and physical pain. In J. T. Cacioppo, P. S. Visser, & C. L. Pickett (Eds.), *Social neuroscience: People thinking about thinking people* (pp. 167–187). Cambridge, MA: MIT Press.

Li-Grining, C. P. (2007). Effortful control among low-income preschoolers in three cities: Stability, change, and individual difference. *Developmental Psychology, 43*, 208–221.

Linares, L. O., Heeren, T., Bronfman, E., Zuckerman, B., Augustyn, M., & Tronick, E. (2001). A mediational model for the impact of exposure to community violence on early child behavior problems. *Child Development, 72,* 639–652.

Litner, B. (2000). Teaching children with ADHD. In J. Andrews & J. Lupart, *The inclusive classroom: Educating exceptional children.* Scarborough, ON: Nelson Canada.

Liu, D., Diorio, J., Tannenbaum, B., Caldji, C., Francis, D., Freedman, A., et al. (1997). Maternal care, hippocampal glucocorticoid receptors, and hypothalamic-pituitary-adrenal responses to stress. *Science, 277,* 1659–1662.

Liu, J., Raine, A., Venables, P. H., & Mednick, S. A. (2004). Malnutrition at age 3 years and externalizing behavior problems at ages 8, 11, and 17 years. *American Journal of Psychiatry, 161,* 2005–2013.

Livingston, A. (2006, June). *The condition of education 2006 in brief* (NCES 2006-072). Washington, DC: U.S. Department of Education, National Center for Education Statistics. Retrieved June 20, 2010, from http://nces.ed.gov/pubs2006/2006072.pdf

Loeb, S., Bridges, M., Bassok, D., Fuller, B., & Rumberger, R. (2007). How much is too much? The influence of preschool centers on children's social and cognitive development. *Economics of Education Review, 26,* 52–66.

Loeb, S., Fuller, B., Kagan, S. L., & Carrol, B. (2004). Child care in poor communities: Early learning effects of type, quality, and stability. *Child Development, 75,*

47–65.

Loeber, R. (1985). Patterns and development of antisocial and delinquent child behavior. *Annals of Child Development, 2*, 77–116.

Loman, M. M., Gunnar, M. R., & the Early Experience, Stress, and Neurobehavioral Development Center. (2009). Early experience and the development of stress reactivity and regulation in children. *Neuroscience and Biobehavioral Reviews, 34*(6), 867–876.

Lopez, G. R. (2001). The value of hard work: Lessons on parent involvement from an (im)migrant household. *Harvard Educational Review, 71*, 416–437.

Losen, S., & Diament, B. (1978). *Parent conferences in the schools: Procedures for developing effective partnership.* Boston: Allyn & Bacon.

Lotan, R. A. (2003). Group-worthy tasks. *Educational Leadership, 60*(6), 72–75.

Lotan, R. A. (2006). Managing groupwork in the heterogeneous classroom. In C. M. Evertson & C. S. Weinstein (Eds.), *Handbook of classroom management: Research, practice, and contemporary issues* (pp. 525–539). Mahwah, NJ: Erlbaum.

Love, J. M., Harrison, L., Sagi-Schwartz, A., van IJzendoorn, M. H., Ross, C., Ungerer, J. A., et al. (2003). Child care quality matters: How conclusions may vary with context. *Child Development, 74*, 1021–1033.

Lubeck, S. (1994). The politics of developmentally appropriate practice: Exploring issues of culture, class, and curriculum. In B. L. Mallory & R. S. New (Eds.), *Diversity and developmentally appropriate practice: Challenges for early childhood education* (pp. 17–43). New York: Teachers College Press.

Luke, S. D., & Schwartz, A. (2007). Assessment and accommodations. *Evidence for Education, 11*(1), 1–11.

Luthar, S. S. (1999). *Poverty and children's adjustment.* Thousand Oaks, CA: Sage.

Luthar, S. S. (2006). Resilience in development: A synthesis of research across five decades. In D. Cicchetti & D. J. Cohen (Eds.), *Developmental psychopathology: Vol. 3. Risk, disorder, and adaptation* (2nd ed., pp. 739–795). Hoboken, NJ: Wiley.

Luthar, S. S., Cicchetti, D., & Becker, B. (2000). The construction of resilience: A critical evaluation and guidelines for future work. *Child Development, 71*, 543–562.

Luthar, S. S., & Zelazo, L. B. (2003). Research on resilience: An integrative review. In S. S. Luthar (Ed.), *Resilience and vulnerability: Adaptation in the context of childhood adversity* (pp. 510–549). New York: Cambridge University Press.

Lynch, E. W. (2004a). Conceptual framework: From culture shock to cultural learning. In E. W. Lynch & M. J. Hanson (Eds.), *Developing cross-cultural competence: A guide for working with children and their families* (3rd ed., pp. 19–39). Baltimore: Brookes.

Lynch, E. W. (2004b). Developing cross- cultural compe

tence. In E. W. Lynch & M. J. Hanson (Eds.), *Developing cross-cultural competence: A guide for working with children and their families* (3rd ed., pp. 41–75). Baltimore: Brookes.

Lynch, E. W., & Hanson, M. J. (2004). Steps in the right direction: Implications for interventionists. In E. W. Lynch & M. J. Hanson (Eds.), *Developing cross-cultural competence: A guide for working with children and their families* (3rd ed., pp. 449–466). Baltimore: Brookes.

Lynch, M. (2006). Children exposed to community violence. In M. M. Feerick & G. B. Silverman (Eds.), *Children exposed to violence* (pp. 29–52). Baltimore: Brookes.

Lyons-Ruth, K. (1996). Attachment relationships among children with aggressive behavior problems: The role of disorganized early attachment patterns. *Journal of Consulting and Clinical Psychology, 64*, 64–73.

Lyons-Ruth, K. (2003). Dissociation and the parent-infant dialogue: A longitudinal perspective from attachment research. *Journal of the American Psychoanalytic Association, 51*, 883–911.

Lyons-Ruth, K., & Jacobvitz, D. (1999). Attachment disorganization: Unresolved loss, relational violence, and lapses in behavioral and attentional strategies. In J. Cassidy & P. R. Shaver (Eds.), *Handbook of attachment theory and research* (pp. 520–554). New York: Guilford.

Maccoby, E. E. (2004). Aggression in the context of gender development. In M. Putallaz & K. L. Bierman (Eds.), *Aggression, antisocial behavior, and violence among girls: A developmental perspective* (pp. 3–22). New York: Guilford.

Maclean, K. (2003). The impact of institutionalization on child development. *Development and Psychopathology, 15*, 853–884.

Macmillan, R., McMorris, B. J., & Kruttschnitt, C. (2004). Linked lives: Stability and change in maternal circumstances and trajectories of antisocial behavior in children. *Child Development, 75*, 205–220.

Macrina, M., Hoover, D., & Becker, C. (2009). The challenge of working with dual language learners. *Young Children, 64*(2), 27–34.

Mandlawitz, M. (2005). *What every teacher should know about IDEA 2004.* Boston: Allyn & Bacon.

Margalit, M. (2003). Resilience model among individuals with learning disabilities: Proximal and distal influences. *Learning Disabilities Research and Practice, 18*, 82–86.

Martin, E. J., & Hagan-Burke, S. (2002). Establishing a home-school connection: Strengthening the partnership between families and schools. *Preventing School Failure, 46*(2), 62–65.

Martin, J. N., & Fox, N. A. (2006). Temperament. In K. McCartney & D. Phillips (Eds.), *Handbook of early childhood development* (pp. 126–146). Malden, MA: Blackwell.

Marzano, R. J. (with Marzano, J. S., & Pickering, D. J.). (2003). *Classroom management that works: Research-based strategies for every teacher.* Alexandria, VA: Association for Supervision and Curriculum Development.

Masten, A. S. (2001). Ordinary magic: Resilience processes in development. *American Psychologist, 56,* 227–234.

Masten, A. S. (2004). Regulatory processes, risk, and resilience in adolescent development. *Annals of the New York Academy of Sciences, 1021,* 310–319.

Masten, A. S. (2007). Resilience in developing systems: Progress and promise as the fourth wave rises. *Development and Psychopathology, 19,* 921–930.

Masten, A. S., & Coatsworth, J. D. (1998). The development of competence in favorable and unfavorable environments: Lessons from research on successful children. *American Psychologist, 53,* 205–220.

Masten, A. S., Hubbard, J. J., Gest, S. D., Telegen, A., Garmezy, N., & Ramirez, M. (1999). Competence in the context of adversity: Pathways to resilience and - maladaptation from childhood to late adolescence. *Development and Psychopathology, 11,* 143–169.

Masten, A. S., & Obradovic, J. (2006). Competence and resilience in development. In B. M. Lester, A. S. Masten, & B. McEwen (Eds.), *Resilience in children* (pp. 13–27). Boston: New York Academy of Sciences.

Mathews, J. (2005, September 20). Teachers stir science, history into core classes. *Washington Post,* p. A16.

Mattson, S. N., Fryer, S. L., McGee, C. L., & Riley, E. P. (2008). Fetal alcohol syndrome. In C. A. Nelson & M. Luciana (Eds.), *Handbook of developmental cognitive - neuroscience* (2nd ed., pp. 643–652). Cambridge, MA: MIT Press.

Maughan, A., & Cicchetti, D. (2002). Impact of child maltreatment and interadult violence on children's emotional regulation and socioemotional adjustment. *Child Development, 73,* 1525–1542.

McCabe, L. A., & Frede, E. C. (2007, December). *Challenging behaviors and the role of preschool education.* National Institute for Early Education Research Preschool Policy Brief, 16. Retrieved November 24, 2009, from http://nieer.org/resources/policybriefs/16.pdf

McDonald, R., Jouriles, E. N., Ramisetty-Mikler, S., Caetano, R., & Green, C. E. (2006). Estimating the number of American children living in partner-violent families. *Journal of Family Psychology, 20,* 137–142.

McEwen, B. S. (2005). Glucocorticoids, depression, and mood disorders: Structural remodeling in the brain. *Metabolism Clinical and Experimental, 54,* 20–23.

McIntosh, K., Chard, D. J., Boland, J. B., & Horner, R. H. (2006). Demonstration of combined efforts in school-wide academic and behavioral systems and incidence of reading and behavior challenges in early elementary grades. *Journal of Positive Behavior Interventions, 8,* 146–154.

McLloyd, V. C. (1998). Socioeconomic disadvantage and child development. *American Psychologist, 53,* 185–204.

Meaney, M. J. (2001). Maternal care, gene expression, and the transmission of individual differences in stress reactivity across generations. *Annual Review of Neuroscience, 24,* 1161–1192.

Meehan, B. T., Hughes, J. N., & Cavell, T. A. (2003). Teacher-student relationships as compensatory resources for aggressive children. *Child Development, 74,* 1145–1157.

Merrell, K. W., Gueldner, B. A., Ross, S. W., & Isasva, D. M. (2008). How effective are school bullying intervention programs? A meta-analysis of intervention research. *School Psychology Quarterly, 23,* 26–42.

Meyer, L. H., & Evans, I. M. (1993). Meaningful outcomes in behavioral intervention: Evaluating positive approaches to the remediation of challenging behavior. In J. Reichle & D. P. Wacker (Eds.), *Communicative alternatives to challenging behavior: Integrating assessment and intervention strategies* (pp. 407–428). Baltimore: Brookes.

Michelson, L., & Mannarino, A. (1986). Social skills training with children: Research and clinical applications. In P. S. Strain, M. J. Guralnick, & H. M. Walker (Eds.), *Children's social behavior: Development, assessment, and modification* (pp. 373–406). Orlando: Academic Press.

Miller, E., & Almon, J. (2009). *Crisis in the kindergarten: Why children need to play in school.* Alliance for Childhood. Retrieved March 17, 2010, from www.alliance-forchild hood.org/sites/allianceforchildhood.org/files/file/kindergarten_report.pdf

Miller, J. A., Tansy, M., & Hughes, T. L. (1998). Functional behavioral assessment: The link between problem behavior and effective intervention in schools. *Current Issues in Education* [on-line], *1*(5).

Miller, M. (2002). Resilience elements in students with learning disabilities. *Journal of Clinical Psychology, 58,* 291–298.

Miner, B. (1998). Embracing Ebonics and teaching Standard English: An interview with Oakland teacher Carrie Secret. In T. Perry & L. Delpit (Eds.), *The real Ebonics debate: Power, language, and the education of African-American children* (pp. 79–88). Boston: Beacon Press.

Mishna, F., Scarcello, I., Pepler, D., & Wiener, J. (2005). Teachers' understanding of bullying. *Canadian Journal of Education, 28,* 718–738.

Mize, J., & Ladd, G. W. (1990). Toward the development of successful social skills training for preschool children. In S. R. Asher & J. D. Coie (Eds.), *Peer rejection in childhood* (pp. 338–361). New York: Cambridge University Press.

Moffitt, T. E. (1997). Neuropsychology, antisocial behavior, and neighborhood context. In J. McCord (Ed.), *Violence and childhood in the inner city* (pp. 116–170). New York: Cambridge University Press.

Moffitt, T. E. (2005). The new look of behavioral genetics in developmental psychology: Gene-environment interplay in antisocial behaviors. *Psychological Bulletin, 131,* 533–554.

Moffitt, T. E., & Caspi, A. (2001). Childhood predictors differentiate life-course persistent and adolescence-limited antisocial pathways among males and females. *Development and Psychopathology, 13,* 355–375.

Moffitt, T. E., Caspi, A., & Rutter, M. (2006). Measured gene-environment interactions in psychopathology. *Perspectives on Psychological Science, 1,* 5–27.

Monk, C. S. (2008). The development of emotion-related neural circuitry in health and psychopathology. *Development and Psychopathology, 20,* 1231–1250.

Moran, S., Kornhaber, M., & Gardner, H. (2006). Orchestrating multiple intelligences. *Educational Leadership, 64*(1), 22–27.

Morrissey, T. W. (2009). Multiple child care arrangements and young children's behavioral outcomes. *Child Development, 90,* 59–76.

Moss, E., St-Laurent, D., Dubois-Comtois, K., & Cyr, C. (2005). Quality of attachment at school age: Relations between child attachment behavior, psychosocial functioning, and school performance. In K. A. Kerns & R. A. Richardson (Eds.), *Attachment in middle childhood* (pp. 189–211). New York: Guilford.

Munro, M. (2010, June 10). Study ties autism to duplicated, missing genes. *The Gazette (Montreal),* p. A3.

Nagin, D. S., & Tremblay, R. E. (2001). Parental and early childhood predictors of persistent physical aggression in boys from kindergarten to high school. *Archives of General Psychiatry, 58,* 389–394.

Nansel, T. R., Overpeck, M., Pilla, R. S., Ruan, J., Simons-Morton, B., & Scheidt, P. (2001). Bullying behaviors among US youth: Prevalence and association with psychosocial adjustment. *Journal of the American Medical Association, 285,* 2094–2100.

National Alliance of Black School Educators. (2002). *Addressing over-representation of African American students in special education: The prereferral intervention process.* Arlington, VA: Council for Exceptional Education.

National Association for the Education of Young Children. (1990, 1994). *Media violence in children's lives.* Washington, DC: Author. Retrieved March 18, 2010, from www.naeyc.org/files/naeyc/file/positions/PSMEVI98.PDF

National Association for the Education of Young Children. (1996). Time out for "time-out." Washington, DC: Author.

National Association for the Education of Young Children. (2007). *NAEYC early childhood program standards and accreditation criteria: The mark of quality in early childhood education.* Washington, DC: Author.

National Association for the Education of Young Children. (2009). Position statement: Developmentally appropriate practice in early childhood programs: Serving children from birth through age 8. In C. Copple & S. Bredekamp (Eds.), *Position statement: Developmentally appropriate practice in early childhood programs: Serving children from birth through age 8* (3rd ed.). Washington, DC: Author.

National Comprehensive Center for Teacher Quality & Public Agenda. (2008). Lessons learned: New teachers talk about their jobs, challenges, and long-range plans. *Teaching in changing times, 3.* Retrieved May 2, 2010, from www.publicagenda.org/reports/lessons-learned-issue-no-3-new-teachers-talk-about-their-jobs-challenges-and-long-range-plans

National Dissemination Center for Children with Disabilities (NICHCY). (n.d.a). *Accommodations in assessment.* Retrieved May 2, 2010, from www.nichcy.org/EducateChildren/IEP/Pages/AccommodationsinAssessment.aspx

National Dissemination Center for Children with Disabilities (NICHCY). (n.d.b). *Contents of the IEP.* Retrieved May 2, 2010, from www.nichcy.org/EducateChildren/IEP/Pages/IEPcontents.aspx

National Institute of Child Health and Human Development. (2006a, July 12). *Researchers gain insight into why brain areas fail to work together in autism.* Retrieved September 15, 2009, from www.nichd.nih.gov/news/releases/autism_brain_structure.cfm

National Institute of Child Health and Human Development. (2006b, August 16). *Study provides evidence that autism affects functioning of entire brain.* Retrieved September 15, 2009, from www.nichd.nih.gov/news/releases/autism_affects_brain.cfm

National Institute of Child Health and Human Development. (2006c, October 17). *Gene linked to autism in families with more than one affected child.* Retrieved September 15, 2009, from www.nichd.nih.gov/news/releases/gene_linked_to_autism.cfm

National Institute of Child Health and Human Development Early Child Care Research Network. (2003). Does amount of time spent in child care predict socioemotional adjustment during the transition to kindergarten? *Child Development, 74,* 976–1005.

National Institute of Child Health and Human Development Early Child Care Research Network. (2004). Trajectories of physical aggression from toddlerhood to middle childhood. *Monographs of the Society for Research in Child Development, 69,* vii–129.

National Institute of Child Health and Human Develop

ment Early Child Care Research Network. (2006). Child care effect sizes for the NICHD study of early child care and youth development. *American Psychologist, 61*, 99–106.

National Institute of Neurological Disorders and Stroke. (2009). *Autism fact sheet.* Retrieved September 15, 2009, from www.ninds.nih.gov/disorders/autism/detail_autism.htm

National Professional Development Center. (2009). Research synthesis points in early childhood inclusion. Chapel Hill: University of North Carolina, FPG Child Development Institute. Retrieved May 2, 2010, from http://community.fpg.unc.edu/resources/articles/NDPCI-ResearchSynthesis-9-2007.pdf

National Scientific Council on the Developing Child. (2004). *Children's emotional development is built into the architecture of their brains: Working paper #2.* Retrieved February 24, 2010, from http://developingchild.harvard.edu/library/reports_and_working_papers/working_papers/wp2/

National Scientific Council on the Developing Child. (2008). *Mental health problems in early childhood can impair learning and behavior for life: Working paper #6.* Retrieved October 15, 2009, from http://developingchild.harvard.edu/library/reports_and_working_papers/wp6/

Nelson, C. A. (2000). The neurobiological bases of early intervention. In J. P. Shonkoff & S. J. Meisels (Eds.), *Handbook of early childhood intervention* (2nd ed., pp. 204–227). New York: Cambridge University Press.

Nelson, C. A., & Bloom, F. E. (1997). Child development and neuroscience. *Child Development, 68*, 970–987.

Nelson, D. A., Robinson, C. C., & Hart, C. H. (2005). Relational and physical aggression of preschool-age children: Peer status linkages across informants. *Early Education & Development, 16,* 115–139.

Nemeth, K. (2009). Meeting the home language mandate: Practical strategies for all classrooms. *Young Children, 64*(2), 36–42.

New, R. S. (1994). Culture, child development, and developmentally appropriate practice: Teachers as collaborative researchers. In B. L. Mallory & R. S. New (Eds.), *Diversity and developmentally appropriate practice: Challenges for early childhood education* (pp. 65–83). New York: Teachers College Press.

Nicholas, J. S., Carpenter, L. A., King, L. B., Jenner, W., & Charles, J. M. (2009). Autism spectrum disorders in preschool-aged children: Prevalence and comparison to a school-aged population. *Annals of Epidemiology, 19,* 808–814.

Nicolet, J. (2006). Conversation—A necessary step in understanding diversity: A new teacher plans for competency. In J. Landsman & C. W. Lewis (Eds.), *White teachers / diverse classrooms: A guide to building inclusive schools, promoting high expectations, and elim-inating racism* (pp. 203–218). Sterling, VA: Stylus.

Nieto, S. (2004). *Affirming diversity: The sociopolitical context of multicultural education* (4th ed.). Boston: Allyn & Bacon.

Novaco, R. W. (1975). *Anger control: The development and evaluation of an experimental treatment.* Lexington, MA: Heath.

O'Connell, P., Pepler, D., & Craig, W. (1999). Peer involvement in bullying: Insights and challenges for intervention. *Journal of Adolescence, 22,* 437–452.

O'Connor, T. G., Heron, J., Golding, J., Beveridge, M., & Glover, V. (2002). Maternal antenatal anxiety and children's behavioural/emotional problems at 4 years. *British Journal of Psychiatry, 180,* 502–508.

Odgers, C. L., Moffitt, T. E., Broadbent, J. M., Dickson, N., Hancox, R. J., Harrington, H., et al. (2008). Female and male antisocial trajectories: From childhood origins to adult outcomes. *Development and Psychopathology, 20,* 673–716.

Odom, S. L. (2000). Preschool inclusion: What we know and where we go from here. *Topics in Early Childhood Special Education, 20*(1), 20–27.

Odom, S. L., Zercher, C., Marquart, J., Li, S., Sandall, S. R., & Wolfberg, P. (2002). Social relationships of children with disabilities and their peers in inclusive preschool classrooms. In S. L. Odom (Ed.) (with P. J. Beckman, M. J. Hanson, E. Horn, J. Lieber, S. R. Sandall, I. L. Schwartz, et al.), *Widening the circle: Including children with disabilities in preschool programs* (pp. 61–80). New York: Teachers College Press.

Ogbu, J. U. (1994). From cultural differences to differences in cultural frame of reference. In P. M. Greenfield & R. R. Cocking (Eds.), *Cross-cultural roots of minority child development* (pp. 365–395). Hillsdale, NJ: Erlbaum.

Olds, D. (1997). Tobacco exposure and impaired development: A review of the evidence. *Mental Retardation and Developmental Disabilities Research Review, 3,* 257–269.

Olds, D., Henderson, C. R., Jr., Cole, R., Eckenrode, J., Kitzman, H., Luckey, D., et al. (1998). Long-term effects of nurse home visitation on children's criminal and antisocial behavior: 15-year follow-up of a randomized controlled trial. *Journal of the American Medical Association, 280,* 1238–1244.

Oliver, R. O., Hoover, J. H., & Hazler, R. J. (1994). The perceived roles of bullying in small-town Midwestern schools. *Journal of Counseling and Development, 72,* 416–420.

Olson, S. L., Sameroff, A. J., Kerr, D. C. R., Lopez, N. L., & Wellman, H. M. (2005). Developmental foundations of externalizing problems in young children: The role of effortful control. *Development and Psychopathology, 17,* 25–45.

Olweus, D. (1991). Bully/victim problems among school

children: Basic facts and effects of a school-based intervention program. In D. J. Pepler & K. H. Rubin (Eds.), *The development and treatment of childhood aggression* (pp. 411–448). Hillsdale, NJ: Erlbaum.

Olweus, D. (1993). *Bullying at school: What we know and what we can do.* Malden, MA: Blackwell.

Olweus, D. (2001). Peer harassment: A critical analysis and some important issues. In J. Juvonen & S. Graham (Eds.), *Peer harassment in school: The plight of the vulnerable and victimized* (pp. 3–20). New York: Guilford.

O'Moore, M., & Minton, S. J. (2004). *Dealing with bullying in schools: A training manual for teachers, parents, and other professionals.* London, UK: Paul Chapman.

O'Neill, R. E., Horner, R. H., Albin, R. W., Sprague, J. R., Storey, K., & Newton, J. S. (1997). *Functional assessment and program development for problem behavior: A practical handbook* (2nd ed.). Pacific Grove, CA: Brooks/Cole.

Oprah Winfrey. (n.d.). In *Black history.* Gale. Retrieved August 6, 2009, from www.gale.cengage.com/ free_resources/bhm/bio/ winfrey_o.htm

Ormrod, J. E. (2008). *Human learning* (5th ed.). Upper Saddle River, NJ: Pearson.

Orpinas, P., & Horne, A. M. (2006). *Bullying prevention: Creating a positive school climate and developing social competence.* Washington, DC: American Psychological Association.

Osofsky, J. D., & Thompson, M. D. (2000). Adaptive and maladaptive parenting: Perspectives on risk and protective factors. In J. P. Shonkoff & S. J. Meisels (Eds.), *Handbook of early childhood intervention* (2nd ed., pp. 54–75). New York: Cambridge University Press.

Ostrov, J. M., Woods, K. E., Jansen, E. A., Casas, J. F., & Crick, N. R. (2004). An observational study of delivered and received aggression, gender, and social- psychological adjustment in preschool: "This white crayon doesn't work . . . " *Early Childhood Research Quarterly, 19,* 355–371.

Oswald, D. P., Coutinho, M. J., & Best, A. M. (2002). Community and school predictors of overrepresentation of minority children in special education. In D. Losen & G. Orfield (Eds.), *Racial inequity in special - education* (pp. 1–13). Cambridge, MA: Harvard Education Publishing.

Owen, M. T., Ware, A. M., & Barfoot, B. (2002). Caregiver-mother partnership behavior and the quality of caregiver-child and mother-child interactions. *Early Childhood Research Quarterly, 15,* 413–428.

Paley, V. G. (1992). *You can't say you can't play.* Cambridge, MA: Harvard University Press.

Parke, R. D., & Slaby, R. G. (1983). The development of aggression. In P. Mussen & E. M. Hetherington (Eds.), *Handbook of child psychology: Vol. 4, Socialization, personality, and social development* (pp. 547–641).

New York: Wiley.

Pashler, H., McDaniel, M., Rohrer, D., & Bjork, R. (2009). Learning styles: Concepts and evidence. *Psychological Science in the Public Interest, 9*(3), 105-119.

Pastor, P. N., & Reuben, C. A. (2008). *Diagnosed attention deficit hyperactivity disorder and learning disability: United States, 2004–2006.* National Center for Health Statistics, Vital and Health Statistics, 10(237). Retrieved September 15, 2009, from www.cdc.gov/nchs/ data/series/sr_10/sr10_237.pdf

Patterson, G. R. (1982). *Coercive family process.* Eugene, OR: Castalia.

Patterson, G. R. (1995). Coercion—A basis for early age of onset for arrest. In J. McCord (Ed.), *Coercion and punishment in long-term perspective* (pp. 81–105). New York: Cambridge University Press.

Pearce, M. J., Jones, S. M., Schwab-Stone, M. E., & Ruchkin, V. (2003). The protective effects of religiousness and parent involvement on the development of conduct problems among youth exposed to violence. *Child Development, 74,* 1682–1696.

Peer-Assisted Learning Strategies. (2005). Promising Practices Network, Programs that Work. Retrieved March 18, 2010, from www.promisingpractices.net/program.asp?programid= 143

Peisner-Feinberg, E. S., Burchinal, M. R., Clifford, R. M., Culkin, M. L., Howes, C., Kagan, S. L., et al. (2001). The relation of preschool child care quality to children's cognitive and social developmental trajectories through second grade. *Child Development, 72,* 1534–1553.

Pepler, D., Jiang, D., Craig, W., & Connolly, J. (2008). Developmental trajectories of bullying and associated factors. *Child Development, 79,* 325–338.

Pepler, D., Smith, P. K., & Rigby, K. (2004). Looking back and looking forward: Implications for making interventions work effectively. In P. K. Smith, D. Pepler, & K. Rigby (Eds.), *Bullying in schools: How successful can interventions be?* (pp. 307–324). Cambridge, UK: Cambridge University Press.

Pepler, D. J., & Craig, W. (2000). *Making a difference in bullying.* Toronto, ON: LaMarsh Centre for Research on Violence and Conflict Resolution, York University, Report No. 60. Retrieved May 21, 2010, from www. yorku.ca/lamarsh/pdf/ Making_a_Difference_in_Bullying.pdf

Pepler, D. J., & Craig, W. (2007). *Binoculars on bullying: A new solution to protect and connect children.* Retrieved May 22, 2010, from www.knowledge.offordcentre.com/ index.php?option=com_content&view= article&id=285:binoculars-on-bullying-a-new-solution-to-protect-and-connect- children-vfc&catid=73

Pepler, D. J., & Craig, W. (n.d.). *Making a difference in bullying: Understanding and strategies for practitioners.*

Retrieved May 21, 2010, from www.yorku.ca/lamarsh/pdf/pedia.pdf

Perkins-Gough, D. (2004). The eroding curriculum. *Educational Leadership, 62*(1), 84–85.

Perry, D. G., Hodges, E. V. E., & Egan, S. K. (2001). Determinants of chronic victimization by peers: A review and new model of family influence. In J. Juvonen & S. Graham (Eds.), *Peer harassment in school: The plight of the vulnerable and victimized* (pp. 73–104). New York: Guilford.

Perry, D. G., Kusel, S. L., & Perry, L. C. (1988). Victims of peer aggression. *Developmental Psychology, 24*, 807–814.

Perry, D. G., Perry, L. C., & Kennedy, E. (1992). Conflict and the development of antisocial behavior. In C. U. Shantz & W. W. Hartup (Eds.), *Conflict in child and adolescent development* (pp. 301–329). New York: Cambridge University Press.

Peters, M. F. (1988). Parenting in Black families with young children: A historical perspective. In H. Pipes McAdoo (Ed.), *Black families* (2nd ed., pp. 228–241). Newbury Park, CA: Sage.

Phineas Gage's story. (2006). Retrieved July 21, 2009, from www.deakin.edu.au/hmnbs/psychology/gagepage/Pgstory.php

Pianta, R. C. (1999). *Enhancing relationships between children and teachers.* Washington, DC: American Psychological Association.

Pianta, R. C. (2006). Classroom management and relationships between children and teachers: Implications for research and practice. In C. M. Evertson & C. S. Weinstein (Eds.), *Handbook of classroom management: Research, practice, and contemporary issues* (pp. 685–709). Mahwah, NJ: Erlbaum.

Pianta, R. C., Steinberg, M. S., & Rollins, K. B. (1995). The first two years of school: Teacher-child relationships and deflections in children's classroom adjustment. *Development and Psychopathology, 17*, 295–312.

Pianta, R. C., & Stuhlman, M. W. (2004). Teacher-child relationships and children's success in the first years of school. *School Psychology Review, 33*, 444–458.

Pihl, R. O., & Benkelfat, C. (2005). Neuromodulators in the development and expression of inhibition and aggression. In R. E. Tremblay, W. W. Hartup, & J. Archer (Eds.), *Developmental origins of aggression* (pp. 261–280). New York: Guilford.

Pikas, A. (1989). The Common Concern Method for the treatment of mobbing. In E. Roland & E. Munthe (Eds.), *Bullying: An international perspective.* London, UK: Fulton.

Pluess, M., & Belsky, J. (2009). Differential susceptibility to rearing experience: The case of childcare. *Journal of Child Psychology and Psychiatry, 50*, 396–404.

Pollak, S., & Tolley-Schell, S. (2003). Selective attention to facial emotion in physically abused children. *Journal of Abnormal Psychology, 112*, 323–338.

Posada, G., Gao, Y., Wu, F., Posada, R., Tascon, M., Schoelmerich, A., et al. (1995). The secure-base phenomenon across cultures: Children's behavior, mothers' preferences, and experts' concepts. In E. Waters, B. E. Vaughn, G. Posada, & K. Kendo-Ikemura (Eds.), *Caregiving, culture, and cognitive perspectives on secure-base behavior and working models: New growing points for attachment theory and research. Monographs of the Society for Research in Child Development, 60*(2-3, Serial No. 244), 27–48.

Posner, M. I., & Rothbart, M. K. (2000). Developing mechanisms of self-regulation. *Development and Psychopathology, 12*, 317–334.

Powell, D. R. (1989). *Families and early childhood programs.* Washington, DC: National Association for the Education of Young Children.

Powell, D. R. (1998). Reweaving parents into the fabric of early childhood programs. *Young Children, 53*(5), 60–66.

Power, B. M. (2002). Crawling on the bones of what we know: An interview with Shirley Brice Heath. In B. M. Power & R. S. Hubbard (Eds.), *Language development: A reader for teachers* (2nd ed., pp. 81–88). Upper Saddle River, NJ: Merrill Prentice Hall.

Pranksy, K. (2009). There's more to see. *Educational Leadership, 66*(7), 74–78.

Pretti-Frontczak, M., & Bricker, D. (2004). *An activity-based approach to early intervention* (3rd ed.). Baltimore: Brookes.

Price, J. M., & Dodge, K. A. (1989). Peers' contributions to children's social maladjustment. In T. J. Berndt & G. W. Ladd (Eds.), *Peer relationships in child development* (pp. 341–370). New York: Wiley.

Public Agenda. (2004, May). *Teaching interrupted: Do discipline policies in today's public schools foster the common good?* New York: Author. Retrieved May 10, 2010, from www.publicagenda.org/files/pdf/teaching_interrupted.pdf

Putallaz, M., & Sheppard, B. H. (1992). Conflict management and social competence. In C. U. Shantz & W. W. Hartup (Eds.), *Conflict in child and adolescent development* (pp. 330–355). New York: Cambridge University Press.

Putallaz, M., & Wasserman, A. (1990). Children's entry behavior. In S. R. Asher & J. D. Coie (Eds.), *Peer rejection in childhood* (pp. 60–89). New York: Cambridge University Press.

Putnam, S. P., & Stifter, C. A. (2008). Reactivity and regulation: The impact of Mary Rothbart on the study of temperament. *Infant and Child Development, 17*, 311–320.

Quay, L. C., Weaver, J. H., & Neel, J. H. (1986). The effects of play materials on positive and negative social behaviors in preschool boys and girls. *Child Study*

Journal, 16(1), 67–76.

Quinn, M. M., Gable, R. A., Rutherford, R. B., Nelson, C. M., & Howell, K. W. (1998). *Addressing student problem behavior: Part I—An IEP team's introduction to functional behavior assessment and behavior intervention plans.* Washington, DC: Center for Effective Collaboration and Practice. Retrieved April 14, 2010, from http://cecp.air.org/fba/default.asp

Quinn, M. M., Osher, D., Warger, C. L., Hanley, T. V., Bader, B. D., & Hoffman, C. C. (2000). *Teaching and working with children who have emotional and behavioral challenges.* Longmont, CO: Sopris West.

Raikes, H. H., & Edwards, C. P. (2009). *Extending the dance in infant and toddler caregiving: Enhancing attachment relationships.* Baltimore: Brookes.

Raine, A. (1993). *The psychopathology of crime: Criminal behavior as a clinical disorder.* San Diego: Academic Press.

Raver, C. C. (2002). Emotions matter: Making the case for the role of young children's emotional development for early school readiness. *Social Policy Report, 16*, 3–18.

Raver, C. C., Garner, P. W., & Smith-Donald, R. (2007). The roles of emotional regulation and emotional knowledge for children's academic readiness: Are the links causal? In R. C. Pianta, M. J. Cox, & K. L. Snow (Eds.), *School readiness and the transition to kindergarten in the era of accountability* (pp. 121–147). Baltimore: Brookes.

Ray, A., Bowman, B., & Robbins, J. (2006). *Preparing early childhood teachers to successfully educate all children.* Foundation for Child Development. Retrieved February 5, 2010, from www.fcd-us.org/resources/resources_show.htm?doc_id=463599

Readdick, C. A., & Chapman, P. L. (2000). Young children's perceptions of time out. *Journal of Research in Childhood Education, 15*, 81–87.

Rebora, A. (2008, September 10). Making a difference. *Teacher, 02*(01), 26, 28–31.

Regalado, M., Sareen, H., Inkelas, M., Wissow, M., & Halfon, N. (2004). Parents' discipline of young children: Results from the National Survey of Early Childhood Health. *Pediatrics, 113*, 1952–1958.

Reiss, A. J., Jr., & Roth, J. A. (Eds.). (1993). *Understanding and preventing violence.* Washington, DC: National Academy Press.

Renken, B., Egeland, B., Marvinney, D., Mangelsdorf, S., & Sroufe, L. A. (1989). Early childhood antecedents of aggression and passive-withdrawal in early elementary school. *Journal of Personality, 57*, 257–281.

Repp, A. C., Karsh, K. G., Munk, D., & Dahlquist, C. M. (1995). Hypothesis-based interventions: A theory of clinical decision-making. In W. T. O'Donohue & L. Krasner (Eds.), *Theories of behavior therapy: Exploring behavior change* (pp. 585–608). Washington, DC: American Psychological Association.

Rhee, S. H., & Waldman, E. D. (2002). Genetic and environmental influences on antisocial behavior: A meta-analysis of twin and adoption studies. *Psychological Bulletin, 128,* 490–529.

Rice, C. (2009). Prevalence of autism spectrum disorders— Autism and Developmental Disabilities Monitoring Network, United States, 2006. *Morbidity and Mortality Weekly Report, 58*(SS10), 1–20.

Richards, M. H., Larson, R., Miller, B. V., Luo, Z., Sims, B., Parrella, D. P., et al. (2004). Risk and protective contexts and exposure to violence in urban African American young adolescents. *Journal of Child and Adolescent Psychology, 33*, 138–148.

Rideout, V., & Hamel, E. (2006). *The media family: Electronic media in the lives of infants, toddlers, preschoolers and their parents.* Kaiser Family Foundation. Retrieved October 21, 2009, from www.kff.org/entmedia/upload/7500.pdf

Rigby, K. (1998). *Bullying in schools and what to do about it.* Markham, ON: Pembroke Publishers.

Rigby, K. (2001a). Health consequences of bullying and its prevention in schools. In J. Juvonen & S. Graham (Eds.), *Peer harassment in school: The plight of the vulnerable and victimized* (pp. 310–331). New York: Guilford.

Rigby, K. (2001b). What is bullying? Defining bullying: A new look at an old concept. Retrieved May 21, 2010, from www.education.unisa.edu.au/bullying/define.html

Rigby, K. (2002). *New perspectives on bullying.* London, UK: Jessica Kingsley.

Rigby, K., & Johnson, B. (2006). Expressed readiness of Australian schoolchildren to act as bystanders in support of children who are being bullied. *Educational Psychology, 26*, 425–440.

Rigby, K., Smith, P. K., & Pepler, D. (2004). Working to prevent school bullying: Key issues. In P. K. Smith, D. Pepler, & K. Rigby (Eds.), *Bullying in schools: How successful can interventions be?* (pp. 1–12). Cambridge, UK: Cambridge University Press.

Rimm-Kaufman, S. E., Curby, T. W., Grimm, K. J., Nathanson, L., & Brock, L. L. (2009). The contribution of children's self-regulation and classroom quality to children's adaptive behaviors in the kindergarten classroom. *Developmental Psychology, 45*, 958–972.

Rimm-Kaufman, S. E., Early, D. M., Cox, M. J., Saluja, G., Pianta, R. C., Bradley, R. H., et al. (2002). Early behavioral attributes and teachers' sensitivity as predictors of competent behavior in the kindergarten classroom. *Applied Developmental Psychology, 23*, 451–470.

Ritchie, S. (2009, November). *The FirstSchool framework for pre-K to third grade: Ensuring success for vulnerable children.* Presentation at the National Association for the Education of Young Children, Washington, DC.

Roberts, W. B., Jr. (2006). *Bullying from both sides: Strategic interventions for working with bullies and victims.* Thousand Oaks, CA: Corwin.

Robin, A. L., Schneider, M., & Dolnick, M. (1976). The turtle technique: An extended case study of self-control in the classroom. *Psychology in the Schools, 13,* 449–453.

Robinson, G., & Maines, B. (2000). *Crying for help: The No Blame Approach to bullying.* Bristol, UK: Lucky Duck.

Rodd, J. (1996). *Understanding young children's behavior: A guide for early childhood professionals.* New York: Teachers College Press.

Rodriguez, R. (1982). *Hunger of memory: The education of Richard Rodriguez.* New York: Dial Press.

Rogers, C., & Freiberg, J. (1994). *Freedom to learn* (3rd ed.). New York: Merrill.

Roland, E., & Galloway, D. (2002). Classroom influences on bullying. *Educational Research, 44,* 299–312.

Ross, S. W., & Horner, R. H. (2009). Bully prevention in positive behavior support. *Journal of Applied Behavior Analysis, 42,* 747–759.

Rothbart, M. K. (2004). Commentary: Differentiated measures of temperament and multiple pathways to childhood disorders. *Journal of Clinical Child and Adolescent Psychology, 33,* 82–87.

Rothbart, M. K., & Bates, J. E. (2006). Temperament. In W. Damon (Series Ed.) & N. Eisenberg (Vol. Ed.), *Handbook of child psychology: Vol. 3. Social, emotional, and personality development* (6th ed., pp. 105–176). New York: Wiley.

Rothbart, M. K., & Jones, L. B. (1998). Temperament, self-regulation, and education. *School Psychology Review, 27,* 479–491.

Rothbart, M. K., Posner, M. I., & Kieras, J. (2006). Temperament, attention, and the development of self-regulation. In K. McCartney & D. Phillips (Eds.), *Handbook of early childhood development* (pp. 338–357). Malden, MA: Blackwell.

Rotheram-Borus, M. J. (1988). Assertiveness training with children. In R. H. Price, E. L. Cowen, R. P. Lorion, & J. Ramos-McKay (Eds.), *Fourteen ounces of prevention: A casebook for practitioners.* Washington, DC: American Psychological Association.

Rothstein-Fisch, C., & Trumbull, E. (2008). *Managing diverse classrooms: How to build on students' cultural strengths.* Alexandria, VA: Association for Supervision and Curriculum Development.

Rothstein-Fisch, C., Trumbull, E., & Garcia, S. G. (2009). Making the implicit explicit: Supporting teachers to bridge cultures. *Early Childhood Research Quarterly, 24,* 474–486.

Rowe, M. (1986). Wait time: Slowing down may be a way of speeding up! *Journal of Teacher Education, 37,* 43–50.

Rubin, K. H., Bukowski, W., & Parker, J. G. (1998). Peer interactions, relationships, and groups. In N. Eisenberg (Ed.), *Handbook of child psychology: Vol. 3, Social, emotional, and personality development* (5th ed., pp. 619–699). New York: Wiley.

Rueda, M. R., Rothbart, M. K., McCandliss, B. D., Saccomanno, L., & Posner, M. I. (2005). Training, maturation, and genetic influences on the development of executive attention. *Proceedings of the National Academy of Sciences, 102,* 14931–14936.

Rueda, R. S., August, D., & Goldenberg, C. (2006). The sociocultural context in which children acquire literacy. In D. August & T. Shanahan (Eds.), *Developing literacy in English-language learners: Report of the National Literacy Panel on Language Minority Children and Youth* (pp. 319–339). Mahwah, NJ: Erlbaum.

Rutter, M. (1987). Psychosocial resilience and protective mechanisms. *American Journal of Orthopsychiatry, 57,* 316–331.

Rutter, M. (2000). Resilience reconsidered: Conceptual considerations. In J. P. Shonkoff & S. J. Meisels (Eds.), *Handbook of early childhood intervention* (2nd ed., pp. 651–682). New York: Cambridge University Press.

Rutter, M. (2006a). *Genes and behavior: Nature-nurture interplay explained.* Malden, MA: Blackwell.

Rutter, M. (2006b). Implications of resilience concepts for scientific understanding. In B. M. Lester, A. S. Masten, & B. McEwen (Eds.), *Resilience in children* (pp. 1–12). Boston: New York Academy of Sciences.

Rutter, M. (2006c). The promotion of resilience in the face of adversity. In A. Clarke-Stewart & J. Dunn (Eds.), *Families count: Effects on child and adolescent development* (pp. 26–52). New York: Cambridge University Press.

Rutter, M., Giller, H., & Hagell, A. (1998). *Antisocial behavior by young people.* New York: Cambridge University Press.

Rutter, M., Moffitt, T. E., & Caspi, A. (2006). Gene-environment interplay and psychopathology: Multiple varieties but real effects. *Journal of Child Psychology and Psychiatry, 47,* 226–261.

Rutter, M., O'Connor, T. G., & the English and Romanian Adoptees Study Team. (2004). Are there biological programming effects for psychological development? Findings from a study of Romanian adoptees. *Developmental Psychology, 40,* 81–94.

Saft, E. W., & Pianta, R. C. (2001). Teachers' perceptions of their relationships with students: Effects of child age, gender, and ethnicity of teachers and children. *School Psychology Quarterly, 16,* 125–141.

Salend, S. J. (1999). Facilitating friendships among diverse students. *Intervention in School and Clinic, 35*(1), 9–15.

Salmivalli, C. (1999). Participant role approach to school bullying: Implications for interventions. *Journal of Adoles* cence, 22, 453–459.

Salmivalli, C. (2001). Group view on victimization: Empirical findings and their implications. In J. Juvonen & S. Graham (Eds.), *Peer harassment in school: The plight of the vulnerable and victimized* (pp. 398–419). New York: Guilford.

Salmivalli, C. (2010). Bullying and the peer group: A review. *Aggression and Violent Behavior, 15*, 112–120.

Salmivalli, C., Kaukiainen, A., & Lagerspetz, K. (1998). Aggression in the social relations of school-aged girls and boys. In P. T. Slee & K. Rigby (Eds.), *Children's peer relations* (pp. 60–75). New York: Routledge.

Salmivalli, C., Kaukiainen, A., & Voeten, M. (2005). Antibullying intervention: Implementation and outcome. *British Journal of Educational Psychology, 75*, 465–487.

Sameroff, A. (2005). Early resilience and its developmental consequences. In R. E. Tremblay, R. G. Barr, & R. DeV. Peters (Eds.), *Encyclopedia on early childhood development* [online]. Montreal, QC: Centre of Excellence for Early Childhood Development. Retrieved August 6, 2009, from www.child-encyclopedia.com/pages/PDF/ResilienceANG.pdf

Sameroff, A. J., & Fiese, B. H. (2000). Transactional regulation: The developmental ecology of early intervention. In J. P. Shonkoff & S. J. Meisels (Eds.), *Handbook of early childhood intervention* (2nd ed., pp. 135–159). New York: Cambridge University Press.

Sampson, R. J. (1997). The embeddedness of child and adolescent development: A community-level perspective on urban violence. In J. McCord (Ed.), *Violence and childhood in the inner city* (pp. 31–77). New York: Cambridge University Press.

Sandall, S. R., & Schwartz, I. S. (with Joseph, G. E., Chou, H.-Y., Horn, E. M., Lieber, J., Odom, S. L., & Wolery, R.). (2002). *Building blocks for preschoolers with special needs.* Baltimore: Brookes.

Sandomierski, T., Kincaid, D., & Algozzine, B. (n.d.). Response to Intervention and positive behavior support: Brothers from different mothers or sisters from different misters? Retrieved April 13, 2010, from http://flpbs.fmhi.usf.edu/FLPBS%20and%20RtI%20article.pdf

Saunders, W. M., & O'Brien, G. (2006). Oral language. In F. Genesee, K. Lindholm-Leary, W. M. Saunders, & D. Christian (Eds.), *Educating English language learners: A synthesis of research evidence* (pp. 14–63). New York: Cambridge University Press.

Schaps, E., Battistich, V., & Solomon, D. (2004). Community in school as key to student growth: Findings from the Child Development Project. In J. E. Zins, R. P. Weissberg, W. C. Wang, & H. J. Walberg (Eds.), *Building academic success on social and emotional learning: What does the research say?* (pp. 189–205). New York: Teachers College Press.

Scherer, M. (2006). Celebrate strengths, nurture affinities:

A conversation with Mel Levine. *Educational Leadership, 64*(1), 8–15.

Schwartz, C. E., Wright, C. I., Shin, L. M., Kagan, J., & Rauch, S. L. (2003). Inhibited and uninhibited infants "grown up": Adult amygdalar response to novelty. *Science, 300*, 1952–1953.

Schwartz, D., Dodge, K. A., & Coie, J. D. (1993). The emergence of chronic peer victimization in boys' play groups. *Child Development, 64*, 1755–1772.

Schwartz, D., Dodge, K. A., Pettit, G. S., & Bates, J. E. (1997). The early socialization of aggressive victims of bullying. *Child Development, 68*, 665–675.

Schwartz, D., & Proctor, L. J. (2000). Community violence exposure and children's social adjustment in the school peer group: The mediating roles of emotional regulation and social cognition. *Journal of Consulting and Clinical Psychology, 68*, 670–683.

Schwartz, D., Proctor, L. J., & Chen, D. H. (2001). The aggressive victim of bullying: Emotional and behavioral dysregulation as a pathway to victimization by peers. In J. Juvonen & S. Graham (Eds.), *Peer harassment in school: The plight of the vulnerable and victimized* (pp. 147–174). New York: Guilford.

Schwartz, J. M., Stoessel, P. W., Baxter, L. R., Martin, K. M., & Phelps, M. E. (1996). Systematic changes in cerebral glucose metabolic rate after successful behavior modification treatment of obsessive- compulsive disorder. *Archives of General Psychiatry, 53*, 109–113.

Segall, M. H., Dasen, P. R., Berry, J. W., & Poortinga, Y. H. (1990). *Human behavior in global perspective: An introduction to cross-cultural psychology.* New York: Pergamon.

Seikaly, M. (1999). Attachment and identity: The Palestinian community of Detroit. In M. W. Suleiman (Ed.), *Arabs in America: Building a new future* (pp. 25–38). Philadelphia: Temple University Press.

Serbin, L., Cooperman, J. M., Peters, P. L., Lehoux, P. M., Stack, D. M., & Schwartzman, A. E. (1998). Intergenerational transfer of psychosocial risk in women with childhood histories of aggression, withdrawal, or aggression and withdrawal. *Developmental Psychology, 34*, 1246–1262.

Shackman, J. E., Wismer-Fries, A. B., & Pollak, S. D. (2008). Environmental influences on brain-behavioral development. In C. A. Nelson & M. Luciana (Eds.), *Handbook of developmental cognitive neuroscience* (2nd ed., pp. 869–881). Cambridge, MA: MIT Press.

Shankaran, S., Lester, B. M., Das, A., Bauer, C. R., Bada, H. S., Lagasse, L., et al. (2007). Impact of maternal substance use during pregnancy on childhood outcome. *Seminars in Fetal and Neonatal Medicine, 12*, 143–150.

Shantz, C. U., & Hartup, W. W. (1992). Conflict and development: An introduction. In C. U. Shantz & W. W. Hartup (Eds.), *Conflict in child and adolescent development* (pp. 1–11). New York: Cambridge University

Press.

Sharifzadeh, V.-S. (2004). Families with Middle Eastern roots. In E. W. Lynch & M. J. Hanson (Eds.), *Developing cross-cultural competence: A guide for working with children and their families* (3rd ed., pp. 373–414). Baltimore: Brookes.

Sharp, S., & Cowie, H. (1994). Empowering pupils to take positive action against bullying. In P. K. Smith & S. Sharp (Eds.), *School bullying: Insights and perspectives* (pp. 57–83). New York: Routledge.

Sharp, S., Cowie, H., & Smith, P. K. (1994). How to respond to bullying behaviour. In S. Sharp & P. K. Smith (Eds.), *Tackling bullying in your school: A practical handbook for teachers* (pp. 79–101). New York: Routledge.

Sharp, S., & Smith, P. K. (1994). Understanding bullying. In S. Sharp & P. K. Smith (Eds.), *Tackling bullying in your school: A practical handbook for teachers* (pp. 1–6). New York: Routledge.

Sharp, S., & Thompson, D. (1994). The role of whole-school policies in tackling bullying behaviour in schools. In P. K. Smith & S. Sharp (Eds.), *School bullying: Insights and perspectives* (pp. 57–83). New York: Routledge.

Shatz, C. J. (1992). The developing brain. *Scientific American, 267,* 60–67.

Shaw, P., Eckstrand, K., Sharp, W., Blumenthal, J., Lerch, J. P., Greenstein, D., et al. (2007). Attention-deficit/hyperactivity disorder is characterized by a delay in cortical maturation. *Proceedings of the National Academy of Sciences, 104,* 19649–19654.

Sheridan, S. M. (2000). Considerations of multiculturalism and diversity in behavioral consultation with parents and teachers. *School Psychology Review, 29,* 344–353.

Shonkoff, J. P., & Phillips, D. A. (Eds.). (2000). *From neurons to neighborhoods: The science of early childhood development.* National Research Council and Institute of Medicine, Committee on Integrating the Science of Early Childhood Development, Board on Children, Youth, and Families, Commission on Behavioral and Social Sciences and Education. Washington, DC: National Academy Press.

Siegel, A. E., & Kohn, L. G. (1959). Permissiveness, permission, and aggression: The effects of adult presence or absence on aggression in children's play. *Child Development, 36,* 131–141.

Silver, R. B., Measelle, J. R., Armstrong, J. M., & Essex, M. J. (2005). Trajectories of classroom externalizing behavior: Contributions of child characteristics, family characteristics, and the teacher-child relationship during the school transition. *Journal of School Psychology, 43,* 39–60.

Simpson, G. A., Cohen, R. A., Pastor, P. N., & Reuben, C. A. (2006). *U.S. children 4–17 years of age who received treatment for emotional or behavioral difficulties: Preliminary data from the 2005 National Heath Interview Survey.* National Center for Health Statistics. Retrieved September 16, 2009, from www.cdc.gov/nchs/products/pubs/pubd/hestats/children2005/children2005.htm

Slaby, R. G. (1997). Psychological mediators of violence in urban youth. In J. McCord (Ed.), *Violence and childhood in the inner city* (pp. 171–206). New York: Cambridge University Press.

Slaby, R. G., Roedell, W. C., Arezzo, D., & Hendrix, K. (1995). *Early violence prevention: Tools for teachers of young children.* Washington, DC: National Association for the Education of Young Children.

Slavin, R. E. (1995). *Cooperative learning: Theory, research, and practice* (2nd ed.). Boston: Allyn & Bacon.

Slee, P. (1993). Bullying: A preliminary investigation of its nature and the effects of social cognition. *Early Child Development and Care, 87,* 47–57.

Smith, I., & Ellsworth, C. (Eds.). (2004). *Supporting children with autism in child care settings.* Halifax, NS: Department of Child and Youth Study, Mount St. Vincent University. Retrieved September 15, 2009, from http://msvu.ca/child_youth/coeei/files/scaccs_workbook.pdf

Smith, J. D., Schneider, B. H., Smith, P. K., & Ananiadou, K. (2004). The effectiveness of whole-school antibullying programs: A synthesis of evaluation research. *School Psychology Review, 33,* 547–560.

Smith, L. M., LaGasse, L. L., Derauf, C., Grant, P., Shah, R., Arria, A., et al. (2008). Prenatal methamphetamine use and neonatal neurobehavioral outcome. *Neurotoxicology and Teratology, 30,* 20–26.

Smith, P. K., Cowie, H., & Sharp, S. (1994). Working directly with pupils involved in bullying situations. In P. K. Smith & S. Sharp (Eds.), *School bullying: Insights and perspectives* (pp. 193–212). New York: Routledge.

Smith, P. K., Morita, Y., Junger-Tas, J., Olweus, D., Catalano, R., & Slee, P. (Eds.). (1999). *The nature of school bullying: A cross-national perspective.* New York: Routledge.

Smith, P. K., & Shu, S. (2000). What good schools can do about bullying: Findings from a survey in English schools after a decade of research and action. *Childhood, 7*(2), 193–212.

Smith, P. K., Shu, S., & Madsen, K. (2001). Characteristics of victims of school bullying: Developmental changes in coping strategies and skills. In J. Juvonen & S. Graham (Eds.), *Peer harassment in school: The plight of the vulnerable and victimized* (pp. 332–351). New York: Guilford.

Smith, R. (2004). *Conscious classroom management: Unlocking the secrets of great teaching.* San Rafael, CA: Conscious Teaching Publications.

Smitherman, G. (1998). Black English/ Ebonics: What it be like? In T. Perry & L. Delpit (Eds.), *The real Ebonics debate: Power, language, and the education of African-American children* (pp. 29–37). Boston: Beacon Press.

Snyder, J., Brooker, M., Patrick, M. R., Snyder, A., Schrepferman, L., & Stoolmiller, M. (2003). Observed peer victimization during early elementary school: Continuity, growth, and relation to risk for child antisocial and depressive behavior. *Child Development, 74,* 1881–1898.

Snyder, J., Horsch, E., & Childs, J. (1997). Peer relationships of young children: Affiliative choices and the shaping of aggressive behavior. *Journal of Clinical Child Psychology, 26,* 145–156.

Snyder, J., Prichard, P., Schrepferman, L., Patrick, M. R., & Stoolmiller, M. (2004). Child impulsiveness-inattention, early peer experiences, and the development of early onset conduct problems. *Journal of Abnormal Child Psychology, 32,* 579–594.

Snyder, J., Schrepferman, L., McEachern, A., Barner, S., Johnson, K., & Provines, J. (2008). Peer deviancy training and peer coercion: Dual processes associated with early-onset conduct problems. *Child Development, 79,* 252–268.

Snyder, J., Schrepferman, L., Oeser, J., Patterson, G., Stoolmiller, M., Johnson, K., et al. (2005). Deviancy training and association with deviant peers in young children: Occurrence and contribution to early-onset conduct problems. *Development and Psychopathology, 17,* 397–413.

Sobel, J. (1983). *Everybody wins: Noncompetitive games for young children.* New York: Walker.

Solomon, D., Watson, M. S., Delucci, K. L., Schaps, E., & Battistich, V. (1988). Enhancing children's prosocial behavior in the classroom. *American Educational Research Journal, 25,* 527–555.

Soodak, L. C., & McCarthy, M. R. (2006). Classroom management in inclusive settings. In C. M. Evertson & C. S. Weinstein (Eds.), *Handbook of classroom management: Research, practice, and contemporary issues* (pp. 461–489). Mahwah, NJ: Erlbaum.

Spencer, M. B., Fegley, S. G., & Harpalani, V. (2003). Theoretical and empirical examination of identity as coping: Linking coping resources to the self processes of African American youth. *Applied Developmental Science, 7,* 181–188.

Spivack, G., & Shure, M. B. (1974). *Social adjustment of young children. A cognitive approach to solving real-life problems.* San Francisco: Jossey-Bass.

Sroufe, L. A. (1983). Infant-caregiver attachment and patterns of adaptation in preschool: The roots of maladaptation and competence. In M. Perlmutter (Ed.), *Minnesota symposium on child psychology* (Vol. 16, pp. 41–83). Hillsdale, NJ: Erlbaum.

Stainback, S., & Stainback, W. (1996). *Inclusion: A guide for educators.* Baltimore: Brookes.

Stanwood, G. D., & Levitt, P. (2008). The effects of monoamines on the developing nervous system. In C. A. Nelson & M. Luciana (Eds.), *Handbook of developmental cognitive neuroscience* (2nd ed., pp. 83–94). Cambridge, MA: MIT Press.

Statistics Canada. (2009). *Homicide offences, number and rate, by province and territory.* Retrieved November 17, 2009, from www40.statcan.gc.ca/l01/cst01/legal12-a eng.htm

Stewart, R. M., Benner, G. J., Martella, R. C., & Marchand-Martella, N. E. (2007). Three-tier models of reading and behavior. *Journal of Positive Behavior Interventions, 9,* 239–253.

Strain, P. S., & Danko, C. D. (1995). Caregivers' encouragement of positive interaction between preschoolers with autism and their siblings. *Journal of Emotional and Behavioral Disorders, 3*(1), 2–12.

Strasburger, V. C., Wilson, B. J., & Jordan, A. B. (2009). *Children, adolescents, and the media* (2nd ed.). Thousand Oaks, CA: Sage.

Strayhorn, J. M., & Strain, P. S. (1986). Social and language skills for preventive mental health: What, how, who, and when. In P. S. Strain, M. J. Guralnick, & H. M. Walker (Eds.), *Children's social behavior: Development, assessment, and modification* (pp. 287–330). Orlando: Academic Press.

Strizek, G. A., Pittsonberger, J. L., Riordan, K. E., Lyter, D. M., & Orlofsky, G. F. (2006, April). *Characteristics of schools, districts, teachers, principals, and school libraries in the United States 2003-04. Schools and staffing survey* (NCES 2006-313 revised). Washington, DC: U.S. Department of Education, National Center for Education Statistics. Retrieved February 7, 2010, from http://nces.ed.gov/pubsearch/pubsinfo.asp?pubid=2006313

Suckling, A., & Temple, C. (2002). *Bullying: A whole-school approach.* London, UK: Jessica Kingsley.

Sugai, G. (n.d.). *School-wide positive behavior support and Response to Intervention.* Retrieved April 13, 2010, from www.rtinetwork.org/Learn/Behavior/ar/SchoolwideBehavior

Sugai, G., & Horner, R. H. (2002). Introduction to the special series on positive behavior support in schools. *Journal of Emotional and Behavioral Disorders, 10,* 130–135.

Sugai, G., Horner, R. H., Dunlap, G., Hieneman, M., Lewis, T. J., Nelson, C. M., et al. (2000). Applying positive behavior support and functional behavioral assessment in schools. *Journal of Positive Behavior Interventions, 2,* 131–143.

Sugai, G., Horner, R., & Gresham, F. M. (2002). Behaviorally effective school environments. In M. Shinn, H. Walker, & G. Stoner (Eds.), *Interventions for academic and behavior problems II: Preventive and remedial approaches* (pp. 315–350). Bethesda, MD: National As sociation of School Psychologists.

Suina, J. H., & Smolkin, L. B. (1994). From natal culture to school culture to dominant society culture: Supporting transitions for Pueblo Indians. In P. M. Greenfield & R. R. Cocking (Eds.), *Cross-cultural roots of minority child development* (pp. 115–131). Hillsdale, NJ: Erlbaum.

Sullivan, K., Cleary, M., & Sullivan, G. (2004). *Bullying in secondary schools: What it looks like and how to manage it.* Thousand Oaks, CA: Corwin.

Surgeon General's Scientific Advisory Committee on Television and Social Behavior. (1972). *Television and growing up: The impact of televised violence.* Washington, DC: U.S. Government Printing Office.

Sutherland, K. S., Wheby, J. H., & Gunter, P. L. (2000). The effectiveness of cooperative learning with students with emotional and behavioral disorders: A literature review. *Behavioral Disorders, 25,* 225–238.

Sutton, J., & Smith, P. K. (1999). Bullying as a group process: An adaptation of the participant role approach. *Aggressive Behavior, 25,* 97–111.

Sutton, J., Smith, P. K., & Sweetenham, J. (1999). Bullying and "theory of mind": A critique of the "social skills deficit" view of anti-social behaviour. *Social Development, 8,* 117–127.

Sutton, R. E., & Wheatley, K. F. (2003). Teachers' emotions and teaching: A review of the literature and directions for future research. *Educational Psychology Review, 15,* 327–358.

Swearer, S. M., & Doll, B. (2001). Bullying in schools: An ecological framework. In R. A. Geffner, T. Loring, & C. Young (Eds.), *Bullying behavior: Current issues, research, and interventions* (pp. 7–47). New York: Haworth.

Swearer, S. M., Song, S. Y., Cary, P. T., Eagle, J. W., & Mickelson, W. T. (2001). Psychosocial correlates in bullying and victimization: The relationship between depression, anxiety, and bully/victim status. In R. A. Geffner, T. Loring, & C. Young (Eds.), *Bullying behavior: Current issues, research, and interventions* (pp. 95–121). New York: Haworth.

Szalacha, L. A., Erkut, S., García Coll, C., Fields, J. P., Alarcón, O., & Ceder, I. (2003). Perceived discrimination and resilience. In S. S. Luthar (Ed.), *Resilience and vulnerability: Adaptation in the context of childhood - adversity* (pp. 414–435). New York: Cambridge University Press.

Tabors, P. O. (2008). *One child, two languages: A guide for preschool educators of children learning English as a second language* (2nd ed.). Baltimore: Brookes.

Talge, N. M., Neal, C., Glover, V., & the Early Stress, Translational Research and Prevention Science Network: Fetal and Neonatal Experience on Child and Adolescent Mental Health (2007). Antenatal maternal stress and long-term effects on child neurodevelopment: How and why? *Journal of Child Psychology and Psychiatry, 48,* 245–261.

Tarullo, A. R., Obradovic, J., & Gunnar, M. R. (2009). Self-control and the developing brain. *Zero to Three, 29,* 31–37.

Tarullo, A. R., Quevedo, K., & Gunnar, M. R. (2008). The LHPA system and neurobehavioral development. In C. A. Nelson & M. Luciana (Eds.), *Handbook of developmental cognitive neuroscience* (2nd ed., pp. 63–82). Cambridge, MA: MIT Press.

Tatum, B. D. (1997). *"Why are all the Black kids sitting together in the cafeteria?" and other conversations about race.* New York: Basic Books.

Tharp, R. G. (1994). Intergroup differences among Native Americans in socialization and child cognition: An ethnogenetic analysis. In P. M. Greenfield & R. R. Cocking (Eds.), *Cross-cultural roots of minority child development* (pp. 87–106). Hillsdale, NJ: Erlbaum.

Thomas, A., Chess, S., & Birch, H. G. (1968). *Temperament and behavior disorders in children.* New York: New York University Press.

Thomas, W. P., & Collier, V. P. (2003). The multiple benefits of dual language. *Educational Leadership, 61*(2), 61–64.

Thompson, M., & Grace, C. O. (with Cohen, L. J.). (2001). *Best friends, worst enemies: Understanding the social lives of children.* New York: Ballantine.

Thompson, R. A., & Lagattuta, K. H. (2006). Feeling and understanding: Early emotional development. In K. McCartney & D. Phillips (Eds.), *Handbook of early childhood development* (pp. 317–337). Malden, MA: Blackwell.

Thompson, T. (2007). *Making sense of autism.* Baltimore: Brookes.

Thornton, T. N., Craft, C. A., Dahlberg, L. L., Lynch, B. S., & Baer, K. (2000). *Best practices of youth violence prevention: A sourcebook for community action.* Atlanta: Centers for Disease Control and Prevention, National Center for Injury Prevention and Control. Retrieved February 25, 2010, from www.cdc.gov/violenceprevention/pub/YV_bestpractices.html

Tobin, J. J., Wu, D. Y. H., & Davidson, D. (1989). *Preschool in three cultures: Japan, China, and the United States.* New Haven: Yale University Press.

Tomlinson, C. A. (1999). *The differentiated classroom: Responding to the needs of all learners.* Alexandria, VA: Association for Supervision and Curriculum Development.

Tomlinson, C. A. (2001). *How to differentiate instruction in mixed-ability classrooms* (2nd ed.). Alexandria, VA: Association for Supervision and Curriculum Development.

Tomlinson, C. A. (2005). Traveling the road to differentiation in staff development. *Journal of Staff Development, 26*(4). Retrieved March 18, 2010, from www.

nsdc.org/news/ getDocument.cfm?articleID=480

Tracey, C. (2005). Listening to teachers: Classroom realities and No Child Left Behind. In G. L. Sunderman, J. S. Kim, & G. Orfield (Eds.), *No Child Left Behind meets school realities: Lessons from the field* (pp. 81–103). Thousand Oaks, CA: Corwin.

Tremblay, R. E., Gervais, J., & Petitclerc, A. (2008). *Early learning prevents youth violence*. Montreal, QC: Centre of Excellence for Early Childhood Development. Retrieved November 24, 2009, from www.excellence-jeunesenfants.ca/documents/Tremblay_AggressionReport_ANG.pdf

Tremblay, R. E., Nagin, D. S., Séguin, J. R., Zoccolillo, M., Zelazo, P. D., Boivin, M., et al. (2004). Physical aggression during early childhood: Trajectories and predictors. *Pediatrics, 114*, e43–e50.

Tremmel, R. (1993). Zen and the art of reflective practice in teacher education. *Harvard Educational Review, 63*, 434–458.

Trumbull, E., Rothstein-Fisch, C., & Greenfield, P. M. (2000). *Bridging cultures in our schools: New approaches that work*. Retrieved March 18, 2010, from www.wested.org/online_pubs/lcd-99-01.pdf

Trumbull, E., Rothstein-Fisch, C., Greenfield, P. M., & Quiroz, B. (with Altchech, M., Daley, C., Eyler, K., Hernandez, E., Mercado, G., Pérez, A. I., et al.). (2001). *Bridging cultures between home and school: A guide for teachers with a special focus on immigrant Latino families*. Mahwah, NJ: Erlbaum.

Turnbull, A., Turnbull, R., Erwin, E. J., & Soodak, L. C. (2006). *Families, professionals, and exceptionality: Positive outcomes through partnerships and trust* (5th ed.). Upper Saddle River, NJ: Merrill Prentice Hall.

Twemlow, S. W., Fonagy, P., & Sacco, F. C. (2004). The role of the bystander in the social architecture of bullying and violence in schools and communities. *Annals of the New York Academy of Science, 1036*, 215–232.

Tyre, P. (2008). *The trouble with boys: A surprising report card on our sons, their problems at school, and what parents and educators must do*. New York: Crown.

Underwood, M. K. (2003). *Social aggression among girls*. New York: Guilford.

Ungar, M. (2004). *Nurturing hidden resilience in troubled youth*. Toronto, ON: University of Toronto Press.

United Nations Office of the High Commission on Human Rights. (1989). *Convention on the rights of the child*. Retrieved May 10, 2010, from www2.ohchr.org/english/law/crc.htm

United Nations Office on Drugs and Crime. (2010). *Homicide statistics, criminal justice and public health sources—Trends (2003–2008)*. Retrieved May 24, 2010, from www.unodc.org/unodc/en/data-and-analysis/homicide.html

U.S. Census Bureau. (2003, June 18). *Hispanic population reaches all-time high of 38.8 million, new Census Bureau estimates show*. Retrieved February 7, 2010, from www. census.gov/Press-Release/www/releases/archives/population/011193.html

U.S. Census Bureau. (2006). *Children who speak a language other than English at home by region: 2006. American community survey: B16003*. Retrieved February 7, 2010, from www.census.gov/compendia/statab/2009/tables/09s0227.pdf

U.S. Census Bureau. (2010). *Current population survey, 1955–2008. School enrollment of the population 3 years old and over, by level and control of school, race, and Hispanic origin: October 2008*. Retrieved February 5, 2010, from www.census.gov/population/www/socdemo/school/cps2008.html

U.S. Department of Education, Office for Civil Rights. (2005a). *Frequently asked questions about racial harassment*. Retrieved May 21, 2010, from http://ed.gov/about/offices/list/ocr/qa-raceharass.html

U.S. Department of Education, Office for Civil Rights. (2005b). *Sexual harassment: It's not academic*. Retrieved May 21, 2010, from http://ed.gov/about/offices/list/ocr/docs/ocrshpam.html

U.S. Department of Education, Office for Civil Rights. (2009). *Protecting students with disabilities: Frequently asked questions about Section 504 and the education of children with disabilities*. Retrieved May 4, 2010, from www2.ed.gov/about/offices/list/ocr/504faq.html

U.S. Department of Education, Office of Safe and Drug Free Schools. (2010). *Exploring the nature and prevention of bullying*. Retrieved May 22, 2010, from www2. ed.gov/admins/lead/safety/training/bullying/index.html

U.S. Department of Education, Office of Special Education and Rehabilitative Services. (2000, July). *A guide to the Individualized Education Program*. Retrieved May 2, 2010, from http://ed.gov/parents/needs/speced/iepguide/index.html

U.S. Department of Education, Office of Special Education and Rehabilitative Services. (n.d.). *IDEA reauthorized statute: Disproportionality and overidentification*. Retrieved May 1, 2010, from www2.ed.gov/policy/speced/guid/idea/tb-overident.pdf

U.S. Department of Education, Office of Special Education Programs. (2004). *Teaching children with ADHD: Instructional strategies and practices*. Retrieved March 18, 2010, from www.ed.gov/teachers/needs/speced/adhd/adhd-resource-pt2.pdf

U.S. Department of Education, Office of Special Education Programs. (2006). *Discipline*. Retrieved May 2, 2010, from http://idea.ed.gov/explore/view/p/%2Croot%2 Cdynamic%2CTopicalBrief%2C6%2C

U.S. Department of Education, Office of Special Education Programs, Data Analysis System. (2008a). *Table 1.1. Children and students served under IDEA, Part B, by age group and state: Fall 2007*. Retrieved May 1, 2010, from https://www.ideadata.org/TABLES31ST/AR_1-1.htm

U.S. Department of Education, Office of Special Education Programs, Data Analysis System. (2008b). *Table 1-3. Students ages 6 through 21 served under IDEA, Part B, by disability category and state: Fall 2007.* Retrieved May 1, 2010, from https://www.ideadata.org/TABLES31ST/AR_1-3.htm

U.S. Department of Education, Office of Special Education Programs, Data Analysis System. (2008c). *Table 1-19. Students ages 6 through 21 served under IDEA, Part B, by race/ethnicity and state: Fall 2007.* Retrieved May 1, 2010, from https://www.ideadata.org/TABLES31ST/AR_1-19.htm

U.S. Department of Education, Office of Special Education Programs, Data Analysis System. (2008d). *Table 1-19c. Students ages 6 through 21 with mental retardation served under IDEA, Part B, by race/ethnicity and state: Fall 2007.* Retrieved May 1, 2010, from https://www.ideadata.org/TABLES31ST/AR_1-19.htm

U.S. Department of Education, Office of Special Education Programs, Data Analysis System. (2008e). *Table 8.1. Infants and children receiving early intervention services under IDEA, Part C, by age and state: Fall 2007.* Retrieved May 1, 2010, from https://www.ideadata.org/TABLES31ST/AR_8-1.htm

U.S. Department of Education, Office of Special Education Programs, Data Analysis System. (2008f). *Table C-8. Estimated resident population ages 6 through 21, by race/ ethnicity and state: 2007.* Retrieved May 1, 2010, from https://www.ideadata.org/tables31st%5Car_C-8.htm

U.S. Department of Health and Human Services. (2003). *Children's mental health facts: Children and adolescents with mental, emotional, and behavioral disorders.* Washington, DC: SAMHSA's Mental Health Information Center. Retrieved October 29, 2009, from http://mentalhealth.samhsa.gov/publications/allpubs/CA-0006/default.asp

U.S. Department of Health and Human Services, Administration on Children, Youth and Families. (2009). *Child maltreatment 2007.* Washington, DC: U.S. Printing Office. Retrieved October 28, 2009, from www.acf.hhs.gov/programs/cb/pubs/cm07/cm07.pdf

U.S. Department of Health and Human Services, Office of the Surgeon General. (2005, February 21). *U.S. Surgeon General releases advisory on alcohol use in pregnancy.* Retrieved June 20, 2010, from www.surgeongeneral.gov/pressreleases/sg02222005.html

U.S. Department of Justice, Federal Bureau of Investigation. (2009). *Crime in the United States, 2008: Murder.* Retrieved November 17, 2009, from www.fbi.gov/ucr/cius2008/offenses/violent_crime/murder_homicide.html

Vacca, D. M. (2001). Confronting the puzzle of nonverbal learning disabilities. *Educational Leadership, 59*(3), 26–31.

Vaillancourt, T. (2005). Indirect aggression among humans: Social construct or evolutionary adaptation? In R. E. Tremblay, W. W. Hartup, & J. Archer (Eds.), *Developmental origins of aggression* (pp. 158–177). New York: Guilford.

Vaillancourt, T., Brittain, H., Bennett, L., Arnocky, S., McDougall, P., Hymel, S., et al. (2010). Places to avoid: Population-based study of student reports of unsafe and high bullying areas at school. *Canadian Journal of School Psychology, 25*, 40–54.

Vance, E., & Weaver, P. J. (2002). *Class meetings: Young children solving problems together.* Washington, DC: National Association for the Education of Young Children.

Vandell, D. L., Nenide, L., & Van Winkle, S. J. (2006). Peer relationships in early childhood. In K. McCartney & D. Phillips (Eds.), *Handbook of early childhood development* (pp. 455–470). Malden, MA: Blackwell.

Van den Bergh, B. R. H., & Marcoen, A. (2004). High antenatal maternal anxiety is related to ADHD symptoms, externalizing problems, and anxiety in 8- and 9-year-olds. *Child Development, 75*, 1085–1097.

van den Boom, D. C. (1994). The influence of temperament and mothering on attachment and exploration: An experimental manipulation of sensitive responsiveness among lower-class mothers with irritable infants. *Child Development, 65*, 1457–1477.

van den Boom, D. C. (1995). Do first-year intervention effects endure? Follow-up during toddlerhood of a sample of Dutch irritable infants. *Child Development, 66*, 1798–1816.

van der Wal, M. F., de Wit, C. A. M., & Hirasing, R. A. (2003). Psychosocial health among young victims and offenders of direct and indirect bullying. *Pediatrics, 111*, 1312–1317.

van IJzendoorn, M. H. (1995). Adult attachment representations, parental responsiveness, and infant attachment: A meta-analysis on the predictive validity of the Adult Attachment Interview. *Psychological Bulletin, 117*, 387–403.

van IJzendoorn, M. H., & DeWolff, M. S. (1997). In search of the absent father: Meta-analysis of infant-father attachment. *Child Development, 68*, 604–609.

van IJzendoorn, M. H., & Sagi, A. (1999). Cross-cultural patterns of attachment: Universal and contextual dimensions. In J. Cassidy & P. R. Shaver (Eds.), *Handbook of attachment theory and research* (pp. 713–734). New York: Guilford.

van IJzendoorn, M. H., Schuengel, C., & Bakermans-Kranenburg, M. J. (1999). Disorganized attachment in early childhood: Meta-analysis of precursors, concomitants, and sequelae. *Development and Psychopathology, 11*, 225–249.

Vartuli, S. (2005). Beliefs: The heart of teaching. *Young Children, 60*(5), 76–86.

Viadero, D. (2009). Research hones focus on English language learners. *Education Week, 28*(17), 22–25.

Viding, E., Williamson, D. E., Forbes, E. E., & Harir, A. R. (2008). The integration of neuroimaging and molecular genetics in the story of developmental cognitive neuroscience. In C. A. Nelson & M. Luciana (Eds.), *Handbook of developmental cognitive neuroscience* (2nd ed., pp. 351–366). Cambridge, MA: MIT Press.

Villegas, A. M., & Lucas, T. (2007). The culturally responsive teacher. *Educational Leadership, 64*(6), 28–33.

Vitaro, F., Barker, E. D., Boivin, M., Brendgen, M., & Tremblay, R. E. (2006). Do early difficult temperament and harsh parenting differentially predict reactive and proactive aggression? *Journal of Abnormal Child Psychology, 34*, 685–695.

Vitaro, F., & Brendgen, M. (2005). Proactive and reactive aggression: A developmental perspective. In R. E. Tremblay, W. W. Hartup, & J. Archer (Eds.), *Developmental origins of aggression* (pp. 178–201). New York: Guilford.

Vitaro, F., & Tremblay, R. E. (1994). Impact of a prevention program on aggressive children's friendships and social adjustment. *Journal of Abnormal Child Psychology, 22*, 457–475.

Vossekuil, B., Fein, R. A., Reddy, M., Borum, R., & Modzeleski, W. (2002). *Final report and findings of the Safe School Initiative: Implications for the prevention of school attacks in the United States.* Washington, DC: U.S. Department of Education, Office of Elementary and Secondary Education, Safe and Drug-Free Schools Program, and U.S. Secret Service. Retrieved May 21, 2010, from www.ed.gov/admins/lead/safety/ preventingattacksreport.pdf

Votruba-Drzal, E., Coley, R. L., & Chase-Lansdale, P. L. (2004). Child care and low-income children's development: Direct and moderated effects. *Child Development, 75*, 296–312.

Vreeman, R. C., & Carroll, A. E. (2007). A systematic review of school-based interventions to prevent bullying. *Archives of Pediatric and Adolescent Medicine, 161*, 78–88.

Walker, H. M., & Buckley, N. K. (1973). Teacher attention to appropriate and inappropriate classroom behavior. *Focus on Exceptional Children, 5*, 5–11.

Walker, H. M., Ramsey, E., & Gresham, R. M. (2004). *Antisocial behavior in school: Evidence-based practices* (2nd ed.). Belmont, CA: Wadsworth.

Wallis, C., Thomas, C. B., Crittle, S., & Forster, P. (2003, December 15). Does kindergarten need cops? *Time.* Retrieved October 29, 2009, from www.time.com/time/ magazine/article/0,9171,1006435,00.html

Walsh, M. (2009). English language learners and the law: Statutes, precedents. *Education Week, 28*(17), 8–9.

Walther-Thomas, C., Korinek, L., McLaughlin, V. L., & Williams, B. T. (2000). *Collaboration for inclusive education.* Boston: Allyn & Bacon.

Warner, T. D., Behnke, M., Eyler, F. D., Padgett, K., Leonard, C., Hou, W., et al. (2006). Diffusion tensor imaging of frontal white matter and executive functioning in cocaine-exposed children. *Pediatrics, 118*, 2014–2024.

Warren, J. S., Bohanon-Edmonson, H. M., Turnbull, A. P., Sailor, W., Wickham, D., Griggs, P., et al. (2003). School-wide positive behavior support: Addressing behavior problems that impede student learning. *Educational Psychology Review, 18*, 187–198.

Waters, E., Merrick, S., Treboux, D., Crowell, J., & Albersheim, L. (2000). Attachment security in infancy and early adulthood: A twenty-year longitudinal study. *Child Development, 71*, 684–689.

Waters, E., Weinfeld, N. S., & Hamilton, C. E. (2000). The stability of attachment security from infancy to adolescence and early adulthood: General discussion. *Child Development, 71*, 703–706.

Watson, M. (with Ecken, L.). (2003). *Learning to trust: Transforming difficult elementary classrooms through developmental discipline.* San Francisco: Jossey-Bass.

Watson, M., & Battistich, V. (2006). Building and sustaining classroom communities. In C. M. Evertson & C. S. Weinstein (Eds.), *Handbook of classroom management: Research, practice, and contemporary issues* (pp. 253–279). Mahwah, NJ: Erlbaum.

Watson, M., Solomon, D., Battistich, V., Schaps, E., & Solomon, J. (n.d.). Developmental discipline. Retrieved April 4, 2010, from http://tigger.uic.edu/~lnucci/ MoralEd/practices/practice2watson.html

Way, N., & Hughes, D. (2007, March 25). The middle ages. *The New York Times.* Retrieved October 24, 2010, from www.nytimes.com

Weber, R., Ritterfeld, U., & Mathiak, K. (2006). Does playing violent video games induce aggression? Empirical evidence of a functional magnetic resonance imaging study. *Media Psychology, 8*, 39–60.

Webster-Stratton, C., & Herbert, M. (1994). *Troubled families—problem children: Working with parents: A collaborative process.* Chichester, UK: Wiley.

Weinfeld, N. S., Sroufe, L. A., & Egeland, B. (2000). Attachment from infancy to early adulthood in a high-risk sample: Continuity, discontinuity, and their correlates. *Child Development, 71*, 695–702.

Weinfeld, N. S., Sroufe, L.A., Egeland, B., & Carlson, E. A. (1999). The nature of individual differences in infant-caregiver attachment. In J. Cassidy & P. R. Shaver (Eds.), *Handbook of attachment theory and research* (pp. 68–88). New York: Guilford.

Weinstein, C. S. (2003). This issue. *Theory into Practice, 42*, 266–268.

Weiss, H. B., Kreider, H., Lopez, M. E., & Chatman, C. C.

(Eds.). (2005). *Preparing educators to involve families: From theory to practice.* Thousand Oaks, CA: Sage.

Weist, M. D., & Ollendick, T. H. (1991). Toward empirically valid target selection: The case of assertiveness in children. *Behavior Modification, 15,* 213–227.

Werner, E. E. (1984). Resilient children. *Young Children, 40,* 68–72.

Werner, E. E. (2000). Protective factors and individual resilience. In J. P. Shonkoff & S. J. Meisels (Eds.), *Handbook of early childhood intervention* (2nd ed., pp. 115–132). New York: Cambridge University Press.

Werner, E. E., & Johnson, J. L. (1999). Can we apply resilience? In M. D. Glantz & J. L. Johnson (Eds.), *Resilience and development: Positive life adaptations* (pp. 259–268). New York: Kluwer Academic/Plenum.

Werner, E. E., & Smith, R. S. (1982). *Vulnerable but invincible: A longitudinal study of resilient children and youth.* New York: McGraw-Hill.

White, K. J., & Kistner, J. (1992). The influence of teacher feedback on young children's peer preferences and perceptions. *Developmental Psychology, 28,* 933–975.

Whitfield, A. L., Anda, R. F., Dube, S. R., & Felitti, V. J. (2003). Violent childhood experiences and the risk of intimate partner violence in adults. *Journal of Interpersonal Violence, 18,* 166–185.

Whitney, I., Smith, P. K., & Thompson, D. (1994). Bullying and children with special educational needs. In P. K. Smith & S. Sharp (Eds.), *School bullying: Insights and perspectives* (pp. 213–240). New York: Routledge.

Wilczenski, F. L., Steegmann, R., Braun, M., Feeley, F., Griffin, J., Horowitz, T., et al. (1994). Promoting "fair play": Interventions for children as victims and victimizers. Workshop at the National Association of School Psychologists, Seattle. (ERIC document No. ED380744).

Williams, D. L. (2008). What neuroscience has taught us about autism: Implications for early intervention. *Zero to Three, 28*(4), 11–17.

Williams, L. R. (1994). Developmentally appropriate practice and cultural values: A case in point. In B. L. Mallory & R. S. New (Eds.), *Diversity and developmentally appropriate practice: Challenges for early childhood education* (pp. 155–165). New York: Teachers College Press.

Willicutt, E. G., & Pennington, B. F. (2000). Co-morbidity of reading disability and attention-deficit/hyperactivity disorder: Differences by gender and subtype. *Journal of Learning Disabilities, 33,* 179–191.

Willis, C. (2009). Young children with autism spectrum disorder: Strategies that work. *Young Children, 64*(1), 81–89.

Willis, W. (2004). Families with African American roots. In E. W. Lynch & M. J. Hanson (Eds.), *Developing cross-cultural competence: A guide for working with children and their families* (3rd ed., pp. 141–177). Bal-timore: Brookes.

Wilson, B. J. (2008). Media and children's aggression, fear, and altruism. *Future of Children, 18,* 87–118.

Wilson, D. B., Gottfredson, D. C., & Najaka, S. S. (2001). School-based prevention of problem behaviors: A meta-analysis. *Journal of Quantitative Criminology, 17,* 247–272.

Wolfgang, C. H. (2001). *Solving discipline and classroom management problems: Methods and models for today's teachers* (5th ed.). New York: Wiley.

Wong, H. K., & Wong, R. T. (2001). *The first days of school: How to be an effective teacher.* Mountain View, CA: Harry K. Wong Publications.

Wong Fillmore, L. (1991). When learning a second language means losing the first. *Early Childhood Research Quarterly, 6,* 323–346.

Wood, G. (2004). A view from the field: No Child Left Behind's effects on classrooms and schools. In D. Meier & G. Wood (Eds.), *Many children left behind: How the No Child Left Behind Act is damaging our children and our schools* (pp. 33–50). Boston: Beacon Press.

Wright, J. P., Deitrich, K. N., Ris, M. D., Hornung, R. W., Wessel, S. D., Lanphear, B. P., et al. (2008). Association of prenatal and childhood blood lead concentrations with criminal arrests in early adulthood. *PLoS Medicine, 5*(5), e101. Retrieved October 31, 2009, from www.plosmedicine.org/article/info:doi/10.1371/journal. pmed.0050101

Wyman, P. A. (2003). Emerging perspectives on context specificity of children's adaptation and resilience: Evidence from a decade of research with urban children in adversity. In S. S. Luthar (Ed.), *Resilience and vulnerability: Adaptation in the context of childhood adversity* (pp. 293–317). New York: Cambridge University Press.

Xue, Y., Leventhal, T., Brooks-Gunn, J., & Earls, F. J. (2005). Neighborhood residence and mental health problems of 5- to 11-year-olds. *Archives of General Psychiatry, 62,* 554–563.

Yale University Office of Public Affairs. (2008). *Bullying-suicide link explored in new study by researchers at Yale.* Retrieved May 21, 2010, from http://opa.yale.edu/news/article. aspx?id=5913#

Yates, T. M., Egeland, B., & Sroufe, L. A. (2003). Rethinking resilience: A developmental process perspective. In S. S. Luthar (Ed.), *Resilience and vulnerability: Adaptation in the context of childhood adversity* (pp. 243–266). New York: Cambridge University Press.

Yehle, A. K., & Wambold, C. (1998, July/ August). An ADHD success story: Strategies for teachers and students. *Teaching Exceptional Children, 30*(6), 8–13.

Yoshikawa, H. (1994). Prevention as cumulative protection: Effects of early family support and education on chronic delinquency and its risks. *Psychological Bulletin, 115,* 28–54.

Young, J. (1998). The Support Group Approach to bullying in schools. *Educational Psychology in Practice, 14*, 32–39.

Zelazo, P. D. (2005, May 13). *The development of executive function in infancy and early childhood.* Retrieved July 14, 2009, from www.aboutkidshealth.ca/News/Executive-Function-Part-Two-The-development-of-executive-function-in-infancy-and-early-childhood.aspx?articleID=8036&categoryID=news-poh3

Zelazo, P. D., Carlson, S. M., & Kesck, A. (2008). The development of executive functions in childhood. In C. A. Nelson & M. Luciana (Eds.), *Handbook of developmental cognitive neuroscience* (2nd ed., pp. 553–574). Cambridge, MA: MIT Press.

Ziegler, S., & Pepler, D. (1993). Bullying at school: Pervasive and persistent. *Orbit, 24,* 29–31.

Zimmerman, F. J., Glew, G. M., Christakis, D. A., & Katon, W. (2005). Early cognitive stimulation, emotional support, and TV watching as predictors of subsequent bullying among grade-school children. *Archives of Pediatric and Adolescent Medicine, 159,* 384–388.

Zionts, L. T. (2005). Examining relations between students and teachers: A potential extension of attachment theory? In K. A. Kerns & R. A. Richardson (Eds.), *Attachment in middle childhood* (pp. 231–254). New York: Guilford.

Zoccolillo, M., Romano, E., Joubert, D., Mazzarello, T., Côté, S., Boivin, M., et al. (2005). The intergenerational transmission of aggression and antisocial behavior. In R. E. Tremblay, W. W. Hartup, & J. Archer (Eds.), *Developmental origins of aggression* (pp. 353–375). New York: Guilford.

Zull, J. E. (2002). *The art of changing the brain: Enriching the practice of teaching by exploring the biology of learning.* Sterling, VA: Stylus.

Zuniga, M. E. (2004). Families with Latino roots. In E. W. Lynch & M. J. Hanson (Eds.), *Developing cross-cultural competence: A guide for working with children and their families* (3rd ed., pp. 179–217). Baltimore: Brookes.

찾아보기

저자 소개

Barbara Kaiser와 **Judy Sklar Rasminsky**는 20년 전에 공동 저서 *The Daycare Handbook*(1991)을 집필하였으며, *Meeting the Challenge: Effective Strategies for Challenging Behaviors in Early Childhood Environments*(1999년 미국유아교육협회 선정 우수도서), *Challenging Behavior in Young Children*(2007년 Texty 우수 저자 수상), *Challenging Behavior in Elementary and Middle School*(2009년 Texty 수상)을 포함하여 다수의 수상경력이 있고, 교육 분야의 베스트셀러 도서를 다수 집필하였다.

Barbara Kaiser는 노바스코샤 주 울프빌에 위치한 아카디아대학교와 캐나다 몬트리올에 있는 컨커디어대학교와 마리빅토린대학에서 강의하였으며, 미국과 캐나다 전역에 걸쳐 문제 행동 기조연설 및 프레젠테이션 워크숍을 하고 있으며, Mr. Rogers' Family Communication, Inc.의 자문위원, 2007년 Facing the Challenge와 Devereux Early Childhood Initiative의 수석 고문직을 역임하였다. 또한 맥길대학교에서 교육행정 석사학위를 취득하였으며, 보육기관 두 곳과 방과 후 학교를 설립하였고, 이사로 재직 중이다.

Judy Sklar Rasminsky는 교육 및 건강 분야 전문 프리랜서 작가이며, 잡지, 신문, 문집에 다수의 글을 기고하였으며 국립행정커뮤니케이터협의회(National Association of Government Communicators), 국립경영커뮤니케이터협의회(International Association of Business Communicator), 국립건강보건원(National Institutes of Health)에서 수상 경력이 있으며, 수년 동안 뉴욕과 런던에서 편집자로 활동하고 있으며, 스탠퍼드대학교에서 문학 학사, 컬럼비아대학교에서 문학 석사학위를 취득하였다.

Kaiser와 Rasminsky의 홈페이지 :
www.challengingbehavior.com

역자 소개

이병인

미국 네바다주립대학교에서 유아특수교육 전공으로 박사학위 취득 후, 단국대학교 특수교육과 교수로 재직 중이다. 주요 저서로는 *장애아동 가족 지원의 이해*(단국대학교출판부, 2006), *한국판 적응행동검사*(K-SIB-R)(학지사, 2007), *장애 영유아 발달 영역별 지침서 1~5*(학지사, 2010), *유아특수교육의 이해*(단국대학교출판부, 2011) 등이 있다.

윤미경

단국대학교 특수교육과 박사과정을 수료하였으며, 통합환경에 소속된 발달지체 유아의 또래 관계에 관심을 두고 연구하고 있다.

이지예

단국대학교 특수교육과 박사과정을 수료하였으며, 발달지체 유아의 친사회적 행동에 관심을 두고 연구하고 있다.

강성리

단국대학교 특수교육과 박사과정을 수료하였으며, 통합학급에서의 발달지체 유아를 위한 놀이지도에 관심을 두고 연구하고 있다.